ERICH PRZYWARA

ANALOGIA ENTIS

ERICH PRZYWARA

SCHRIFTEN

BAND III

ERICH PRZYWARA

ANALOGIA ENTIS

METAPHYSIK

UR-STRUKTUR UND
ALL-RHYTHMUS

JOHANNES-VERLAG

3. Auflage 1996
Mit kirchlicher Druckerlaubnis des Bischöflichen Ordinariates Chur
vom 18. September 1962
Druck: Offizin Chr. Scheufele, Stuttgart
ISBN 3 89411 190 9

Vorwort zur neuen Auflage

In den Jahren seit Erscheinen der «Analogia Entis I», also seit 1932, war es – wegen der Arbeit an anderen Werken und, während des Krieges, wegen der Vortragstätigkeit in der Münchner Altakademiker-Seelsorge im Auftrag Kardinal Faulhabers – dem Verfasser nicht gelungen, einen zweiten vorgesehenen Band zur «Analogia entis» fertigzustellen, der das vorhandene Gerüst zu einer geschlossenen Philosophie und Theologie ausgebaut hätte. Stattdessen ging mehr und mehr die *Analogia entis* in alles gesprochene und geschriebene Wort ein, bis schließlich die Abhandlungen seit 1956, vornehmlich die für das «Archivio di filosofia» Rom, selber zu einer genaueren und tieferen Darlegung der *Analogia entis* in den Gebieten von Philosophie und Theologie wurden. Als geschlossenes Corpus erfüllen diese Aufsätze das Anliegen des zweiten Bandes und sind daher hier als Teil II mit der «Analogia Entis I» vereinigt worden.

In ihrer Gesamtheit – zusammen mit zwei frühen Aufsätzen in der «Scholastik» und drei jüngeren Festschrift-Beiträgen – sind sie zugleich die Antwort des Verfassers auf die Diskussion um die *Analogia entis*, die trotz nicht selten gründlicher Mißverständnisse (in allen Kreisen) heute zu einem gängigen Begriff geworden ist: sowohl in Kreisen heutiger Philosophie wie evangelischer und katholischer Theologie. Das Mißverständnis, an dem der Verfasser nicht unschuldig ist, liegt daran, daß er als Titel des ersten Bandes das Wort «Prinzip» wählte, um aber dann von Anfang an dieses «Prinzip» als dynamische Ur-Bewegung zu verstehen. Der erste Band von 1932 heißt darum in seinem Neudruck heute «Ur-Struktur», während das ihm folgende Gesamt der Untersuchungen über die *Analogia* in den verschiedenen Gebieten den Namen «All-Rhythmus» trägt. Und dem letzten Satz der «Analogia Entis I», der in besonderem Maße zu jenem Mißverständnis hin offen ist, wurde in der vorliegenden Ausgabe ein neuer Schlußsatz angefügt.

Der vorliegende Band der «Analogia Entis» im Rahmen der Gesammelten «Schriften» enthält damit als I. Hauptteil die unveränderte «Analogia Entis I» von 1932 mit ihren Abschnitten «Metaphysik überhaupt» und «Analogia entis» und als II. Hauptteil die Abhandlungen zum Thema aus der Zeit seit 1939 bis heute. – Außer in den vorliegenden «Schriften» wird die *Analogia entis* als «Ur-Struktur» von Philosophie und Theologie noch in folgenden Büchern weiter ausgeführt: «Deus semper major» (1938–41, Neuauflage Wien 1963), «Alter und Neuer Bund» (Wien 1956) und «Mensch» (Nürnberg 1959).

Hans Urs von Balthasar, dem Leiter des Johannesverlags, möchte der Verfasser an dieser Stelle danken für das großzügige Unternehmen, seine vergriffenen Schriften neu herauszugeben.

Frühjahr 1962

Aus dem Vorwort zur ersten Auflage von Analogia Entis I

Der entscheidende Anstoß zu diesem Werk liegt in einem Studium der *Quaestiones disputatae* und des *De ente et essentia* Thomas' von Aquin in den Jahren 1912/13. Es ging um die Frage des Distinktion zwischen Sosein und Dasein. Gegenüber dem Gegensatz zwischen den gewohnten Schul-Lösungen suchte ich nach einer Formel, die der Art gerecht würde, wie bei Thomas selber die Frage nach Sosein und Dasein erscheint. Hier übten in den Jahren 1914–18 ein eingehendes Studium Augustins und Dionysius des Areopagiten sowie der deutschen Mystik einen entscheidenden Einfluß: in die Richtung einer Lösung im Dynamischen und zu einer betonten *theologia negativa* hin. Dieser Einfluß hatte sich gleichzeitig, wie auch weithin in spätere Jahre, durch die Auseinandersetzung mit den neuzeitlichen Formen dynamischer und aporetischer Denkweise zu klären: der Polarität Goethes und der Philosophie der Romantik (Baader, Görres vor allem), dem dynamischen Heroizismus Nietzsches, der Aporetik Simmels und dem ethischen Dynamismus Troeltschs. Einen besonders wichtigen Abschluß fand dies dann 1920/21 in der Auseinandersetzung mit der dynamischen Antithetik Newmans («J. H. Newman, Christentum» 1922f.). Die Auseinandersetzung mit Kant, Hegel und Kierkegaard liegt in späteren Jahren, meist um die Zeit, da meine diesbezüglichen Schriften erschienen.

Ebenso ging aber die Arbeit durch die Beziehungen zu Lebenden. Ich gebe sie der Zeitfolge nach. – Von Nietzsche aus bahnte sich der Weg unmittelbar in die Gesammelten Aufsätze Max Schelers. Seine Soziologie (in der «Materialen Wert-Ethik») knüpfte sich für mich eng zur Philosophie der Romantik (Baader, Görres, Möhler). Aber erst das «Ewige im Menschen» führte ins tatsächliche Aug in Aug («Religionsbegründung» 1923). Scheler verdankt die Arbeit ein Doppeltes: den lebendigen Bezug zur phänomenologischen Methode und den Zwang zur ausgesprochenen Problematik der *analogia entis* hin (durch Schelers «Unmittelbarkeit des Religiösen»). – So war es eine gute Fügung, daß im selben Jahr, da mein Buch über Scheler erschien, sich die erste Notwendigkeit zum Waffengang mit Karl Barth ergab, der aber erst 1929 in Münster zur persönlichen, fruchtbaren Begegnung führte. In der Auseinandersetzung mit ihm baute sich das Theologische der *analogia entis* zu seiner eigentlichen Gestalt aus. – Die philosophische Ausgestaltung geschah vor allem durch die lebendigen Beziehungen zur Phänomenologie, die sich entscheidend dadurch ergaben, daß ich weitgehend in die Arbeiten Edith Steins, Husserl und Thomas Aug in Aug zu setzen, hineingenommen wurde. Es waren zuerst die durch Edith Stein angebahnten fruchtbaren Beziehungen zu Husserl, die auf die Gestaltung des Methodischen Einfluß übten. Dann aber nicht weniger die Auseinandersetzung mit Martin Heidegger, die besonders auf dem Wege meiner Vorträge in Davos (1929) und Freiburg (1930) den Begriff der Kreatürlichkeit klärte. – In eine überraschende Parallele geriet dann noch endlich die Arbeit zu Joh. Plenge, der in seinem großen Tafelwerk der Methode und des Systems einer Soziologie zu einer Ontologie der Beziehung vorstieß und hierin notwendig zur Problematik der Analogie. Unsere Arbeiten schlangen sich nicht wenig ineinander.

Alle diese Einflüsse kamen aber erst zur Reife, als ich zwischen 1929 und 1931 durch die Arbeit selber gezwungen wurde, unsere heutige Problematik unmittelbar in die Ur-Tradition zu tauchen. Es war vor allem ein eingehenderes Studium Platons, Aristoteles' und Thomas' von Aquin, das dem Werk schließlich zum Durchbruch verhalf.

Die *analogia entis* ist der Gedanke, der mein Schrifttum seit jeher trug, wenngleich die Formulierung erst aus der Auseinandersetzung mit Max Scheler stammt (Spätjahr 1922). – In seiner Objekt-Gestalt trug er, vor allem in meinen religiösen Schriften, den augustinischen Namen «Gott in uns und Gott über uns». Damit war zunächst eine Grund-Tendenz gemeint, die in der

Einleitung zu «Unsere Kirche» (1915) zuerst hervortrat: das «letzte» religiöse Verhältnis zwischen Gott und Geschöpf zu erfassen. Es ging darum weiter um das Verhältnis zwischen *theologia positiva* und *negativa* (vor allem in «Gott» 1926 und «Religionsphilosophie kath. Theologie» 1926). Es zielte darum endlich auf die Frage nach der Grundhaltung religiösen Lebens (im «Himmelreich der Seele» I–V 1922ff.). Dem *Deus incomprehensibilis* «in uns», als Betonung der alles durchdringenden, allwirkenden lebendigen persönlichen Nähe, entsprach das letzte rückhaltlose, bedingungslose Sich-Übergeben in Seine Führung. Der *Deus incomprehensibilis* «über uns», als Betonung der Unterschiedenheit und Geschiedenheit zwischen dem Gott der über alles Erhabenen Majestät und dem «Mensch auf Erden», hatte zur entsprechenden Haltung die Ehrfurcht des nüchternen Dienstes in nüchterner Sicht der Irdischkeit und ringenden Arbeit in ihr. Damit war aber das Problem dieses schwingenden «in-über» gestellt. Es fand zuerst den Namen «dynamische Polarität» (im «Gottgeheimnis der Welt» 1924) als «Spannungseinheit» (im «Kirchenjahr» 1923) in der steten «Wandlung» (in «Wandlung» 1925). Damit war gesagt: sowohl das Geheimnis Gottes wird lebendig erfahren nur im Hin und Her des Erfahrens der Unausschöpflichkeit Seiner verschiedenen, einander «*polar*» sich bedingenden Seiten, in denen Er im Geschöpflichen sich kundtat, als auch der Unterschied zwischen Gott (als dem Ist) und dem Geschöpflichen (als dem «wird») verdeutlicht sich im Maße der Erfahrung der Werdehaftigkeit des Geschöpfes. Es heißt «dynamisch» und «Spannung», weil und insofern Gott unendlich und das Geschöpf werdehaft ist. Es heißt aber «Polarität» und «Einheit», weil sowohl Gottes Unendlichkeit kein Gegensatzwogen ist, sondern Unveränderlichkeit Seiner unendlichen Einheit, als auch weil darum des Geschöpfes «stete Wandlung» in der (relativen) Unwandelbarkeit einer einzigen einheitlichen Bezogenheit zu und Verbundenheit mit Gott gründet und strömt. Damit ist also ein Doppeltes gesagt: das Positive des restlosen Hingegebenseins und das Negative eines «kein Boden unter den Füßen». So gewann das hiermit Gemeinte von selbst den Doppelnamen:

«Liebe» (in «Liebe» 1924) und «Nacht» (in «Wandlung» 1925, «Geheimnis Kierkegaards» 1929, «Karmel» 1932). Es gab sich darum ebenso von selbst in der Sprache der Paulusbriefe («Christus lebt in mir» 1929), Ignatius von Loyolas *(«Divina Majestas»* 1925*)* und des Karmel («Wandlung» 1925, «Geheimnis Kierkegaards» 1929, «Karmel» 1932).

Dem entsprach die Methodenfrage. Die Geisteshaltung, die mit *analogia entis* (als Methodenprinzip) sich bezeichnete, erschien einerseits als Methode immanenten geschichtlichen Verstehens, das auf eine sachliche Synthese zielt: in den philosophiegeschichtlichen Arbeiten über Augustinus, Thomas, Kant, Hegel, Kierkegaard und die philosophische Gegenwart (Newman, Christentum 1922f.; Religionsbegründung 1923; Gottgeheimnis der Welt 1924; Gott 1926; Religionsphilosophie kath. Theologie 1926; Ringen der Gegenwart I II 1929; Geheimnis Kierkegaards 1929; Kant heute 1930; Augustinus-Synthesis 1932). Andererseits aber setzten sich immer mehr die Linien jener Form-Einheit von Philosophie und Theologie durch, die im Corpus meiner Vorlesungen (ungedruckt) lag. Es zeigt sich in meinen Schriften auf der einen Seite eine Theorie, die (gegenüber dem schul-thomistischen *individuum de ratione materiae*) eine Erfassung der individual differenzierten Fülle anstrebt: ein differenzierender Universalismus der «Spannungseinheit zwischen Individuum und Gemeinschaft»; – auf der andern Seite aber eine solche, die (gegenüber einem humanistischen Rationalismus bis in die Neu-Scholastik hinein) eine radikale Beugung aller (ontischen) Selbstzwecklichkeit von Ich und Gemeinschaft und alles (noëtischen) glatten Errechnens unter die Souveränität Gottes meint: ein alles Menschliche relativierender Theozentrismus des «Gott in Christo in der Kirche».

München, Februar 1932

Inhalt

I. TEIL
UR-STRUKTUR

Erster Abschnitt
METAPHYSIK ÜBERHAUPT

Zweiter Abschnitt

ANALOGIA ENTIS

II. TEIL
ALL-RHYTHMUS

Nachweise

Die Aufsätze des II. TEILES sind an folgenden Orten erschienen: 1. Scholastik 1939. – 2. ebd. 1940. – 3. Philos. Jahrbuch der Görresgesellschaft 1941. – 4. Archivio di Filosofia, Rom 1956. – 5. ebd. 1956. – 6. ebd. 1957. – 7. ebd. 1958. – 8. Augustinus, Rivista trimestrial, Madrid 1958. – 9. Festschrift für Hedwig Conrad-Martius, Philos. Jahrbuch 1958. – 10. Archivio di Filosofia, Rom 1957. – 11. Festschrift für Max Picard 1958. – 12: Religion and Culture. Essay in Honor of Paul Tillich 1959. – 13. Archivio di Filosofia, Rom 1959.

I. TEIL

UR-STRUKTUR

Aller inhaltlichen Metaphysik ist die Frage nach ihrem formalen Prinzip vorgelagert, so sehr, daß ihr Charakter einer kritischen Wissenschaft daran hängt, daß und inwieweit diese Frage vor allen anderen Fragen geprüft wird.

Folgerichtig ist diese Frage doppelt. Sie ergeht zunächst und grundlegend an Metaphysik-«überhaupt»: welche Grundstruktur zeigt sich in ihrem formalen Begriff? Denn die weitere Frage nach dem formalen Prinzip «dieser» Metaphysik hat ihr kritisches Maß an dieser Grundstruktur als dem formalen Prinzip von Metaphysik-«überhaupt». Jenes formale Prinzip «dieser» Metaphysik wird kritisch gerechtfertigt sein, das nicht nur vor dem formalen Prinzip von Metaphysik-«überhaupt» «besteht», sondern ihm «entspricht», ja, im idealen Fall, von ihm aus «gefordert» ist.

In diesem Sinn beginnen wir mit dem Problem von Metaphysik überhaupt.

Erster Abschnitt

Metaphysik überhaupt

§ 1 Meta-noëtik und Meta-ontik

1. Metaphysik war, wie bekannt, zuerst ein bibliographischer Name: für die Sammlung der ontologischen Schriften des Aristoteles, die seiner «Physik» nach *(μετά)* folgte. Es ist aber nicht mehr rückgängig zu machen, daß hieraus ein Sachname wurde, so sehr, daß aus ihm am besten unser Formal-Problem ableitbar ist.

Physisch ist heute das Gegenwort zu Psychisch und dies letztlich (kraft des Idealismus der reinen Geltung wie der Aktualitäts-Psychologie) im Sinne des Gegensatzes von Sein–Bewußtsein, ja sogar Realität–Idealität. Für Aristoteles verhalten sich die beiden aber wie das Allgemeinere zu einem Besonderen. Physis ist die Seinsweise, darin ein Seinswesen in sich selbst seiend und wirkend beruht *(ἔχοντα ἐν ἑαυτοῖς ἀρχὴν κινήσεως καὶ στάσεως* Phys II 1, 192 B 13). Psyche aber ist, als Sinn-Gestalt *(εἶδος-μορφή)* des Leibes und erst recht im *νοῦς* als ihrer Spitze, die höchste Form solchen In-sich-Gründens: ein solches «in sich selbst Grund und Ziel und Sinn» *(ἐν-τελ-έχεια)*, daß sie schließlich der «Sinn-Ort überhaupt» *(τόπος εἰδῶν* An III 4, 429 A 27 f.) ist, das «Eidos der Eide» (ebd III 8, 432 A 2). Meta-physik besagt demnach das «dahinter-gehen» in die «Hintergründe» dieser Seins-eigentümlichkeit der Physis, die in der Psyche ihren höchsten Fall hat. Es geht um die formale Frage dieses «in sich selbst Grund und Ziel und Sinn», die vom Sein als Sein her sich stellt.

2. In diesem Sich-stellen der Frage liegt aber bereits das erste Formal-Problem solcher Metaphysik. Die Frage stellt sich im Fragenden in bezug auf einen Gegenstand der Frage: mein Bewußtseins-Akt fragt nach dem Sein um «Grund und Ziel und Sinn». Es ist hier gleichgültig, ob ich sage «meine Frage ist

Selbstausdruck des fragenden Seins » (wie Heidegger) oder « meine Frage ist Frage des Bewußtseins über das Sein » (wie der deutsche Idealismus). Es ist auch (wenngleich in geringerem Grade) gleichgültig, ob ich sage « meine Frage ist ursprünglicher die Frage nach dem Sein im fragenden Bewußtsein » (mit der gesamten neuzeitlichen Philosophie: Descartes-Kant wie Heidegger) oder « meine Frage geht durch das Bewußtsein hindurch und über es hinaus auf das Sein » (mit der Scholastik). Allen diesen Fassungen ist ein Formaleres vorgeordnet, das in der letzten gewiß sich andeutet, aber nicht sich ausspricht. Denn beiden Fassungen liegt vorauf die neutrale Dualität des fragenden Wissens-Aktes und des Wissens-Gegenstandes (den die Frage angeht). Gewiß sind dazwischen noch gelagert der objektive Sinn der Frage in sich wie die objektive Richtung der Antwort in sich (die in das Ideativ-Gebilde objektiver Antwort mündet). Aber beide betreffen bereits den Vorgang der Frage, nicht die Voraussetzungen. Noch mehr: sie sind selber bereits ein Stück der Erklärung dieser Voraussetzungen, nämlich die Theorie des objektiven Idealismus über das Wesen des fragenden Wissens-Aktes. Streng neutral bleibt also nur die obige Dualität: Wissens-Akt und Sein als Wissens-Gegenstand. Diese Dualität begründet unser erstes Formal-Problem. Es bedeutet demnach: ist eine Metaphysik (als Frage nach dem « in sich selbst Grund und Sein und Sinn » des Seins) primär eine solche, die mit einer Reflexion des Wissens-Aktes einzusetzen hat (also mit einer Metanoëtik von Wissen als Wissen)? Oder: ist sie primär eine solche, deren Intention unmittelbar auf den Wissens-Gegenstand geht (also als Meta-ontik von Sein als Sein)? Diese Frage ist vorgelagert, weil sie auch dann ergeht, wenn das Sein des Wissens-Aktes selber in Frage steht. Denn auch in dieser Frage ist noch zu scheiden zwischen dem fragenden Wissens-Akt und dem befragten Sein des Wissens-Aktes. Hieraus wird aber andererseits klar, wie es in unserer Frage um das « primär » geht, d. h. nicht um ein « exclusiv ». Das Entweder-Oder steht nicht zwischen Meta-noëtik und Meta-ontik, sondern zwischen einer Meta-noëtik als Ansatz einer Meta-ontik und einer Meta-ontik, die eine Meta-noëtik zu ihrer

Schluß-Reflexion hat. Durch diese Formulierung erledigt sich bereits von selbst der sonstige geschichtliche Gegensatz zwischen einer reinen Meta-noëtik (im Fall eines geschlossenen Bewußtseins-Idealismus) und einer reinen Meta-ontik (im Fall gewisser phänomenologischer Richtungen). Die unwegdeutbare neutrale Dualität zwischen Wissens-Akt und Wissens-Gegenstand (im obigen Sinn) läßt keine Möglichkeit der Selbstverschließung in ein «rein». Das Meta-noëtische transzendiert sich nach vorwärts intentional zum Meta-ontischen. Das Meta-ontische kritisiert sich nach rückwärts reflexiv zum Meta-noëtischen. Die Frage geht mithin allein darauf, welche von diesen beiden Formen sachlich den Vorzug hat, bzw. ob nicht beide in eine gegenseitige Durchdringung über sich weisen.

3. Für die erste Form spricht, daß sie, wie es scheint, keine Voraussetzungen ungeprüft läßt. Der Rechenschaft über Wissens-Gegenstände geht (unter dieser Rücksicht einer kritischen Prüfung von Anfang an) offenbar sinngemäß eine Rechenschaft über den Wissens-Akt voraus. – Aber dagegen steht erstens ein gewisses *in infinitum* solcher Rechenschaft über den Wissens-Akt. Braucht es einer Rechenschaft über den Wissens-Akt, so braucht es offenbar folgerichtig einer weiteren über diese Rechenschaft selber usf. Es hälfe hier nicht, auf eine sogenannte «mitvollziehende Reflexion» sich zu stützen. Denn eine solche ist offenbar entweder rein praktisch mitvollziehend. Dann ist sie aber nur feststellend, nicht prüfend. Oder sie ist wirklich kritisch reflexiv. Dann unterliegt sie selber dem Gebot einer Prüfung. – Das zweite Bedenken ist noch ernster. Jegliche Rechenschaft kann nicht anders denn in gewissen Seins-Kategorien sich geben. Das ist im Wort «Wissens-Akt» am deutlichsten. Akt weist auf Potenz. Akt-Potenz sind allgemeinste Seins-Kategorien. Das ist ja im übrigen überhaupt das seltsam Unvermeidliche in aller Rede über ein sogenanntes (wenn auch nur methodisch) «reines Bewußtsein». Nicht nur geschieht seine Erfassung (als Selbst- wie als Fremd-Erfassung) durch Gegenstände hindurch (zum mindesten, indem das «Ich» unvermeidlich erklingt, und dann in seinen Ver-

schlungenheiten zu «Dingen» und «Mit-Ichen»). Sondern die innere Form der Erfassung selber ist gegenstandshaft. Selbst die reinen Urteils-Kategorien Kants tragen die Form von Seins-Kategorien: Qualität, Quantität, Modalität usw. Selbst der Rückgang Hegels auf die innere formalste Urteilsform trifft auf einen Seins-Ausdruck: Identität und Entgegensetzung. Selbst die formalste Haltung von Bewußtsein überhaupt ist seinsförmig: Relation (zwischen Akt und Objekt). Selbst noch das Eigenste eines «reinen Bewußtseins» (im Sinne des objektiven Idealismus) ist dem verfallen: im Bestehen von «Geltung» erklingt das «Da» eines Daseins, in der Idealität von «Geltung» das «So» von Sosein.

So scheint sich alles zu Gunsten der zweiten Form zu wenden (der methodologischen Erststellung eine Meta-ontik, die erst nachträglich in eine kritische Meta-noëtik sich re-flektiert). Die oben angeführten Gründe gegen einen solchen meta-noëtischen Ansatz sind die positiven Gründe für einen solchen meta-ontischen. – Dagegen aber steht, daß in einer solchen Methodik eine ganz bestimmte Erkenntnistheorie praktisch geübt wird. Metaphysik als wissenschaftliches Unternehmen aber unterliegt der Pflicht kritischer Prüfung, während das gelebte Leben das Privileg hat, mit dem Faktischen sich zu begnügen. Die hier praktisch geübte Erkenntnistheorie ist die einer restlosen Gleichung zwischen Erkenntnis und Sein, so sehr, daß Erkenntnis nichts anderes als ausgesagtes Sein ist, ja: sich-selbst-bekundendes Sein (weil nur dann eine Spannung zwischen Was und Wie sich ausschließt). Halte ich dafür, daß eine solche Erkenntnistheorie auf Grund des oben Ausgeführten aufzustellen ist, so geht die Darlegung dieser Gründe offenbar sachlich der Ausübung voraus (sofern es auf Wissenschaft und nicht auf gelebtes Leben ankommen soll). Das heißt aber: es besteht der methodische Primat einer Meta-noëtik. Noch mehr ist das natürlich der Fall, wenn ich Einschränkungen mache (wie etwa die Scholastik: in der Unterscheidung zwischen *modus quo* und *id quod* des Erkennens).

Aus der inneren Abfolge dieser Erwägungen ist mithin klar, daß selbst im Falle einer äußersten primär meta-ontischen Methode der meta-noëtische Ansatz unvermeidlich ist. Metaphysik wird darum, ihrer formalen Struktur nach, mit dem Akt-Problem einzusetzen haben. Es wird also einerseits um eine immanente Meta-noëtik gehen, d. h. nicht um eine Akt-Problematik unter äußerlich eingeführten meta-ontischen Kategorien, sondern in ihrer immanenten Gesetzlichkeit. Andererseits wird es eine Meta-noëtik sein müssen, die sich ihrer Durchdringung mit Meta-ontik von Anfang an bewußt ist. Unter dieser Rücksicht wird sie nicht nur (wie es die verschiedenen Formen des erkenntnistheoretischen Realismus tun) vom Bewußtsein «zum» Sein zielen, sondern in und aus der immanenten Bewußtseins-Betrachtung selber die meta-ontischen Kategorien entwickeln. – Das nachfolgende Problem einer Meta-ontik ist dann die ausdrückliche Betrachtung der meta-ontischen Kategorien selber. Es ist, folgerichtig zum Wurzelhaften des Seinsproblems, gewiß ein unabhängig neuer Ansatz. Aber einerseits ruht er auf der Meta-noëtik auf, insofern deren akt-immanente Entwicklung der meta-ontischen Kategorien in der Meta-ontik zum ausdrücklichen Ausspruch kommt. Andererseits wird die Meta-noëtik neu gewonnen, da ihr Problem-Kreis in der Meta-ontik unter dem Gesichtspunkt des Ontischen erscheint. – Knüpften sich so, im Akt- wie Seins-Problem Bewußtsein und Sein zu einander, so wird das letzte Problem einer Metaphysik offenbar dieses «zu einander» selber sein müssen, d. h. das Gefüge der «Welt», das durch dieses «zu einander» besteht. Die Struktur-Form eines «Neu-Einsetzens bei gleichzeitigem Rückweisen auf und Neugewinnen des Vorausliegenden» erreicht hier ihren Höhepunkt. Denn das «zu einander» ist einmal durchaus ein neues Problem. Dann aber ist es doch die schärfste Fassung dessen, was wir in den beiden ersten Problemen als das Ineinanderfließen des Meta-noëtischen und Meta-ontischen feststellen mußten. Das Problem zwischen Meta-noëtik und Meta-ontik ist erst hier voll gestellt, und darum kehrt auch hier alles Vorausliegende zu seiner eigentlichsten Gestalt wieder. – Die formalste Gesamtstruktur von Metaphysik liegt also darin, daß kraft des letzten Zueinander von Bewußtsein und Sein ihre drei Probleme so vom ersten zum dritten sich aus einander innerlich entfalten, daß sie rückwärts vom dritten zum ersten in einander von vornherein enthalten sind.

Hierin aber haben wir die formalste Grundlegung einer «kreatürlichen Metaphysik». Sie ist ihrem formalsten Objekt nach kreatürlich: weil sie die Spannungs-Schwebe zwischen Bewußtsein und Sein betrifft (und nicht die Absolutheit einer Selbst-Identität von Bewußtsein oder Sein). Sie ist kreatürlich, noch mehr und entscheidender, ihrer formalsten Methode nach: weil sie werdehaft in Rück- und Vor-beziehung verläuft (und nicht in Trennung selbstgenugsamer Einheiten). Diese «kreatürliche Metaphysik» ist die Metaphysik, die immanent aus dem formalsten Problem von Metaphysik überhaupt sich ergibt.

Indem das «kreatürlich» aber sich auf die Spannungs-Schwebe des Zueinander (im Objekt) und auf das Werdehafte der Rück- und Vorbeziehung (in der Methode) gründet, verdeutlicht es sich. Die Spannungs-Schwebe des Zueinander (zwischen Bewußtsein und Sein) sagt unter dieser Rücksicht dasselbe wie das Werdehafte der Rück- und Vorbeziehung. Denn diese als Methode hat sich ja gerade aus jener als Objekt entwickelt: als die dem Objekt innerlich gemäße Methode, als gleichsam «Methode gewordenes Objekt». Das Werdehafte der Rück- und Vorbeziehung ist aber das alte «Werde, was du bist»: das So, zu dem hin das Werden geht, bereits doch als Da des Werdenden: also «So über Da» und doch «So in Da»: also «So in-über Da». Tragen wir dem Rechnung, daß das Meta-ontische jedenfalls das sachlich Erste und Umfassende ist (bei allem methodischen Prius des Meta-noëtischen), so heißt die formal konstituierende Grundformel der aus dem Grundproblem von Metaphysik überhaupt erfolgenden kreatürlichen Metaphysik: Sosein in-über Dasein.

§ 2 Metaphysischer Transzendentalismus und transzendentale Metaphysik

1. Meta-noëtisch und Meta-ontisch sind noch nicht eindeutig. Das wird von Aristoteles her recht klar. Der *νοῦς* (von dem «noëtisch» kommt) ist die innerliche Krönung einer Hierarchie, in der sich die *τέχνη* findet (die als *γένος ποιήσεως* das *καλόν* betrifft), die *ἐπιστήμη* (als «reine Wissenschaft») und die *φρόνησις* (die als *ἕξις πρακτική* die *ἀγαθὰ καὶ κακά* betrifft) (Eth Nik VI 3–13, 1139 Bff). Ebenso ist die *διάνοια* ausdrücklich dreiteilig: *πρακτική* (das «gut»), *ποιητική* (das «schön»), *θεωρητική* (das «wahr») (Met V I, 1025 B 25; Eth Nik VI 2, 1139 A 27ff). Noëtisch ist also die Einheit (um vorläufige Worte zu gebrauchen) szientifischer, ethischer und künstlerischer Bewußtseinshaltung. Dem entspricht auf der Seite des Meta-ontischen, daß auch *ὄν* keineswegs eine rein faktische Vorhandenheit besagt. – *Ὄν* ist bei Platon wie Aristoteles geradezu Synonym für das «eigentlich sein» des Wahren-Guten-Schönen. Das hat bei Aristoteles den scharfen Ausdruck darin, daß die Kategorien des *ὄν* zugleich die Kategorien des Wahr-Gut-Schön sind (vgl Met I a 1 993 A 307; Eth Nik I 4, 1096 A 23ff; Met XII 3, 1078 A 36ff; Poet 7 1450 B 36ff usw.). Dieses aber wieder gründet im innerlich energetischen Charakter des *ὄν*, das als *δύναμις-ἐνέργεια*-Verhältnis sich gibt. Somit zeigt es nach dem «je seine Möglichkeit» (Heidegger) des *δυνατόν*, auf ein «Sosein über (Dasein)» und hierin auf ein ontisches «rein wahr» (vgl Met 4 12, 1019 B 27ff). Eine Akzentuierung wieder der *ἐνέργεια* weist in den Bereich der *ἀρετή* und hierin des *ἀγαθόν* (Eth Nik I 1, 1094 A 3ff; II 1, 1103 A 26ff. Das heißt: wir haben die Sicht in ein «ontisches gut»: im Sinn des energetischen *in fieri* eines «(Sosein) in-über (Dasein)». Die aristotelische Scheidung zwischen *ἐνέργεια* und *ἔργον* (Eth Nik I 1, 1094 A 4ff) in ihrer Korrelation zur Scheidung zwischen *πρακτόν* und *ποιητόν (= καλόν)* (Eth Nik VI 4, 1140 A 1ff) gibt dann den abschließenden Blick in einen Grenzzustand eines ideal «gewordenen» *(ἔργον) ὄν*, d. h. im

Sinn eines idealen Eins von Sosein und Dasein, sei es als «reale Idealität» («ontisch schön» als «reine Gestalt»), sei es als «gerundete Realität» («ontisch schön» als «reiner Rhythmus»).

Damit ist das zweite Formal-Problem der Metaphysik gegeben. Wahr-Gut-Schön gehen unter dem Namen der Transzendentalien: in der Antike vorzüglich meta-ontisch, im kantischen Transzendentalismus meta-noëtisch (als innere Formalität der Akte der «reinen Vernunft» [wahr], der «praktischen Vernunft» [gut], der synthetisierenden «Urteilskraft» [schön]). Unser neues Problem ist also das Problem dieses Transzendentalismus in der Metaphysik.

2. Es lautet in einer ersten Form: Ist diese Einheit von Transzendentalismus und Metaphysik eine solche, in der es um die Transzendentalien als Bestimmungen des Noëtischen geht, – oder eine solche, in der sie als Bestimmungen des Ontischen gelten? Im ersten Falle ginge es um die Metaphysik eines meta-noëtischen Transzendentalismus (konkret etwa: um eine immanente Metaphysik des kantischen Transzendentalismus). Der zweite Fall hingegen wäre der einer Metaphysik eines meta-ontischen Transzendentalismus (konkret: als Durchführung der prävalenten meta-ontischen Tendenzen in Platon-Aristoteles). Damit ist aber klar, wie diese erste Frage bereits in § 1 mit-entschieden ist.

Auch eine zweite Frage dürfte bereits entschieden sein: die nämlich nach einer methodischen Einbeziehung der Transzendentalien überhaupt. Denn erstens sind sie bereits objektiv seit jeher im Bau einer Philosophie enthalten. Der scheinbar reinste Positivismus des «Tatsächlichen» wie der scheinbar reinste Formalismus der «Methode» münden in eine Ethik und eine Ästhetik. Es liegt aber auch subjektiv im Erkenntnisbegriff als solchen (wie später genauer zu sehen ist). Im Positivismus der «reinen Erfahrung» liegt der Akzent gewiß auf einem feststellenden «wahr», – aber zugleich unter einem mitbestimmenden Mitschwingen einer ethischen «Redlichkeit» und einer ästhetischen «Stilreinheit». Der kritische Formalismus aber, sosehr die Kritik ihm das reine «wahr» verbürgt, trägt im «ins Unendliche» der kritischen Formung die Unendlichkeit des ethischen «reinen Strebens» und in seiner «Spontaneïtät» das künstlerische «Schaffen» und «Formen» (darum spricht er ja von «Materie» und «Form»). Unsere Frage ergeht mithin von hier aus eigentlich nur darauf, ob man sich mit einem solchen faktischen Miteinspielen begnügen dürfe oder nicht vielmehr von vornherein bewußt und kritisch die Transzendentalien einzubeziehen habe. Fragen wir so, dann ist die Antwort bereits erfolgt.

3. Es geht mithin nur um das Wie einer solchen bewußten und kritischen Einbeziehung. Von der einen Seite her scheint es – gemäß allen gepflogenen Erwägungen – methodisch notwendig, mit einer solchen bewußten und kritischen Sichtung im Ansatz selber einzusetzen, also in einer Art Konvergenz logischer («wahr»), ethischer («gut») und ästhetischer («schön») Sichtweise, die zum Sein transzendiert. Es ginge hier offenbar um eine innere Metaphysik der Transzendentalien, also um einen metaphysischen Transzendentalismus.

Dem steht aber entgegen, daß gerade von den drei Transzendentalien aus das Unternehmen einer Metaphysik sich unterscheidend dem «wahr» zuordnet. Gewiß können Ethik und Ästhetik dann Teile einer solchen Metaphysik sein, aber doch nur unter der unterscheidenden Rücksicht von Metaphysik, d. h. dem intellektuellen «wahr». Ethik und Ästhetik als Teile von Metaphysik (d. h. auch in der obigen kritisch-bewußten Form einer Sichtweisen-Konvergenz) sind eben hierdurch nicht unterscheidend Ethik und Ästhetik. Das ist die Konsequenz der aristotelischen Scheidung der drei γένη: θεωρητικόν, πρακτικόν, ποιητικόν. Das ist noch schärfer bei Thomas von Aquin darin ausgedrückt, daß die innere Beziehung zwischen *anima* und *res*, die dem «wahr» und «gut» an und für sich gemeinsam ist, gänzlich entgegengesetzte Richtungen trägt. Für das «wahr» heißt es: *terminatur ad animam* (Ver q 1 a 2 corp) bis zum Satz *verum et falsum... sunt in mente* (S Th 1 q 82 a 3 corp). Für das «gut» aber heißt es: *terminatur ad res* (Ver q 1 a 2 corp) bis zum Gegen-Satz *bonum et malum... sunt in rebus* (S Th 1 q 82 a 3 corp). Und diese Dialektik zwischen einem seele-bezogenen und seele-einwohnenden Wahr und einem dingbezogenen und ding-einwohnenden Gut löst sich nur in der faktischen Objektivität des *circulus*, der auf diesem Wege zwischen Bewußtsein *(anima)* und Sein *(res)* spielt (Ver q 1 a 2 corp). Reflex-subjektiv wäre dieser Zirkel nur auf zwei Wegen zu erfassen.

Erstens: wenn man in eine Methodik übersetzte, was Thomas über das Schön sagt: daß es nämlich einerseits mit dem «Wahr» sei *de ratione causae formalis* (S Th 1 q 6 a 4), andererseits aber im Gut sich einbeschließe (*quicumque appetit bonum, appetit hoc ipso pulchrum* – Ver q 22 a 1 ad 12). Es würde sich dann um eine Ästhetik als Synthesis von Metaphysik (im strengen Sinn logischen Wahr) und Ethik handeln, wie sie offenbar Kant für seine «Kritik der reinen Urteilskraft» vorschwebte (als Synthese zwischen der das Wahr betreffenden «Kritik der reinen Vernunft» und der das Gut betreffenden «Kritik der praktischen Vernunft»). Auch die romantische «Kontemplation» und die bergsonschelersche «Intuition» zielen eigentlich auf das gleiche. Es ist das eigentümliche «Eins» des Schön, sei es im passiven Sich-Vermählen der «Kontemplation» des Kunstwerkes, sei es im schaffenden Gebären des Künstlers, darin «Seele» und «Ding» so eins sind, daß sowohl (in der Richtung zum Wahr hin) das Dinghafte «Seele» ist, wie (in der Richtung zum Gut hin) das Seelische «Ding». Das ist aber damit die innere formale Problematik der Ästhetik zwischen Person-Ästhetik (sei es als psychologische, sei es als Gestalt-Ästhetik) und Material-Ästhetik (sei es als reine Material-Ästhetik im Sinne Sempers, sei es als Ästhetik der reinen [Ding-]Formen). Es wird mithin klar, daß wir in unserer versuchten Methodik nur das Eigentümliche des Schön selber erfassen. Der Zirkel zwischen *anima* und *res* ist doppeldeutig. Er besagt einmal den Ort des Schön, – aber eben damit noch nicht den übergeordneten Ort der Beziehung zwischen Wahr, Gut und (dem gegen beide sich unterscheidenden) Schön.

Es bleibt mithin nur ein Weg, der den Zirkel in diesem seinen übergeordneten Sinn zu erfassen suchte. Thomas von Aquin deutet ihn an, wenn er sowohl die ontischen Transzendentalien (wahr-gut-schön als «Dingeigenschaften») aus dem vorgeordneten *esse* her leitet (Ver q 1 a 1 corp; ebd q 21 a 1 corp) wie die noëtischen Transzendentalien (Wahr-Gut-Schön als Bewußtseinsrichtungen: *intellectus*, *voluntas;* augustinisch hierzu *memoria*) in der Einheit des Bewußtseinssubjektes sieht (Ver q 10 a 9 ad 3 in contr). Eine Erfassung der Korrelation zwischen diesem meta-transzendentalen *esse* und diesem meta-transzendentalen *homo* bzw. *anima* wäre mithin der eigentliche Weg. Aber gerade er ist, als «Erfassung», gebunden in die unterscheidende Eigenart der Transzendentalien. Denn sonst ist das *esse* bzw. *homo-anima* und erst recht die Korrelation nur einseitige Metaphysizierung eines der drei Transzendentalien (praktisch: des Wahr).

Im Grunde ist das Problem aber erst voll gesehen, wenn wir die scholastische Formel der *notiones transcendentales* beachten, die vier aufzählt: *esse*, *unum*, *verum*, *bonum*. *Verum-bonum* bilden mit dem (wie bei Thomas) implizierten *pulchrum* den Ausdruck von Transzendentalismus in engerem Sinn. Das *esse* wird man (im Geiste Aristoteles' und Thomas' von Aquin) der Metaphysik im engeren Sinne zuordnen. Das *unum* aber betrifft (als Problem von Einheit-Vielheit) jenen Begriff von Mathematik, der bei Platon wie Aristoteles wie Augustin *(incommutabilis veritas numerorum)* wie Thomas von Aquin (von der Neuzeit ganz zu schweigen) im Zentrum philosophischer Methodologie steht: als Richtbegriff für (objektives) System und (subjektive) Stringenz. So ist es auch durchaus bei Kant: sein (noëtischer) Transzendentalismus bezweckt eine kritische Metaphysik (wie Heidegger und Herrigel sehr wahr sehen) unter dem Richt-Ideal mathematischer Exaktheit.

Von hier aus steht das Problem schärfer zwischen drei Möglichkeiten: eines Transzendentalismus, der innerlich zu Metaphysik und Mathematik wird (unsere frühere erste Möglichkeit eines «metaphysischen Transzendentalismus»); einer Metaphysik, die von einer meta-transzendentalen Seinserfassung aus (etwa in der Art der bergsonschen Intuition als unmittelbaren «Eins zum Leben» oder der heideggerschen Selbstkundgabe des Seins) zum Wahr-Gut-Schön als «drei Strahlungen des Seins» vorstößt und hierin sein inneres Mit-sich-Eins (das *unum*) ergreift; endlich einer Mathematik, die in Art der pythagoreischen Konzeption, etwa als Meta-Mathematik der gewöhnlichen Wissenschaft und Technik im Einheit-Vielheit-Problem das Wesen des Seins und seiner Drei-Strahlung (der drei Transzendentalien) aufdeckt. Doch da gerade die Geschichte zeigt, wie das (spezifisch mathematische) Einheit-Vielheit-Problem (in Platon wie Aristoteles, wie Augustin, wie Thomas von Aquin, wie Kant, wie Hegel) unvermeidliches letztes Form-Problem aller systematischen Möglichkeiten ist, so werden die an und für sich drei Möglichkeiten doch wieder in zwei sich zurückführen. Dem «metaphysischen Transzendentalismus» tritt dann eine transzendentale Metaphysik gegenüber, im Sinne der eben umzeichneten zweiten Möglichkeit.

Die Schwierigkeit zwischen diesen beiden Möglichkeiten bildet offenbar ihr methodischer Ansatz: im metaphysischen Transzendentalismus ein dreistrahliges Wahr-Gut-Schön-Erfassen, das zum Erfassen des Sein *(esse)* in seiner Einheit *(unum)* zielt; – in einer transzendentalen Metaphysik ein vor-transzendentales reines Seins-Erfassen, das zum Erfassen der Seins-Drei-Strahlung *(verum-bonum-pulchrum)* und seiner Einheit *(unum)* sich sinngemäß bewegt.

Beide Ansätze erscheinen für eine nüchterne Prüfung als Utopie «unbedingter Stilreinheit». Gegen den ersten steht die Tatsache, daß ein Erfassen nie anders kann als irgendwie etwas «erkennen». Gut und Schön scheiden sich (noëtisch) gegen Wahr vielleicht durch die Haltung eines «Erkennens durch und im Streben (bzw. Schaffen)». Aber es bleibt «Erkennen». Von hier aus enthüllt sich, wie das Verhältnis zwischen den drei Transzendentalien ein Sicheinbeschließen unter wechselndem Formprimat ist (wie später deutlicher werden muß). Metaphysik wird mithin so unterscheidend dem Wahr zugeordnet sein, daß das Gut und Schön mit einbeschlossen sind. Das gleiche wird für Ethik und Ästhetik gelten. An Stelle «reiner» Drei-Strahlung tritt eine solche dreier Prävalenzverhältnisse. – Damit entfällt auch die Schwierigkeit des zweiten Ansatzes. Ein «vor-transzendentales reines Seins-Erfassen» mag eine theoretisch-systematische Konsequenz sein. Aber es ist eine Unwirklichkeit. Denn alles noch so «elementare» Erfassen steht unter dem Wahr. Der Sinn einer Neutralität kann mithin nur der sein, daß der Akt des Erfassens, der tatsächlich von vornherein unter dem Wahr steht und damit unter dem inneren Verhältnis des Wahr zu Gut und Schön, erst langsam, in seiner Reflexion, zur Vollsicht dieser seiner Formgestalt vorschreitet. – Auf diese Weise einigen sich die Ansätze eines metaphysischen Transzendentalismus und einer transzendentalen Metaphysik.

Die Meta-noëtik (als erstes Problem der Metaphysik) wird darum mit einer allgemeinen Problematik des Bewußtseins einzusetzen haben, aus der die Dreistrahlung des Transzendentalen sich langsam heraushebt, um hierdurch die allgemeine Problematik zur eigentlichen Tiefe zu führen. Ebenso wird die Meta-ontik (als zweites Problem) eine allgemeine Problematik des Seins sich innerlich in das Seins-Transzendentale entwickeln lassen und so in ihre schärfere Form. In der abschließenden ausdrücklichen Meta-physik (wie wir das dritte Problem des Zueinander wohl nennen können) ist es dann das Zueinander (der «Welt»), das denselben Weg geht: von seiner Allgemeingestalt durch die ausdrückliche Sicht des Voll-Transzendentalen (d. h. des-Zueinander des noëtisch-ontisch Transzendentalen) zur letzten Struktur dieser Gestalt.

Wir sahen, wie die Problematik des Transzendentalen das «Sosein in-über Dasein» in seiner innerlichen Spannungsweite aufrollt. Wir sahen ferner, wie die besondere Problematik des *unum* (in der Form des Mathematischen) «System» und «Stringenz» für das zwischen engerem Transzendentalismus und Metaphysik spielende Grundproblem besagt, mithin also «System» und «Stringenz», wie sie dieser innerlichen Spannungsweite des «Sosein in-über Dasein» innerlich entsprechen, d. h. also «kreatürliches» System und «kreatürliche» Stringenz. Es ist also nicht nur so, daß in der Problematik zwischen Transzendentalismus und Metaphysik die formale Weise des Werdehaften (der Rück- und Vorbeziehung) wiederkehrt und hierdurch das Gebilde einer «kreatürlichen Metaphysik» stärker bejaht. Sondern das «Sosein in-über Dasein», das als formal konstituierende Grundformel dieser Metaphysik sich gab, zeigt sich hier in der größeren Breite seines Umfangs.

§ 3 Apriorische und aposteriorische Metaphysik

1. Aus der inneren Problematik des Wortes Metaphysik gab sich uns früher (S. 23) das «in sich selbst Grund und Ziel und Sinn» als ihr formalster Gegenstand. Unter dieser Rücksicht ist sie das «Dahintergehen» in die «Hintergründe» des Seins. Hierin liegt aber, durch alle bisherige Problematik hindurch, eine bestimmte Fragestellung nach dem Verhältnis zwischen diesen Hintergründen und den «Vordergründen», nach dem Verhältnis zwischen «Grund und Ziel und Sinn» und dem, was durch diesen Grund begründet, durch dieses Ziel gerichtet, durch diesen Sinn bestimmt ist.

Objektiv ist es sicher so, daß «Grund und Ziel und Sinn» als «Hintergründe» das «Erste» sind, da alles andere ja von hier aus begründet, gerichtet und bestimmt ist. Darum geht die aristotelische Metaphysik auf das *ὂν ᾗ ὄν* im Unterschied zu den ausdifferenzierten konkreten Seinsbereichen. Darum stellt sich ihr *ὂν ᾗ ὄν* in den Kategorien dar: als jenen formalsten Seinsbestimmtheiten, die nicht nur allen konkreten Seinsbereichen, sondern selbst noch den Transzendentalien Wahr-Gut-Schön gemeinsam sind. Darum reichen die konkreten Seinsbereiche (anorganische, organische Welt, Tierwelt, Mensch, Geist) nur in ihrem jeweiligen *πρῶτον ὄν* in die Metaphysik, d. h. in jener ihrer jeweiligen Ur- oder Erstgestalt, der gegenüber ihre konkrete Gestaltenfülle als Ausdifferenzierung erscheint. Darum betreffen selbst Wahr-Gut-Schön nur insoweit die Metaphysik, als es sich nicht um die konkrete Breite von Logik, Ethik, Ästhetik handelt, sondern um das diese Breite innerlich begründende, richtende und bestimmende Wahr-an-sich, Gut-an-sich, Schön-an-sich.

Subjektiv ist damit nur all dieses das Formalobjekt einer Metaphysik: die Kategorien des *ὂν ᾗ ὄν*, das *πρῶτον ὄν* (sei es als platonisches *εἶδος*, sei es als aristotelische *μορφή*: ideale oder reale Ur-Gestalt: *universalia ante rem* oder *universalia in rebus:* kantische Ideen oder schellingsche Potenzen), endlich das *αὐτὸ καθ' αὐτό* des Wahr-Gut-Schön. Es ist Kategorienlehre, in der Breite von Universalienlehre, in der Drei-Gestalt von Logik-Ethik-Ästhetik. – In diesem doppelten Sinn ist Metaphysik apriorisch, weil und insoweit sie auf dieses sachliche Prius des Seins sachlich geht.

Etwas anderes aber ist es offenbar um die subjektive formale Methode einer solchen sachlich formal apriorischen Metaphysik. – Auf der einen Seite scheint es durch deren Formal-Objekt gefordert, eine solche Methode zu wählen, in der eine möglichste Unmittelbarkeit zu diesem Formal-Objekt sich vollzöge. Damit wäre es nicht nur eine Methode direkten Erfassens der drei Inhalte dieses Formal-Objektes (Kategorien, Universalien, in Logik-Ethik-Ästhetik), sondern auch und gerade ihres Charakters als des sachlichen Prius der konkreten Seins-Breite. Es wäre (subjektiv-methodisch) apriorische Metaphysik nicht nur im Sinne von «priorisch»: das Erste unmittelbar erfassend, sondern auch und gerade im Sinne des «a»: vom Ersten her sehend, d. h. vom Grund und Ziel und Sinn her das Begründete, Gerichtete und Bestimmte sehend als solches. – Auf der andern Seite aber ist nicht zu leugnen, daß der konkrete Metaphysiker nicht nur die konkrete Seins-Breite natürlich-unmittelbar vor sich hat, sondern auch selber, bis in sein scheinbar reinstes Denken, Teil von ihr ist. Er steht in Gegenstand wie Akt natürlich-unmittelbar nicht in den Hintergründen, sondern in den Vordergründen, nicht in Grund und Ziel und Sinn, sondern im Begründeten, Gerichteten, Bestimmten. Aus dieser seiner Stellung leitet sich ja gerade die Frage der Metaphysik ab. Weil Grund und Ziel und Sinn als Hintergründe das «Fragliche» sind, sind sie das Erfragte. Weil das konkret Seiende als Vordergrund das «Selbstverständliche» ist, darum geht die Frage von ihnen weg. Sie werden dem Fragenden transparent: erst von ihrem einfachen Vorhandensein in ihr Erscheinen als begründet, gerichtet und bestimmt, dann durch dieses hindurch zu ihrem Grund und Ziel und Sinn. Als subjektive Methode erscheint von hier aus also ein «Aus(-gehen) von» dem, was sachlich «nach» (dem Ersten) liegt: d. h. (subjektiv-methodische) aposteriorische Metaphysik.

Indes haben wir damit nur die formalste Gestalt unseres Problems. Es ist in seiner Konkretheit vielmehr zweigestaltig. Am eingängigsten erscheint es von der Gegenstandsseite her: deduktive (= gegenstands-apriorische) oder induktive (= gegenstands-aposteriorische) Metaphysik. Aber ebenso gehört unter unsern Gesichtspunkt die Frage von der Seite des Aktes her: ist ein sogenanntes «reines Subjekt» metaphysischen Denkens möglich (im Sinne also einer rein akt-apriorischen Metaphysik), – oder ist ein solches nur auf dem Wege einer kritischen Konvergenz der konkreten Subjekte auszukristallisieren (im Sinne also einer akt-aposteriorischen Metaphysik: sei es mehr empirisch-subjektiver, mit Hilfe einer differentiellen Psychologie der einzelnen Denker als Menschtypen; sei es mehr typologisch-subjektiver, mit Hilfe einer Typologie der einzelnen Denkrichtungen)? Mithin liegt erst im Zueinander und Ineinander beider Seiten das volle Problem.

2. Die Gegenstands-Problematik bietet sich uns zuerst. Sie ist die unmittelbarste Konkretgestalt dessen, was wir oben als Formalstes sahen. An und für sich bestünde hier ein Doppelproblem. Das Eine: zwischen Ontologie und Metaphysik (im Sprachgebrauch der Phänomenologie), d. h. zwischen Frage nach dem «Wesen» (Sosein) und Frage nach der Faktizität oder «Vorhandensein» (Dasein). Das andere wäre dann Fragestellung innerhalb der konkret daseienden Welt: deduktive Metaphysik der Erklärung des vordergründigen vom hintergründigen Dasein her – oder induktive Metaphysik der Erklärung des vordergründigen zum hintergründigen Dasein hin. Aber schärfer gefaßt durchdringen sich beide Probleme. – Einmal unterliegt das erste Problem der Form des zweiten. Denn die «Region der Wesenseinheiten» wird als dasjenige gefaßt, von dem aus alles Faktischseiende erst erklärbar ist. Der Unterschied zwischen Ontologie und Metaphysik besteht also nur, wofern man Metaphysik nicht

als Formales nimmt, sondern sie sofort mit einer bestimmten Metaphysik gleichstellt. Aristoteles hat hier recht, wenn er den Begriff Kausalität formal überordnet: Kausalität der Form-Ursache, Kausalität der Wirk-Ursache. In beiden spricht sich das Eine aus: entweder von der Ursache zur Wirkung (gegenstands-apriorisch: deduktive Metaphysik) oder von der Wirkung zur Ursache (gegenstands-aposteriorisch: induktive Metaphysik). – Andererseits aber obwaltet doch auch hier das Umgekehrte. Metaphysik ist zuletzt Was-Frage. Gewiß fragt eine von der Wirkung zur Ursache rückschreitende Metaphysik sachlich vor dem Was nach dem Daß der Ursache und ebenso eine von der Ursache zur Wirkung vorschreitende Metaphysik sachlich vor dem Was nach dem Daß der Wirkung. Aber in beiden Fällen ist doch diese Daß-Frage auf Grund der Frage nach dem Was erhoben. Im Falle gegenstands-apriorischer Metaphysik geht die Frage vom vorausgesetzten Daß von Ursache wie Wirkung auf das gesuchte Was der Beziehung von Ursache zu Wirkung. Im Falle gegenstands-aposteriorischer Metaphysik bewegt sie sich vom vorausgesetzten Daß der Wirkung zu ihrem gesuchten Was und hierdurch und hierin zum Daß und Was der Ursache. Das intentional Bestimmende ist also in beiden Fällen die Was-Frage. Das heißt: Platon hat hier recht, wenn er alle Frage der *ἐπιστήμη* als Frage nach dem *εἶδος* bezeichnet. Die allgemeine Form «gegenstands-apriorisch und – aposteriorisch» hat hier zur Konkretheit: entweder Metaphysik eines ideativen Was (die platonische Form des strengen *εἶδος* über den Dingen: eidetische Metaphysik) oder eines realen Was (die aristotelische Form der immanenten *μορφή* der Dinge: morphologische Metaphysik).

Eidetische Metaphysik zielt auf das Was von Ursache zur Wirkung und darum zuletzt auf das, was den unterscheidenden Primat der Ursache ausmacht: das ideative Vor-enthaltensein der Wirkung in ihr (im höchsten Fall: den *ordo idearum* in Gott). Deduktive Metaphysik ist darum die innere Auswirkung solcher eidetischen Metaphysik: ein Erschauen des ideativen Vor-enthaltenseins geht sinngemäß der Sicht des Erfolgens der Wirkung aus der Ursache voraus. – Morphologische Metaphysik wiederum geht auf das Was von Wirkung zur Ursache und hat darum ihre Grenzen und ihr Maß im Durchschauen der inneren Gestalt der Wirkung, d. h. in einem Erschöpfen der Real-Fülle der Wirkung. Morphologische Metaphysik wirkt sich darum in induktiver Metaphysik aus: als deren richtung-gebendes Telos. – Die wirkliche Gegenstandsproblematik schwingt also zwischen diesen beiden Einheiten, die aber nicht Selbigkeiten sind: *deduktive aus eidetischer Metaphysik*, – *induktive aus morphologischer Metaphysik*.

Auf der einen Seite scheint es (wie schon beim Formalsten zwischen apriorischer und aposteriorischer Metaphysik klar ward) wie selbstverständlich, daß zum mindesten der Ansatz einer nüchternen kritischen Metaphysik «in den Dingen» liegen müsse, d. h. unter dem Primat einer induktiv-morphologischen Metaphysik. – Gewiß hat eine solche bereits in sich selbst eine gewisse Spanne zwischen Apriori und Aposteriori: zwischen einer Gestalt-Methodik, die von vornherein die Beobachtungs-Methodik innerlich leitet, so daß die Sicht der «Gestalt» zum mindesten sachlich der Sicht der «Empfindungen» vorausgeht (prävalent-morphologische Metaphysik), – und einer Beobachtungs-Methodik, die kraft ihrer «experimentellen Exaktheit» zur Sicht der «Gestalt» als der Konvergenz oder gar der Summe der «Empfindungen» zielt (prävalent-induktive Metaphysik). Aber «Gestalt» bleibt «Real-Gestalt», und damit ist das Apriori einer prävalent-morphologischen Metaphysik eigentlich immer nur ein inneres Apriori des Aposteriori, ein *aposteriorisches Apriori*. – Gewiß bewegt sich eine induktiv-morphologische Metaphysik sinngemäß auf die Sphäre zu, in der das Daß wie das Was «dieser» Welt Grund, Ziel und Sinn hat. Ja noch mehr: indem gerade eine so «exakt-experimentell» eingestellte Metaphysik wie die naturwissenschaftliche der letzten Jahrzehnte des vorigen Jahrhunderts den Ruf nach der «Weltformel» erhob, bezeichnet eine extrem induktive Metaphysik als ihr Ziel direkt eine eidetische Metaphysik: Ableitung der Real-Welt aus ihrer «Idee». Aber es ist doch kennzeichnend, daß diese Weltformel ein immanentes Zahlen-Verhältnis besagt, d. h. ein mathematisches Symbol der aristotelischen κυκλοφορία, des in sich selbst zurücklaufenden Umlaufs der Welt. Das heißt, für eine induktiv-morphologische Metaphysik ist eine eidetisch-deduktive Metaphysik Grenzbegriff: im Sinne einer methodisch normierenden Grenzidee, (nach Art des «naturwissenschaftlichen» Kant) oder höchstens einer positiven Grenze (in der Art, wie im aristotelischen Aspekt Thomas' von Aquin formal die Prinzipien im *sensibile* erscheinen und in ihm ihre Grenze haben, – und inhaltlich Gott nur als *principium et finis* erscheint, d. h. im strengen Rahmen der Welt-Frage und darum nicht in seinem *quid est*).

Doch eben diese Art, darin eine eidetisch deduktive Metaphysik innerlich Grenzbegriff einer induktiv-morphologischen bleibt, öffnet uns den Blick in die andere Seite des Verhältnisses. Eine noch so extrem empirisch-experimentelle Metaphysik kommt (wie Hugo Dingler überzeugend nachgewiesen hat) nicht an einem gedanklichen Ansatz ihrer Experimente vorbei. Das «angenommen, daß» besagt bereits eine vorausgehende Theorie, die sich auf die Experiment-Ordnung auswirkt und ihr hierin zum mindesten negativ *a priori* ist. Ein Kantianismus (ferner) der «reinen Methode» besagt eben hierin, daß die Schritte seiner Forschungsarbeit durch diesen Grenzbegriff «reiner Methode» von vornherein gelenkt sind. Das Bestimmtsein durch diesen Grenzbegriff geht also sachlich dem jeweils ersten Schritt voraus, ist ihm innerlich *a priori*. Aristoteles – auch und gerade in der Betonung real-wissenschaftlicher ἀπόδειξις – läßt darum eine (wir würden heute sagen: formal-ontologische) Analyse der Grundbegriffe jeweils vorausgehen. Das δῆλον ἐκ τῆς ἐπαγωγῆς, das er dieser Analyse folgen läßt, erscheint von hier aus fast nur als Exemplifizierung, nicht als Entwicklung aus reiner Empirie. Die aristotelische Art Thomas' von Aquin endlich in der *reductio in sensibile* der *principia* (Ver q 12 a 3 ad 2 et 3) ist mitten durchschnitten durch die Lehre vom apriorischen Zirkel des Sich-in-sich-selbst-Schließens derselben *principia* (Ver q 10 a 8 ad 10), in denen dann folgerichtig alle Wissenschaft «samen-artig» vorenthalten ist (S Th 1 q 58 a 3 corp; Ver q 10 a 13 corp, q 12 a 3 corp usw.). Da nun aber eine Wissenschaft so lange «unkontrollierte Meinung» *(δόξα)* ist, als ihre Voraussetzungen nicht geklärt sind und der Weg des Erfolgens aller Schritte aus ihnen nicht geprüft ist, so hängt offenbar von hier aus nichts Geringeres denn der strenge Wissenschafts-Charakter *(ἐπιστήμη)* der Metaphysik daran, daß eine eidetisch deduktive Metaphysik zum mindesten ihr Baugerüst bilde. Dann gilt aber der Satz, daß nicht nur eine apriorische Eidetik die Voraussetzung aposteriorischer Empirie ist, sondern daß dem Aposteriori selber sein eigenes Apriori vorausgeht, nämlich so wahr dem Vollzug der Erfahrung ihr Begriff vorausliegt. Es geht mithin geradezu um das Apriori eines apriorischen Aposteriori.

So liegt die Gegenstands-Problematik apriorischer und aposteriorischer Metaphysik scharf zwischen einem aposteriorischen Apriori (des Morphologischen «im» Empirischen) und einem apriorischen Aposteriori (des Eidetischen «des» Empirischen). – Damit ist aber die Lösung dort zu suchen, wo Platon wie Aristoteles wie Thomas von Aquin sie fanden: in einem letzten Zueinander und Ineinander (wie es am schärfsten sich in den Analysen von Met IV ausspricht, in denen Aristoteles zugleich die reine innere Möglichkeit der Begriffe auseinanderfaltet, und doch immer innerhalb der Empirie). – In der betonten Richtung einer eidetisch-deduktiven Metaphysik liegt erstens die Betonung der unterscheidenden Formalität von Metaphysik und zweitens ihres Verhältnisses als Voraussetzung der Realwissenschaften. Das Erste: weil ihr Formal-Objekt des «Grund und Ziel und Sinn» innerlich fordert, daß man sich nun auch (im Unterschied zu den Realwissenschaften) wirklich unterscheidend damit beschäftige. Das Zweite: weil die Realwissenschaften von sich aus eine Klärung ihrer formalen Grundbegriffe und Methoden voraussetzen. Sie selber beschäftigen sich (Platon: Politeia VII 511 BC) mit dem Weg von den *ὑποθέσεις* zur *τελευτή* (die Real-Forschung im Umkreis der empirischen Welt), beruhen aber sachlich auf einer Prüfung der *ὑποθέσεις*, also einem Rückweg von ihnen zur *ἀρχή*, der eine Eidetik ist *(εἴδεσιν αὐτοῖς δἰ αὐτῶν εἰς αὐτά)*. In der betonten Richtung einer induktiv-morphologischen Metaphysik aber begreift sich erstens die Konkretheit der Formalität von Metaphysik und zweitens ihre Begrenzung gegenüber und ihr Bestimmtsein durch die Realwissenschaften. Das Erste: weil auch und gerade eine Eidetik immer nur sein kann eine solche der realen Eide des realen Seins: die nicht sich beschäftigt mit Wesenheiten und Wesenszusammenhängen «an sich», sondern «dieser Welt», d. h. den *essentiae rerum*, weil nur diese uns wirklich «gegeben» sind. Alles Forschen um «Möglichkeiten an sich» (die scholastischen *possibilia*, die kantischen reinen Formen, die phänomenologischen Eide) ist von hier aus zunächst nur Abschreiten der äußersten Grenzen «dieser» Welt. Es überschreitet sie nur so weit, als es in den realen «Grund und Ziel und Sinn» dieser Welt vorzudringen vermag, um von ihm aus «Möglichkeiten» zu sehen, aber damit auch nicht streng «an sich», sondern im strengen Rahmen der letzten Grenz-Erkenntnis dieses «Grund und Ziel und Sinn» (d. h. seiner *theologia negativa*). Daraus folgt das Zweite: eine solche Metaphysik liegt, gerade weil und insoweit sie Voraussetzung der Realwissenschaften sein will, so ihnen voraus, daß sie in ihnen sich vollzieht. Ihr erster Schritt ist auch Schritt der Realwissenschaften. Denn er betrifft dasselbe Gelände: «dieser» Welt. Dann ist aber auch ihr Weiterschreiten nicht einfach unabhängig. Was «Mensch» ist, geht gewiß der Verzweigung der anthropologischen Realwissenschaften voraus und wird darum in deren Entfaltung nicht zu «Pflanze» oder «Tier» oder «reiner Geist» umgeändert, sondern in seiner Selbigkeit entfaltet. Aber es bleibt doch bestehen, daß er sich wirklich entfaltet. In diesem Sinne liegt also eine Minimum-Metaphysik der realwissenschaftlichen Verzweigung und Entfaltung voraus, um in ihnen zu einer Maximum-Metaphysik zu wachsen, – ohne daß (kraft der methodisch-formalen Scheidung zwischen Eidetik und Empirie) es formal Metaphysik «von Gnade» der Realwissenschaften wäre.

So liegt die Lösung darin, daß die eidetisch-deduktive Metaphysik aus einer rein-idealen zu einer realen und aus einer absoluten zu einer sich entfaltenden (in der Verzweigung und Entfaltung der Real-Wissenschaften) sich ernüchtert, während umgekehrt die induktiv-morphologische Metaphysik aus ihrer Vermischung mit den Realwissenschaften zu einer (realogischen) Eidetik und aus ihrer Bindung an den Wandel der Beobachtung zu einer (realogischen) Prinzipienlehre sich läutert. Die Lösung trifft den Punkt, darin Morphē und Eidos sich treffen. *Μορφή* als innerlich reale «Gestaltigkeit der Dinge» besagt ein «verwirklichtes Wesen», also mit Vorzug «Sosein in Dasein», *εἶδος* hingegen bezeichnet die innerlich ideale «Idee der Dinge», das «Wesen als Richte der Verwirklichung», also mit Vorzug «Sosein über Dasein». Das Problem des gegenseitigen Verhältnisses zwischen morphologischer und eidetischer Metaphysik führt sich also damit auf das «in-über» zurück, das die schwingende Einheit beider ist. Dann sind aber – in letzter Folgerichtigkeit – Induktion als das realogische *in fieri* der Morphē («zur Gestalt hin») und Deduktion als das ideative *in fieri* des Eidos («von der Idee her») die wechselnden Akzentuierungen dieses «in-über»: Induktion als Rhythmus vom in zum über (in —→ über), Deduktion als Rhythmus des über zum in (in ←— über). Das differenziert sich noch weiter aus, wenn wir die Themen-Abfolge der Metaphysik einzeichnen. – Eine Meta-noëtik kann gewiß nicht anders denn vom konkret-menschlichen Bewußtsein ausgehen, also in einer Richtung induktiv-morphologischer Metaphysik. Aber sie zielt doch ebenso von vornherein darauf, weder eine Empirie noch eine Morphologie des anthropologischen Bewußtseins zu geben, sondern das Wesen von Wissen überhaupt. Der induktiv-morphologische Ansatz steht also im ersten Anheben unter eidetisch-deduktiver Intention. Diese Intention diktiert darum auch notwendig die Einteilungs-Gesichtspunkte einer Meta-noëtik. So wird es das, was Husserls immanente Phänomenologie positiv will. Aber das Negative ist aufgehoben: an Stelle der Ausklammerung der konkreten Existenz tritt die allmähliche Überführung vom Induktiv-Morphologischen ins Eidetisch-Deduktive, und darum schließt sich auch die «immanente Sphäre» nicht zur Absolutheit des «reinen Bewußtseins» zusammen, sondern öffnet sich in sich selbst wieder zum konkreten Sein. – In der (ausgesprochenen) Meta-ontik wird der induktiv-morphologische Ansatz sich verstärken müssen, weil eine Seins-Betrachtung offenbar in höherem Maß vom konkret vorliegenden Sein abhängig ist. Andererseits geht doch aber auch sie nicht auf eine induktive Morphologie des vorliegenden konkreten Seins, sondern die Betrachtung des konkreten Seins ist das Hindurch zur Betrachtung des Seins an sich. Es besteht mithin auch hier von vornherein die eidetisch-deduktive Intention, aber das Induktiv-Morphologische ist hier nicht nur Ansatz, sondern zum mindesten fortdauernder Ansatz. Die Einteilungs-Gesichtspunkte werden darum das Merkmal dieses «Fortdauern» an sich tragen müssen. – In der (ausgesprochenen) Metaphysik der «Welt» wird diese Verlagerung des Akzentes zum Induktiv-Morphologischen hin dann ihren Höhepunkt erreichen, so daß scheinbar hier eine Morphologie der konkreten Welt entsteht. Denn sie ist nicht nur «konkret», indem sie «besteht» (und so Sosein und Dasein «zusammenwachsen»), sondern indem sie, auch in ihrer allgemeinsten Struktur, ein bestimmtes Zueinander bestimmter Seinswesen zeigt, also deren «Zusammengewachsensein *(con-crescere)*» eben zur «Welt». Aber auch so bleibt von vornherein die Intention auf das Eidetisch-Deduktive. Denn es geht hier, wie wir früher (§ 1) sahen, um die Form des Zueinander als solche, um «Welt überhaupt». So werden die Einteilungs-Gesichtspunkte gewiß vorwiegend von «dieser» Welt her diktiert sein, aber doch nur, daß die Form von «Welt überhaupt» durch sie hindurch sich öffne. – Wir beobachten also eine Akzent-Verlagerung zwischen einem relativen Plus des Eidetisch-Deduktiven (in der Meta-noëtik) und einem solchen des Induktiv-Morphologischen (in der Metaphysik der Welt), aber unter bleibender Wahrung des Gesetzes, daß ein induktiv-morphologischer Ansatz von vornherein durch die Intention auf das Eidetisch-Deduktive gerichtet ist.

Wir haben also – im Gegenstandsproblem apriorisch-aposteriorischer Metaphysik – in mehrfacher Weise eine Unterstreichung und Verstärkung des Charakters «kreatürlicher Metaphysik»: ihre formal konstituierende Grundformel «Sosein in-über Dasein» bestimmt nicht nur das Wesen der einzelnen Möglichkeiten (Morphē-Eidos, Induktion-Deduktion), sondern die formale Schwingungsbreite des «in-über» ist selber das Gesetz der wechselnd schwingenden Einheit zwischen ihnen. Aber dadurch ist es nicht nur Unterstreichung und Verstärkung. Sondern es zeigt sich hierin – von der Gegenstandsseite her – die besondere Form-Gestalt kreatürlicher Metaphysik: in eben diesem schwingenden Zueinander und Ineinander von Morphē (als «Sosein in Dasein») und Eidos (als «Sosein über Dasein»), Induktion (als «in —→ über») und Deduktion (als «in ←— über»).

3. Dieses Ganze verschärft sich aber nun durch die Akt-Problematik apriorischer-aposteriorischer Metaphysik. – Im Vorhergehenden war für den Denker einer Metaphysik stillschweigend vorausgesetzt, daß er «als» Denker nicht ist «dieser» konkrete Mensch, wie er sich von «jenem» unterscheidet, sondern der Denker «überhaupt», geradezu «das» Denken in *actu*. Die Variationsbreite, die im Schwebe-Charakter der Lösung sich auftat, gab sich ausschließlich als sachliche, d. h. nicht bedingt durch die Person des Denkers, sondern durch die Breite der sachlichen Möglichkeiten. Insofern aber doch die einzelnen Möglichkeiten Person-Namen tragen (Platon, Kant usw.), war es eigentlich personale Benennung sachlicher Möglichkeiten bzw. umgekehrt Objektivierung personaler Standpunkte. Es war faktisch ein Apriori «des» Denkens gegenüber dem konkret-geschichtlichen Denken. Es war faktisch geübte akt-apriorische Metaphysik. – Ist das der Fall, dann wird offenbar, wie das Problem zwischen apriorischer und aposteriorischer Metaphysik erst voll, ja überhaupt erst ganz scharf gesichtet ist, wenn die Frage zwischen «dem» Denken (einer akt-apriorischen Metaphysik) und konkret-geschichtlichem Denken (einer akt-aposterirorischen Metaphysik) sich erhebt.

In der Gegenstands-Problematik lag die Fragestellung nicht zwischen Metaphysik und a-metaphysischem Empirismus, sondern zwischen zwei Möglichkeiten wirklicher Metaphysik. Entsprechend ist die Breite der Akt-Problematik auch nicht mit einem Entweder-Oder zwischen einem der Wahrheit fähigen Denken und einem empiristischen Relativismus bezeichenbar. Eine akt-aposteriorische Metaphysik ist hier eine solche, die durchaus auf Wahrheit-an-sich zielt, aber unter positiver Einbeziehung der konkret-geschichtlichen Differentiation der Standpunkte, – während für eine akt-apriorische Metaphysik diese Differentiation entfällt, da das Denken, auf das es ihr ankommt, immer nur « das » Denken ist. Dieses aber geschieht wesentlich als ein und dasselbe, unabhängig von Person und Geschichte, also a priori zu deren Erfahrungsbereich. Das Problem, um das es geht, ist sichtbar an der Art, wie etwa Aristoteles auf der einen Seite in seiner Syllogistik und deren Unterbau in der Axiomatik mit der Wurzel im Widerspruchsprinzip auf einen reinen Akt-Apriorismus zielt, – und doch andererseits nicht nur faktisch seine Problematik aus einer Aporetik der geschichtlichen Lösungen entwickelt (Met I 3. 10), sondern auch und gerade sein Widerspruchsprinzip aus der Auseinandersetzung mit Heraklit («alles ändert sich») und Parmenides (« alles bleibt dasselbe ») gewinnt (Met III 8, 1012 B 22–31). Es ist fast noch schärfer bei Thomas von Aquin zu sehen, wenn er auf der einen Seite eine sich in sich selbst schließende apriorische Struktur reiner *principia* aufstellt, an denen sich nicht nur das Denken als richtig ausweist (Ver q 1 a 12 corp, q 10 a 1 corp; S Th 1 q 85 a 6 corp), sondern innerhalb deren (Ver q 10 a 13 corp, q 12 a 3 corp; Ver q 9 a 5 corp usw.), ja durch die (als *semina*) es geschieht (S Th 1 q 58 a 3 corp; Ver q 9 a 5 corp usw.) –, während doch auf der andern Seite seine tatsächlich geübte Methodik sich als Konkordanz zwischen den geschichtlichen *auctoritates* darstellt, und dies nicht nur in einer Art Ausdehnung der theologischen Traditions-Methodik, sondern mit der ausdrücklichen Gründung der übergeschichtlichen *principia* auf die inner-geschichtliche *providentia divina et dispositio* (Ver q 5 a 2 ad 7: *necessitas principiorum dictorum consequitur providentiam divinam et dispositionem*). Dieses faktische Nebeneinander und Ineinander ist kritisch zu reflektieren. Es sind wohl drei Gesichtspunkte, um die es geht: über-geschichtliches gegen innergeschichtliches Denken, sach-aporetisches gegen geschichts-aporetisches Denken, progressives gegen regressives Denken. In diesen drei Formen verschiebt sich eine akt-apriorische Metaphysik immer näher zu einer akt-aposteriorischen, ohne daß aber der letzte Unterschied sich aufhöbe. Er übersetzt sich nur.

Eine akt-apriorische Metaphysik wird in ihrer strengen Form übergeschichtlichen System-Charakter tragen. Von ihr aus gesehen kann es in der Auseinandersetzung zwischen Denker und Denker immer nur darum gehen, daß durch die Eine Wahrheit die Vielheit der Falschheit überwunden werde. Das Denken im Denker ist folgerichtig eine Region, die aus der sonstigen Kreatürlichkeit des Denkers ausgenommen ist, aus seiner individuellen Begrenztheit (im Nebeneinander) und seiner geschichtlichen Wandelbarkeit (im Nacheinander). Sie ist darum zur gesamten Kreaturgestalt des Denkers *a priori*. Die Eckart-Traktate, die Martin Grabmann entdeckt hat, ziehen darum die richtige Konsequenz, wenn sie dieses Denken als die eigentliche Göttlichkeit bezeichnen. Es ist die Göttlichkeit des reinen Denkens, wie sie später den gesamten deutschen Idealismus beherrscht: das «transzendentale Subjekt» Kants, der «absolute Geist» Hegels, bei beiden als immanente Göttlichkeit im empirischen Menschen. Es ist die Gegen-Position zu Thomas' von Aquin Artikel 5 und 6 der Quaestio 1 *De veritate*, die keine *veritas aeterna creata* kennen, sondern allein die Rückführung alles kreatürlichen Wahrheits-Erkennens positiv durch die Kreatürlichkeit des kreatürlichen Denkens hindurch zu dem Einen göttlichen Denk-Subjekt über der Kreatur, so daß die Eine Ewige Wahrheit Gottes in kreatürlicher Wahrheit sich noëtisch offenbart wie ontisch das göttliche Sein im kreatürlichen, d. h. in Ausdifferenzierung des Nebeneinander und Nacheinander *(cum verum et ens convertantur)*.

Dieser einschneidenden Kritik trägt offenbar die mildere Form akt-apriorischer Metaphysik Rechnung, die für eine Sach-Aporetik eintritt. Eine solche Sach-Aporetik will ein Dreifaches. Einmal: Rückführung in die letzten Un-zugänglichkeiten *(a-poroi)*. Dann aber weiter: Demaskierung aller sogenannten Lösungen in Darstellungen jeweils «einer» Seite des betreffenden Problems. Endlich folgerichtig: Rückführung des geschichtlichen Ablaufs des philosophischen Denkens auf eine immanente sachliche Dialektik der Probleme. Hieran wird aber sichtbar, wie der Kritik Thomas' von Aquin doch nicht Rechnung getragen ist. Diese

Kritik fußt in der Betonung des Unterschieds zwischen Gott und Kreatur auch und gerade im Denken. Eine sach-apriorische Metaphysik hebt aber gerade diesen Unterschied auf, nur subtiler als es in der übergeschichtlichen geschah. Einerseits entgöttlicht sie das Denken der Ewigen Wahrheit zur Absolutheit einer Ewigen Dialektik. Andererseits vergöttlicht sie aber das kreatürliche Suchen zu einer absoluten Dialektik. So ist das Sach-Apriorische in der Tat nur eine andere Form des Denkens als immanenter Göttlichkeit im empirischen Menschen. Es ist über-individuale und übergeschichtliche und hierin (weil das Nebeneinander und Nacheinander wesenhaft die Kreatur bezeichnet) über-kreaturale «reine Dialektik».

Die akt-apriorische Metaphysik macht darum einen letzten Versuch, die Differentiation des (individualen) Nebeneinander und (geschichtlichen) Nacheinander in ihren Apriorismus einzubeziehen. Eine «reine Dialektik» ist dadurch vor allem «rein» (im Sinne apriorischer Absolutheit), daß sie das In-sich-zurück-Laufen des Kreises zur inneren Form hat. Der Kreis aber ist das Zeichen der reinen sich selbst genügenden Vollendung: vom *κύκλος τέλειος* des Aristoteles (Phys VII 3, 246 A 14ff) bis zum *εἰς κορυφὴν .. συνάγεσθαι*, womit Dionysius von Alexandrien die Bewegung des innergöttlichen Dreipersönlichen Lebens bezeichnet (Fragm ex ep 2). Das erscheint beseitigbar durch die Form der Progression. Kreatürlichem Sein ist es eigen, werdehaft nach vorwärts zu sein, nicht sein So schlechthin zu sein, sondern es zu werden. So dürfte also kreatürliches Denken dadurch kreatürlich sein, daß es werdehaft nach vorwärts ist, d. h. progressiv. Indem es werdende Wahrheit ist, scheint so das Kreatürliche beachtet. Indem es aber, auch so, werdende Wahrheit ist, wird eine Wahrung des Apriorischen vermeint. Denn Progression will sagen: gradlinig vorwärts wachsende Wahrheit, unabhängig vom Auf und Ab menschlicher Geschichte. Die Progression ist gewiß nur möglich durch die Faktoren dieser menschlichen Geschichte, – und insofern geht das Nebeneinander-Nacheinander des Kreatürlichen in diese Progression ein. Aber in diesem Eingehen müssen sie sich aus dem Eigensten dieses Nebeneinander-Nacheinander übersteigend über-setzen, nämlich aus dem Auf und Ab von Entfaltung und Verfall in die logische Gradlinigkeit der stetigen Progression (wie sie in der Aufklärung vor allem sich ausspricht). Damit wird klar, wie selbst und gerade hier (weil Subtilität Zuspitzung ist) doch die alte Göttlichkeit des reinen Denkens obwaltet. Die logische Gradlinigkeit der steten Progression ist der Realität des kreatürlichen Auf und Ab *a-priori*. Progression ist einerseits wie oben Entgöttlichung: der Unwandelbarkeit Ewiger Wahrheit in eine Ewige Progression (der «werdende-Gott-Geist»). Andererseits ist sie eben darin Vergöttlichung der Un-Reinheit des kreatürlichen Auf und Ab in die «reine Progression». Auf der einen Seite ist ein Werden mit Ewiger Absoluter Wahrheit unverträglich. Auf der andern Seite ist das spezifisch kreatürliche Werden keine reine Progression. Es ist zum mindesten ebensosehr Regression, d. h. Entfaltung eines vorliegend Gegebenen und hierin Rückbezug auf Urzustände: der Baum, der immer wieder von der Wurzel her sich erneut. Es ist aber noch dazu nicht eine immanente reine Dialektik beider Prozesse, Progreß und Regreß, sondern in ganz besonderm Sinn die unsystematisierbare Un-Reinheit in diesem Ineinander: der Rest, der nicht aufgeht. Es ist nicht nur Auf und Ab, sondern Auf und Ab, das keiner Rhythmus-Formel gehorchen will. –

Eine akt-aposteriorische Metaphysik hat von hier aus sicher leichteren Stand. – Sie wird in der Form reiner Innergeschichtlichkeit gerade das zur Methode erheben, was eben immer als Einwand erschien: die Scheidung zwischen übergeschichtlicher Wahrheit und innergeschichtlichem Auf und Ab. Die übergeschichtliche Wahrheit ist dann die Idee, zu der hin die echte Innergeschichtlichkeit des Denkens in ihrer Vielgestaltigkeit konvergiert. Im Maße darum als es gelingt, mit dem Auge der Universalität dieser Innergeschichtlichkeit zur übergeschichtlichen Wahrheit hinzuschauen, wird Wahrheit erkannt. Aber hier erhebt sich ein anderes böses Dilemma. Entweder man macht mit echter Geschichtlichkeit Ernst, dann ist erstens (da der «universale Schauer» selber innergeschichtliche Einzelheit ist) das «Auge der Universalität» selber eine reine Grenzidee, und zweitens bleibt, selbst wenn ein solches Auge realisierbar wäre, die Scheidung zwischen geschichtlichem Ablauf und übergeschichtlicher Geltung. Oder man sucht mit allen Mitteln aus den geschichtlichen Standpunkten gleichsam ein innergeschichtliches *καθόλου* zu entwickeln, einen «Generalnenner», so hat das zur Folge, daß man Geschichte und Philosophie vermischt. Eine solche Mischung ist dann aber entweder Entsachlichung sachlicher Wahrheit zur Ebene des faktischen Geschehens (d. h. nicht Aussage über das, was wahr ist, sondern über das, was durchgehend für wahr gehalten wird) oder Ent-Geschichtlichung geschichtlichen Geschehens (zu einer Selbsterscheinung des Logischen).

Dieser Punkt der Schwierigkeit ist der Ort der Geschichts-Aporetik. Sie scheidet sich gegen die Sach-Aporetik (als zweite Form akt-apriorischer Metaphysik) durch die Umkehrung der Gesichtspunkte. Während die Sach-Aporetik vom Übergeschichtlichen zum Innergeschichtlichen hin visiert, tendiert die Geschichts-Aporetik vom Innergeschichtlichen zum Übergeschichtlichen. Während darum die Sach-Aporetik das System eines geschichtlichen Denkens als Teil-Schritt im sachlichen Entwicklungs-System eines Problems-an-sich begreift, ist es das Grundlegende für eine Geschichts-Aporetik, die eigene innere Rundung des betreffenden Systems zuerst zu sehen, um erst dann, positiv transparent hindurch, in der Ganzheit des geschichtlichen Systems tiefer «eine» Prävalenz-Form im Sach-System des Problems-an-sich zu erkennen. Ihre Methode des Vergleichs zwischen geschichtlichen Systemen wird darum ihre beste Form an der «transposition» haben, die Maréchal so glänzend für seine Auseinandersetzung zwischen Thomas und Kant zu handhaben wußte. Das heißt: es kommt darauf an, in der geschichtlich bedingten Sicht und Sprache des einen Denkers das Denken des andern wiederzufinden, wie es z. B. aus dem F-Dur-Schlüssel seiner geschichtlichen Bedingtheit in den as-Moll-Schlüssel der geschichtlichen Bedingtheit des andern über-tragen ist. Die Methode geht dann weiter zur vergleichenden Kritik der beiden restbeständlichen geschichtlichen Bedingtheiten, um so asymptotisch zu einer Sach-Aporetik zu gelangen. Aber gerade hieran zeigt sich, wie der böse Rest unserer ersten Form akt-aposteriorischer Metaphysik doch nur verwandelt ist. Macht man nämlich mit der strengen Geschichtlichkeit einer Geschichts-Aporetik Ernst, dann werden immer geschichtliche Restbestände bleiben. Die Geschichts-Aporetik geht in eine Sach-Aporetik nicht auf. Sie sind sich in dem, was Aporetik heißt, gewiß äußerst nah, d. h. in der Sicht des Begrenzten und Werdehaften und der letzten Un-zugänglichkeiten. Aber in einer echten Geschichts-Aporetik ist es realfaktische Aporetik. Das relativ Systematische einer Typenstruktur (z. B. «Kantianismus an sich») ist Grenzbegriff tatsachenfeststellender Betrachtungsweise, die in dem Maße sich «echt» weiß, als sie dem rein faktischen «Bestehen» unverbundener Tatsachen nahebleibt. Umgekehrt ist echte Sach-Aporetik ideative Aporetik. Das relativ Unsystematische des Sichverzweigens der Probleme-an-sich (z. B. noëtischer Transzendentalismus» als das «Sach-aporetische des geschichts-aporetischen Kantianismus») ist Grenzbegriff systematischer Betrachtungsweise, die auf sachliche Erschöpfung der Möglichkeiten und ihre möglichste Begründung aus einem letzten Prinzip zielt. Es ist also so, daß gerade das Sich-treffen von Geschichts-Aporetik und Sach-Aporetik den schärferen Unterschied offenlegt: hie innergeschichtliches Geschehen, hie übergeschichtliche Wahrheit.

Mit diesem Unterschied sucht die letzte Form akt-aposteriorischer Metaphysik Ernst zu machen, – aber doch so, daß sie ihn ins Innergeschichtliche irgendwie hineinzunehmen sucht. Wir meinen die Regression, wie sie in der Tradition sich ausspricht (als dem Gegenbegriff zu «progressiver Aufklärung»). Alles Innergeschichtliche ist nicht einfach gleichmäßiger Lauf. Die Geschichte weist vielmehr in sich selbst Quellpunkte auf, in denen ein Neues richtig «entsteht». Eine Geschichtsmethode, die sich einseitig naturwissenschaftlicher «geschlossener Kausalität» verschreibt, wird an diesen Einschnitten, die Franz Overbeck «Urgeschichte» genannt hat, vorübergehen, und insofern kann sie sie «vor-geschichtlich» nennen. Aber für den neutralen Blick sind beide durchaus zu scheiden: Entstehung (Urgeschichte) und Lauf (Geschichte). Was «entsteht», gewinnt damit eine gewisse Übergeschichtlichkeit. Sein «Lauf» ist in gewissen Grenzen das innergeschichtliche entfaltungshafte Sich-kund-tun dieser übergeschichtlichen Gestalt. Die übergeschichtliche Gestalt ist das bleibende Kriterium ihrer innergeschichtlichen Ausgestaltungen. Das Ineffabile ihrer Erst-Erscheinung (im Moment der Urgeschichte) ist der Jungbronn, zu dem alles Altern sich zurückbiegt. So ist es nicht nur beim Geschichtsgebilde Christentum der Fall, sondern in annähernder Form auch bei andern. Denn man spricht von der «Tradition» eines Volkes, Staates, Geschlechtes, Bundes usw. – Es ist klar, wie das auf unsern Fall sich anwendet. Platon und Aristoteles sind geschichtsbedingte Geschichts-Teile. Aber in ihnen «entsteht» das Gebilde einer die Geschichte durchdauernden und in sie hinein und durch sie sich ausdifferenzierend entfaltenden Einen Philosophie. Eine übergeschichtliche Wahrheit hat damit einen innergeschichtlichen Lauf. Jeder Schritt des Laufs ist lebendige Tradition, nicht nur sich messend an der «Ur-Form», sondern lebendig sie als dieselbe neu kündend. Die Übergeschichtlichkeit der Wahrheit transponiert sich damit aus der Ebene des Ideativen in die Ebene des Real-Faktischen, indem sie Telos in der Geschichte wird: als ursprung-gebende Zweck-Ursache dem verursachten Lauf sachlich «voraus» (apriorisch a priori), als innerlich leitende Zweck-Ursache über den geleiteten Lauf immer je «bevor hinaus» (aposteriorisch a-priori). Diese Weise wird dem unterscheidend Kreatürlichen sicher unvergleichlich gerechter als entsprechend die Weise der Progression (in der akt-apriorischen Metaphysik). Denn Kreatur ist als «Werde, was du bist!» nicht ein «Werdendes ins Unendliche», sondern «werdend (einmal) Gegebenes». Progression ist (entsprechend dem besonderen «letzten Ton» akt-apriorischer Metaphysik) vielmehr «Verkreatürlichung des Göttlichen», nämlich seiner Unendlichkeit in eine «werdende Unendlichkeit». Regressive Tradition dagegen bezeichnet (ebenfalls entsprechend einem «letzten Ton» akt-aposteriorischer Metaphysik) die gesteigerte Begrenztheit: das begrenzte So einer Wahrheit (z. B. des peripatetischen Systems), das nicht nur erst allmählich sich entfaltet, sondern auch immer nur in den Grenzen seiner Ursprungs-Gestalt. – Aber gerade die nüchterne Geschichte dieser «Traditionen» zeigt sehr klar, wie hier doch keine innere Synthese zwischen Geschichte und Wahrheit sich vollzieht. Die Geschichte der «Traditionen» ist bezeichnet durch den ewigen Streit zwischen streng-geschichtlicher und sachlich-logischer Interpretation des «Autors». Zum Beispiel eine streng geschichtliche Thomas-Interpretation hat die Vorteile der geschichtlichen Treue: was Thomas wirklich gesagt hat. Aber sie trägt in sich die Tendenz, nicht nur den Autor zu relativieren, sondern auch damit zu einem Objekt reiner Tatsachen-Forschung zu machen. Das heißt, sie tötet ihn als «Autor» lebendiger «Tradition». Dies vermeidet eine sachlich-logische Interpretation gewiß so sehr, daß unter ihren Händen Thomas lebendig «immer weiter redet» (in die Ausfolgerungen seiner Gedanken hinein). Aber damit vollzieht sich gleichzeitig eine Entgeschichtlichung. Aus dem, «was Thomas wirklich sagt», wird, «was Thomas folgerichtig sagen muß» (wobei als Mittelgriff des Syllogismus die jeweils eigene Doktrin des Interpreten sich einschiebt). Aus dem geschichtlichen Autor wird ein *universale a parte rei*, und ein unkontrollierbares, jeweils von Gnaden der Interpreten, nicht nur ihrer «Schule», sondern auch und gerade des Einzelnen. Damit aber enthüllt sich die scheinbare Lösung in das ursprüngliche Problem: innergeschichtliches Geschehen, übergeschichtliche Wahrheit. Der Schnitt zwischen beiden geht nun einmal tiefer als die Beziehung zwischen übergeschichtlichem Telos und innergeschichtlichem Lauf. Er läßt sich nicht in das Real-Faktische als solches verharmlosen. Das führt entweder (auch und gerade im Falle regressiver Tradition) zu einem Historismus der Wahrheit oder einem Logizismus der Geschichte. Der Schnitt ist und bleibt vielmehr derjenige zwischen Ideativ und Real. –

Ist das aber der Fall, dann wird es in unserm Problem um einen solchen Ausgleich zwischen akt-apriorischer und akt-aposteriorischer Metaphysik gehen, der diesem Schnitt zwischen Ideativ und Real nicht nur Rechnung trägt, sondern auch der besonderen Form der Ordnung zwischen Ideativ und Real. Nicht nur nicht leitet sich Wahrheit aus Geschichte oder Geschichte aus Wahrheit ab, sondern in einer (die Unterschiede wahrenden) Bindung zwischen ihnen bezeichnet Wahrheit ihre Formrichtung, weil es in Metaphysik nicht geht um Erkenntnis dessen, was geschichtlich als wahr ausgesagt wurde, sondern dessen, was wahr ist. Aber Geschichte wird das positiv bewußte Medium sein müssen, in dem solche Erkenntnis sich vollzieht. Das besagt für den Rück-Blick des geschichtlich bedingten Denkens: positiv bewußtes Hinauswachsen aus der Tradition. Das fordert für seinen Mit-Blick (d.h. in die Gegenwart): ein Hinauswachsen aus der Tradition, das befruchtet ist durch ein möglichst universales Mit-Leben mit den Geistes-Motiven der Gegenwart. Das erwartet zuletzt für den Vor-Blick (in die Zukunft): ein schaffendes Denken, das dem Strom des geschichtlich durchdauernden Denkens (einer lebenshaften *philosophia perennis*) nicht starres Gestein («unfehlbarer neuer Systeme») in die Strömung sperrt (natürlich vergeblich), sondern das zuletzt nur im Dienste dieser steht, indem es (im Ideal-Fall) lautlos Mit-Vollziehen der Strömung ist und hierin «über sich selbst hinaus».

Die hierin sich formende Methode wird dann folgerichtig zu diesem dreifachen Blick sich gestalten. – Dem Rück-Blick (des positiven Herauswachsens aus der Tradition) entspricht: ein Eintreten in die Strömung möglichst von den Quellen her, weil es nur so möglich wird, ihren ursprünglichen Stromschlag zu fassen (besser: von ihm erfaßt und durchfaßt zu werden). Es wird für den heutigen Denker also nicht genügen, aus einer inneren Auseinandersetzung mit Descartes, Spinoza, Kant, Hegel heraus zu schaffen. Denn diese Philosophie der Neuzeit hat erstens (wie die neueren Forschungen Koyrés, Heimsoeths usw. immer mehr erweisen) die Probleme der Scholastik zu ihrer Voraussetzung. Zweitens trägt sie, wie Hegel am ungeschminktesten es in seinen Vorlesungen zur Geschichte der Philosophie dargelegt hat, die besondere Form protestantischer Theologie in sich und ist das *intelligere* ihres *credere*. Vom Ersten her weist sie also in die unverkürzte Breite jener Problematik, die in die Scholastik einmündete (ohne in ihr ausgeschöpft zu sein): Platon, Aristoteles, Augustin,

Thomas von Aquin. Vom Zweiten her ist erfordert, ihre Form protestantischer Theologie in ihren Ursprung hindurch zu führen, d. h. sie von der ungeminderten Breite katholischer Theologie her zu verstehen. Das, was heutige protestantische Theologie, die Theologie sein will und nicht Religionswissenschaft, neu unternimmt, z. B. in Karl Barth, das ist auch und gerade Angelegenheit einer heutigen Metaphysik: positive Auseinandersetzung mit katholischer Theologie. So wird man in besonderem Sinn von einem positiven Herauswachsen aus der Ur-Tradition sprechen können. – Der Mit-Blick (in die Gegenwart) verwirklicht sich dann in einem Leben der Quellen in ihrer Strömung jetzt. Es ist schon für den Geschichtsschreiber eine Utopie, aus seiner Gegenwart künstlich ausscheiden zu wollen, um ursprünglich und unmittelbar die Zeit zu leben, über die er forscht. Das gilt erst recht für den Metaphysiker, der die Tradition nicht geschichtlich erforscht, sondern aus ihr leben will zur übergeschichtlichen Wahrheit hin. So bleibt nur eins: innerhalb der Strömung jetzt heute das Leben der Quellen zu leben. Das dürfte sich als Methode kritischer Reflexion bezeichnen lassen. Kritisch: insofern man sich den Unterschied heutiger Fragestellung und der Fragestellung der Traditionsauktoren bewußt hält. Reflexion: insofern solche scheidende Kritik doch den positiven Sinn hat, den Strom-Schlag der einen Tradition im heutigen Leben spürbar zu machen. – Das Dritte endlich ist dann: das möglichste Eins mit der alle Zeit-Etappen durchformenden Einen Strömung. Das wird im Idealfall dann geschehen, wenn die betreffende Metaphysik geradezu eine Metaphysik dieser Einen Strömung wird, d. h. des Grundgesetzes, darin der Traditionsstrom von Vergangenheit zu Gegenwart zu Zukunft hin in allen Ausdifferenzierungen Eine Strömung ist. Die unterste Form davon wäre: eine Einzelforschung, die in beständiger Bewußtheit dieses Grundgesetzes sich vollzieht. Die oberste Form wäre das, was Hegel im Grunde gewollt hat: eine Erfassung des Grundgesetzes selber. Aber die besondere Intention Hegels ist nicht realisierbar. Denn sie impliziert einen Standpunkt nicht nur jenseits der Strömung, sondern von ihrer Mündung her. Das ist aber allein der Standpunkt

Gottes. Für die Kreatur ist ein Ähnliches (aber eben hierin wesentlich Unähnliches) nur vollziehbar: erstens «mit» der Strömung, d. h. im Maximum eines Selbstaufhörens in die Strömung hinein; – zweitens «in» der Strömung, d. h. im Bewußtsein, daß das allerstärkste «mit» nie die Ganzheit der Strömung erfaßt (weil sowohl ihr Bisher den Miterfassenden überragt wie ihr jeweils kommend Mögliches über ihn hinausgeht), sondern tiefer in sie hinein erfaßt wird. Alles Begreifen muß von hier aus von vornherein bewußt sich als Begriffenwerden wissen. Wir werden im Laufe der Arbeit selber zu sehen bekommen, wie in solcher Methode das Thema *Analogia entis* sich seine Arbeitsweise schafft, d. h. sich in sie hinein formalisiert: in allem «etwas begreifen» (und hierin ihm eins) das größere Über-Hinaus des «von ihm einbegriffen werdens» (und hierin die wachsende Distanz über alles Eins hinaus).

In dieser dreifachen Weise wird Geschichte positiv bewußtes Medium sein können. Eben darum muß sie aber dann die im Begriff Medium sich aussprechende Intentionalität zu sachlicher Wahrheit ausdrücklich an sich tragen. Das heißt das Herauswachsen aus der Ur-Tradition (als erster Schritt des betont Geschichtlichen) ist nur insofern Schritt einer Metaphysik, als er von dieser Intentionalität geleitet ist und darum zu ihrer Erfüllung hin. So muß er methodisch geschehen aus einer (vorausgehenden) reinen Sach-Problematik heraus und zu einer (erfolgenden) reinen Sach-Lösung hin. Dieses Verhältnis ist ein Letztes. Auf der einen Seite ist die kritische Reflexion der Ur-Tradition (als das vorwiegend Akt-Aposteriorische) nicht vollziehbar ohne inneres Wissen um die Sachprobleme, die ihr zu Grunde liegen, und ohne Richtung auf deren wachsende Lösung. Auf der andern Seite wird eine Erörterung dieser Sachfragen (die für sich ein vorwiegend Akt-Apriorisches darstellt) nie wirklich «rein» sein, sondern bereits innerlich bestimmt durch die geschichtliche Stellung des Denkers im Ganzen der Tradition, in der er lebt, auch ohne es zu wissen. Wahrheit als «über Geschichte» tut sich doch immer nur «in Geschichte» kund, aber «in Geschichte» kündet sie sich als «über Geschichte». Die Formel muß also lauten: Wahrheit in-über Geschichte.

Vergleichen wir dies mit der formal konstituierenden Grundformel kreatürlicher Metaphysik, so ist sichtbar, wie in der obigen Formel sich die Form-Gestalt ihres Akt-Problems ausspricht. Denn Wahrheit ist die Region des reinen So, Geschichte die des Da. Durch die Formel «Wahrheit in-über Geschichte» spricht also die ursprünglichere « Sosein in-über Dasein ». Es ist das letzte Unrückführbare der Kreatur, daß in ihr Ideativ und Real nicht identisch sind und darum Wahrheit und Geschichte sich zueinanderspannen. Weil aber gerade das Akt-Problem für den Vollzug einer Metaphysik entscheidend ist, so gewinnen wir für eine « kreatürliche Metaphysik » hier nicht nur die Form-Gestalt ihres Akt-Problems, sondern eben hierin geradezu ihre entscheidende Verankerung.

4. Gegenstands-Problematik und Akt-Problematik apriorisch-aposteriorischer Metaphysik sind aber innerlich zueinander. Dieses Zueinander der Akt-Gegenstands-Problematik ist dann nicht nur die konkrete Gestalt der allgemeinen formalen Problematik zwischen apriorischer und aposteriorischer Metaphysik (wie wir sie in n. 1 sichteten), sondern durch diese hindurch die erfülltere und verschärftere Form des Problems zwischen transzendental (§ 2) meta-noëtisch und meta-ontischer (§ 1) Metaphysik.

Folgerichtig geht es darum nicht nur um das Daß des Zueinander. Im Sinne eines solchen Daß bestehen ja klar drei Formen. Erstens: das Zueinander zwischen eidetisch-deduktiver (als gegenstands-apriorischer) und übergeschichtlich-sach-aporetisch-progressiver (als akt-apriorischer) Metaphysik. Hier läge die reine Form allgemeiner apriorischer Metaphysik vor. Man könnte sie in klassischer Gestalt zum Teil bei Husserl erblicken. Die zweite Form wäre das Zueinander zwischen induktiv-morphologischer (als gegenstands-apriorischer) und innergeschichtlich-geschichts-aporetisch-regressiver (als akt-aposteriorischer) Metaphysik. Dies wäre die reine Form allgemeiner aposteriorischer Metaphysik, die aber so wohl kaum geschichtlich vorliegt, weil (wie wir bald zu sehen haben) jedes Denken irgendwie ein Apriori suchen wird.

Das Zueinander kreatürlicher Metaphysik endlich läge (als Schlußfolgerung aus dem Bisherigen) in der Korrelation zwischen der Gegenstands- und Akt-Form des «Kreatürlichen». Es ist das Zueinander zwischen realogischer Eidetik (als Kurz-Ausdruck für das gegenständliche «Sosein in-über Dasein») und einem sachlichen Denken aus und in kritischer Reflexion des Grundgesetzes der Ur-Tradition (als Kurz-Ausdruck für das akt-hafte «Sosein in-über Dasein»).

Aber dieses Daß genügt nicht. Das zeigt sich zunächst geschichtlich an dem, was wir schon bemerken mußten: dem Fehlen einer reinen Form allgemeiner aposteriorischer Metaphysik. Das hat sein Gegenbild darin, daß auch scheinbar reine allgemeine apriorische Metaphysiken einen aposteriorischen Faktor einschieben. Das klassische Beispiel hierfür ist gerade Platon, der der reinen Eidetik (auf der Gegenstands-Seite) einen aristokratischen Individualismus (auf der Akt-Seite) gegenüberstellt: nicht ein «Denken an sich», das unabhängig wäre von der Differenz der Individualitäten, sondern gerade das Denken des auserwählten Einzelnen, des *ἄριστος*, gegenüber den *πολλοί* (z. B. Phaidon 90 A und B). Umgekehrt wird Aristoteles sein *καθόλου* geradezu in der Färbung eines «wie alle Menschen denken» sehen, weil die Gegenstandsseite seiner Philosophie prävalent aposteriorisch erscheint. Mit andern Worten: die wirklichen geschichtlichen Philosophien neigen zu einem system-immanenten Ausgleich zwischen Apriori und Aposteriori. Dieser Ausgleich ist aber die schärfere Form ihres «rein». Die reinen Korrelationen, wie wir sie oben sahen, verraten sich unmittelbar als Einseitigkeiten und weisen damit über sich hinaus. Bindet sich aber ein Ausgleich zwischen Apriori und Aposteriori in die Form der Korrelation selber ein, so erscheint alle Einseitigkeit in diesen Ausgleich hinein überwunden, wie der Kreis sich in sich selbst schließt. Hierin vollzieht sich also auf der einen Seite eine tatsächliche Anerkennung der Form-Gestalt kreatürlicher Metaphysik (indem Apriori und Aposteriori eine Spanne zueinander bilden). Auf der andern Seite bleibt sie aber in der Durchführung stecken: als eine verführerische Zwitterbildung, die das «rein» nicht aufgibt, es aber «tarnt».

Die Korrelation kreatürlicher Metaphysik zwischen kreatürlicher Gegenstands- und Aktform erscheint dann gesteigert als konsequente Durchführung dieses (getarnten) Zugeständnisses. Denn es besteht in ihr erstens das Daß der Zuordnung zwischen zwei schwebenden Ausgleichen (in Gegenstand wie Akt), mithin kein geschlossener Kreis, wie zwei Hälften sich zu Ganzheit ergänzen. Zweitens ist jeder dieser Ausgleiche auch für sich kein geschlossener Kreis, sondern, wie ihre Formel des «in-über» anzeigt, die Werde-Bewegtheit eines nie geschlossenen Hin und Zurück. Endlich ist es auch nicht ein neutrales Daß der Zuordnung, sondern die kreatürliche Akt-Form (des «Wahrheit in-über Geschichte») greift verschärfend in die kreatürliche Gegenstandsform ein: da eidetisch-deduktive wie induktiv-morphologische Metaphysik wie ihr schwebendes Zueinander als «Wahrheit» dem erneuten «in-über» des «Wahrheit in-über Geschichte» unterliegen.

Hierin haben wir ein Doppeltes. Einmal zeigt sich die Begründung kreatürlicher Metaphysik von der Wurzel her: zum Akt-Problem hin und vom Akt-Problem her. Dann aber steht nun ihre volle Form-Gestalt vor uns: im Daß und Wie ihres Zueinander von formalem Gegenstand und Akt.

§ 4 Philosophische und theologische Metaphysik

1. Wir fanden eingangs, aus der Wort-Problematik von Metaphysik, daß es um jenes Meta der Physis geht, darin sie «in sich selbst Grund und Ziel und Sinn» ist. Von dieser Bestimmung haben wir bisher die letzte Hälfte erörtert: «Grund und Ziel und Sinn». Einmal: unter der Rücksicht des Etwas, worauf sich «Grund und Ziel und Sinn» bezöge: des Bewußtseins oder des Seins. Das war die Problematik von Meta-noëtisch-Meta-ontisch (§ 1) und des Transzendentalen (§ 2). Dann aber: unter der Wechselbeziehung zwischen Grund-Ziel-Sinn und Begründetem, Ge-

richtetem, Bestimmtem. Das war die Problematik von Apriori-Aposteriori (§ 3). Es bleibt also das «in sich selbst» übrig. Als Fragestellung der Metaphysik ist es offenbar nicht behauptende Aussage: daß das Sein der Physis das Meta des Grund-Ziel-Sinn in der Weise in sich selbst trage, daß es sich selbst Grund-Ziel-Sinn sei. Sondern es fragt sich um das Wie eines neutral-faktischen Daß: da einerseits alles Sein faktisch Grund-Ziel-Sinn in sich trägt, andererseits Metaphysik kraft ihres Wesens auf das Meta dieses Grund-Ziel-Sinn geht, insofern es sich in der Physis darstellt, – wie ist dieses In-sein zu fassen? Hierin liegt erstens: Metaphysik fragt nicht nur nach dem Zwischen von Grund-Ziel-Sinn und Begründetem, Gerichtetem, Bestimmtem, sondern nach dem Grund-Ziel-Sinn selber. Zweitens: wenn Metaphysik nach dem Grund-Ziel-Sinn fragt, dann fragt sie einerseits danach gewiß von diesem hin- und rückbewegten Zwischen aus (das sich in seiner vollen Gestalt am Schluß von § 3 gab), aber doch so, daß die Frage nach Grund-Ziel-Sinn an dieses Zwischen selber ergeht und darum durch dieses Zwischen hindurch.

Wir werden darum am besten von diesem Zwischen ausgehen, wie es sich uns in der letzten Untersuchung (§ 3) gab. – In einer gegenstand-akt-apriorischen Metaphysik vollzieht sich offenbar im höchsten Grad eine Ableitung des Begründeten, Gerichteten, Bestimmten aus seinem Grund, Ziel und Sinn. Dieser Grund, Ziel und Sinn ist hier gegenstandshaft das Eidetische der realen Dinge. Aber indem aus ihm die realen Dinge «absolut» abgeleitet werden, erscheint derselbe Grund, Ziel und Sinn akthaft als die absolute Wahrheit. Der konsequente apriorische Metaphysiker verfügt in Kraft absoluter Wahrheit über das Begründetsein, Gerichtetsein, Bestimmtsein der realen Dinge durch das Eidetische als deren Grund und Ziel und Sinn. Darin zeichnet sich also zuletzt ein bestimmtes Verhältnis zwischen Gott und Geschöpf heraus: ein Einssein mit einem Gott der «Ideen» und der «Wahrheit» bis zum Mitvollzug des Begründet-Gerichtet-Bestimmtseins alles Realen von ihm her. – In einer reinen gegenstand-akt-aposteriorischen Metaphysik zeigt sich die umgekehrte Bewegung: von unten nach oben. Denn sie zielt gegenstandshaft auf eine Sicht von

Grund, Ziel und Sinn in der Universalität des Begründeten, Gerichteten und Bestimmten, – und akthaft ist für sie Wahrheit die letzte Integrierung der differenzierten Wahrheitssichten. Das letzte Gott-Geschöpf-Verhältnis spielt hier offenbar zwischen Summation und Summe, schärfer: zwischen einem All *in potentia* und einem All *in actu.* Im Mitvollzug mit dem «werdenden All» geht der konsequente aposteriorische Metaphysiker hier aufwärts zur Grenzidee des «seienden All». Lag in einer reinen apriorischen Metaphysik als Letztes das Gott-Geschöpf-Verhältnis der Devolution (von oben nach unten), so ist es hier dasjenige der Evolution (von unten nach oben). – Hierin spricht sich also ein Doppeltes aus. Einmal: daß die Fragestellung zwischen Apriori und Aposteriori unaufhaltsam in die Frage zwischen Absolut und Relativ durchbricht (als Vollendung der Art, wie dieselbe Frage auch durch die früheren Fragen durchbrach). Dann aber: wie das Fehlgehen der extremen Lösungen gerade dadurch geschieht, daß sie diese letzte Frage mit sich selbst gleichsetzen (als Vollendung der Art, wie schon früher die extremen Lösungen durch ihr Absolut-sein-Wollen unmöglich waren). Die Folgerung ist damit ebenfalls doppelt. Erstens: das reine Formalproblem von Metaphysik überhaupt führt in die Frage zwischen Gott und Geschöpf. Zweitens: es besteht nur das Entweder-Oder zwischen ihrer Gleichsetzung mit den vorausliegenden Fragen und ihrer Abhebung gegen sie. Da die Gleichsetzung zu den sachlich unmöglichen Lösungen in den vorausliegenden Fragen führte, bleibt also nur die Möglichkeit der Abhebung. In dieser Abhebung ist aber gesagt, daß die Frage zwischen Gott und Geschöpf über die früheren Fragen hinaus liegt. Mithin liegt auch der Begriff Gottes, der dieser abgehobenen Frage formal immanent ist, über die Begriffe Gottes hinaus, die in den Formen der Gleichsetzung sich offenbarten: über den zum Geschöpf «absteigenden Gott» (der gegenstand-akt-apriorischen Metaphysik: göttliche Ideativität und geschöpfliche Realität) und den, aus dem Geschöpf, «werdenden Gott» (der gegenstand-akt-aposteriorischen Metaphysik: geschöpfliche Vielheit und göttliche All-Einheit). Da diese Gottes-Begriffe aus der Absolut-Setzung des innergeschöpflichen Problems zwischen Apriori und Aposteriori stammen, so hat folgerichtig der Gottesbegriff der «Abhebung» die formale Grundform «Gott über Geschöpf».

Dann aber werden sich die Positiv-Bestände der Extrem-Formen rein apriorischer und rein aposteriorischer Metaphysik in dieses geklärte Gott-Geschöpf-Verhältnis einzeichnen. Denn die Frage nach Gott und Geschöpf ist, wie wir sahen, die letzte Folgerichtigkeit der Frage nach Grund-Ziel-Sinn, indem sie an das Zwischen des gegenstand-akt-haften Apriori und Aposteriori ergeht. Dann ist aber das in der Frage des Apriori-Aposteriori selber spielende Verhältnis zwischen Grund-Ziel-Sinn zu Begründetem, Gerichtetem, Bestimmtem das unmittelbare Gleichnis in die Frage nach dem «letzten» Grund-Ziel-Sinn. Indem das Verhältnis zwischen Ideal-Real (in rein apriorischer Metaphysik) und Vielheit-Universalität (in rein-aposteriorischer Metaphysik) das innergeschöpfliche Problem zwischen Sosein und Dasein betrifft (wie wir in § 3 sahen), drängt es doch, wie die Verabsolutierungen zeigten, durch dieses Problem hindurch zur Frage nach einem «absoluten» Ideal und einem «absoluten» Universal. Indem sie aber «Ideal» und «Universal» sagen, ist deutlich, wie sie das Absolute in seinem besonderen In-sein im Geschöpflichen zu erfassen trachten. Sie betreffen den innersten Schlag zwischen Gott (als dem Absolutum) und dem Geschöpf (als dem durch dieses Absolutum Begründeten, Gerichteten, Bestimmten), weil und indem sie den innersten Werde-Schlag des Geschöpfes (zwischen Sosein und Dasein) betreffen. Weil und indem sie das «in» des Geschöpfes erfassen, rühren sie an das «in» Gottes zum Geschöpf. Sie besagen also, auf der Grundlage des «Gott über Geschöpf» (das wir oben sahen) das besondere «Gott in Geschöpf». Das ist das Positivum, das in den Extrem-Formen selber zu einem falschen Absolutum ward: aus einem Verhältnis des «in» zu einem Verhältnis des «als»: «Gott als Geschöpf» bzw. «Geschöpf als Gott». – Entsprechend den Differenzen zwischen apriorischer und aposteriorischer Metaphysik wird das «Gott in Geschöpf» (als ihre gemeinsame letzte Form) sich in ein Zweifaches aussondern. Das eine «Gott in Geschöpf» wird (als Positivum apriorischer Metaphysik) ein solches «in» bezeichnen, darin das Geschöpf mit Vorzug als (passive) «Erscheinung Gottes» sich ergibt. Ein apriorisch-metaphysisches Denken geht vom Grund, Ziel, Sinn zum Begründeten, Gerichteten, Bestimmten. Es ist mithin hierin in der letzten Tiefe Mit-Vollzug der Haltung Gottes (Seiner Erkenntnis *per modum quo artifex cognoscit artificiata*, d. h. vom Ideativen her und vom Schaffen her, wie Thomas sagt: *scientia speculativa artificis:* Ver q 2 a 8 corp), also als solche wirklich «Erscheinung Gottes». Das andere «Gott in Geschöpf» zeigt sich dann als unterscheidendes Positivum aposteriorischer Metaphysik. Das «in» sagt hier eine Art (aktiver) «Kräftigkeit zu Gott hin» des Geschöpfes, insofern dieses (von unten nach oben) den Umfang des Seins zu durchmessen vermag bis in die letzten Gründe hinein. Insofern auf diese Weise aber der Umfang des bestehenden Seins ausgemessen wird, zeichnet sich in der Tiefe der Umriß der andern Seite göttlichen Wissens ab, die *scientia visionis*, die das Weltall durchschaut. Auf dem Grund der «Kräftigkeit zu Gott hin» erscheint also ein «in Kraft Gottes», insofern diese «Kräftigkeit» (werde-haftes) Abbild der Kraft der (ist-haften) *scientia visionis* Gottes ist. So ist es also zuletzt ebenso eine Formseite des «Gott in Geschöpf».

Auf diesem doppelten Weg (einer Überwindung der Verabsolutierungen und einer Einzeichnung der Positiva) klärt sich also das «Sosein in-über Dasein» (als Form-Gestalt des Problems zwischen Apriori und Aposteriori) über sich hinaus und doch wieder in sich hinein in das «Gott über-in Geschöpf» (als Form-Gestalt des Problems zwischen Absolut und Relativ). Die Gewinnung dieses letzten Grundes der Form-Gestalt der Metaphysik-überhaupt hängt mithin daran, daß ein Doppeltes in der Form-Gestalt des Problems zwischen Apriori und Aposteriori gewahrt bleibt. Erstens: das «in-über» zwischen Sosein und Dasein. Die Extreme rein-apriorischer und rein-aposteriorischer Metaphysik verfallen entweder einer «absoluten Einheit» (dem parmenidischen unbewegten ideativen Sein des Sosein) oder einer «absoluten Bewegung» (dem heraklitischen nur-bewegten Sein des Daseins). Im ersten Fall erstarrt das Kreatürliche (zur Ewigkeit des Soseins: in der Systemstarre eines reinen Apriorismus), im zweiten Fall verrinnt es (zum Apeiron des Daseins: im «ins Unendliche» rein aposteriorischer Erfahrung). Im «in-über» hingegen binden sich Einheit und Bewegung zu einer schwebend hin und rück bewegten Mitte: einer Einheit der Bewegung, insofern (wie wir in § 3 sahen) die Intention auf das Apriori geht (gegenstands- und akthaft), – aber ebenso einer Einheit der Bewegung, weil diese Intention auf das Apriori sich durch und im Aposteriori vollzieht (ebenso gegenstands- wie akthaft). Zweitens aber kommt es darauf an, daß in dieser Ent-absolutierung tiefer die Tendenz zum Absoluten aufspringe. In den Verabsolutierungen ward sie zum Tod der Kreatur. Aber sie kann ebensowenig in ein «schwebendes Hin und Rück» als Letztes untergehen. Denn sie zielt gegenstandshaft auf einen ersten Ursprung *(principium)* und ein letztes Sinnziel *(finis)* der Werde-Bewegtheit (in ihrem Rück und Hin), akthaft aber auf eine unbedingte Wahrheit *(veritas prima)*, durch die (als allwirkenden Ursprung) die Bewegung auf Wahrheit überhaupt ergeht und zu der hin (als allrichtendem Sinnziel) die Bewegung idealiter sich richtet. Eine «in sich geschlossene Kreatürlichkeit» ist also willkürliche Festlegung eines «Übergangs» zu einem «Zustand». «Sosein in-über Dasein» ist eine solche «letzte Qualität», die in sich selber «transzendierende, weil transzendierte, Relation» ist. Indem man zu Geschöpflichkeit als Qualität kommt, kommt man zu Geschaffenheit als Relation. Es bleibt nur das Entweder-Oder zwischen den Verabsolutierungen der immanenten Pole des Kreatürlichen (in den Absolutformen apriorischer und aposteriorischer Metaphysik) und dem Absolutum über-in ihnen.

Auf diesem Wege wird klar, wie das «Gott über-in Geschöpf» notwendig als Letztes im Formal-Problem von Metaphysik erscheint, d. h. als ihr Formgrund. Wir haben damit eine dem Begriff von Metaphysik überhaupt innewohnende *theologia naturalis*, die derjenigen *theologia naturalis*, die durch eine Metaphysik aufgestellt wird, vorausgeht. Wir haben damit hierin den Form-Grund der Form-Gestalt «kreatürlicher Metaphysik»: ihr «Sosein in-über Dasein» ist senkrecht durchschnitten durch das «Gott über-in Geschöpf». Gab sich aber das «Gott über-in Geschöpf» im durchgedachten «Sosein in-über Dasein», dann erscheint es offenbar auch in dessen Zügen. Das heißt, die Absoluta des Problems zwischen Apriori und Aposteriori werden auch hierin transparent, daß ihr Name den Namen Gottes kündet. Sie sind Absoluta, weil und insofern sie an Stelle des «in-über» ein «als» setzen: «Sosein als Dasein». Hierin sind sie beide ein (angemaßtes) göttliches Ist. Aber indem das Absolutum des Apriori das Ideative absolut setzt, akzentuiert es «*Sosein* als Dasein», während das Absolutum des Aposteriori, das ein Real-All-Eins sagt, umgekehrt «Sosein als *Dasein*» lauten muß. Die Einheit beider Namen ist mithin der immanent erfolgende Name für das Absolutum kreatürlicher Metaphysik. Ihre *volle Formgestalt* lautet:

«*Sosein* als Dasein» als «Sosein als *Dasein*»
↑ über ↑
|
in
↓ Sosein in-über Dasein ↓

= «*Sosein* in-*über* Dasein» in-über «Sosein in-über *Dasein*»
(prävalent apriori) (prävalent aposteriori).

2. Für unsere endgültige Formgestalt der Metaphysik ist es aber bestimmend, daß ihr transzendierender Bezug grundlegend «Gott *über* Geschöpf» hieß. Darin liegt nicht nur, daß das «vom» Geschöpflichen «aus» erscheinende Göttlich-Absolute nur ein «über (allem Geschöpflichen)» sein kann. Sondern dieses «über» wird erst dann voll «über» sein, wenn das Erscheinen des Göttlich-Absoluten nicht an das obige «von ... aus (dem Geschöpflichen)» innerlich gebunden ist, sondern über die Weise Seines Erscheinens unabhängig verfügt, so daß nun umgekehrt das «von ... aus» vom «über» her erscheint. Ja, man wird fragen können, ob das «über» nicht erst dann als «über» sich gibt, wenn es nicht im «von ... aus (dem Geschöpflichen)» gesehen wird, sondern von Sich aus. Damit stellt sich uns die engere Frage: ist Metaphysik (wie sie bis jetzt sich uns faßte) voll «vom Geschöpf-

lichen aus» möglich oder beschließt sie innerlich die Notwendigkeit einer Selbstoffenbarung des Absolut-Göttlichen «von Sich aus» ein? Es ist die Frage nach philosophischer und theologischer Metaphysik: allgemein und konkret.

Philosophie wird von Platon als Philo-(sophie) der eigentlichen Sophia gegenübergestellt (Phaidon 278 D). Sophia ist das, was Gott zukommt *(θεῷ μόνῳ πρέπειν)*. Der Mensch ist nur fähig eines «Hinliebens zu...» dieser Weisheit, die Gott ist. Bezeichnet *φιλία* die persönliche Gemeinschaft, die in der Familie ihre Urform hat (zwischen Mann–Frau, Geschwister, Vater-Kinder-Gesinde: Aristoteles Eth Nik VIII 12, 1160 A 32ff), so wäre Philosophie die Teilnahme an der Weisheit, die Gott ist, kraft persönlicher Teilnahme an Gott. In diesem Sinne wird auch Aristoteles, der Philosophie und Sophia nicht mehr scheidet, die Sophia als *οὐκ ἀνθρωπίνη.. κτῆσις* bezeichnen (Met I 2, 982 B 28f). Dem entspricht dann subjektiv methodisch, daß der Akt der Philosophie geradezu als Mysterien-Akt erscheint. Bei Platon: (u. a.) als Todes-Mystentum der *βάκχοι* (Phaidon 69 CD) und Priestertum der Apollon-Schwäne (ebd 85 B); bei Aristoteles: als Nähe zum Mystischen *(φιλόμυθος ὁ φιλόσοφος* Met I 2, 982 B 18) und als priesterliches Feiern in Betrachtungsmuße *(σχολάζειν τὸ τῶν ἱερέων ἔθνος* ebd 1, 981 B 24f).

In diesem Sinne wird Thomas von Aquin die Theologie als *maxime sapientia* umzeichnen (S Th 1 q 1 a 6 corp), sie also, wenigstens objektiv-faktisch, mit jener Sophia gleichsetzen, als deren Teilnahme, wie wir eben sahen, Philo-sophie sich vollzieht. Einerseits erscheint darum Theologie als geradezu immanente Spitze des Wissens (*ordinans et iudicans ex altissima causa* – ebd). Andererseits ragt Philosophie selber in die Theologie hinein. Theologie ist einmal als «Aussage über Gott» *(λέγειν θεόν)* die eigentliche «Metaphysik» (*in qua considerantur res divinae non tamquam subiectum scientiae, sed tamquam principium subiecti* – in Boeth de Trin q 5 a 4 corp): das Gott-Geschöpf-Verhältnis als *principium*, d. h. als innerster «Grund-Ziel-Sinn» der Gegenstände der Philosophie. Dann aber ist sie als «Aussage Gottes» *(θεὸς λέγων)* ein völlig verschiedenes Genus gegenüber den *philosophicae disci-*

plinae (S Th 1 q 1 a 1 ad 2), da sie (entsprechend der Akt-Form einer «Aussage Gottes») grundlegend das Göttliche um seiner selbst willen behandelt (*ipsas res divinas considerat propter seipsas ut subiectum scientiae* – in Boeth de Trin q 5 a 4 corp).

Legen wir die generische Verschiedenheit zwischen Philosophie und Theologie zugrunde (die allein es erlaubt, beide klar zu scheiden), so sind beide, bei allem Ineinanderspielen (das später zu sichten ist) offenbar dadurch gegeneinander geschieden, daß in Philosophie das «Philo» ausschlaggebend ist und in Theologie das «Theo». – Das «Philo» besagt unterscheidend: das Geschöpf als formales Subjekt des Aktes (zum mindesten, insofern das «mit» in einer «Teilnahme» den Teilnehmenden, nicht den Teilgebenden bezeichnet). Das «Theo» dagegen akzentuiert unterscheidend: Gott als formales Subjekt des Aktes (zum mindesten, insofern auch eine «spekulative Theologie» wesenhaft auf Grundlagen ruht, die allein in der Autorität der Selbstaussage Gottes gründen). – Folgerichtig zu diesen Unterschieden im Akt sind dann die Unterschiede im inhaltlichen Bereich. Philosophie weilt grundlegend im Umkreis der Kreatürlichkeit, so daß das Göttliche ihr nur insofern als Objekt zugehört, als es unter die Frage der Kreatürlichkeit fällt, d. h. als «Grund, Ziel, Sinn» dieser (*res divinae ... prout sunt principia omnium entium* – Boeth de Trin q 5 a 4 corp), also nicht «in sich», und darum zuletzt nur als das «über hinaus» und darum «negativ» (*quod Deus est super illud quod de ipso intellectui nostro repraesentatur, ... et ideo non videmus de Deo quid est, sed quid non est* – Ver q 8 a 1 ad 8). Theologie hingegen hat ihren Bereich im Göttlichen selber (*res divinae ... prout sunt in se res quaedam* – Boeth de Trin q 5 a 4 corp), während das Kreatürliche nur (und «insoweit») als Ort und Weg und Weise der Kundgabe dieses Göttlichen in Frage steht (*est principaliter de Deo sicut de subiecto; de creaturis autem multa assumit ut effectus Eius vel quomodolibet habentia habitudinem ad ipsum* – ebd q 5 a 4 ad 8). – Es ist also gewiß nicht so, daß Philosophie Gott zum negativen Grenzbegriff hätte und Theologie das Geschöpf. Das wäre vielmehr die äußerste Kluft zwischen einem philosophischen «methodischen Atheismus» einer «in sich schwebenden Geschöpflichkeit» (die sich bereits oben widerlegte: S. 37) und einer theologischen *theologia archetypa* (d. h. die Gott in Sich selbst zu Sich hat, nicht zu uns hin: vgl S Th 1 q 1 a 6 ad 1). Es ist auch nicht so, daß, entsprechend wie Philosophie das «Göttliche in Sich» zur Grenze hat, so auch die Theologie das «Geschöpfliche in sich». Denn Grenze ist ein Begriff der Region des Geschöpfes, nicht Gottes. – Aber es ist doch so, daß während Philosophie sich in dem Bereich des Geschöpflichen begrenzt, so Theologie in den Gottes, so daß alles andere in einem «soweit als» durch diese inhaltlichen Formal-Objekte eingeschränkt ist: in der Philosophie «Gott» durch «Geschöpf», in der Theologie «Geschöpf» durch «Gott». Dieses «soweit als» ist das formalste Gemeinsame. –

Vergleichen wir diese Problematik mit derjenigen, die sich uns oben von der Problematik apriorisch-aposteriorischer Metaphysik ergab, so ist beim ersten Blick schon offenbar, wie beide in merkwürdiger Weise aufeinander zielen. Denn die Gegensätze eines «von oben nach unten» und «von unten nach oben», wie sie im Problem zwischen apriorischer und aposteriorischer Metaphysik sich gaben, scheinen auch das Verhältnis zwischen Theologie und Philosophie zu begründen. Die Frage zwischen theologischer und philosophischer Metaphysik wird also an der Klärung dieser, zum mindesten scheinbaren, Gleichung hängen. Ist es Gleichung bis zur Deckung, so entfällt die Frage zwischen theologischer und philosophischer Metaphysik (weil sie dann als Frage zwischen apriorischer und aposteriorischer Metaphysik bereits behandelt ist). Besteht keinerlei Gleichung, so ist die Frage überhaupt nicht stellbar (weil sie sich dann nicht innerlich aus der Frage nach Metaphysik überhaupt heraus erhebt).

Es dürfte damit klar sein, daß nur von einer «kreatürlichen» Metaphysik aus unsere Frage stellbar ist, nicht aber von dem Absoluten einer rein apriorischen oder rein aposteriorischen Metaphysik her. Theologie als klar unterschiedlich gegenüber Philosophie ist nur möglich auf Grund eines «Gott über Geschöpf» als grundlegenden Gott-Geschöpf-Verhältnisses. Ein «Gott als Geschöpf», wie es in den Absoluta rein apriorischer oder rein aposteriorischer Metaphysik als grundlegendes Gott-Geschöpf-Verhältnis Form-Grund ist, schließt eine selbständige Theologie aus, weil Philosophie als solche bereits Theologie ist. In einer rein apriorischen Metaphysik ist es Theologie des «Gottes der Ideen» in der Absolutheit der eidetischen Schau und der mathematischen Deduktion, – in einer rein aposteriorischen Metaphysik hinwiederum liegt die Theologie eines «Gott des Alls» in der Absolutheit der reinen Empirie und der sich in sich selbst zu sich selbst rundenden Vollständigkeit (entsprechend unseren früheren Zeichnungen). Das Absolute Gottes ist so sehr das Absolute des Geschöpfes geworden, daß dessen Aussage göttliche Aussage ist: *θεὸς λέγων λόγον*. So kann es nicht überraschen, zu beobachten, wie die absoluten Philosophien der Neuzeit auch geschichtlich tatsächlich ent-theologisierte Theologien sind, – freilich einer Theologie, die bereits von sich aus die Unterschiede zwischen Gott und Geschöpf aufhob: der reformatorischen Theologie der Alleinwirksamkeit Gottes. Darum ist auch das Gegenstück, daß die Theologien dieser Richtung alle zu Philosophien entarten. Wir haben das in früheren Werken zur Genüge dargelegt.

Wie wir ebendort auch ausführen, gilt das aber nicht nur für diesen historischen Fall, sondern überhaupt. In Wiederaufnahme unserer früheren Terminologie können wir sagen: die Unterschiede zwischen Gott und Geschöpf werden theo-pan-istisch oder pan-the-istisch aufgehoben. Theo-pan-istisch: indem, in grundlegender Richtung «von oben nach unten», Gott All wird. Es ist die einer rein apriorischen Metaphysik zuletzt immanent implizierte Form der «Devolution» (wie wir früher sahen: S. 62). Pan-the-istisch heißt dann: daß, in grundlegender Richtung «von unten nach oben», das All Gott wird. Es ist somit die einer rein aposteriorischen Metaphysik zuletzt immanent implizierte Form der «Evolution». Theopanismus ist also Formgrund rein apriorischer Metaphysik, Pantheismus Formgrund rein aposteriorischer Metaphysik. – Die Vermischung von Theologie und Philosophie geschieht im ersten Falle so, daß Theologie am Anfang steht und am Ende eine Philosophie, die Theologie ist, und eine Theologie, die Philosophie ist. Es ist der besondere geschichtliche Fall des

Reformatorischen. Als Beispiel kann dienen: wie Hegels Philosophie aus Theologie entsteht und wächst, – und umgekehrt (wie etwa bei Biedermann) dazu führt, aus Theologie philosophische Dialektik zu machen. Aber auch: wie in der heutigen Einheit theologischer und philosophischer Dialektik hinter der «dialektischen Theologie» die allgemein geistige «Aporetik» steht, während umgekehrt in der reinen Philosophie Heideggers der theologische Impuls Kierkegaards wirkt. – Im zweiten Fall (des formhaften Pantheismus rein aposteriorischer Metaphysik) geschieht dann dieselbe Vermischung von Theologie und Philosophie so, daß eine als absolut konzipierte Philosophie am Anfang steht, entweder in einem ausgesprochenen mystischen Ur-Impuls (wie im Platonismus der Renaissance) oder betont apostatisch, also «religiös mit umgekehrten Vorzeichen» (wie in allen Positivismus-Formen, am stärksten in den heute einsetzenden). An deren Ende findet sich dann folgerichtig eine philosophie-immanente Theologie, d. h. ein «Mythos», sei es «kosmischer Mystik» (wie bei Spinoza und Giordano Bruno, sei es «chthonisch dionysischer Welt» (wie bei Nietzsche), sei es von «Zahl, Maß, Gewicht» (wie in den Positivismen) usw. Man wird hier beobachten können, wie jüdischer Messianismus so oder so am Werk ist. Das liegt in seinem Formgrund: der Vergöttlichung des «Gesetzes» und hierin dem Angewiesensein Gottes auf das Werk des Menschen (bis zur talmudistischen Mystik des «Werdens Gottes in und durch den Menschen»).

Denken wir nun daran, wie alle übrigen Formen sich in dieses Verhängnis zwischen Theopanismus und Pantheismus sammeln[1], so bleibt als einzige Form (rein von der Frage des Formgrundes her) katholische Theologie übrig, weil und insofern sie beide Extreme nicht kennt. Aus demselben Grunde, aus dem unsere Frage zwischen Theologie und Philosophie nur von einer «kreatürlichen Metaphysik» aus stellbar ist, ist sie es auch nur von katho-

[1] Wir verweisen nur kurz auf unser «Gott» (1925, neu in «Religionsphilosophische Schriften» Einsiedeln 1962), «Religionsphilosophie katholischer Theologie» (1925, neu ebd), «Ringen der Gegenwart» II (Augsburg 1929) und «Geheimnis Kierkegaards (München 1930). – Aber auch Albert Schweitzer zielt in dieselbe Richtung. (Das Christentum und die Weltreligionen, München 1924).

lischer Theologie aus. Katholische Theologie (als einzige) trägt in sich als Formgrund das «Gott über-in Geschöpf», das allein das Verhältnis zwischen Theopanismus und Pantheismus aufhebt, wie wir in früheren Werken dargelegt haben[1]. Dasselbe «Gott über-in Geschöpf» hat sich uns hier (von § 1 an) als Formgrund «kreatürlicher» Metaphysik erwiesen (als derjenigen, die innerlich aus der Problematik von Metaphysik-überhaupt als einzige Lösung sich ergab). Mithin ist die Frage zwischen philosophischer und theologischer Metaphysik in innerlicher Folgerichtigkeit konkret geworden in die Frage zwischen kreatürlicher Metaphysik und katholischer Theologie.

3. Wir haben aber damit eben nur die Konkretheit der Frage, nicht ihre Beantwortung. Wir haben das Ergebnis, daß die Frage zwischen philosophischer und theologischer Metaphysik nur stellbar ist, wo das Philosophische eine Theologie nicht ausschließt (und das ist der Fall in der bisher entwickelten «kreatürlichen» Metaphysik) und wo das Theologische nicht die immanente Theologie einer Philosophie ist (und das geschieht allein in katholischer Theologie, weil und insofern sie allein sich gegen die zwei Formen solcher immanenter Theologie scheidet, gegen Theopanismus und Pantheismus). Wir haben noch nicht die eigentliche Beziehung zwischen Philosophie und Theologie in einer Metaphysik.

Wir werden diese Beziehung am besten offenlegen können, wenn wir die Begriffbestimmungen vergleichen, die sich uns für Metaphysik (S. 21), Philosophie und Theologie (S. 67 f) ergaben.

Von der einen Seite her scheint es, daß Metaphysik so sehr zu Philosophie gehört, daß sie zwar nicht sich gegen Theologie abschließt (was gegen das Obige wäre), aber doch ihrer zu ihrer inneren Formgestalt nicht bedarf. – Denn erstens ist Metaphysik allgemein (wie wir aus dem Wortgehalt heraus entwickelten) das «Dahintergehen» in die «Hintergründe» der Physis, d. h. des

[1] Wir sagten früher «Gott in-über Geschöpf». Aber «Gott über-in Geschöpf» ist (unter der hier obwaltenden Rücksicht) genauer. Das innere Verhältnis beider Formen ist Gegenstand des Werkes selber.

Seins, insofern es als begründet, gerichtet und bestimmt auf einen in ihm wirksamen Grund, Ziel und Sinn weist. Die Geistesbewegung, die hierin sich vollzieht, ist offenbar eine solche, die «vom» Begründeten, Gerichteten und Bestimmten «aus» und «innerhalb» seiner sich vollzieht. Da nun die Formalität Grund-Ziel-Sinn sich vollkommen allein in Gott erfüllt (weil nicht nur die Kreatur unter dieser Rücksicht auf Ihn über sich hinaus weist, sondern weil Er auch allein darum Grund in Sich, Ziel in Sich, Sinn in Sich ist), so ist dieser Grund, Ziel und Sinn in Wahrheit so etwas wie «positiver Grenzbegriff» der metaphysischen Geistesbewegung. Das heißt, in ihr ist das Unterscheidende «soweit als» der Philosophie wirksam: soweit Gott als Objekt als das Geschöpf Objekt ist. – Hier kann dann auch nicht – zweitens – die Spanne zwischen Apriorisch und Aposteriorisch ein Einwand sein. Denn beide erscheinen nur insoweit als Deckworte für Theologie und Philosophie, als es z. B. um ein Rein-Apriorisch geht, das den Anspruch erhöbe, das Sein von seinem letzten Ursprung aus zu ergründen (und so eine Haltung Gottes sich anzumaßen, der allein das Geschöpf vom Ursprung, d. h. von Sich aus erkennt: das göttliche *cognoscere res in Essentia Divina*). Gelöst vom Absolut-Akzent spiegeln ihre Positiva, wie wir früher sahen, nur die immanente Spanne des Geschöpflichen selber: zwischen Eidos (als «Sosein über Dasein») und Morphē (als «Sosein in Dasein»). – Von hier aus stünde also Metaphysik als unterscheidend philosophische Haltung unterscheidend gegen Theologie. Theologie, auch wenn sie besteht, ist keine Möglichkeit, die zur inneren Breite der Möglichkeiten von Metaphysik wesenhaft gehört. Es ist geschichtlich die Konzeption, die die katholische Philosophie mit der Entwicklung des Skotismus ins Auge faßte, die in den Disputationes metaphysicae des Suarez ihr erstes Handbuch sich schuf, aber erst eigentlich in den Auseinandersetzungen mit der «Reinen Philosophie», wie sie von Descartes an als Ideal (aber nicht als durchgeführtes) galt, bewußter durchbrach. Sie hat in den Worten des Vatikanischen Konzils ihre scharfe Prägung, die nicht nur einen *duplex ordo cognitionis non solum principio, sed obiecto distinctus* (Denz 1795), sondern noch ausdrücklich *propria prin-*

cipia, *propria methodus* und *iusta libertas* unterstreichen (Denz 1799). In der Definition, daß Gott als *rerum omnium principium et finis* zum Wesensbereich des *naturale humanae rationis lumen* gehöre (Denz 1785), ist dann auch inhaltlich der Umfang so bezeichnet, wie wir ihn im Begriffe von Philosophie sahen. Gott soweit (als Objekt) als Geschöpf (Objekt ist). Es ist Metaphysik als Philosophie bis zu Gott als positivem Grenzbegriff (der trotz aller Positivität so sehr Grenzbegriff ist, daß nach den Akten des Konzils die *creatio ex nihilo* nicht zum Bereich des philosophischen Gottesbegriffes gehört: Coll Lac VII 79). –

Auf der andern Seite aber zwingt die geschichtliche Tatsache zum Nachdenken, daß bestimmte Theologien zum mindesten eine innere Disposition zu bestimmten Philosophien sind. Es ist die Tatsache, die wir selber oben (in Nr. 2) zu Gesicht bekamen. Die reformatorische (theopanistische) Theologie führt mit Vorliebe zu rein apriorischen Metaphysiken. Die jüdisch messianische (pantheistische) Theologie verrät sich als Formgrund rein aposteriorischer Metaphysiken. Eine «kreatürliche» Metaphysik aber steht Aug in Aug zur katholischen Theologie. Es ist gewiß möglich (was wir auch taten), aus einer Sach-Problematik heraus bestimmte Metaphysiken als methodisch unmöglich zu kritisieren (und folgerichtig ihre zugehörigen Theologien – in einer Art negativer philosophischer Apologetik – in der Wurzel zu widerlegen). Insofern diese Sach-Problematik restlos sachlich nachprüfbar und nachzuprüfen ist, kann man auch nicht sagen, daß sie selber versteckte Theologie sei, nämlich katholische. Aber bei all dem bleibt bestehen, daß objektiv sachlich die aus solcher Sachproblematik resultierende «kreatürliche» Metaphysik ihr Aug in Aug zur katholischen Theologie hat, und daß (subjektiv methodisch) geschichtlich tatsächlich solche Metaphysik so gut wie nur auf (wenngleich noch so unbewußt) katholischem Boden entsteht.

Zweitens ferner ist es doch nicht so klar, daß sich Metaphysik in ihrer Beschränkung auf das Wesen des Geschöpfes (im Sinne des «soweit als») gegen Theologie hin klar abgrenzt. Das wurde uns bereits in der Entwicklung des Begriffes von Philosophie und Theologie angedeutet, da die Sophia in Philosophie selber als Theologie erschien. Es wird ganz deutlich gerade von katholischer Theologie aus. Sie hat zwei Formal-Prinzipien, die alles in ihr umspannen. Das eine gilt für das Noëtische: *fides non destruit, sed supponit et perficit rationem.* Das andere bezieht sich zugeordnet auf das Ontische: *gratia non destruit, sed supponit et perficit naturam.* Beide grundgelegt bei Thomas (Ver q 14 a 10 ad 9; S Th 1 q 1 a 8 ad 2; ebd q 2 a 2 ad 1). Mit *fides* und *gratia* ist etwas bezeichnet, was allein dem Bereich der Theologie angehört. *Ratio* und *natura* sind das für die Philosophie eigene «Geschöpfliche»: noëtisch *(ratio)* und ontisch *(natura)*. Es ist *ratio*, zu deren Wesensbereich es gehört, Gott als *principium et finis* der *natura* sicher zu erkennen (wie oben gesagt ward). Es ist weiter solche *ratio* und *natura*, die durch das Theologische *(fides* und *gratia)* nicht aufgehoben, sondern in ihrem Wesen gewahrt werden *(non destruit, sed supponit)*. Aber es bleibt bestehen, daß dieses nur das Negative eines Positiven ist: des Theologischen *(fides* und *gratia)* als «letzter Überformung zu Form-Vollendung» *(per-ficit)* des Philosophischen *(ratio* und *natura)*. Hat es philosophische Metaphysik also noëtisch mit der *ratio* und ontisch mit der *natura* zu tun, so hat sie es nur insofern mit der «ausgeformten» und darum allein «realen» *ratio* und *natura* zu tun, als sie beide als solchermaßen ausgeformte ausdrücklich betrachtet. Eine Metaphysik, die davon «absieht», wird nicht falsch sein (weil Absehen nicht «Leugnen» ist). Sie wird aber zu ihrem eigenen Objekt (dem «Geschöpf») hin «vorläufig» sein. «Endgültig» ist sie erst, insofern sie die tatsächliche objektive «Endgültigkeit» des Geschöpfes ins Auge faßt: *fides* und *gratia* als Kurz-Ausdruck für das Geschöpf als «übernatürlich erhöhtes und erlöstes» Bewußtsein *(fides)* und Sein *(gratia)*. Damit aber ist sie, wenngleich «vorläufig» als Philosophie, so doch «endgültig» erst durch Theologie, freilich «durch» Theologie, nicht «als» Theologie (weil bestehen bleibt, daß ihr Formal-Objekt das «soweit als» des Geschöpfes ist).

Gilt das, dann wird das Verhältnis zwischen Apriori und Aposteriori zwar nicht Deckwort, aber doch Transparent für ein inneres Verhältnis zwischen Theologie und Philosophie innerhalb Einer Metaphysik. – Apriorische Metaphysik bewegt sich in ihrem eigenen eigentlichen Sinn von der überzeitlichen Idee der Dinge zu ihrer innerzeitlichen Erscheinungsform: vom Eidos (= das «in sich geltende» Wesen) als Grund-Ziel-Sinn zum Pragma (= das gesetzte Ding) als Begründetem, Gerichtetem, Bestimmtem[1]. Diese Bewegung wird innerlich transparent in das, was innerhalb der Einen Metaphysik das Theologische bedeutet: das, was die bisherige «spekulative Theologie» praktisch tat. Theologie im eigentlichen Sinn heißt bei Thomas von Aquin, gemäß der alten Tradition, nicht umsonst *Sacra Scriptura*, d. h. Positivität des Offenbarungswortes Gottes. Da es aber für Theologie ihrem strengen Begriff nach nicht genügen kann, das Offenbarungswort Gottes nur zum Material-Objekt zu haben (Theologie als: *λέγων λόγον θεοῦ)*, so muß es eine *Sacra Scriptura* sein, die Gott auch zu ihrem Akt-Subjekt hat (Theologie als: *θεὸς λέγων λόγον θεοῦ)*. Da endlich Theologie ihrem Begriff nach Bewegung Gottes in die Menschheit hinein ist, mithin Eintritt sichtbar in diese Sichtbarkeit (sonst bleibt es *theologia archetypa:* Gottes in Sich selbst), so ist als solches göttliches Akt-Subjekt ein sichtbar-göttliches innerlich erfordert. Das ist das unfehlbare Lehramt der Kirche seinem Begriff nach. Strenge Theologie vollzieht sich also als Darbietung des positiven Offenbarungswortes durch das unfehlbare Lehramt der Kirche. Sie ist kirchliche Offenbarungs-Theologie, die mit der Entwicklung der Zeiten die vorliegende Fülle des Offenbarungs-Wortes auseinanderlegt. In ihr ist mithin das Nachdenken über den Offenbarungsgehalt (das in den «theologischen Schulen» sich vollzieht) gleichsam das Materialprinzip, während die positive Entscheidung des unfehlbaren Lehramtes das Formalprinzip darstellt. An diesem Punkte ist es, daß eine relativ eigenständige «spekulative Theologie» sich gegen diese eigentliche (positiv-kirchliche) Theologie abgabelt. Das «Nachdenken» der «theologischen Schulen» vollzieht sich, wie Thomas

[1] Wir exemplifizieren hier der Einfachheit wegen vom Gegenstands-Problem aus. Darin ist aber (gemäß dem Früheren: S. 59) die Weise des Akt-Problems mit einbeschlossen.

darlegt, in Schlußfolgerungen aus den *articuli fidei* als den *principia* solcher Schlußfolgerungen (S Th q 1 a 2 und 8). Insofern diese Denkart nur ent«faltet» und dies formal als Organ des unfehlbaren Lehramtes tut (also zum mindesten unter dessen Billigung), ist sie eigentlich Theologie. Insofern sie aber hierin auf ein geschlossenes philosophisches Durchdringen zielt, muß es als solche «spekulative Theologie» bezeichnet werden, für die das eigentlich Theologische nur den Ausgangspunkt bildet. Es wird ein Denken vom *principium qui et loquor* (Jo 8; 25) her, vom Apriori des Sich aussprechenden Gottes als «redenden Grundes (Zieles, Sinnes)» der Dinge. Es wird das, wo hinein apriorische Metaphysik durch sich hindurch und über sich hinaus transparent ist.

Damit aber ist klar, wie «vorläufige» (rein philosophische) und «endgültige» (theologische) Metaphysik zueinander stehen. Die theologische Metaphysik hat den Form-Primat. Da sie selber aber innerlich sich rückbezieht auf die eigentliche kirchliche Offenbarungs-Theologie (weil dort ihre *principia* ruhen), so ist sie selber hierin relativ auf diese eigentliche Theologie. Wir erhalten ein Corpus, wie es für Patristik und Scholastik in besonderer Weise kennzeichnend ist. Griechische und römische Patristik hat zur Methode das *credere-intelligere-videre*, d. h. Theologie als ausdrücklichen Ausgangspunkt für Philosophie. Die klassische Scholastik pflegt in ihrer Form der Summa die Einheit eines theologischen Denkens unter philosophischen Gesichtspunkten (des Weges Gottes zur Welt und der Welt zu Gott) und eines philosophischen Denkens in theologischem Licht und an theologischen Gegenständen. Und selbst die neuzeitliche katholische Philosophie (die an und für sich, wie wir sahen, auf «reine Philosophie» zielt) kann sich dem nicht entziehen. Sie wird etwa in ihrer Erkenntnistheorie mit Rücksicht auf die Theologie ausführlich über «Erkenntnis aus Autorität» handeln. Sie wird in Ontologie, Kosmologie, Psychologie ganze Fragekomplexe von der Theologie her sichten (Begriff der Person, der realen Akzidentien usw.) Insbesondere wird ihre Theodizee und Ethik nicht wenig sich ausnehmen wie eine Abhebung der sogenannten *argumenta ex ratione* der theologischen Traktate *De Deo uno* und *De Deo creante* und der Moraltheologie. Sie wird darum prinzipiell die Theologie als *norma negativa* anerkennen. Das Vatikanische Konzil ist mithin folgerichtig, wenn es ein Einspruchsrecht der Kirche (als des Formal-Organs von Theologie) in das Wissenschaftliche aufstellt: *ius et officium habet falsi nominis scientiam proscribendi* (Denz 1798). Und zwar ein solches, das nicht den Sinn «äußerer Disziplin» nur hat, sondern das eine Entscheidung über Wahrheit-Unwahrheit besagt: *non solum prohibentur tanquam legitimas scientiae conclusiones defendere, sed pro erroribus potius, qui fallacem veritatis speciem prae se ferant, habere tenentur omnino* (ebd). Besteht also Metaphysik in der Einheit (philosophischer) «vorläufiger» und (theologischer) «endgültiger» Metaphysik, so ist es Metaphysik unter einem letzten Form-Primat von Theologie, so sehr sie auch hier in keiner Weise formale Theologie sein kann. –

4. Die Lösung liegt, wie schon in dieser Entwicklung sich genügend vorzeichnete, in der inneren Bindung beider Seiten. – Das ist grundlegend in der vollen Transparenz sichtbar, die das Verhältnis zwischen apriorischer und aposteriorischer Metaphysik (durch sich hindurch und über sich hinaus) zum Verhältnis zwischen theologischer und philosophischer Metaphysik hat. Wir sagten früher für dieses erste Verhältnis: realogische Eidetik (bzw. für das Aktproblem: Wahrheit in Geschichte). Wir könnten allgemein sagen: aposteriorisch sich entfaltendes Apriori. Nehmen wir das transparent in unsern Fall, so heißt es: (spekulativ) theologische Metaphysik, die auf dem Wege philosophischer Metaphysik (im Sinne der «ersten Seite»: S. 72f) langsam sich auftut. Beim Verhältnis zwischen Apriori und Aposteriori sahen wir: auf der einen Seite liegt das Apriori dem ersten Schritt des Aposteriori bereits voraus; auf der andern Seite ist das Apriori nicht anders zu sichten, als durch und im Aposteriori. Dieses Verhältnis einer tatsächlichen «Explizitierung des Impliziten», das vom Problem zwischen Meta-noëtisch und Meta-ontisch zum Problem des Transzendentalen zu dem zwischen Apriori und Aposteriori anstieg, er-

reicht hier seinen Höhepunkt. – Insofern das Theologische zum mindesten als nicht-abweisbare Möglichkeit im Gott-Geschöpf-Verhältnis (des «Gott über Geschöpf») liegt, das den letzten Formgrund des Philosophischen (einer «kreatürlichen» Metaphysik) bildet, – und insofern es darum als «Idee» in seiner Möglichkeit und als «Realität», wenn es besteht (d. h. «wenn» Gott spricht), den tatsächlichen letzten Form-Primat hat (wie wir sahen), – insofern hat es auch einen Form-Primat, der im ersten Schritt des Philosophischen wirksam ist und ihm darum sachlich vorausgeht. Das Theologische ist insofern «Telos», das obwohl *ultimum in executione* so doch *primum in intentione* ist: als Letztes aufsteigend, aber von vornherein nicht nur gesichtet, sondern einwirkend: in seinem Einwirken ansteigend vom Minimum einer «negativen Disposition» (im Sinne der *norma negativa* der Neuscholastik) zum Maximum positiver Inhalt-Gebung (in theologischer als «endgültiger» Metaphysik). – Insofern aber dies alles doch statt hat nicht zum Ziel einer Theologie, sondern zum Ziel einer Metaphysik, d. h. eines Unternehmens, das, so sehr es in den Bereich des Theologischen hineinreicht, doch im Philosophischen methodisch-formal heimatet, – insofern weiter Theologie zwar nicht objektiv irgendwie in Philosophie gründet, aber in ihrer Möglichkeit wie wirklichem Bestehen von Erwägungen her (subjektiv-methodisch) erkannt wird, die zum Bereich des Philosophischen gehören (prinzipielle Erkenntnis der zum mindesten Nicht-Unmöglichkeit von Glauben und Offenbarung; geschichtliche Erkenntnis des Vorhandenseins von Offenbarung), – insofern vollzieht sich der obige Form-Primat des Theologischen formal im Rahmen des Philosophischen. Es ist in keiner Weise so, daß die fragliche Metaphysik ein «Drittes» wäre, darin die Scheidung zwischen Philosophie und Theologie sich überbrückt. Sondern: ein formal philosophisches Unternehmen trägt in sich einen Form-Primat des Theologischen, weil und insoweit dieses Theologische als solches den gesamten Geschöpfbereich überformt. Der Form-Primat des Theologischen ergibt sich darum immanent aus dem unterscheidenden Wesen von Metaphysik (wie wir es auch durchführten). Das Theologische ist also «Telos» (im oben entwickelten Sinn) als und insoweit «inneres Telos» des Metaphysischen. Das Aristoteles-Wort für solchen Innen-Telos, En-telecheia, ist rückbezüglich zu «In-Werk-Setzung» *(ἐν-ἐϱγεια)* und «Kraft als Möglichkeit» *(δύναμις)*. Entwickelt sich uns der Form-Primat des Theologischen vom Gedanken «endgültiger» Metaphysik her (S. 76f), so ist also die Formel «das Theologische als Entelechie der Metaphysik» den Aristoteles-Worten entsprechend. Durch das Theologische als «inneres Telos» *(ἐντελέχεια)* kommt die «ansteigende Bewegung» *(δύναμις)* der Metaphysik zu ihrer «endgültigen Verwirklichung» *(ἐνέϱγεια)*[1]. –

In diese Formel spielt aber noch die Doppeldeutigkeit hinein, als ob das Theologische in der gleichen Weise «Entelechie» wäre, wie etwa die Kraft im Stoff, das Lebensprinzip im Leben, die Seele im Leib, die, wenngleich auch nicht auseinander ableitbar, doch in gleicher Ebene sich ineinander binden. Es ist vielmehr eine gleiche Steigerung des Zueinander zu beachten, wie sie Augustinus in seiner bekannten Formel meint: wie der Leib zur Seele, so die Seele zu Gott. Das Gemeinsame des «wie ... so» ist dann nicht ein «in gleicher Ebene sich zu einander binden», sondern, daß in beiden Verhältnissen ein Höheres, indem es das Höhere bleibt (Seele, Gott), den Form-Primat zum Niederen bildet, so daß das Niedere (Leib, Seele) nicht «in sich», sondern «über sich hinaus» zu seiner Wirklichkeit kommt. Wächst dann die Distanz zwischen Höherem und Niederem (wie hier: von Leib-Seele, als Distanz zwischen Geschöpf und Geschöpf, zu Seele-Gott, als Distanz zwischen Geschöpf und Gott), so wächst auch unvergleichlich die Stärke von Niederstieg (der Seele zum Leib, Gottes zur Seele) und hierin Überstieg (des Leibes zur Seele, der Seele zu Gott). Das ist aus der Fragestellung des Ontisch-Inhaltlichen durchaus in unsere Fragestellung des Noëtisch-Methodischen zu übertragen. Wir haben hier die Steigerung vom Problem des Apriori-Aposteriori (§ 3) zu dem des hierin implizierten

[1] In die scholastische Formel *potentia-actus* ist das nicht übertragbar, weil nicht nur aus der aristotelischen Dreiheit eine Zweiheit geworden ist, sondern auch bereits *potentia* (in dieser Formel) nur «Möglichkeit» ist und nicht auch «gespannt bereite Kraft».

Gott-Geschöpf-Verhältnisses (§ 4 [1]) zu dem Abschließenden zwischen Theologie und Philosophie in der Einen Metaphysik.

Das Gemeinsame ist, daß es immer um die Eine Metaphysik geht. Das Gemeinsame ist auch, daß bereits im Verhältnis des Apriori-Aposteriori ein Aus-einander-ableiten nicht angängig ist. Weder – wie wir sahen – werden die «Prinzipien» (bzw. die «Wahrheit») aus der «Erfahrung» (bzw. der «Geschichte») (wie es eine rein aposteriorische Metaphysik will), noch diese aus den «Prinzipien» (bzw. der «Wahrheit») abgeleitet (wie es das Ziel einer rein apriorischen Metaphysik ist). Es gilt endlich auch hier bereits, daß die Ableitungs-Unmöglichkeit gestuft ist. Eine rein aposteriorische Metaphysik ist unmöglich, weil Prinzipien bzw. Wahrheit (als das Höhere) überhaupt nicht eine Folgerung aus der Erfahrung bzw. Geschichte (als «Anwendung der Prinzipien» bzw. «Erscheinung der Wahrheit») sein können. Eine rein apriorische Metaphysik ist dagegen nur unmöglich, weil zwar «Anwendung der Prinzipien» («Erscheinung der Wahrheit») aus den Prinzipien (aus der Wahrheit) folgt, aber nicht ideativ notwendig. Es ist der Sinn der neuscholastischen Scheidung zwischen *possibilitas interna* und *externa:* die Realität der Menschen ist gewiß Realisation der Idee Mensch, aber aus der Idee Mensch folgt sowohl keinerlei Daß ihrer Realisierung wie keinerlei nähere Bestimmung der besonderen Art dieses Daß (durch die «unsere» Menschenwelt sich gegen andere mögliche Menschenwelten schiede).

Aber bei all dem ist das Problem zwischen Apriori und Aposteriori ein innergeschöpfliches: zwischen Idee des Seins und Wirklichkeit des Seins. Es besteht also eine gemeinsame Ebene: das geschöpfliche Sein, das als dasselbe in Idee (Sosein) und Wirklichkeit (Dasein) sich auseinanderlegt. Das hört für die beiden andern Probleme auf, die zwischen Gott und Geschöpf spielen. Denn zwischen Gott und Geschöpf besteht keinerlei Eindeutigkeit, da sie als «Ist» und «wird» in der innersten Seins-konstitution sich scheiden. Und auch dies noch steigert sich vom allgemeinen Gott-Geschöpf-Problem zum besonderen Theologie-Philosophie-Problem. Denn während im ersten die Konstitution des Geschöpfes ohne den Bezug Gottes (als Schöpfers) zu ihm nicht denkbar ist, trägt der besondere Bezug zum Geschöpf, der in Theologie liegt, völlige «Ungeschuldetheit» in sich. Das Wesen des Geschöpfes beschließt keinerlei Anspruch darauf, so sehr es zu ihm innerlich objektiv «offen» ist (in seiner *potentia oboedientialis*, wie Thomas sie nennt). Das, was wir als letztes Gemeinsames für Apriori-Aposteriori, Gott-Geschöpf-Verhältnis, Theologie-Philosophie sahen, nämlich die gestufte Ableitungs-Unmöglichkeit, wird also in sich am deutlichsten diese Steigerungs-Unterschiede ausprägen. Im Problem zwischen Apriori und Aposteriori zeigt sich die gestufte Ableitungs-Unmöglichkeit in einer Methode, darin die reale Erfahrung von vornherein und stetig über sich hinaus ist zum Eidos. Das Gott-Mensch-Verhältnis methodisiert sich in ein Denken, das im «Erkennen Gottes im Bilde der Geschöpfe» von vornherein und stetig das Augustinuswort zu sprechen hat: «das allein kann ich sagen, was Er nicht ist» (in Ps 85; 12). Das heißt (in den scharfen Ausdrücken der griechischen Kirchenväter): das Erkennen Gottes ist von vornherein und stetig über sich hinaus zum Nicht-Erkennen. Ja, es vollzieht sich geradezu in einem solchen und als solches: wir kommen, sagt Thomas, *ad cognoscendum de eo quid est ..., in quantum de eo cognoscimus quid non est* (Ver q 10 a 12 ad 7). Im Problem zwischen Theologie und Philosophie erreicht das seinen Höhepunkt. Denn für das allgemeine Gott-Geschöpf-Verhältnis ist die Beziehung zwischen «Erkennen» und «Nicht-Erkennen» noch im Begriff Gottes enthalten: «wenn es überhaupt um Gott geht, kann es nur um ein ‚Erkennen im Nicht-Erkennen' gehen», wie der Augustinus-Satz «*si comprehendis, non est Deus*» (serm 117 3; 5) es scharf prägt. Der Gehalt einer eigentlichen Theologie aber liegt völlig in der Freiheit Gottes, so wahr es eigentliche Theologie ist. Ein «Erkennen im Nicht-Erkennen» sprengt bereits gewiß das Erkennen, das auf Umgreifen im Begreifen zielt. Aber es waltet doch noch eine Notwendigkeits-Beziehung zwischen «Erkennen» und «Nicht-Erkennen», insofern das *cognoscimus ... quid non est* in der inneren Knüpfung des *in quantum* zum *cognoscendum ... quid est* steht. Im Problem zwischen Theologie und Philosophie ist die Bindung aber nur die einer «vorausgehenden Möglichkeit» oder besser «Nicht-Unmöglichkeit» (daß Gott sich offenbare und dadurch die Theologie begründe) und einer «tatsächlichen» Beziehung («wenn Gott sich tatsächlich offenbart hat»). Die (erste) Beziehung, die einen Charakter innerer Knüpfung trägt, sagt nichts von Wirklichkeit. Die (zweite) Beziehung, die von Wirklichkeit spricht, enthält nichts von Notwendigkeit. Das «über hinaus» bedeutet hier also wirklich das, was der 1. Korintherbrief über die Beziehung zwischen Offenbarung und Denken sagt: «Ärgernis» und «Torheit» im Zeichen des «Kreuzes». Das «reinliche Denken» wird «zu Paaren getrieben» zwischen «Notwendigkeit ohne Wirklichkeit» und «Wirklichkeit ohne Notwendigkeit». Und gerade so ist es Philosophie: Teilnahme an der Wahrheit, die Gott ist. Theologie ist für die Eine Metaphysik *ἐντελέχεια* (in dem Sinne, den wir darlegten), d. h. letzte lebenspendende Form, indem sie (von den oben angestellten Erwägungen aus) *στέρησις* philosophischen Denkens zu sein scheint, d. h. dessen Aufsprengung bis zur Aushöhlung: «Leben im Tod». Indem, wie Thomas sagt (Ver q 14 a 10 ad 9), das Theologische zum Philosophischen die Beziehung des *excedere* hat (des «Aufsprengens» im «über hinaus» zum «ausgehöhlt Zurücklassen»), hat es zu ihm die des *per-ficere* (des «durch und durch Zu-ende-Schaffens» zur «Vollendung»). –

5. Die korrelate praktische Methode ist darum auch am besten in den beiden Sätzen enthalten, die aus dieser Grundauffassung sich formuliert haben. Für die meta-noëtische Seite des metaphysischen Problems gilt der Satz: *fides (theologia*[1]*) non destruit, sed supponit et perficit rationem (philosophiam)*. Der meta-ontischen Seite entspricht der Satz: *gratia non destruit, sed supponit et perficit naturam*. In ihrer Verschränkung (wie sie Thomas gern formuliert: S Th q 1 a 8 ad 2; ebd q 2 a 2 ad 1) sind sie dann «der» Methodensatz für das in der Einheit beider Seiten

[1] Diese Klammer zeigt an, daß es in diesen gesamten Darlegungen nicht um die Frage des näheren Begriffes Theologie geht (gegenüber Glauben usw.), sondern um das gemeinsam Unterscheidende gegenüber Philosophie.

des metaphysischen Problems sich aussprechende metaphysische Welt-Bild. – Das *non destruit* in seiner Einheit mit dem *perficit* begründet den jeweilig ersten Ansatz dieser drei Themen. Er ist auf der einen Seite ein durchaus philosophisch-positiver Ansatz (kraft des *non destruit)*, auf der andern Seite aber positiv in kraft des Theologischen, und zwar nicht nur insofern das Theologische ihn nicht unmöglich macht *(non destruit)*, sondern ausdrücklich indem es ihn als solchen ermöglicht (da das *non destruit* der «Vor-Schatten» des *perficit* ist). Es ist darum eine echte philosophische Positivität, die aber von vornherein zum Theologischen hin «offen» ist, und zwar nicht rein negativ (aus einem «Versagen» heraus), sondern gerade positiv (weil sie vom Theologischen her ihren gegen das Theologische unterscheidenden Grund hat).

Das *supponit* in seiner Einheit mit dem *perficit* weist den Weg für die Entfaltung des Ansatzes bis zu seinem Ziel. *Supponit* heißt erstens: ein echter Fortgang und Durchgang durch die unverkürzte Breite des Philosophischen (da das «Voraus-Gesetzte» in Frage und Inhalt sich gegen das «Darauf-gesetzte» scheidet). *Supponit* heißt zweitens sogar: eine wahre Begründung des Theologischen von dieser eigengesetzlich unterschiedenen Philosophie aus (weil das «Darauf-gesetzte» wirklich «auf» das «Voraus-gesetzte» «gesetzt» ist). *Supponit* heißt aber endlich (drittens): ein innerliches Übergehen des Philosophischen ins Theologische als seine Vollendung (weil das «Vorausgesetzte» innerlich «zu» dem «Darauf-gesetzten» «hin» ist). Es ist also nicht so, daß Philosophie an bestimmten Grenzen rein negativ «versagte». Sondern sie wird positiv «über sich hinaus» ins Theologische «befreit», indem das «im» (ausdrücklich) Theologischen sich bewegende *intelligere* die innere Vollendung des «zum» (ausdrücklich) Theologischen sich bewegenden *intelligere* ist. Es ist die Methode des augustinischen Verhältnisses zwischen *intelligo ut credam* und *credo ut intelligam* (serm 43 7; 9). Es besteht ein wirkliches *intelligo ut credam*, d. h. aus dem innersten Wesen von Akt und Gehalt des Philosophischen. Aber es ist (kraft des *perficit*) von vornherein innerlich «über sich hinaus» in das *credo ut intelligam*, weil dieses sein *per-ficere* ist, d. h. die ihm innerlich übergeordnete Form.

Darum endlich gibt es auch nichts «Drittes», sondern das Theologische selbst ist das Meer der Mündung. – Man könnte sagen: Das Erste ist das philosophische Denken in sich, das Zweite das reine *credere*, das Dritte das *credo ut intelligam*. Aber sofern das «reine *credere*» nicht als Akt des Sich offenbarenden Gottes, sondern als Akt des die Offenbarung empfangenden Menschen genommen wird, ist es in dieser Reinheit nicht vollziehbar. Augustinus leitet mit Recht das *credo ut intelligam* daraus ab, daß schon das *credere* selber das *intelligere* enthalte, weil es als menschlicher Akt sei *cum assensione cogitare: cogitat omnis qui credit, et credendo cogitat et cogitando credit* (de praedest sanct 2; 5). Gewiß ist – wie wir selber es durchführen – «eigentliche» (positive, kirchliche) Theologie zu scheiden gegenüber dem, was das Theologische im Unternehmen einer Metaphysik besagt. Aber das ist (wie wir seiner Zeit sahen: S. 76f) nur eine Scheidung im *a potiori*. Und nicht nur das: positiv-kirchliche Theologie und theologische Metaphysik durchdringen sich im theologischen Forschungsbetrieb. Die Definierung der Unbefleckten Empfängnis entsteht geschichtlich von der skotistischen Schule her. In der geschichtlichen Entstehung ist sie eng mit der bestimmten Metaphysik dieser Schule verknüpft: der Betonung der Freiheit des setzenden Willens Gottes usw. In ihrer Definierung aber ist sie restlos davon unabhängig (weil Formal-Akt des Unfehlbaren Lehramtes). Mithin ist auch in diesem Sinn kein «Drittes» zu gewinnen: reine Philosophie als Erstes, positiv-kirchliche Theologie als Zweites, theologische Metaphysik als Drittes. Denn die Scheidung zwischen den beiden letzten erlaubt kein Nacheinander, da die Gabelung im ersten Akt des Zusammen sich schon vollzieht. Das ist ja nur Auswirkung dessen, was mit einer wirklichen Theologie unabtrennbar gegeben ist: die gleichsam noëtische *unio hypostatica* in ihr: daß ein menschlicher Akt, durchaus menschlich seiend, göttliche Person-Form trägt. Von der ersten Seite her entspringt theologische Metaphysik (als betontes Sich-Darstellen des Theologischen in menschlich-geschöpflichen Formen), von der zweiten her positiv-kirchliche Theologie (als Selbst-Autorität des Theologischen in Autorität des persönlichen Gottes). Unsere theologische Metaphysik trägt darum in sich selber als bestimmenden Lebensgrund das Positiv-Kirchliche. Ja, das *tantum-quantum* ihres vorschreitenden Denkens ist wesenhaft das *tantum-quantum* positiver Kirchlichkeit. Aber ebenso ist es von vornherein formal «private, menschliche Arbeit» und nicht «Sprache der Kirche»: die Autorität Gottes in der Kirche in sich tragend zur bestimmenden Form für sich selbst, nicht für andere. Sie ist positiv-kirchlich als «vom Positiv-Kirchlichen bestimmt», aber nicht als «die Autorität des Positiv-Kirchlichen ausübend». Hierdurch ist es theologische Metaphysik, die auf «eigentlicher» Theologie beruht, ohne «eigentliche» Theologie zu sein. Denn solche «eigentliche» Theologie zielt auf eine Form verbindlichen kirchlichen Urteils (wenn auch nur in der untersten Weise einer «theologischen Qualifikation»).

Die andere Möglichkeit eines «Dritten» läge mithin darin, daß ein «Drittes» jenseits dieses (nicht aufspaltbaren) Theologischen gewinnbar wäre. Das ist die tatsächlich geschichtlich versuchte Möglichkeit. Augustinus nennt sie den Hindurchstieg durch das *transitorium* des *Verbum caro factum* zur *veritas incommutabilis* des *Deus Verbum* (in Ps 109; 5, 12): vom *credere* zum *intelligere*, zum *videre* (de Trin IX 1, 1). Thomas konzipiert die Idee des in sich selbst hinein wieder immanenten *intellectus* (nachdem im reinen *credere* der *intellectus* vom Willen geführt worden und im gläubigen *intellectus* zu sich selbst zu kommen strebt) (Ver q 14 a 2 ad 14; ebd a 9 ad 1 et 2), aber so, daß das nur transzendent geschieht, durch die *prima veritas* als *apparens*, d. h. im *videre* der *visio* (ebd q 18 a 3 ad 1). Hegel spricht vom «absoluten Wissen», das die «offenbare Religion ist». Aber gerade sein Beispiel zeigt zur Deutlichkeit, daß hier keine innerzeitliche Möglichkeit vorliegt. Hegels Fassung ruht tatsächlich auf Augustinus und Thomas. Aber er ist über die weise Mahnung hinweggegangen, die Augustinus zu betonen nicht müde wird: *antequam validi simus ad capiendum Verbum, non recedamus a fide lactis nostrae* (in Ps 130; 11). Das will sagen: das «Dritte» ist eine Möglichkeit, die sich einzig und allein im Maße des «Gott alles in allem» erfüllt, also immer stärker über alles Greifen und Umgreifen des Begreifens hinaus. Nicht im Maße als das Geheimnis Begriff wird, sondern im Maße als der Begriff in das Geheimnis übermächtigt wird.

Im Wege vom Philosophischen ins Theologische hinein liegt ein zweimaliges Rühren an das Geheimnis. Das eine Mal geschieht es an dem Punkt, wo das Ende des Philosophischen der (ausdrückliche) Anfang des Theologischen ist. Hier zeigt sich Geheimnis in dem Sinne des (neuscholastischen) *mysterium naturale.* Es ist das Geheimnis Gottes als *principium et finis* der Kreatur. Es ist das, was der augustinische Satz bezeichnet: *ut inveniendus quaeratur occultus est.* Es ist Geheimnis, wie es dem Suchen «zu» Gott «hin» entspricht *(inveniendus quaeratur):* mehr negativ wehrendes Geheimnis *(occultus est).* – Zum zweitenmal erscheint das Geheimnis da, wo das Theologische selber an seine Grenzen stößt: wo der tiefste Theolog mit Thomas feststellen muß: *quamvis ... per revelationem elevemur ad aliquid cognoscendum quod alias nobis esset ignotum; non tamen ad hoc quod alio modo cognoscamus nisi per sensibilia* (in Boeth de Trin q 6 a 3 corp). Auch die höchste Theologie hebt nicht die Grenzen der Sinne auf, die für alles Rein-Geistige nur eine Erkenntnis *per remotionem et negationem* zulassen, mithin keine des *quid est.* Und darüber hinaus: *impossibile est quod aliquis intellectus creatus divinam essentiam comprehendat* (Ver q 8 a 2 corp). Es ist ein Eintreten in das Geheimnis Gottes, um tiefer «Seine Unbegreiflichkeit als solche zu begreifen», wie Augustinus sagt (de Trin XV 2, 2). Es ist darum das (neuscholastische) *mysterium supernaturale*, d. h. das Geheimnis der *res divinae prout sunt in se* (in Boeth de Trin q 5 a 4 corp). Es ist das, was die Fortsetzung des augustinischen Satzes besagt: *ut inventus quaeratur, immensus est* (in Jo tract 63, 1). Es ist Geheimnis, wie es dem Suchen «in» Gott entspricht *(inventus quaeratur):* Geheimnis positiv offen ins Geheimnis hinein *(immensus est).* – Die Nacht des *Deus tamquam ignotus*, die für Thomas im «Gipfel unserer (diesseitigen) Erkenntnis» steht (Boeth de Trin q 1 a 2 corp et ad 1), ist also einmal (an den Grenzen des Philosophischen) «aufdunkelnde Nacht» und insofern jene

«Blindheit» wirkend, die allein ins Theologische führt (das *non videre* des *credere*). Das andere Mal aber (an den Grenzen des Theologischen) ist sie «umfangende Nacht» und hierin das «überlichte Dunkel» *(ὑπέρφωτος γνόφος)* des Areopagiten (Myst Theol I 1), das das Wesen des Theo-logischen anzeigt: wo im «Wort (Gottes)» das «(Wort) Gottes» offenbar wird: die Tiefe Seiner Unsichtbarkeit in der Tiefe Seiner Sichtbarkeit.

Damit ist praktisch ein Doppeltes gesagt. – Einmal: daß ein sogenanntes «Drittes» innerhalb des Theologischen selber sich vollzieht: in dessen Selbst-Reduktion (in allen drei Themen der Metaphysik) immer stärker in die «Tiefen Gottes», damit aber in das innerpersönliche Leben Gottes, d. h. das Trinitarische. Der theologischen Metaphysik ist hier sachgemäß eine Erneuerung Augustins auferlegt, – aber im Medium der «heiligen Nüchternheit» Thomas' von Aquin, der hier jene Kritik ausbaut, die Augustin selber in den letzten Büchern von «*de Trinitate*» anlegt.

Das andere ist das Verhältnis zwischen «Begriff» und «Geheimnis» auf diesem gesamten Weg. Das Wort, das wir hierfür seit jeher gebrauchen, *reductio in mysterium*, bezeichnet in seinem vollen Wort-Sinn am besten, worum es geht. – «Mysterium» sagt einmal den Gegensatz zu *profanum*. *My-sterium* ist insofern das «Verschlossene» *(μύω)* als es gegen das sich abgrenzt, was «vor» dem «Tempelbezirk» liegt und doch wesenhaft «für» den «Tempelbezirk» ist, d. h. in seiner Wegrichtung zu ihm hin *(pro-fano)*. So ist das Mysterium als «Geheimnis» der innere Sinn der «klar gebahnten Straße», die zu ihm hinein führt, aber als Straße notwendig vor den Türen des Geheimnisses abbricht. Die «Straße» bricht vor der scheidenden Tür *(μύω)* ab und geht so durch die Tür ein. In diesem Sinn führt der Begriff als Begriff ins Geheimnis: Es ist eine *re-ductio in fieri*, Einrücken des begriffhaften Lichtkranzes in die dunkle Mitte, indem es *re-ductio* ist, Führung auf Wegen und gemäß Plan. In dieser Form binden sich Begriff und Geheimnis auf dem Wege vom Philosophischen ins Theologische. – «Mysterium» sagt aber auch (als *in facto esse*) das Hineingenommensein in das «Verschlossene», das Mit-Verschlossensein mit ihm. «Begriff» entsteht hier mithin neu vom «Geheimnis» her: als «einbegriffen sein» durch das «Geheimnis»: wie die Nacht ihr Antlitz öffnet, im Maße alles Licht erlosch. Wir haben mithin hier einen doppelten Sinn von «Begriff». Indem das «Geheimnis» uns «greift», spüren wir (passiv) seinen «Griff». So ist der theologische Begriff primär schärfster Begriff: nicht als philosophisches mühsames Strebe-Ziel, sondern als «so und nicht anders definierte Wahrheit». Es ist ganz unzweifelhafte *re-ductio*, blind an der Hand geführt werden: absolute Autorität. Aber das Geheimnis greift uns, um uns ein-zu-be-greifen. Es führt uns, um uns in sich hinein rück-zuführen (im *re* der *re-ductio*). Es ist der Vollsinn von 1 Kor 8, 2–3; das philosophische «erkennen» *(γνῶναι)* nicht nur versinkend vor dem theologisch-begrifflichen Bestimmtsein durch die definierte Offenbarung *(ἔγνωσται)*, sondern dieses in seiner Tiefe als Einsinken in die Unendlichkeit der Einung *(εἰ δέ τις ἀγαπᾷ τὸν θεόν, οὗτος ἔγνωσται ὑπ' αὐτοῦ)*. Mit andern Worten: auch der Begriff der «definierten Wahrheit» führt ins Geheimnis. Aber während der philosophische Begriff ins Geheimnis ab-bricht, ist im theologischen Begriff das Geheimnis die Fülle des Begriffs. Es ist nicht so, daß eine (über-theologische) Kritik sich über einen «Symbolismus» der Dogmen stellen könnte, um sie in einen «reinen Sinn» zu relativieren und auf diesem Wege nur als «Ausdrucksweise» des Geheimnis-Charakters Gottes zu fassen. Sondern das positive Maximum des theologischen Glaubensgehorsams ist das Maximum des Einsinkens in das Geheimnis der Tiefen Gottes. Anders hätte das Theologische aufgehört, theo-logisch zu sein.

Es dürfte deutlich geworden sein, daß es hier um die Auseinandersetzung mit Hegel geht. Aber es geht um sie erst in der eigentlichen Schärfe, wenn wir aus dem eben entwickelten vielfältigen Verhältnis zwischen Begriff und Geheimnis die Doppeldeutigkeit seiner inneren Dynamik herausheben. Aus einem doppelten Grund geht diese nicht in einen Begriff auf und ist darum formalst Dynamik. Einmal ist es ein negatives Nicht-Aufgehen: das letzte Versagen und darum Gebrochensein geschöpflicher Begriffe gegenüber Gott. Hier ist es Dynamik im griechisch-antiken

Sinn eines Rückfalles des *πέρας* umgrenzender Begriffe in das *ἄπειρον* grenzenlosen Verflutens. Dann aber ist es ein positives Nicht-Aufgehen: die Lebendigkeitsfülle der göttlichen Unendlichkeit, die sowenig einen «Begriff Gottes» (als «Selbst-Begriff Gottes») über sich hat, daß sie «als» diese Unendlichkeit der wahre Selbst-Begriff Gottes ist. Hier ist es nicht so, daß ein geformtes *πέρας* in ein chaotisches *ἄπειρον* abstürzt. Sondern: ein positives *ἄπειρον* als Ewiges Leben ist das eigentliche *πέρας* der Form. Beide Weisen des Dynamischen haben aber ihre Bindung darin, daß das Negative der ersten (kreatürlichen) Dynamik nur in einem künstlichen Absehen-von rein negativ erscheint. Denn indem es gegenüber derselben Unendlichkeit Gottes erscheint, die in sich selbst positive Dynamik des Ewigen Lebens ist, wird der scheinbare «Zerfall» «Gleichnis». Das Auseinandergehen ist Auseinandergehen der Wolken im Licht, das durch sie hindurchgeht. Die scheinbar negative (in Veränderung und Vielfalt) verflutende Dynamik der Kreatur ist gerade hierin Kundgebung der positiven Dynamik Gottes (in Einheit und Unveränderlichkeit). Das ist der große Gedanke Thomas' von Aquin: wie ontisch der Sinn der veränderlichen Vielfalt des Seins die Spiegelung der Unendlichkeit Gottes ist (Comp theol c 102), so offenbart sich noëtisch im *variare* der Wahrheit (Ver q 1 a 4 ad 3) und ihrer Vielfalt (*multae veritates* – ebd q 27 a 1 ad 7) die *Una ... veritas prima increata*, so drückt sich zuletzt in der *pluralitas* unserer *diversae conceptiones* Gottes Er als der *omnino unus et simplex* aus (S Th 1 q 13 a 12 corp). Das hat seine Zuspitzung (die unmittelbar zu Hegel leitet) im dreifachen Sinn der Antithetik, die das Besondere der augustinischen Dynamik ist. Es ist einmal kreatürliche Antithetik: daß das geschöpfliche Denken, im Maße es etwas im schärfsten Begriff fassen will, es dies nur kann in sich-durch-kreuzenden Begriffen, die also hierin sich gegenseitig ihre Gradheit brechen (z. B. *diligere timendo*, *operando requiescere*). Weil und indem aber diese Antithetik in dem Maße offenbar wird, als das geschöpfliche Denken die Region Gottes berührt, so ist es tiefer Antithetik zwischen einem Erfassen Gottes (als des *interior omni re*) und Seinem Über-hinaus über alles Erfassen *(exterior omni re)* (de Gen ad litt 8, 26). Da aber in der letzten Tiefe unsere *mens* «das» Gleichnis und Ebenbild der *Mens Divina* ist, so öffnet sich in der Art, wie in unserm Geistesleben der Geist in der Reflexion *(intellectus sui)* seinem un-reflektierten Sich-gegenwärtig sein *(memoria sui)* «gegenüber»-tritt, um sich bewußt zu umfangen *(voluntas sive dilectio sui)*, so öffnet sich hier (für den im Glauben erleuchteten Blick) die Sicht in die inner-göttliche Lebendigkeit des Vaters *(Memoria Sui)*, des Sohnes *(Intellectus Sui)*, des Heiligen Geistes *(Voluntas Sui)*.

Damit haben wir die Unterlagen. Hegel ist dadurch gekennzeichnet, daß er den überbegreiflichen Rhythmus des innertrinitarischen Lebens unmittelbar als die Denkform faßt, die das geschöpfliche Geistesleben beherrscht. So muß für ihn auf der einen Seite die fließende Antithetik des Innergeschöpflichen eine verhärtende Absolutheit erleiden: in der Ersetzung der allein sach-gegründeten Kategorie des «Gegensatzes» durch die des «Widerspruches». Auf der andern Seite aber muß die Ewigkeit des Logos der Wahrheit selber innerlich das διά der inneren Gegensätzlichkeit des Kreatürlichen annehmen: in der Ersetzung des «Einleuchtens» oder «Sich-mitteilens» einer Ewigen Wahrheit durch die «Dialektik» als gotthafte Dialektik. Diesem «dialektischen Widerspruch» tritt Aug in Aug das gegenüber, worin für uns am stärksten jene innere Einheit von Philosophie und Theologie sich ausspricht, die wir hier anstreben: wohl ein inneres Eins zwischen der (inhaltlichen) Zentralität des Trinitarischen und der (formalen) bewegten Einheit zwischen Begriff und Geheimnis, aber so, daß die drei Sphären dynamischer Antithetik, die wir sahen, nicht nur geschieden bleiben, sondern auch, daß folgerichtig der Weg streng mit der ersten (innerkreatürlichen) beginnt, um nicht die andern aus sich abzuleiten (was zu einem neuen theologischen Rationalismus führen würde), sondern über sich hinaus in sie hinein zu übersteigen, noch besser: sich überführen zu lassen. Darum wird es folgerichtig hier am stärksten kritische Reflexion der augustinisch-thomistischen[1] Tradition. –

[1] «augustinisch-thomistisch» bezeichnet nicht eine Schule, sondern Augustinus und Thomas von Aquin.

6. Da das Kapitel des Vatikanischen Konzils *De fide et ratione* (sess 3 cap 4) selber die Auseinandersetzung mit dem Hegelianismus zum geschichtlichen Hintergrund hat, so gibt es uns auch die schärfste Formulierung der Methodik, die wir hier zu umzeichnen suchen. – Es besteht – erstens – im Grundsätzlichen ein Form-Primat des Theologischen (Denz 1798: *Ecclesia ... ius et officium divinitus habet falsi nominis scientiam prohibendi*, so daß *omnes Christiani fideles huiusmodi opiniones ... pro erroribus ... habere tenentur omnino*), der sich aber auswirkt nicht in eine Bindung des Wissens, sondern in seine Ent-Bindung, indem gerade seine objektive (Denz 1799: *propriis principiis*) und subjektive (ebd: *propria methodo*) Eigengesetzlichkeit gelehrt wird. Es ist nicht so, daß der «Wahrheit» Grenzen gesetzt werden. Im Gegenteil: weil das Theologische mit seinem Charakter des Theologischen steht und fällt, so ergeht sein Form-Primat ausschließlich im Namen der Einen Wahrheit, die in Gott gründet (Denz 1797: *cum idem Deus, qui mysteria revelat et fidem infundit, animo humano rationis lumen indiderit, Deus autem negare se ipsum non possit nec verum vero unquam contradicere*). Eine Unterwerfung unter die Kirche aus reinen «Kompromiß-Gründen» wäre also nicht nur gegen die von derselben Kirche behauptete Eigengesetzlichkeit und Freiheit (Denz 1799: *iustam ... libertatem*), sondern direkt gegen Gott als Gott der Einen unbedingten Wahrheit. Die Unterwerfung – auch und gerade in Fällen, wo die eigene Einsicht als Opfer gefordert ist –, kann vielmehr nur erfolgen auf Grund des Verpflichtetseins in diese Eine unbedingte Wahrheit, – die aber, weil sie in Gott ihren Ort hat, in Gott, der im Theo-logischen als Theo-logischen unmittelbar spricht, das Grundgesetz Gottes in sich trägt: «Meine Gedanken sind nicht eure Gedanken und Meine Wege sind nicht eure Wege». Es geht dann so wenig um einen Abbruch an Wahrheit, daß vielmehr gerade so der eigentliche Durchbruch in die Wahrheit sich vollzieht: aus der Enge der «Wahrheit im Ich» in die «Wahrheit, die Gott ist». Es vollzieht sich praktisch, was die augustinische Lehre des «*transcende te ipsum*» ist: als Tiefe der Transzendenz der «Wahrheit» über die «denkende Seele» die Transzendenz Gottes

über das Ich, und darum als Tiefe eines echten Objektivismus der Wahrheit das *se abnegare* des Evangeliums: *noli remanere in te, transcende et te: in illo te pone qui fecit te* (serm 153 7, 19). Das hat darum vom Trinitarischen her seine tiefe Bedeutung: Unterwerfung unter die Kirche ist Eingeformtsein in Christus, der als Ewiger Sohn des Vaters der Logos ist, der *Intellectus Sui* im innergöttlichen Leben. Eine scheinbar «disziplinäre Feigheit» ist mithin noëtische Mystik der Teilnahme am innergöttlichen Ausgang der Ewigen Wahrheit.

Weil in diesem Grundsätzlichen nicht ein Halb-Theologisches mit einem Halb-Philosophischen Kompromiß schließt, sondern unbekümmert echte Theologie mit unbekümmert echter Philosophie im Einen Gott der Einen Wahrheit eins ist, darum gestaltet sich auch – zweitens – die Auswirkung in gleicher Unbekümmertheit. So scharf Theologie und Philosophie sich scheiden, so vollkommen durchdringen sie sich. Sie scheiden sich als ein wirklicher *duplex ordo cognitionis* (Denz 1795), im Wurzelhaften des Formal-Aktes (ebd: *distinctum.... principio..., quia in altero naturali ratione, in altero fide divina cognoscimus*) wie des Formal-Objektes (ebd: *obiecto..., quia praeter res, ad quae naturalis ratio pertingere potest, credenda nobis proponuntur mysteria in Deo abscondita*). Aber sie durchdringen sich so, daß jede in das Wurzelhafte der andern eingreift, und die Gegenseitigkeit dieses Eingreifens doch gerade die gegenseitige Selbständigkeit nicht nur nicht antastet, sondern geradezu begründet. Die Philosophie wird zur Grundlegung der «Fundamente» der Theologie bis zu deren «methodischem Werkzeug» im «Aufbau» (Denz 1799: *cum recta ratio fidei fundamenta demonstret eiusque lumine illustrata rerum divinarum scientiam excolat*). Die Theologie ihrerseits wird formal zur inneren Befreiung des Aktes von Philosophie (ebd: [cum] *fides ... rationem ab erroribus liberet*) und material zur Erweiterung ihrer Horizonte (ebd: ... *eamque multiplici cognitione instruat*). Aber indem es, im Verhältnis des Philosophischen zum Theologischen, um die *fidei fundamenta* geht, wird es eine «Grundlegung», darin der Grundlegende durch sich selbst hindurch über sich hinaus «sich aufgibt» (in der Drangabe der *in-*

trinseca rerum veritas naturali rationis lumine perspecta in die *auctoritas ipsius Dei revelantis:* Denz 1789). Und indem es, im Verhältnis des Theologischen zum Philosophischen, unterscheidend um die *ratio* geht und um das Negative eines *ab erroribus liberet*, wird es in vollem Sinne des Wortes «Befreiung», d. h. nicht Ableitung von Philosophie aus Theologie, sondern freies (*iustam libertatem*) Gebilde auf eigenem Grund (*propriis principiis*) und in eigenem Aufbau (*propria methodo*).

Darum ist die Ausmündung dieses Ganzen auch das Geheimnis, – in deutlicher Front sowohl gegen den Rationalismus des philosophischen Begriffes, wie der katholische Hegelianismus Georg Hermes', Anton Günthers und Frohschammers ihn darstellte (Denz 1618ff, 1642ff, 1655ff, 1666ff), wie gegen den theologischen Rationalismus einer Ableitung von allem aus dem Theologischen (Denz 1622ff, 1649ff, 1659ff). In der ersten Frontstellung (gegen den «Begriff von unten») liegt die Betonung, daß auch die tiefste und mit der schärfsten Philosophie verbundene Theologie zuletzt zur *reductio in mysterium* wird (Denz 1796: *divina enim mysteria suapte natura intellectum creatum sic excedunt, ut etiam revelatione tradita et fide suscepta ipsius tamen fidei velamine contecta et quadam quasi caligine obvoluta maneant*). Die zweite Frontstellung aber (gegen den «Begriff von oben») besteht darauf, daß dieser Weg ins Geheimnis ein wirklich positiver Weg sei und nicht die falsche Mystik eines dunklen Ergriffenseins, das die Kräfte wirklichen Forschens unterbindet (ebd: *ratio ... fide illustrata, cum sedulo, pie et sobrie quaerit, aliquam Deo dante mysteriorum intelligentiam eamque fructuosissimam assequitur tum ex eorum, quae naturaliter cognoscit analogia tum e mysteriorum ipsorum nexu inter se et cum fine hominis ultimo*). Die *reductio in mysterium* (als auch und gerade das letzte Wort der Kirche) ist also ein Weg ins Geheimnis «im» Begriff «über» den Begriff hinaus, – und dies als die Antwort auf den Versuch Hegels, das Geheimnis «als» Begriff zu fassen (im «absoluten Wissen»), indem primär der Begriff «als» Geheimnis erscheint (nämlich als der «Selbstbegriff» des trinitarisch-dialektischen Gottes).

Damit hat sich das Problem philosophisch-theologischer Metaphysik als Letztes in das Gefüge «kreatürlicher Metaphysik» eingezeichnet, wie wir es am Eingang dieser letzten Erörterungen sahen (S. 64f). Einerseits scheint es, daß in diesem Gefüge alles in die Folgerichtigkeit des Begriffes (Sosein-Dasein) sich schloß, während nun der Begriff ins Geheimnis übermächtigt ist. Aber indem eben deutlich ward, wie das Geheimnis «im» Begriff «über» den Begriff hinaus geht, also zwischen Begriff und Geheimnis dasselbe «in-über» als formales Verhältnis waltet, das auch das frühere Gefüge kennzeichnet, hierin fügt sich doch andererseits, folgerichtig zu unseren Ausführungen, das Verhältnis philosophisch-theologischer Metaphysik in dieses Gefüge. Nicht freilich als neue Inhaltlichkeit: denn das Wesen Gottes, von dem Theologie her und zu dem Philosophie hin ist, war bereits die Spitze. Aber im Verhältnis zwischen philosophischer und theologischer Metaphysik prägt sich einmal die besondere innere Spanne zwischen Begriff *(theologia positiva)* und Geheimnis *(theologia negativa)* in dieser Spitze aus und hierin die doppelte Akzentuierung ihres «in-über» zum geschöpflichen Bereich: das «vom in zum über» als besondere Intention des Philosophischen, das «vom über zum in» als solche des Theologischen:

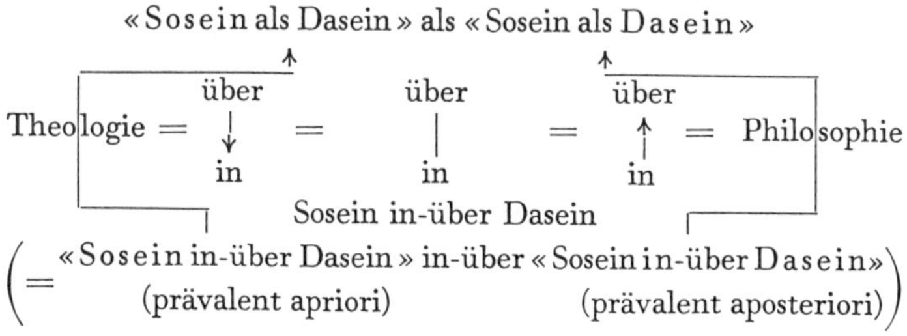

Dann aber wird man sich erinnern müssen, wie diese Gestalt dadurch zustande kam, daß das Verhältnis zwischen apriorischer und aposteriorischer Metaphysik durch sich hindurch über sich hinaus transparent wurde in das zwischen Metaphysik der Erscheinung Gottes und der Kräftigkeit zu Gott (S. 63f) und noch einmal durch diese hindurch über hinaus in das zwischen philosophischer und theologischer Metaphysik (S. 66ff, 78ff). Damit wird man dieses dreifache in-über, (das zueinander «in-über» steht), gleichsam als den «Exponenten» der obigen Gestalt bezeichnen müssen, unter dem sie dreimal in einer Akzentuierung jeweils über hinaus zu lesen ist. Dies ist dann das Prinzip einer Metaphysik überhaupt:

(«Sosein als Dasein» als «Sosein als Dasein»
über
|
in
«Sosein in-über Dasein» in-über «Sosein in-über Dasein»)

Theologie in-über Philosop
über
|
in
Erscheinung in-über Kräftig
(Gottes) (zu Got
über
|
in
Apriori in-über Aposterior

Als formales Grundverhältnis in unserem Prinzip einer Metaphysik-überhaupt zeigte sich das in-über. Es ist erstens Verhältnis, d. h. die Schwebe eines Zwischen (S. 28), – im Unterschied zu einer umgrenzten Position, aus der man gradlinig folgern kann. Es ist zweitens eben darum ein über sich hinaus weisendes Verhältnis (S. 60f), – im Unterschied zu einem in sich selbst in sich hinein schwingenden. Es ist drittens hierin ein solches, dessen innere Form sich über sich selbst hinaus steigert (S. 81f), – im Unterschied zu einem Verhältnis, dessen Formel immer eindeutig dieselbe bleibt. Es ist infolgedessen viertens ein Verhältnis dynamischer Antithetik (S. 90f), – im Unterschied zu einem solchen, das in einen Begriff aufgeht. So ist es endlich fünftens ein Verhältnis, das durch seinen positiven Ausdruck hindurch und über ihn hinaus führt in die negative Aussage (S. 83ff), – im Unterschied zu einem positiv restlos ausdrückbaren. Durch diese fünf Eigenschaften, Verhältnis-Schwebe, Je-über-sich-hinaus-Weisen, Steigerung, dynamische Antithetik, Positiv-Negativ, erweist sich bereits, daß das Prinzip der Metaphysik-überhaupt als einer «kreatürlichen Metaphysik» Analogie zu heißen hat, so daß also das formale Prinzip einer Metaphysik-überhaupt das formale Prinzip «dieser» Metaphysik (die wir intendieren), ist.

Unter zwei Rücksichten ist es aber erfordert, das formale Prinzip der Analogie eigens zu entwickeln. Erstens: um diese Gleichung ausdrücklich herauszustellen. Zweitens: weil auf diese Weise die eben abgeschlossene Grundlegung sich noch von einem Wurzelhafteren her vollziehen läßt: vom Begriff des Logos (§ 5) und vom Widerspruchsatz (§ 6) her. Andererseits wird aber die Untersuchung selber die Anwendung der eben, im ersten Abschnitt, erörterten Methode einer Metaphysik-überhaupt sein müssen, wie ja auch die Darlegung dieser Methode selber schon deren Ausübung war. Insbesondere wird der Grundsatz einer «Sachforschung in kritischer Reflexion der Ur-Tradition» ausgiebig durchgeführt werden müssen, weil die Analogie ein Geschichtlich-Überkommenes ist, das ein bestimmtes Sachproblem meint, von ihm also auszugehen hat (§ 5 und 6), um durch die kritische Reflexion der Ur-Tradition hindurch (§ 7) zu ihm zu zielen (§ 8).

Zweiter Abschnitt

Analogia Entis

§ 5 Logos, Logik, Dialektik, Analogie

Im Geiste unserer Ergebnisse über meta-noëtische und meta-ontische Metaphysik werden wir, als das Allgemeinste, sagen können, daß in der Verbindung von «*ana-logia*» und «*ens*» ein akthaftes «Ordnen» *(ἀνὰ λόγον λέγειν)* ausgedrückt ist, das nicht nur (intentional) eine gegenständliche «Ordnung des Seins» ausspricht *(ἀνὰ λόγον τοῦ ὄντος λέγειν)*, sondern in dem selber (strukturhaft als «Prinzip») diese «Ordnung des Seins» sich ausspricht (das Seinsgesetz des *ἀνὰ λόγον τοῦ ὄντος εἶναι* als Denkgesetz des *ἀνὰ λόγον λέγειν* und hierin erst als Grundgesetz).

Aber in diesem allgemeinsten Sinn einer «ordnenden Ordnung» stimmt das *ana(logia)* nicht nur mit dem Stammwort *logos* überein, sondern auch mit dem *dia(-logon)* (in «Dialektik»). *'Αναλογίζεσθαι* wie *διαλογίζεσθαι* wie *λογίζεσθαι* bezeichnen in all ihren Unterschieden die Gemeinsamkeit eines «Überlegens nach Maßstäben», also einer Ordnung, die sich in diesem Überlegen, Beurteilen usw. vollzieht, also unserer «ordnenden Ordnung». Diese ordnende Ordnung besondert sich in der Vorsilbelosigkeit (des *λογίζεσθαι*) und Vorsilbe-Verschiedenheit (zwischen *δια-* und *ἀνα-λογίζεσθαι)* aus.

1. In der Breite der Bedeutung von *logos* schwingt die Breite der Problematik der Sprachlogik, wie sie klassisch im Kratylos Platons formuliert ist: ein vor-gegebener «Sinn», der sich in das (nach-gegebene und vom Sinn aus-gegebene) «Wort» ausspricht; – oder das einfach faktisch gesetzte «Wort», in dem der «Sinn» mit-gesetzt wird. Die beiden Bedeutungen «Vernunft» und «Überlegung» (als «Vernunft *in actu*») sind in diese Doppeldeutigkeit eingeformt: zwischen einer «Vernunft», die «in sich vernehmen» im Sinne von «empfangen» besagt (und so zum

Ort der Kundgabe des «Sinnes» wird: im Akt des «Gegebenseins»), – und einer «Vernunft», die das «vernehmen» als richterliches «sich jemanden vornehmen» übt (und so der Ort des «schaffenden Wortes» wird: im Akt des «Setzens»). «Begriff» und «Sache» – als das letzte Bedeutungspaar – ist dann der spannungshafte Grenzkreis. Als «Sache» ist *logos* ein solcher «Begriff», in den die Sache selber «sich einbegreift». Das Sein (der «Sache») ist sein eigenes Offenbar-sein (als «Begriff»). *Logos* als (vorgegebener und das «Wort» aus-gebender) «Sinn» ist dann (in dieser Grenzfassung von *logos* als «Sache») die Region einer Onto-(logie), d. h. eines «Seins als Sinn», das «in» der (passiv gefaßten) Vernunft «vernehmlich» ist. Wir haben damit geschichtlich die Seite Hegels, darin alle Logik als Logik des Seins erscheint («was ist, ist vernünftig»), – bis in die Wiedergeburt in einer noëmatischen Phänomenologie, insbesondere aber in Heidegger. Dem gegenüber steht *logos* als «Begriff». Hierin ist er ein aktives «Er-greifen» der «Sache», um sie im Be-greifen (nach allen Seiten) «in den Griff zu bekommen». Darum bemißt sich der Begriff nach seiner «klaren Handlichkeit». Darum ist er das Mittel, um «unverstandene Sachen» «allgemein gebräuchlich» zu machen. Das heißt er entspricht (in einer Form) der Weise einer «setzenden» Sprachlogik: die «Worte», durch die die «Sachen» «handlich» werden, entstehen nach dem Maße dieser Handlichkeit, d. h. nach den Gesetzen des praktischen Umgangs. *Logos* ist als praktisch gesetztes und den «Sinn» mitsetzendes «Wort» dann in seiner nunmehrigen Grenzfassung als «Begriff» die Region einer (Onto)-Logie, d. h. einer spontanen Überführung des Seins (als «Materie») in die Kategorien (als wirkliche Aussage-Formen) des «reinen Sinns», «durch» eine (aktiv-gefaßte) Vernunft, die die «Sachen» «richterlich vornimmt». Hier haben wir geschichtlich die andere Seite Hegels, darin alles objektive Sein sich zurückführen muß auf die Aussage-Form des Urteils (in seiner Form von Identität und Trennung), mithin alle Struktur der Sache auf die Struktur des (akthaften) Begriffs, so daß alle Struktur der Sache zuletzt als Erscheinungsform dieses Begriffs (in seiner dialektischen Bewegung) sich enthüllt. Es ist der Hegel, der in der «transzendentalen Subjektivität» des späten Husserl seine geklärte Auferstehung hat: in der Rückführung alles Noëmatischen auf das Noëtische des *cogito*.

2. Gesehen von dieser Breite des *Logos* an sich wird λογίζεσθαι als «reine Logik» eine Form sein, in der *logos* sich «unmittelbar» gibt. Darum trägt es ja auch keine unterscheidende Vorsilbe. In ihm spricht sich mithin das aus, was alle «reinen Formen von Metaphysik, die wir (in § 1–4) zu Gesicht bekamen, erstrebten: die innere Gradheit einer «Logie», wie sie in der Wortbildung Anthropo-Logie, Kosmo-Logie usw. sich ausdrückt. Begreift sich aber in *Logos* selber, wie wir sahen, eine vielfältige Problematik, so ist eine solche ungebrochene Logik von vornherein nicht möglich. Sie ist vielmehr – wie wir ebenfalls früher sahen – ein «wie Gott sein». Denn sie ist geformt nach dem Ideal des göttlichen Wissens, das vom Einen (nämlich von Sich) her alles begreift und darum die Fülle der Realität von ihrer Idee aus. –

3. Dem reinen λογίζεσθαι tritt darum als Gegensatz das διαλογίζεσθαι gegenüber, das in der Dialektik liegt. – Die rein grammatikalische Bedeutung von διά ist ein «zwischen», das sowohl «durch» wie «zer» – besagt. Die Voraussetzung hierfür aber ist offenbar, daß der Akt des δια-λογίζεσθαι sich selber im Zwischen von Möglichkeiten begibt, die zum mindesten als gegen einander unterschiedene zu einander gegensätzlich sind. Die Situation also, die für das einfache λογίζεσθαι Hindernis und Einwand war, ist hier direkt Ort des Vollzugs: der Gegensatz verschiedener Möglichkeiten, – die entweder, im «Dialog», sich personal darstellen oder, in sachhafter «Dialektik», überpersonal sich spannen. – Steht diese Situation unter dem Zeichen von διά als «zer» (z. B. in δι-αιρέω als «auseinandernehmen»), so vollzieht sich das δια-λογίζεσθαι als höchster Gegensatz zum λογίζεσθαι. Denn es wird dann so wenig zu einem Wege der Lösung, daß es vielmehr Feststellung der Unlösbarkeit ist, weil es nur die Unvereinbarkeit der Möglichkeiten ausdrückt. Es ist Konstatierung eines (bleibenden) Zwischen als Zwischen, – und Lösung heißt Erkenntnis die-

ses Zwischen. Es ist mithin die spezifisch platonische Dialektik, die alles *εἰδέναι* auf das *εἰδέναι με οὐκ εἰδέναι* rückführt, alles «mühelos hindurch» *(εὐ-πορεῖν)* in das «nicht hindurch» *(ἀ-πορεῖν)*. Die platonische «A-porie» ist mithin das Kennwort dieser platonischen Dialektik (die in Kierkegaard folgerichtig ihre Auferstehung hat). Es ist Aporie nicht (aristotelisch) als Gegenstand künftiger Lösung, sondern in sich selber als idealer Wissensweg, wie der christliche Platon, Augustinus, es am schärfsten geprägt hat: *si intelligentia tibi placet in natura hominis ..., intellige quid non intelligas, ne totum non intelligas* (de natura et origine animae IV 11, 15). – Dieselbe Situation kann aber auch das Zeichen des *διά* als «durch» tragen. Das Stehen im Zwischen der Möglichkeiten hat dann den Sinn einer vollkommenen Sicherung der Lösung auf dem Wege eines ausscheidenden und abscheidenden Denkens. Es ist die besondere aristotelische Dialektik (die in Hegel ihre schärfste Auferstehung hat). Alle Kenntnis der Gegensätze zielt hier in eine solche Ordnung der Gegensätze, daß diese Ordnung selber das zwingendste logische Beweisverfahren wird. *Διαλεκτική* ist darum entweder ein vorläufiges «Versuchen» *(πειραστική)*, das in das «klare Erkennen» *(γνωριστική)* der *φιλοσοφία* (als *ἀπόδειξις)*) überzugehen hat (Met II 2, 1004 B 25f), und hierin ein Verweilen in der «zufälligen Tatsächlichkeit des Konkret-Vielen» (der *συμβεβηκότα)*, während die *φιλοσοφία* (als *ἀπόδειξις)* das *ὂν αὐτὸ καθ' ὅσον ὄν* betrifft (Met X 3, 1061 B 8ff). Oder sie ist das *γένος*, das sich in die Beweisformen der *ἐπαγωγή* und des *συλλογισμός* ausbesondert (Top I 1, 105 A 11), d. h. sie ist logischer Beweis *(ἀπόδειξις)* in *potentia*. Wird das noch, wie es Hegel tut, bis zu der Raffinesse ausgebaut, daß ein «Widerspruch» der Gegensätze (wie er das höchste *διά* als «zer» bezeichnet) die «Identität» des einen Logos offenbart, dann zeigt sich, wie das *διαλογίζεσθαι* in seiner inneren Bewegung eigentlich nur darum (in der platonisch-aporetischen Dialektik) so scharf gegen das *λογίζεσθαι* tritt, um (in der aristotelisch-syllogistischen Dialektik) in eine unbedingtere Einheit mit ihm zurückzufallen. Es ist gespannter Abstand zu leidenschaftlicherem Zurückschnellen.

4. In diesem Sinne aber weist das gesamte *διαλογίζεσθαι* über sich. Es ist Dialektik im tiefen augustinischen Sinn einer Selbstoffenbarung der Bewegung des Geistes zwischen kritischem Distanzsetzen und schier mystischem Verschmelzen mit der Wahrheit: *in hoc se ipsa ratio demonstrat, atque aperit quae sit, quid velit, quid valeat* (de ordine 13, 38). Damit ist aber erfordert, durch die Leidenschaft der Bewegung hindurch deren ruhiges Grundgesetz zu erforschen, das in der Leidenschaft zwischen Widerspruch und Identität, äußerster Nacht und äußerstem Tag verzerrte Linien trägt. Dieses Grundgesetz heißt *ἀναλογίζεσθαι*. – «Logik» (in ihrer obigen Ideativität) ist ein Sich-hinweg-Täuschen in die göttliche Region. «Dialektik» ist an und für sich «kreatürlicher Realismus», aber im Taumel der Unerlöstheit zwischen trotzigem Sich-abscheiden (in die eigene Nacht der Gegensätze) und leidenschaftlichem Verschmelzenwollen (als Sich-bemächtigen-Wollen, nicht Sich-unterwerfen). «Analogie» ist der innere Ausgleich dieser Verwirrtheit: des trotzigen Sich-abscheidens zum demütigen Sich-unterscheiden, und des leidenschaftlichen Verschmelzen-wollens zum liebenden Sich-übergeben. So wird sie zur Aufhebung des Gegensatzes zwischen Logik und Dialektik: weder «logische Dialektik» (die, mit Hegel, die Dialektik zu einer Logik des Göttlichen macht) noch «dialektische Logik» (die, mit Heidegger, alle Wahrheit nur als Bewegtheit der in sich autonomen Kreatur kennt), sondern «kreatürliche Logik», als immanente (formalste) Methode «kreatürlicher Metaphysik».

Für diesen allgemeinsten Begriff von «Analogie» ist es entscheidend kennzeichnend, daß *ἀνά* grammatikalisch sowohl «nach der Reihe» bedeutet wie mit *ἄνω* zusammengehört und damit ein «oben hinauf» bezeichnet. Es ist auf der einen Seite so, daß die Reihung ihr Prinzip im Oben hat: als Bewegung «zum» Ursprung hin: das «flußaufwärts» als *ἀνὰ ποταμόν*. Auf der andern Seite aber wirkt sich das im Oben stehende Prinzip selber in die Reihung aus, da ja alle Reihung «gemäß» ihm erfolgt. Es ist hier also: Reihung «des» Ursprungs, – wie die Bewegung «flußaufwärts» nur vollziehbarer ist, weil die Strömung der Quelle in der (als Fluß) strömenden Quelle selber wirksam ist, so daß sie «rückverfolgbar» wird. – Wenn also alles Denken als *λογίζεσθαι* zum *λόγος* hinzielt, dann wird das Verhältnis zwischen *λογίζεσθαι* und *λόγος* am grundlegendsten uns den Begriff von Analogie geben. Das *λογίζεσθαι* der reinen Logik akzentuiert hierin das Verhältnis des *ἐν:* Denken ist als In-Sein des Logos «Logos im Vollzug». Das *διαλογίζεσθαι* der Dialektik trägt das Verhältnis des *διά:* Denken ist als Widerspruch *(διά* als «zer») zum (reinen) Logos der Durchbruch *(διά* als «durch») eben dieses Logos. Das *ἀναλογίζεσθαι* der Analogie sagt dann in seinem *ἀνά* wie wir es eben sahen: Denken ist als distanzierter Gehorsam zum Logos *(ἀνά* als «gemäß» einem «Oben») das Alles-Durchwirken des Logos (*ἀνά* als «ordnendes Oben»). Das formalste Grundverhältnis des *λογίζεσθαι* «reiner Logik» ist «Identität von Anfang zu Ende», – das des *διαλογίζεσθαι* der Dialektik hinwiederum «Identität in Widerspruch», – das des *ἀναλογίζεσθαι* der Analogie aber «Sichrichten im Gerichtetsein».

§ 6 Begründung der Analogie als analogia entis im Satz vom Widerspruch

Das, was wir eben sahen, entscheidet sich grundlegend in dem, was von jeher Grundfrage des Denkens überhaupt ist: dem «Satz vom Widerspruch» *(principium contradictionis).* –

1. Er ist von Aristoteles so formuliert, daß seine noëtische[1] und ontische Form sich durchdringen. Einmal heißt es: weil nicht etwas unter der gleichen Rücksicht zugleich «sein» und nicht sein

[1] «Noëtisch» heißt natürlich: im Vollsinn von Wahr-Gut-Schön» (§ 2). Aristoteles dehnt den Widerspruchsatz durchaus soweit aus, daß er im «wahr-falsch» auch das «gut-böse» umfaßt (Met X 6, 1062 B 15ff.), also auch (in den früher berührten Zusammenhängen: § 2) das «schön-häßlich». Wir sagen darum «gelten» für «noëtisch», weil dies Wort am meisten das «gut-schön» mit-bedeutet, so sehr die praktische Darlegung hier kaum anders kann als mit Vorzug (aber nie ausschließlich) das «wahr» in «gelten» zu berücksichtigen.

kann, so kann es auch ebenso nicht unter der gleichen Rücksicht als wahr und nicht wahr «gelten» *(οὐκ ἐνδέχεται τὸ αὐτὸ καθ' ἕνα καὶ τὸν αὐτὸν χρόνον εἶναι καὶ μὴ εἶναι... ὥστ'... τὴν ἀντίφασιν ἀδύνατον ἀληθεύειν κατὰ τοῦ αὐτοῦ* – Met X 5, 1061 B 36–1062 A 20).

Dann aber heißt es auch: weil es nicht möglich ist, dasselbe unter derselben Rücksicht in bezug auf dasselbe zu behaupten und zu leugnen, so kann auch etwas nicht unter der gleichen Rücksicht zugleich sein und nicht sein *(τὸ γὰρ αὐτὸ ἅμα ὑπάρχειν τε καὶ μὴ ὑπάρχειν ἀδύνατον τῷ αὐτῷ καὶ κατὰ τὸ αὐτό ... ἀδύνατον γὰρ ὁντινοῦν ταὐτὸν ὑπολαμβάνειν εἶναι καὶ μὴ εἶναι* – Met III 3, 1005 B 19–24).

In dieser Durchdringung haben wir das unterst Formalste der Durchdringung zwischen Meta-noëtisch und Meta-ontisch, wie wir sie (in § 1) sahen. Es ist eine Formal-Position, die der elementarsten Inhalts-Position noch vorausgeht. Es ist weiter eine möglichst negative Formal-Position: indem der Satz vom Widerspruch sich gegen den positiv gefaßten Identitäts-Satz «was ist (gilt), ist (gilt)» scheidet. Es ist endlich eine reduktiv-negative Formal-Position: «wenn alles geleugnet ist, so kann man ,dies' doch nicht leugnen». Augustinus hat ihm darum in dieser Hinsicht die schärfste Form gegeben: «der Zweifel, der alles bezweifelt, kann doch nicht zweifeln, daß er zweifelt» (*si dubitat, unde dubitet, meminit: si dubitat, dubitare se intelligit: si dubitat, certus esse vult... Quisquis igitur aliunde dubitat, de his omnibus dubitare non debet: quae si non essent, de ulla re dubitare non posset* – de Trin X 10, 14).

Da der Satz vom Widerspruch – in dieser Weise einer «negativ reduktiven Formalität» – für den Vollzug von Denken überhaupt die grundlegendste Möglichkeit bildet, so ist es klar, daß er es auch in allen drei Grundweisen ist, die wir sahen: reine Logik, Dialektik, Analogie. Aber während er in den beiden ersten eine Transposition sich gefallen lassen muß, wahrt er sich allein in der dritten in der Form, in der er als Grundlegendstes mit dem Vollzug von Denken überhaupt gegeben ist: als negativ-reduktive Formalität. So gewinnen wir den entscheidenden Beweis der Alleinmöglichkeit der Analogie.

2. Dem Standpunkt der reinen Logik *(λογίζεσθαι)* ist es eigen, den Satz vom Widerspruch nur als Ausdrucksform des Identitäts-Satzes («was ist [gilt], ist [gilt]») zu fassen. Die echte Intention, die sie dabei leitet, ist das «erste Bodenfassen». Aber die Intensität dieses Bodenfassens verführt dazu, ihm Absolutheit zuzumessen. – Die ontische Fassung des Identitäts-Satzes «was ist, ist» bedeutet dann eine Unmittelbarkeit zum «Ich bin, der Ich bin» als des Gottes-Namens. Augustinisch gesprochen: das *est*, das allein Gott zugehört, wird für das kreatürliche *est non est* behauptet (in Ps 121, 12). Es entsteht folgerichtig der Seins-Apriorismus des deutschen Rationalismus und des Ontologismus, die aus dem (im ontischen Identitäts-Satz) intuitiv erfaßten «reinen Sein» Seins-Struktur und Seins-Welt ableiten. – Ebenso besagt aber auch dann die noëtische Fassung des Identitäts-Satzes «was gilt, gilt» die Unmittelbarkeit zur unwandelbaren ewigen Wahrheit (Gutheit, Schönheit). Augustinisch gesprochen: die das Licht «empfangende Lampe» *(lucerna)* wird für die unmittelbare Selbsterscheinung des Lichtes genommen (in Ps 58 s. 1, 18). Es ist die Wahrheits-Theorie, die dem Seins-Apriorismus innerlich korrelat ist: das «reine Sein» wird in der «reinen Wahrheit» erkannt. Aber auch Descartes und Kant gehören hierher, trotz ihrer Gegnerschaft zum Seins-Apriorismus. Denn die descartische Unmittelbarkeit der reinen Wahrheit im *cogito* legt die Unfehlbarkeit seiner mathematischen Methode grund. Bei Kant ist es die akthafte Unbedingtheit, die im System der Kategorien liegt. – In einer abgeschwächten Form gehören jene neuscholastischen Richtungen hierher, die, in einer unbewußten Abhängigkeit vom deutschen Rationalismus, eine unmittelbare Ableitung der «Prinzipien» aus dem Satz vom Widerspruch versuchen. Sie stehen hier in scharfem Gegensatz zu Thomas. Denn wenngleich er eine *reductio in principia* fordert (Ver q 1 a 1 corp; ebd q 14 a 1 corp) und sie als das *primum a quo* und *ultimum in quod* bezeichnet (Ver q 14 a 1 corp; S Th 1 q 79 a 8 und 12 corp) und als ihr oberstes den Satz vom Widerspruch nennt (S Th 2, 2 q 1 a 7 corp; in Boeth de Trin q 6 a 4 corp), so sind sie ihm doch eine solche unterste Teilnahme an der Ewigen Wahrheit (Ver q 8 a15

corp; ebd q 11 a 1 ad 18; ebd a 3 corp), die als *necessitas naturalis* des *intellectus* (S Th 1 q 82 a 1 u. 2 corp) und als *instrumenta intellectus agentis* (Ver q 9 a 1 ad 2; ebd q 10 a 13 corp; ebd q 11 a 3 corp) restlos im Sinnen-Bereich akthaft sich betätigen (in Boeth de Trin q 6 a 4 corp), so daß für sie geradezu eine *resolutio* in *sensibile* gilt (Ver q 12 a 3 ad 2 u. 3), wenngleich sie als *in se nota* (Ver q 1 a 12 corp) und *cognita in ratione entis* (Ver q 5 a 2 ad 7) gelten. Während hier alles im Aktvollzug bleibt, vollzieht die genannte neuscholastische Theorie eine aus-isolierende Objektivation. Der Satz vom Widerspruch wird zu einem Etwas. Damit aber verschwimmt er folgerichtig mit dem Identitätssatz, – so sehr manche Anhänger der genannten Theorie beide Sätze zu scheiden wissen. In der Sprache des hl. Thomas muß man sagen: diese neuscholastische Prinzipien-Methode ist als letzter Rest der «angeborenen Idee» die unzulässige Übertragung der Erkenntnisweise des reinen Geistes auf den Menschen (da Gott allein die Dinge in ihren «Ideen» und von ihnen aus erkennt, und die geschaffenen reinen Geister daran teilnehmen: Ver q 8 a 15 corp; ebd q 11 a 1 ad 18; ebd a 3 corp). – Von hier aus hat Husserl (in der «Formalen und transzendentalen Logik») durchaus recht, zwischen «Konsequenzlogik oder Logik der Widerspruchslosigkeit» und «Wahrheitslogik» zu scheiden, wobei die erste nur die «Form», erst die zweite das «Thema» der Urteile betrifft. Aber dann gleitet doch beides wieder zu Descartes zurück, d. h. in den noëtischen Identitätssatz. Während der Widerspruchsatz nur eine negativ reduktive Formalität ist, wird er in einer «Konsequenzlogik» deduktiv (in der Weise der neuscholastischen Prinzipienlehre). Indem aber anderseits hiermit nur eine «formale» Logik sich aufbaut, bereitet sich die Uneingeschränktheit der (eidetischen) «Wahrheitslogik» vor. Diese wird mithin folgerichtig zur descartischen Unmittelbarkeit der Wahrheit im *cogito* (= der «transzendentalen Subjektivität» Husserls), – so sehr, daß Gott nicht über diesem *cogito* steht, sondern das letzte innere Telos der teleologischen Struktur des *cogito* bezeichnet. Der Satz vom Widerspruch ist – dem entgegen – gerade als Minimum des «Bodens» im Denken diesem Denken immanent, gerade insofern es auf (inhaltliche) Wahrheit geht, und bezeichnet durch seine Negativitäts-Form am schärfsten das innerst Kreatürliche dieses «Gehens auf» Wahrheit. Er steht und fällt also mit dieser Einheit. Losgelöst vom «Gehen auf Wahrheit» wird er zu einem Etwas und damit zum Identitätssatz. Losgelöst von ihm wird das «Gehen auf Wahrheit» zum «Ort der Wahrheit sein», und damit erscheint wiederum der (noëtische) Identitätssatz.

3. Der Standpunkt der Dialektik (*διαλογίζεσθαι*) sucht darum – in der Erfahrung des Scheiterns der Absolutheit der reinen Logik – der Nähe des Identitätssatzes so sehr auszuweichen, daß er noch auf eine Auflösung des Festen zielt, das im Widerspruchsatz sich begründet. Er zielt auf den «reinen Widerspruch». Aber die Antithese, in der die Dialektik zur reinen Logik steht, bewirkt, daß diese Auflösung innerlich vom Ideal der reinen Logik geleitet bleibt, so daß sie, in diese umschlagend, sich als eine raffiniertere Weise derselben demaskiert. – So ist es am deutlichsten bei Hegel. Der «Widerspruch» ist die Form, darin die mit sich selbst identische «ontische Wahrheit» oder das mit sich selbst identische «noëtische Sein» der werdehaften Welt von oben her so sehr inne ist, daß diese der Rhythmus ihrer dialektischen Entfaltung ist. Das heißt, der noëtisch-ontische Identitätssatz bleibt bestimmend im Hintergrund (so sehr Hegel ihn, gegen Fichte und Schelling, ausschalten will), aber er wirkt sich in die Absolutheit des Widerspruches aus. Geschöpf und Gott stehen (ontisch wie noëtisch) zueinander in einem Verhältnis einer Identität, die sich selbst widersprechend sich selbst gegenübertritt. Während der neutrale Satz vom Widerspruch das Maximum vom (ontisch-noëtischen) «Boden» der Kreatur ausdrückt, wird in der hegelschen «Widerspruchs-Identität» der Boden Gottes usurpiert: nicht nur in der naiven Form der reinen Logik, darin das Absolute unmittelbar «im» Geschöpflichen erscheint; nicht einmal nur in der gesteigerten Form, darin ein Erfassen des Moments usurpiert wird, in dem das Geschöpf «aus» Gott entspringt; sondern direkt in der titanischen Form eines Erfassens des inneren Rhythmus des göttlichen Lebens, da das Entspringen des Geschöpfes aus

Gott (trinitarisches) «Entspringen Gottes (des Sohnes)» ist. – Die Dialektik, die in den «Philosophischen Brocken» Kierkegaards sich grundlegt und in Heideggers Existenz-Phänomenologie ausgebaut ist, versucht darum den Weg einer wirklichen Beseitigung des Identitätssatzes. Das Seins-Absolutum wie das Wahrheits-Absolutum weichen dem reinen Werden der in sich gekrümmten Kreatur (der «Sorge» «in der Welt»). Wie das Sein Werden heißt, so wird Wahrheit «notgewendete Freiheit». Das heißt das rein Logische ist wirklich beseitigt. Aber dieses ontisch-noëtische Werden hat nur die statisch-inhaltliche Weise des Identitätssatzes ausgeschlossen. Dynamisch-formal bleibt er auch hier die letzte Form. Das (ontisch-noëtische) Werden ist in einer Unendlichkeit der Intensität zu sich selbst hin: als immer nur «je seine eigene Möglichkeit». Und der Ausdruck dieser kreishaften In-sich-Geschlossenheit ist sein «in der Welt». Der hegelsche «Widerspruch» hat sich radikalisiert in das heideggersche «Nichts». Aber dieses Nichts ist als Nichts das alles-bedingende und alles-schaffende Grundprinzip. Dieses «produktive Nichts» sagt das ontisch-noëtische «Ich bin, der Ich bin» des Identitätssatzes. – Mithin verhalten sich die beiden Dialektiken (Hegels und Heideggers) wie theopanistische und pantheistische Dialektik des Einen Identitätssatzes.

4. Von eben dem Verhältnis zwischen Widerspruch und Identität leitet sich aber nun die echte Fassung des Widerspruchsatzes ab, wie sie im Standpunkt der Analogie *(ἀναλογίζεσθαι)* sich vollzieht[1]. – Die Begründung, die Aristoteles dem Widerspruchsatz gibt, zeigt deutlich, daß er als Minimum einer dynamischen Synthese entsteht und darum in der Bewegtheit dieser Synthese steht. Er ist also kein Etwas, «aus» dem man ableiten kann, sondern selber nur der Fußpunkt einer stets neu bewegten Ausein-

[1] Wir gehen damit einen Schritt über das hinaus, was wir in «Kant heute» (S. 71f) über das Verhältnis zwischen Widerspruchsatz und Analogie darlegten. Dort sagten wir: er sei in seiner negativen Form *in potentia* «zur» in sich positiven Analogie. Wir sagen hier darüber hinaus: in seiner echten Form spricht sich die Analogie «grundlegend» aus. Er ist damit das *in potentia* «der» Analogie (zu ihrer weiteren Wirklichkeit hin).

andersetzung. Diese immer neu bewegte Auseinandersetzung vollzieht sich zwischen Heraklit und Parmenides.

Auf der einen Seite ist für das reale geschöpfliche Bewußtsein und Sein der stetig wogende Wandel der Gegensätze kennzeichnend, der das Verlorensein in einem chaotischen Meer besagt, weil es der Menschenhand nicht gelingt, «Ursprung und Ziel» wie in einen Ring zu fassen: *τοὺς ἀνθρώπους διὰ τοῦτο ἀπόλλυσθαι,* sagt Alkmaion, *ὅτι οὐ δύνανται τὴν ἀρχὴν τῶι τέλει προσάψαι* (Diels 130 B 2). Zwar will das die Wissenschaft in ihrem Wortsinn als *ἐπιστήμη* (das «darauf stehen»), indem ein Teil ihrer Zweige *ἐξ ὑποθέσεων . . . εἰς τελευτήν* geht, von der Vielheit der Ströme zur Einen Mündung, während der andere *ἐπ' ἀρχὴν . . ἐξ ὑποθέσεων* zielt, von der Vielheit zurück in den Einen Ursprung. Aber auch in dieser platonischen Konzeption (Politeia VII 510 B) bleibt es bei der Ausdehnung der Spannweite. So scheinen die *ἀντικείμενα,* die reinen Gegensätze, das letzte Wort. Die Seele ist dämonisch wogende Unendlichkeit: *ψυχῆς πείρατα . . . οὐκ ἂν ἐξεύροιο* (Heraklit; Diels 68 B 45); *ψυχῆς ἐστι λόγος ἑαυτὸν αὔξων* (ebd 78 B 115); *ἦθος ἀνθρώπωι δαίμων* (ebd B 119). Die Welt ist sowohl wie ein hingeschütteter Kehrichthaufen *(σάρμα εἰκῆ κεχύμενον* – Diels 79 B 124) als auch ewig lebendiges Feuer *(πῦρ ἀείζωον* – Diels 66 B 30). Gott ist darum der Absolut-Ort der Gegensätze: Tag–Nacht, Winter–Sommer, Krieg–Frieden, Überfluß–Hunger, selber Feuer der Wandlung *(ἡμέρη εὐφρόνη, χειμὼν θέρος, πόλεμος εἰρήνη, κόρος λιμός, . . . ἀλλοιοῦται . . . ὅκωσπερ πῦρ* – Diels 71 B 67). –

Auf der anderen Seite aber muß derselbe Heraklit doch einen *λόγος* sichten für das Noëtische (Diels 59 A 16; 61 B 2) wie Ontische (ebd 61 B 1) bis in ein wirkliches Rhythmus-Maß der Gegensätze im lebendigen Feuer *(ἁπτόμενον μέτρα καὶ ἀποσβεννύμενον μέτρα* – Diels 66 B 30), bis in einen «restlos schönen Ausgleich der Unterschiede» *(καλλίστη ἁρμονία* der *διαφέροντα* – ebd 63 B 8). So erhebt eine bleibende Ordnung ihr ruhiges Haupt. Dem Alkmaion-Wort vom Meer der Verlorenheit (weil Ursprung und Ziel sich nicht berühren) tritt das Wort des Diogenes von Apollonia entgegen, daß alles Sein aus demselben komme, dasselbe sei und in dasselbe zurückkehre *(πάντα τὰ ὄντα ἀπὸ τοῦ αὐτοῦ ἑτεροιοῦσθαι καὶ τὸ αὐτὸ εἶναι .. πάντα ἐκ τοῦ αὐτοῦ ἑτεροιούμενα ἄλλοτε αλλοῖα γίνεται καὶ εἰς τὸ αὐτὸ ἀναχωρεῖ* – Diels 334 B 2). Es legt sich die Sicht des Parmenides grund. Der Gegensatz zwischen Denken als Akt *(νοεῖν)* und dem inhaltlichen Gedanken *(νόημα)* wird zur Selbigkeit *(ταὐτὸν δ'ἐστὶ νοεῖν τε καὶ οὕνεκέν ἐστι νόημα* – Diels 120 B 8; 34), im Maße das Sein als Sein der durchdauernden Ordnung der Ausdruck des ordnenden Denkens ist *(οὐ γὰρ ἄνευ τοῦ ἐόντος, ἐν ὧι πεφατισμένον ἐστίν, εὑρήσεις τὸ νοεῖν* – ebd B 8; 35–36). Die Gegensätze der «Sterblichen», Werden–Vergehen, Sein–Nichtsein, Wandel in Ort und Gestalt, sind nur leerer Schall, nicht Wahrheit *(τῶι πάντ' ὀνομ[α] ἔσται, ... γίγνεσθαί τε καὶ ὄλλυσθαι, εἶναί τε καὶ οὐχί, καὶ τόπον ἀλλάσσειν διά τε χρόα φανὸν ἀμείβειν* – ebd 120 B 8; 38–121 B 8; 41). Denn das Sein als Denk-Sein der «Ordnung als Sein» *(τὸ γὰρ αὐτὸ νοεῖν ἐστίν τε καὶ εἶναι* – ebd 117 B 5) ist das Sein der Ewigen Wahrheit, die als solche eins und ungeteilt als in sich gleichartig dieselbe ist *(ἀγένητον ἐὸν καὶ ἀνώλεθρον ..., οὐδὲ διαιρετόν ..., ἐπεὶ πᾶν ἐστιν ὁμοῖον ..., ταὐτόν τ'ἐν ταὐτῶι τε μένον καθ' ἑαυτό* – ebd 118 B 8; 3 – 120 B 8; 29). Da überall, wo Gegensätze sich spannen, das Nichts aufgähnt, so verschwindet mit den Gegensätzen auch das Nichts. Was besteht, ist nur Sein als Ewige Wahrheit und Ewige Wahrheit als Sein *(ἔστιν τε καὶ ... οὐκ ἔστι μὴ εἶναι ... · οὔτε γὰρ ἂν γνοίης τό γε μὴ ἐὸν [οὐ γὰρ ἄνυστον] οὔτε φράσαις* – ebd 116 B 4; 3, 7–8). Während das Symbol Heraklits das ewig durcheinander züngelnde Feuer ist *(πῦρ ἀείζωον)*, prägt sich die Sicht des Parmenides in das Symbol der Kugel *(εὐκύκλου σφαίρης* – Diels 121 B 8; 43) als Vollendungs-Sein in der Ruhe der Weihe *(τετελεσμένον* – ebd B 8; 42), im inneren Gleichmaß von der Mitte nach allen Seiten *(μεσσόθεν ἰσοπαλὲς πάντηι* – ebd B 8; 44), in seiner Mitte sich selbst umgrenzend *(ἐν πειράσι κύρει* – ebd B 8; 49), in sich selbst Es selbst. –

So wird klar, was diese Darlegung bezweckte: wie im entscheidenden Minimum der stets bewegten ausgleichenden Auseinandersetzung zwischen diesen beiden tiefsten Gegensätzen des Denkens der Satz vom Widerspruch sich begründet. Aristoteles bezeichnet die Sicht des Heraklit als «Alles Bewegung» *(πάντα κινεῖσθαι)* und die des Parmenides als «Alles Ruhe» *(πάντα ἠρεμεῖν):* beide Standpunkte in sich sind unvollziehbar *(φανερὸν δ'ὅτι οὐ δ' οἱ πάντα ἠρεμεῖν λέγοντες ἀληθῆ λέγουσιν οὐ δ'οἱ πάντα κινεῖσθαι* – Met III 8, 1012 B 22–24). Im Standpunkt des Parmenides liegt die Leugnung des noëtischen Wandels der Kreatur zwischen Wahr und Falsch und ihres ontischen Wandels zwischen Sein und Nicht-Sein. Da aber tatsächlich die Kreatur diesen doppelten Wandel zwischen den Gegensätzen vollzieht, so führt der Standpunkt des Parmenides dazu, Wahr und Falsch, Sein und Nicht-Sein als Selbigkeit *(ταὐτόν)* zu fassen, also noëtisch wie ontisch den Widerspruchssatz aufzuheben *(εἰ μὲν γὰρ ἠρεμεῖ πάντα, ἀεὶ ταὐτὰ ἀληθῆ καὶ ψευδῆ εἶναι, φαίνεται δὲ τοῦτο μεταβάλλον · ὁ γὰρ λέγων ποτὲ αὐτὸς οὐκ ἦν καὶ πάλιν οὐκ ἔσται* – ebd 24–26). Der Standpunkt des Heraklit betont zwar den Wandel. Aber weil alles sich wandelt, so gibt es sowohl kein Wahr (weil es in Falsch umschlagen kann) wie kein Sein (weil es zu Nichts werden kann). Es besteht mithin kein letzter Unterschied mehr zwischen Wahr und Falsch, Sein und Nicht-Sein, und der Widerspruchssatz ist wiederum, noëtisch wie ontisch, gefallen *(εἰ δὲ πάντα κινεῖται, οὐδὲν ἔσται ἀληθές, πάντα ἄρα ψευδῆ* – ebd 26–27). Ist der Widerspruchssatz also die grundlegende, bewegte Mitte zwischen heraklitischer Alles-Bewegung und parmenidischer Alles-Ruhe, so bezeichnet sich in ihm ein bewegter «Ausgleich im Maß». Das aber ist der allgemeinste Sinn der Analogie. (Reine) Logik ist Unmittelbarkeit eines einzigen Weltgesetzes, also hier entweder als immanente heraklitische Logik der Bewegung oder als immanente parmenidische Logik der Ruhe. Dialektik ist das Entweder-Oder des Umschlags, wie er in einer Widerspruchs-Identität liegt, also hier das jähe Hinüber-Herüber zwischen Heraklit und Parmenides. Analogie allein ist Ausgleich im Maß, und das gerade ist, wie wir sahen, der Sinn des Widerspruchsatzes als der untersten Ausgleichs-Mitte zwischen Heraklit und Parmenides. In diesem Verstand wird Aristoteles Analogie und Mitte gleichsetzen: *τὸ γὰρ ἀνάλογον μέσον* (Eth Nik V 7, 1131 B 11). Analogie begründet sich als die Grundlage alles Denkens im Widerspruchsatz als Mitte.

5. Diese Mitte aber ist – und hierin vollendet Aristoteles seine Grundlegung – kein starres Etwas, sondern Fußpunkt von Bewegung, die aber nun gerichtete Bewegung ist und hierin «Ruhe in Bewegung».

Heraklit und Parmenides schaffen durch ihre Auflösung des Widerspruchsatzes eine «Selbigkeit der Gegensätze» *(ταὐτὸν τἀναντία* – Met VIII 9, 1051 A 6), die bei Heraklit die Form eines explosiven Widerspruchs hat *(ταὐτόν ... τ ἀ ν α ν τ ί α)*, bei Parmenides die eines starren Eins *(τ α ὐ τ ό ν ... τἀναντία)*. Diese «Selbigkeit der Gegensätze» aber ist nur bezeichnend für das, was das Kreatürliche zu unterst (als seine schärfste Unterscheidung gegen Gott) trägt: die stete «Möglichkeit zu allem» als «Dynamik zu allem» *(δύναμις* im Sinne von möglich zu unmöglich, wie in dem von dynamisch zu statisch: Met IV 12, 1019 A 35ff, 1019 B 22ff). Für diese «dynamische Möglichkeit zu allem» gilt begriffsgemäß eine «Selbigkeit der Gegensätze» *(ὅσα .. κατὰ τὸ δύνασθαι λέγεται, ταὐτόν ἐστι δυνατὸν τἀναντία* – Met VIII 9, 1051 A 5), weil diese unterste «Möglichkeit überhaupt» *(ὕλη, potentia pura, materia prima)* folgerichtig zum ganzen möglichen Umfang von Kreatur überhaupt gerichtet ist, also als die eine zum vollen Gegensatz-Gewebe dieses Umfangs *(ἡ αὐτὴ γὰρ δύναμις τοῦ ὑγιαίνειν καὶ κάμνειν, καὶ ἠρεμεῖν καὶ κινεῖσθαι* usw. – ebd 8ff) bis zur Widerspruchs-Spanne zwischen Sein (Gelten) und Nicht-Sein (Gelten) *(δύναμις ἅμα τῆς ἀντιφάσεώς ἐστιν ... · τὸ ἄρα δυνατὸν εἶναι ἐνδέχεται ... καὶ μὴ εἶναι* – Met VIII 8, 1050 B 8–9, 11–12), so daß also in ihm der Widerspruchsatz, noëtisch wie ontisch, nicht gilt. – Das ist aber anders, wenn es sich um die «ins Werk gesetzte» *(ἐν-έργ-εια)* Möglichkeit handelt. Wirklichkeit als ins «Werk gesetzte Möglichkeit» *(τοὔνομα ἐνέργεια λέγεται κατὰ τὸ ἔργον* – Met VIII 8, 1050 A 22–23) besagt die vollzogene, scheidende Auswahl einer Möglichkeit vor der andern. Die «ins Werk gesetzte Möglichkeit» ist als «ins Werk gesetzte» Ausschluß ihrer Gegenmöglichkeit: ist von den Gegensätzen gesund–krank das jeweils Erste zur Verwirklichung gewählt, so ist das jeweils Zweite ausgeschlossen. Das heißt es gibt keine «Selbigkeit der Gegensätze» in der Sphäre der ins Werk gesetzten Möglichkeit *(τὰς ἐνεργείας ... ἅμα ἀδύνατον ὑπάρχειν* .. Met VIII 9, 1051 A 12). Mithin gilt, noëtisch wie ontisch, der Widerspruchsatz *a fortiori:* mit der Ins-Werk-Setzung und damit Wirklichkeit einer Möglichkeit «ist (gilt)» sie und «ist (gilt) nicht nicht». Denn darin besteht das Entscheidende der Ins-Werk-Setzung und damit Wirklichkeit *(ἐνέργεια)* gegenüber reiner Möglichkeit *(δύναμις).*

Wirklichkeit *(ἐνέργεια, actus)* und Möglichkeit *(δύναμις, potentia)* tragen aber in ihrer inneren Beziehung zueinander eine hinüber und herüber schwingende Rhythmik, die Aristoteles direkt als Analogie bezeichnet *(λέγεται δὲ ἐνεργείᾳ ... τὸ ἀνάλογον* – Met VIII 6, 1048 B 6–7). Sie liegt, im formalsten Sinn, darin, daß Wirklichkeit, als «die» ins Werk gesetzte Möglichkeit, und Möglichkeit wie Bauen und baubar sich verhalten *(ὡς τὸ οἰκοδομοῦν πρὸς τὸ οἰκοδομικόν* – ebd 1048 A 37 – B 1). Konkret aber besteht Korrelation. – Auf der einen Seite besagt die Sphäre der reinen Möglichkeit die «unbegrenzbare Weite» *(ἄπειρον)* nicht nur im Nebeneinander der entgegengesetzten Möglichkeiten, sondern, kraft der «Selbigkeit der Gegensätze» *(ταὐτόν ... τἀναντία)* die ungeheure echte «Dynamik» eines «Alles in jedem» *(ἐν ἅπαντι πᾶν* – Met X 6, 1063 B 29). Die Sphäre der Wirklichkeit als Ins-Werk-Setzung ist dem gegenüber «Eingrenzung von Fall zu Fall» *(πέρας).* Sie ist wie ein schwankender Staudamm gegenüber dem Ungestüm des Ozeans der Möglichkeiten, und das «rationiert» eingelassene Meer selber bebt innerhalb der Grenzen und macht sie beben. Möglichkeit und Wirklichkeit verhalten sich also von hier aus wie unendlich zu endlich. Noch mehr: alle jeweilige Wirklichkeit ist immer nur eine Vorläufigkeit gegenüber den immer neu überholenden «unendlichen Möglichkeiten». Noch mehr: alle Ins-Werk-Setzung ist nur Mittel in der Hand der zu ihrer möglichsten Voll-Verwirklichung drängenden «unendlichen Möglichkeiten». Aber das ist gesehen, insofern Möglichkeit im (heutigen) Sinn von «dynamisch» erscheint, als «geladene Möglichkeit»: *δυνατόν* gegenüber *στατικόν,* als Ausgang der zur Verwirklichung drängenden Bewegung *(ἔχον κινήσεως ἀρχὴν ἢ μεταβολῆς* – Met IV 12, 1019 A 34–35). – Sie ist aber ebenso «reine Möglichkeit», die einer Verwirklichung bedarf, so daß bereits ihr

Begriff einer Möglichkeit «voraussetzt», daß jemand da ist, der sie verwirklicht, der also bereits in sich Wirklichkeit ist. In diesem Sinn gilt nicht nur, daß die «Ins-Werk-Setzung zur Wirklichkeit» das Sinnziel der Möglichkeit ist *(τέλος δ' ἡ ἐνέργεια καὶ τούτου χάριν ἡ δύναμις λαμβάνεται* – Met VIII 8, 1050 A 9–10). Es gilt noch weiter das große aristotelische Grundgesetz, daß im Bereich des Seins wie der Transzendentalien Wirklichkeit der Möglichkeit vorausliegt *(πάσης δὲ τῆς τοιαύτης [δυνάμεως] προτέρα ἐστὶν ἡ ἐνέργεια* – Met VIII 8–10).

Hier ist also die «Analogie», die das Verhältnis zwischen Möglichkeit und Wirklichkeit ausmacht (Met VIII 6 1048 B 6–7), praktisch der dynamische Schwebe-Charakter der (geschöpflichen) Wirklichkeit. Auf der einen Seite ist Wirklichkeit (als «Verwirklichung ‚einer' Möglichkeit vor ‚unendlich vielen'») nach rückwärts orientiert: grenzhafte Wirklichkeit als bebender Boden, als Grenz-Bildung auf der trügerischen Oberfläche des unendlich wogenden Meeres. Wirklichkeit ist hier zu Möglichkeit hin. Auf der andern Seite beschließt sich aber hierin ein Drängen von Möglichkeit zu Wirklichkeit. Alle jeweilige Wirklichkeit ist vorwärts orientiert, über sich hinaus, zu einem neuen «Ziel» und zu einem Ziel, das Verwirklichung der von vornherein beschlossenen Richtung ist, die dieses Ziel also «in sich hat». Möglichkeit *(δύναμις)* ist zu Wirklichkeit *(ἐνέργεια)* als ihrem Ziel hin *(τέλος δ' ἡ ἐνέργεια* – Met VIII 8, 1050 A 9), indem Wirklichkeit von einem «in sich das Ziel haben» *(ἐν-τελ-έχεια)* über sich hinaus gerichtet ist *(ἐνέργεια* als *ἡ πρὸς τὴν ἐντελεχείαν συντιθεμένη* – ebd 1047 B 30–31). (Geschöpfliche) Wirklichkeit ist so in der Tat «energetisch» *(ἐνέργεια)*, passiv kraft der Rückbeziehung *(ἐπ' ἀρχήν* – ebd 1050 A 7) zur Möglichkeit, aktiv kraft der Vorbeziehung *(τέλος)* im Ziel-in-sich-haben *(ἐντελέχεια)*. Ist sie also die eigentliche formale Ebene des Widerspruchsatzes, so liegt dieser formalst im energetisch transitorischen dieser Ebene: zwischen dem Abgrund seiner Leugnung (im *ταὐτὸν τἀναντία* der Möglichkeit) und der Überhöhung in ein möglichst endgültiges «ist» (also dem erfüllten Identitätssatz). Nur als das Energetische dieser Bewegung ist er faßbar, zwischen den Grenzbegriffen «reinen

Widerspruchs» (in der *δύναμις)* und «reiner Identität» (in einer erfüllten *ἐντελέχεια)*. Er ist (in Folgerichtigkeit unserer Analysen) die Grundlegung von Analogie als immanent dynamisch zielgerichteter Mitte. Denn in «Mitte» (als dem Hin und Rück der *ἐνέργεια* zu *δύναμις* und *ἐντελέχεια)* legt sich das Rhythmische der Analogie grund. Im «zielgerichtet» aber zeigt sich das «Maß von oben» (das im *ἄνω* von *ἀνα* liegt).

Eben dieses «zielgerichtet» aber führt diese Grundlegung zuletzt über sich hinaus. – Die (mehr kosmologische) Alles-Bewegung *(μεταβολή)* Heraklits wie der mehr (anthropologische) subjektive Alles-Wandel des Protagoras, so meint Aristoteles (Met III 5, 1010 A 7–25; Met X 6, 1063 M 22–28), können darum nicht den Widerspruchsatz umstoßen, weil sie immer nur auf das quantitativ-Formale *(ποσόν)* sich beziehen, nicht auf das Qualitativ-Inhaltliche *(ποιόν)*. Alles-Bewegung wie Alles-Wandel besagen Bewegung und Wandel zwischen (vorliegenden und vorausliegenden) Formgestalten, die einander ablösen. Das gilt schon für die immanenten Real-Gestalten der Welt: die Seins-Formen *(οὐσία* – Met X 6, 1063 A 27 ff). Das gilt erst recht für die idealen Seinsformen als deren Sinn-Formen *(εἶδος* – Met III 5, 1010 A 25). Das Grenzenlose von Alles-Bewegung wie Alles-Wandel ist innerer Charakter rein formaler Bewegung überhaupt *(τὸ … ποσὸν τῆς ἀορίστου* – Met X 6, 1063 A 28). Das Umgrenzte aber eignet dem Qualitativ-Inhaltlichen des (energetischen) Eins von Seins- und Sinnform *(ἡ δ' οὐσία κατὰ τὸ ποιόν, τοῦτο δὲ τῆς ὡρισμένης φύσεως* – ebd 27–28). Hier mischt sich also erstmals in die bisherige Immanenz eine gewisse Transzendenz. Es ist nicht nur so, daß, wie bisher, der Widerspruchsatz (noëtisch wie ontisch) eine rhythmische Mitte besagt. Das «zielgerichtet» akzentuiert sich vielmehr, und es wird ein «Ziel, nach dem…» deutlicher. Kreatürlicher Bewegungs-Wandel (noëtisch wie ontisch) ist nicht nur wie Hin- und Herbrausen derselben letzten Meeres-Elemente (des *ποιόν* als *οὐσία-μορφή)*, sondern geradezu wie unruhige Meeres-Unendlichkeit regiert durch ewige Sterne (des *ποιόν* als *εἶδος)*. Der Widerspruchsatz akzentuiert sich zum Identitätssatz hin, aber so, daß er sich zu ihm hin «richtet», nicht sich mit ihm gleichsetzt. Zwischen ihnen waltet nicht Identität, sondern selber Analogie: vom bewegten Boden der Kreatur zu einer «himmlischen Identität». Diese erscheint einmal wie «Ruhe als Tiefe aller Bewegung»: indem Alles-Bewegung und Alles-Wandel die bleibende Stetigkeit von (sich ablösenden) Seins- und Sinnformen «voraussetzen» *(ἔκ τινος γὰρ εἴς τι ἡ μεταβολή* – Met III 8, 1012 B 28–29.) Sie erscheint aber auch wie «Ruhe als Maß über aller Bewegung»: indem Alles-Bewegung und Alles-Wandel in der Gesamtheit der Seins- und Sinnformen und der zwischen ihnen abhängig geltenden Wandlungsmöglichkeiten («Permutationen») ihr «führendes und richtendes Maß» haben. Die hierin waltende Analogie erscheint damit, wie auch und gerade geschichtlich (vgl besonders bei Philolaos) in Eins mit der Problematik der Zahl: Zahl als Ausdruck rein formaler Abwandlung (also der Alles-Bewegung im grenzenlosen *ποσόν),* – aber ebenso als schärfster Ausdruck der unwandelbaren Ewigen Gesetze (der Unwandelbarkeit im umgrenzten *ποιόν):* zwischen der Mathematik eines radikalen Positivismus und der *incommutabilis veritas numerorum* Augustins (de libero arb II 11, 30). Analogie erscheint hier als immanentes Transzendieren zwischen Bewegung und Zahl.

Das überhöht sich in einem Letzten. Gegen dieselben Positionen (wie auch an denselben Stellen) umzeichnet Aristoteles sowohl eine Transzendenz zu einem ist-haft Unbewegten, wie auch ein letztes Immanieren dieser Transzendenz (von oben her). – Auch wenn die (noëtisch-ontische) Alles-Bewegung (im Alles-Wandel) bestünde, weist sie als Bewegung über sich auf einen Beweger, der als solcher gegen die Bewegung unabhängig sein muß und darum «unbewegt bewegend» *(κινοῦν ἀκίνητον* – Met III 8, 1012 B 31). Als «unbewegt» scheidet er sich gegen eine heraklitisch aufgefaßte (noëtische und ontische) Kreatürlichkeit. Als «bewegend» sagt er innere Lebendigkeit, unterscheidet sich also von einer parmenidischen (es-haften) Starrheit. Hierdurch ist er nicht der immanente Grenzpol des heraklitischen Alles-Fluß (und folgerichtig der Kreatürlichkeit verfallend), sondern positiv «Beweger», dessen Inneres «immer» *(ἀεὶ κινεῖ τὰ κινούμενα* – ebd) das Immer einer lebenshaften Unbewegtheit ist, die als Ur-

Sach-Grund dem «immer» der Immerbewegtheit einer Immer-Bewegung gegenübersteht. Als dieses Immer *(ἀεί)* ist er allein der Ort der maßgebenden Wahrheit (Gutheit, Schönheit) *(ἐκ τῶν ἀεὶ κατὰ ταὐτὰ ἐχόντων καὶ μηδεμίαν μεταβολὴν ποιουμένων τἀληθὲς θηρεύειν* – Met X 6, 1063 A 13–14).

Die Sphäre der Kreatürlichkeit als Sphäre des Widerspruchsatzes im Unterschied zu dieser (göttlichen[1]) Sphäre des Identitätssatzes «hat» also (ontisch) Sein wie (noëtisch) Wahrheit (Gutheit, Schönheit), im Maße sie über sich hinaus bezogen ist zu dieser übergeordneten Sphäre. Das heißt: es begründet sich Analogie als teilnehmendes Über-hin-aus-bezogen-sein.

Aber es ist – in wahrer Folgerichtigkeit eines solchen Überhinaus zuletzt ein zum mindesten sachlich primäres Von-oben-her. Ist die Sphäre der Immer-Bewegtheit (noëtisch wie ontisch) kraft dieser Bewegtheit vom Immer-Beweger her, so «ist» sie (ontisch) eigentlich «in ihm», nicht «in sich» *(δεῖ ἄρα τὸ κινούμενον εἶναι ἐν ἐκείνῳ ἐξ οὗ κινήσεται καὶ οὐκ εἶναι ἐν αὐτῷ, καὶ εἰς τοδὶ κινεῖσθαι καὶ γίγνεσθαι ἐν τούτῳ* – Met X 6, 1063 A 19–20). Und ebenso hat sie (noëtisch) Wahrheit (Gutheit, Schönheit), «in ihm», nicht

[1] «göttlich» heißt hier in bezug auf Aristoteles das Formale des Göttlichen. Etwas anderes ist die Frage, welcher Realität er dieses Formale zuspricht. Wir werden zu sehen haben, wie hier Röm 1; 21ff. wahr ist: «Da sie Gott erkannten (in der Formalität des Göttlichen)... vertauschten sie die Herrlichkeit des unvergänglichen Gottes in ihr Abbild, das Gleichnis des vergänglichen Menschen». Denn das real Göttliche ist für Aristoteles die Einheit des kosmischen Kreis-Umschwungs (*κυκλοφορία*) mit dem noëtischen «Kreis in sich selbst» (*νόησις νοήσεως*). – Diese Scheidung zwischen formaler Gotteslehre und materialer spricht am besten Thomas von Aquin aus (S Th 1 q 13 a 10 ad 5), wenn er den *catholicus* wie *paganus* in dem «was mit Gott gemeint ist» (der *eadem significatio*) übereinstimmen läßt, nämlich im Sinne eines Grundes des kreatürlichen «ist (gilt)», der als solcher gegen dieses unabhängig geschieden ist und hierin «über ihm» und darum (kraft dieser Scheidung) als «reines Ist (Wahrheit usw.)» *(secundum aliquam rationem causalitatis vel excellentiae vel remotionis – ebd;* als *supra omnia existens, quod est principium omnium, et remotum ab omnibus.* – S Th 1 q 13 a 9 ad 2). Dieses Übereinstimmen ist nicht unvereinbar mit der schärfsten Divergenz im Materialen: der Götzenwelt der Heiden und dem Einen Dreipersönlichen Gott des Katholiken; *secundum hoc in eadem significatione accipere potest gentilis hoc nomen ‚Deus', cum dicit: Idolum est Deus, in qua accipit ipsum catholicus, dicens: Idolum non est Deus.* – Der Grund der Scheidungsmöglichkeit ist die Unterscheidung des Römerbriefes zwischen «erkennen» und «anerkennen», deren Grund aber die Freiheit des Menschen, der, gerade im Wissen um das, was mit Gott gemeint ist, ein Geschöpfliches zu seinem Gott machen kann. Atheismus ist ein ungenauer Begriff. Im Letzten gibt es nur das Entweder-Oder zwischen Gott und Götz, – und darum zwischen *catholicus* und *paganus.*

«in sich» *(τὸ δὲ κατὰ τὴν ἀντίφασιν μὴ ἀληθεύεσθαι κατ' αὐτούς* .. ebd 21). Wir haben den Gedanken, der in Augustinus seinen Klassiker fand: der Widerspruchsatz bezeichnet ontisch-noëtisch einen «Boden», der «über dem Nichts bebt» und hierin anzeigt, wie die auf ihm Stehenden aus sich «nichts» sind, nicht aber aus sich (ontisch wie noëtisch) «sind»: *si ... accedendo illuminamini et recedendo tenebramini: non erat in vobis lumen vestrum, sed in Deo vestro* (die noëtische Seite) ... *Si accedendo vivitis, recedendo morimini, non erat in vobis vita vestra* (die ontische Seite). *Ipsa est enim vita vestra, quae est lux vestra* (das Noëtisch-Ontisch-Identische zum noëtisch-ontisch-Einigen-hin) (In Jo tract 19; 12). Dann aber klärt sich der aristotelische Gedanke in den tieferen Thomas' von Aquin, daß das «ist (gilt)» darum ein «ist (gilt) im Ist (Wahrheit usw.)» ist (*dicuntur omnia esse in Deo, in quantum continentur ab ipso* – S Th 1 q 8 a 1 ad 3), weil grundlegend das «ist (gilt)» das «Sein des Ist (Wahrheit usw.) in allem» bedeutet (*Deus est in rebus sicut continens res* – ebd). Jenes «ist (gilt)», das als das Positive im Widerspruchsatz sich ausspricht, enthüllt sich als wesenhaft «vom» Ist (Wahrheit usw.) «her» (*cum ... Deus sit ipsum esse per suam essentiam, oportet quod esse creatum sit proprius effectus eius* – ebd corp), und darum ist es in seinem letzten Wesen Selbst-Teilgabe und darum Selbst-Gegenwart «des» Ist (Wahrheit usw.), wie leuchtende Luft leuchtende Sonne ist (*sicut lumen causatur in aere a sole, quamdiu aer illuminatus manet* – ebd). Gott als das Ist (Wahrheit usw.) ist die innerste Tiefe und das tiefste Innere alles «ist (gilt)»: *esse ... est illud quod est magis intimum cuilibet, et quod profundius omnibus inest... Unde oportet quod Deus sit in omnibus rebus et intime* (ebd). Die Analogie als teilnehmendes Über-hinaus-bezogen-sein hat also zu ihrer tieferen Voraussetzung eine Analogie als teilgebendes Sich-von-oben-hinein-beziehen der göttlichen Identität des Ist (Wahrheit usw.).

Dann verschränken sich aber beide Analogie-Bedeutungen in einer neuen Weise. Indem die erste («von unten nach oben») die zweite («von oben nach unten») zu ihrer sachlichen Grundlage hat, öffnet das «über-hinaus» in ihr seine eigentliche Tiefe: als «über-hinaus» eines Inne-sein des Ist (Wahrheit usw.) im «ist (gilt)» zum Über-sein eben dieses Ist (Wahrheit usw.): die «Spur» und «Wirkung» Gottes als «Gott in den Dingen» weist über sich auf «Gott in Sich»: der *(Deus) in omnibus rebus ut causans omnium esse* (wie oben ad 1) weist über hinaus zum *Deus... supra omnia per excellentiam suae naturae* – (ebd). Im Unterschied dazu liegt dann in der zweiten Analogie («von oben nach unten») ein solches Über-sein des Ist (Wahrheit usw.), das zu einem alleswirkenden *(causans omnium esse)* und alles enthaltenden *(continens res)* Innesein wird: *Deus est supra omnia per excellentiam suae naturae, et tamen est in omnibus rebus ut causans omnium esse* (ebd). Es ist die entfaltete Fülle des augustinischen «Gott innerst und überst»: *interior omni re, quia in ipso sunt omnia, et exterior omni re, quia ipse est super omnia* (de Gen ad litt 8; 26). Sie ist es in der Richtung, die in der schärferen Fassung Gregors des Großen sich grundlegt: die das Innen-Außen und Oben-Unten wechselseitig antithetisch ineinander verschränkt: *implendo circumdat et circumdando implet et sustinendo transcendit et transcendendo implet et sustinendo transcendit et transcendendo sustinet* (Moralia 16; 15); *unde superius praesidens, inde inferius sustinens: et unde exterius ambiens, inde interius replens* (ebd 2; 8). Es heißt einmal (entsprechend der Analogie «von unten nach oben»): Ist (Wahrheit usw.) in —→ über ist (gilt). Es heißt dann (entsprechend der Analogie «von oben nach unten»): Ist (Wahrheit usw.) über —→ in ist (gilt). Einerseits ruht dies erste sinngemäß auf dem zweiten auf: das «Über-hinaus» (zu Gott) setzt das «Von oben hinein» (Gottes) voraus. Darum besagt «Analogie» nicht, daß das Ist (Wahrheit usw.) dem «ist (gilt)» «ähnlich» ist, sondern umgekehrt, daß das «ist (gilt)» (als teilnehmendes Abbild) dem Ist (Wahrheit usw.) (als teilgebendem Urbild) «ähnlich» ist: *Deus nullo modo similis creaturae dicendus est, sed creaturae similes possunt dici Deo aliquo modo* (Ver q 2 a 11 ad 1). Andererseits aber ist in wahrer Weise das zweite auf das erste sinngerichtet. Das Ist (Wahrheit usw.), das Gott ist, ist wesensgemäß («als» Ist) sich selbst genügend. Besteht von ihm her also ein «ist (gilt»), so ist das Ist (Wahrheit usw.) nicht zu ihm «bezogen», als bedürfte es seiner. Sondern dieses «ist (gilt)» kann nicht sein (gelten), wenn nicht innerlich bezogen zum Ist (Wahrheit usw.). In diesem Verstand geht ein Sich-teil-geben Gottes (in der Analogie «von oben nach unten») sinngemäß auf ein Teilnehmen der Kreatur (ontisch-noëtisch) an Ihm (also auf die Analogie «von unten nach oben»): *ut sic Deus dicatur relative ad creaturam, quia creatura refertur ad ipsum* (S Th 1 q 13 a 7 ad 4), *cum ea ratione referatur Deus ad creaturam, qua creatura referatur ad ipsum* (ebd ad 5). Analogie ist in diesem höchsten Punkt Analogie als dynamisches Hin und Zurück zwischen Überhinaus-(transzendierender Immanenz) und Von-Oben-hinein (immanierender Transzendenz).

6. Hierin aber weist sie zurück auf die Bedeutung von Analogie, darin sie sich als Hin und Zurück im Immanenten der Geschöpflichkeit selber gab (S. 114ff): als «immanent dynamische Mitte», wie wir damals sagten, von Wirklichkeit *(ἐνέργεια)* zwischen dynamischer Möglichkeit *(δύναμις)* und innerer Zielrichtung *(ἐντελέχεια)*. – Das formal Gemeinsame zwischen beiden ist einmal die Gleichung zwischen Analogie und Mitte *(μέσον)*, aus der der Begriff einer «dynamischen» oder «bewegten» oder «schwebenden» Mitte entspringt. Dann ist es ebenso der Begriff einer Zielrichtung in dieser «bewegt schwebenden» Mitte. – Aber mitten hierin liegen die entscheidenden Unterschiede. Für die Analogie im Immanenten der Geschöpflichkeit (wir sagen kurz: «innergeschöpfliche Analogie») ist es unterscheidend kennzeichnend, daß sie in innerer Notwendigkeit über sich hinaus weist (wie wir sahen) in die transzendierende Analogie, mit der wir es eben zu tun hatten (der «zwischen-gott-geschöpf-lichen Analogie», wie wir ebenso kurz sagen wollen). Diese hingegen steht und fällt damit, daß Gott als das Ist (Wahrheit usw.) so wenig zum Geschöpf als dem «ist (gilt)» hin «genötigt» ist, daß Er vielmehr (wie oben gesagt) nicht einmal zu ihm «bezogen» ist, sondern die Bezogenheit im Bezogensein des Geschöpfes zu Ihm besteht. Es tritt also dem «über hinaus», das von der inner-geschöpflichen Analogie aus sich ergibt, nicht nur das «von-oben-

hinein» als besonderster Zug der zwischen-gott-geschöpf-lichen Analogie gegenüber, sondern das «frei unabhängig» der zweiten dem «notwendig abhängig» der ersten. Es ist nicht nur Unterschied der Bewegungsrichtung: «von unten nach oben» gegen «von oben nach unten» (ebenso aber auch, da Gott, augustinisch, als das Oben das allesformende und allesrichtende Innen des Geschöpflichen ist: «von außen nach innen» gegen «von innen nach außen»). Sondern es ist schärfer Unterschied der Bewegungsart: «notwendig abhängig empfangend» (und hierin Bewegung als «bedürftiges Werden» zwischen dem «ins Unendliche der Möglichkeiten» im «Nichts» und der jeweils «begrenzten» Wirklichkeit: *esse contingens*, das zufällige Sein, das «gerade eben eintrifft») gegen «frei unabhängig gebend» (und hierin Bewegung als «unabhängiges Schaffen», von einer Ist-Unendlichkeit her, die so wenig «wirklich werdende Möglichkeit» ist, daß sie vielmehr, als das allem Grund und Ziel und Sinn gebende Ist, die Wirklichkeit ist, die als möglicherweise nicht bestehend nicht gedacht werden kann und hierin «unmöglich nicht-mögliche», d. h. «notwendige Wirklichkeit» ist, *esse necessarium*).

Damit ist zugleich das Letzte bezeichnet: die positive gegenseitige Beziehung der beiden Analogien. Da die Unterschiede zwischen beiden in ihrer formalen Gemeinsamkeit des Hin und Zurück (der zielgerichtet bewegten Mitte) liegen, so ist dies auch der Ort der positiven gegenseitigen Beziehung. Gewiß resultiert aus der Einheit des Hin und Zurück der innergeschöpflichen Analogie (Hin zur *ἐντελέχεια*, Zurück zur *δύναμις)* das Eine Über-hinaus, darin das besondere Zurück der zwischen-gott-geschöpflichen Analogie sich begreift (das Zurück des gott-entsprungenen, ontisch wie noëtisch, Geschöpflichen zu Gott). Aber es ist eine Einheit, nicht Selbigkeit, und darum prägt sie ihre Komponenten in der Einheit aus. – Das Zurück der inner-geschöpflichen Analogie (der *ἐνέργεια* zur *δύναμις)* besagt unterscheidend die negative Zufälligkeit des «ist (gilt)». Damit ist dieses innergeschöpfliche Zurück in besonderer Weise der Erscheinungsort des zwischen-gott-geschöpf-lichen Hin (der immanierenden Transzendenz, wie wir oben sagten): das «ist (gilt)» als

Zeichen des *Deus interior omni re.* – Umgekehrt spricht im Hin der innergeschöpflichen Analogie (der ἐνέργεια zur ἐντελέχεια) unterscheidend die negative Werdehaftigkeit *(semper fieri)* des «ist (gilt)». In diesem beständigen «über sich hinaus» jeder erreichten Seins- (Wahrheits- usw.) Stufe zu einer weiteren klingt aber unmittelbar der unterscheidende Rhythmus des zwischen-gott-geschöpf-lichen Zurück (der transzendierenden Immanenz, wie wir oben sagten). In ihrem «über-sich-hinaus» des Immer-Werdens lebt das augustinische *inquietum..., donec requiescat in Te.* Es trägt einerseits in sich den Drang zu einer isthaften Vollkommenheit: *Est... simplex quaero, Est verum quaero, Est germanum quaero* (Augustinus in Ps 38;8). Anderseits erfährt es, wie alles Geschöpfliche (ontisch wie noëtisch) «als» Geschöpfliches negative Werdehaftigkeit ist, ein Kommen zum Vergehen: *nondum habetur, dum non venit: non tenetur, dum venerit... Est et non est»* (ebd). So weist es über sich auf den *Deus exterior omni re.*

Das erste Verhältnis – zwischen dem Zurück der innergeschöpflichen und dem Hin der zwischen-gott-geschöpf-lichen Analogie – ist eine bestimmte Spanne zwischen Extremen. Das eine Extrem wäre ein Sich-Verschließen des geschöpflichen «ist (gilt)» in die Negativität seines Zurück zur «reinen Möglichkeit *(δύναμις)*», die als dem Sein vorausliegend das Nicht-Sein akzentuiert. Das heißt: indem das (ontisch wie noëtisch) Geschöpfliche, in der Richtung auf ein Sich-Verschließen, ein In-sich-Gründen will, kann es das nur, indem das Nichts sein Seinsgrund wird (wie Heidegger folgerichtig lehrt). Das andere Extrem ist das, was wir Theo-pan-ismus immer wieder nannten. Das «reine Geschenktsein» des «ist (gilt)» (im zwischen-gott-geschöpf-lichen Hin) wird zum unmittelbaren «Sich-schenken» des Ist (Wahrheit usw.) Gottes; das «Sein Gottes in allen Dingen» gleitet über in ein «Sein Gottes als Sein der Dinge». – Ähnlich liegt die Spanne der Extreme im zweiten Verhältnis, zwischen dem Hin der innergeschöpflichen und dem Zurück der zwischen-gott-geschöpflichen Analogie. Das eine Extrem ist hier ein Sich-Verschließen des geschöpflichen «ist (gilt)» in seine (negative) «Werdehaftigkeit ins Unendliche» (der ἐνέργεια der δύναμις zur *ἐντελέχεια).*

Auch hier ist es zuletzt darum ein Nichts, in das hinein solches Sich-verschließen erfolgt, aber als Nichts des «von weg zu» des «ins Unendliche», nicht das Nichts der «reinen Möglichkeit», sondern das Nichts des «reinen Übergangs als Vorübergangs». Als Gegen-Extrem erscheint dann, was wir immer wieder Pan-the-ismus nannten. Gott wird immanentes Sinn-Ziel der geschöpflichen (ontischen wie noëtischen) Bewegung. Sie ist innerlich «werdender Gott», und darum liegt es in ihrer Perspektive, daß das einmal erreichte «All (Pan-)» Gott «ist» (Pan-Theos). Im Zurück der zwischen-gott-geschöpflichen Analogie lag es, daß das geschöpfliche «ist (gilt)» «zum» göttlichen Ist (Wahrheit usw.) als seinem «Ziel» «hin» ist. Insofern ist Gott in echtem Sinn *mensura omnium entium* (Ver q 23 a 7 corp). Aber das gleitet in dem Maß zum Pantheismus über, als Er das immanente Ziel wird: *Deus non est mensura proportionata mensuratis* (S Th 1 q 13 a 5 ad 3).

Hierin arbeitet sich aber ein Gemeinsames der beiden Spannen heraus. – Sie sind erstens einmal Spanne, also weder Identität noch Widerspruch, sondern abgestimmtes Verhältnis, also Analogie. Mithin ist das Verhältnis zwischen innergeschöpflicher und zwischen-gott-geschöpflicher Analogie selber Analogie. Diese Analogie ist dann offenbar die in allem entscheidende Analogie. – Zweitens ist es eine Analogie, für die selber noch einmal (in einem höheren Sinn) die schwebende Mitte zwischen Theopanismus und Pantheismus kennzeichnend ist. Im Sich-verschließen des geschöpflichen «ist (gilt)» (in beiden obigen Verhältnissen) liegt die Sinnrichtung, in sich geschlossen zu sein «wie Gott». Es ist also pan-theistische Richtung: das «Rund zu sich selbst». Im Gegen-Extrem der offenen Göttlichkeit der Kreatur (passiv im ersten, aktiv im zweiten Verhältnis) aber birgt sich die Intention, Gott in den Umkreis der Kreatur einzubegreifen, daß er ihr Sein und All sei. Es ist also Theo-pan-ismus. –

7. Das Entscheidende unserer letzten Analogie (als des Spitzenproblems des Widerspruchsatzes) liegt im Verhältnis zwischen dem Untersten der innergeschöpflichen Analogie, der «reinen Mög-

lichkeit» *(δύναμις)*, und dem Obersten der zwischen-gott-geschöpflichen Analogie, dem Ist Gottes in Sich, weil hier die Einheit der beiden Analogien ihre äußerste und umfassende Spannweite hat. Es ist die Weite der Sicht Thomas' von Aquin: zwischen *pura potentialitas* und *actus purus*. In dieser Spannweite geht es darum, daß die Potentialität des Geschöpflichen gegenüber Gott kein Sichbemächtigen Gottes sei. Denn solches Sich-bemächtigen war der Sinn der Extrempaare, die wir sahen. In ihnen geschah darum die Auflösung beider Pole der Spannweite. Gott war nicht Gott, d. h. das echte Ist (Wahrheit usw.), wie Er vom Widerspruchsatz aus notwendig erscheint, – weil Er Funktion der Potentialität war. Eben hierin war aber auch die Potentialität nicht Potentialität, die «Gottes bedürftig» ist, sondern versteckte Aktualität, die Gott «meistert». Unsere letzte Analogie hängt darum mit Vorzug an der Wahrheit des ἄνω im «Ana»: der Echtheit des Oben als Oben.

Als erstes begründet sich damit eine «negative Potentialität». Sie hat – erstens – ihre Wurzel in dem, was die Spitze der aristotelischen Problematik zwischen δύναμις und ἐνέργεια ausmacht: das grundsätzliche letzte Prius der ἐνέργεια (πρότερα ἐστὶν ἡ ἐνέργεια – Met VIII 8, 1049 B 10). Zwar kommt (in der geschöpflichen Sphäre) Wirklichkeit *(ἐνέργεια)* als verwirklichte Möglichkeit von der Möglichkeit als Potentialität her, aber immer in kraft eines bereits Wirklichen (ἀεὶ γὰρ ἐκ τοῦ δυνάμει ὄντος γίγνεται τὸ ἐνεργείᾳ ὂν ὑπὸ ἐνεργείᾳ ὄντος – ebd 247). Mithin ist es auch im Letzten so, daß nicht eine «ewige Potentialität» am Anfang steht (ἔστι δ' οὐθὲν δυνάμει ἀΐδιον – ebd 1050 B 7–8), sondern ein «ewig Wirkliches» (ἀεὶ ἐνεργεῖ[1] – ebd 22).

Folgerichtig – zweitens – ist die Potentialität selbst als Potentialität nicht zuletzt ihr eigen, sondern das letzte Wort auch in bezug auf das «was möglich» ist, hat das «ewige Wirkliche», das göttliche Ist (Wahrheit usw.) Potentialität des Geschöpflichen ist, wie Thomas von Aquin unerbittlich folgert, nicht eigentlich ein

[1] Aristoteles identifiziert damit natürlich seinen kosmischen Umlauf-Kreis. Das ändert aber, wie wir früher bereits sahen, nichts an der formalen Gotteslehre, die dieser Verkehrung (in der materialen Gotteslehre) zugrunde liegt.

«von sich aus möglich sein und darum die Verwirklichung von Gott her fordernd» (*posse creari ab Ipso:* Ver q 2 a 10 ad 2 in contr.), sondern sie ist in der entscheidenden Tiefe «Möglichkeit von der Freiheit Gottes her» (*creare posse aliquid:* ebd).

Ist das der Fall, dann rückt die Potentialität – drittens – selber in die Sphäre des schöpferischen Ewig-Wirklichen. – Potentialität ist doppeldeutig. Sie besagt einmal (inhaltlich) ein Was, das möglich ist, und bezeichnet hierin die Sphäre der neuscholastischen *possibilia* (einer *interna possibilitas*). Sie besagt aber ebenso das Wie von Möglichkeit überhaupt und ist hierin der Ausdruck für jenes Schärfste der Kreatürlichkeit, das wir oben mit «reiner Möglichkeit» benannt haben: das neuscholastische *non repugnare ad existendum* (als innergeschöpfliches Korrelat der *externa possibilitas* als des «von Gott aus Geschaffenwerden-könnens»). Das Einrücken der inhaltlichen Potentialität in die göttliche Sphäre ist damit bezeichnet, daß gemäß Thomas von Aquin nicht eine ideative Welt der Ideen oder Werte oder Wesenheiten (als Inbegriff verwirklichbarer Washeiten) Gott «gegenübersteht», sondern daß sich die differente Fülle alles «möglichen Was» auf das vielfache und unbegrenzt «abbildbare» Wesen Gottes zurückführt: *una prima forma, ad quam omnia reducuntur, est ipsa essentia divina secundum se considerata* (Ver q 3 a 2 ad 6). An Stelle der Ideen (Werte usw.) *(loco harum idearum quas Plato ponebat)* tritt ein «Zumessen» *(ratio)*, darin Gott selbst in unrückführbarer Unabhängigkeit Seines Wesens den «Wesens-Umkreis» möglicher Geschöpfe (*rationes omnium creaturarum:* S Th 1 q 84 a 5 corp) in Seinem Wesen grundlegt. Diese *essentia divina* ist demnach nicht nur im allgemeinen der Sinn-Grund *(ratio*[1]*)* der inhaltlichen Möglichkeiten (*communis omnium ratio, in quantum est res ipsa una, quam omnia imitantur* – Ver q 2 a 4 ad 2), sondern formalst ihrer inneren qualitativen Vielheit (*propria huius ratio vel illius, secundum quod res eam diversimode imitantur* – ebd). Nicht gibt es eine ungeschaffene «Welt der Wesenheiten» (*ipsa*

[1] Diese Vieldeutigkeit von *ratio* (als «Zumessen», «Wesens-Umkreis», «Sinn-Grund») ist selber scharfer Ausdruck dessen, was hier gemeint ist. Ergänzend dazu gehört noch: *ratio* als «Verstand» und *ratio* als «Begriff». Vgl Ver q 8 a 7 II ad 3).

quidditas creari dicitur – de pot q 3 a 5 ad 2), sondern das «schöpferische Wesen» Gottes (*creatrix essentia* – ebd). Ebenso gerät aber auch die formale Potentialität in dieselbe Sphäre. Denn erst dann besteht eine restlose schöpferische Unabhängigkeit Gottes und (korrelat) ein restloses Von-Ihm-her der Kreatur, wenn auch und gerade deren formale Form der Kreatürlichkeit von Ihm her ist. Das aber ist die formale Potentialität. Darin ist jegliches Geschöpfliche als Ganzes unmittelbar von Gott her: nicht auf dem Wege einer Ausgliederung des Einzelnen *(singulare)* aus ideativen Allgemeingebilden *(universalia)*, nicht auf dem Wege einer «Aktuierung» einer vorliegenden «untersten Potentialität» *(materia prima)*, sondern Gott ist der Eine ideative Ursprung (*una idea respondet singulari, speciei et generi, individuatis in ipso singulari* – Ver q 3 a 8 ad 2), als derselbe der Eine Ursprung der inhaltlichen *(forma)* und formalen *(materia)* Potentialität *(ponimus Deum esse causam singularis et quantum ad formam et quantum ad materiam* – ebd corp), mithin als derselbe der Ursprung der positiven Vielheit des Was der *formae rerum* (Comp theol c 102) und der untersten «Möglichkeit zu allem» der Kreatur (der *materia prima* – S Th I q 44 a 2)[1]. Er ist darum endlich ein Ursprung, der über alles jeweilig aus ihm Entsprungene unerschöpft und unerschöpfbar «hinaus ist», weil Er sonst das innere Korrelat zu Seinen Schöpfungen wäre, der «Akt», der «zu» ihrer Aktuierung «da» ist. Da aber materiale und formale Potentialität alles jemals aus ihm Entspringbaren «in Ihm» ist, wie wir sahen, ist Er auch nur zu Sich selbst hin «notwendig»: *finis... naturalis divinae voluntatis est eius bonitas* (de pot q 1 a 5 corp). Die allein dem «Akt», der Gott ist, innerlich zugeordnete «Potentialität» ist darum Er Selbst: der «mögliche» Gott, der als möglicher «Gott» nur der «notwendig wirkliche» Gott sein kann. Keine Potentialität der Kreatur kann darum, durch ihre Aktuierung, diesen in sich selbst hinein bezogenen Akt erschöpfen: *fini huic non commensurantur creaturae* (ebd). Darum ist das letzte

[1] Die Unterschiede zwischen *potentia (actus)*, *materia (forma)* usw. sind hier nicht näher ausgeführt; es geht hier immer nur um das Minimum, das im Widerspruchsatz sich ausspricht.

Gesicht des kreatürlichen «ist (gilt)» nicht nur seine Potentialität, sondern seine jeweilige «Vorläufigkeit» und Vorläufigkeit «ins Unendliche». Es ist immer jeweils immer neues und anderes «ist (gilt)» möglich: *potest* (nämlich *Eius bonitas*) *manifestari per alias creaturas et alio modo ordinatas* (ebd).

Dann aber – viertens – ist die geschöpfliche Potentialität nicht eine, die von sich aus Gott Grenzen setzt, sondern die ihre Grenzen von Gott empfängt. Die Grenzen sind damit zuletzt nicht etwas, das unwiderruflich im Wesen dieser Potentialität liegt, sondern sie sind zuletzt ein vorläufiges Halt, das die Unbegrenztheit der freien göttlichen Verfügung gesetzt hat. Alle Potentialität, die im Begriff eines Geschöpflichen (ontisch wie noëtisch) sich ausdrückt (*potentia... naturalis*, *quae potest tota impleri*, *quia haec non se extendit nisi ad perfectiones naturales* – Ver q 29 a 3 ad 3), alle solche «natürliche» Potentialität ist zuletzt boden-los in eine unbegrenzte Verfügbarkeit zu Gott hinein, in die *potentia oboedientiae*, *secundum quod potest recipere a Deo* (ebd). Hier gilt ein Durchbrechen der natürlichen Schranken des Geschöpflichen: es ist die Potentialität zu den Unbegreiflichkeiten der allein (durch die Theologie sich offenbarenden) Über-Natur (*sicut dicitur aliquid esse in potentia ad illa quae supra naturam Deus in eo potest facere* – Ver q 8 a 4 ad 13). Hier besteht die beständige Vorläufigkeit zu grenzenlosen Möglichkeiten, wie Gott unberechenbar sie will: *potentia oboedientiae*, *secundum quam in creatura fieri potest quidquid in ea fieri voluerit Creator* (Ver q 8 a 12 ad 4). Hier gilt darum die unbegrenzte Möglichkeit eines immer neuen Über-Hinaus: *talis capacitas non potest impleri*, *quia quidquid Deus de creatura faciat*, *adhuc remanet in potentia recipiendi a Deo* (Ver q 29 a 3 ad 3). Das Maß liegt entscheidend, jenseits der Kreatur, in der Unbegreiflichkeit des Maßes des göttlichen Schenkens: *modus...*, *qui crescente bonitate crescit*, *sequitur magis mensuram perfectionis receptae quam capacitatis ad recipiendum* (ebd). –

Es vollzieht sich aber unter diesen vier ersten Rücksichten einer negativen Potentialität nicht nur die Abgrenzung gegen einen (aktiven) Pantheismus der Kreatur, sondern ebenso gegen einen (passiven) Theopanismus, der die «Möglichkeit» so interpretiert, daß sie zu einer «Magie der Ohnmacht» entartet. Das wird zunächst an gewissen feinen Zügen sichtbar, die Thomas in diese vier ersten Potentialitäten einzuzeichnen liebt. Sie zielen auf etwas, was wir «positive Potentialität» nennen können. Gerade weil materiale und formale Potentialität der Kreatur so sehr «in Gott» liegt, besagt sie nicht einfach ein «ohnmächtiges Nichts». Weil sie, material und formal, vom reinen Ist (Wahrheit usw.) her ist, trägt sie als solche schon den Atem dieser Positivität des reinen Ist (Wahrheit usw.). – Darum hat – erstens – das kreatürliche «ist (gilt)» kraft seiner inneren ständigen Potentialität nicht, aus sich, eine «Richtung ins Nichts», sondern zu immer neuem «ist (gilt usw.)» hin: *tendere in nihilum non est proprie motus naturae, qui semper est in bonum, sed est ipsius defectus* (de pot q 5 a 1 ad 16). Denn das Wirken des göttlichen Ist (Wahrheit usw.) geht, weil es die Positivität eines Ist ist, so wenig auf ein Wiederversenken der Kreatur ins Nichts (de pot q 5 a 4 corp und ad 10), daß die (bleibende) Positivität der Kreatur geheimnisvoll mit Seiner eigenen (ewigen) Positivität verschmilzt. Weil die Kreatur Gott offenbart, so formuliert Thomas, kann man ebenso sagen, daß Gott sie um ihrer selbst wegen, wie daß Er sie Seiner selbst wegen will: *idem est dictu, quod Deus propter se ipsum fecit ..., et quod creaturas fecerit propter earum esse* (de pot q 5 a 4 corp).

Dann geht aber – zweitens – diese Positivität des kreatürlichen «ist (gilt)» selber in die Form seiner Potentialität ein. Es gibt in wahrem Sinn etwas, was für Gott «unmöglich» ist: nämlich die Aufhebung des Bestandes des Widerspruchsatzes und alles dessen, was hierin sich einbeschließt (*non potest facere quod affirmatio et negatio sint simul vera, nec aliquid eorum in quibus hoc impossibile includitur* – de pot q 1 a 3 corp), so daß Gott ein wahres «möglich in sich» gegenübersteht, und Seine Allmacht das «all» dieses «möglich in sich» betrifft (*ad omnia... se extendit quae contradictionem non implicant..., potest omnia quae sunt possibilia secundum se* – ebd a 7 corp). Nicht als ob Gott Grenzen «gegenüber» stünden, aber Seine eigene Positivität «verpflichtet» ihn gleichsam auf «Positivität überhaupt».

So wird – drittens – verständlich, wie die Potentialität des Kreatürlichen eine Stufung in sich selbst beschließen kann: von einer Region «reiner Potentialität» (in der Region der eigentlichen Materie: *illae solae res in sua natura possibilitatem habent ad non esse, in quibus est materia contrarietati subjecta* – de pot q 5 a 3 corp) zu einer Region wahrer «Notwendigkeit des Seins» (in der Region des Geistes: *aliis... rebus secundum suam naturam competit necessitas essendi, possibilitate non essendi ab earum natura sublata* – ebd). Potentialität schwingt also zwischen Potentialität zu «Möglichkeit zu Nicht-sein» *(possibilitas ad non esse)* und Potentialität zu «Unmöglichkeit zu Nicht-sein» *(non possibilitas ad non esse)*. Denn wenn Gott Geistiges schafft, kann Er es nur als Geistiges schaffen, d. h. als in seiner Natur Unvergängliches. Potentialität ist so positiv, daß Gott eine «Unmöglichkeit, nicht zu sein» verleihen kann. Es bleibt auch dann die volle «negative Potentialität», wie wir sie oben zeichneten: keine Notwendigkeit, daß Kreatur überhaupt sei (*simpliciter non esse, non est in se impossibile quasi contradictionem implicans* – ebd): keine innere Bindung Gottes zur Kreatur hin (*non producit creaturas ex necessitate naturae ut sic potentia Dei determinetur ad esse creaturae... Nec bonitas Dei a creaturis dependet, ut sine creaturis esse non possit* – ebd). Ja, diese negative Potentialität verstärkt sich. Denn an der innerkreatürlichen Stufung zwischen Möglichkeits- und Notwendigkeits-Sein erhellt, wie der Ausdruck «Notwendigkeit» eigentlich noch innerkreatürlich ist, Gott also noch über den Gegensatz zwischen «möglich» und «notwendig» hinaus ist: *supra ordinem necessarii et contingentis, sicut est supra totum esse creaturae* (*de malo* q 16 a 7 ad 15). Aber mitten hierin konstituiert sich doch das wahre Wunder einer Potentialität, die so positiv ist, daß sie «Möglichkeit zu Unmöglichkeit» oder «Nichtnotwendigkeit zu Notwendigkeit» ist: *licet creaturae incorruptibiles ex Dei voluntate dependeant, quae potest eis esse praebere et non praebere* (Potentialität zu sein oder nicht zu sein), *consequuntur tamen ex divina voluntate absolutam necessitatem essendi, in quantum in tali natura causantur, in qua non sit possibilitas ad non esse* (keine Potentialität zu sein oder nicht zu sein) (de pot q 5 a 3 ad 12).

Diese Positivität hat – viertens – ihre besondere Schärfe im Problem von Gut und Bös. Alles kreatürliche «ist (gilt)» ist, kraft seiner Potentialität, *ens in potentia*. Als solches hat es auf der einen Seite die wesenhafte Richtung auf das Positive von Rundung zu Vollkommenheit (*cum esse in potentia nihil aliud sit quam ordinari in actum – de malo* q 1 a 2 corp) und ist darum in sich «gut»: *id quod est in potentia ex hoc ipso quod est in potentia, habet rationem boni* (ebd). Auf der anderen Seite aber legt sich gerade in diesem Charakter eines *ens in potentia* die Möglichkeit des Bös grund: *malum .. est .. in bono, secundum quod ens in potentia dicitur bonum* (ebd q 1 a 2 ad 7). Denn ein *ens in potentia* ist kraft seines Wesens des Abfalles vom Wesen fähig: *cum .. malum .. nihil aliud sit quam privatio debitae perfectionis: privatio autem non sit nisi in ente in potentia, quia hoc privari dicimus quod natum est habere aliquid et non habet* (ebd a 2 corp). So formt sich das Paradox, daß das Gut so sehr Ursache des Bös ist (*causa mali est bonum* – ebd a 3 corp), daß im Wollen des Bös das Gut gewollt wird: *nullus facit aliquod malum, nisi intendens aliquod bonum, ut sibi videtur* (ebd). Indem das Kreatürliche «aus sich» «nichts» ist, ist in ihm jener selbstmörderische Abfall ins Nichts möglich, der das Nihilistische der innersten Tendenz des Bös kennzeichnet. Aber gerade hier triumphiert der Triumph des stärkeren Positiven: da das Nihilistische selber als solches nur unter einer *ratio boni* gewollt sein kann, also selber noch getragen vom positiven «ist» des Ist (und hierin am entscheidendsten überwunden). Das Nichts selber als Nichts muß noch den Stempel des Ist tragen und darum Ihm dienstbar sein: *quamvis discordet voluntas hominis a Dei voluntate quantum ad motum voluntatis, numquam tamen potest discordare quantum ad exitum vel eventum: quia semper voluntas hominis hunc eventum sortitur, quod Deus de homine suam voluntatem implet* (*de malo* q 6 a 1 ad 5).

Dann ist es aber endlich – fünftens – nicht so erstaunlich, daß auch jene negative Potentialität, die am stärksten in die Tiefen des Ist wies, doch auch ein positives Gesicht hat: die (zum Übernatürlichen hin gerichtete) *potentia oboedientialis*. Gewiß bleibt es eine Potentialität «über die Natur hinaus», so sehr, daß selbst eine Kenntnis der Sphäre des Übernatürlichen «über die Natur hinaus» ist: *(modus supernaturalis) homini notus esse non potest, cum ipsum donum gratiae cognitionem hominis excedat* (Ver q 24 a 15 corp). Denn ein wahrer *naturalis appetitus*, d. h. eine der Natur von sich aus innerlich bewußte Richtung, geht nur auf eine allgemeine «Nähe zum Göttlichen» (*aliqua contemplatio divinorum* – Ver q 27 a 1 corp), während das eigentlich Übernatürliche, die Schau Gottes als Ewiges Leben (*vita aeterna quae consistit in visione Dei per essentiam* – ebd), zu seinem Korrelat im Menschen ein eigenes direktes «Bereitet-sein durch Gott» hat (*finis ad quem homo a Deo praeparatur* – ebd), d. h. in unserer *potentia oboedientialis*. Aber andererseits – und hierin wird auch diese stärkste negative Potentialität zu einer positiven – baut sich dieses «Übernatürliche» ganz in den Beziehungsbau des Natürlichen ein. In das Beziehungsgefüge von Ziel und Mittel: das Übernatürliche «betrifft das Ziel selbst» *(circa finem)*, das Natürliche ist «zum Ziel hin» (*ad finem* – Ver q 14 a 3 ad 9; a 10 ad 3). In das Beziehungsgefüge von Wie und Was: im Übernatürlichen liegt die «rechte Weise» *(modus conveniens)*, im Natürlichen der «rechte Inhalt» *(substantia actus)* (Ver q 24 a 12 ad 16; ebd a 1 ad 2; S Th I q 89 a 6 ad 3). So wird folgerichtig das eigentlichst Übernatürliche, die Schau Gottes als Ewiges Leben, zur «letzten Vollendung» des Natürlichen: subjektiv für den Geist, indem dessen *naturale desiderium* nur hier Ruhe findet (c. Gent III 50), -- objektiv für die Schöpfung überhaupt, die in dieser Vollendung des Geistes zu dem Ziel kommt, das ihrem Ausgang entspricht (*reditio in Deum exitum adaequaret* – Ver q 20 a 4 corp).

Dieses Ineinander von «über der Natur» und «in der Natur» prägt sich in den vollen Charakter der *potentia oboedientialis* aus. Auf der einen Seite ist das «über der Natur» darum kein «gegen die Natur», weil (in mehr negativer Potentialität) alles Kreatürliche tiefer zum Schöpfer hin unterworfen ist als es zueinander sich bezieht: *inest cuilibet rei creatae naturalis subjectio ad Creatorem, multo magis quam corporibus inferioribus ad corpora coelestia* (*de malo* q 5 a 5 ad 4). Auf der anderen Seite ist es aber nicht nur ein (mehr negatives) «unter-worfen» *(subjectio)*, sondern geradezu ein (positives) «Gerichtet-sein zu..» oder «Handlichkeit..» (*habilitas sive aptitudo ad bonum gratiae* – *de malo* q 2 a 11 ad 16) «in Art einer Aufnahme-Fähigkeit» (*sicut potentiae susceptivae* – ebd a 12 corp), die als «natürliches Gut» (*bonum naturale* – ebd a 11 ad 1) «zur Geist-Natur als solcher gehört» (*naturam rationalem consequitur in quantum huiusmodi* – *de malo* q 2 a 12 corp). So kennzeichnet sich das kreatürliche «ist (gilt)» am schärfsten hierdurch, daß seine äußerste negative Potentialität (der *potentia oboedientialis*) zugleich die kühnste positive Potentialität ist, in Gottes Natur selber hinein. Es ist ein «Nicht-zureichen von eigenem Grund aus» (*naturae propriae principia non sufficiant* – *de malo* q 5 a 1 corp), das doch «Fähigsein zu..» ist (*capax summi boni per visionem et fruitionem* – ebd). Es ist ein positives Aufweisen der Richtung ins Übernatürliche (Ver q 8 a 1 corp; c Gent III 50), das ein negatives Aufweisen der «Unfähigkeit aus eigener Kraft» ist (Ver q 8 a 3 corp; c Gent III 52, 53). –

Auf diesem Weg geht unsere positive Potentialität in das über, was wir im wahren Sinn des Wortes «aktive Potentialität» nennen müssen: «aktiv» ganz und gar auf Grund des «negativ» der negativen Potentialität, aber doch so, daß hierin die scharfe Scheidung gegen ein «Verschmelzen mit Gott» (in einem passiven Theopanismus) sich vollendet, deren Begründung der Sinn der positiven Potentialität war. Es wird aktive Potentialität der unbegrenzten «Dienstschaft zu Gott». Man wird sagen müssen, daß sich hier die entscheidende Umkehr des Aristotelischen vollzieht. Die aristotelische δύναμις ist in sich selbst (trotz des Prius einer sie aktuierenden ἐνέργεια) Ursprung (ἀρχὴ κινήσεως ἢ μεταβολῆς – Met IV 12, 1019 A 14f). Als solcher ist sie der Gegensatz sowohl zum «Statischen» wie zum «Unmöglichen» (ebd 1019 A 22ff, 34ff), d. h. «geballte Möglichkeit». Sie ist durchaus der Prototyp des «produktiven Nichts» Heideggers: das Nichts der reinen Möglichkeit als All *in fieri*: – als «Ort aller Gegensätze in Eins» (*ταὐτὸν τἀναντία*) der Gegenpol des wirklichen All als des bewegten Ausgleiches der verwirklichten Gegensätze im ewigen Kreis-Umschwung (*κυκλοφορία*). Im Aufbau unserer vierfachen Potentialität vollzieht sich aber eine bis aufs Letzte gehende

«Götterdämmerung» dieses gotthaften «All-Urschoßes». Es wird bis zum Letzten wirklich «reine» Möglichkeit: *potentia passiva.* Die «fruchtbare Möglichkeit» *(potentia activa)* ist nicht ihre Funktion, sondern «freie Gabe von Oben», in kraft des Aufgerufenwerdens des Nichts der «Ohnmacht» zum «Dienst». So wird es die Durchführung des augustinischen Gedankens: Befreiung durch Gott (*gratia liberatrix:* serm 174 2; 2) zum freien Dienst (*libera servitus:* in Ps 99; 7). Es wird die wunderbare Spitze der Gesamtpotentialität: der Höhepunkt restloser passiver Potentialität (in der vierten negativen Potentialität) als Aufgerufenwerden zu aktivem Tun; das aktive freie Tun so wenig als *emancipari a Deo*, wie Augustinus den Pelagianismus nennt (opus imperf in Jul), daß es die einschneidendste Potentialität besagt, die Distanz des Dienenden zum Herrn.

Das ist die Krönung, die Thomas von Aquin unserer Gesamt-Potentialität gibt: die Lehre von den Zweit-Ursachen *(causae secundae):* daß das geschöpfliche «ist (gilt)» so sehr vom göttlichen Ist (Wahrheit usw.) her ist, daß es selbst-wirkkräftig ist (*prima causa ex eminentia bonitatis suae rebus aliis confert non solum quod sint, sed etiam quod causae sint* – Ver q 11 a 1 corp). Dies ist nach ihm die entscheidende Mitte gegen Theopanismus (einer absoluten *devolutio* von oben) wie Pantheismus (einer absoluten *evolutio* von unten), im Ontischen wie im Voll-Noëtischen (ebd: Grundgedanke des corp). Der Gedanke hat eine dreifache Steigerung. Erstens: das göttliche Ist (Wahrheit usw.) ist in dem Sinne das innerste Wirkprinzip des geschöpflichen «ist (gilt)» (*Ipse Deus est propria et immediata causa uniuscuiusque rei et quodam modo magis intima cuique quam ipsum sit intimum sibi* – Ver q 8 a 16 ad 17), – daß das Maximum Seiner Nähe das Maximum der Befreiung zu aktiver freier Selbstbewegung ist (*quanto aliqua natura Deo vicinior, tanto minus ab eo inclinatur et nata est seipsam inclinare* – Ver q 22 a 4 corp). Zweitens: das göttliche Ist (Wahrheit usw.) ist in dem Sinn der unerschöpfliche alles-schenkende Urquell des geschöpflichen «ist (gilt)», daß er als Maximum Seines Schenkens dieses Schenkenkönnen selber mitteilt (*non solum in tantum communicat eis de sua bonitate, quod in se sint bona et perfecta, sed etiam ut aliis perfectionem largiantur* – Ver q 9 a 2 corp), – bis zur Mitteilung Seiner Eigenschaft als «Ursache alles Guten» (*quod sint causa bonitatis aliorum* – Ver q 5 a 8 corp), ja bis zur Mitteilung Seines Vorsehungsamtes (*non solum quod sint provisae, sed etiam quod provideant* – Ver q 5 a 5 corp). Drittens endlich: das göttliche Ist (Wahrheit usw.) ist in dem Sinne die Eine unmittelbare «Notwendigkeit» für das geschöpfliche «ist (gilt)» bis in das restlose Zu-Einander zwischen Geist *(mens)* und Gott (*immediate a Deo creatur..., dicitur immediate formari ab ipsa Veritate Prima..., immediate in Ipso sicut in fine beatificatur* – Ver q 18 a 1 ad 7), – daß diese Unmittelbarkeit zur höchsten Verselbständigung führt, bis zur Eigenschaft einer «Ursache seiner selbst» (*causa sui ipsius* – Ver q 24 a 1 corp), bis zur Möglichkeit des Nein gegen Gott (*aversio... a bono incommutabili..., respectu cuius se impotentem fecit* – Ver q 28 a 2 corp), das doch den Einen Willen des Einen Ist nicht aufhebt, sondern erfüllt (*semper voluntas hominis hunc eventum sortitur, quod Deus de homine suam voluntatem implet – de malo* q 6 a 1 ad 5).

8. Aus der Gesamtheit dieser Potentialitäten läßt sich die positive Natur jener unserer abschließenden Analogie ablesen, die das Verhältnis zwischen innergeschöpflicher und zwischengott-geschöpflicher Analogie ausmacht. Sie wird sich aber am schärfsten in den drei Weisen unserer aktiven Potentialität aussprechen, weil deren jeweils erstes Glied in den vorausgehenden Potentialitäten seinen entfalteten Umfang hat. So gibt es sich von selbst, daß diese aktive Potentialität geradezu bereits ihre Formel ist.

In dieser Formel liegt erstens, daß hier alle noch «zumessende» Analogie *(analogia attributionis)* sich in eine ungreifbare «schwebende» Analogie *(analogia proportionis)* reduziert. Eine positive Aussage über Gott besteht gewiß, aber ist nur die Fundierung der negativen Aussage über Sein schlechthinniges Anderssein: *intellectus negationis semper fundatur in aliqua affirmatione...: unde nisi intellectus humanus aliquid de Deo affirmative cognosceret, nihil de Deo posset negare* (de pot q 7 a 5 corp). In diesem Sinne konnte unsere aktive Potentialität nichts als das letzte Unrückführbare hinstellen, wie es ist: es ist das eigenste Geheimnis des göttlichen Ist (Wahrheit usw.) selber, daß etwas von Ihm restlos immer her ist und doch so wenig mit Ihm identisch ist, daß es zu Ihm sogar Nein sagen kann. In diesem Geheimnis spricht das eigenste Anderssein Gottes, über alle geschöpflichen Gleichnisse hinaus. Es ist Analogie im schärfsten aristotelischen Sinn: hinaus über Gemeinsamkeit quantitativer Zählung *(κατ' ἀριθμὸν* in der *ὕλη μία* – Met IV 6, 1016 B 31, 33), hinaus über Gemeinsamkeit eines qualitativen Begriffes *(κατ' εἶδος* im *λόγος εἷς* – ebd 32, 33), hinaus über Gemeinsamkeit in den letzten Genera, wie sie sich in den Kategorien, den Aussageformen überhaupt, aussprechen *(κατὰ γένος* im *αὐτὸ σχῆμα τῆς κατηγορίας* – ebd): Analogie nur als Beziehung gegenseitigen Andersseins (*ὡς ἄλλο πρὸς ἄλλο* – ebd 34–35). Es ist «Beziehung» (Gottes zum Geschöpflichen, indem das Geschöpfliche zu Gott als seinem innersten und stetigen *principium et finis* bezogen ist: S Th 1 q 13 a 7 ad 4 et 5), die in dem Maße als «echte» Beziehung (d. h. zu Gott, wie Er echt Gott ist) sich kundtut, als sie das grundlegende «Anderssein» Gottes gegenüber dem Geschöpflichen ausdrückt. Das Positivum «Beziehung» enthüllt sich in seiner Spitze als Negativum «Anderssein». Aber gerade so ist das Negativum «Anderssein» das Zeichen der Erfüllung des Positivum «Beziehung»: Unbegreiflichkeit das Zeichen, daß es Gott ist; Begreifen das Zeichen, daß es nicht Gott ist: *si... comprehendis, non est Deus* (Augustinus in Ps 85, 12); *hoc ergo non est, si comprehendisti: si autem hoc est, non comprehendisti* (ders, serm 52 6, 16).

Darum ist für Thomas von Aquin die entscheidende Analogie wesenhaft *proportio* (S Th 1 q 13 a 5 corp), aber nicht *secundum convenientiam proportionis* (d. h. einer gegenseitigen Beziehung zu einem Dritten –: Ver q 2 a 11 corp), sondern *secundum convenientiam proportionalitatis* (d. h. in Beachtung der restlos scheidenden Linie des Unterschiedes –: Ver q 23 a 7 ad 9). Analogie liegt darum zwischen Eindeutigkeit *(univocatio)* und völliger Andersdeutigkeit *(aequivocatio)*, die auch die «Beziehung» auslöschen würde (S Th 1 q 13 a 5 corp). Sie ist (als *proportio proportionalitatis*) das

Anderssein *(diversas proportiones)* desselben einen, das von Gott und Geschöpf ausgesagt wird (*ad aliquid unum:* z. B. Sein, Gut usw.) in Gott und Geschöpf *(diversas proportiones ad aliquid unum)*. Wenn das *aliquid unum* also eine Ähnlichkeit zwischen Gott und Geschöpf besagt *(similitudo)*, so ist diese Ähnlichkeit durch die Unähnlichkeit der Art *(modus)*, in der dasselbe Eine in Gott und Geschöpf ist *(diversas proportiones)*, nicht nur «ausgewogen» (*simile «et» dissimile* – Ver q 2 a 11 ad 1). Denn dann wäre nicht das göttliche Ist (Wahrheit usw.) das entscheidende Letzte, sondern diese schwebende Ausgewogenheit zwischen Gott und Geschöpf. Nein: die positive Gemeinsamkeit des *ad aliquid unum* wird über sich hinausgeführt in die echt areopagitische «hell-lichte Finsternis» der *diversas proportiones*, in die «je größere Unähnlichkeit»: *creaturae... quamvis aliquam Dei similitudinem gerant in seipsis, tamen maxima dissimilitudo subest* (Ver q 1 a 10 ad 1 in contr). Eine «zumessende» Analogie *(analogia attributionis)* steht am Anfang nur insoweit, als das geschöpfliche «ist (gilt)» auf das göttliche Ist (Wahrheit usw.) als seinen bestimmenden Urgrund weist (*primo cognoscitur eius productio et efficacia* – in Boeth de Trin q 1 a 2 corp). Aber das ist selber schon ungreifbare «schwebende» Analogie *(analogia proportionis)*, weil in dieser Beziehung das Geschöpfliche über sich hinaus weist, also hinaus über seine Weise *(proportio)* des Ontischen wie Noëtischen in die ganz andere Weise Gottes, so daß es schon hier allein bei der *proportionalitas* zwischen diesen absolut *diversae proportiones* bleibt: jener «Art von Beziehung» *(aliqua habitudo)* zwischen einem restlosen «von her» und Ihm, der wesenhaft als «aus Sich, in Sich, zu Sich» ist: *aliqua habitudine..., utpote ab eo effectus et ei subiectus* (Ver q 23 a 7 ad 9).

In allem, was über Gott und Geschöpf gemeinsam gesagt wird (Sein, Wahr-Gut-Schön usw.), ist es nicht so, daß Gott und Geschöpf nun auf ein Gemeinsames bezogen wären: *quo aliquid praedicatur de duobus per respectum ad aliquod tertium* (de pot q 7 a 7 corp). Sondern es reduziert sich alles auf das letzte unreduzierbare Prius Gottes: das (ontisch wie noëtisch) Geschöpfliche ist unter jeglicher Rücksicht über sich hinaus zu Gott als seinem

Prius, ohne «Appellationsmöglichkeit» an ein Drittes, (Sein, usw.), da Gott das absolute Prius ist (*cum Deo nihil sit prius, sed ipse sit prior creatura* – ebd). Darum ist die «Spitze der Erkenntnis» (*in fine nostrae cognitionis* – in Boeth de Trin q 1 a 2 ad 1), daß diese alles bestimmende «Analogie als Beziehung des Andersseins» *(analogia proportionis secundum convenientiam proportionalitatis)* zum vollen Ausdruck kommt: in der «je größeren Unähnlichkeit» in aller «noch so großen Ähnlichkeit» und darum im Erscheinen des göttlichen Ist (Wahrheit usw.) als des *Deus tamquam ignotus (secundum hoc dicimur in fine nostrae cognitionis Deum tamquam ignotum cognoscere, quia tunc maxime mens in Dei cognitione perfectissime invenitur, quando cognoscitur eius essentiam esse supra omne id quod apprehendere potest in statu huius vitae* – ebd).

Wir haben damit bereits, als tieferen Kern des Verhältnisses zwischen *analogia attributionis* und *proportionis*, die klassische Analogie-Formel des 4. Laterankonzils: in einer «noch so großer Ähnlichkeit» die «je größere Unähnlichkeit» (*inter Creatorem et creaturam non potest tanta similitudo notari, quin inter eos maior sit dissimilitudo notanda* – Denz 432). Die Formel wird als allgemeine Begründung dafür gebraucht, daß auch die höchste übernatürliche Teilnahme an Gott, nämlich am innergöttlich dreipersönlichen Leben *(unio caritatis in gratia)*, nicht die Distanz aufhebt zu dem, was Gott in Sich ist, über alles, auch über die begnadetste Kreatur hinaus *(identitatis unitas in natura)*. Indem die Formel also Natur und Übernatur umgreift, also philosophisch-theologisch ist, geht sie noch einen Schritt weiter und spricht nicht nur eine Tatsächlichkeit aus («daß» sie auch im Höhepunkt des Übernatürlichen sich wahrt), sondern eine Notwendigkeit: so wahr es in allen, auch den höchsten Beziehungen, um das Verhältnis zwischen «Schöpfer» und «Geschöpf» geht, so wahr «kann nicht...» *(non potest)*. Der innere Grund dieses «kann nicht» ist aber nicht ein sachhaftes Prinzip, das das Verhältnis zwischen Gott und Geschöpf «regelt». Denn dann stünde es über beiden, wäre also selber das eigentlich Göttliche. Der innere Grund ist vielmehr Gott als *Deus semper maior*, wie Augustinus spricht (in Ps 62; 16): Gott immer höher hinaus über alles geschöpflich Ontische wie Noëtische.

Diese Analogie der je größeren Unähnlichkeit umspannt alle drei Momente, die sich uns in der bisherigen Darlegung gaben. – In ihr liegt ein Vorgelagertsein der «positiven Beziehung»: der «noch so großen Ähnlichkeit» *(tanta similitudo)*. Es ist damit das Vorgelagertsein einer «zumessenden» Analogie *(analogia attributionis)*: insofern vom geschöpflichen «ist (gilt)» aus das göttliche Ist (Wahrheit usw.) als Urgrund erscheint. – Hierin – zweitens – aber wird das «negative Anderssein» offenbar: die «je größere Unähnlichkeit» *(maior dissimilitudo)* im negativen Sinn. Die «zumessende» Analogie *(analogia attributionis)* überwindet sich damit innerlich, kraft des immer neuen Über-hinaus Gottes über die je höchste Nähe zu Ihm, in eine unbegrenzbar «schwebende» Analogie *(analogia proportionis secundum convenientiam proportionalitatis)*. Denn Gott ist nur Urgrund, insofern Er «über alles, was außer Ihm ist oder gedacht werden kann, unsagbar erhaben ist» (Vatic sess 3 cap 1 – Denz 1782). – Damit jedoch – drittens – hebt sich die besondere Eigenart des Geschöpflichen in seiner relativen unterscheidenden Eigenständigkeit oder Eigenwirksamkeit *(causae secundae)* positiv vom Hintergrund des *Deus semper maior* ab. Die unbegrenzbar «schwebende» Analogie *(analogia proportionis secundum convenientiam proportionalitatis)* begründet eine neue «zumessende» Analogie *(analogia attributionis)*, aber nicht, wie die erste, von unten nach oben, sondern von oben nach unten: vom *Deus semper maior* aus wird dem Geschöpf sein «Dienst-Bereich» «zugemessen». Die «je größere Unähnlichkeit» *(maior dissimilitudo)* hat hier einen positiven Sinn: der Abgrenzung eines positiven Bereiches, da hinein das Geschöpf zur «Dienst-Leistung» «gesendet» ist. «Gesendet» sagt das wesenhafte Begründetsein vom überragenden göttlichen Ist (Wahrheit usw.) her. «Leistung» unterstreicht die aktive Eigenständigkeit des so gesendeten Geschöpfes *(causae secundae)*. «Dienst» macht deutlich, wie diese aktive Positivität nur eine andere, und schärfere, Form des Über-hinaus Gottes (in der *maior dissimilitudo*) ist: die Demütigung einer Entrückungs-Mystik in die Distanz zwischen Herr und Knecht. Das spricht am deutlichsten in der Art, wie in der Offenbarung die Vollendung des Ewigen Lebens sich gibt. Sie heißt *visio beatifica*, sagt also von hier aus den Höhepunkt der Einigung von Gott und Geschöpf: «Licht im Licht sein», wie die griechischen Kirchenväter formulieren. Sie heißt aber eben darum *laus Dei*, läßt also den Höhepunkt der Einigung sich enthüllen als unsagbares Aufgehen der überragenden Größe Gottes, dem die tiefste Anbetung gebührt. «Sehnsucht» (in der ansteigenden *analogia attributionis*) wird «blendende Entrückung» (in der *analogia proportionis*), um «Dienst» zu werden (in der absteigenden *analogia attributionis*).

In diesem Sinne heißt *analogia* nun *analogia entis*. – *Entis* sagt, daß die Analogie ihren entscheidenden Ort in dem Bestand hat, den der Widerspruchsatz ausdrückt: «ist (gilt)» als «nicht nicht ist (gilt)». Analogie ist hierin – folgerichtig zu unserer ganzen Darstellung – als das letzte Grundlegende ausgesprochen: im Ontischen wie im Noëtischen. – Damit ist sie gleichzeitig die letzte, alles umfassende und durchformende Struktur. Sie umspannt im Innergeschöpflichen den Abgrund zwischen Sein und Nichts, der im Werden stetig offen liegt: *enti et non-enti aliquid secundum analogiam convenit, quia ipsum non-ens ens dicitur analogice* (Ver q 2 a 11 ad 5). Sie umspannt aber auch die noch größere Spanne zwischen dem göttlichen Ist, das allein als solches «wahres Sein» *(germanum Est)* ist, und dem geschöpflichen «ist», das im Vergleich zu Ihm *(secundum commensurationem)* wie als ein Nichts erscheint (*Deo comparata, invenitur quasi nihil* – Ver q 2 a 3 ad 18): indem Gott und Geschöpf weder gemeinsame Form noch gemeinsames Genus haben, ja indem Gott «außerhalb jedes Genus» (*extra omne genus:* S Th 1 q 4 a 3 ad 2) ist, besteht doch «Analogie des Seins» als Brücke: *secundum aliqualem analogiam, sicut ipsum esse est commune omnibus* (ebd corp). – Hierin aber gerade spricht sich die *analogia entis* als *analogia entis* aus: im Sinne der «je größeren Unähnlichkeit». Das «ist (gilt)» des Widespruchsatzes drückt sich nicht in der Identität mit sich selbst als «ist (gilt)» aus (was zum Identitätssatz führt, wie wir sahen). Es sagt auch nicht nur eine reine Faktizität, die sich gegen ein seinsnotwendiges Absolutes echt schiede. Es sagt vielmehr entscheidend das «nicht nicht ist (gilt)». Das besondere Unterscheidende des «ist (gilt)» im Widerspruchsatz ist damit die Form des «nicht»: daß das «ist (gilt)» durch das «nicht nicht» sich in seiner Schärfe ausdrückt. Damit ist gesagt, daß die Analogie in dem Sinn ihren Ort im «ist (gilt)» hat, daß dieses «ist (gilt)» ein analoges «ist (gilt)» ist: das «ist (gilt)» des Widerspruchsatzes ist Analogie. Und es ist Analogie in deren schärfstem Sinn: wie zwischen Sein (Gottes) und Nichts (der Kreatur). Thomas scheidet hier wie Augustinus die Kreatur, ontisch wie noëtisch, als (aus sich) «nicht» gegen das «Ist» Gottes. Indem das «ist (gilt)» vorliegt, weist es nicht nur über sich auf das göttliche Ist als seinen immerwährenden und innerlich bindenden Ursprung (*utpote ab eo effectus, et ei subjectus*: Ver q 23 a 7 ad 9), als Ursprung, der nicht nur «verschiedener Art» von ihm ist (*diversorum generum*: S Th 1 q 4 a 3 ad 2), sondern ausdrücklich «außerhalb alles Genus» *sicut id quod est extra omne genus*: ebd). Das Letzte und Entscheidende ist vielmehr, daß es sich als «Nichts» gegen das göttliche Ist abhebt und hierin die echte Beziehung zu Ihm hat: *enti et non-enti aliquid secundum analogiam convenit, quia ipsum non-ens ens dicitur analogice...: unde naturae distantia quae est inter creaturam et Deum, communitatem analogiae impedire non potest* (Ver q 2 a 11 ad 5). Die *communitas analogiae* ist also das «Nichts» zum «Schöpfer aus dem Nichts». Das ist *analogia entis* im Grundbegriff: das innergeschöpfliche «ist (gilt)» ist so sehr innerlich (im Wesen des «Werdens») ein «ist im nicht» (das augustinische *est non est*), daß es zwischen-gott-geschöpf-lich sich als «Nichts» zum «Schöpfer aus dem Nichts» verhält.

§ 7 Problembreite der analogia entis

1. *Analogia entis* ist eben in dem Maße entwickelt worden, wie sie sowohl im Widerspruchsatz sich grundlegt wie in dieser Grundlegung sich gegen (reine) Logik und Dialektik abgrenzt. Hierdurch haben wir einerseits gewiß (trotz und in aller geschichtlichen Reflexion) eine übergeschichtliche Sachproblematik gewonnen. Andererseits aber ist diese Sachproblematik doch mehr ein negatives Schema, weil und insoweit ihre bestimmende Grundlage, der Widerspruchsatz, eine «negativ reduktive Formalität» ist. Vom Ersten aus ist gewiß der nun folgenden Geschichts-Problematik der *analogia entis* in etwa *a priori* ihr Feld gesteckt: die Problem-Breite ist im sachlichen Wesen des Problems grundgelegt. Vom Zweiten aus aber gesehen dürfte das «negative Schema» durch die Breite der geschichtlichen Ausgestaltungen eine auffüllende Inhaltlichkeit gewinnen. Es wird darum wohl methodisch erfordert sein, jeweils vom sachlichen Wesen des Problems aus in die geschichtliche Problem-Breite vorzuspüren. Aber es wird ebenso notwendig sein, sich das Eigentümliche wahrhaft geschichtlicher Ausgestaltungen lebendig gegenwärtig zu halten: in denen nicht das sachliche Wesen des Problems sich in Teile aufteilt, sondern als Ganzes sich verschieden färbt und betont.

Die übergeschichtliche Sachproblematik hat anschaulich gemacht, wie in *analogia entis* schier alles sich auf die Spanne zwischen «*ana*» als «von oben her zum oben hin» *(ἄνω)* und als «in innerlicher Ordnung» *(ἀνά)* rückführt. So zeigt es sich in der innergeschöpflichen Analogie: in der Art, wie die Spanne zwischen δύναμις und ἐνέργεια zwar ein gleitendes Hin und Zurück zeigt (zwischen einer durch die Möglichkeit fruchtbar bedingten Verwirklichung und einer auf die Verwirklichung passiv angewiesenen Möglichkeit), prägt sie das neutral Korrelationale des ἀνά aus; – in der Art aber, wie sie die ἐνέργεια durch die ἐντελέχεια nicht nur unterstreicht, sondern mit dem Charakter eines «Zieles zu...» begabt, läßt sie im ἀνά das ἄνω bestimmend durchklingen, im Gegenseitigkeits-Verhältnis das sprengende Über-hinaus einer Seite. So zeigt es sich ebenso in der zwischen-gott-geschöpf-lichen Analogie: die «transzendierende Immanenz» (des Geschöpfes zu Gott) betont mehr das Zwischen einer Verhältnisbestimmung zwischen Geschöpf und Gott (weil Gott vom Geschöpf-problem aus erscheint) und ist so vom ἀνά getragen; – in der «immanierenden Transzendenz» (Gottes zum Geschöpf) hingegen erklingt vorzüglich das Oben und Von- und Gemäß-Oben der souveränen Bewegung Gottes, d. h. also das ἄνω. So geht es darum endlich auch in die zwischen beiden Analogien waltende Analogie ein, wie die Entwicklung über das Problem negativ-positiv-aktiver Potentialität, *analogia attributionis* und *proportionis*, *tanta similitudo* und *maior dissimilitudo*, zur formalen *analogia entis* es darbot: auf der einen Seite in diesen Spannen ein scheinbar schwebendes Gegenseitigkeits-Verhältnis, also das besondere *ἀνά;* – auf der andern Seite aber als letzter Sinn dieser dynamischen Schwebe immer wieder und immer wachsend das *Illum oportet crescere*, *me autem minui* (in der augustinischen Deutung), das Über-Hinaus-Gottes, also das ausgezeichnete ἄνω.

2. Im Hintergrund der Analogie-Problematik Platons steht das gleiche wie bei Aristoteles: die Kritik der Extreme des absoluten Wandels (Theaitetos 152 D – 183 B) und der absoluten Identität (Parmenides 137 C – 162 B), und hieraus die grundsätzliche Betonung des *μέσον* zwischen ihnen (Theaitetos 180 E). Diese «Mitte» wirkt sich dann auch durchaus in die hauptsächlichen Systemformeln Platons aus. – «Urbild und Abbild» *(παράδειγμα – εἰκών)* stehen zuletzt doch so zueinander, daß ein Zwischen gemeint ist: das Drin-Stehen der Urbilder in der (folgerichtig in sich selbst dynamisch aufgespannten) Natur *(εἴδη.... ὥσπερ παραδείγματα ἑστάναι ἐν τῇ φύσει* – Parmenides 132 D). – Indem die «Urbilder» *(εἴδη* als *παραδείγματα)* so Formen sind, die in den Stoff der Natur eingreifen, werden sie – in der zweiten Formel Platons – zu «Grenzen» gegenüber dem (chaotisch) «Unbegrenzten» *(πέρας–ἄπειρον)*. Die «Mitte» erhält damit eine Verstärkung.

Denn in ihr geschieht die Wirkung der «Grenzen» im «Unbegrenzbaren»: die Gestaltung einer «Natur im rhythmischen Maß» (*ἔμμετρον καὶ ἅμα σύμμετρον* – Philebos 26 AB). So wird man auch die zwei anderen Formeln Platons unter diese Rücksicht in etwa einbeziehen können, die an und für sich durch sie aufgesprengt zu werden scheint. – Die erste ist das schwer übersetzbare *ἐξαίφνης*, die «unerwartete Plötzlichkeit des Augenblicks», in der sich nicht nur Ruhe (*στάσις*) und Bewegung (*κίνησις*), sondern ebenso Sein (*εἶναι*) und Entstehen-Vergehen wie auch Eins und Vieles, Ähnliches und Unähnliches, Großes und Kleines, Gleiches und Entgegengesetztes binden (Parmenides 156 E – 157 B). Es ist gewiß das Zwischen (*μεταξύ*) eines Zusammenschießens und hierin das Paradox eines «über den Gegensätzen»: stehend und bewegt (*ἕστηκέ τε καὶ κινεῖται* – 156 E), weder seiend noch nicht seiend (*οὔτε ἔστι τότε οὔτε οὐκ ἔστι* – 157 A), weder Eins noch Vieles (*οὔτε ἕν ἐστιν οὔτε πολλά* – ebd), weder abscheidbar noch einbezogen (*οὔτε διακρίνεται οὔτε συγκρίνεται* – ebd). Aber es ist doch wesenhaft das übergegensätzliche Zwischen im Immanenten der Gegensätze und hierin ihre Bindung zu einer, wenngleich blitzartig, neutralisierten Mitte. – So kann auch durchaus die andere Systemformel Platons ergänzend hinzutreten: der an und für sich gradlinig nach Oben durchbrechende *ἔρως*. Gewiß ist der Eros der «Jäger», immer mehr durch alles hindurch (Sympos 203 B–D). Aber nicht minder ist er die in die Werde-Welt wirkende «Fruchtbarkeit» (*τῆς γεννήσεως καὶ τοῦ τόκου* – Sympos 206 E) und so sehr, daß dies Werdehafte gegen das «rein» des Absoluten akzentuiert ist (*ἔστι γὰρ οὐ τοῦ καλοῦ ὁ ἔρως ..., ἀλλὰ ... τῆς γεννήσεως καὶ τοῦ τόκου ἐν τῷ καλῷ* – ebd.) Es ist so sehr ein Zwischen (*μεταξὺ θνητοῦ καὶ ἀθανάτου* – ebd 202 E), daß eine innergeschöpfliche Ewigkeit entspringt (*ἀειγενές... καὶ ἀθάνατον ὡς θνητῷ* ebd 206 E), d.h. «ewige Wandlung» (ebd 207 D – 208 A).

Aber für diese Mitte ist die Art kennzeichnend, wie sie sich zwischen den Extremen (Heraklits und Parmenides') begründet: als ein «unbewußtes Zu-fallen» (*λελήθαμεν .... εἰς τὸ μέσον πεπτωκότες* – Theaitetos 180 E). – Das prägt sich in der ersten platonischen System-Formel (Urbild–Abbild) positiv aus: als das «unbewußte Zufallen» einer «Gnade von Oben». Denn so sehr die Urbilder «in der Natur stehen», so ist das Reale doch wesenhaft nicht nur «nach oben zu», sondern «von oben her»: im «soweit-als» seiner abbildlichen Spiegelung der Urbilder. Denn die *παραδείγματα* sind nicht «abstrakte Paradigmen», die in den *εἰκόνες* erst ihre «bildhaft konkrete Wirklichkeit» haben, sondern die *εἰκόνες* sind «Ikone», d. h. in ihrem Bildgehalt die Ausstrahlung des Über-Himmlischen: Bildlichkeit *(εἰκασθῆναι)* als Teilnahme *(μέθεξις* – Parmenides 132 D). – Für die Rhythmik *(μέτρον)* in der zweiten Platon-Formel (Grenzen–Ungrenzbares) aber darf man gewisse pythagoreische Hintergründe nicht vergessen: die innere Korrelation zwischen «Gegensätzen» und «Zahlen». Das *ἔμμετρον καὶ ἅμα σύμμετρον* «beruht» gewiß «auf» den Gegensätzen, aber «vollzieht» sich «in» den Zahlen-Urverhältnissen. Gegensätzlichkeit ist also «Materie», Zahl dagegen «Form». Zahl aber ist Auswirkung der Einheit, also «von oben», so sehr, daß das Rhythmische als solches das Göttliche ist (Nomoi IV 716 C – D) und das Geschöpfliche in seiner Rhythmik das «göttliche Spiel» *(θεοῦ τι παίγνιον* – Nomoi VII 803 C). – Das *εξαίφνης* als «unerwartete Plötzlichkeit des Augenblicks» (in der dritten Platon-Formel) verrät dasselbe noch stärker. Als «Zeitlosigkeit» *(ἐν χρόνῳ οὐδενὶ οὖσα* – Parmenides 156 E) ist es nicht so sehr der «Augenblick» Nietzsches: der «geniale Zusammenklang». Sondern es rückt zum mindesten «in die Nähe» des «Augenblicks» Kierkegaards: nicht Augenblick als das punktuell Grenzhafte des «ist» zwischen «war» und «wird» (und hierin als Schnittpunkt von Relationen durch deren Gewebe bestimmt), – sondern als «Einfall der Ewigkeit». – In diesem Licht treten dann auch endlich in der Eros-Formel (als der vierten platonischen) die besonderen Transzendenz-Züge heraus: nicht nur das «der Reihe nach hindurch durch alles Einzelkonkrete» *(θεώμενος ἐφεξῆς τε καὶ ὀρθῶς τὰ καλά* – Sympos 210 E ff) des «Jagens» zur «Schönheit an sich», sondern der «Zug» von dieser «Schönheit an sich», her, der dieses «Jagen» allererst aufruft.

Das Entscheidende für die besondere platonische Analogie liegt aber nicht nur in diesem «Hindurchklingen» eines irgendwie «vorausliegenden» ἄνω durch das ἀνά, sondern in seinem näheren Wie. – Einerseits erscheint das Göttliche (in der Urbild-Abbild-Formel) als das Ur-Schöpferische «in» den Urbildern; da die Beziehung zu den Urbildern Beziehung zu Ihm ist (*παραπλήσια ἑαυτῷ* – Timaios 29 E; *ὅμοιον .. τῷ παντελεῖ ζώῳ* – ebd 31 B). Andererseits aber gibt sich Sein Wirken als «Blicken auf» die (vorausliegenden) Urbilder (*κατὰ ταὐτὰ βλέπων* – ebd 28 A; *γεννετῷ παραδείγματι προσχρώμενος* – ebd 28 B). Es ist das schwankende Geheimnis des Eutryphon-Dialogs: geht das Es eines idealen «an sich» auf das Er eines «lebendigen Gottes» (*παντελεῖ ζώῳ* – Timaios 31 B) zurück oder untersteht dieses Er (als «Faktizität») dem Es (als «Idealität»): *ἆρα τὸ ὅσιον ὅτι ὅσιόν ἐστιν, φιλεῖται ὑπὸ τῶν θεῶν, ἢ ὅτι φιλεῖται, ὅσιόν ἐστιν;* – Einerseits (in Korrelation zu den drei andern, in besonderem Sinn dynamisch-rhythmischen Platon-Formeln) ist das Göttliche das «All-Metron» (*ὁ δὴ θεὸς ἡμῖν πάντων χρημάτων μέτρον* – Nomoi IV 716 C–D) und hierin «dem rhythmisch Bewegten Freund» (*μετρίῳ φίλον* ebd), insofern es «Ausgang, Mitte und Ende» aller Dinge umfaßt (*ἀρχήν τε καὶ τελευτὴν καὶ μέσα τῶν ὄντων ἔχων* – ebd 716 A). Andererseits aber steht es im rhythmischen Sich-Durchdringen der Gegensätze als «einende Ursache» (*αἰτία ξυμμίξεως*) polar zu einer «scheidenden Ursache» (*αἰτία διακρίσεως* – Philebos 23 D, 30 C D), und sein souveräner Innen-Rhythmus «Anfang, Mitte und Ende in Eins» verrät sich als Korrelation zum Sinn des Wissens, Anfang und Ende des «Gesetzten» (also ihre Mitte bildenden) zu erfassen (Politeia VII 533 C D) und so die Kreatürlichkeit des Menschen aufzuheben, der darum «zum Nichts wankt», weil er «Anfang zu Ende nicht knüpfen kann» (*τὴν ἀρχὴν τῷ τέλει προσάψαι* – Alkmaion, Diels 130 B 2).

Der eigentliche Akzent der platonischen Analogie liegt darum wohl im «unsterblichen Kampf», bei dem «Götter und Dämonen» «Mitkämpfer» sind, aber die Geschöpfe zugleich deren «Besitz» (*μάχη δή φαμεν ἀθάνατός ἐστιν ... · ξύμμαχοι δὲ ἡμῶν θεοί τε ἅμα καὶ δαίμονες, ἡμεῖς δ' αὖ κτήματα θεῶν καὶ δαιμόνων* – Nomoi X 906 A). Das Geschöpfliche bewegt sich, zwischen den Extremen einer Geschlossenheit in sich selbst (*αὐτὸν ... στρέφειν ἑαυτὸν ἀεί* –

Politikos 269 E) und einer Alleinbewegtheit durch Gott *(ὅλον ἀεὶ ὑπὸ θεοῦ στρέφεσθαι* ebd), in einer Wandlung zwischen unmittelbarem Geführtsein durch Gott *(ὁ θεὸς ξυμποδηγεῖ πορευόμενον καὶ συγκυκλεῖ* – ebd 269 C) und rückschnellendem Gott-entgleiten *(τότε δὲ ἀνῆκεν [ὁ θεός] ..., τὸ δὲ πάλιν αὐτόματον εἰς τἀναντία περιάγεται* – ebd 269 C), – ohne daß aber hierfür ein doppelter (guter und böser) Weltgrund die Ursache wäre *(δύο τινὲ θεώ* – ebd 269 E).

Wir sehen hieran einerseits, wie wohl das gesamte formale Sachgewebe der *analogia entis* den geheimen Grund bildet: eine Mitte zwischen Pantheismus und Theopanismus, die nicht Dialektik ist. Andererseits aber ist doch klar, wie dieser geheime Grund eben nur «geheim» ist, d. h. überwebt in das Motiv des «unsterblichen Kampfes»: die Unsterblichkeit ist nicht eigentlich Gott, sondern der Kampf. Es wird deutlich, wie für das Platonische das Origenistische der letzte und schärfste Ausdruck ist, in der Form, die Thomas von Aquin zeichnet: die Überspannung des *ad diversa posse* der Freiheit (*de malo* q 16 a 5 corp): es kann nichts «Endgültiges» geben, weil es zur Freiheit gehört, immer wieder des Gegenteils fähig zu sein, auch und gerade im Gegensatz-Paar Gut–Bös. Es ist gewiß Kampfes-Freiheit, d. h. eine solche, die die Gegensätze nicht nivelliert, sondern in das eine «emporstrebt» und dem andern «verfällt», und dies mit dem Sinn-Ziel möglichen «Sieges». Aber es bleibt dabei Kampfes-Freiheit (im obigen Origenes-Sinn), d. h. die Betonung eines bleibenden «wogenden Zwischen», das folgerichtig den «Sieg» nur zu einem Grenzbegriff hat, und überdies zu einem, der rückwirkend qualifiziert, indem er dem Zwischen den Charakter Kampf verleiht. Denn Kampf ist Kampf im Hinblick auf möglichen Sieg.

Aber dieser Kampf hat noch eine andere Färbung, die vom Hintergrund der vier Platon-Formeln (von oben) deutlich wird. Die Formel Urbild-Abbild enthüllt sich im Lichte der Formel Grenzen-Ungrenzbares im Eigentlichen als Formel künstlerischen Geschehens: die «künstlerische Idee» *(παράδειγμα)*, die «bildhaft, Fleisch und Blut» wird, doch immer «unvollkommen» *(εἰκών)*, indem der «flutende Stoff» *(ἄπειρον)* in Formen «eingegrenzt» wird *(πέρας)*. Die Eros-Formel akzentuiert dann das künstlerische

Geschehen als «Empfängnis und Geburt» *(τοῦ τόκου ἐν τῷ καλῷ)*, während das ἐξαίφνης der Augenblick-Formel das intuitive, zeitlose «Aufblitzen» solchen Vorgangs bezeichnet. Der «unsterbliche Kampf» trägt damit die Note «künstlerischen Ringens». Ja, man könnte sagen, daß er gerade erst durch diese Note «unsterblich» ist. Denn für das künstlerische Geschehen ist es allzu kennzeichnend, daß im Werden das Glück seines Rausches liegt, während das Gewordene, auch falls es nicht «enttäuscht» oder wenigstens «abfällt», immer den Charakter des «erledigt» an sich hat. Die alte Formel der «idealen Exemplarität» (für das Eigentümliche Platons) ist darum nur insofern einseitig, als sie damit der platonischen Analogie nur die Frage des So zuerkennt: die *causa exemplaris*. Denn in der Eros-Formel steht durchaus die Frage des Da: das «Schaffen und Gebären» als wahre *causa efficiens*. Und die Augenblick-Formel *(ἐξαίφνης)* zeigt das Gegenteil einer «statischen Beziehung des So», da sie das «eben noch» eines «ist» im steten Wirbel besagt. – Aber als unterscheidende Nuance eines Ganzen ist die alte Formel richtig. Das «Künstlerische» (so sehr es Schauen und Schaffen in eins ist: *causa exemplaris* und *causa efficiens*) besagt gegenüber dem «Praktisch-Profanen» eine «Distanz von der Idee aus» und eine «Tendenz zur unmittelbaren Realsetzung der Idee». Hierin spricht sich einmal die Richtung der platonischen Analogie auf eine «vorwiegende Exemplarität» aus: daß sie eigentlich nicht «durch» das Reale, sondern «von» ihm «weg» ins Ideale zielt. Dann aber liegt hierin ihr Sich-Entsprechen zwischen «Distanz» *(χωρισμός)* und «unsterblichem Kampf» *(μάχη ἀθάνατος)*, da das «Künstlerische» gegen das «Praktisch-Profane» sich «abscheidet» und es doch zu «bewältigen» sucht.

Die platonische Analogie wird so, auf der einen Seite, die Grundlage des Gleichnisses, darin Thomas von Aquin das Verhältnis zwischen Gott und Geschöpf mit Vorliebe begreift: Künstler *(artifex)*, künstlerische Idee *(idea artificis)*, Kunstwerk *(artificiatum)*. Aber, auf der anderen Seite, bleibt es nur Grundlage, weil es nicht (was zum Gleichnis gehört) durch sich hindurch über sich hinaus spricht. Denn das «Künstlerische» ist bei Platon eben in den «unsterblichen Kampf» gewendet. Es ist Analogie, in der das ἄνω nur als «Stachel» im ἀνα steckt. Darum mündet sie nicht in das Geheimnis Gottes, sondern in das Geheimnis des Zwischen von Gott und Geschöpf.

3. Das Besondere der Analogie bei Aristoteles liegt bereits darin, daß, während der Ausdruck Analogie bei Platon nur peripher sich findet (weil Analogie von vornherein in der Weise von Urbild-Abbild sich darstellt), Aristoteles von vornherein die Analogie dem zentral Formalen einordnet: Gleichheit in der Zahl (dasselbe Individuum), in der Art *(κατ' εἶδος)*, im Genus, in der «Analogie» (Met IV 6, 1016 B 32 – 1017 A 3). Weiter gehört hierhin die Art, wie er im Platonischen nur unverbundene Gegensätze sieht, für die ein verbindendes Drittes zu suchen wäre (Met XI 10, 1075 A 28–31); – wie er dasselbe Platonische kritisiert, nur Form- und Material-Ursache *(εἶδος — ὕλη)* zu haben, die ohne Wirk- und Zweck-Ursache der Bewegung ermangeln (Met I 6 988 A 9–15); – wie aber für ihn in Wirklichkeit die «Mitte» *(μέσον)* die eigentliche «Ursache» ist *(τὸ γὰρ μέσον αἴτιον* – Anal hyst II 12, 95 A 11–13), in der nicht nur im allgemeinen alle Fragen sich binden (Met I a 994 A 1–994 B 31), sondern die folgerichtig den Koordinaten-Schnittpunkt der «vier Ursachen» bildet

ἀρχή κινήσεως —εἶδος | ὕλη— τέλος

(Met II 2, 996 B 23). Das Abschließende ist dann einerseits sein Kampf gegen Platon für die innere Geschlossenheit der Welt des sinnenhaft Einzelnen (Met I 6, 987 A 32–987 B 1), da nicht «Teilnahme», sondern «Einwohnung» *(ἐνυπάρχοντα* und *καθ' ὑποκείμενον* – Met I 9, 991 A 14; ebd VI 6, 1031 A 18), ja geradezu «(Real-) Selbigkeit» Idee und Realität einigt *(αὐτὸ ἄρα ζῷον ἓν ἕκαστον ἔσται τῶν ἐν τοῖς ζῴοις* – Met VI 14, 1039 B 13); – andererseits dann doch das innere «rhythmische Schwingen» in dieser scheinbar zum Äußersten statisch gewordenen Welt, da das *μέσον* das *ἀνάλογον* ist (Eth Nik V 7, 1131 B 11), also doch eine Mitte zwischen Positionen schwingt, die keine Gleichheit nach Zahl, Art oder Genus haben (Met IV 6, 1016 B 32–1017 A 3). –

Der Satz „*τὸ γὰρ ἀνάλογον μέσον*" (in dem wir das Formal-Zentrale des Aristotelischen erblicken dürfen) besagt demnach einmal eine Bestimmung des *ἀνάλογον* zum *μέσον* hin, d. h. von jenem «über alles Bestimmbare hinaus Schwingenden» (weil es auch noch über ein gemeinsames Genus hinaus liegt) zu jener «Ausgemessenheit» hin, die das *μέσον* in seiner Zuspitzung gegen Platon bezeichnet. In der Art, wie bei Aristoteles die Problematik des *ἀνάλογον* sich von der zwischen *ἕν* und *πολλά* her entfaltet (indem diese sich weiter spannt zu der zwischen *ταὐτό-ὅμοιον-ἴσον* und *ἕτερον-ἀνόμοιον-ἄνισον* Met IX 3, 1054 A 29), bezeichnet hier das *ἀνάλογον* nicht eigentlich die letzte Spanne zwischen beiden Reihen (als «Beziehung des Anders-seins», als das *πρός* zwischen *ἄλλο* und *ἄλλο* – Met IV 6, 1016 B 35), sondern vielmehr die äußerste Stelle des Sichdurchsetzens des Eins ins Vielhafte. Die Region des Eins (als Region von Selbigkeit–Ähnlichkeit–Gleichheit) ist hierin zugleich Region des Formalen (weil «ein und derselben» Qualität). Die Region der Vielheit dagegen (als Region von Andersheit–Unähnlichkeit–Ungleichheit) akzentuiert das Materiale «vieler» Qualitäten. In diesem Sinn ergeht hier die Bestimmung des *ἀνάλογον:* als positive «Gleichung» *(ἰσότης ... λόγων* – Eth Nik V 6, 1131 A 31) und darum sich entfaltend von konkretem Vergleich zwischen Konkreta *(ἀ. γεωμετρική* – ebd V 7, 1131 B 13) zur abstrakten Proportion von Zahlenverhältnissen *(ἀ. ἀριθμητική* – ebd 1132 A 30), und vom schwingenden Verhältnis zwischen differenten Lebendigkeiten *(ἐν ... ἀνομοιοειδέσι .. τὸ ἀνάλογον ... σώζει τὴν φιλίαν* – ebd IX 1, 1163 B 32f) zum quantitativen Maß, das an Stelle der Qualitäts-Unterschiede tritt (im *νόμισμα* der «Münze» – ebd V 8, 1133 A 18f.). Hierin wird das *ἀνάλογον* in der Tat jenes *μέσον,* das, um möglichst fest zusammenzubinden, die Qualitäts-Fülle zum äußersten quantifiziert.

Das ist der Geist, in dem das aristotelische Wahr (nach einer seiner Seiten) in die Syllogistik sich konzentriert, und alle Formen dieser als Ausfolgerungen einer einzigen, der «ersten Figur» erscheinen (Anal prot I 1, 24 A 26–28; I 23, 41 B 3–5): das Wahr insofern im *μέσον* (Eth Nik II 5, 1106 B 5–8), als dieses das angebbar geschlossene In-Sein (aller Gegensätze ineinander) bezeichnet

(Anal prot I 4, 25 B 32–34). – Das ist ebenso der Geist, in dem das aristotelische Gut (in der Tugendlehre) auf ein möglichst formalisiertes *μέσον* zielt: das Bös als «vielfältig ins Unendliche» (*πολλαχῶς* und *τοῦ ἀπείρου* – Eth Nik II 5, 1106 B 28–30), das Gut als «einförmig begrenzte Mitte» (*τοῦ πεπερασμένου* und *μοναχῶς* ebd 30, 31). – Das ist darum auch endlich der Geist, in dem das aristotelische Schön sich in seinem «Haupt-Wesen» (*μέγιστα εἴδη*) auf «Ordnung, Symmetrie und Grenze» (*τάξις καὶ σύμμετρον καὶ τὸ ὡρισμένον*) reduziert, und dies ausdrücklich im Sinn formaler Mathematik (*ἃ μάλιστα δεικνύουσιν αἱ μαθηματικαὶ ἐπιστῆμαι* – Met XII 3, 1078 A 36 B 2). – In dieser Form steht das Voll-Noëtische (Wahr-Gut-Schön) in eins mit dem Ontischen, da hier, wie wir eben sahen, das Verhältnis von «Einwohnung» und «(Real) Selbigkeit» (zwischen den Gegensätzen) gilt und darum alle «Unbestimmtheit» des «ins Unendliche» aufgehoben ist: was zur Mitte zielt (*ἐπὶ τὸ μέσον*) und was von ihr ausgeht (*ἀπὸ τοῦ μέσου*), ist eben dadurch unmöglich «ins Unendliche» (*ἄπειρον* Coel I 6, 273 A 7–8). Es ist vielmehr wesenhaft das gefaßte und befaßte und erfaßte «in». War die Analogie in ihrem stärksten Schwebecharakter das «zu» zwischen Andersheiten «als» Andersheiten (weil nicht einmal das «in» eines gemeinsamen Genus besteht), so gerät sie hier, weil und insoweit zum «reinen» *μέσον* hin orientiert, in ein «in», das die Andersheiten fest ineinandersetzt (*καλῶ δὲ μέσον μὲν, ὃ καὶ αὐτὸ ἐν ἄλλῳ, καὶ ἄλλο ἐν τούτῳ ἐστίν* – Anal prot I 4, 25 B 35–36). –

Weil die Analogie aber auch so ihren Charakter einer «Beziehung des Andersseins» nicht verliert, so wird der Gegen-Sinn des Satzes „*τὸ γὰρ ἀνάλογον μέσον*" offenbar: als Bestimmung des *μέσον* zum *ἀνάλογον* hin, also der «umgrenzten und umgrenzenden Ausgemessenheit» zum «Schwingenden, über alles Bestimmbare hinaus». Das zeigt sich sogleich in der vollen Art, wie das *μέσον* in den Transzendentalien waltet. – Gewiß steht die Syllogistik im Herzen des aristotelischen Wahr. Aber mitten in ihrer schärfsten Mathematik erscheint sie doch als Spannungsspiel von *δέσις* und *λύσις*, das darauf ruht, daß man die ganze Breite der gegensätzlichen Positionen lebendig in sich aufgenommen habe (*τὸν ὥσπερ ἀντιδίκων καὶ ἀμφισβητούντων λόγων ἀκηκοότα πάντων* – Met II 1, 995 A 27–B 4). Folgerichtig dazu ist die «syllogistische Sphäre» nach beiden Seiten hin von einem «ins Unendliche» umlagert. Das eine, das zu ihr hinführt, ist das der *ἐπαγωγή*, des «Aufgangs» aus der Fülle der konkreten Erfahrung *(ἐμπειρία)* (Met I 1, 980 A 22–981 A 7): aus der «weisen Erfahrungsfülle» (*πιθανώτερον καὶ σαφέστερον* – Top I 12, 105 A 16) in die «zwingende Kraft gegenüber Widersachern» *(βιαστικώτερον καὶ πρὸς τοὺς ἀντιλογικοὺς ἐνεργέστερον* – ebd 18). Das andere «ins Unendliche» liegt über die syllogistische Sphäre hinaus: als die «Wachheit» des «einfachen Schauens» (*θεωρεῖν* als *ἐγρήγορσις* gegenüber *ἐπιστήμη* als *ὕπνος* – An II 1, 412 A 9–10, 25–26), als die Sphäre des «Geistes schlechthin» *(νοῦς)*, der jenes Erste und Letzte erfaßt, das aller Beweiskunst entgeht (Anal hyst I 33, 88 B 36–37; Eth Nik VI 6, 1141 A 7; ebd VI 12, 1143 A 36), das «reife Auge» über alle Beweise hinaus (*ὄμμα τῶν ἐμπείρων καὶ πρεσβυτέρων* – ebd VI 12, 1143 B 11–14). So kommt es dazu, daß das im *μέσον* ausmeßbare Wahr in seinen Voraussetzungen *(ἀρχαί)* einer Ausmeßbarkeit nicht fähig ist, da aller «Beweis» auf Unbeweisbarem aufruht *(ἀνάγκη τὴν ἀποδεικτικὴν ἐπιστήμην ἐξ ἀληθῶν τ' εἶναι καὶ πρώτων καὶ ἀμέσων* – Anal hyst I 2, 71 B 20ff). Diese Voraussetzungen sind dazu jeder Wissenschaft eigenständig besonders *(ἴδια ἑκάστης ἐπιστήμης)* und haben nur «analoge» Gemeinsamkeit *(κοινὰ δὲ κατ' ἀναλογίαν* – Anal hyst I 10, 76 A 38–39), so daß also die «Festigkeit» des *μέσον* auf der «Unsicherheit» der *ἀρχαί* ruht *(χαλεπὸν δ' ἐστὶ τὸ γνῶναι εἰ οἶδεν ἢ μή* – ebd I 9, 76 A 26ff). Das heißt also: das *μέσον* des Wahr trägt unter und über sich das schärfste «über hinaus» des *ἀνάλογον*.

Im aristotelischen Gut liegt dasselbe schon darin, daß das Gut als solches «Streben» *(ἐφίεσθαι)*, «Ziel» *(τέλος)* und «Verwirklichung» *(ἐνέργεια)* akzentuiert (Eth Nik I 1, 1094 A 3–6; I 5, 1097 A 20–33), und dies im Sinne des «in sich ruhenden Aktes»: des *ἔργον τοῦ ἀνθρώπου* (ebd I 6, 1097 B 24f); der *ζωή* als *ψυχῆς ἐνέργεια* (ebd 1098 A 13); der *πρᾶξις* der *ἀγωνιζόμενοι* (ebd I 8, 1099 A 3–5). Dieser «energetische Dynamismus», für den die Objekte fast als Grenzbegriff erscheinen könnten, hat dann seinen scharfen

Ausdruck im *μέσον* selber. Die Tugend-Analysen zeigen bereits, wie es nur selten gelingt, eine klare Logik des Beziehungsfeldes zwischen Mitte und Extremen *(ἄκρα)* zu gewinnen, da in allzuvielen Fällen nicht nur die *ἄκρα* nur mit einer Negation bezeichnet werden können, sondern selbst noch das *μέσον* unbenennbar *(ἀνώνυμον)* bleibt, so daß eine Bestimmung nur vom ganz allgemeinen Gegenstandsfeld der betreffenden Tugend her möglich wird (z. B. IV 12, 1127 A 12ff) oder das *μέσον* gar nur als «Gefühl für den Augenblick» erscheint (wie bei der *πραότης: ἐν γὰρ τοῖς καθ' ἕκαστα καὶ τῇ αἰσθήσει ἡ κρίσις* – IV 11, 1126 B 3–4). Für das *μέσον* wird so die Tugend der «geschmeidigen Gelenkigkeit» *(ἐπιδεξιότης* und *εὐτραπελία)* des «frei graziösen Menschen mit dem Gesetz im Taktgefühl» *(χαρίεις καὶ ἐλεύθερος...., οἷον νόμος ὢν ἑαυτῷ* – IV 14, 1128 A 31–32) kennzeichnend: als «geistige Beweglichkeit» *(ὥσπερ δὲ τὰ σώματα ἐκ τῶν κινήσεων κρίνεται, οὕτω καὶ τὰ ἤθη* – ebd 1127 B 11–12). Ja, das *μέσον* stellt sich grundsätzlich für die Tugend-überhaupt als «Kunst des guten Treffens mit gespanntem Bogen» *(στοχαστική* – II 5, 1106 B 28) dar: nicht nur mit «Abgründen» (des Fehlgehens) rechts und links *(μεσότης δὲ δύο κακιῶν* – II 6, 1107 A 2), nicht nur mit dem «doppeldeutigen Schillern der Mitte selber» (die von rechts her als Links erscheint und von links her als Rechts: II 8, 1108 B 17–32), sondern geradezu mit der Notwendigkeit, durch «wechselndes Abweichen nach rechts und links» die Mitte zu treffen *(εἰς τοὐναντίον δ' ἑαυτοὺς ἀφέλκειν* und *ἀποκλίνειν ὅτε μὲν ἐπὶ τὴν ὑπερβολὴν ὁτὲ δ' ἐπὶ τὴν ἔλλειψιν* – II 9, 1109 B 4–5, 24–25). So ist es kein Wunder, daß das *μέσον* schließlich ins ausgesprochen Platonische zu münden beginnt: in die Sphäre des *ἔρως*. Das «Logische» wandelt sich zum «Heroischen» hin, dem der Abgrund des «Tierischen» gegenübersteht (VII 1, 1145 A 23ff). Die «Ausgeglichenheit» des *μέσον* enthüllt sich zu einem «steil-auf zum Höchsten» *(ἀκρότης* – VII 6, 1107 A 6–8), so daß «Mitte» «Höhe» heißt *(τὸ μέσον εἶναι πως ἄκρον* 1107 A 23). So schwindet schließlich auch die «rationelle Kühle» in den «liebe-getragenen Schwung» der *ἡδονή* (X 4, 1174 B 31–33, 1175 A 15–21), der *εὐδαιμονία* (X 6–9) und der ausdrücklichen *φιλία* (VIII 2, 1155 B 18–21). Es wird geradezu die Entrückung in die Gott-Nähe (*θεοφιλέστατος* – X 9, 1079 A 30).

In diese selbe Art «selig entrückter Unsicherheit» nuanciert sich dann noch endlich das aristotelische Schön, indem die «mathematische Proportion» nicht minder als «Umschlag durch Nacht und Licht» (*περιπέτεια* als *εἰς τὸ ἐναντίον … μεταβολή* – Poet 11, 1452 A 22–23) erscheint.

Das Ontische, das diesem Voll-Noëtischen (Wahr-Schön-Gut) entspricht, gibt sich dann in der Art, wie Aristoteles, trotz aller (Real-)Selbigkeit des Ideativen mit dem Einzel-Realen, «Definition» (*ὁρισμός*) und «Beweis» (*ἀπόδειξις*) sich allein auf das Ideativ-Allgemeine (das *αὐτὸ καθ' αὑτό*) beziehen läßt, weil es sich um das «Notwendige» handelt (Met VI 15, 1039 B 27–31). (Real-)Selbigkeit als schärfstes Symbol einer Welt, die zu ihrer inneren Mitte hin ausgemessen ist, trägt also trotz allem den alten platonischen «Spannungs-Riß» (*χωρισμός*) in sich: Notwendigkeit (des Ideativ-Allgemeinen) und Zufälligkeit (des Real-Faktischen).

So geschieht hier in der Tat das Umgekehrte von oben: das ausgemessene beruhigt gesättigte «in» des *μέσον* (*αὐτὸ ἐν ἄλλῳ καὶ ἄλλο ἐν τούτῳ*) springt auf in das «im Unermeßlichen hangende» «zu» des zugespitzten *ἄνω* des *ἀνάλογον*: ins Zwischen des «von sich weg» (*ὡς ἄλλο πρὸς ἄλλο* als *ἄλλο πρὸς*) und «doch nicht im andern» (*ὡς ἄλλο πρὸς ἄλλο* als *πρὸς ἄλλο*). –

Formalistisch gesehen könnte dieses Verhältnis zwischen betontem *ἀνά* (eines zum *μέσον* hin orientierten *ἀνάλογον*) und betontem *ἄνω* (eines zum *ἀνάλογον* hin orientierten *μέσον*) als Wiederkehr des Platonischen erscheinen, zumal der *ἀθάνατος μάχη* Platons das *ἀγωνίζεσθαι* bei Aristoteles (Eth Nik I 8, 1099 A 5) entspräche. Aber schon, wenn wir die Imponderabilien des aristotelischen Verhältnisses prüfen, wird der Unterschied deutlich. Im Platonischen gab sich, wie wir sahen, das *ἄνω* als «Stachel» des *ἀνά*. Im Aristotelischen aber ist es doch so, daß das *μέσον* den angestrengten Versuch bedeutet, des grenzlos Auseinanderfließenden «Herr» zu werden, daß aber unterhalb und oberhalb dieses «Herrwerdens» die Grenzlosigkeiten aufbrechen. So entspricht es ja auch dem ganz allgemeinen Eindruck der aristotelischen Schriften: die angespannte

Energie des genauen «Festlegens» (gegenüber «platonischer Poesie»), – aber zu einer letzten Hilflosigkeit des grenzlosen Verschwimmens ins Unendliche. Es ist ein immer neues bewegtes «Aufspalten» und «Abspalten», zu immer neu bewegtem «Ablaufen». Es wird geradezu zur formalen Selbstzwecklichkeit der «Bewegung an sich». So tritt folgerichtig der platonischen *ἀθάνατος μάχη* die *ἀΐδιος κίνησις* (Phys VIII 1, 252 A 3) als *κυκλοφορία τέλειος* (Coel II 1, 284 A 7) und *ἄπειρον* (Phys VIII 8, 261 B 27) gegenüber: «ewige Bewegung in sich selbst ins Unendliche». Es ist Bewegung, die nicht mit «Kampf», sondern mit «Umschwung» gleichsinnig ist *(κίνησις καὶ μεταβολή)*. Diese nicht kennen heißt für Aristoteles die Natur überhaupt nicht kennen *(ἀναγκαῖον γὰρ ἀγνοουμένης αὐτῆς ἀγνοεῖσθαι καὶ τὴν φύσιν* – Phys III 1, 200 B 14f.), da die Kategorien des Seins Kategorien der Umschwung-Bewegung sind *(κινήσεως καὶ μεταβολῆς ἐστὶν εἴδη τοσαῦτα ὅσα τοῦ ὄντος* – ebd 201 A 8). Darum reduziert sich auch das aristotelische Wahr zuletzt auf das «Denken, daß wir denken» *(νοοῖμεν ὅτι νοοῦμεν* – Eth Nik IX 9, 1170 A 32) und darum in das «Denken des Denkens» *(νοήσεως νόησις* – Met IX 9, 1074 B 34–35). Darum ist das aristotelische Gut die «Autarkie» (Eth Nik I 5, 1097 B 14ff) des «seelischen Aktes in sich selbst» *(ψυχῆς ἐνέργεια … κατ᾽ ἀρετήν* – ebd I 6, 1098 A 16; im Sinne von *μὴ ἄλλο τι ἔργον παρὰ τὴν ἐνέργειαν* (Met VIII 8, 1050 A 34–35). Darum endlich fordert das aristotelische Schön das In-Sich-Eins von Anfang, Mitte und Ende im «reinen Geschehen» *(μίαν πρᾶξιν ὅλην καὶ τελείαν, ἔχουσαν ἀρχὴν καὶ μέσον καὶ τέλος.* – Poet 23, 1459 A 19–20).

Diese «Bewegung» steht einmal formal in der eigentlichen «Analogie» zwischen Möglichkeit *(δύναμις)* und Verwirklichung *(ἐνέργεια)* (Met VIII 6, 1048 A 37, B 6–10). Diese (in ihrer aristotelischen Besonderheit) gibt sich in drei Formen. In der ersten liegt der Ton auf einer «geballten Möglichkeit», die zur Entladung gespannt» ist: *δυνατόν* gegenüber *στατικόν* als *ἔχον κινήσεως ἀρχὴν ἢ μεταβολῆς* (Met IV 12, 1019 A 34). Die «Analogie» in der «Bewegung» ist hier offenbar «schöpferisch von unten nach vorwärts». In der zweiten Form liegt alles in einem Zwischen von Möglichkeit und Verwirklichung, das keines von beiden ist *(οὔτ᾽*

εἰς δύναμιν ... οὔτ' εἰς ἐνέργειαν ἔστι θεῖναι αὐτήν – Met X 9, 1066 A 18–19). Dieses Zwischen kennzeichnet sich genauer als «nicht vollendete Verwirklichung» *(ἐνέργεια ... ἀτελής* – Phys III 2, 201 B 31–32), die von «vorwärts» her «nicht vollendetes In-Sich-Zielen» *(ἐντελέχεια κινητοῦ ἀτελής* – ebd VIII 5, 257 B 8) ist, von «rückwärts» her aber ein «scheinbar Grenzloses *(ἀόριστόν τι δοκεῖ.* – Met X 9, 1066 A 14) weil «unvollendet Mögliches» *(ἀτελὲς τὸ δυνατόν, οὗ ἐστὶν ἡ ἐνέργεια* – Phys III 2, 201 B 32–33). Die dritte Form endlich bezeichnet den «Antrieb von außen», weil so sehr alles Mögliche durch ein bereits Wirkliches verwirklicht wird *(ἀεὶ γὰρ ἐκ τοῦ δυνάμει ὄντος γίγνεται τὸ ἐνεργείᾳ ὂν ὑπὸ ἐνεργείᾳ ὄντος* – Met VIII 8, 1049 B 24–25), daß aller Bewegung zuletzt nicht eine «ewige Möglichkeit (die sich ins Unendliche entfaltet)» zugrundeliegt, sondern ein «Ewig-Wirkliches (das Möglichkeiten verwirklicht)» *(ἔστι δ' οὐθὲν δυνάμει ἀΐδιον* – ebd 1050 B 7–8).

Dann entspricht aber diesem dreiförmig Formalen der Bewegung durchaus innerlich das Materiale: das ungeklärte Hin und Her der metaphysischen Weltstruktur. – Das erste Formale (die «zur Entladung drängende Möglichkeit») wirkt sich in die metaphysische Formel der «ewigen Bewegung» aus, zu der hin die «Beweger» «dienstbar» sind *(εἴπερ ἀνάγκη ἀεὶ κίνησιν εἶναι* – Phys VIII 5, 257 B 25; vgl ebenso 6, 258 B 10–259 A 9), indem sie eine solche Ordnung untereinander bilden *(ὥσπερ στράτευμα* – Met XI 10, 1075 A 13), die dieses «Gesamt-Göttliche» ermöglicht: die *κυκλοφορία τέλειος* als das *ἀθάνατόν τι καὶ θεῖον*, das die religiöse Tradition meint (Coel II 1, 284 A 3f.). Der «kosmische Umlauf» *(κυκλοφορία τέλειος)* hat dann folgerichtig sein Kraftzentrum im «geistigen Umlauf» *(νοήσεως νόησις* – Met IX 9, 1074 B 34), weil hier sein Prinzip am geballtesten ist: aus sich selbst, in sich selbst, zu sich selbst. – Für das zweite Formale (das von rückwärts wie vorwärts bedingte «Zwischen») bietet sich als zugehörige metaphysische Formel die Schnittpunktsmitte des «Jetzt» *(νῦν)* an. «Ewige Zeit» besteht kraft dessen, daß das Jetzt eine solche Mitte ist, in der nicht nur Anfang und Ende jeweils «zugleich» sind *(μεσότης τις, καὶ ἀρχὴν καὶ τελευτὴν ἔχον ἅμα, ἀρχὴν μὲν τοῦ ἐσο-*

μένου χρόνου, τελευτὴν δὲ τοῦ παρελθόντος – Phys VIII 1, 251 B 20 bis 22), sondern auch im Zugleich sich scheiden (Phys IV 13, 222 A 10–20). So ist es als dasselbe Jetzt Einung und Scheidung *(ταὐτὸ καὶ κατὰ ταὐτὸ ἡ διαίρεσις καὶ ἡ ἕνωσις* – ebd 19–20). – Das dritte Formale endlich (der «Antrieb von außen)» weist in jene metaphysische Formel, die Aristoteles dem Platonischen entgegensetzt: die Übergegensätzlichkeit eines «Ersten» über dem durch das Spiel der Gegensätze bedingten «Umlauf in sich selbst», der vielmehr erst durch dieses Erste «in Gang gesetzt werden kann», da seine immanenten Gegensätze sich das Gleichgewicht halten *(οὐ γάρ ἐστιν ἐναντίον τῷ πρώτῳ οὐθέν*– Met XI 10, 1075 B 11–1076 A 4). –

Dieses Bild hat seinen letzten zugespitzten Ausdruck in der Problematik des Begriffes, der am meisten das Aristotelische gegen das Platonische abscheidet: im *καθόλου*. Die lateinische Aristoteles-Übersetzung gibt es mit *universale* wieder, aber in einer solchen Neutralität des Wortklanges, daß es als Wort selber die Allgemeinheit des Problems bezeichnet, das dem Aristotelischen und Platonischen vorausliegt. *Universale* als *universale in re* sagt *καθόλου, universale* als *universale trans rem* sagt *εἶδος*. Für Aristoteles aber sagt *καθόλου*, daß *εἶδος* überflüssig sei (Anal hyst I 11, 77 A 5–10). *Καθόλου* enthält zwei Momente in sich: das «an sich» *(καθ' αὑτά)* und das «in allem» *(κατὰ παντός): ὃ ἂν κατὰ παντός τε ὑπάρχῃ καὶ καθ' αὑτό* (Anal hyst I 4, 73 B 26–27). Als «in allem» gehört es in die Problematik zwischen Ganz und Teil und hat darum als «dem Ganzen nach» *(καθ' ὅλον)* das «dem Teil nach» *(κατὰ μέρος)* zum Gegenbegriff: *τὸ δὲ καθόλου ὅλον τί ἐστιν · πολλὰ γὰρ περιλαμβάνει ὡς μέρη τὸ καθόλου* (Phys I 1, 184 A 25–26). Insofern indes *πᾶν* und *ὅλον* als «all» und «ganz» sich scheiden, und *καθόλου* als *κατὰ παντός* zum *πᾶν*, als *καθ' ὅλον* aber zum *ὅλον* gehört (vgl Met IV 26, 1024 A 2ff), insofern weiter das *καθόλου* «Notwendigkeit» *(ἐξ ἀνάγκης* – Anal hyst I 4, 73 A 28) und «Ewigkeit» *(ἀΐδιον* – ebd I 8, 75 B 22) einbegreift – hierin wird die Spannung bereits deutlich: zwischen «all», das zu Summation» hinüberklingt, von «Gemeinsamkeit» *(κοινόν* – z. B. Phys III 1, 200 B 24–25) zu «in den meisten Fällen *(ἐπὶ πλειόνων* – z. B. Hermen 7, 17 A 39), also in die

Richtung des «Faktischen» – und «ganz», das auf «wesenhaft» abgestimmt ist und darum «Notwendigkeit» einbeschließt *(ἐξ ἀνάγκης* – Anal hyst I 4, 72 B 28). Diese Spannung ist vollends offenbar durch das «an sich» *(καθ' αὑτά)* als zweiten Bestandteil des *καθόλου*. Denn dieses erscheint nun geradezu platonisch: als «Selbigkeit in sich selbst als es selbst» *(ᾗ αὐτὸ ταὐτόν* – Anal hyst I 4, 72 B 29). Das «jeweils Jegliche» *(καθ' ἕκαστον)*, das hier der besondere Gegen-Begriff ist, kann darum schwer anders gefaßt werden denn als das «jeweilig das Jegliche sein» dieser «Selbigkeit in sich selbst» selber: als «Jeglichung» des «An sich» selber *(ὡς ἕκαστον ἕν* bzw. *ἓν ἅπαντα εἶναι ὡς ἕκαστον* – Met IV 26, 1023 B 28, 31). Aber auch das ist noch mehrdeutig. Denn diese «Jeglichung» (im *καθ' ἕκαστον)* trägt einmal den vorwaltenden Akzent eines «sich selbst in Besitz halten» des *καθόλου* in dieser seiner «Jeglichung» (weil es «selbig» «an sich» bleibt: *καθ' αὑτά* als *ᾗ αὐτὸ ταὐτόν)*. Dann aber erscheint es ebenso als «In-Besitz-Nahme eines Neutral-Allgemeinen in eigenständigen Sonder-Besitz»: insofern das *καθ' ἕκαστον* auch *ἴδιον* heißt (Phys III 1, 200 B 24). Die «Jeglichung» gibt sich darum einerseits als Abgleiten von Notwendigkeit zu rein praktischer Vorhandenheit zu Zufall: weil das *καθ' ἕκαστον* als solches zum *συμβεβηκός* gehört (da es das «gerade jetzt» des «Falles ist: Anal hyst I 8, 75 B 21–30; I 31, 87 B 30), das *συμβεβηκός* aber die *τύχη* zur Ursache hat (Met X 8, 1065 A 30). Andererseits aber ist sie ebenso die Verwirklichung eines nur Möglichen: weil *καθόλου* und *καθ' ἕκαστον* sich wie *δύναμις* zu *ἐνέργεια* verhalten, so sehr, daß nur das *καθ' ἕκαστον*, nicht das *καθόλου*, bestehendes Sein *(οὐσία)* ist (Met XII 10, 1087 A 1–15).

Indem also in diesem Problem des *καθόλου* die aristotelische «Bewegung» ihr Kernstück hat (weil es sich um die innerste Bewegung des Seins als solchen handelt: die Bewegung, in der es als Sein geschieht) – hierin kennzeichnet sie sich auch am schärfsten als das Rätselhafte des «Umschwunges in sich selbst». Denn einmal zeigt sich eine Gegensatz-Spanne ganz in der Art des platonischen Risses *(χωρισμός)*: *λόγος* als Sphäre des *καθόλου* (weil *ἀεί)*, *τύχη παράλογος* als solche des *καθ' ἕκαστον* (weil *κατὰ συμβεβηκός)* (Phys II 4, 196 A 9–19). Die Ur-Bewegung der Jeglichung ist damit geradezu Widerspruch-Spanne zwischen Sinn und Sinn-los. Dann aber wieder werden beide Sphären in eine Sphäre «notwendigen Seins» gebunden: es gibt nicht den platonischen Gegensatz zwischen der ideativen Unvergänglichkeit (weil Notwendigkeit) der *εἴδη* und der Vergänglichkeit des faktisch konkreten Seins (Met IX 10, 1059 A 10–11), sondern Notwendigkeit ist ein Abstraktum, das sich seins-konkret in unvergänglich-notwendigem und vergänglich-notwendigem Sein darstellt *(τῶν ... ἐξ ἀνάγκης ὑπαρχόντων ἄμφω* – ebd 8). Die seins-konkrete Einheit beider ist dann der ewige Bewegungs-Umschwung selber, dem das unvergänglich notwendige Sein (als «unbewegter Beweger») dienstbar ist (wie wir oben bereits sahen: S. 156). Das Besondere dieser Weise der Jeglichung ist also geradezu das (real) Selbig-Sein der platonischen Gegensatzpole: Notwendigkeit und Vergänglichkeit. Mithin stellt sich die Jeglichung als eine «Widerspruch-Spanne im Selbig-Sein» dar: «identischer Widerspruch» und «widersprüchige Identität».

Der besondere Akzent, der hierin liegt, wird noch durch eine Bestimmung verdeutlicht, die dem aristotelischen Begriffs-Gewebe unterscheidend eigentümlich ist. Der «Bewegungs-Umschwung» in seinem jäh umschlagenden Rhythmus der «Widerspruch-Selbigkeit» betont gewiß das «Zwischen»: *(μεταξύ)* als einen ausgezeichneten Ausdruck: innerlich zugehörig zu «Umschwung» *(εἰς ὅσα μεταβάλλειν ἀνάγκη πρότερον τὸ μεταβάλλον* – Met IX 7, 1057 A 21–22) und «Gegensatz» *(πάντα γε τὰ μεταξύ ἐστιν ἀντικειμένων τινῶν* – ebd 30–31). Aber getreu seinem platonischen Ursprung (Politeia V 477 A ff) ist es in dieser Form eine rhythmische Ausgewogenheit, und als solche mit der Schärfe von «Widerspruch» nicht vereinbar *(ἀντιφάσεως μὲν οὐκ ἔστι μεταξύ* – Met IX 7, 1057 A 34). Das besondere Zwischen, das Platon nicht kennt und das Aristoteles ausdrücklich seinem *καθόλου* zuordnet, ist vielmehr das *κολοβόν*: das «Verstümmelte», ist «Torso». Es ist «Teil» und «Ganz» zugleich: *μεριστόν τε... καὶ ὅλον* (Met IV 27, 1024 A 12). Während der platonische Rhythmus im schwingenden Zwischen sich kennzeichnet, öffnet sich im aristotelischen Rhythmus als Zwischen das «Verstümmelte» des «Torso» als immer neuer Rest des jähen Bewegungs-Umschwunges.

Für dieses «Verstümmelte» ist dann endlich noch ein kleiner Zug bezeichnend. Der besondere ingrimmig kritische Iktus aristotelischer Polemik liegt auf der *αἰτία* als *κινοῦν* und als *τέλος*: im Sinne der «realen Ursache» und des «realen Zweckes», also der «nüchtern-naturwissenschaftlichen Erklärung» und des «nüchtern-praktischen Nutzens» gegenüber platonischer «Mystik und Ästhetik». Aber dann gerät gerade dieses Aristotelische im Gipfel seiner positiven Darlegung in das «Mystischste» und «Ästhetischste» des Platonischen – in den Eros: der Zug und Trieb der Liebe als letztes Wesen der «Bewegung» (*κινεῖ δὲ ὡς ἐρώμενον* – Met XI 7, 1072 B 3); – «reale Ursache» und «realer Zweck» in der «Selbstzwecklichkeit des Schönen» (*τὸ καλὸν καὶ τὸ δι᾽αὑτὸ αἱρετόν* – ebd 1072 A 34).

Aristotelische Analogie (in ihrer unterscheidenden Besonderheit) ist also nicht nur das oben (S. 154ff) umzeichnete paradoxe Eins des Rätsels der «Bewegung»: einmal «von sich aus nach vorwärts ins Unendliche», dann «in sich hinein gebunden zu einer Scheidungs-Mitte», ebenso aber «gesetzt und getrieben von einem Außen her». Sondern, indem sich das im Problem des *καθόλου* zu der Form der «Widerspruch-Selbigkeit» zuspitzt, wird das «Verstümmelte» und der «*Eros des Schönen wider Willen*» ein besonderes Kennzeichen. Es ist das Kennzeichen für das große Rätsel des Aristotelischen: ausgebauteste formale Gottes-Lehre – und der «Ewige Bewegungs-Umschwung» als das material Göttliche. Die Folge solcher Zwängung Gottes ins immanent Geschöpfliche ist dann: «Widerspruch-Selbigkeit», das «Verstümmelte» und der «Auftrieb wider Willen». So bezeichnet aristotelische Analogie in der Tat, was wir bereits anfangs sahen: ein *ἀνά* *schärfster Ausgemessenheit* eines in sich geschlossenen Bewegungs-Kreislaufes, der aber nicht nur immer wieder ins Ungrenzbare auseinanderbricht und dies in seiner Mitte selber, weil sie Scheidungs-Mitte ist, sondern bei dem in einer Widerspruch-Selbigkeits-Mitte das «Verstümmelte» des «Torso» steht, aber *so*, *daß* eben hierin, wenn auch noch so *wider Willen*, *das* *ἄνω* *aufspringt*. Das Geheimnis Gottes offenbart sich im Geheimnis der auseinanderfallenden Geschöpflichkeit.

4. Der platonischen wie aristotelischen Analogie ist also zunächst eine gewisse letzte Vorordnung des ἀνά gemeinsam: im Platonischen als das Zwischen des Künstlerischen im «unsterblichen Kampf», im Aristotelischen als das wider Willen zuletzt über sich weisende «Torso», das «Verstümmelte» des «ewigen Bewegungs-Umschwunges in sich selbst». Die Tendenz beider geht auf eine möglichste Immanenz des Geschöpflichen. Bei Platon verklärt sie sich: ins Ideale eines «Kampfes», der Unsterblichkeitszüge trägt. Bei Aristoteles demaskiert sie sich: ins Reale des schließlichen «Torso», des Endlichkeits-Antlitzes des «ewigen Bewegungs-Umschwunges». Es sind die beiden Grundformen einer Immanenz-Metaphysik: des «Progresses ins Unendliche» des Idealismus und der «geschlossenen Endlichkeit» des Realismus, wie sie vorab in der neuzeitlichen Philosophie sich miteinander verschlingen. In der ersten Form scheint das ἄνω das ἀνα so sehr zu sprengen, daß das Geheimnis Gottes als Sinnziel des Geschöpflichen offenbar werden müßte. Aber es wird nicht Sprengung, sondern Ausdehnung in sich selbst: progressive Analogie des Innergeschöpflichen (in einen heroischen Idealismus). Denn die *tanta similitudo* zwischen Gott und dem Geschöpf überwindet sich nicht in die *maior dissimilitudo*, sondern formt sie um zum «formalen Stachel» der Dehnungsweite der eigenen Geschlossenheit. In der zweiten Form wird mit der «reinen Endlichkeit» bis zum Begriff des «Torso» Ernst gemacht, so daß sinngemäß das klarste Über-sich-hinaus-Weisen zu erwarten wäre. Aber es wird nicht positives Über-sich-Hinaus, sondern gesteigerte Geschlossenheit der Endlichkeit bis zum passiven «Zeugnis im Auseinanderfallen»: regressive Analogie des Innergeschöpflichen (in seinen tragischen Realismus). Die *tanta similitudo* erscheint einerseits ausgelöscht in eine ausschließliche *maior dissimilitudo* (der betonten Endlichkeit). Aber indem es «geschlossene» Endlichkeit sein will, wird die *tanta similitudo* die Absolutform einer negativ nach unten gewendeten *maior dissimilitudo*: nicht in das größere Geheimnis Gottes hinein über sich, sondern in das Explosions-Paradox der «Absolutheit der Relativität», der «Unendlichkeit der Endlichkeit», der «Göttlich-

keit der Geschöpflichkeit» – um das ἄνω in der Explosion zu verraten.

Es ist aber dann noch ein anderes in diesen beiden Analogie-Formen zu beobachten, das in die bisherige Kennzeichnung nicht aufgeht. Schon in dieser Kennzeichnung selber schwingen Akzente und Nuancen, die in die Neutralität eines sogenannten «strengen Begriffes» sich nicht lösen lassen. Die (platonische) progressive Analogie erscheint insofern als Ausdruck eines «heroischen Idealismus», weil die platonische (objektive) *μέθεξις* und (subjektive) *ὁμοίωσις* den Abgrund-Riß des *χωρισμός* zu überwinden hat, der vor dem seligen «andern Ufer» liegt. Die (aristotelische) regressive Analogie aber trägt darum das Stigma eines «tragischen Realismus», weil sie ursprünglich auf das harmonische Ideal einer lückenlosen, gesicherten Geschlossenheit zielt und so als Nüchternheit eines «gescheiterten Idealismus» in der Tiefe sich verrät. Das «im Angesicht des Todes» (im platonischen Idealismus) und «ernüchternd gescheitert» (im aristotelischen Realismus) verglichen mit der Absolut-Tendenz in beiden läßt sich nicht einfach damit erklären, daß beide Formen schließlich Kreuzungs-Formen mit wechselndem Akzent sind: Realismus —→ Idealismus (Platon), Idealismus —→ Realismus (Aristoteles). Es verrät sich vielmehr in ihnen eine «verzweifelnde Sehnsucht» nach dem Göttlichen: ein verschieden akzentuierter «Taumel» zwischen trunkenem gott-eins und trotzigem gott-fern: Tantalus und Prometheus.

Damit aber ist erstens offenbar, wie eng in der Analogie Theologie und Philosophie sich binden (folgerichtig zu § 4). Denn in den eben umzeichneten Momenten spricht das Theologumenon von Erbsünde und Erlösung. Zweitens ist damit die tiefste Weise bezeichnet, in der in Augustinus und Thomas Platon und Aristoteles «christlich» sind: als *una verissimae philosophiae disciplina*, nach Augustins Wort (c Acad III 19; 42). Es ist eine gewisse Anwendung des Verhältnisses zwischen Altem und Neuem Bund (im Geiste Klemens' von Alexandrien): *vetus in novo patet, novum in vetere latet.* Einerseits gibt sich Augustinus als «christlicher Platon» und Thomas als «christlicher Aristoteles»: da die jeweiligen philosophischen Grundmotive übernommen scheinen. Andererseits aber ist Augustinus mit Betonung «christlicher Platon» und Thomas «christlicher Aristoteles»: da in ihnen erst das beiderseitige tiefere Paradox der Grundmotive sich löst. Der Analogie-Begriff in Augustinus und Thomas wird darum zunächst in einer betonten Weise des «Christlichen» sich abheben, um dann aber die Analogie-Begriffe Platons und Aristoteles' in sich zur Lösung zu bringen. Hierin haben wir die grundlegende Verwirklichung des *non destruit*, *supponit*, *perficit* als Verhältnisses zwischen Theologie und Philosophie [§ 4 (5) (6)]: im formalsten Begriff der *analogia entis*.

5. Die Analogie bei Augustinus ist durch die Art bezeichnet, in der einerseits die Gegensätze *sensibilia-intelligibilia*, *exterius-interius*, *temporale-aeternum* sich zueinander verhalten, andererseits in ihnen die Seele *(animus)* oder der Geist *(mens)* sich zu der Wahrheit-Gutheit-Schönheit verhält, die Gott ist. Während bei Platon die Seele so gut wie der Ort der Gegensätze *sensibilia-intelligibilia* usw. ist, bei Aristoteles dagegen diese Gegensätze sich zuletzt in das Akthafte der Seele *(νοήσεως νόησις)* rückführen, zeigt sich das Bild bei Augustinus mehr-dimensional. Nicht nur in dem eben berührten Sinn: daß die Seele selbst, in der die Gegensätze *sensibilia-intelligibilia* usw. sich schneiden, selber noch über sich hinaus (in betontem unaufhörlichem Suchen zu Gott hin) gespannt ist. Sondern man muß beobachten, wie die Seele in ihrem «zu Gott hin» ein «von weg» der Bewegung betätigt (das «hinaus» aus den *sensibilia*, *externa*, *temporalia*), während ihr «von Gott her» sich mit Vorliebe in ein geklärtes «zu hin» ausdrückt («zu hin» zu den *sensibilia* usw. als dem unterscheidend Menschgemäßen). Das ἀνα eines Mitte-Verhältnisses (der Seele in den Gegensätzen) wird also nicht nur durch ein ἄνω (der Seele zu Gott hin) durchschnitten, sondern dieses ἄνω selber trägt in sich die Spannung zwischen einem Hinauf («zu Gott hin»), das das ἀνα nach oben hin in seiner Geschlossenheit aufhebt, und einem Hinab («von Gott her»), das es von oben her als «(dem Geschöpf) gemäß» betont. Und so sehr ist dieses ἄνω (in seiner

Spannung) die bestimmende Form, daß die Frage nach innerer Zuordnung und nach einem Einheitsprinzip solcher Zuordnung *(quid sit unum)* geradezu die Frage nach Seele und Gott konkret ist: *cuius duplex quaestio est: una de anima, altera de Deo* (de ordine II 18; 47). «Ordnung» (als Inbegriff des ἀνά) ist nicht nur in sich «zu Gott» (*ordo est quem si tenuerimus in vita, perducet ad Deum* – ebd I 9; 27), sondern die «Frage um Gott und Seele» ist Inbegriff der «Ordnung» (*hic est ordo studiorum sapientiae, per quem fit quisque idoneus ad intelligendum ordinem rerum* – ebd II 18; 47) – so sehr, daß das Schärfste des ἀνά, die zahlenmäßige Ausgewogenheit (*aequalitatem illam... in sensibilius numeris* – de musica IV 12, 34) den Ort seiner «Einheitlichkeit» (*incommutabilem veritatem numerorum – de liber arb* II 11, 30) in Gott hat (ebd II 16; 44). Folgerichtig ist es «Ordnung» in kraft eines äußersten «über jenseits»: Wissen der Ordnung ist schärfstes Wissen (weil «umgreifend im Prinzip»), aber Gott, in dem dieses Ordnungs-Wissen gründet, wird nur gewußt, indem Er «nicht gewußt» wird (*cuius nulla scientia est in anima, nisi scire quomodo eum nesciat* – de ordine II 18; 47). –

So ist das erste Eigentümliche der augustinischen Analogie die betonte Bewegtheit ihres Hin und Rück. – So sehr von den *sensibilia* zu den *intelligibilia* hin das sehnsüchtige «zum rein Geistigen!» gilt (*penitus esse ista sensibilia fugienda* – Solil I 14; 24), so geht doch ebenso der Zug des «Menschgemäßen» zum Sinnenhaften hin (*facilius et quasi familiarius visibilia quam intelligibilia pertractamus* – de Trin XI 1, 1), so daß das Geistige «angepaßter» (*accomodatius* – ebd) im Sinnenhaften erschaut wird. So sehr der Weg zur Wahrheit der Weg nach Innen ist (*noli foras ire, in teipsum redi: in interiore homine habitat veritas* – de vera relig. 39, 72) bis zum «sich selbst gegenwärtig» *(sibi praesens)* als unwidersprechlichstem Wurzelpunkt der «Wahrheit» (de Trin X 3; 5–8; 11), so ist doch dieses «nach Innen» andererseits ein Negatives und Reflexives, der «Rückzug auf das Unumstößliche», während die positive und direktive Bewegung zum «Außen» der *sensus corporis* und des *testimonium aliorum* zielt (de Trin XV 12; 21). So sehr (im Theoretischen der *sapientia* wie im Praktischen des *otium sanctum*) der Primat des *aeternum* gilt (also das gesteigerte «hindurch zum Unmittelbaren»), so schlingt sich doch wieder das *temporale* sowohl der *scientia* wie des *negotium iustum* positiv ein: wie rechte und linke Hand sich verschlingen (in dem Bild, das Augustinus für das Praktische der Frage gebraucht: vgl de Trin XII 2;2–3;3 7;12 13;21 14; 22–15; 25 mit in Ps 120; 8–9 143; 18 de Civ Dei XIX 19).

Ebenso ist es mit dem Verhältnis zwischen Seele und Gott. Gewiß scheint sich alles auf das Innen des Geistes zu konzentrieren, auf das *secretarium tuum* des *intus in te* (in Jo tract 23; 10). Nicht nur blitzt die «Wahrheit» entscheidend im *sibi praesens* (de Trin X 3; 5–8; 11) auf, nicht nur gibt sich die «Weisheit» geradezu als *modus animi…, quo sese animus librat* (de beata vita 4; 33), nicht nur erscheint Gott als der «über alles Sein und Mögliche hinaus» grundlegend im formalen «je über hinaus» der Bewegung des Geistes (*cogitatur ut aliquid quo nihil melius atque sublimius illa cogitatio conetur attingere* – de doctr christ I 7), sondern das verhüllteste Geheimnis Gottes, Seine Dreipersönlichkeit, wird «gleichnishaft anschaulich» (*ex rerum notarum similitudine vel comparatione* – de Trin VIII 5; 8) allein in *memoria sui, intellectus sui, voluntas sui* als der persönlichen Dreigestalt des Einen zu sich selbst bezogenen Geistes (de Trin X 11; 18 in kurzer Formel). Aber gerade dieses *intus in te* ist schärfstens nur «Schritt zu…» als «über hinaus», ja «vom Boden weggehoben zu…» (*quasi gradu facto inde surgat atque attollatur* – Retract I 8; 3), nicht nur als «nicht in sich verbleiben» (*cum redieris ad te, noli remanere in te* – serm 330; 3), nicht nur als «sich übersteigen» (*transcende et te* – serm 153 7; 9), nicht nur als «nur im Rückblick sich sehen» bis zum «sich vergessen» (de liber arb III 25; 76), sondern als «geistiges Leben nicht nach dem Geiste» (*non secundum ipsam [mentem et rationem] debet vivere* – Retract I 1; 2) bis zum «sich von sich wegtun» (*tolle te… a te* – serm 169 9; 11). Darum wird die «Wahrheit» so sehr der innere Sinn, zu dem Seele und Geist bezogen sind, daß Seele und Geist nicht nur das wachsende sich-verschauende Hinein in sie besagen (in der Abfolge ihrer Funktionen: *animatio, sensus, ars, virtus, tranquillitas*, *ingressio*, *contemplatio* – de quant anim 35; 79), sondern daß sie aus einer empirischen Faktizität geradezu zum Jetzt-Hier der ideativen Wahrheit entwerden (*intuemus inviolabilem veritatem*, *ex qua perfecte quantum possumus*, *definiamus*, *non qualis sit uniuscuiusque hominis mens*, *sed qualis esse sempiternis rationibus debeat.* – de Trin IX 6; 10). Darum gibt sich Gott grundlegend im Rhythmus des «je über hinaus» der geistigen Seele (de Trin XV 4; 6), um immer mehr diesen Rhythmus zu übersteigen, da alles Greifen nach Ihm wachsende Erfahrung Seiner Un-begreifbarkeit ist (*quam sit incomprehensibile...*, *invenire* – de Trin XV 2; 2), ein «Greifen» der Un-be-greifbarkeit (*incomprehensibile comprehendit esse quod quaerit* – ebd), weil alles «Er-griffene» eben dadurch nicht Gott ist (*hoc... non est*, *si comprehendisti*: *si autem hoc est*, *non comprehendisti* – serm 52 6; 16). So ist auch endlich die *imago Trinitatis* des Geistes nicht nur durch eine «Unähnlichkeit über alle Erklärung hinaus» (*quanta sit... dissimilitudo*, *quis potest explicare?* – de Trin XV 7; 12) durchschnitten, sondern sie ist *imago* nur in dem Maße, als *memoria sui*, *intellectus sui*, *voluntas sui* nicht *sui*, sondern *Dei* sind (ebd XIV 12; 15), in dem Maße als sie «Spiegel im Rätsel» sind, d. h. «durch den hindurch» gesehen wird («*per*» *speculum* – ebd XV 23; 44–24; 44), aber so, daß man den Spiegel eigentlich nur kennt, nicht Ihn (*in te enim quod est*, *potes nosse*: *in eo qui te fecit quod est*, *quidquid est*, *quando potes nosse?* – serm 52 10; 23). Es ist schließlich negativ so, daß das Geheimnis des Geistes (in seiner Dreigestalt) schon im Voraus das Verstummen vor dem größeren Geheimnis Gottes wirkt: *ne ineffabilis quidem dicendus est Deus*, *quia et hoc cum dicitur*, *aliquid dicitur* (de doctr christ I 6). Es ist positiv so, daß die *imago Trinitatis* die Überantwortung der Immanenz des Geistes in die Unendlichkeit der Unbegreiflichkeit besagt: *meminerim Tui*, *intelligam Te*, *diligam Te* (de Trin XV 28; 51). –

Diese betonte Bewegtheit erscheint also geradezu als das dynamische Zwischen (platonischer) progressiver und (aristotelischer) regressiver Analogie. Aber das Eigentümliche ist, daß ihr Ausklang doch nicht das aristotelische «Torso» (*κολοβόν*) ist. – Der

Ausklang ist zunächst ein «Rhythmus des Vergehenden». Gewiß ist das Geschöpfliche ein «abstürzender Gießbach» (*torrens... colligitur, redundat, perstrepit, currit et currendo decurrit* – in Ps 109; 20), ja sogar nur «war» und «wird», nie «ist» (*antequam sint non sunt, et cum sunt fugiunt, et cum fugerint non erunt* – de liber arb III 7; 21). Aber gerade das «Vergehen» ist das Erklingen des «Ganzen»: wie ein gesprochenes Kunstwerk daran hängt, daß der einzelne Vers, die einzelne Silbe, der einzelne Buchstabe «vorübergeht» (de vera relig 22; 42–43). Und gerade die Gegensätzlichkeit, in der die Dinge sich bekämpfen (bis zum gegenseitigen Sich-Auslöschen) flicht sie zur Einheit: *contrariorum oppositione saeculi pulchritudo componitur* (de Civ Dei XI 18). Das «Fließen mit dem Fließenden» ist darum die einzig gemäße Haltung (*fateor me ex eorum numero esse conari, qui proficiendo scribunt et scribendo proficiunt* – ep 143; 2), bis hinein in das wachsende «Verrinnen» (*si intelligentia tibi placet..., intellige quid non intelligas* – de natura et origine animae IV 11; 15): – Das letztlich Durchklärte dieses «Rhythmus des Vergehenden» aber hat darin seinen Grund, daß er tiefer Erscheinung des Geheimnisses Gottes ist: Gottes, der seine Ganzheit tragend durchwirkt (*Deus sub quo totum est, in quo totum est, cum quo totum est* – Solil I 1; 4); – Gottes, der sein «Nichts» hierdurch zu einem «ist» fügt (*Deus per quem omnia, quae per se non essent, tendunt esse. Deus qui non id quidem quod se invicem perimit, perire permittis* – ebd I 1; 2); – Gottes, der selbst den ärgsten Riß der Widersprüche, Gut und Bös, durch Sich überwindet (*Deus per quem universitas etiam cum sinistra parte perfecta est. Deus a quo dissonantia usque in extremum nulla est, cum deteriora melioribus concinunt... Deus in quo sunt omnia, cui tamen universae creaturae nec turpitudo turpis est, nec malitia nocet, nec error errat* –ebd); – Gottes, der darum in sich selbst zuletzt die Geheimnisse eint: das Vergehende in Sich enthaltend (*non enim haberent vias transeundi, nisi contineres ea* – Conf I 6; 10) und darum «über allem» als «innerst in allem» (*interior omni re, quia in ipso sunt omnia, et exterior omni re, quia ipse est super omnia* – de Gen ad litt VIII 26; 48), und darum in der Einheit von «allem voraus» und «durch alles hindurch» (*antiquior ... omnibus, quia ipse est ante omnia, et novior omnibus, quia idem ipse post omnia* – ebd). Der Grund-Gegensatz-Wandel der Kreatur zwischen Wurzel *(ante omnia)* und Blüte und Frucht *(post omnia)*, zwischen Alter *(antiquior)* und Jugend *(novior)*, ja sogar der Wandlungs-Rhythmus zwischen «darüberstehen» *(exterior ..., super omnia)* und «mitten drin» *(interior ..., in ipso ... omnia)* öffnet sich in dem Augenblick in das Geheimnis Gottes, als er vom «Positiv» seiner Gegensatz-Pole (*antiquum* usw.) in das «ins Unendliche» des «Komparativs» *(aniqui-or)* übergeht. Das Kreatürlichste der Kreatur (darin ihre «Analogie» zu Gott schärfster Widerstreit zu Gott scheint: Gegensatz-in-sich zu Einheit, Nein zu Ja, Nichts zu Ist) – das gerade ist der Ort des tiefsten Enthülltseins Gottes (also einer «Analogie zu Gott» nicht nur als «Exemplarität», sondern fast als «Offenbarung»). –

Damit spüren wir das Letzte und Entscheidende der augustinischen Analogie: ihr Theologumenon. Das gilt zunächst formal-methodisch: der Standpunkt, der hier eingenommen ist, ist der formal theologische: von Gott zum Geschöpf. Gewiß mußten wir ein Ähnliches auch bei Platon und Aristoteles zuletzt feststellen. Aber dort gab es sich eher als «unbewußter Hintergrund» oder gar als «wider Willen». Hier ist es aber «Licht, das alles durchdringt». Infolgedessen ist auch das Material-Theologische hier ausgesprochene Form: die Theologie von Übernatur, Erbsünde und Erlösung. – Wie sehr die Theologie der Übernatur *(consortium naturae divinae)* Grundform ist, zeigt sich daran, daß die besonderste Weise der augustinischen Analogie die Lehre von der *imago Trinitatis* ist. Das *consortium naturae divinae* besagt eine solche «Kindschaft Gottes», daß wir «Kinder des Vaters», «in der Form des Sohnes», den «Heiligen Geist im Herzen» sind. Die *imago Trinitatis* aber zeigt diese Formweise in der Formweise des geistigen Lebens. – Noch stärker fast wird diese Durchdringung dann bei der konkreten Theologie der Übernatur: Erbsünde und Erlösung. Das ist schon in den letzten Akzenten des Bisherigen spürbar: auf der einen Seite eine Spannweite und Dynamik der Analogie bis zum Zerreißen und Zerstieben, auf der andern Seite aber dies in einer wahren «Ruhe jenseits», die einer «ästhetischen Distanz» verdächtig sein könnte, wenn man nicht das «Brennen» spürte. Kreatur ist geradezu als solche «Wandlungs-Unbestand» (sogar: *quando ab omni languore sanabitur, mutabitur* – de Trin XV 23; 43) – und gerade doch die «Wandelbarkeit an sich» (*mutabilitas... rerum mutabilium* – Conf XII 6; 6) «ist irgendwie» (*utcumque erat* – ebd). Im Formalen dieser Akzente wirkt sich bereits das Besondere der augustinischen Theologie von Erbsünde und Erlösung aus. Es ist einmal eine Theologie der von der Erlösung her gesichteten Erbsünde (und hierin schon unverträglich mit der reformatorischen «Distanz des untilgbaren Erbsünders»). Die Schärfe der Erbsünde erscheint darum fast «übersteigert», weil die größere Barmherzigkeit der Erlösung so in ihrem überwältigenden Triumph sich offenbart. Die Analogie zwischen Gott und Geschöpf gibt sich darum geradezu (in der Erbsünde) als Widerspruch des Mensch-Lüge zu Gott-Wahrheit (*quaere quid sit hominis proprium, mendacium invenies... Veritas enim e Deo est, mendacium abs te* – serm 32; 10), weil die in der Offenbarung des Vaters im Logos überflutende Gott-Wahrheit gerade dadurch den Gegensatz grell beleuchtet. Umgekehrt ist es dann aber ebenso eine Theologie der Erlösung in den ganzen Realismus der erbsündigen Welt hinein (die vollends die reformatorische Distanz aufhebt, weil sie die unverkürzte Welt in Christus einbezieht). Das begründet sich im Logos selber, da alle Gegensätze des kreatürlichen Nebeneinander und Nacheinander in ihm von ewig «Ein Leben» sind: *ubi principaliter atque incommutabiliter sunt omnia simul: non solum quae nunc sunt..., verum etiam quae fuerunt et futura sunt. Ibi autem nec fuerunt nec futura sunt, sed tantummodo sunt: et omnia vita sunt et omnia unum sunt, et magis unum est et una vita est* (de Trin IV 1, 3). Das hat seine innerweltliche Wirklichkeit im Corpus Christi mysticum: da der menschgewordene Gott nicht nur einmal, sondern immer wieder neu den Kreuzweg des Rätsels und der Bosheit der Welt geht, während die Welt eben in diesem Immer-neu-Gekreuzigtwerden Gottes der Herrlichkeit Gottes teilhaft wird (*corpus coniunctum est capiti suo... et corpus in capite suo est... Et nos ibi sedemus, et ipse hic laborat.* – in Ps 55; 3); – da folgerichtig die Welt in dem Maße an der Herrlichkeit Gottes teilnimmt, als sie dem gekreuzigten Gott mit-gekreuzigt ist (*deformitas Christi te format... Hanc viam teneamus, et ad speciem perveniemus* – serm 27 6; 6).

Das schärfste Kennwort des Augustinischen ist darum: Nacht. Alle Weisen der Erhellung münden da hinein: Selbsterkenntnis und gegenseitiges Sich-Verstehen (in Ps 100; 12) und Erfahrung des Lebens (in Ps 76; 4) und Führung von oben (ep 140 2; 3–11; 28). Aber es ist die volle Doppeldeutigkeit der Nacht: als Vernachten des Tages und Aufdämmern des Tages: zwischen Abend und Morgen. Es ist deutlicher: die Osternacht. Die Nacht vom Karfreitag her: das Versunkensein in den Widersinn eines durch Seine Schöpfung getöteten Gottes. Die Nacht zum Ostermorgen hin: das Entrücktsein in den Über-Sinn einer durch die Tötung Gottes in Gott hinein erlösten Schöpfung. Es ist darum die « wache Nacht» (*vigilat... ista nocte et mundus inimicus et mundus reconciliatus* – serm 219). Wachheit negativ: als schärfstes Bewußtsein der aufgerissenen Abgründe. Wachheit positiv: als Nacht, die schon Tag ist. Es ist Nacht, in der das Abgründige des Geschöpfes (*quid est profundius hoc abysso?* – in Ps 41; 13) und das Grundlose Gottes (*ut inventus quaeratur, immensus est* – in Jo tract 63; 1) unergründlich eins sind. Nacht bezeichnet damit, daß die augustinische Analogie nach unten und nach oben durchbricht: nach unten in eine Abgründigkeit des Geschöpflichen, die über eine « je größere Unähnlichkeit » hinaus schon beinahe « Widerspruch » sagt; nach oben in eine Unermeßlichkeit der Unbegreiflichkeit Gottes, in die das Geschöpf entrückt wird, daß es, auch über die « so große Ähnlichkeit » der « Exemplarität » hinaus, schon beinahe « Aufhören in Gott hinein » ist. Es ist das Geheimnis des augustinischen Lieblingswortes aus den Psalmen: *adhaerere Deo*. Im « Hangen in » ist einmal gesagt, daß der Hangende unter sich den « Abgrund der Leere » hat. Dann aber: daß er gerade darum restlos Dem überantwortet ist, « in » dem er hangt. Der Boden, auf dem er steht, ist einzig das, worin er hangt: er « steht » « über sich ».

Damit ist deutlich, wie sich hier das Verhältnis zwischen ἄνω und ἀνα gegenüber Platon und Aristoteles geradezu umgekehrt hat (trotzdem das Augustinische oben als Synthese beider erschien). Es ist nicht nur, daß alles ἀνά vom ἄνω her sich bestimmt. Sondern das ἄνω selber ist nicht «von unten nach oben», sondern «von oben nach unten». Und auch dies nicht nur in dem Sinn, wie ihn uns die Entwicklung der *analogia entis* vom Widerspruchsatz her zeigte: als letzte Sinn-Folge aus dem «von unten nach oben» (weil das «oben» in solchem Verhältnis notwendig das Primäre ist: das κινοῦν ἀκίνητον aller Bewegung). Sondern in dem ganz besonderen theo-logischen Sinn: daß das Geheimnis Gottes das Geschöpfliche zum Werkzeug Seiner Offenbarung habe. Platon hieß: ἄνω als Stachel im *ἀνα:* letztes Münden in das Geheimnis des Zwischen von Gott und Geschöpf (vom Geschöpf aus). Aristoteles hieß: ἄνω als das, wozu die höchste (angestrebte) Geschlossenheit des ἀνα wider Willen aufspringt: Geheimnis Gottes, das im Geheimnis der auseinanderfallenden Geschöpflichkeit sich offenbart. Augustinus muß, damit verglichen, heißen: ἀνά als Kundgabe des *ἄνω:* das nächtigste Geheimnis des Geschöpfes als Offenbarung der «überlichten Finsternis» Gottes. Es ist das Wort, mit dem Augustinus in «De libero arbitrio» das «Problem des Bösen» abschließt: *apparet omnia, sive cum offendunt vel offenduntur, sive cum delectant vel delectantur, unitatem insinuare atque praedicare Creatoris* (III 23; 70). Auf dem Wege von Platon zu Aristoteles zu Augustinus scheint diese Analogie immer tiefer zur Region der «Unähnlichkeit» abzusinken: vom Symbol des «unsterblichen Kampfes» *(ἀθάνατος μάχη)* zu dem des «Torso» *(κολοβόν)* zu dem der «Nacht» *(nox)*. Aber gerade in diesem «Absinken ins Grundlose» vollzieht sich die «Drehung um 180 Grad». Die Nacht der «Gottverlassenheit» ist das entscheidende «Gott alles in allem».

6. Mit diesem Augustinischen verglichen scheint die Analogie in ihrem unterscheidenden Begriff bei Thomas von Aquin in folgendem Entweder-Oder der Deutungsmöglichkeiten zu stehen: als, vom Theologischen abstrahierende, rein formale Ordnung zwischen Schöpfer und Geschöpf – oder als, das Theologische voll-

endende, Vorwegnahme der konkret harmonischen Ordnung zwischen Gott und erlöster Welt. Das Wort «Ordnung», das für Thomas sein besonderes Systemprinzip darstellt (de spir creat a 5 corp), ist doppeldeutig: einmal als das, was zwischen Schöpfer und Geschöpf die «naturgegebene Ordnung» ist, – dann als die durch die Erlösung «wiederhergestellte Ordnung» zwischen Gott und gefallener Welt. Das drückt sich am schärfsten in der Komposition seiner «Summa theologica» aus. Sie trägt einerseits das alt-griechische Schema des «Ausganges und Wieder-Einganges der Kreatur» und (weil Thomas den «Ausgang» als *processio Dei ad extra* faßt) dies in der zugespitzten Form des areopagitischen Kreislaufes der sich-schenkenden göttlichen Liebe *(ἐξ ἑαυτῆς καὶ δι' ἑαυτῆς καὶ ἐφ' ἑαυτῆς ἑαυτὴν ἀνακυκλοῦσα* – de div nom IV 17): *imperfectus esset creaturarum a Deo exitus, nisi reditio in Deum exitum adaequaret* (Ver q 20 a 4 corp). Es ist damit ausgesprochen theologisches Schema: vom sich-mitteilenden Gott des Urstandes zum Mittler-Gott der heimführenden Erlösung. Andererseits aber zeichnet sich im Rahmen dieses Schemas das gesamte «natürliche Verhältnis» zwischen Schöpfer und Geschöpf heraus, so sehr, daß der Inbegriff der Arbeit Thomas' von Aquin eine Formal-Ontologie scheint, die von der aristotelischen nur dadurch sich unterscheidet, daß sie nicht nur durch die Weiter-Entwicklung des Aristotelischen (in jüdischer und arabischer Philosophie) hindurchgegangen ist, sondern vorab dadurch, daß sie am Theologischen und durch das Theologische sich klärt. Es ist von hier aus kein Zufall, daß die eigentliche Kommentar-Arbeit des Aquinaten diesen beiden gilt: Dionysius Areopagita und Aristoteles. Die Spanne des Ineinander beider ist das Symbol seiner Position: «heilige Ordnung» *(ἱερ-αρχία)* und «natürliche Ordnung» *(ordo rerum* bzw. *ordo universi): non solum omnium Angelorum, sed etiam totius rationalis creaturae, quae sacrorum particeps esse potest, una est hierarchia* (S Th 1 q 108 a 1 corp). Von der einen Seite her ist die augustinische «Unruhe der Sehnsucht» zur «ruhenden Verklärtheit» entworden, von der anderen Seite her aber ist die (auseinanderfallende) Gespanntheit der aristotelischen «Umfassung im Denken» zur «ruhigen Nüchternheit» befreit.

In dieser «ruhenden Verklärtheit», die als «ruhige Nüchternheit» erscheint, und dieser «ruhigen Nüchternheit», die sich in «ruhende Verklärtheit» enthüllt, beschließt sich das, worum es geht. –

Wir beginnen mit der objektiven Gestalt dieses Eins. Das *ex perfectione universi*, das Thomas als sein methodisches Prinzip dem platonischen *(abstractionem universalium)* und aristotelischen *(perpetuitatem motus)* entgegensetzt (de spir creat a 5 corp) besagt eine mehrfache Akzentuierung. – Einmal drückt sich, im *universi*, ein vorwiegendes Hinneigen zu einer «natürlichen Ordnung» aus und hierin zu Aristoteles (*vera philosophiae principia quae consideravit Aristoteles* – ebd a 3 corp). Dieses Hinneigen beruht aber auf drei Momenten, die sich gegensätzlich im Kreise bedingen. Das erste Moment offenbart sich im *Corpus* seiner Gottesbeweise, die von der Form des Universums ausgehen (als Bewegung, Entstehen–Vergehen, Möglichkeit–Wirklichkeit, Gestuftheit, Geordnetheit – S Th 1 q 2 a 3 corp), und dies in Ablehnung der anselmischen Weise als Ausgangsform (Ver q 10 a 12 corp ad 2). Hier stellt sich offenbar das Universum als «All» gegen den noëtischen Akt (als «Einzelsein»). Im zweiten Moment aber ist es beinahe umgekehrt, da gegen das platonisch real vorliegende *unum in multis* (des Gewebes der «Universalien») das aristotelische «Gebilde von Gnaden des Intellektes» tritt (*sua abstractione intellectus facit istam unitatem universalem* – de an a 3 ad 8). Hier stellt sich also ein ideatives Universum (insofern es um das Wie der Form geht, das nur im Intellekt als solches «steht») gegen ein reales. Im dritten Moment wird das aber noch einmal gewendet. Als «Gebilde von Gnaden des Intellekts» besteht das (reflexe) Universum «in der Ordnung der Wahrheit». Dann ist eine doppelte Weise möglich, in der es «allgemeingültig» besteht: entweder (aristotelisch), weil das reflex erkannte Universum «dem Wesen der Dinge entspricht», das für alle dasselbe ist *(ratione unitatis rei)*, oder (augustinisch), weil die Ordnung der «Wahrheit als solche» das «für alle» garantiert (*ratione unitatis primae lucis in omnes mentes influentis* – de spir creat a 10 ad 13). Hier ist es also (da Thomas zur ersten Lösung neigt) ein möglichst reales Universum, das betont wird. Das «Universum» tritt dem noëtischen Akt (als Glied im Universum) entgegen (erstes Moment), um in ihm sich formal-reflex (in der «*forma*» *universi*) zu konstituieren (zweites Moment), aber so, daß es wesenhaft als «Real-Universum» erscheint (drittes Moment). Das *universi* in dem *ex perfectione universi* sagt also jenes innerweltlich Letzte, darin Welt und Geist (im Menschen) sich wechselseitig binden: Geist ist zur Welt hin, indem Welt «als» Welt im Geist sich konstituiert.

Das Schwebende dieser Bindung weist aber über sich: in eine «heilige Ordnung». Thomas führt alle Systeme, die zwei entgegengesetzte Weltprinzipien lehren, darauf zurück, daß sie in ihrem Denken bei den isolierten Dingen bleiben (*iudicaverunt de rebus secundum quod in se considerantur tantum* – de pot q 3 a 6 corp) oder wenigstens nur bei ihren Zwischen-Beziehungen (*vel secundum ordinem unius rei ad aliam rem* – ebd), während eine Beziehungnahme zum «Ganzen» (*in comparatione ad totum ordinem universi* – ebd) die Einheit offenlege. Dieses «Ganze» erscheint aber in mehrfacher Weise eigentlich erst «von Gott her». Es konstituiert sich als «Einheit der Verschiedenheiten» (*ut in diversitate creaturarum perfectio consisteret universi* – de pot q 3 a 16 corp) und überwindet hierin immanent alles Auseinanderfallen in Gegensätze. Aber eben hierdurch hat es seinen entscheidenden Grund im Wesen Gottes als desjenigen, der das Wesens-Eins dessen ist, was geteilt und aufgeteilt die Verschiedenheits-Fülle der Kreatur ist (*hoc ipsum ad perfectam Dei unitatem pertinet, quod ea, quae sunt multipliciter et divisim in aliis, in ipso sunt simpliciter et unite. Et ex hoc contingit quod est unus re et multiplex secundum rationem* – S Th 1 q 13 a 4 ad 3). Das Universum ist hiernach dann nicht eigentlich immanent und positiv, sondern transzendierend relational «All-Einheit», nämlich kraft des Bezugs des Alls der Vielheit auf die Einheit Gottes (*repraesentante universo per multiplices et varios modos creaturarum quod in divina bonitate simpliciter et indistincte praeexistit* – de pot q 3 a 16 corp). Noch mehr: während das Einzelne im Universum in diesem selber seine Erklärung finden kann (*ex ordine universi, ad quem quaelibet creatura ordinatur sicut pars ad formam totius* – de pot q 3 a 17 corp), führt die Erklärung des Universums (*quare sit tale vel tale* – ebd) unmittelbar in das reine Daß der unergründlichen Bestimmung des göttlichen Willens (*nec. .. ex parte divinae potentiae quae est infinita, nec divinae bonitatis, quae rebus non indiget*, sondern allein *ex simplici voluntate producentis* – ebd). Die *perfectio* im «*ex perfectione universi*» hat also nicht nur ihre bestimmende Urgestalt in der *perfectio* Gottes (so daß hier bereits die Doppeldeutigkeit der *coincidentia oppositorum* bei Nikolaus von Kues sich darstellt), sondern das *tale vel tale* dieser *perfectio* selber ist rein positiv göttliche Bestimmung, für die so wenig ein Grund angebbar ist, daß auch eine «Begründung von Gott aus» (*ex parte divinae potentiae* oder *divinae bonitatis*) ausgeschlossen ist. «Universum» ist von hier aus so sehr überweltlich bezogen, daß es geradezu theologische Bestimmung ist. Es bricht durch, wie es im Grunde für ein anderes Wort steht: für die **οἰκουμένη** der **οἰκονομία**, d. h. für das Universum der Heilsordnung, die eine einzige ist: die Eine übernatürliche Ordnung von Fall und Erlösung. Denn nach Thomas ist gerade das letzte Sich-Schließen aller Einzel-Dinge (im Nebeneinander) und Einzel-Geschehnisse (im Nacheinander) zur All-Einheit (des Nebeneinander und Nacheinander) der «Ort» des «Übernatürlichen», von dem aus alles andere durchformt ist: die Eine übernatürliche «Ordnung», die vom Einen übernatürlichen «Ziel» (der *visio beatifica*) aus ergeht. Das Übernatürliche betrifft nicht nur den *modus* (Ver q 24 a 13 corp) oder das *qualiter* (Ver q 24 a 1 ad 2) im allgemeinen, also die letzte Form, die das Einzel-Inhaltliche *(substantia actus* oder *quid)* in Einheit überformt *(gratia perficit)*, sondern dies ausdrücklich unter dieser Rücksicht des «Letzten», nämlich des «Zieles»: das «Natürliche» (des *quid* der Inhalte) ist *ad finem*, das «Übernatürliche» (des *qualiter*) aber *circa finem* (Ver q 14 a 3 ad 9; ebd a 5 ad 11, 13; ebd a 10 ad 3).

So kommt es, daß die *perfectio* im *ex perfectione universi* ein Doppelgesicht trägt: durch die Züge einer scheinbar rationalnatürlichen *perfectio* blickt immer wieder die übernatürliche des «vollendeten Gottesreiches», und umgekehrt spricht sich die *perfectio* des vollendeten Gottesreiches in der Gleichnis-Hülle rational-natürlicher *perfectio* aus. Thomas ist hier so etwas wie die Voll-Gestalt der Doppeldeutigkeit des paulinischen Wortes «Gott alles in allem» (1 Kor 15; 28): es bezeichnet die End-Vollendung des übernatürlichen Gottesreiches, aber bezeichnet sie so, daß es zugleich der schärfste Ausdruck für das natürlich-rationale Verhältnis zwischen Schöpfer und Geschöpf ist. So gehört es sicher zur folgerichtigen Form eines geschlossenen Universums, daß «ihm nichts fehle, was möglich ist» (*ut non desit ei aliqua natura quam possibile sit esse* – de spir creat a 5 corp); – daß eine innere «lückenlose Kontinuität» bestehe (*ut ab uno extremo in alterum non perveniatur nisi per media* – ebd), daß darum nicht nur das Oberste der jeweils unteren Stufe mit dem Untersten der jeweils oberen Stufe sich berühre (*inferior natura attingit in sui supremo ad aliquid quod est proprium superioris naturae, imperfecte illud participans* – Ver q 16 a 1 corp), sondern daß die jeweils höhere Stufe die jeweils untere «höher» enthalte (*ut quaecumque inveniuntur in inferiori natura, inveniantur excellentius in superiori natura* – de an a 18 corp) und sie darum «aktuiere» (Ver q 9 a 1 corp); – daß mithin in diesem Universum alles darauf zielt, das Universum zur Darstellung zu bringen, sei es indem (als unterste Form solcher Darstellung) alles Einzelhafte zum Dienst und Sinn des Universums ist (*quod bonum commune est eminentius quam bonum singulare* – Ver q 5 a 3 corp), sei es indem (als oberste Form) das Einzelhafte in seinen jeweils höchsten Formen selber in sich «universal» wird, formal (*potentia superior per se respicit universaliorem rationem* – S Th 1 q 77 a 3 ad 3) und material (*ut in ea describatur totus ordo universi et causarum eius* – Ver q 2 a 2 corp); – daß aber (weil die wirklichen Teile des Universums praktisch in der Mitte zwischen beiden Formweisen liegen), das Universum sich als «Einheit der Mannigfaltigkeit» darstellt (*non omnia... aequalia; sic enim imperfectum esset universum, cui multi gradus entium deessent* – de an a 7 corp). Schaut man aber durch diese Züge hindurch, dann blickt einem eine Art entgegen, wie der alle Vollkommenheit einshaft-selbig in sich begreifende Gott das All durchdringt, so daß es Sein Leib-Ausdruck ist: der «mystische Leib» des menschgewordenen Gottes (corpus Christi mysticum). Darum wird die «Vollständigkeit aller Stufen» mit der «Vollkommenheit» des (übernatürlichen) Urstandes begründet *(propter quod Gen 1 singula dicuntur bona, omnia autem simul valde bona* – de spir creat a 5 corp). Darum trägt die «Verbindung der Extreme in jeweiliger Mitte» (ebd: *non... nisi per media*) unverkennbar das Stigma der augustinischen Christologie: Christus als die Mitte aller Gegensätze der Schöpfung. Darum wird das eigentümliche «Sichdurchdringen und Sichenthalten und Sichaktuieren der Seinsstufen» mit der areopagitischen Hierarchie begründet, die wesenhaft das sakrale übernatürliche Universum meint (Ver q 16 a 1 corp usw.). Darum endlich ist die «Einheit der Mannigfaltigkeit» offen philosophische Formel des «Leibes der vielen und vielartigen Glieder» des ersten Korintherbriefes (*ut in diversitate creaturarum perfectio consisteret universi* – de pot q 3 a 16 corp, wie 1 Kor 12, 17–24). So wird es sicher kein Hinein-Deuten sein, wenn man in dem *ordo partium exercitus* und seinem Verhältnis zu Gott als *dux in exercitu* (de spir creat a 8 corp) nicht nur eine Wieder-Aufnahme des aristotelischen *στράτευμα*-Gleichnisses (Met XI 10, 1075 A 13ff) sieht, sondern durch dieses hindurch die Züge der «streitenden Kirche» spürt. Denn Thomas begründet diesen *ordo partium exercitus* aus dem Ordnungs-Prinzip der Übernatur: *unde apostolus dicit Rom* 13, 1: *Quae a Deo sunt, ordinata sunt* (de spir creat a 8 corp).

Es ist damit ein scharfer Ausdruck des Verhältnisses, das wir hier beobachten, wenn bei Thomas dasselbe Wort *perfectio* das Eigenste Gottes und den *ordo rerum* bezeichnet. Gott als «Gott» verhält sich zu den Kreaturen *(ad omnes rerum essentias)* nicht wie Allgemeinheit zu Ausbesonderung *(sicut commune ad propria)*, nicht wie Eins zu Vielheit *(ut unitas ad numeros)*, nicht wie Mittelpunkt zu ausgehenden Strahlen *(vel centrum ad lineas)*, sondern wie Vollkommenheit zu Unvollkommenheit (*sicut perfectus actus ad imperfectos* – S Th 1 q 14 a 6 corp) –, so sehr, daß Kreatur geradezu heißt «Das Wie der Unvollkommenheit in Teilnahme am Was göttlicher Vollkommenheit» (*modus imperfectus, quo a creatura participatur divina perfectio* – S Th 1 q 13 a 3 ad 1).

Andererseits aber zielt gerade alle Rede über den *ordo rerum* darauf, eine *perfectio* zu erreichen (*omnia quodammodo sunt unum perfectum* – de pot q 3 a 16 ad 1), ja eine solche, die fast mit dem Wesen Gottes zusammenfällt, da beide als All-Einheit erscheinen: *quaelibet... natura creata, cum sit finita, non ita perfecte repraesentat divinam bonitatem sicut multitudo naturarum: quia quod in multis naturis multipliciter continetur, comprehenditur in Deo unite; et ideo oportuit esse plures naturas in universo* (de spir creat a 8 ad 17).

Es ist dann folgerichtig, daß auch das Verhältnis Gottes zum *ordo rerum* in der gleichen Weise erscheint. Einerseits ist Gott wesenhaft «außer aller Ordnung», weil «über alle Ordnung hinaus» (*cum Deus sit extra ordinem creaturae, et omnes creaturae ordinentur ad ipsum* – S Th 1 q 13 a 7 corp), so daß zwar die immanente Ordnung des Universums nur durch die transzendierende Ordnung zu Gott hin besteht (*ordo qui est partium universi ad invicem, est per ordinem qui est totius universi ad Deum* – de pot q 7 a 9 corp), aber Gott nicht «zum Wesen» der Kreatur gehört (*causa prima quae Deus est, non intret essentiam rerum creatarum* – ebd q 3 a 5 ad 1). Andererseits aber besteht ein solches Durchdrungensein des *ordo rerum* durch Gott (zu dem «sakralen Universum», wie es areopagitische Grundidee ist), daß die Sätze «Gott schafft um Seiner selbst willen» und «Gott schafft um des Universums willen» in eines gehen: *Deus... creaturarum universitatem vult propter se ipsam, licet et propter se ipsum eam vult esse* (de pot q 5 a 4 corp).

Das hat dann seinen höchsten Punkt in der Problematik der «Bezogenheit» *(relatio)*, die das formale Wesen von Ordnung ist (*oportet ... in ipsis rebus ordinem quemdam esse; hic autem ordo relatio quaedam est* – ebd q 7 a 9 corp). «Bezogenheit» ist einerseits etwas, das am schärfsten die Kreatur gegen Gott bezeichnet: als *esse relativum* gegen das *esse absolutum:* Kreatur als innerweltlich (im Nebeneinander und Nacheinander) bezugshaft und bezugshaft zum Schöpfer – Gott aber als der wesenhaft gegen alles «Gelöste» *(ab-solutus)*, weil «Er selbst» –, sosehr, daß auch Sein Bezug zur Kreatur nur Bezug der Kreatur zu Ihm ist (*cum ea ra-*

tione referatur Deus ad creaturam, qua creatura refertur ad ipsum – S Th 1 q 13 a 7 ad 5). Andererseits aber ist es gerade die «Bezogenheit», die nicht nur allgemein in die göttliche Sphäre eintritt, sondern mit Vorzug in deren wesentlichstes Geheimnis, das Dreipersönliche Leben, weil «Bezogenheit» keinen *modus imperfectus* an sich trägt (de pot q 7 a 8 ad 4). Über das hinaus (was aller Trinitäts-Theologie als solcher gemeinsam ist) ist sie aber noch als solche die besondere Art der *imago Trinitatis* für Thomas. Während für Augustinus das Leben des Geistes in *memoria sui, intellectus sui, voluntas sui* der Ort ist, an dem das Dreipersönliche Leben im «Rätsel des Gleichnisses» erscheint, entschwindet für Thomas nicht nur (bis auf gewisse letzte Spuren) die *memoria sui*, sondern es geschieht eine Blick-Wendung zum formalen Begriff der «Ordnung». Ordnung hat ihr Ideal-Bild im geschlossenen Kreis. Folgerichtig konzentriert sich die *imago Trinitatis* im Geist auf die (in *intelligere* und *velle* sich vollziehende) *circulatio* (*voluntas redit in id a quo fuit principium intelligendi* – de pot q 9 a 9 corp). Dann ist es aber letzte Folgerichtigkeit, daß schließlich das Inhaltliche von Geist ganz zurücktritt, und das Dreipersönliche Leben seine formale *imago* in der «Ordnung überhaupt» hat, indem deren gegensätzliche Kategorien im Dreipersönlichen Leben Eins sind: *singularitas-diversitas* gebunden zu *unitas-pluralitas, divisio-unicitas* gebunden zu *simplicitas-distinctio, disparitas-confusio* gebunden zu *aequalitas-discretio, alienitas-solitudo* gebunden zu *similitudo-consonantia* – de pot q 9 a 8 corp). Thomas ist hierin die Vollendung der griechischen Väter (und auch hierin also in engster Nähe zu Dionysius Areopagita): wie diese die Theologie der Trinitäts-Relationen aufbauen in engstem Zusammenhang mit der Theologie der «Trinität in der Heilsgeschichte». Das formale Gleichnis zwischen «Ordnung überhaupt» und der Ordnung des Dreipersönlichen Lebens hat zu seinem Muttergrund die materiale Trinitäts-Struktur der Heilsgeschichte: das Universum, das formal in Anfang, Mitte und Ende sich schließt, nun konkret sich schließend im Vater, der als Schöpfer im Anfang steht, im Sohn, der als Erlöser die Mitte bildet, im Heiligen Geist, der die Vollendung ist. – Die *perfectio* im *ex perfectione universi* gewinnt damit ihren Vollsinn, da sie für das griechische *τελείωσις* steht, das zugleich «Vollkommenheit» sagt und «Weihung» (im Sinne der Mysterien). Der Heilige Geist ist, in der Sprache der griechischen Kirchenväter, die innergöttliche *τελείωσις*, das «Siegel» der «Vollendung» im *mysterium mysteriorum* des Dreipersönlichen Lebens. Das Universum aber, als «sakrales Universum» der «Trinität der Heilsgeschichte», hat seine In-sich-Geschlossenheit der «Vollendung», indem es «hineingeweiht» ist in dieses *mysterium mysteriorum*. –

Diesem Bilde des objektiven *ex perfectione universi* ist dann die subjektive Methodik entsprechend. Faßt sich im Objektiven alles schließlich in die *relatio* (als formales Wesen des *ordo*) zusammen, so konzentriert sich die subjektive Methodik folgerichtig in die Problematik des beziehungshaften Denkens, im Unterschied zu einem rein anschauenden Denken, also der *relatio* als Akt im Wahr. – Dieses beziehungshafte Denken gibt sich einmal als «Schlußfolgerung aus ersten Prinzipien» (*ratio ex principiis secundum viam inveniendi in conclusiones pervenit, et conclusiones inventas in principia resolvendo examinat secundum viam iudicandi* – Ver q 10 a 8 ad 10). Diese «ersten Prinzipien» aber haben ihren «letzten Grund» in Gott als *prima Veritas* (*a veritate intellectus divini exemplariter procedit in intellectum nostrum veritas primorum principiorum* – ebd q 1 a 4 ad 5). Aber das ist nicht so zu verstehen, daß Gott nur ein anderer Name für «absolute Wahrheit» ist, sondern daß «absolute Wahrheit» sich auf Gott rückführt. Gott steht nicht an Stelle eines «letzten Prinzips» nach der Art der sonstigen letzten philosophischen Struktur-Prinzipien (Dualität, Kreisform usw.). Er ist vielmehr «letztes Prinzip» als «alle Sach-Prinzipien durchbrechend». Er durchbricht das Prinzip einer gradhaften Kontinuität, weil Er unmittelbar zu jeglichem ist (vgl Ver q 11 a 3 ad 10; ebd q 8 a 7 corp; ebd q 9 a 1 ad 4 usw.). Er durchbricht das Prinzip letzter Dualität, weil nicht nur alle Potentialität über ihre eigentliche zugeordnete Aktualität hinaus zu übernatürlichen Aktualitäten durch Gott fähig wird (Ver q 8 a 3 ad 12; ebd q 29 a 3 ad 3), sondern noch grundsätzlicher dadurch, daß auch die unterste Potentialität (die *materia prima*) von Gott her ist (Ver q 12 a 4 corp; de pot q 3 a 1 ad 17). Er durchbricht das Prinzip der Rückführung alles Realen auf eine Sach-Ordnung des Idealen, weil Er über dieser Sach-Ordnung steht, als *creatrix essentia* die «reinen Wesenheiten» selber schaffend (*ipsa quidditas creari dicitur* – de pot q 3 a 5 ad 2). Und darum durchbricht Er zuletzt das «Prinzip alles Prinzips», die errechenbare innere Ausgeglichenheit. Denn er ist nicht nur in einer tatsächlichen übernatürlichen Ordnung der Gott der *caritas*, die über alle rational ausmessende *prudentia* die alles überformende *forma virtutum* ist (Ver q 27 a 5 ad 5), der Gott der *iustitia divina*, die nicht vom ausgleichenden Gemeinwohl, sondern vom persönlichen Gott aus ergeht (ebd q 28 a 1 corp), der Gott der *visio beatifica*, die «Ziel» ist, aber «über alle Erreichbarkeit von unten her» hinaus (Ver q 8 a 3 ad 12), – sondern zu einer solchen Ordnung besteht in der «Kreatur überhaupt» die *potentia obedientialis*, die positiv-negative «Aufsprengbarkeit über alle natürlichen Maße hinaus» (Ver q 8 a 4 ad 13). Sosehr Gott also *universale principium omnium* ist (S Th q 84 a 2 ad 3) und darum für alle *genera* ihr jeweilig besonderes *principium* (*in omnibus generibus sicut principium generis* – de pot q 7 a 8 ad 2), so ist Er es doch wesenhaft so, daß Er nicht nur nicht immanent beschlossenes *principium* irgendeines *genus* ist (*quod Deus non sit in genere per reductionem ut principium* – S Th 1 q 3 a 5 corp), sondern grundsätzlich *extra omne genus* (ebd q 4 a 3 ad 2). Gott fällt mithin auch mit keiner der *perfectiones absolute* zusammen, wie sie in den Transzendentalien und im Sein-überhaupt ihre Spitze haben (*haec nomina ‚bonus' ‚sapiens' et similia... non ... sunt imposita ad significandam divinam naturam, sed ad significandas ipsas perfectiones absolute* – S Th 1 q 13 a 9 ad 3). Sondern Er ist über sie hinaus das letzte Unrückführbare des «über und in allem» (*aliquid... supra omnia existens, quod est principium omnium et remotum ab omnibus* – ebd a 8 ad 2), und dies in der konkreten Form der *universalis rerum providentia (omnes enim loquentes de Deo hoc intendunt nominare Deum, quod habet providentiam universalem de rebus* – ebd corp), insofern es hier zuletzt um die *simplex voluntas producentis* geht (de pot q 3 a 17 corp), um das Unrückführbare von «Gesetztsein», gegenüber allen Ableitungen, auch aus einer *ratio Dei* (*nec... ex parte divinae potentiae... nec divinae bonitatis... ratio determinatae dispositionis universi sumi possit* – ebd). Das «Denken aus ersten Prinzipien» ist darum zuletzt ein Denken aus der schlechthinnigen (nicht weiter ableitbaren) Positivität der göttlichen Vorsehung. Denn diese fundiert die «ersten Prinzipien» (und auch und gerade den Widerspruchsatz): *necessitas principiorum dictorum consequitur providentiam divinam et dispositionem* (Ver q 5 a 2 ad 7). Indem aber hierin bereits das Formale des Theologischen sich ausspricht, das Positive der Setzung, ist es nicht weiter verwunderlich, daß für Thomas auch noch ausdrücklich die *omnium providentia* zur Theologie gehört (Ver q 14 a 9 ad 9).

Andererseits weisen aber eben dieselben «ersten Prinzipien» unter sich zurück in das Fließende der Seins-Erfahrung und das konkret empirische All. Sie erscheinen als die formale innerste «Natur» des Denkens: in einer *necessitas naturalis* (S Th 1 q 82 a 1 corp), allem Lernen und Finden vorausgehend (in Boeth de Trin q 6 a 4 corp). Sie sind darum das innerliche «Instrumentar» des Denkens: *prima instrumenta intellectus agentis* (Ver q 12 a 3 corp). Insofern dieses Denken aber als menschliches Denken restlos im Rahmen der Sinneserfahrung sich vollzieht (*tantum se nostra naturalis cognitio extendere potest, in quantum manuduci potest per sensibilia* – S Th 1 q 12 a 12 corp), insofern gerät auch sein «Instrumentar», da es eben innerste «Natur» des Denkens ist, in dieses *tantum-quantum:* die Sinnes-Erfahrung ist für die «ersten Prinzipien» «Prinzip» (*principium cognitionis principiorum est ex sensu et memoria* – In Boeth de Trin q 6 a 4 corp), Geltungs-Rahmen (*non ducunt nos ulterius nisi ad ea, quorum cognitionem acquirere possumus ex his quae a sensu comprehenduntur* – ebd) und Ort der letzten Rückführung (*quia primum principium nostrae cognitionis est sensus, oportet ad sensum quodammodo resolvere omnia de quibus iudicamus* – Ver q 12 a 3 ad 2). So sehr sie auch hier *in ratione entis* gründen, d. h. im allgemeinsten Ordnungsgewebe des konkret empirischen All, das bei allem Fließen doch irgendwie «ist» und hierin ein Minimum bleibender Ordnung einbeschließt (S Th 1, 2 q 94 a 2 corp), so ist doch auch dies wesenhaft eingebettet in das langsame «von unten nach oben», darin das Wesen der «Abstraktion» liegt. Das *superius et nobilius agens*, als was das Aktive der «Abstraktion» sich darstellt, ist wesenhaft innerlich bezüglich zur Sinnes-Erfahrung und hierin also passiv (*facit phantasmata a sensibus accepta intelligibilia in actu per modum abstractionis cuiusdam* – S Th 1 q 84 a 6 corp). Darum zeigt sich auch die Folge eines solchen «von unten nach oben»: die Direktheit zum Unten (*se extendit secundum statum praesentis vitae ad materialia sola* – S Th 1 q 88 a 1 corp); – die Indirektheit zum Oben, insofern dieses nur negativ von unten her und mittels des Unten erkannt wird (alle *immaterialia* nur *per negationem et remotionem* – S Th 1 q 88 a 2 ad 2); – und diese Indirektheit bis dahin ansteigend, daß Gott, als das letzte Oben, nicht nur *per negationem et remotionem* erscheint, sondern (weil Er auch noch über das Geistige über-hinaus ist und über die Erkenntnis hinaus, die der reine Geist von Ihm hat – S Th 1 q 56 a 3 ad 6) als das schlechthinnige «über hinaus» (*quod Deus est super illud quod de ipso intellectui repraesentatur* – Ver q 8 a 1 ad 8). Das geht so weit, daß auch Offenbarung und Theologie unter dieses Gesetz fallen, da sie in Menschenweise sprechen, mithin also sinnesförmig: *quamvis enim per relevationem elevemur ad aliquod cognoscendum quod alias nobis esset ignotum, non tamen ad hoc quod alio modo cognoscamus nisi per sensibilia* (in Boeth de Trin q 6 a 3 corp). Das hat seinen letzten scharfen Ausdruck darin, daß das mystische Erfahren Gottes als der «hellichten Finsternis» (des areopagitischen *ὑπέρφωτος γνόφος* – Myst Theol I 1) unter denselben Gesichtspunkt gerät: die «Mystische Nacht» (als höchste Höhe des Übernatürlichen) erscheinend als die «Nacht des Versagens» (unserer natürlichen Kräfte): der Gott der Nacht als Überfülle des Lichtes (*ἀοράτῳ γε ὄντι διὰ τὴν ὑπερέχουσαν φανότητα* – ep 5 ad Dorotheum) sich gebend als «unbekannter Gott» für unser sinnesbedingtes Erkennen (*secundum hoc dicimur in fine nostrae cognitionis Deum tamquam ignotum cognoscere, quia tunc maxime mens in Dei cognitione perfectissime invenitur, quando cognoscitur eius essentiam esse supra omne id quod apprehendere potest* – In Boeth de Trin q 1 a 2 ad 1).

In unserm ersten Aspekt des Denkens als *relatio in actu*, d. h. als Beziehung-Denkens, leitete aller Beziehungsvollzug sich von Gott her, weil Wahrheit von Ihm als *Veritas Prima* her erschien (*mens dicitur immediate formari ab ipsa Veritate Prima..., per modum quo exemplatum formatur ad suum exemplar immediatum* – Ver q 18 a 1 ad 7). Die Richtung ging also von «unvollkommener Beziehung» (wie sie im Geschöpflichen statt hat) zu jener in der Nacht des göttlichen Geheimnisses verhüllten Art, darin im innergöttlichen Leben der drei Personen Beziehungen göttliche Personen sind. In unserem zweiten Aspekt desselben Beziehungs-Denkens gründet der Beziehungs-Vollzug in der «Abstraktion», d. h. in der Art, wie das menschliche Denken die Sinnes-Gegebenheiten analysierend und synthetisierend zu einer «reinen Ordnung» formt, die bezugshaft zwischen ihnen spielt, so daß Wahrheit hier ihren Ort in diesem Analysieren und Synthetisieren hat, d. h. im beziehung-prüfenden Denken, im *intellectus dividens et componens* (Ver q 1 a 3 corp), und darum in ihm, insofern er dieses Geschäft an und in den Sinnengegebenheiten übt, so daß seine Wahrheit als *adaequatio intellectus ad rem* zuletzt sich gibt (Ver q 1 a 1 corp). Dann geht aber die Richtung zu einem immer stärkeren «Versagen alles Bezuges»: von der Unabhängigkeit des Geistigen vom Stofflichen (so daß sie *diversorum generum* sind: Ver q 8 a 9 corp) bis zur absoluten Bezugslosigkeit Gottes zur Kreatur (so daß Er das absolute «über hinaus», ist, *extra omne genus:* S Th 1 q 4 a 3 ad 2).

Dieses Bild der theoretischen *relatio in actu* (im Wahr) verstärkt sich dann durch das praktische (im Gut). Dieser praktische «Bezug als Akt» ist die Freiheit. Sie stellt sich darum einmal («von oben nach unten» her) dar: als Freiheit der Anwendungs-Breite des «letzten Zieles», wie im Theoretischen der «ersten Prinzipien» (*necesse est quod sicut intellectus ex necessitate inhaeret primis principiis, ita voluntas ex necessitate inhaereat ultimo fini, qui est beatitudo* – S Th 1 a 82 a 1 corp). Freiheit ist in der Tiefe ein Streben, das nur durch Gott erfüllbar ist, weil die Idee des absolut Guten in ihm liegt (*obiectum... proprium voluntatis est ipsum bonum absolute* – Ver q 25 a 1 corp). Diese innere Notwendigkeit ist der Grund der Freiheit gegenüber allem Geschöpflichen, das dieser Idee nicht genügen kann (*cum... possibilitas voluntatis sit respectu boni universalis et perfecti, non subicitur eius possibilitas tota alicui particulari bono; et ideo non ex necessitate movetur ab illo* – S Th 1 q 82 a 2 ad 3). Freiheit ist also hier (absteigende) «Freiheit durch Gott». Aber ebenso (wie eben im Theoretischen des Wahr) begründet sie sich im Wesen der *ratio*, der das Ordnen der Vielheit obliegt und die darum dem Einzelnen gegenüber frei ist (*ratio est collativa plurium; et ideo ex pluribus moveri potest appetitus intellectivus, scil voluntas, et non ex uno ex necessitate* – S Th q 82 a 2 ad 3). Freiheit leitet sich hier von der Stellung des Menschen als des Ordnenden in der Weltvielheit her. Ihre innere «Unendlichkeit der Möglichkeiten» spiegelt damit nicht wie eben das *infinitum actu* (Gottes), sondern das *infinitum potentia* (der *materia prima*). Sie ist damit (aufsteigende) «Freiheit durch Möglichkeiten»: die absolut passive «unbegrenzte Möglichkeit» der *materia prima* wird in ihr spontan-aktive «Freiheit über Möglichkeiten», die aber eben damit wesenhaft «schwankende Gebrechlichkeit» ist und hierin so etwas wie die positive Form des ursprünglichen Nichts der Kreatur (*ex hoc quod aliquid est ex nihilo, sequitur quod sit... vertibile* – de malo q 16 a 6 ad 5). Unter unserer ersten Rücksicht war Freiheit ein notwendiges Gott-Anhangen, das eben dadurch Unabhängigkeit und eben dadurch Verfügungs-Mächtigkeit gegenüber dem Kreatürlichen ist. Indem Geist-Wille und Gott zueinander unmittelbar sind (*voluntas rationalis creaturae soli Deo subiacet, et ipse solus in eam operari potest* – S Th 1 q 57 a 4 corp), wirkt Gott selber im letzten Grunde die Freiheit, nicht nur indem Er sie verleiht (*quanto aliqua natura Deo vicinior, tanto minus ab eo inclinatur et magis nata est seipsam inclinare* – Ver q 22 a 4 corp), sondern indem Er selber in ihrem Wirken das letzte Wirken ist (*sic enim Deus res movet secundum quod competit earum naturae* – Comp Theol c 129). Es ist «theologische Freiheit», wie sie in der *gratia liberatrix* Augustins (serm 174 2; 2) ihre Spitze hat. Unter der zweiten Rücksicht aber ist es «kreaturale Freiheit» in besonderem Sinne: eine aktive «Selbstbestimmung» (*ipsa inclinatio non determinatur ei ab alio, sed a seipsa* – Ver q 22 a 5 corp) als passive «Möglichkeit» zu allem (*se habet indifferenter ad multa; et sic quoddammodo est in potentia, nisi mota per aliquid activum* – ebd q 24 a 14 corp): als eine Art «inner-weltliche Göttlichkeit» (*sui causa* – ebd q 24 a 1 corp), aber als «inner-weltliche Göttlichkeit» (*in potentia* – ebd a 14 corp), Bestimmungsmacht als Bestimmbarkeits-Ohnmacht.

Der folgerichtige Abschluß sind dann die wenigen fragmentarischen Züge des Schön, die sich bei Thomas finden. Indem es zu Wahr (S Th 1 q 6 a 4) und Gut (Ver q 22 a 1 ad 12) hin das «vollendet in sich» *(in seipso modificatum et specificatum)* «in reiner Form» *(de ratione causae formalis)* besagt, trägt es folgerichtig in reiner Ausprägung die Gestalt in sich, die wir eben bei Wahr und Gut sahen. Wir verstehen dann einerseits, warum bei Thomas Gott mit Vorzug die Züge des Künstlers trägt *(artifex)*. Das «Schöpferische» und die «reine Form», die im Schön als dessen Charakter liegen, sind die Worte für Gott: *Creator* und *Forma Ipsa*. Die theologische Seite des Wahr und Gut hat hier ihre stärkste Weise. Wenn dann aber andererseits die Welt als «Kunstwerk» *(artificium)* erscheint, so wird ebenso die kreaturale Seite gesteigert zu jener wesentlichen «Gebrechlichkeit», wie sie das Kunstwerk (nach Solgers gutem Wort) ausmacht. Indem das Schön die *perfectio* (im *ex perfectione universi*) schlechthin ist und hierin geradezu mit Gott verwechselbar (was die eigentümliche Dämonie des Schön begründet), ist es der Höchstfall kreatürlicher Hinfälligkeit. Denn es konstituiert sich im «schwingenden Nichts» (wofür die Musik das Beispiel ist). –

Von dieser gesamten bisherigen Betrachtung aus scheint also die besondere Analogie bei Thomas mit der (objektiven und subjektiven) Relation zusammenzufallen (wie es folgerichtig zum *ex perfectione universi* ist). Der aristotelische Primat des ἀνά kehrt damit wieder, aber hindurchgegangen durch Augustinus und damit umgekehrt: das ἀνά der *perfectio universi* ist das ἄνω, weil ein «sakrales *universum*» in einem «natürlichen *universum*» sich kundtut. Die Definition der Analogie als «Beziehung gegenseitigen Andersseins» (S. 136ff) erneuert sich damit in einer neuen Weise: indem im Beziehungs-Problem (wie es bei Thomas sich eben aufrollte) das «Anderssein» sich auftut. Diese entscheidende Seite der Relation ist nun noch herauszuzeichnen.

Relation, weil gleichsinnig mit Ordnung (*ordo relatio quaedam est* – de pot q 7 a 9 corp), scheint auf Ausgeglichenheit zu zielen und in letzter Folgerichtigkeit auf eine Formel solchen Ausgleichs. Für die Relation in unserer *perfectio universi* ist es aber kennzeichnend, daß die Geschlossenheit eines gegenseitigen Bezogenseins jeweils durch ein «über hinaus» gesprengt wird.

So ist es das Kennzeichnende für das Universum als «zu Gott hin». – Wir beobachten es im Immanenten: in der Bezogenheit zwischen Geist und (Leib-Sinnes-)Natur. – Dem objektiven Sein nach ist gewiß im Menschen die geistige Seele die innerlich zugeordnete Form des Leibeslebens nach seinem ganzen Umfang (*anima ... est quo corpus humanum habet esse actu* – de an a 1 corp), so daß dies ihr Wesen ist (*hoc est ei essentiale, quod sit corporis forma* – de spir creat a 9 ad 4) und sie hiervon her und hierin «diese» (individual unterschiedene) Geist-Seele ist (*anima ... individuata ... secundum habitudinem ad materiam in qua est* – de an a 6 ad 13). Aber sie ist diese innerlich zugeordnete Form, indem sie unabhängig über den Leib «über hinaus» ist (*non ... a corpore totaliter comprehensa quasi ei immersa, ... sed excedat capacitatem totius materiae corporalis* – de an a 2 corp), kraft ihres «Über-Seins» (*esse elevatum supra corpus non dependens ab eo* – de an a 1 corp) alle geschlossene Zugeordnetheit «übersteigend» (*superexcedat corporis proportionem* – de spir creat a 2 ad 19). – Das gleiche gilt für das subjektive Bewußtsein. Das geistige Denken ist einerseits ganz und gar in den Umkreis der Sinnes-Erfahrung gebunden (*tantum se nostra naturalis cognitio extendere potest, in quantum manuduci potest per sensibilia* – S Th 1 q 12 a 12 corp), so daß alles geistige Tun an diesen *sensibilia* (durch den *intellectus agens*) doch Empfänglichkeit gegenüber ihnen ist (*in potentia ... ad similitudines quae sunt principia sentiendi* – ebd q 84 a 3 corp), bis zur notwendigen Abhängigkeit (*perturbata vi sensitiva interiori de necessitate perturbatur intellectus* – Ver q 5 a 10 corp). Andererseits aber ist das Sinnes-hafte ein «Prinzip» (*principium humanae cognitionis* – de malo q 6 a 1 ad 18), dem nicht nur negativ «nicht alles unterworfen ist», so daß «alles aus ihm erfolgte» (*non tamen oportet quod quidquid ab homine cognoscitur, sit sensui subiectum vel per effectum sensibilem immediate cognoscatur* – ebd), sondern es ist auch positiv ein «Prinzip», aus dem es über hinaus geht (*ex his quae sensus apprehendit, mens in aliqua ulteriora manuducatur* – Ver q 10 a 6 ad 2). Wie im subjektiven Sein der Welt-Immanenz (zwischen Geist und Natur) das Verhältnis eines «über hinausgehenden Zueinander» (*habitudo*, aber *superexcedens*) statt hat, so im subjektiven Bewußtsein (zwischen Denken und Sinnes-Erfahrung) das eines «Von-weg im Hin-zu» (*intellectus abstrahit* a *phantasmatibus; et tamen non intelligit nisi convertendo se ad phantasmata* – S Th 1 q 85 a 5 ad 2).

Damit ist vorbereitet, wie dasselbe Verhältnis ins Transzendente sich auswirkt: zwischen Geschöpf und Gott. – Objektiv ist Gott einerseits so sehr das Eine umfassende Urbild der Kreatur (*essentia Dei est perfecta similitudo omnium quantum ad omnia... sicut universale principium omnium* – S Th 1 q 84 a 2 ad 3), daß Er zu ihr sich wie Einheit zu Vielheit verhält (*ea quae sunt multipliciter et divisim in aliis, in ipso sunt simpliciter et unite* – ebd 1 q 13 a 4 ad 3). Andererseits aber ist Er so sehr das Über-Hinaus solchen Urbildes (*supereminens similitudo rerum* – de pot q 7 a 7 ad 5), daß alle Gemeinsamkeit gesprengt ist, indem Gott *extra omne genus* (S Th 1 q 4 a 3 ad 2) steht. – Subjektiv setzt die Gotteserkenntnis darum gewiß mit einer positiven Annäherung ein (*intellectus negationis... fundatur in aliqua affirmatione* – de pot q 7 a 5 corp), Gott als Einheit Seiner vielfältigen Spiegelung in der Welt zu fassen (*est unus re et multiplex secundum rationem, quia intellectus noster ita multipliciter apprehendit eum, sicut res multipliciter eum repraesentant* – S Th 1 q 13 a 4 ad 3). Aber Gott wird erst dann wahrhaft als Gott erkannt, wenn wir Seiner nicht nur inne werden, als des «Wesens über das hinaus nichts Größeres gedacht werden kann» *(ens quo maius cogitari non potest)*, sondern als des «Wesens, das über alles hinaus ist, was gedacht werden kann» (*aliquid supra id quod cogitari potest* – c Gent 1, 5)[1] und darum als desjenigen, der im Nichtgewußt-sein gewußt ist (*hoc est ultimum cognitionis humanae de Deo, quod sciat se Deum nescire* – de pot q 7 a 5 ad 14). Es ist ein solches «Sich nicht einer Form-Gestalt des Denkens entziehen» (*non... ita quod intellectus noster secundum nullam formam intelligibilem Deo assimiletur* – de pot q 7 a 5 ad 13), das sich als «unten durch entgehen im Über-Hinaus über alle Form-Gestalt» vollzieht (*Deus supterfugit formam intellectus nostri quasi omnem formam intellectus nostri excedens* – ebd), indem das Nicht-Wissen Wissen durch Abscheidung wird (*de eo quid est... cognoscere non possumus, nisi in quantum de eo cognoscimus quid non est* – Ver q 10 a 12 ad 7).

Der Höhepunkt dieses Verhältnisses ist dann die innere Spanne der übernatürlichen «Schau-Gottes» *(visio beatifica).* Diese Schau ist als «*actus perfectissimus intellectus*» (Ver q 13 a 4 corp) das innerliche letzte Sinn-Ziel des geistigen Lebens (*ultima perfectio cuiuslibet rei est, quando pertingit ad suum principium* – Ver q 8 a 1 corp), die dem unmittelbaren Ursprung aus Gott entsprechende unmittelbare Rückkehr in Ihn (Ver ebd; ebd q 20 a 4 corp) – und doch ein Sinn-Ziel, das so hoch über alle Angemessenheit hinaus ist wie Gott in Sich über die Kreatur (*excedit proportionem cuiuslibet naturae creatae, soli Deo connaturalis existens* – ebd q 27 a 1 corp). Zu dieser Schau hin besteht in der geistigen Kreatur eine «Geeignetheit» (*capax est summi boni per visionem et fruitionem* – de malo q 5 a 1 corp) und «Handlichkeit» (*habilitas... sicut potentiae susceptivae* – ebd q 2 a 12 corp) – und doch eine völlige «Unfähigkeit aus eigener Kraft» (*naturae propriae principia non sufficiant* – de malo q 5 a 1 corp) und «Bedürftigkeit nach Erhebung über die Natur hinaus» (*ipsa natura hominis elevetur ad quandam dignitatem, secundum quam talis finis sit ei competens* – Ver q 27 a 1 corp). Es liegt darum im geistigen Seins-Wesen nicht nur eine «natürliche Hinneigung» zur Schau Gottes (*homo naturaliter inclinetur* – in Boeth de Trin q 6 a 4 ad 5), sondern eine «natürliche unstillbare Sehnsucht» (*desiderium...*

[1] Anselm von Canterbury führt diese Steigerung selber durch: *non solum es quo maius cogitari nequit, sed es quiddam maius quam cogitari potest* (Proslog 15).

non quiescit, nisi ad summum rerum cardinem et factorem pervenerit – c Gent 3, 50); – und doch ist nicht nur die «Hinneigung» das Werk über-natürlicher Gnade (*ut homini detur aliquid, ... per quod inclinetur eius appetitus in finem illum* – Ver q 27 a 1 corp), sondern auch das Wissen um das Bestehen eines solchen übernatürlichen Zieles ist Gnade (*cum ipsum donum gratiae cognitionem hominis excedat* – ebd q 24 a 15 corp). Diese Rhythmik des «Über-hinaus im In» vollendet sich, indem im Vollzug der Schau zwar «Gott durch Gott» geschaut wird (*videre... essentiam Dei impossibile est nisi ipsa divina essentia sit forma intellectus quo intelligit* – c Gent 3, 52) – aber doch so, daß er als Unbegreiflicher über alles Begreifen des Schauenden erscheint (*impossibile est... quod intellectus creatus divinam substantiam comprehendat* – ebd 55).

In diesem Letzten (da es ein Sich-Mitteilen Gottes einbeschließt) ist aber bereits die Umkehrung unserer Rhythmik gesichtet: die Art, wie das Universum «von Gott her» sich konstruiert. Beim Universum «zu Gott hin» ging es um eine solche Sprengung der Geschlossenheit gegenseitigen Bezogenseins, in der ein aufsteigendes «über hinaus» sich auswirkt. Im Universum «von Gott her» zeigt sich dagegen ein absteigendes «über hinaus». Im ersten Fall «setzt sich» Gott in dem Augenblick als ein Über-Hinaus «ab», da er als immanente Einheit des Universums erscheinen möchte. Im zweiten Fall «setzt sich» das Geschöpf in dem Augenblick als ein (relativ eigenständiges und eigenwirksames) Über-Hinaus «ab», da es in all seinem Wirken als Allein-Wirken Gottes erscheinen könnte. Es ist klar, wie sich das bereits eben darstellte. Die Schau Gottes ist wesenhaft Schau «Gottes durch Gott», also dem Anschein nach klarster Fall einer Alleinwirksamkeit Gottes. Und doch ist das schauende Geschöpf als solches geschaffen, das «in seiner Natur» (*quoddam bonum naturae* – de malo q 2 a 11 ad 1) die «Geeignetheit» *(capax)*, «Handlichkeit» *(habilitas)*, «natürliche Hinneigung» *(naturaliter inclinetur)* und «natürliche Sehnsucht» *(desiderium naturale)* dazu trägt. Daran wird das große Gesetz überdeutlich, darin das absteigende «über hinaus» sich ausprägt: die Zweitursächlichkeit *(causae secundae)*.

Gott ist so sehr der schaffende Urgrund alles Seins (*a primo uno procedunt omnia una, et a primo ente omnia entia, et a primo bono omnia bona* – Ver q 5 a 1 ad 7), daß alles Sein jeweils nur der Augenblick ist, da es gerade von Ihm her ist (*secundum se ... est in instanti. Unde operatio Dei, quae est per se causa quod res sit, non est alia, secundum quod facit principium essendi et essendi continuationem* – de pot q 5 a 1 ad 2). Und doch ist dieses Sein so sehr gegenüber Gott «abgehoben», daß Gott «in ihm» ist (*intra rem quamlibet* – ebd q 3 a 7 corp), indem Er nicht nur nicht zu ihm gehört (*non sicut pars essentiae* – ebd), sondern auch nicht in sein Wesen «eingeht» (*non intret essentiam rerum creatarum* – ebd q 3 a 5 ad 1), so daß eine wahre «abgehobene» innere «Wesentlichkeit» des geschaffenen Seins besteht (Ver q 21 a 5 ad 1). – Gott ist so sehr der Eine Alles-Wirkende (*quod Deus in omnibus intime operatur* – S Th 1 q 105 a 5 corp; als *propria et immediata causa... magis intima cuique quam ipsum sit intimum sibi* – Ver q 8 16 ad 12), daß Er selbst und gerade im freien Geist-Wesen Sein unmittelbarstes Wirken übt: unmittelbar zu ihm im Sein (*inter mentem nostram et Deum nihil cadit medium* – Ver q 27 a 1 ad 11), unmittelbar zu ihm im Erkennen (*mens... dicitur immediate formari ab ipsa veritate prima* – ebd q 18 a 1 ad 7), unmittelbar zu ihm im Wollen, nicht nur als dessen Sinn-Ziel (*ipse Deus immediate est finis humanae vitae* – ebd q 5 a 10 corp), sondern als Wirk-Ursache in ihm (*ipse solus imprimere potest in voluntatem nostram* – ebd). Und doch bindet sich dieses Eine Alles-Wirken nicht nur an die unterschiedliche Natur der Geschöpfe (*operatur in unoquoque secundum eius propietatem* – S Th 1 q 83 a 1 ad 3), so sehr, daß es geradezu die Freiheit «als» Freiheit wirkt (*voluntatem movet..., non ut necessitate, sed ut indeterminate se habentem ad multa* – de malo q 6 a 1 corp), indem die wachsende Nähe Gottes ein wachsendes Selbständigwerden wirkt (*quanto aliqua natura Deo vicinior, tanto minus ab eo inclinatur et magis nata est seipsam inclinare* – Ver q 22 a 4 corp). Sondern es geschieht ein solches Sich-abheben der Kreatur, als eigentlichste Offenbarung des Reichtums Gottes (*ex eminentia bonitatis suae* – Ver q 11 a 1 corp; *ex eius perfectissima plenitudine* – de spir creat a 10 ad 16), daß die sich-abhebende Kreatur geradezu Gottes-Züge anzunehmen scheint: als Urgrund ihrer selbst (*causa sui ipsius* – Ver q 24 a 1 corp), als schaffende Ursache (*quod causae sint* – Ver q 11 a 1 corp), als ausschenkende Ursache (*quod alii esse et bonitatem largiretur* – ebd 5 q a 8 corp), als Vorsehung für andere (*non solum... quod sint provisae*, *sed etiam quod provideant* – ebd q 5 a 5 corp) – und das bis zur Zulassung des Widerspruchs gegen Gott (*Deus plus amat quod est magis bonum, et ideo magis vult praesentiam magis boni quam absentiam minus mali...: ideo ad hoc quod aliqua bona maiora eliciantur*, *permittit aliquos in mala culpa cadere*, *quae maxime secundum genus sunt odibilia* – ebd q 5 a 5 ad 3).

Für dieses Ganze ist es dann zuletzt bezeichnend, daß es nicht so sehr von der Eigenständigkeit eines aristotelischen «natürlichen Universums» her orientiert erscheint, sondern ausdrücklich vom «sakralen Universum» des Areopagiten her: der *nobilissimus modus divinae imitationis*, darin die Geschöpfe «Ausspender der Vollkommenheit» sind (*ut aliis perfectionem largiantur)*, als anderer Ausdruck für das Wort des Areopagiten vom «Mitarbeiter Gottes (am Heil der Seele)»: Ver q 9 a 2 corp, wie dieses nur eine andere Fassung von Koloss 1, 24 ist: «die Lücken der Leiden Christi ausfüllen für Seinen Leib, die Kirche».

Das Verhältnis zwischen unserem früheren Relationsgewebe und diesem aufsteigenden (zu Gott hin) und absteigenden (von Gott her) «über hinaus» ist also so, daß die Sprengung der Geschlossenheit eines gegenseitigen Bezogenseins sich immer mehr steigert. Das erste «über hinaus» (des Universums zu Gott hin) bricht in seiner immanenten Folgerichtigkeit da ab, wo es seinen höchsten Punkt zu erreichen scheint. Denn das «über hinaus» eines all-souveränen und all-wirkenden Gottes zeigt sich, gemäß dem Grundgedanken des zweiten «über hinaus» (des Universums von Gott her), gerade in dem, wodurch diese all-souveräne All-Wirksamkeit in Frage gestellt zu sein scheint: in der Steigerung einer Eigenständigkeit der Kreatur bis zu einer Art Autonomie (*domina suorum actuum* – Ver q 22 a 5 ad 7 in contr). In dem Augenblick aber wiederum, wo diese Eigenständigkeit (in immanenter Folgerichtigkeit des Gedankens) schlechthinnige

Autonomie werden möchte, setzt im zweiten «über hinaus» (weil es von Gott her ist) erneut das erste «über hinaus» (zu Gott hin) ein. Es ist also nicht nur so, daß ein allgemeines «über hinaus» in zwei konkreten Besonderungen sich darstellt. Es ist auch nicht nur so, daß das erste «über hinaus» zum zweiten hin in diesem sich vollendet. Es ist vielmehr zugespitzt so, daß der Prozeß immer wieder kreishaft zurückläuft. Aber nicht so, daß nun dieser Kreis eine Art «endgültige Formel» wäre. Sondern das ist das schärfste Zeichen Gottes als Gottes, daß an Ihm auch die subtilsten Formeln versagen. Nicht nur die Formel des «im In zum Über»: im Abbrechen des ersten «über hinaus» zum zweiten. Nicht nur die Formel des «im Über zum In»: im Wieder-Einsetzen des ersten «über hinaus» im zweiten. Sondern auch die Formel eines immanenten Rhythmus zwischen «im In zum Über» und «im Über zum In». Denn ein solcher immanenter Rhythmus wäre nur als ein Zwischen zwischen Geschöpf und Gott möglich. Ein solches Zwischen aber wäre von der einen Seite her eine Halb-Gott-Geschöpf-lichkeit (und hierin die Zerstörung des ersten «über hinaus») und von der andern Seite her eine Halb-Gott-Geschöpflichkeit (und hierin die Zerstörung des zweiten «über hinaus»). Gerade das ἀνά eines solchen immanenten Rhythmus ist nichts anderes als größere Eindringlichkeit des ἄνω. Die «Relation» offenbart sich über den Rhythmus des «über hinaus» zur ausgesprochenen *theologia negativa* der *perfectio universi*. Gibt sich bei Thomas die besondere Analogie in der *perfectio universi*, dann gibt sich eben darum auch in der *perfectio universi* schärfer die Analogie.

In dieser Frage des immanenten Rhythmus haben wir aber die Frage nach dem, was sonst als Eigentümlichkeit gerade des Aquinaten gilt und was ja auch innerlich die Konzeption der *perfectio universi* formt: nach der «Mitte». Der Rhythmus des ersten (aufsteigenden) «über hinaus» gilt der Überwindung des Übermaßes der Geschlossenheit eines Ganzen. Der Rhythmus des zweiten (absteigenden) «über hinaus» klärt das Übermaß einer göttlichen Allein-Wirksamkeit zum Gleichmaß einer relativen Ganz-Einheit zwischen Göttlicher All-Wirksamkeit und geschöpflicher Eigen-Wirksamkeit. So kommt es dazu, daß diese «Mitte» gerade als das Wort für die Methode Thomas' von Aquin gelten könnte: *fides... catholica media via incedit* (Ver q 24 a 12 corp): für die grundlegende besondere philosophische Frage zwischen *potentia* und *actus* (ebd q 11 a 1 corp) wie für die grundlegende besondere theologische Frage zwischen Gnade und Freiheit (ebd q 24 a 12 corp) und Gott und Mensch in Christo (S Th 3 q 2 a 6 corp). Aber diese Mitte wird nicht umsonst von der *fides catholica* ausgesagt. Das heißt sie ist kürzere, ja wohl schärfere Formel des Rhythmus des «über hinaus», wie wir ihn eben sahen.

Sie könnte von vielen Zügen aus gewiß als immanente Mitte erscheinen: im Menschen. Sein Bewußtseins-Leben steht, seinem formalen Gegenstand nach, in der Mitte zwischen dem Rein-Materiellen und dem Rein-Geistigen, zwischen *forma prout in materia corporali* und *forma sine materia subsistens:* als das *medio modo* des gelöst schwebenden *forma in materia quidem corporali ..., non tamen prout est in tali materia* (S. Th 1 q 85 a 1 corp). Folgerichtig ruht dieses gelöste Schweben in einer inneren Universalität: dem «gleichsam ein All» der Menschenseele, das geradezu die Züge der göttlichen All-Einheit trägt: *anima hominis fit omnia quoddamodo secundum sensum et intellectum, in quo cognitionem habentia ad Dei similitudinem quoddamodo appropinquant, in quo omnia praeexistunt* (S Th 1 q 80 a 1 corp). – Aber für diese Mitte ist es kennzeichnend, daß sie von unten her als das Oberste erscheint (*tota operatio inferioris naturae terminatur ad hominem sicut perfectissimum* – de an a 8 corp), von oben her aber als das Unterste (*inter substantias intellectuales secundum naturae ordinem infimas esse animas humanas* – S Th 1 q 89 a 1 corp). Der Mensch als «Mitte» wird mithin hierdurch «Grenze als Übergang» (*in confinio corporalium et separatarum substantiarum* – de an a 1 corp). Es ist aber «Grenze als Übergang» im schärferen Sinn eines «Sich-schneidens als Sich-scheidens». Denn Körperhaftes und Geisthaftes scheiden sich nicht nur in der Art, sondern auch im Genus: *res... materiales et intelligibiles sunt omnino diversorum generum* (Ver q 8 a 9 corp). Und darum geht die Scheidung bis zu einem Sich-scheiden zwischen «Richtungen», die umgekehrt zueinander laufen: beim Körperhaften zu einem unterst Unvollkommenen als «Erstem» (*in substantiis... materialibus attenduntur diversi gradus speciem diversificantes in ordine ad primum principium quod est materia* – de an a 7 corp), beim Geisthaften zu einem oberst Vollkommenem als «Erstem» (*in substantiis... immaterialibus ordo graduum diversorum specierum attenditur... secundum comparationem ad primum agens quod oportet esse perfectissimum* – ebd). Darum aber – als Letztes – erhält die zweite Richtung sosehr den Hauptakzent, daß die erste ihre Funktion wird: das Körperhafte ist primär prae-existent im Geisthaften (*omnia materialia in ipsis Angelis praeexistunt simplicius... et immaterialius quam in ipsis rebus* – S Th 1 q 57 a 1 corp), da es zum reinen Geist gehört, das Körperhafte von der schöpferischen Erkenntnis Gottes aus zu erkennen (*dicitur... Angelus accepisse in Verbo cognitionem ipsius* [*rei*] *ut fiendae* – de pot q 4 a 2 ad 12). Und darum vollzieht sich die ganze Ordnung nun von hier aus: als Gliederung der Wirksamkeit des rein Geisthaften (in seinen drei «Hierarchien») über das Ganze: von den «Ideen in Gott» *(rationes rerum in Deo)* als dem «Ziel» *(consideratio finis)*, zu den «allgemeinen Ursachen» *(in causis universalibus)* als «Verfügendem» *(dispositio universalis de agendis)*, zu den «besonderen Wirkungen» (*determinationem ad speciales effectus)* als der «Durchführung» (*applicatio dispositionis ad effectum, quae est operis executio* – S Th 1 q 108 a 6 corp). Der Mensch der «Mitte» ist damit «Durchgang des Oben nach unten» geworden: durchlässig in seinem Geistleben für die reinen Geister (S Th 1 q 111), die das Körperhafte lenken (*omnia corporalia regentur per Angelos* – ebd q 110 a 1 corp).

So erscheint folgerichtig nun der reine Geist als bindende Mitte. Das Oben Gottes und das Unten des Untergeistigen berühren sich in seinem Sein: *ea quae sunt infra Angelum et ea quae sunt supra ipsum sunt quodam modo in substantia eius* (S Th 1 q 55 a 1 ad 3). Seine Erkenntnis vollzieht sich als Mitte *(media inter...)* zwischen rezeptiver *(cognitione quae est a rebus accepta)* und produktiver *(cognitione quae sit causa rerum)* Erkenntnis-Weise (de pot q 3 a 4 ad 13). Seine Freiheit hält die Mitte *(medium locum tenet)* zwischen der Unwandelbarkeits-Freiheit Gottes und der Schwankens-Freiheit des Menschen (*participans aliqualiter cum utroque extremorum* – Ver q 24 a 2 corp). Das was als letztes Sinnziel des Menschen (*finem ultimum hominis*) sich gab, erscheint damit wahrer als Sinn des reinen Geistes: das «In-sich-Tragen des All» (*ut in ea describatur totus ordo universi et causarum eius* – Ver q 2 a 2 corp), weil die eigene Seinsform ist das «zu einem All in sich Geschlossensein» (*substantiae intellectuales... redeunt ad essentiam suam reditione completa* – ebd q 1 a 9 corp). – Aber gerade hier, wo der reine Geist als Gott erscheinen könnte (*intellectus Angeli est deiformis* – de malo q 7 a 9 ad 1), schneidet die Scheidung wieder hindurch: das *ut in ea... totus ordo universi et causarum eius* ist nur vordeutendes Gleichnis dessen, was allein in Gott und von Gott her und durch Gott geschieht, in der übernatürlichen Schau Gottes, in der in Gott das All dem Schauenden sich auftut: *in visione Dei... quid est quod non videant qui Videntem omnia vident* (Ver q 2 a 2 corp). In aller Teilnahme am schöpferischen Erkennen Gottes ist der reine Geist als Gegenpol zum Körperhaften in das All hineingebunden (*licet creaturae corporales et spirituales sint disparatae secundum proprias naturas, tamen sunt connexae secundum ordinem universi* – de pot q 3 a 17 ad 16), – sosehr, daß durch die universale Überschau des reinen Geistes die Gebundenheit mitten hindurch schneidet, da diese Überschau trotz ihres Apriori (*cognitionem... ut fiendae*) nur das jeweils Bestehende erfaßt, nicht das Zukünftige (S Th 1 q 57 a 3 ad 3). Hierin ist der reine Geist selber werdehaft (*ipsi Angeli creaturae sunt* – ebd 1 q 58 a 6 ad 3), «abendliche» Geistigkeit gefügt zu «abendlichem» Sein (*esse rerum in intelligentia angelica comprehenditur sub vespertina cognitione, sicut et esse rerum in propria natura* – ebd). Folgerichtig einigen sich Mensch und reiner Geist nun in diesem *genus logicum* der Werdehaftigkeit (*cum earum quidditas non sit earum esse* – S Th 1 q 88 a 2 ad 4), während zwischen Gott und reinem Geist der «unendliche Abstand» sich legt (*Deus in infinitum distat ab Angelo* – S Th 1 q 56 a 3 ad 2).

Gott ist damit die «Mitte»: als derjenige, in dem allein alles Vielfältige und zueinander Gegensätzliche Eins ist (*hoc ipsum ad perfectam Dei unitatem pertinet quod ea quae sunt multipliciter et divisim in aliis, in ipso sunt simpliciter et unite* – S Th 1 q 13 a 4 ad 3). Damit ist (in dem Weg über Mensch als Mitte und Geist als Mitte) die aristotelische Mitte in die areopagitische Mitte übergegangen: *quod in inferioribus continetur deficienter et partialiter et multipliciter, in superioribus continetur eminenter et per quandam totalitatem et simplicitatem* (S Th 1 q 57 a 1 corp). Es ist Mitte als «von oben her zum Gegensätzlichen» *(quod in inferioribus..., in superioribus)*, und erst so (und «insoweit») eine (aristotelische) «Mitte zwischen den Gegensätzen». Es ist Mitte als «Einheit-in-sich zum Vielfältigen» *(quod deficienter et partialiter et multipliciter..., eminenter et per quandam totalitatem et simplicitatem)*, und erst so (und «insoweit») eine (aristotelische) «Mitte des Ausgleichs». Es ist endlich Mitte als (sachlich) «in voraus» *(in superioribus continetur... per quandam totalitatem et simplicitatem)*, und erst so (und «insoweit») eine (aristotelische) «erfolgende Mitte». Es ist Mitte, in der das «über hinaus» aus einem «je über hinaus» das voll-souveräne «in voraus über hinaus» geworden ist, und darum ist es nicht eine Mitte, die (von sich aus) so nahe zu Gott tritt, daß sie «Mitte als Gott» wird (wie es in der reinen Tendenz des Aristotelischen liegt), sondern diese Mitte ist der (im Geschöpflichen höchst-mögliche) Name für Gott: in *Deo, sicut in summo rerum vertice, omnia supersubstantialiter praeexistunt secundum ipsum suum simplex esse, ut Dionysius dicit* (ebd).

Von dieser Mitte als «in voraus über hinaus» her geschieht ein Doppeltes, in dessen Verhältnis zueinander der schärfere Begriff dieser Mitte sich kundtut. – Einerseits erscheinen alle kreatürlichen Mitte-Bildungen als (absteigende) Offenbarung dieser Gott-Mitte. In der Geist-Mitte: insofern das Seins-All im Geist (sachlich) «in voraus» das Eins des (an Gottes schöpferischem Wissen teilnehmenden) Bewußtseins ist: *ista perfectio ad Angelos quidem derivatur, secundum quod omnia sunt in eorum cognitione, quae sunt a Deo producta per formas diversas* (S Th 1 q 91 a 1 corp). In der Mensch-Mitte: insofern er seinem Sein nach das Seins-All in Eins ist und so selber All: *ad hominem vero derivatur*, (indem er)... *est ex rebus omnibus quodammodo compositus... Et propter hoc homo dicitur minor mundus, quia omnes creaturae mundi quodammodo inveniuntur in eo* (ebd). – Andererseits aber versagen diese Offenbarungen der Gott-Mitte vor deren persönlicher Offenbarung im «Mittler». Christus erscheint als die Wirklichkeit der Art, wie die Gott-Mitte das All befaßt: die «aufnehmende Unendlichkeit» (*infinita virtus assumentis* – de un Verbi incarn a 2 ad 15), die unsichtbares und übergreifend-sichtbares Einheits-Haupt (S Th 3 q 8 a 6 corp) nicht nur aller Menschen aller Zeiten (ebd a 3 corp), sondern auch der reinen Geister ist (ebd a 4 corp). Sein nächstes Gleichnis wäre dann die Weise, wie der Mensch als Welt *(minor mundus)* und All *(quodammodo omnia)* sich gab (*huius ... unionis exemplum in rebus creatis nullum est propinquius quam unio animae rationalis ad corpus* – de un Verbi incarn a 1 corp). Noch stärker wäre es, wenn man die Lenkung der Körperwelt durch das rein Geisthafte (S Th 1 q 110 a 1 corp) als Wirken einer Welt-Seele in Einer Welt faßte (*esset... adhuc similius si fingamus, sicut plerique volunt, esse in mundo animam generalem* – de un Verbi incarn a 1 corp). Aber in diesen Gleichnissen wird nur klarer, wie die Weise der persönlichen Offenbarung der Gott-Mitte im Gott-Mittler nicht nur formal über die kreatürlichen Mitte-Bildungen hinaus ist (*singularis supra omnes modos... nobis notos* – ebd), sondern wie die Form ihrer Einzigkeit die Einzigkeit Gottes selber ist: das «All in Eins» des Mittlers als unmittelbare Sichtbarkeit des Eins Gottes (*sicut... Deus... est ipsa unitas per essentiam, ... potuit facere novum modum unionis..., quamvis ad hoc in creaturis nullum sufficiens exemplum inveniretur* – ebd). Darum ist das Mittetum des Mittlers im «Unendlichen Über-hinaus» Gottes (*infinitus excessus* – ebd a 2 ad 15) begründet: nicht so, daß Gott ins Geschöpf umgriffen wird oder auch nur in ein «Verhältnis» zu ihm «eingeht», wenn auch «übergreifend» (*ut...* [*natura humana*] *secundum aliquam proportionem certam a persona verbi excedatur* – ebd); – auch nicht so, daß Gott Sich über Sich hinaus zum Geschöpf senke (*persona verbi comprehenditur sub natura verbi nec potest se ad aliquid ultra extendere* – ebd a 1 ad 14); – sondern so, daß das Unten des Geschöpfes hineingenommen ist (*magis accipit quod est infra* – ebd) in die Person-Einheit mit dem «Unendlichen

Über-Hinaus» (*infinitus excessus non excludit quin quodam ineffabili modo persona Dei humanam naturam sibi copulaverit in unitatem hypostasis* – ebd a 2 ad 18). Dann ist dieses Mitte-tum des Mittlers aber so wenig an eine möglichst hohe geschöpfliche Erscheinungsform gebunden, daß der Mittler nicht nur als Mensch (und nicht als reiner Geist), sondern als Sünde-Sühne (und nicht als davon unabhängige neutrale «Krone der Schöpfung») erscheint (S Th 3 q 1 a 3 corp; Ver q 29 a 4 ad 3). Die konkrete Form der «Gott-Mitte» im Mittler heißt mithin: das «Eins im Unendlichen Über-Hinaus» (die *unitas hypostasis* zum *infinitus excessus* der *persona Dei*) als «Eins (des stellvertretenden Tragens) zum Nichts der Sünde». –

In diesem Höhepunkt der Mitte-Formalität (und hierin Analogie-Formalität) Thomas' von Aquin werden drei abschließende Formeln bei ihm in besonderer Weise deutlich. – Die Mitte-Formalität, wie wir sie nun sahen, ist so gestaltet, daß sie vom Geschöpflichen aus langsam zu Gott hin «erscheint» (in der Bewegung des «Universums zu Gott hin» S. 187) und doch in Gott und darum nur von Gott her «besteht» (in der Bewegung des «Universums von Gott her» S. 190). Hierin prägt sich die Thomas-Analogie aus, wie sie für die entscheidendsten Bestimmungen gilt: *ens et bonum et huiusmodi* (Ver q 4 a 1 corp). Es besteht das *prius* einer aufsteigenden Analogie des «setzenden Nennens», vom Geschöpf hin zu Gott (*prius fuerunt creaturis imposita, et ex his ad divinam praedicationem translata* – ebd),– aber unter dem *prius* einer absteigenden Analogie des «vorliegenden (und darum nur vorfindbaren) Geltens», von Gott hin zum Geschöpf (*quamvis esse et bonum prius inveniantur in Deo* – ebd). – Unsere Mitte-Formalität zeigt aber zweitens dieses Verhältnis in der besonderen Konkretheit der Beziehung zwischen der (vom Menschen über den Engel) zu Gott aufsteigenden «natürlichen» Weise und ihrer von Gott (im «Mittler») her absteigenden «übernatürlichen» Weise. Hierin offenbart sich die konkrete Form der Thomas-Analogie: in dem auf Thomas sich gründenden bekannten Satz: *gratia (fides) non destruit, sed supponit et perficit naturam (rationem)* (vgl Ver q 14 a 10 ad 9; S Th q 1 a 8 ad 2; ebd q 2 a 2 ad 1).

Diese Form hängt am Doppelsinn des *perficit. Perficit* heißt einmal: daß die *gratia (fides)* die «letzte Form» sei: *natura* und *ratio* bestehen einzig und allein in der einen, faktisch einzigen, alles «über-formenden» übernatürlichen Ordnung der Erlösung durch die Menschwerdung. Dann aber besagt dasselbe *perficit:* daß die *gratia (fides)* so wenig eine ausschließende «letzte Form» ist *(non destruit)*, daß in ihrem Rahmen die *natura (ratio)* nicht nur positiv (über sich hinaus) zu ihr hinführt *(supponit)*, sondern in ihr sich auch «vollendet» *(perficit)*. In Kraft absteigender übernatürlicher Analogie (in der das Geschöpf in «die Form Gottes» hinein «erfunden» wird: *in illius inveniamur forma*, *in quo tecum est nostra substantia* [Postcommunio der ersten Weihnachtsmesse]) vollzieht sich eine aufsteigende natürliche Analogie, des Sich-Vollendens der *natura (ratio)* zur Vollendung Gottes hin.

Endlich aber (drittens) legte sich in der langsamen Entwicklung unserer Mitte-Formalität der entscheidende Drehpunkt offen: da wo die Geist-Mitte durch die Gott-Mitte aufgehoben wurde. Es war die Sicht, wie Mensch und reiner Geist doch noch in einem *genus logicum* übereinkommen, dahindurch die «unendliche Distanz» zu Gott geht (S Th 1 q 88 a 2 ad 4, q 56 a 3 ad 2). Dieses *genus logicum* ist das Spannungs-Eins von Sosein *(quidditas)* und Dasein *(esse):* daß im Geschöpf zwar das Eins daseienden Soseins und soseienden Daseins vorliege, aber als Eins der Unterschiedenheit (*cum earum quidditas non sit earum esse* – S Th 1 q 88 a 2 ad 4), während Gott allein das Wesens-Eins eines «Soseins als Daseins» (*sua ... essentia est suum esse* – S Th 1 q 3 a 4 corp) und «Daseins als Soseins» ist (*quod non sit aliud in eo essentia quam suum esse* – ebd). Hierin begründet sich das wesenhafte Verhältnis zwischen Gott und Nicht-Gott. Erstens: das souveräne Über Gottes (da Er als Wesens-Eins von *essentia* und *esse* Er selbst durch Sich-selbst in Sich-Selbst zu Sich-Selbst ist) im intimen In Gottes (da Sosein und Dasein des Geschöpfes und ihr je neu faktisches Eins von Ihm her sind, so daß Er dem Geschöpf «intimer» ist als dieses sich selbst: Ver q 8 a 16 ad 12). Zweitens: dies aber so, daß das Geschöpf eine wahre Eigenständigkeit seines (sosein-daseingeeinten) Seins besitzt, vom Sosein her (*Deus...non intret essentiam rerum creatarum* – de pot q 3 a 5 ad 1) wie vom Dasein her (*cuilibet creaturae dat proprium modum essendi* – Ver q 10 a 11 ad 8). Drittens: darum trägt das Geschöpf im «ich bin» des (faktischen) Eins seines Seins wahre Ähnlichkeit mit dem «Ich Bin» des göttlichen wesens-einshaften Seins (*res Deo similis... in esse* – de pot q 3 a 7 corp). Dann aber hat auch das konkrete Verhältnis zwischen Gott und Nicht-Gott hier seinen Angelpunkt: indem das Geheimnis der übernatürlichen Menschwerdung in der Frage des Seins Christi ihre entscheidende Zuspitzung hat: da einerseits die Eine göttliche Person als Eine Substanz auch das Eine göttliche *esse* Christi fordert (*unum esse simpliciter propter unum esse aeternum suppositi* – de un Verbi incarn a 4 corp), andererseits aber die Wirklichkeit des Menschtums Christi auch ein Mensch-Sein einbeschließt, als *esse secundarium*, wenngleich nicht *accidentale* (ebd), in der Weise einer *nova habitudo esse personalis praeexistentis ad naturam humanam* (S Th 3 q 17 a 2). Es wird also sichtbar, wie die Analogie Thomas' von Aquin auch und gerade in ihrer Besonderheit in der *analogia entis* ihre Spitze hat: das *entis* besagt eine solche Scheidung zwischen Gott und Geschöpf, daß auch keinerlei gemeinsames *genus* besteht (*si... non in genere...*, dann *secundum aliqualem analogiam sicut ipsum esse est commune omnibus* – ebd 1 q 4 ad 3 corp) -- aber doch so, daß eben hierin das Radikal-Positive einer Einheit in der Wurzel sich kundtut (*illa quae sunt a Deo, assimilantur ei, in quantum sunt entia, ut primo et universali principio totius esse* – ebd).

Hierin kennzeichnet sich die besondere *analogia entis* Thomas' von Aquin in dem inneren Verhältnis der zwei Worte, die er für Mensch und Welt gebraucht: der Mensch als *in confinio* von Natur und Geist (de an a 1 corp) und die Welt als *perfectio (universi)* (de spir creat a 5 corp). Ging es bei Platon zuletzt um den «unsterblichen Kampf» *(ἀθάνατος μάχη)*, bei Aristoteles um den «Torso» *(κολοβόν)*, bei Augustinus um die «wache Nacht» *(vigilat ista nocte...)*, so bei Thomas um die «vollendende Grenze» *(confinium* als *perfectio)*. Das Phänomen der «Grenze» ist das jeweilige «über hinaus»: von der Mensch-Mitte zur Geist-

Mitte zur Gott-Mitte. Aber eben hierin wird es das Phänomen der «Vollendung», da von Gott her im Gott-Menschen eine «Mitte der Schöpfung» sich konstituiert, und dies nicht nur als Mensch-Mitte, sondern als (im «Skandal des Kreuzes») Mensch-Mitte in Allzumenschlichkeit und hierdurch alles vollendend.

Hierin binden sich jene zwei Worte Thomas' von Aquin, die wir von Anfang an als ihm eigen sehen: *sanctificatio* (im «sakralen Universum») und *perfectio* (im «natürlichen Universum»). Indem alles immer mehr von allem und von sich selbst hinweg in Gott hinein «sich weihend abscheidet» (*sanctificatio* als *ab operibus in ipso Deo… quiescamus* – de pot q 4 a 2 ad 5), empfängt es die «Weihe der Teilnahme» am in Sich vollendet ruhenden Gott (*sanctificatio* als *sicut Deus a rebus conditis in se ipso… sufficientiam habens* – ebd). Indem die Ordnung der Menschwerdung (als das Eine faktische Universum) Vollendung als «Endung» des Endes ist (*perfectio* als «Letztes»: *non enim legi evangelicae aliud status succedit, quae ad perfectum adduxit* – ebd q 5 a 6 ad 9), ist sie Vollendung als positive «Dauer» des (im «vollkommenen Gott») «Vollkommenen» (*verba… quae videntur in Scripturis… pertinere… ad finis propinquitatem… sunt… referenda… ad status mundi dispositionem* – ebd).

Hierin ist klar, warum die Problematik der *analogia entis* in Thomas von Aquin so sehr sich schließt, daß sie schlechthin unter seinem Namen geht: weil in dieser Fassung das ἀνα und das ἄνω selber in Vollendung sich durchdringen: *proportio (ἀνά)* und *excedens (ἄνω)* als *proportio excedens* wie als *proportio excedens*. Es ist hierin ein solches ἀνά des ἄνω, darin doch ἀνα wie ἄνω in ihrem besonderen Wesen gewahrt sind.

§ 8 Analogia entis als Prinzip

Wir haben nun noch aus dem Ineinander des ersten und zweiten Abschnittes die ausdrückliche Schlußfolgerung zu ziehen. Denn tatsächlich hat sich bereits gezeigt, daß die *analogia entis* die Form des Prinzips ist, das von einer Metaphysik-überhaupt her sich forderte, – und ebenso wie sie als solches Prinzip überhaupt verstanden werden kann. Dieses, bereits tatsächlich herausgetretene, Daß und Wie ist hier bewußt zu fomulieren.

1. *Analogia entis* als tatsächliches Prinzip einer Metaphysik-überhaupt erhellt sich von der Art her, in der die grundsätzliche Betrachtung über ein formales Prinzip einer Metaphysik-überhaupt (§ 1–4) sowie die geschichtliche Analyse der Ur-Tradition auf ihr formales Prinzip (§ 7) in das Bild der *analogia entis* sich einen, wie es in der Problematik des Widerspruchsatzes entscheidend erscheint (§ 6). – Das formale Prinzip der Metaphysik überhaupt gab sich als ein solches, das in der Formgestalt des Verhältnisses zwischen Sosein und Dasein die Gesamt-Problematik bis in die zwischen Philosophie und Theologie spielende umfaßt (S. 95f). Die Problematik des «Verhältnisses» erfüllte sich in der Problematik der *analogia entis* als *analogia:* von ihrer relativen Allgemeingestalt (§ 5–6) bis zur konkreten Schwingungsbreite zwischen ἀνά und ἄνω in ihr (§ 7); – von einem relativ positiven Gefüge in ihrem Bau (zwischen innergeschöpflicher und zwischen-gott-geschöpf-licher Analogie: § 6, 5–6) zur «Beziehung gegenseitigen Andersseins» (ebd 8) zum Spiel der verschiedenen Akzentuierungen auch noch hier (§ 7). Die Problematik des «zwischen Sosein und Dasein» wiederum entwickelte sich in die der *analogia* als *entis:* von einer «Ordnung des Seins im Denken» (S. 99) zum «ist (gilt)» als in seinem Wesen «analog» (S. 141) zur Ausdrücklichkeit davon, daß die Spanne zwischen Sosein *(essentia)* und Dasein *(esse)* das Wesen der Analogie bilde (S. 201). Die Problematik endlich des «bis in... Philosophie und Theologie»

fand ihre schärfere Grundlage in der Art, wie die vollentfaltete *analogia entis* in ihrer Potentialitäts-Problematik das früher geforderte Verhältnis zwischen beiden anlegte (S. 131 f) und wie in den konkreten Formen der Analogie in den klassischen Systemen diese Einheit der Unterschiedenheit sich darlegte (§ 7). Aber darüber hinaus geschah noch die entscheidendere Begründung des gesamten Prinzips: im Widerspruchsatz (§ 6).

Das hat dann seine korrelate Ergänzung in der Art, wie von der Analyse der geschichtlichen Ur-Tradition her dasselbe Ergebnis erschien. Denn in dieser Ur-Tradition (vom Gegensatz zwischen Heraklit-Parmenides bis zum Akzent-Ineinander zwischen Platon-Aristoteles und dem weiteren Akzent-Ineinander der Platon-Aristoteles-Bindung in dem Verhältnis zwischen Augustinus-Thomas) gab sich einerseits immer wieder das Form-Gefüge einer Metaphysik-überhaupt, wie es sich uns sachlich aufbaute (§ 1–4), und ebenso in ihm die Grundgestalt der Analogie (§ 5–6), aber andererseits doch eine Fülle der Möglichkeiten, die rückwirkend dieses Form-Gefüge und diese Grundgestalt erst in ihrer ganzen Breite differenzierte: von Platons «unsterblichem Kampf» *(ἄνω als Stachel des ἀνά)* zum aristotelischen «Torso des Umschwungs» *(ἀνά* in seiner Geschlossenheit zum *ἄνω* aufspringend) zur augustinischen «wachen Nacht» *(ἀνά* als Kundgabe des *ἄνω)* zu Thomas' von Aquin «vollendender Grenze» *(ἀνά* des *ἄνω).* Eben hierin zielte aber diese Darlegung praktisch auf die entscheidende Bekräftigung der Art, wie die *analogia entis* im Widerspruchsatz erschien: nicht in ihm als einem «Prinzip, aus dem, ...», sondern in ihm als einer «negativen reduktiven Formalität», als dem «Fußpunkt von Bewegung». Denn die geschichtlichen Systeme der Ur-Tradition geben sich nicht als «aus» der *analogia entis* «konstruiert», sondern die *analogia entis* zeigte sich als Rhythmus ihrer inneren Bewegung. – Das Daß der Begründung der *analogia entis* als Prinzip liegt also so im Widerspruchsatz, daß dessen Weise als «negativ-reduktive-Formalität» und als «Fußpunkt von Bewegung» (der selber «anhebende Bewegung» ist) in ihr sich ausprägt.

2. In dieser Weise des Daß offenbart sich aber bereits das Wie der *analogia entis als Prinzip.* Indem die *analogia entis* im Widerspruchsatz sich begründet, zeigt sie sich als das radikalste Prinzip. Indem sie aber eben hierin seine Weise einer «negativ-reduktiven Formalität» und «Bewegung in *actu primo*» teilt, enthüllt sie sich als das offenste Prinzip. Unter der ersten Rücksicht ist sie mithin ein «Prinzip im Maximum» (im «ist [gilt]» alles «ist [gilt]» umfassend), unter der zweiten Rücksicht aber ein «Prinzip im Minimum» (weil im Anheben der «Bewegung ins Unendliche»). – Durch das erste Wie beantwortet sich die Frage des «Ansatzes». Die geschichtlichen Systeme haben in ihrer Abfolge im Grunde genommen die Richtung, den je ursprünglicheren Ansatz zu gewinnen. Als dieses je Ursprünglichere erscheinen für die antiken Naturphilosophen die Ur-Elemente, für Anaxagoras der sie ordnende Geist *(νοῦς),* für Platon das Objektive dieses Geistes (die *εἴδη),* für Aristoteles das Subjektiv-Akthafte desselben Geistes (die *νόησις),* für Descartes darum das Zu-sich-Sein des Geist-Aktes (in der Geschlossenheit des *cogito*), für Kant die Akt-Form als solche (das Transzendentale), für Hegel die Dynamis dieser Akt-Form (im Ternar), für Husserl das letzte Unrückführbare von Inhalts-Form und Akt-Form des Geist-Aktes (Noëma-Noësis als Form der transzendentalen Subjektivität). Die Kritik in dieser Abfolge besteht in der jeweiligen Rückführung in ein jeweilig Ursprünglicheres. Aber alle Versuche erleiden doch die eine Kritik, daß die Begründung der je größeren Ursprünglichkeit des jeweils gewählten Ansatzes durch diesen Ansatz selber schon bestimmt ist. Es entsteht das fatale Entweder-Oder: daß der Ansatz (dekretorisch) «gesetzt» sei oder seine Begründung im «Zirkel» verlaufe. Von hier aus ist klar, daß jener Ansatz offenbar am günstigsten gestellt sei, der erstens in dem sich vollzieht, was für die Bewegung des Denkens das Elementar-Formalste ist und darum zweitens nur das «Gesetztsein» oder den «Zirkel» einbeschließt, der für dieses Elementar-Formalste unvermeidlich ist (und darum praktisch sich aufhebt). Das aber ist unleugbar für die «*analogia entis* im Widerspruchsatz» der Fall. Denn, wie die Untersuchung (§ 5–6) zeigte, ist sie schlechthin nichts anderes als

dessen «genuine Form», während die anderen Ansätze zwar auch in ihm (wenn auch unbewußt) wurzeln, aber ihn in eine bestimmte Richtung «deuten» und dadurch nicht ihn, sondern sich selbst zum Grund haben. Indem die *analogia entis* ihn also nur unverdeutet «ausspricht», ist sie Ansatz in Kraft seines Ansatzseins, also radikalst. *Analogia entis* besagt Ansatz, soweit als Denken überhaupt sein eigener Ansatz ist. –

Aber eben hierin ist doch auch das Umgekehrte gesagt: daß der Ansatz des Denkens als Denkens in der Analogie steht und damit in ihr, so wie sie sich immer neu gab. Zuerst einschlußweise in der Erörterung des Formal-Prinzips einer Metaphysik überhaupt (§ 1–4): als schwebendes Verhältnis, das nicht nur immer je über sich hinaus weist, sondern durch seinen positiven Ausdruck hindurch in das *quid non est.* Dann in der Sachproblematik der *analogia entis* selber (§ 5–6): als Mitte im bewegten Ausgleich immer mehr über sich hinaus, bis sie gerade als betonte *(analogia) entis* im Nichts erscheint. Endlich in ihrer Geschichtsproblematik (§ 7): als Schwingungsbreite wechselnder Akzentuierung (zwischen *ἀνά* und *ἄνω)*, die aber übergeht (in der Beziehung dieser Akzentuierungen untereinander: von Platon zu Thomas) in eine Struktur der Differenzierungen, bis hinein in das unsystematisierbar Restliche der geschichtlichen Gestalten-Fülle. Hierin zeigt sich *analogia entis* im stärksten Sinn als «kreatürliches Prinzip» und darum in dem unumgrenzbaren Offensein der Werde-Bewegtheit. Wäre sie so etwas wie die Formel des Kreatürlichen (und folgerichtig des Verhältnisses zwischen Gott und Geschöpf), so wäre sie der absoluteste Ansatz einer absoluten Metaphysik: aus dem alles ableitbar wäre bis in die tiefsten theologischen Geheimnisse hinein. So aber ist sie nur der Ausdruck dafür, wie im Ansatz des Denkens als Denkens die restloseste Potentialität des Kreatürlichen sich auswirkt (bis in die *potentia obedientialis* hinein). Sie ist nicht Prinzip, in dem das Kreatürliche begriffen und darum handhabbar ist, sondern in dem es in seiner restlosen Potentialität unverkrampft schwingt. Sie ist Prinzip einer das All des Geschöpflichen ausmessenden Metaphysik: nicht weil sie es aus diesem Prinzip ableitet, sondern weil sie sich zu ihm in diesem

Prinzip öffnet. Sie ist Prinzip einer Metaphysik, die dieses All zu Gott als seinem Ursprung und Sinnziel hin sieht: nicht weil sie in ihrem Prinzip das All von Gott aus begreift, sondern weil sie es durch ihr Offensein durch sich hindurch über sich hinaus zu Gott weisend erfährt. Sie ist endlich Prinzip einer philosophisch-theologischen Metaphysik: nicht weil sie aus diesem Prinzip auch die theologischen Geheimnisse ableiten, ja nicht einmal weil sie sie in dieses Prinzip auflösend rückführen kann, sondern weil die Tiefe dieses Prinzips jene *potentia oboedientialis* ist, die zum Gott der Übernatur unmittelbar steht (*in potentia ad illa quae supra naturam Deus in eo potest facere* – Ver q 8 a 4 ad 13). –

Diese «Kreatürlichkeit» hat darum ihre beste Formulierung beim selben Thomas von Aquin. Es gibt wohl ein *cogito ergo sum* nach der Art der Formel Descartes': das «im Rund voll zu sich» (*reditio completa* – Ver q 1 a 9 corp) des Denkens in der Reflexion auf sich selbst, in der die Wahrheit als solche aufblitzt (*secundum hoc cognoscit veritatem intellectus, quod supra seipsum reflectitur* – ebd), und in der das In-sich-Selbst des Geistes sich betätigt (*nihil aliud* [*reditio*] *dicitur nisi subsistentia rei in seipsa* – ebd q 2 a 2 ad 2). Aber das ist nicht nur Re-flexion, das Sich-zurück-Wenden des Aktes, der in seiner In-tention, seinem Nach-vorwärts, zum Objekt hin ist (S Th 1 q 87 a 3 corp). Es ist auch nicht nur eine Reflexion, in der «zur» Erkenntnis des Aktes «hinzu» auch seine Beziehung zum Objekt sich zeigt (*non solum secundum quod cognoscit actum suum, sed secundum quod cognoscit proportionem eius ad rem* – Ver q 1 a 9 corp). Sondern es ist entscheidend eine solche Reflexion, in der das Hin-zu zu Objekten als Wesens-Natur des Aktes erkannt wird (*cognoscit actum suum...: quod quidem cognosci non potest nisi cognita natura ipsius actus; quae cognosci non potest nisi cognoscatur natura principii activi, quod est ipse intellectus, in cuius natura est ut rebus conformetur* – ebd), – und nicht nur zum immanenten Objekt des Aktes (zum Noëma der Noësis), sondern ausdrücklich zum seinshaften «Ding» (*ut rebus conformetur* – ebd). Offenbart sich aber so in diesem radikalen *cogito* die radikalere Kreatürlichkeit (eines Abhängig-von im allgemeinen und der besonderen Zuordnung der kreatürlichen Seinswesen zueinander, d. h. ihrer Gliedschaft zu einer Welt), dann ist die letzte Folge, daß auch die in diesem *cogito* aufblitzende Wahrheit «transparierend» aufblitzt, nicht als ewige unwandelbare Wahrheit «im *cogito*», sondern in-über der Werdehaftigkeit des kreatürlichen Zueinander von Bewußtsein und Sein (*si accipiamus veritatem pro veritate creatorum verorum eis inhaerente*, *quam invenimus in rebus et in intellectu creato*, *sic veritas non est aeterna*, *nec rerum*, *nec enuntiabilium* – ebd a 5 corp).

In diesem Sinne haben wir denn auch die *analogia* als Prinzip im *cogito* vorgefunden. Sie erschien nicht als ein Formales, aus dem Objekte sich ableiten, sondern als Formales der Bewegung zum Objekt hin. So gab sie sich einschlußweise in der Problematik der Metaphysik überhaupt (§ 1–4): in der möglichsten Aufweitung unbefangener Sicht der objektiven Probleme, die in Metaphysik als solcher liegen. So entwickelte sie sich in ihrer eigenen Sachproblematik (§ 5–6): in dem möglichst unverdeuteten Selbsterscheinen von Logos und Widerspruchsatz. So breitete sie sich in ihrer Geschichtsproblematik aus (§ 7): in der möglichsten Sicht aller Seiten der einschlägigen Systeme, als Rhythmus dieser Spannweite. Darin ist darum auch das Zweite beschlossen: das formale «nie fertig ins Unendliche» dieser Bewegung: die *creatura mutabilis* St. Augustins. Es ist nicht so, daß *analogia entis* als Prinzip die jeweils neue und unbefangene Sichtung der objektiven Sachverhalte erspart. Sondern umgekehrt: sie befähigt dazu und zwingt dazu. Es ist nicht so, daß *analogia entis* als Prinzip die Sattheit eines ein für allemal fertigen Systems begründet. Sondern umgekehrt: sie läßt durch alles scheinbar Fertige hindurchschauen in immer Neues *(invenitur quaerendum)*. So könnte man sagen, daß sich in ihr das Echte phänomenologischer wie aporetischer Methode sowohl einzeln darstellt wie zu Einheit bindet. –

Für sie als Prinzip gilt darum in besonderem Ausmaß die Zeichnung, die das Vatikanische Konzil für die Einheit zwischen *fides* und *ratio* entwirft (Denz 1797). Diese Einheit drückt sich von unten her in einem «über hinaus» negativ aus: *etsi fides sit supra rationem, nulla tamen unquam inter fidem et rationem vera dissensio esse potest.* Nur von oben her erscheint sie in der Form der Identität: *Deus... negare se ipsum non possit nec verum vero unquam contradicere.* Und noch innerhalb dieser Form der Identität von oben her wirkt die Form des negativ formulierten «über hinaus» von unten her nach: einmal da die Identität der Wahrheit *(verum vero)* nicht nur in der Identität Gottes *(Deus... se ipsum)* ruht, des «über alles, was außer Ihm ist oder gedacht werden kann, unsagbar Entrückten» (Denz 1782), sondern in Ihm, wie Er in der Unterschiedenheit von Natur und Übernatur erscheint, also im Gleichnis kreatürlicher Un-Einheit *(cum idem Deus, qui mysteria revelat et fidem infundit, animo humano rationis lumen indiderit)*; – dann aber (gesteigert), da die Identität selber sich negativ ausdrückt, in Gott *(Deus... negare se ipsum non possit)* und darum in der Wahrheit *(nec verum vero unquam contradicere).* Es ist einerseits eine solche Bewegung des je «über hinaus», daß auch die Einheit noch in ihren Formen sich ausdrückt. Es ist andererseits eine solche Einheit, daß das «über hinaus» schon durch sie getragen ist *(idem Deus... mysteria revelat et fidem infundit, animo humano rationis lumen indiderit).* Es ist die «Einheit in der Bewegung» zwischen Wahrheit und Wahrheit: ihrem ersten Anheben im Widerspruchsatz *(τὴν ἀντίφασιν ἀδύνατον ἀληθεύειν κατὰ τοῦ αὐτοῦ.* Met X 5, 1062 A 19–20) und ihrer Erfüllung in Gott *(Deus... negare se ipsum non possit nec verum vero unquam contradicere).* Ihr unaufhaltsames «je über hinaus» ist im ersten Anheben gerade durch diese Erfüllung bedingt: *ut inventus quaeratur immensus est* (Augustinus, in Jo tract 63; 1). Aber eben darum ist es ein «je über hinaus» «in Ordnung». Erstens: insofern es nicht darum «ins Unendliche» geht, um in sich Unendlichkeit zu sein, sondern weil es einem in Sich Unendlichen «untersteht». Zweitens: weil es darum nicht zerstörerische Dämonie negativer Grenzenlosigkeit ist, sondern Bewegung in den vom in sich Unendlichen «gesetzten Grenzen». Drittens endlich: weil es diesen in Sich Unendlichen nicht einfach als Grenzidee «über sich» hat, sondern als Wirkprinzip bereits «in sich» –, in sich als «über sich». Wir sehen also noch einmal, wie die *analogia entis* als Prinzip im Eins ihres ἀνά und *ἄνω* steht: *ἄνω* des je «über hinaus» und doch und darum *ἀνά* der «inneren Ordnung». Sie ist «Prinzip», insofern Er es ist, der allein *principium et finis* heißt, d. h. Prinzip, von dem alles her und zu dem alles hin: *idem Deus*. Dieses «insofern» ist ihr Maß: Nichts vor dem Schöpfer aus dem Nichts.

Sie ist aber in keiner Weise «Prinzip», insofern etwas urhaft Statisches damit vermeint sein könnte, «aus dem» alles übrige abgeleitet werden oder «zu dem» es zurückgeführt werden könnte. Sie ist vielmehr wesentlich das Ur-Dynamische, darin sowohl das Inner-Geschöpfliche schwingt, wie das Zwischen-Gott-und-Geschöpf-liche, wie das Inner-Göttliche, das im Theologumenon von den innergöttlichen «Beziehungen» (relationes), die Vater, Sohn und Geist *sind*, seinen hyper-transzendenten Ausdruck hat. Jenes «Sein», das alle Philosophien als Ur-Frage und Ur-Datum alles übrigen nehmen, «hat» nicht (nachfolgend) Analogie als ein Eigenschaftliches oder aus ihm Entfaltetes, sondern Analogie *ist* Sein, und hierin *ist* (noetisch) Denken Analogie. Analogie ist als dieses Ur-Dynamische Rhythmus, wie nach Pythagoras das All in «tönendem Rhythmus» schwingt, und wie gemäß Platon Gott «aller Dinge und allen Wirkens Metron» ist (Nomoi IV 716 C D). Allein im Sinn solchen Rhythmus' und solchen Metrons ist Analogie «Prinzip». Sie ist ontisch als Sein, wie noetisch als Denken «prinzipiell» das Mysterium der Urmusik dieses Rhythmus: wie die Fugen von Bachs «Kunst der Fuge» sich ineinanderschlingen je über sich hinaus ins «große Schweigen». «Tönende Analogie» vollendet sich in diese «schweigende Analogie».

II. TEIL

ALL-RHYTHMUS

Essenz- und Existenzphilosophie

1939

1. Unter einer doppelten Rücksicht kann sich eine Existenz-Philosophie gegen eine Essenz-Philosophie stellen. Einmal vom formalen Erkenntnis-Objekt her (noëmatisch). Formales Erkenntnis-Objekt einer Essenz-Philosophie wäre dann das ideale Sosein in der Breite, wie die Geschichte es zeigt: das platonische *εἶδος* (als ideales Sein in sich selbst), die aristotelische *μορφή* (als ideale Gestalt in den Dingen), das scholastische universale (als Allgemein-Wesen in der einen oder andern Weise in den Individual-Dingen), die inhaltlichen oder formalen «Formen» und «Gesetze» der neuzeitlichen Philosophie. Existenz-Philosophie, als Gegenstück, hätte es dann mit dem zu tun, wovon in der noëmatischen Essenz-Philosophie «abgesehen» wird oder was wenigstens nur den «Hintergrund» bildet: das reale Sein (gegen das *εἶδος*), die konkreten Dinge (gegen die *μορφή*), das einmalig Individuale (gegen das universale), das fließend Lebendige (gegen «Formen» und «Gesetze»). Aber dann würde eben diese Existenz doch das Objekt einer Philosophie, die methodisch in ihren Begriffen «abhebt» und «formuliert» und damit notwendig ihr Objekt, und also auch die Existenz als Objekt auf den Boden der Essenz bringt. Eine noëmatische Existenz-Philosophie würde also dann zu einer äußersten Essenz-Philosophie: Essentialisierung auch der Existenz.

So rückt das Problem von selbst auf die Ebene des Erkenntnis-Aktes (ins Noëtische). Formaler Akt einer Essenz-Philosophie wäre eben diese «Essentialisierung» aller Gegenstände, auf die sie sich richtet: sei es als objektive Essentialisierung (indem sie alles Reale auf die Ebene idealen Seins erhebt: wie in der antiken Philosophie) – sei es als formale Essentialisierung (indem sie alles Fließende in unwandelbare Begriffe faßt: wie in der scholastischen Philosophie) – sei es als methodische Essentialisierung (indem sie alles kreatürlich Werdende in absoluter Wahrheit schaut:

wie in der neuzeitlichen Philosophie). Existenz-Philosophie, als Gegenstück, stünde dann in einem Akt, durch den unter allen drei berührten Rücksichten das Besondere der kreatürlich werdenden Existenz unangetastet in die Ebene philosophischen Erfassens tritt. Es ist darum nicht, parallel zu Essentialisierung (als formalem Akt einer Essenz-Philosophie), eine Existentialisierung. Denn diese wäre vielmehr ein noëtischer Schöpfungs-Akt: als In-Existenz-Setzung eines idealen Seins. Es kann auch nicht eine «Existenz-Erhellung» sein (wie K. Jaspers formuliert). Denn Erhellung sagt das Hell eines idealen Seins oder klarer Begriffe oder reiner Wahrheit, ist also eine Form von Essentialisierung. Der formale Akt einer Existenz-Philosophie bestünde vielmehr in einem solchen Erfassen der Existenz, darin einerseits, als (Erfassen der) Existenz, das Besondere der Existenz unangetastet bleibt, anderseits, als Erfassen (der Existenz), eben dieses Besondere heraustritt in seinem besonderen Unterschied gegen alles Essentiale.

Das ließe sich erstens objektiv verstehen: als ein Sich-selbst-Geben der real-konkreten Dinge (im Gegensatz zur objektiven Essentialisierung). Zweitens wäre es subjektiv möglich: als Erfassung durch die konkrete Lebendigkeit des erfassenden Menschen (im Gegensatz zur subjektiven Essentialisierung). Drittens endlich wäre es erörterbar als innere Formung der Methode des Erkennens selber, also der Korrelation zwischen Objekt und Subjekt, durch das Besondere von Existenz überhaupt: nicht also als das Eins von Objekt und Subjekt in der Identität absoluter Wahrheit (wie in der methodischen Essentialisierung), sondern als Spannung im Widerstreit, wie es den realen Existenzen der Welt eigentümlich ist. – Die erste Weise, einer objektiven Existenz-Philosophie (in der Art der Lebensphilosophie), verbürgte gewiß das Maximum von Objektivität, aber die subjektive Weise ihres Erfassens bleibt ungeklärt und ungeprüft. Die zweite Weise, einer subjektiven Existenz-Philosophie (in der Art Heideggers), enthielte gewiß diese vermißte Prüfung und Klärung, aber die konkrete Lebendigkeit des Menschen als Form führt zu einer Anthropologisierung der Dinge. Die dritte Weise, einer methodischen Existenz-Philosophie (in der Art Bergsons, Grisebachs, Jaspers',

Heyses), wahrt gewiß die Unterschieds-Spannung zwischen erfassendem Menschen und erfaßter Welt. Aber die Unterschieds-Spannung als solche hebt folgerichtig alle Erkenntnis auf: weil alle Erkenntnis auf einer Seins-Relation irgendwelcher Gleichung beruht. Setzt man aber an Stelle des Formalen der Unterschieds-Spannung das Inhaltliche ihrer Beziehungs-Träger, also Objekt und Subjekt, so schwingt die Frage zurück zu objektiver oder subjektiver Existenz-Philosophie. Es bliebe also nur das jeweilige Ergebnis der jeweils sich vollziehenden Unterschieds-Spannung: als «elektrischer Funke» (wie etwa Baader den philosophischen Vorgang sieht). Das aber ist deutlich vielmehr ein religiös-mystischer Vorgang, ein cogitor (wie Baader folgerichtig sagt), nicht ein philosophisch reflexer Akt und also ein cogito. Das Problem zwischen Essenz- und Existenz-Philosophie mündet daher in die Frage zwischen diesen beiden; zwischen einem philosophisch reflexen cogito und einem religiös-mystischen cogitor. –

2. Das Problem, das hier obwaltet, wird darum am besten von den konkret historischen Ursprüngen einer Essenz- und Existenzphilosophie her sichtbar werden. Der geschichtliche Entsprung ausgesprochener Existenz-Philosophie liegt im Zueinander von Hegel und Kierkegaard. Indem *Hegel* das ideale Sein selber als dialektisches Werden faßt, geschieht einerseits in der Sphäre der Essenz selber die höchste Annäherung an eine Existenz-Philosophie: indem die Idee in ihrer Entfaltung zur Existenz existenzhaft gefaßt wird; im Spiel der Gegensätze, wie es dem konkreten Sein entspricht. Indem aber Hegel eben so die Sphäre der Existenz aus der Dialektik des idealen Seins begreifen will, wird anderseits die zugespitzteste Essenz-Philosophie begründet: als Essentialisierung auch der Existenz. – Im Gegensatz hierzu entspringt in *Kierkegaard* die eigentliche Existenz-Philosophie. Existenz in sich ist ihr Gegenstand, aber als «entsprechend dem Einzelnen» (Tagebücher; Haecker II 128), als «höchstes Interesse» für den «Existierenden» (Werke; Schrempf VII 13) und als «einzige Wirklichkeit» im Sinne der «eigenen ethischen» des «Existierenden» (ebd 15). Existenz ist ebenso der Akt

der Existenz-Philosophie, aber als ein «sich selbst in Existenz ... verstehen» (ebd 49) durch den «für sich existierenden» Menschen (ebd VI 265), so daß «die Existenz denken und existieren dadurch zusammengesetzt» ist, «daß ein Existierender ein denkender ist» (ebd VII 13). Ebenso aber «versteht» der Existenz-Denker nicht nur «das abstrakte Menschsein in das Konkrete hinein, dieser einzelne existierende Mensch zu sein» (ebd 49), sondern «die wirkliche Subjektivität ist die ethisch existierende Subjektivität» (ebd 15) und das «möglichst große Sichvertiefen in die Existenz» ist konkret das «wesentliche Bewußtsein in der Schuld» (ebd 215).

Damit sieht sich die Existenz-Philosophie in einem doppelten Gegensatz gegen jene höchste Form von Essenz-Philosophie, wie sie in Hegel dasteht. Es ist erstens ein *metaphysischer Gegensatz:* Existenz in sich gegen jede Weise von Essenz. Material-metaphysisch tritt eine konkrete Daseins-Philosophie von Angst, Schuld und Tod gegen eine abstrakte Soseins-Philosophie der idealen Sphäre: Konkret gegen Abstrakt, pessimistisch Real gegen optimistisch Ideal, Affektiv gegen Intellektual. Formal-metaphysisch tritt entsprechend die Form eines «sich von Existenz her verstehen» gegen ein Absehen von oder Einklammern der Existenz, ebenso ein dynamisch werdendes Denken gegen ein systematisches, endlich ein dialogisches Denken (in Ansprache und Gespräch) gegen ein monologisches (der reinen eigenen Gedanken-Entwicklung). – Aber tiefer birgt sich dahinter der *religiöse Gegensatz:* aufgebrochene Existenz gegen eine in sich selbst beruhigte Existenz (die eben darum in der Ruhe einer idealen Sphäre sich begreift). Das Theologumenon der Essenz-Philosophie Hegels ist das Trinitarische Leben der Gottheit als Bewegungsprinzip der Kreatur. Das Theologumenon Kierkegaards ist scharf dagegen die zerrissene Unruhe des Menschen der Erbsünde. So ist die Tiefe des Material-Metaphysischen die auf Erlösung harrende Erbsünde-Welt der beständigen Schuld. Und die Tiefe des Formal-Metaphysischen ist das akthafte Erbsünde-Denken in Distanz und Flucht und Trotz, – augenblickhaft aufgehoben zu werden in die Allwirksamkeit der Liebe.

3. Das empfängt sein Gegenbild vom geschichtlichen Ursprung ausgesprochener Essenz-Philosophie; objektiv-gegenstandshaft von Parmenides her, subjektiv-akthaft von Descartes her. In beiden vollzieht sich eine Gleichung zwischen dem Sein (Parmenides: εἶναι; Descartes: *sum*) und dem Noëtischen (Parmenides: νοεῖν; Descartes: *cogito*): zwischen Essenz also als ontischem «Wesen» und Essenz als noëtischem «Inbegriff». Aber von *Parmenides* her zielt es auf ein objektiv gegenstandshaft Noëtisches als bestimmenden Grund eines objektiv gegenstandshaften Seins (im Gegensatz zu den physikalischen Weltgründen der jonischen Philosophie: Feuer, Wasser usw.) Das Es eines «Denkens an sich» *(νοεῖν)* erscheint als Grund eines «Seins an sich» *(εἶναι)*, und darum die Helle eines denkförmigen Inbegriffs als «eben das, was Sein ist»: «eben dasselbe doch ist Denken wie Sein» *(τὸ γὰρ αὐτὸ νοεῖν ἐστίν τε καὶ εἶναι)*. – Umgekehrt zielt es von *Descartes* her auf Begründung eines subjektiv akthaften Seins durch ein subjektiv akthaft Noëtisches (als Vergewisserung über das Sein im Ich, – im Gegensatz zur objektiven Sicherheit des Seins in sich, wie es der Philosophie der Scholastik eigen war). Das Ich eines «Ich bin» *(sum)* erscheint als unbezweifelbar im Ich eines «Ich denke» *(cogito)*, und darum die Helle des Seins des Bewußtseins (als des vergewisserten Seins) als innere Ausfolgerung eines sich denkenden Ich: «Ich denke, so bin ich» *(cogito ergo sum)*. – Wohl erscheinen also Parmenides wie Descartes eins in einer Noëtisierung des Seins (als gemeinsame Richtung einer Essenz-Philosophie): «Inbegriff des Seins» als «Sein im Inbegriff». Aber in Parmenides geschieht unterscheidend eine Ontisierung des Noëtischen: zu Prinzipien des Seins. In Descartes dagegen vollzieht sich eine Noëtisierung des Ontischen: zum Grund des Bewußtseins. Es ist ent-noëtisierende Noëtisierung in Parmenides: da das Noëtische Seinsprinzip an sich wird. Es ist ein-noëtisierende Noëtisierung in Descartes: da das Ontische ausschließlich die Form des Noëtischen trägt.

Von beiden, Parmenides wie Descartes, her entfaltet sich jeweils die *Gesamt-Problematik einer Essenz-Philosophie*. Ihre objektiv gegenstandshafte Gestalt (von Descartes her) interpretiert sich sowohl material-inhaltlich (als noëmatische Noëtisierung) wie formal-akthaft (als noëtische Noëtisierung). – Von Parmenides her hat Platon zum Grundprinzip die noëmatischen Eide, Aristoteles aber die noëtisch dynamische Bewegung des «Denkens des Denkens» *(νόησις νοήσεως)*. Ebenso, von Descartes her, interpretiert Descartes selber das *cogito* noëtisch (als Denkart), Husserl aber (im Beschluß) noëmatisch (als Welt transzendentaler Wesenheiten). – Entsprechend dieser Doppel-Form in der formalen Methode erscheint dann auch die Inhaltlichkeit beider Gestalten einer Essenz-Philosophie: sowohl als vorwiegend anthropologische wie als vorwiegend kosmologische. Von Parmenides her: in Platon anthropologisch (um die *ψυχή* als Mittelpunkt), in Aristoteles kosmologisch (um den *κόσμος* als Mittelpunkt). Von Descartes her: in Kant und Fichte anthropologisch (im transzendentalen Subjekt), in Schelling und Hegel kosmologisch (im weltförmigen Geist). – Und der Kreis schließt sich zur formalen Methode zurück, indem der Nous der Noëtisierung in der Breite der Transzendentalien erscheint (wahr, gut, schön). Von Parmenides her: als intellektuale Noëtisierung in Platon-Aristoteles-Thomas; als ethische in der arabischen und franziskanischen Scholastik. Von Descartes her: als intellektuale Noëtisierung in Descartes, Hegel, Husserl; als ethische in Kant und Fichte; als ästhetische in Schelling.

Aber eben so prägt sich deutlicher, zum Abschluß, in dieser Gesamtproblematik die grundlegende *Unterschiedlichkeit* aus: zwischen ent-noëtisierender Noëtisierung in Parmenides und ein-noëtisierender Noëtisierung in Descartes. – So ist es im material Inhaltlichen: das platonische Eidos wie das aristotelische Denken des Denkens sind als material-inhaltliches Sein gefaßt; das *cogito* Descartes' aber wie die Wesenheit Husserls haben allein das Sein des Bewußtseins. Folgerichtig sind Anthropologie-Kosmologie in Platon und Aristoteles die Spannungsweite einer Metaphysik des Seins, zwischen Descartes-Kant-Fichte und Schelling-Hegel aber die einer immanenten Metaphysik des Bewußtseins. – Und im Problem der letzten Transzendentalität geht es bei Platon-Aristoteles-Thomas und arabischer und franziskanischer Scholastik um den Primat zwischen transzendentalen Gerichtetheiten des Seins, bei Descartes-Hegel-Husserl, Kant-Fichte und Schelling aber um den zwischen transzendentalen Richtungen des Bewußtseins. – Hierin aber bricht das religiöse Problem durch. Die ent-noëtisierende Noëtisierung von Parmenides her sichtet das eigentlich Göttliche im seinshaften Logos oder Nous oder der Hierarchie der Eide oder dem Denken des Denkens, – hinein in die mittelalterlichen Kontroversen, ob Gott eigentlichst Intellekt oder Wille, Wahrheit oder Liebe sei. In der ein-noëtisierenden Noëtisierung von Descartes her aber ist jene Vergewisserung in der Innerlichkeit mächtig, die der Reformation eigen ist: das Göttliche als Alleinwirkendes zu besitzen in den Absolut-Richtungen des Bewußtseins, in denen allein das Sein erst gewiß ist und also erst Sein ist. Mit anderen Worten: auch die Essenz-Philosophie ist zuletzt durch ein Theologumenon bestimmt: durch das der *Identität des Kreatürlichen mit dem Göttlichen*, wie das bestimmende Theologumenon der Existenz-Philosophie die tragische (erbsündige) Distanz ist.

4. Damit aber ist es in Existenz- wie Essenz-Philosophie zuletzt ein Gegensatz der Existenz: Existenz der Kreatur im Endlichen, Existenz der Kreatur im Ideativ-Idealen; endliche Existenz, ideale Existenz. Indem aber die endliche Existenz sich zuletzt als (tragische) Göttlichkeit reiner Endlichkeit faßt, die ideale Existenz als eine Erscheinung göttlicher Idealität, tragen beide (in allem Gegensatz zueinander) die Form einer *Identität von Essenz und Existenz* und damit die Form Gottes: reine Existenz (die in «rein» für und zu und in sich selbst ihre eigene «Essenz» ist), reine Essenz (die in «rein» für und zu und in sich selbst ihre eigene «Existenz» ist).

So liegt der Weg der Lösung in einer doppelten Betrachtung: vom Verhältnis zwischen Existenz und Essenz her, und von dem zwischen tragischer Distanz und idealer Identität her.

*

Das philosophische Sachproblem zwischen Essenz- und Existenz-Philosophie läßt sich in drei Stufen aus einer Erörterung des Namens selber entwickeln. Erstens: Essenz und Existenz als formal methodische Modi im Begriff von Philosophie überhaupt. Zweitens: Essenz und Existenz als formal methodische Modi im formal-methodischen Modus des allgemeinen Seins- und Standpunkthaften von Philosophie überhaupt. Drittens: Essenz und Existenz als formal-methodische Modi der Philosophie. So geht es wachsend vom Impliziten zum Expliziten des Problems[1].

Grundlegend ist unser Problem in dem impliziert, was Philosophie ihrem Wortsinn nach sagt: als Sophia und als Philein. Die objektiven Möglichkeiten, wie sie im Begriff der Sophia sich vorzeichnen, empfangen vom Begriff des Philein aus die entsprechenden subjektiven Stellungnahmen: daß von dieser Entsprechung her im nachfolgenden Problem des Seins und Stehens von Philosophie die ersten ausdrücklichen Züge des Spannungsfeldes von Essenz- und Existenz-Philosophie sichtbar würden.

Sophia in (Philo-)sophie sagt die grundlegenden objektiven Möglichkeiten in drei Stufen. Sophia *(σοφία)* ist erstens *Weisheit als Akt-Form* entsprechend zum Leben als Gegenständlichkeit. Als solche Weisheit steht sie auf der einen Seite dem Leben « gegenüber »: als das ideal Standfeste einer ewig unveränderlichen Weisheit gegenüber der Wandlung des realen Lebens. Auf der andern Seite aber muß sie als Akt-Form dem Leben als Gegenständlichkeit entsprechen, d. h. Lebensweisheit sein, Weisheit « des » Lebens selber, und also eine innere Reifung « im » Leben: als ein immanent Ewiges im Werden des Lebens selbst. In « *ewiger Weisheit* gegenüber dem Leben » erscheint also die Form von Essenz; in « *Lebensweisheit* im Leben » die Form von Existenz. – So aber tritt, zweitens, innerhalb von Sophia selber, die *Scheidung zwischen Weisheit (σοφία, sapientia)* und (gegen) *Wissenschaft (ἐπιστήμη, scientia)*. Weisheit sagt dann die Sicht einer durch sich selbst

[1] Als Eigenschaftsworte gebrauchen wir nur: essential (existential): im Sinne einer inneren Essenz- (Existenz-) Qualität. Die Scheidung Heideggers zwischen Existential und Existentiell ist standpunktlich: weil für ihn die Existenz ihre eigene Essenz ist. Dann sagt Existential das material Essentiale dieser Existenz, Existentiell aber ihr formales Existieren.

erscheinenden Region der Ideen, Zusammenhänge oder Wesenheiten. Wissenschaft, im Gegensatz dazu, ist ein Sichten der Realität durch die Realität selbst: auf dem Weg von Erfahrung, Experiment und praktischer Erprobung (als Praxis oder als Technik). Es gibt sich also in Weisheit deutlicher die Weise idealer Essenz, in Wissenschaft diejenige realer Existenz. – Da aber Weisheit als Lebensweisheit zum Leben selber hin bedingt ist (also zur Region von Wissenschaft hin), Wissenschaft hinwiederum als Denk-Form zum Ideativen einer Theorie zielt (also zur Region von Weisheit), so ist – drittens – die eigentlichste innere Problematik von Sophia eine *Spannweite zwischen zwei Bewegungsrichtungen im Zueinander von Weisheit und Wissenschaft.* Die eine geht vom Oben der (idealen) Weisheit zum Unten der (realen) Wissenschaft: als *apriorische Methode*, in Deduktion von ersten Prinzipien her, in denen die Realität erkannt wird. Die andere Bewegungsrichtung steigt vom Unten der (realen) Wissenschaft zum Oben der (idealen) Weisheit: als *aposteriorische Methode* in Induktion, von der her die letzten Wesensgründe sich öffnen sollen. So aber enthüllt sich im *Apriori* abschließend die Form idealer Essenz als Bewegung zu realer Existenz (die aber eben darum als *essentiale Existenz* sich gibt), im *Aposteriori* aber diejenige realer Existenz als Bewegung zu idealer Essenz (die aber eben darum als existentiale Essenz gewonnen wird)[1].

[1] N. Hartmann will Idealität-Realität von Sosein (Essenz)-Dasein (Existenz) geschieden wissen: «Ideales Sein hat sein eigenes Sosein *und* Dasein... Und reales Sein hat sein eigenes Dasein *und* Sosein» (Grundlegung der Ontologie, Berlin 1935, 114). Aber dieser Bruch mit der klassischen Tradition ist bei Hartmann standpunktlich bedingt. In der Verselbständigung der idealen Gebilde zu einem «idealen Sein» mit eigenem Sosein-Dasein ist es (in allem Kampf dagegen) der nachwirkende Standpunkt der Phänomenologie: die Region objektiver Wesenheiten. In der Bindung von Dasein und Sosein zu reinen «Seinsmomenten» eines identisch Realen aber ist es der eigene Standpunkt der innerlich absoluten Endlichkeit eines «seienden Werdens» entgegen der Scheidung zwischen einem (absoluten) Sein (= Gott) und einem (relativen) Werden (= Schöpfung) (Möglichkeit und Wirklichkeit, Berlin 1938, 133ff.; 151ff.): da die göttliche Identität von Sosein-Dasein zur Form des «Ganzen der Welt» wird: als «fortlaufend verschobene Identität» (Grundlegung... 133), wie sie einem «seienden Werden» entspricht. – Was indes, als Kern der Unterscheidungen Hartmanns, möglich ist, ist die formal hypothetische Fassung eines «idealen Seins» (der dann die faktische, nicht notwendige Dasein-Sosein-Einheit des realen Seins entspricht). Das ideale Sein ist dann wirklich «bestehendes Sosein», das reale Sein hinwiederum «soseiendes Dasein». Aber das «Bestehen» des idealen Seins ist hypo-

Philein in Philo(-sophie) sagt demgegenüber, als akthaftes Verhalten zur Sophia, die Breite der formalen Stellungnahme zu den objektiven Möglichkeiten. Diese Breite liegt zwischen den beiden Bedeutungen des Wortes: φιλεῖν als «liebhaben», φιλεῖν als «suchen hin zu». Das erste ist damit Form des Eins, das zweite Form der Distanz. Philo(-sophie) als «die Weisheit liebhaben» und also in der Form des Eins bedeutet folgerichtig eine Haltung des *Eins zu den in der Sophia beschlossenen objektiven Möglichkeiten*. – Diese Haltung des Eins kann sich einmal als Eins mit einer der objektiven Möglichkeiten, im Unterschied zu allen anderen, vollziehen: in der Weise *direkter Philosophie*, in der je eine objektive Möglichkeit sich «gegen alles» und «durch alles hindurch» *(di)* bis ins Letzte einlinig durchführt *(-regere)*. Diese Direktheit differenziert sich dann aber auch in sich selbst formal entsprechend den objektiven Möglichkeiten: als prinzipienförmige oder als Erfahrungs-Direktheit (entsprechend zu ewiger Weisheit) und Lebensweisheit (entsprechend zu Weisheit und Wissenschaft); als apriorische oder aposteriorische Direktheit (entsprechend zu den Bewegungsrichtungen Weisheit —→ Wissenschaft oder Wissenschaft —→ Weisheit). – Anderseits aber ist die Haltung des Eins möglich als Eins mit dem Ganzen der objektiven Möglichkeiten und darum als Eins mit ihrem sachlichen Spannungsverhältnis zueinander und darum folgerichtig zuletzt als Eins mit dem je neuen Umschwung zwischen ihnen: in der Weise *objektiv dialektischer Philosophie*, in der das Zwischen des Gegen- und Zueinander *(διά-)* der objektiven Möglichkeiten sich selbst in seiner Ordnung aussagt *(-λέγειν)*. Diese objektive Dialektik erscheint damit gleichsam als der Selbstvollzug des Gewebes und Geschehens der objektiven Möglichkeiten, darum aber auch formalst als das objektive Hin-Her zwischen ihnen und also das Erscheinen formal objektiver Aporetik als des objektiven Verhältnisses zwischen ihnen. Vollzieht sich in direkter Philosophie die

thetisch: dazu hin, in das Problem des realen Geist-Seins aufzugehen, und also in das Dasein-Sosein-Problem realen Seins. Und die Dasein-Sosein-Einheit des realen Seins ist rein praktisches Werden (und darum auch im «Ganzen der Welt»): dazu hin, ein absolutes Ist anzuzeigen als seinen Quell, und hierin ein wirkliches *ens necessarium* der Idealität von Dasein und Sosein.

innere Struktur je einer der objektiven Möglichkeiten in sich, so ist objektiv dialektische Philosophie Vollzug der Struktur zwischen ihnen.

Philo(-sophie) heißt aber auch «zur Weisheit hin suchen» und sagt also die Form einer *Distanz zwischen der Weisheit* als einem objektiven Je-hinaus über alles Eins des Erreichens *und dem Suchen* als einem subjektiven Je-fern gegenüber je einem restlos erreichten Eins: objektive Distanz (der Weisheit), subjektive Distanz (des Suchens). Hieraus entspringen zwei letzte Formen. – Im Fall der objektiven Distanz (der Weisheit) zielt das Philein von sich aus auf das Eins mit dem objektiven Bestand, d. h. mit jenem Gewebe der objektiven Möglichkeiten der Sophia, das in objektiv dialektischer Philosophie rein zum Ausspruch kam. Als «Zielen auf» geht es aber nicht auf ein Eins vom objektiven Bestand her (mit dem Sinn einer Selbsterscheinung dieses Bestandes: wie in objektiv dialektischer Philosophie), sondern es geht auf ein Eins zum objektiven Bestand hin. Es zielt damit auf einen durch und im Philein zu geschehenden Ausgleich zwischen den Möglichkeiten des objektiven Bestandes. Es ist damit (weil vom Subjekt aus aktiv geschehend): *subjektiv dialektische Philosophie:* in der das objektive Gegen- und Zueinander der objektiven Möglichkeiten zu einem bewußt geordneten *(λόγος)* Zwischen *(διά)* ins Wort geformt wird *(λέγειν)*. Eben so gerade erscheint die objektive Distanz (der Weisheit): da die subjektive Dialektik, als Ausformulierung des Zwischen, eben das Über-hinaus des inneren objektiven Eins der Weisheit selbst über alles subjektive Eins mit ihr (im «Zielen auf») sichtbar werden läßt. – Eben so aber zeigt sich dann auch das Entspringen der Gegenform: der subjektiven Distanz (des Suchens). Denn es ist die entsprechende Antwort-Bewegung zum je neuen und größeren Über-hinaus des innern objektiven Eins «der» Weisheit in sich selbst über alles angezielte und erreichte subjektive Eins (des Suchens) «mit» ihr. Das Philein wird zu einem «reinen Suchen», das in möglichst «reiner Distanz» kritisch steht zu allem subjektiv erreichten Eins: kritisch zum passiv subjektiven Eins (in direkter und objektiv dialektischer Philosophie) wie zum aktiv subjektiven Eins (in subjektiv dialektischer Philosophie). Es ist damit *formal-kritische Distanzphilosophie:* Distanz der Scheidung und Unterscheidung *(κρίνειν)* gegenüber jedem verfesteten Erreicht eines Eins (in allen bisherigen drei Formen) und darum formal, d. h. nicht stehend in irgendeiner Inhaltlichkeit (weder einer der objektiven Möglichkeiten noch ihres Gewebes noch eines erreichten aktiv subjektiven Ausgleichs zwischen ihnen), sondern allein stehend in der «Form» des «scheidend unterscheidenden» (kritischen) «Stehens in der Scheide» *(di-stare)*.

Hierin ist deutlich, wie im Philein selber eine eigentümliche Weise von Essenz und Existenz ausgeprägt liegt. Im allgemeinen werden Sophia und Philein so zueinander erscheinen, daß das Philein als In-Existenz-Setzung der in der Sophia beschlossenen objektiv idealen und darum essenz-förmigen Möglichkeiten sich kennzeichnet. Dann aber besteht doch einerseits ein inneres Verhältnis zwischen Essenz und Existenz in diesen essenzförmigen Möglichkeiten selber, und anderseits ein inneres Verhältnis der verschiedenen Formen des existenz-förmigen Philein zu diesen verschiedenen Möglichkeiten. Und also gibt sich die In-Existenz-Setzung als allgemeine Weise des Philein nicht einfachhin als Form der Existenz zur Sophia als der Form der Essenz, sondern es ist innerlich entsprechende Existenz. So erscheinen folgerichtig direkte und objektiv-dialektische Philosophie, als Formen des Eins zur Sophia, darum auch als Formen *immanenter Existenz* für deren objektiv essenz-förmige Möglichkeiten; während subjektiv dialektische Philosophie und formal-kritische Distanzphilosophie, als Formen der Distanz zur Sophia, darum auch eine *distante Existenz* als Form sagen. – Wie innerhalb der Möglichkeiten der Sophia ein jeweiliges Gegeneinander zwischen Form idealer Essenz und Form realer Existenz erschien, um sich wachsend zu verdeutlichen in ein Gegeneinander von Einheitsformen beider, Bewegung idealer Essenz zu essentialer Existenz (im *Apriori*), Bewegung realer Existenz zu existentialer Essenz (im *Aposteriori*), – so treten nun, im Philein, diese objektiven Essenz-Existenz-Formen selber in ein neues Essenz-Existenz-Verhältnis, das vom subjektiv-akthaften Vollzug von Philosophie herkommt. Im Fall immanenter Existenz des Philein tritt die Sophia in die Form einer vorwiegend *Essenz-Existenz:* die im Fall direkter Philosophie die Essenz betont (weil direkte Philosophie als innerlich logische Ausfolgerung eines ideativen Grundprinzips geschieht), während in objektiv dialektischer Philosophie der Ton auf Existenz liegt (weil die formale Bewegtheit objektiver Dialektik selber existenz-förmig ist). Im Fall distanter Existenz des Philein aber wird die Sophia in die Ebene einer *Existenz-Essenz* überführt: wobei subjektiv dialektische Philosophie die Essenz unterstreicht (weil in ihr noch eine innere Ausgleichsbewegung zwischen den essenz-förmigen Möglichkeiten der Sophia vollzogen wird), während formal-kritische Distanzphilosophie der Existenz den Ton gibt (weil in ihr nur noch ein kritischer «Standpunkt gegenüber» besteht, der von sich aus erst die Sophia in Existenz setzt).

5. In der inneren Problematik der Philosophie zwischen Sophia und Philein ist damit das Formalste von Sein herausgetreten: der «Standpunkt» in ihr. Standpunkt sagt einmal das Formalste von Inhalt: das «Sein» der Inhaltlichkeit des Standpunktes und also das esse der Essenz. Standpunkt bezeichnet dann aber ebenso das Formalste akthafter Stellungnahme: das «Stehen» des Standpunktes und also das sistere der Existenz. In den Standpunkt als Sein befaßt sich darum alles, was sich in der (inhalthaften) Sophia gab; in den Standpunkt als Stehen aber alles, was im (akthaften) Philein erschien. Im Zueinander beider offenbart sich die Breite der allgemeinen Standpunkt-Arten: als Breite impliziter Essenz-Existenz-Philosophie in ihren Grundrichtungen.

Standpunkt in seinem Zueinander von (objektivem) Sein und (subjektivem) Stehen kann darum zuerst vom (objektiven) Sein her gesichtet werden: als Standpunkt dieses Seins selbst, so daß das (subjektive) Stehen Stehen dieses Seins ist: also als objektiver Standpunkt. Das «Sein» dieses objektiven Standpunktes ist dann folgerichtig das «reine Sein» der «reinen» Sophia: als ewiger Weisheit gegen Lebensweisheit, als Weisheit gegen Wissenschaft, als *Apriori* gegen *Aposteriori.* Und entsprechend ist das

«Stehen» dieses objektiven Standpunktes das unmittelbare Eins mit diesem «reinen Sein»: das Philein als Mitvollzug der objektiven Möglichkeiten der Sophia. Dieser objektive Standpunkt begründet damit inhaltlich eine *Ewigkeits-Philosophie* (weil des «reinen Seins») und akthaft eine *Identitätsphilosophie* (weil des «unmittelbaren Eins» als Form des Stehens). – Aber das Eins, in der Problematik des Philein, gab sich doppelt: als Eins mit je einer der objektiven Möglichkeiten der Sophia (zu direkter Philosophie), und als Eins mit dem je neuen Umschwung zwischen ihnen (zu objektiver dialektischer Philosophie). So begründet sich eine doppelte Form der Ewigkeits- und Identitäts-Philosophie: als solche eines ewig im Ewig eines reinen Ist *(ipsum esse)* und als solche eines ewig im Ewig des Rhythmus reiner Wandlung *(ipsum fieri)*. Direkte Philosophie wird so zur Grundlegung des Typus *parmenidischer Philosophie:* Stehen im reinen Sein des reinen Ist. Objektiv dialektische Philosophie aber gestaltet sich zum Typus *heraklitischer Philosophie:* Stehen im reinen Sein des Rhythmus reiner Wandlung.

Standpunkt ist aber auch vom (subjektiven) Stehen her entwickelbar. Dieses Stehen gibt sich dann in seinem besondern Unterschied gegen ein «reines Sein»: d. h. als Stehen des konkreten Menschen in konkretem Raum und konkreter Zeit. Folgerichtig erscheint dann auch das (objektive) Sein für dieses Stehen als das Sein der konkreten Welt. Das Subjekt als Mensch in der Welt ist das bestimmende. Es ist also subjektiver Standpunkt. Das «Sein» dieses subjektiven Standpunktes ist mithin das einer innerweltlichen Sophia: als Lebensweisheit gegen ewige Weisheit, als Wissenschaft gegen Weisheit, als *Aposteriori* gegen *Apriori*. Und entsprechend kennzeichnet sich das «Stehen» dieses subjektiven Standpunktes als werdehaftes Philein, d. h. als «Suchen zu...», wie es zum werdehaften Sein gehört, das in werdehafter Lebensweisheit usw. sichtig wird. Dieser subjektive Standpunkt kennzeichnet sich darum inhaltlich als *Welt-Philosophie* (weil des endlichen «Werde-Seins») und akthaft als *Distinktions-Philosophie* (weil der Distanz des «Suchens zu...» als Form des Stehens). – Aber die Distanz des Suchens, in der Problematik des Philein, war wieder eine doppelte: als Weg zu einem Ausgleich zwischen den objektiven Möglichkeiten der Sophia (zu subjektiv dialektischer Philosophie) und als Weg formal in sich selbst (zu formal kritischer Distanz-Philosophie). Also entspringt eine doppelte Form der Welt- und Distinktions-Philosophie: eine, in der alle (akthafte) «Distinktion» zu einem (in allen Gegensätzen) ausgewogenen «Weltbild» hin dienstbar ist, und also hin zum Sein einer Ordnung im (endlichen) Werden selbst, d. h. zu einem «kosmischen System» *(esse in fiendo)*: – eine andere aber, in der das je neue (akthafte) Geschehen der «Distinktion» selber die eigentliche Welt ist, d. h. als Sein (endlichen) Werdens, das im menschlichen je neuen «Suchen zu...» seine gemäße Bewußtheit hat und darum die «anthropologische Aporie» zu seiner Form *(fieri)*. So wird subjektiv dialektische Philosophie zur Begründung des Typus *aristotelischer Philosophie:* Stehen zum Gestalten geschlossener (endlicher) Welt. Formal kritische Distanz-Philosophie aber formt sich zum Typus *platonischer Philosophie:* Stehen als (endliches) Werden.

6. Aus diesem Verhältnis zwischen Sein und Stehen im «Standpunkt» erhebt sich nun als Letztes die ausdrückliche Problematik zwischen Existenz und Essenz im Akt von Philosophie. Aus unseren vier Typen, parmenidische, heraklitische, aristotelische, platonische Philosophie, steigen die entsprechenden Typen von Essenz-Existenz-Philosophie. Denn im objektiv inhaltlichen «Sein» des «Standpunktes» war die Essenz vorbezeichnet, im subjektiv akthaften «Stehen» aber die Existenz.

Der Typus parmenidischer Philosophie, als Typus direkter Philosophie, bedeutet einen Akt von Philosophie, darin das objektiv inhaltliche «Sein» in seinem «als wahr bestehen» erscheint, also als existent nur insofern, als die Essenz des idealen Seins ihre eigene ideale Existenz ist. Philosophieren heißt demnach der Akt, in dem durch das Vordergründige einer realen Welt hindurch die wahre ideale Welt des «ewigen Seins» offenbar wird, daß im ruhenden *Apriori* dieses ewigen Seins das bewegte *Aposteriori* des realen Weltseins erst erkannt und verstanden sei: in der in sich existenten ewigen Essenz. Es ist der Typus des Apriorismus einer reinen *Idee-Identitäts-Philosophie*, wie ihn der *deutsche Rationalismus* zu verwirklichen strebte. Er ist also der Typus einer reinen Essenz-Philosophie als einer *Essenz-Existenz-Philosophie* (d. h. in der die Essenz als ihre eigene Existenz sich faßt).

Der Typus heraklitischer Philosophie, als Typus objektiv dialektischer Philosophie, besagte einen Akt von Philosophie, darin das objektiv inhaltliche «Sein» in einer immanenten Bewegtheit sich gab, die als «immanente» innerhalb der Region idealen Seins verbleibt, als «Bewegtheit» aber die Bewegung ist, in der die reale Welt jeweils entsteht und vergeht, so daß also die Essenz des idealen Seins zu einem realen Sein hin jeweils existent ist. Philosophieren heißt dann der Akt, in dem das Vordergründige des Entstehens und Vergehens einer realen Welt sich als ideale Bewegtheit eines «ewigen Seins» enthüllt, daß in der apriorischen Bewegung dieses ewigen Seins die aposteriorische Bewegung des realen Weltseins erst erkannt und verstanden sei: in der Existenz-Bewegung der ewigen Essenz. Es ist damit der Typus des Apriorismus einer reinen *Rhythmus-Identitäts-Philosophie*, wie sie die Intention *Hegels* war. Es ist der Typus einer *essentialen Existenz-Philosophie* (d. h. in der die Existenz als immanente Bewegtheit der Essenz erscheint).

Der Typus aristotelischer Philosophie, als Typus subjektiv dialektischer Philosophie, bezeichnete einen Akt von Philosophie, darin das objektiv inhaltliche «Sein» in der geschlossenen Region des subjektiv akthaften «Stehens» sich kundtat, d. h. in der realen Welt des realen Menschen und durch die ordnende Erkenntnis dieses realen Menschen gegenüber der realen Welt. Das objektive «Sein» wird als Sein der realen Welt erkannt, da der real existente Mensch die real existente Welt durchforscht zu ihren letzten Formen, Strukturen, Gesetzen, Relationen hin, d.h. hin zu ihrer realen Essenz. Philosophieren heißt dann der Akt, in dem innerhalb der Geschlossenheit einer realen Welt deren immanent ideale Struktur sich offenbart, daß die aposteriorische Bewegung des realen Weltseins zu dieser immanent idealen Struktur hin erkannt und verstanden sei: in der Essenz-Bewegung also der realen Existenz. Es ist damit (als unmittelbarer Gegentypus gegen Hegel) der Typus des *Aposteriori* einer reinen *Welt-Distinktions-Philosophie*, wie sie jener *kritische Realismus* anstrebte, den die Realwissenschaften im 19. Jahrhundert gegen deutschen Rationalismus wie gegen hegelsche Spekulation entwarfen. Es ist also der Typus einer *existentialen Essenz-Philosophie* (d. h. in der die Essenz in der immanenten Bewegtheit der Existenz sich gibt).

Der Typus endlich platonischer Philosophie als Typus formal-kritischer Distanz-Philosophie, einbeschloß einen Akt von Philosophie, darin das objektiv inhaltliche «Sein» auch noch als welt-immanentes in das subjektiv akthafte «Stehen» aufging, um allein als das innere Jeweils der jeweiligen «Stellung» dieses «Stehens» zu erscheinen und darum als inneres (formales) «Sein» dieses akthaften «Stehens», d. h. also als immanente Essenz der formal subjektiven Existenz. Philosophieren heißt dann der Akt, in dem die reale Welt ihr Wesen im Akt menschlichen je neu formalen «Suchens zu...» (als des wahren Philosophierens) kundtut, daß die in sich selbst geschlossene aposteriorische Bewegung des realen Weltseins allein in diesem Akt und als dieser Akt erkannt und verstanden sei: in der endlich realen Existenz als ihrer eigenen Essenz. Akt des Philosophierens ist, als Bewußt-sein, der Akt, darin der Akt endlich realer Existenz (in ihrem tatsächlich werdehaften Je-Jetzt) diese Existenz als seine Essenz erkennt und versteht. Er ist darum das formal-kritische immer distante «Suchen zu...», weil das einzig endgültige «Sein» eben dies «Suchen zu...» selbst ist: nicht mehr «Distinktion» zu einer «Welt» hin (wie im kritischen Realismus), sondern «Distinktion» als «Welt»: die real endliche Welt in ihrer Essenz als formal real endliche Existenz aufgehüllt, da im Akt des Philosophierens als bewußten Existenz-Aktes die akthafte Existenz sich selbst als ihre eigene Essenz erkennt und versteht. Es ist damit (als unmittelbarster Gegentypus gegen den deutschen Rationalismus) der Typus des reinen (d. h. aktiv formalen) *Aposteriori* einer *Distinktions-Welt-Philosophie*, wie sie im *reinen Kritizismus*

Kants sich grundlegte, um in der heutigen *reinen Existenz-Philosophie* bewußte Methode zu werden.

Aber wie Kant nach rückwärts hin in den Spuren des deutschen Rationalismus noch steht (und also im letzten Nachwirken einer reinen Essenz-Philosophie) und nach vorwärts sowohl Hegel (also eine essentiale Existenz-Philosophie) wie den kritischen Realismus (also eine existentiale Essenz-Philosophie) grundlegt, so umspannt auch die heutige reine Existenz-Philosophie dieselben Nuancen. Das «Transzendieren» der Existenz bei K. Jaspers unter der Chiffre des «Scheiterns» öffnet die ersehnten, aber versagten Züge einer Region idealen Seins: als tragischer Existentialismus und also unter dem geheimen Maßstab einer reinen Essenz-Philosophie. Die aporetische Schichtung der Welt einer Existenz-Essenz-Identität bei N. Hartmann verrät noch den zur Härte einer in sich notwendigen Existenz ent-idealisierten Rhythmus der objektiv idealen Dialektik Hegels: als tragischer Existentialismus unter dem geheimen Maßstab einer essentialen Existenz-Philosophie. Die Weise endlich, wie bei M. Heidegger einerseits das verborgene Sein der endlichen (und darum sorgend besorgenden) Existenz sich auftut zur Unverborgenheit (der Wahrheit), anderseits eben so der Mensch als Demiurg in das je neue Nichts der Welt gestellt wird, – dieser Existentialismus des Menschen in der Welt läßt deutlich die Züge des schaffend weltnüchternen kritischen Realismus durchblicken, und steht also als betont tragischer Existentialismus unter dem geheimen Maßstab einer existentialen Essenz-Philosophie.

So kennzeichnet sich folgerichtig die gesamte reine Existenz-Philosophie als eine *Existenz-Essenz-Philosophie* (d. h. in der die Existenz sich als ihre eigene Essenz begreift). Sie steht damit einerseits im schärfsten Gegensatz zum deutschen Rationalismus als einer Essenz-Existenz-Philosophie (d. h. in der die Essenz als ihre eigene Existenz sich faßte). Aber es ist anderseits Gegensatz innerhalb ein und derselben Formalität: der Identität zwischen Essenz und Existenz. Denn die äußerste Distinktion des «reinen Stehens» im Existentialismus ist wieder äußerste Identität: da die reine Existenz sich selbst als Essenz hat.

So steht der Ursprung ausdrücklicher Essenz- und Existenz-Philosophie aus den vier Typen parmenidischer, heraklitischer, aristotelischer und platonischer Philosophie unter dem bestimmenden Zeichen dieser Identität, um es in seinem Ausgang als Zeichen ausgebrochener Tragik zu erweisen, wie es im Entsprung Zeichen eines titanischen Idealismus war. Es ist eine schöpferische

Identität, die an die Stelle des Schöpfer-Gottes trat: als idealer Gott im reinen Essentialismus des Entsprungs, als tragischer Gott im reinen Existentialismus des Ausgangs. Es ist die Form der Identität, wie sie religiös in der Reformation entsprang, um in der nachfolgenden Philosophie zur rationalen Formel zu werden: Identität, die innerlich widersprüchlich sowohl heißt ideale Alleinwirksamkeit Gottes im Menschen wie göttliche Form des ewig tragischen Menschen.

Damit aber öffnet sich im philosophischen Sachproblem das tiefere religiöse. Essenz- und Existenz-Philosophie gaben sich früher unter dieser Rücksicht im Gegensatz idealer Identität und tragischer Distanz. Aber es war deutlich, daß die tragische Distanz nur innerer Umschlag der idealen Identität ist. Identität als innere Form gerade auch der tragischen Distanz ist also das eigentliche religiöse Gesicht von Essenz- und Existenz-Philosophie.

*

Das religiöse Problem von Essenz- und Existenz-Philosophie liegt, folgerichtig, in den eben entwickelten Zusammenhängen: wie im Christlichen der Reformation jene Form der Tragik entspringt, die als tragische Distanz nur innerer Umschlag idealer Identität ist, weil diese Identität ihre innere Form ist. Das Problem liegt darum erstens im Verhältnis des Tragischen zum Christlichen und zweitens im Verhältnis dieses Verhältnisses selber zum Problem zwischen Essenz und Existenz.

Was das Tragische ist, läßt sich am besten abnehmen aus der Tragödie. Denn wie in der Kunst überhaupt die praktischen Formen des Lebens als «reiner Stil» herausgesetzt sind, so erscheint auch in der Tragödie der Stil des Tragischen. So ist es bezeichnend, daß die Tragödie zweimal aus religiösem Mysterium entspringt. Das eine Mal in der Umwandlung des antiken Dionysos-Kultes (in seiner griechisch-orientalischen Mischung) in die klassisch griechische Tragödie. Das andere Mal im Entsprung der mittelalterlichen und neuzeitlichen Tragödie aus dem in der kirchlichen Liturgie der Karwoche dramatisch dargestellten Bericht der Passion Christi (der «dramatisch» ist bereits durch seine Verteilung auf drei Lesende). Das Aug in Aug zwischen «dionysischer Passion» (im Zerrissenwerden und Wiederaufleben des Gottes der Lebenswollust) und «christlicher Passion» (in Kreuz und Auferstehung des Gottes der Sich-schenkenden Liebe), dieses Aug in Aug, das für Nietzsche in eine Wiedergeburt des Dionysischen (als der Lebensbejahung gegen eine christliche Lebensverneinung) sich umdeutet, steht tatsächlich im Ursprung der Tragödie und hierin des «reinen Stils» des Tragischen.

Der kultische Mimus des in der ekstatischen Zerreißung sich wiederherstellenden Gottes Dionysos wandelt sich in die Entwicklung der *griechischen Tragödie* von Äschylos zu Sophokles zu Euripides. In der Tragödie des Äschylos ist es noch ein Ringen des Menschen mit dem Göttlichen (und darum in der Prävalenz des Chores als sakraler Feier). In der Tragödie des Sophokles wird bereits das Göttliche (kosmologisiert) ersetzt durch das Schicksal als objektive Welt (und darum in der Gestaltung des Chores zur «Sprache des Objektiven»). In der Tragödie des Euripides endlich erscheint das Schicksal (anthropologisiert) als Charakter des Menschen (und darum in der Prävalenz der individualen «Szene»). Es ist damit die wachsende Säkularisierung eines ursprünglich Sakralen, aber eines Sakralen der «unteren Götter»: das Chthonische des elementaren Lebenstriebs (in seiner animalischen «schöpferischen Grausamkeit»), der wachsend sublimiert als Welt und Seele erscheint. Das anscheinende Abwärts einer Säkularisierung des Sakralen ist in Wirklichkeit das Aufwärts einer Sublimierung des Vitalen: weil das hier waltende Sakrale Sakralität des Vitalen ist.

Die *christliche Tragödie* steht zuerst unmittelbar im Zeichen des Meßopfers: als das Je-Jetzt der erlösenden Passion des fleischgewordenen Gottes, der «Geist» und «Logos» ist. Die christliche Tragödie ist darum zuerst «Passionsspiel»: dramatische Ausprägung und Umrahmung der Passion Christi. Da es aber wesentlich die Passion Christi als «Haupt und Leib Ein Christus» ist, so entspringt ebenso unmittelbar das «Sakraments-Spiel» und die «Martyrer- und Heiligen-Tragödie» des Barock (in Calderon, Lope de Vega und den Dichtern der Jesuitenbühne). – Aber da die Reformation die hierin waltende Form der Repräsentation zerstörte, um an ihre Stelle zu setzen den (innerzeitlich unaufhebbaren) Widerspruch zwischen einem distant alleinwirksamen Göttlichen (in der metaphysischen Distanz des *Deus absconditus* des Zornes und in der geschichtlichen Distanz des *Deus revelatus* der Versöhnung im rein einmalig geschichtlichen Christus) und einem immanent (und gott-trotzend immanent) Profanen, so kehren, auf freilich anderer Ebene, die antiken Weisen einer Säkularisierung des Sakralen wieder. Die (äschyleische) Tragödie des trotzenden Ringens mit Gott lebt in dem Faust-Motiv, das überall auf dem Grund der neuzeitlichen Tragödie wirksam ist: als Säkularisierung des Ringens Christi und des Christen (als des «Gliedes Christi») mit dem Willen des Vaters. Die (sophokleische) Tragödie des waltenden Schicksals ist die geheime Form in der «objektiven Verwicklung» der Tragödie Shakespeares: als Säkularisierung des Erliegens Christi und des Christen in die «Nacht des Kreuzes». Die (euripideische) Tragödie des «Schicksals als Charakters» aufersteht im Prinzip der «inneren tragischen Notwendigkeit» in Hebbels mehr psychologischer und in Paul Ernsts mehr mythischer Tragödie des «reinen Menschen»: als Säkularisierung des Untergehens Christi und des Christen in die «Form des Menschen wie sonst».

Die Form der antiken Tragödie, als des Aufwärts einer Sublimierung des Vitalen, erneuert sich also in dem Ausmaß als, im ursprünglichen Impuls der Reformation, das christliche Geheimnis der leidend erlösenden Liebe säkularisiert ward in die Tragik zwischen einem jäh-dunklen Gott und einem trotzend hilflosen Menschen. Das Geheimnis der Erlösung wird zuerst ersetzt durch die «tragische Passion» (im fast bürgerlich anthropozentrischen Stil der Passionen Bachs), um schließlich ganz aufzugehen in die «kosmische Tragik» (im tragischen Lebenswillen Schopenhauers, aus dem der «Parsifal» Richard Wagners als vitalisiertes «Passionsspiel» entsteht, aber ebenso, wenngleich in «feindlicher Freundschaft», der Dionysos-Mythos Nietzsches). In dieser Ersetzung ist der Gott des Christentums zuletzt ersetzt durch das alt-antike chthonisch Göttliche: den Lebenstrieb (wie bereits im jäh leidenschaftlichen Kampf der Reformation gegen den katholischen Dienst der Repräsentation nicht ohne Grund auch und gerade die vitale Leidenschaft die Zügel zerriß). Das christliche Geheimnis des «schonungslosen Gottes gegen Seinen Sohn, den er für uns preisgegeben» (und also einer «Grausamkeit der schöpferischen Liebe Gottes») ist ersetzt durch das alt-antike Natur-Geheimnis der «schöpferischen Grausamkeit» des Lebenstriebs. Die Säkularisierung der «christlichen Tragödie» geschieht also in Kraft einer ursprünglichen Säkularisierung des Christlichen ins dionysisch Vitale (wie das, was in Luther objektiv aufbrechende Bewegung war, im Tragischen Schopenhauers und Nietzsches seine reflexe Formel fand). Die neuzeitliche Tragödie wird eine Wiedergeburt der antiken Tragödie, im Maße als das Christliche zum Dionysischen wieder entward. – Es ist (sachlich) zuerst eine Säkularisierung im Sakralen selber: das Abwärts der Passion der Fleischwerdung Gottes wird säkularisiert in das Aufwärts der dionysischen Passion eines «göttlichen Lebens» (einer «Passion gotthaften Fleisches»). So entsteht (sachlich) zweitens die säkularisierte Tragödie als Selbstbewegung dieser dionysischen Passion: von kosmischem Schicksal (in Shakespeare) zu anthropologischem Schicksal (in Hebbel) zum mythischen Charakter-Schicksal (in Paul Ernst). Das heißt, die Form des dionysisch Sakralen erscheint, im Unterschied zur Antike, unverhüllt erst im Ende.

Aus dieser geschichtlichen Struktur läßt sich nun die *systematische* abnehmen. Es erscheint zuerst der Gegensatz zwischen einem sakral Tragischen (im ursprünglich Dionysischen und Christlichen: *passio Dei*) und einem profan Tragischen (in der antiken und neuzeitlichen Schicksals- und Charakter-Tragödie). Es schließt sich folgerichtig an die Spannung zwischen einem repräsentierend Tragischen (im dionysischen Mimus und im christlichen Sakraments- und Martyrer-Spiel: *repraesentare Deum*) und einem autonom aktiven Tragischen (im tragischen «Sichdurchsetzen» der antiken und neuzeitlichen Schicksals-Tragödie). Es mündet in die Breite zwischen einem Konflikt-Tragischen (mit Gott oder der Welt: in der äschyleischen und faustischen Tragödie) und einem immanent Tragischen (Tragik als Schicksal im Charakter: in der antiken und neuzeitlichen Charakter-Tragödie). Es waltet damit im Tragischen die Bewegung zwischen einem doppelten Absolutismus der Identität zum Göttlichen: einem passiven («den tragischen Gott leben») und einem aktiven («leben wie Gott und darum tragisch»). Die «reine Tragödie» erscheint in dem Ausmaß, als dieser Absolutismus erscheint. Das «Wie Gott» der Erbsünde spielt also im Stil des Tragischen, aber ihr «Wie Gott» im Griff der Leidenschaft: wie Tragik und Tragödie in ihrer Wortbedeutung den «hohen prächtigen Ton» sagen (des «tragischen Pathos»), aber in der tieferen vitalen Bedeutung des «aggressiven Sichaufbäumens» und doch «unfruchtbaren Aufschießens» und nur «üblen Geruchs» (des Tragischen «fetter Böcke»: *τραγάω, τράγος*). –

Da also im Tragischen der Stil der Erbsünde weiterwirkt, steht es unmittelbar Aug in Aug zum Christlichen als der Erlösung von der Erbsünde: wie das Christliche schon in seiner Wortbedeutung gegen die Wortbedeutung des Tragischen tritt: das Chrisma Christi als des Gesalbten in der Salbung des Heiligen Geistes, der die Liebe Gottes ist, die in der Erlösung Sich Selbst entäußert ins Nichts und Umsonst. – Das Christliche ist erstens *Erlösung von der Erbsünde*, in der der Mensch sein wollte «wie Gott, wissend das Gute und das Böse». Das Tragische mithin, das im Angesichte der «tragischen Schuld» als eines «schuldlosen Verhängnisses» an der letzten Verhangenheit des allein göttlichen Gerichtes über Gut und Bös rüttelt, um selber stehend in diesem Letzten «wie Gott» zu sein, dieses Tragische ist mithin erbsündige Tragik. Das Christliche ist also Erlösung von dieser Tragik, und alles Faktum der Tragödie sagt den Kampf zwischen Erlösung von Erbsünde und Erbsünde, die sich gegen die Erlösung wehrt. – Das Christliche ist Erlösung von der Erbsünde zweitens *als «Wunder des Tausches» (admirabile commercium)* zwischen Gott und Mensch: da Gott Mensch wird, daß wir in der Teilnahme an einer Menschennatur (als Glieder seines sichtbaren Leibes) die Teilnahme an der Göttlichen Natur wiederempfingen, die im erbsündigen «Wie Gott» verloren ward. Das Tragische mithin, das in einem Zwischen von Gott und Mensch steht, einerseits sich wehrend gegen eine erfüllende Lösung des Menschen in Gott, anderseits das letzte Dunkel des Menschen vergöttlichend – dieses Tragische ist mithin erbsündige Tragik gegen das «Wunder des Tausches»: Sich-Verschließen des Menschlichen gegen das Sich-Schenken Gottes; gotthaftes Ringen gegen Dienst an Gott. Das Christliche ist also Erlösung von dieser Tragik, und alles Faktum der Tragödie sagt den Kampf zwischen der erlösenden Teilnahme an Gott in der Teilnahme an Seiner echten Menschennatur und dem erbsündigen «Wie Gott», das gegen diese Teilnahme sich wehrt. – Das Christliche ist aber dieses «Wunder des Tausches» drittens *im Geheimnis des Kreuzes*. Die Menschheit, an der Gott im «Tausch» teilnimmt, ist der Neue Bund, der diesen Gott als sein «Haupt» verrät, verleugnet und flieht, ist der Alte Bund, der diesen Gott als seinen «Messias» unter der Anklage der Gotteslästerung in den Kreuzestod «außerhalb der Bundeshege» verflucht, ist das Heidentum, das als Werkzeug dieses Alten Bundes den Gott, der es heimholt, ans «Holz des Fluches» nagelt. Die Gottheit aber, die zum Menschen hin zu diesem «Tausch» sich schenkt, ist die Gottheit des Vaters, der

«Seines Eigenen Sohnes nicht schont, sondern ihn ausliefert für uns alle» in seiner «Liebe zur Welt», ist die Gottheit des Sohnes, der «mich liebt und Sich ausliefert für mich», ist die Gottheit des Heiligen Geistes, der «die Gott-Schwäche» und die «Gott-Torheit» der «Breite und Länge und Höhe und Tiefe» des «hinverzehrenden Feuers» dieser Liebe ist. Die Sichtbarkeit einer (im gewöhnlichen Sinn) höchsten Tragik ist also im Christlichen die Sichtbarkeit des Göttlichsten Gottes als der Liebe: das Kreuz als Glorie dieser Liebe. Das Tragische mithin, das im Kreuz der unauflöslichen Überkreuzungen steht, nicht nur als dem stummen Aufstand gegen einen «guten Gott», sondern als dem Gleichnis in ein gotthaftes dunkles Schicksal, – dieses Tragische ist mithin erbsündige Tragik gegen die «Glorie des Kreuzes». Als innergeschöpfliche Tragik ist es verharmlosender Aufstand: gegen das größere Kreuz-Dunkel der Selbstauslieferung Gottes in die Gottverlassenheit Gottes. Als Absolut-Tragik ist es sich-verbauender Aufstand: gegen die über alles größere Glorie der Liebe im größten Dunkel des Kreuzes. Das Christliche ist also Erlösung von dieser Tragik, und alles Faktum der Tragödie sagt den Kampf zwischen der erlösenden Liebe Gottes im Kreuz Gottes und der erbsündigen «letzten Tragik», die gegen diese «Liebe im Kreuz» sich wehrt. –

Tragisch und Christlich stehen also zueinander, wie das achte Kapitel des Römerbriefes die Welt sieht, die erlöst ist, aber indem sie, im Zeichen des Kreuzes, an der Erlösung mitwirkt: das «Stöhnen aller Kreatur» und der «Erstlinge des Geistes selbst», ja das «Stöhnen des Geistes» selbst in «mit-entgegnender Aufnahme unserer Schwäche» (8, 20–26), aber als Jubel des «Übersiegens in allem um Dessentwillen, der uns geliebt hat» (8, 31 bis 39), darum eben aber in der bestimmenden Form des «Hinharrens im Durchhalten der Geduld» (8, 25). – In dieser Form bindet sich die Spannweite zwischen einem *christlich Tragischen* und einem *tragisch Christlichen:* das christlich Tragische einer ausbüßenden Geduld, in der der Mensch die eigene erbsündige Tragik austrägt in der Kraft der erlösenden Liebe Gottes und in sie hinein; – das tragisch Christliche einer mit-erlösenden Geduld, in der der Mensch die Kreuz-Tragik der Unbegreiflichen Liebe Gottes mitträgt in die erbsündige tragische Welt hinein. – Damit aber versinkt das Wort Tragisch, und es stehen eigentlicher zueinander *Geduld des* (ausbüßenden) *Menschen* und *Geduld* (des erlösenden) *Gottes* (im mit-erlösenden Menschen). Gegen die aktive oder passive Gott-Identität der Tragik tritt entscheidend die erdhaft stille positive Distanz dieser Geduld. Denn da gerade sie das letztlich Unauflösliche von Geduld des (an Gott teilnehmenden) Menschen und Geduld (des menschgewordenen) Gottes einbeschließt, erscheint in ihr das Göttlichste Gottes im Menschlichsten des Menschen: die Liebe in einer «Geduld der Geduld»: Geduld selber als Form der Einheit zwischen Geduld Gottes und Geduld des Menschen.

7. Da aber eben so durch die Frage zwischen erbsündiger und erlösender Tragik hindurch das allgemeinste Verhältnis zwischen Gott und Geschöpf sichtbar ward, (tragische) Identität oder (christliche) Distanz (der Geduld), eben so erscheinen nun (umgekehrt gegen früher: Nr. 1–7) die eigentlich entscheidenden Linien zwischen Essentialismus und Existentialismus. Sie erscheinen folgerichtig gemäß dem Gesetz, das nach Thomas von Aquin zwischen Natur und Übernatur waltet: Natur als faktische «Voraussetzung» *(gratia supponit naturam)* und Übernatur als faktische «erfüllende letzte Form» *(gratia perficit naturam)*. Denn Essenz-Existenz sind innerste Natur des Geschöpfes als solchen, Erbsünde-Erlösung aber (als das Bestimmende im Gegensatz von tragischer Identität und christlicher Distanz der Geduld) sind die letzte faktisch konkrete Form der Einen übernatürlichen Heilsordnung, in der Schöpfer und Geschöpf faktisch stehen. Einerseits ist zwar der Gegensatz des Tragischen und Christlichen nicht aus dem Verhältnis zwischen Essenz und Existenz ableitbar: weil Übernatur aus Natur «essential» nicht ableitbar ist. Anderseits erscheint aber das Verhältnis zwischen Essenz und Existenz in seiner Konkretheit erst unter der Form des Gegensatzes zwischen Tragisch und Christlich: weil die faktisch konkrete Natur nur unter der letzten Form der Übernatur

(Erbsünde-Erlösung) faktisch konkret «existiert». Essentiale Unableitbarkeit und existentiale Einheit zwischen Tragisch-Christlich und Essenz-Existenz sind so selber eine letzte Darstellung des wahren Verhältnisses zwischen Essenz und Existenz: gegen die Identität (als Form aller Verabsolutierungen). Aber eben so ist deutlich, wie das (übernatürlich) Tragisch-Christliche «in» dieser Form des Verhältnisses zwischen Essenz und Existenz «erscheint» (weil es eine dem Geschöpf gegebene Qualität ist), nicht aber «aus» dieser Form «entspringt» (als ob es als Qualität aus dem Geschöpf sich ergäbe).

a) Einerseits erscheinen im Verhältnis zwischen Essenz und Existenz selber «voraussetzende» Grundlinien des Gegensatzes Tragisch-Christlich: das Sachproblem Essenz-Existenz als «Voraussetzung» zum religiösen Problem Tragisch-Christlich. Wir gewinnen das Sach-Problem Essenz-Existenz (im Sinne einer Grundform gemäß Nr. 1–7) als faktische innere Ontologie des religiösen Problems Tragisch-Christlich (nur faktische, gemäß der essentialen Unableitbarkeit; aber doch innere, gemäß der existentialen Einheit zwischen beiden Problem-Beständen).

Geschöpfliche Existenz ist Werden. Dieses Werden ist *essential oder existential* interpretierbar: als Verwirklichung eines So (essentiales Werden); oder als Da der Verwirklichung in sich selbst (existentiales Werden); als So, dem das Da jeweils geschieht, zu einer existentialen Essenz *(essentia, cui accidit esse)*; oder als Da, das in ein So (als seine aufnehmende und ausdrückende Form) jeweils eingeschränkt wird, zu einer essentialen Existenz *(esse, quod recipitur in essentia)*. – In beiden Fällen erscheint im Werden ein *Übergeschöpfliches im realen Unterschied zu einem Geschöpflichen.* Im essentialen Werden ist es die Ewigkeit und Unveränderlichkeit der «reinen Idee», an der die Verwirklichung als Je-Zufallendes je geschieht (Geschöpflichkeit als je zufallende Verwirklichung): Idealismus der Essenz. Im existentialen Werden ist es die Unendlichkeit des «reinen Seins», die in das So der Formen als Je-Einschränkendes je empfangen und ausgedrückt wird (Geschöpflichkeit als je einschränkender Ausdruck):

Realismus der Existenz. – In beiden Fällen ist darum das Verhältnis zwischen dem Übergeschöpflichen und Geschöpflichen doppeldeutig: *als Strebe-Spannung vom Geschöpflichen her* (spontan-ethisches Werden) oder *als Teilgabe-Spannung vom Übergeschöpflichen her* (mystisch-passives Werden). Das essentiale Werden erscheint demgemäß entweder als Strebe-Spannung zur reinen Idee hin (spontan-ethischer Idealismus eines essentialen Entwicklungs-Werdens: metaphysisch im Sinne des Stoizismus [*rationes seminales*], realwissenschaftlich im Sinne des Lamarckismus [Anlage]) – oder als Teilgabe-Spannung von der reinen Idee her (mystisch-passiver Idealismus eines essentialen Emanations-Werdens: metaphysisch im Sinne des Plotinismus, realwissenschaftlich im Sinne E. Dacqués). Das existentiale Werden erscheint entsprechend entweder als Werde-Spannung aus der eigenen Sonder-Form hinein ins All-Sein, um Mensch, Welt, Erde, Sein schlechthin zu sein (spontan-ethischer Realismus eines existentialen Entwicklungs-Werdens: metaphysisch im Sinne des voluntaristischen Nominalismus; realwissenschaftlich im Sinne des Darwinismus [Existenzdrang aus den ersten Sonderformen in die All-Fülle der Formen]) – oder als Teilgabe-Spannung vom reinen Sein her (mystisch-passiver Realismus eines existentialen Emanations-Werdens: metaphysisch im Sinne des Averroïsmus; realwissenschaftlich im Sinne des Bergsonianismus [sich-ausdifferenzierender élan vital]).

Folgerichtig ist in beiden Fällen für beide Arten der Spannung das dem jeweilig Übergeschöpflichen entsprechende *Absolutum einer Identität von Essenz und Existenz formgebend:* als passives Grenz-Ziel für die Strebe-Spannung, als aktiver Grenz-Ursprung für die Teilgabe-Spannung. Der Idealismus des essentialen Werdens einer existentialen Essenz steht unter der bestimmenden Grenze einer Essenz-Existenz als Absolutum (Gott als *Ipsa Forma:* das «existierend Ideale schlechthin»): als passives Grenz-Ziel für den spontan-ethischen Idealismus (zum Ziel eines «Ideal in Existenz» ins Unendliche zu streben) – als aktiver Grenz-Ursprung für den mystisch-passiven Idealismus (das «existent Ideale» ins Unendliche zu offenbaren). Der Realismus des existentialen

Werdens einer essentialen Existenz hinwiederum steht unter der bestimmenden Grenze einer Existenz-Essenz als Absolutum (Gott als *Ipsum Esse:* das «reine Sein schlechthin»): als passives Grenz-Ziel für den spontan-ethischen Realismus (zum Ziel eines «Existierens schlechthin» ins Unendliche zu streben), als aktiver Grenz-Ursprung für den mystisch-passiven Realismus (die «reine Existenz» ins Unendliche zu offenbaren). – Ebenso aber wird das Geschöpfliche zu einem solchen Ins-Unendliche, für das das Absolutum jeweils das Maß ist, eben darum aber das unerfüllbare und eben darum «tragisch». Die *Tragik des Scheiterns am Maß des Absoluten* erfolgt aus der Form der dynamischen Identität zum Absoluten. Die aktiv-dynamische Identität, die in der Weise der Strebe-Spannung liegt, wirkt sich aus in einen ethischen Tragizismus: im Streben nach dem Absolutum jeweils an ihm zu scheitern. Die passiv-dynamische Identität, die in der Weise der Teilgabe-Spannung sich beschließt, erzeugt einen mystischen Tragizismus: im Teilgeben des Absolutum der Prozeß des Scheiterns des Absolutum (ins Relative) selbst zu sein.

In dieser doppelten Form eines inneren Tragizismus erscheinen nun unsere beiden Sichtungen des Werdens: *Idealismus und Realismus.* Indem der Idealismus des essentialen Werdens einer existentialen Essenz zu seinem Maß das Absolutum einer Essenz-Existenz hat, ist er innerlich ein *ideativer Tragizismus* (in der «Tragik der Idee»): ideativ-ethisch als aktives Scheitern der Strebe-Spannung (eines spontan-ethischen Idealismus) am Absolutum eines «Ideal in Existenz»; – ideativ-mystisch als passives Scheitern der Teilgabe-Spannung des Absolutum eines «existent Idealen» (in einem mystisch-passiven Idealismus). Indem anderseits der Realismus des existentialen Werdens einer essentialen Existenz zu seinem Maß das Absolutum einer Existenz-Essenz hat, ist er innerlich ein *realistischer Tragizismus* (in der «Tragik des Seins»): real ethisch als aktives Scheitern der Strebe-Spannung (eines spontan-ethischen Realismus) am Absolutum eines «Existierens schlechthin»; – real-mystisch als passives Scheitern der Teilgabe-Spannung des Absolutum einer «reinen Existenz» (in einem mystisch-passiven Realismus). –

Damit erscheint das innere Zueinander zwischen der Form des Tragischen (nr. 8) und den Formen der Essenz- und Existenz-Philosophie (nr. 5–7). Denn die Sichtbreite der Formen des geschöpflichen Werdens überträgt sich für die Sichtbreite der Formen von Essenz- und Existenz-Philosophie nun vom Ontischen aufs Noëtische: reine Essenz-Philosophie in derselben Formenbreite zwischen den äußersten Polen einer Essenz-Existenz (entsprechend zu reiner Essenz-Philosophie) und einer Existenz-Essenz (entsprechend zu einer reinen Existenz-Philosophie) und in den mittleren Möglichkeiten einer existentialen Essenz (entsprechend zu existentialer Essenz-Philosophie) und einer essentialen Existenz (entsprechend zu existentialer Existenz-Philosophie[1]). Eben so aber erscheint in dieser ganzen Formenbreite die Identität als Formprinzip und eben darum das Tragische in der frühern Breite: die vordem entwickelte Breite zwischen aktiv und passiv Tragischem (nr. 8) nun als solche zwischen ethischem und mystischem Tragizismus. So aber ist es die «Voraussetzung» zum erbsündig Tragischen: als abstürzendes Wie-Gott, das in der konkret übernatürlichen Ordnung, in der die Erbsünde ihren Ort hat, sich als abstürzendes Wie-Gott in der Ebene der Teilnahme an der Göttlichen Natur darstellt. Die reine Form des abstürzenden Wie-Gott (als reine Form des Tragischen) ist die allgemein «na-

[1] Der Unterschied ist nur, daß die frühere noëtische Betrachtungsweise (Nr. 5–7) um den (noëtischen) Akt zentriert war, während die jetzige eine unmittelbare Analyse des (ontischen) Gegenstandes ist. Die Verteilung der Formenbreite auf die geschichtlichen Philosophien ist darum jeweils umgekehrt. Vom Noëtischen aus ist Platonismus Existentialismus: weil er noëtisch-methodisch in der formalen Existenz des Denkenden steht, als formal-kritische Distanz-Philosophie. Vom Ontischen aus aber ist er Essentialismus: weil er, kraft seines Stehens in der formalen Existenz des Denkenden, gegenständlich steht in der Welt der reinen Ideen, als Idealismus. Ebenso ist vom Noëtischen aus Aristotelismus Essentialismus: weil er noëtisch-methodisch gegenständliches Denken ist, als subjektiv-dialektische Philosophie eines kosmischen Systems. Vom Ontischen aus ist er aber eben darum Existentialismus: weil er, kraft seiner noëtischen Richtung auf das (noëtisch) Gegenständliche, gegenständlich steht in der Welt der Existenzen, als Realismus. Die übliche Typik von Essentialismus-Existentialismus ist also unzulässige Vereinfachung. Und auch das eben Ausgeführte ist noch eine ungenügende Verkürzung: weil das mit Platonismus-Aristotelismus Gemeinte eigentlich heißt: Parmenides-Heraklit-Platon-Aristoteles (Nr. 6–7). Aber das Wesentliche ist deutlich: daß die Tragik der «absoluten» Philosophie nicht nur in ihrem Absolutismus liegt, sondern im inneren Widerspruch je beider Absolutismen: noëtischer Existentialismus, der ontisch Essentialismus ist; noëtischer Essentialismus, der ontisch Existentialismus ist.

türliche» Form, die aber in der Ebene der Teilnahme an der Göttlichen Natur das qualifizierte abstürzende Wie Gott wird: als Sich-Bemächtigen des Gottes, der über alles Maß Sich mitteilte. Es ist darum auch folgerichtig, daß die ausgesprochenen Formen von Essenz- und Existenz-Philosophie von der Reformation her ausbrechen, da diese in ihrem Grund-Impuls den absoluten Gott unmittelbar zum Maß nahm (in der lutherischen Deutung des ersten Gebotes) und also den Menschen nur als den wesenhaft gescheiterten und scheiternden (und also tragischen) sah. Indem hier im sakralen Raum die erbsündige Form Absolutismus-Tragizismus neu ausbrach (entsprechend zur reformatorischen Lehre von der untilgbaren Erbsünde), eben so ist es der Impuls in die ausdrückliche Formenbreite von Essentialismus und Existentialismus als folgerichtige Säkularisierungen der reformatorischen Grundform[1].

Eben darum kann die gesamte Formenbreite von Essentialismus und Existentialismus nicht die «Voraussetzung» des Christlichen sein. Denn sie ist die Formenbreite des jeweiligen tragischen Umschlags zwischen verschiedenen Identitäten (absoluter Essenz als Essenz-Existenz, – oder absoluter Existenz als Existenz-Essenz). Gegen die «Ungeduld» der zerreißenden Verabsolutie-

[1] Die Reformation ist hierin aber nur die Form, in der die formalste Form aller Häresien offenbar ward. Das liegt in den Worten Häresie und Ketzerei selber. Häresie, als kommend von αἵρεσις, sagt die eigenpersönliche Wahl, in der alles Objektive als relativ Auswählbares dem auswählenden Willen als dem Ort und Werkzeug des Absoluten gegenübersteht: Wahl gegenüber dem Objektiven, nicht Dienst im Objektiven. So tritt der absolut Wählende gegen das Objektive – als «tragisch Einzelner». Ketzerei aber, als kommend von καθαρός, sagt die Richtung auf das «absolut Reine» (wie es nur Gott hat und ist) im Gegensatz zum «menschlichen Gemisch». Es ist Selbstaussonderung aus der Menschheit der menschlichen Formen um der Unmittelbarkeit willen zum «absolut Reinen». Wie Häresie den Akt bezeichnet, so sagt Ketzerei also das entsprechende Objekt. Eben darum liegt hier die formale Form der Erbsünde. Ihr Wie-Gott: akthaft in Häresie als absoluter Wahl; objekthaft in Ketzerei als dem absolut Reinen: absolut zu Absolut. «Wissend das Gute und Böse»: akthaft in Häresie als der reflex bewußten Wahl; objekthaft in Ketzerei als dem durch Einsicht gereinigten Gehalt. Und so ist es dann auch der «Apfel-Biß»: die «Tragik» des Abstürzens aus der göttlichen Sphäre des «absolut Reinen» in einen Naturalismus, weil eine entfesselte naturalistische Leidenschaft bereits das Tiefere der «absoluten Wahl» war. Eben darum ist alle Häresie in der Tiefe nicht Abbruch irgendeines einzelnen christlichen Gehalts, sondern Bruch mit dem Christlichen überhaupt und mit Gott überhaupt, – mit dem folgerichtigen Ende eines reinen Naturalismus und des Dionysischen als seiner Form.

rungen tritt vielmehr die «Geduld» des Stehens im echt geschöpflichen Zwischen geschöpflicher Essenz und geschöpflicher Existenz. Es gibt nichts Geschöpfliches im Geschöpf, das eine besondere «Göttlichkeit» wäre im Unterschied zu einem andern: weder eine göttliche Idealität der Essenz (als «exemplarische Identität» mit Gott) noch ein göttlicher Dynamismus der Existenz (als «rhythmische Identität» mit Gott). Sondern das eigentliche geschöpfliche Werden, das unmittelbar ist zum Schöpfer, ist dieses Werden selbst, im Unterschied zu jeglicher Ableitung aus einer Essenz oder Existenz. Das unableitbare je Jetzt des Werde-Augenblicks steht unmittelbar zum Ewigkeits-Augenblick des Schöpfers (*in praesenti aeternitatis:* Thomas von Aquin, De pot. q 1 a 5 ad 2). Nicht also einmal ein (immer noch tragisches) Zwischen ist dieses geschöpfliche Werden, sondern gleichsam eine *potentia oboedientialis* als die tiefere Form des geschöpflichen faktischen Zueinander (aber nicht notwendig oder ableitbar Auseinander) geschöpflicher Essenz und geschöpflicher Existenz: der innerste Bezug zum Schöpfer als ein Vollziehenlassen des Vollzugs von Ihm her. Weder Essenz noch Existenz noch irgendeine Ableitung zwischen ihnen noch irgendein Fürsich des Zwischen selber kann die Form einer echt geschöpflichen Philosophie sein, sondern allein das, was im Werden beschlossen ist: Analogie (als Bezug zum je Über des Schöpfers) und Disposition (als je Jetzt des Vollziehenlassens des Vollzugs von Ihm her). So ist es die wahre «Voraussetzung» zum Christlichen: als Wahrung des unterscheidend Geschöpflichen, das Gott in der Menschwerdung annimmt, daß wir in der Form des Geschöpfes, die Gott annahm, wieder Teil haben an Seiner Göttlichkeit[1].

b) Damit öffnet sich der Blick in die andere Seite: wie das Christliche die faktisch innere «Erfüllung» dieses also gesichteten geschöpflichen Werdens ist *(gratia perficit naturam).* Das religiöse Problem der Aufhebung des erbsündig Tragischen im Christlichen (gemäß nr. 8) erscheint als faktisch innere

[1] Vgl hierzu *Analogia entis* I. Teil; *Deus semper maior* I–III, 1938–39, (neu Wien 1962/63) und den folgenden Aufsatz über die Reichweite der Analogie als katholischer Grundform.

Theologie zum Sachproblem der Aufhebung von Essentialismus-Existentialismus in die Form von Analogie und Disposition (nur faktische Theologie, gemäß der essentialen Unableitbarkeit; aber doch innere, gemäß der existentialen Einheit zwischen beiden Problem-Beständen). Diese Theologie enthält damit ein Doppeltes: einerseits die «Erfüllung» der (negativen) Aufhebung der Absolutismen und (folgerichtigen) Tragizismen der Formen von Essenz-Existenz; – anderseits die «Erfüllung» der (positiven) Wahrung des geschöpflichen Werdens (in Analogie und Disposition). Das Negative geschieht durch das Positive: da Gott Mensch wird und also einerseits Gott erscheint, anderseits das unterscheidend Geschöpfliche durch Gott und in Gott Selbst bestätigt erscheint, verschwinden die tragischen Absolutismen (in denen entweder, pantheistisch aktiv, das Geschöpfliche sich vergöttlicht oder, theopanistisch passiv, als Gottes Ausfluß sich auflöst).

Das Christliche ist, in diesen Beziehungen, grundlegend *Versichtbarung des Unsichtbaren* Gottes (Jo 1, 18): Gegenüber der erbsündigen Welt, die das Geschöpfliche zu Gott gemacht hat (geschöpfliche «Natur» oder geschöpfliche «Gerechtigkeit»: Röm 1–4), erscheint der allein absolute Gott in der schärfsten Absolutheit der Freiheit Seines Willens in Gericht und Liebe (Röm 8–11), daß eben so die angemaßte Absolutheit des Geschöpflichen demaskiert sei in den Mensch Lehm der Erde und Mensch Lüge und Mensch Sünde (Röm 1–4; 9–11). Hierin «erfüllt» sich die gesichtete Überwindung spontan-ethischen tragischen Absolutismus der essentialen und existentialen Strebe-Spannung: Das tragisch absolute Streben zum «Ideal in Existenz» *(Ipsa Forma)* oder «Existieren schlechthin» *(Ipsum Esse)* wird erlöst in die *Geduld der Demütigung*. Die Geduld der Demut wird die grundlegend christliche Form *(perficit)* echt geschöpflichen Werdens.

Das Christliche ist aber, zweitens, Versichtbarung des Unsichtbaren Gottes *im «Schema des Menschen wie sonst»* (Phil 2, 7): Gegenüber dem Drang der erbsündigen Welt, «wie Gott» zu sein, erscheint der allein «ganze Gott» als «ganzer Mensch» (Augustinus, serm 293,7) und «ganzer Christus» gerade als

«Haupt und Leib» (ders., in Ps 56, 1), d. h. in der Sichtbarkeit einer irdisch-menschlichen Kirche «bloßer Menschen der bloßen Erde», daß eben so das gott-sein-wollende Geschöpf lerne, schlicht «Mensch auf der Erde» zu sein (Augustinus, serm 77 c 7, 11: *Cum Deus esset, homo factus, ut se homo hominem cognosceret*).- Hierin erfüllt sich die gesichtete Überwindung des mystisch-passiven tragischen Absolutismus der essentialen und existentialen Teilgabe-Spannung: Die tragisch absolute Teilgabe des «existent Idealen» oder der «reinen Existenz» wird erlöst in die *Geduld einer menschlichen Gewöhnlichkeit.* Die noch restliche Tragik der Demaskierung des angemaßten Gottes in den Mensch-Lüge löst sich hierin, da auch noch die Unterstreichung eines Mensch Lüge untergeht in das Unauffällige eines «Menschen wie sonst». Die Geduld dieser Ruhe der Gewöhnlichkeit ist damit die vollere Form der Geduld der Demut und hierin die christliche Form *(perficit)* echt geschöpflichen Werdens.

Das Christliche ist aber endlich, drittens, Versichtbarung des Unsichtbaren Gottes nicht einfachhin im «Schema des Menschen wie sonst», sondern *in der «Form des Sklaven»* als des zertretenen «Wurm» im «Skandal» des «Todes am Kreuz» (Phil 2, 7–10; Ps 21, 7; 1 Kor 1, 23): Gegenüber dem Drang der erbsündigen Welt, die Begrenzung des Geschöpflichen grundsätzlich zu überwinden in eine unbegrenzte Form *(Forma Ipsa)* und ein unbegrenztes Sein *(Ipsum Esse)*, erscheint Er, der allein in Form und Sein (Essenz und Existenz) der Unbegrenzte ist, in der Geduld des Durchleidens der äußersten Begrenzung, in der «deformierten» Form (Augustinus, serm 27, 6) des gekreuzigten Sklaven und zertretenen Wurm und im Nicht-Sein des Todes, daß im Fortleben dieser Form und dieses Seins in einer deformierten und je neu «sterbenden» Kirche des Leibes Seiner Glieder (Augustinus, serm 27, 6), die Geduld geschöpflicher Begrenzung Dienst sei an dieser erlösenden Geduld Gottes. Hierin erfüllt sich die entscheidendste Überwindung des tragischen Absolutismus: Die in der spontan-ethischen Strebe-Spannung und mystisch-passiven Teilgebe-Spannung überhaupt waltende tragisch absolute Spannung wird erlöst in die *Geduld des Dienstes.* Die noch restliche

Tragik einer Beugung ins Gewöhnliche löst sich hierin, da alles persönliche Leiden an persönlicher Begrenzung untergeht in den amtlich-gliedhaften Dienst an der Geduld des ins Äußerste begrenzten Gottes Selbst. Dienst wird das Geheimnis der tieferen Einheit von Distanz und Identität (die im Tragischen die Widerspruchs-Explosivität waren): Dienst an der Geduld Gottes geschieht als Repräsentation dieser Geduld (und also in «*dienstlicher Identität*») und eben so doch als Vollzug der Haltung, wie sie dem Geschöpf als solchen zukommt (und also in «*Dienst als Distanz*»). Die Geduld dieses Dienstes an der Geduld Gottes (als innere Überwindung einer letzten «Geduld mit Gott») ist damit die vollendete Form der Geduld der Ruhe der Gewöhnlichkeit und hierin die voll-christliche Form *(perficit)* echt geschöpflichen Werdens.

Die Reichweite der Analogie als katholischer Grundform

1940

Die «Analogie» gewann ihren Namen als «katholische Grundform» von der Kontroverse her, in der sie aufgestellt wurde (Oktober 1922: Stimm Zeit). Das war der Fragenkomplex, der durch die anhebende deutsche Newman-Bewegung, den neuen Augustinismus Hessens, die Schelersche Phänomenologie von Natur und Offenbarung, die Glaubensanalyse K. Adams vertreten war. In all dem ging es eigentlich um eine Einheit zwischen Natur und Übernatur, Philosophie und Theologie, im Grundbegriff eines unableitbar Religiösen. Die Art, wie durch R. Ottos Numinosum und Schelers Wertfühlen die alten Versuche Jacobis und Schleiermachers und des englisch-französischen Modernismus von der Ebene des Subjektiven (eines grundlegenden «religiösen Bedürfnisses») auf die Ebene des Objektiven (eines grundlegenden «religiösen Wertes») übertragen wurden, dies wurde für die genannten Kreise der Antrieb. Demgegenüber erschien die «*analogia entis*» als die gesuchte innerkatholische Form-Einheit[1]. Dieser ersten Stufe folgte aber unmittelbar[2] eine zweite: die *analogia entis* als katholische Antwort auf die Weise, wie in K. Barth die protestantische Theologie am folgerichtigsten ihre eigene Grundform herausstellte. Da aber bereits durch die erste Front hindurch die Front der neuzeitlichen Philosophie überhaupt erschien[3], so war von Anfang an eine dritte Stufe selbstverständlich: die *analogia entis* als katholische Antwort auf das Denken der Neuzeit seit Descartes. Damit aber legte sich die letzte vierte Stufe grund, die in der Auseinandersetzung mit Maréchal zuerst heraustrat[4]: die *analogia entis* als Antwort auf die Weise, wie der französisch-belgische Thomismus (und in seinem Gefolge auch bald der neue deutsche) eine «Transposition» des Denkens der Neuzeit auf den Boden der Scholastik unternahm. In diesen vier Stufen stellte sich die *analogia entis* als die «katholische Grundform» dar, die für Inhalt wie für Methode der inneren Einheit von Natur und Übernatur, Philosophie und Theologie[5] in der Formulierung gültig ist, die ihr das Vierte Laterankonzil gab (1215).

[1] StimmZeit: Oktober, November 1922, Mai, Juni, September 1923; Religionsbegründung 1923; Gottgeheimnis der Welt 1923 (neu in: Schriften II 1962).

[2] StimmZeit: August 1923.

[3] Gottgeheimnis der Welt 1923 (neu in: Schriften II 1962).

[4] PhJb 1929.

[5] Gottgeheimnis der Welt 1923; Gott 1926; Religionsphilosophie katholischer Theologie 1926; alles jetzt in Religionsphilosophische Schriften Schriften II, 1962

Zu diesem Ganzen entstanden von Anfang an ähnliche Formen, aber in bewußter oder unbewußter grundsätzlicher Gegnerschaft dazu. – Guardinis «Gegensatz» (1926) wahrt die Spannung zwischen Gegensätzen, einerseits hinein in eine letztlich in sich schwingende Struktur, anderseits so, daß das Übernatürliche und die Theologie an die Grenze gerät, eine Seite der Gegensatz-Paare zu sein (die personalistische). Heideggers Methode einer grundsätzlich endlichen Philosophie (Kant und das Problem der Metaphysik 1929) teilt die von uns betonte Kreatürlichkeit als Form des Denkens, aber es ist eine reine Endlichkeit. K. Barth baut seine Dogmatik (seit 1927) in der Methode einer schwebenden Mitte zwischen Gegensätzen, aber als eine (rein theopanistische) «*analogia fidei*» gegen die (von ihm als «anti-christlich» gekennzeichnete) *analogia entis*. Th. Haecker entwirft eine Anthropologie, die eine Analogie als Ähnlichkeit bis zu einer *analogia Trinitatis* hinaufführt, aber um die Endlichkeit des Menschen eben darum als Absturz zu sehen (Was ist der Mensch, 1933; Schöpfer und Geschöpf, 1934 usw.). K. Adam zielt einerseits auf einen äußersten Thomismus, für den Natur und Philosophie keinen eigenen Existenzgrund mehr haben, – anderseits aber wieder auf einen solchen, durch den hindurch stärker der Skotismus des personhaft Irrationalen im Fließen der Geschichte hindurchblickt (WissWeish: Januar und April 1939).

Das radikalisiert sich dann in einer jüngeren Generation. G. Koepgens «Gnosis des Christentums» (1939) ist das Symptom für den äußersten Riß des Widerspruchs. Auf der einen Seite östlich überzeitliche Gnosis: in den Bestrebungen einer «Überlieferungstheologie», deren extremer Prototyp die griechisch-orthodoxe Theologie ist mit ihrem Prinzip der «pneumatisch sophiologischen Tradition». Auf der andern Seite westlicher Personalismus: in den Bestrebungen, F. Ebner zum Begründer dessen zu machen, wofür Pascal und Newman einst als Führer galten, und so hinein in eine dynamisch-aktuale «Verkündigungstheologie», deren extremer Prototyp die reformatorische Theologie ist mit ihrem Prinzip der «aktualistischen Verkündigung», wie es bei Schleiermacher mehr subjektiv-psychologisch interpretiert ist (im Form-Prinzip der Ergriffenheit als «Affektion», und im Sach-Prinzip der Unmittelbarkeit zur Person Christi), bei K. Barth aber objektiv (als Jetzt-hier des redenden Gottes im Wort der Predigt).

Das hat sein Gegenbild in der Philosophie einer katholischen Heidegger-Schule: Maréchal und Heidegger in eine Einheit zu binden. Alle Arbeiten dieser Richtung gehen von der Fragestellung aus, in der wir von der

Bd. II. Neue Theologie: StimmZeit August, September 1926; Das katholische Kirchenprinzip: Zwischen den Zeiten Juli 1929. – Dazu als Systematik: das Corpus der (ungedruckten) Whylen-Vorlesungen über Philosophie und Theologie 1924–1927, das der Salzburger über Methode der Theologie August 1931, und *Analogia entis I*.

«Religionsphilosophie» bis zum ersten Band der «*Analogia entis*» die Metaphysik Thomas' von Aquin als eine solche der «Analogie» darlegten, unterschieden sowohl gegen eine Metaphysik der Unendlichkeit wie der Endlichkeit. Diese Analogie wird beseitigt, um an ihre Stelle eine unmittelbare Dynamik zwischen Unendlichkeit und Endlichkeit zu setzen: wie der Thomismus Maréchals eine dynamische Unendlichkeit zum Systemprinzip hat und die Phänomenologie Heideggers eine dynamische Endlichkeit. Der Synthese gibt M. Müller die klarste Formel (Realität und Rationalität, Freiburg 1938). Es geht inhaltlich um die «Einheit existentialer Endlichkeit und essentialer Unendlichkeit» (3). Es geht eben darum formal um ein Denken, in dem Geist und Wahrheit identisch sind: «Zu-sich-selbst-Kommen des Geistes..., indem der Geist sich selbst als die Wahrheit, das Wahrsein aller Wirklichkeit erkennt» (5). In dieser Formel gilt also eine inhaltliche wie akthafte Identität: die Identität «essentialer Unendlichkeit» zwischen Gott und Geschöpf; die Identität von «Wahrheit» und «Wirklichkeit» in göttlichem und geschöpflichem Geist. So ist die letzte Richtung dieser Schule die einer Transposition von Thomas auf Hegel. J. B. Lotz sieht dieses Gemeinsame der neuen Schule noch unter der ursprünglichen und mäßigenden Sicht Maréchals: die geschöpfliche Bewegung (in Sein und Bewußtsein) zwar als «Nachvollziehen des göttlichen Urvollzugs», aber insofern das «göttliche Sein» im «schlechthin allgemeinen Sein» sich «erschließt» und «offenbart» (Sein und Wert I, Paderborn 1938). K. Rahner gibt umgekehrt, nach der vorwiegenden Richtung Heideggers hin, der «essentialen Unendlichkeit» die Vorzugsrichtung zur «existentialen Endlichkeit» hin: indem die *abstractio* (die Maréchal sagt) sich in der *imaginatio* (die Heidegger sagt) erfüllt: der «Geist» in die «Welt» (Geist in Welt, Innsbruck 1939). G. Siewerth endlich führt die doppelte Identität der Formel M. Müllers bis ins Letzte durch (Der Thomismus als Identitätssystem, Frankfurt 1939). Zwischen Gott und Geschöpf besteht als Grundverhältnis die «exemplarische (ideelle) Identität» (5ff.), bis dazu, daß das endliche Sein «Notwendigkeit, Absolutheit, Göttlichkeit» als «Siegel der Geburt» trägt (33). Entsprechend sind (formal) im Geist Wahrheit und Wirklichkeit identisch: da die Vernunft «im Anblick des Seienden aus der Tiefe ihrer Gottgeburt das Sein erschaut und in seinen Grund hinein durchschaut. Ihre Wirklichkeit ist die Wirklichkeit der Wahrheit» (208 Ende). So erscheint dann auf der einen Seite (75, 134), die «Selbstentäußerung Gottes» als Wesen der natürlichen Schöpfung (33) und die Teilnahme am Dreipersönlichen Leben als naturhafte «Gottgeburt» der Vernunft (205ff.). Umgekehrt, anderseits, aber schwankt die «Erkenntnis des Gott-Welt-Verhältnisses... unentschieden im sich widersprechenden Grenzbereich der ‚deistischen Differenz' und einer ‚pantheistischen Identität'» (52).

Gegenüber dieser ganzen Gruppe führt H. U. von Balthasar (Apokalypse der Seele I–III, Salzburg 1937/39) an und für sich eine ganze Methode der «Analogie» durch und setzt sie in gleicher Weise gegen die Form einer «Widerspruch-Identität», wie es in unserm Schrifttum geschah. Es waltet auch an und für sich jene tiefere Form der Analogie, die das Geheimnis des Kreuzes ist: in der «so großen Ähnlichkeit» aufzusteigen, um so in der «je immer größeren Unähnlichkeit» zu fallen, aber so erst der Höhe Gottes teilhaft zu werden. Aber vom ersten Band an erklingt in all dem eine doppelte Akzentuierung: einmal die (existentiale) eines «Mitströmen mit dem Weltstrom», anderseits die (essentiale) des «Schwebens des Bildes»: das erste als gebändigte Fassung des Dionysischen, das zweite als solche des Mythischen, wobei das Mythische aber als schwebendes zuletzt dem Dionysischen untergeben ist. Es entsteht damit tatsächlich die Gegenüberstellung zur Formel M. Müllers und G. Siewerths: existentiale Unendlichkeit (eines gebändigt Dionysischen im Sinne Claudels) und essentiale Endlichkeit (des Mythischen), und hierin also eine rhythmische Identität zu Gott (weil existentiale Unendlichkeit). Balthasar sagt darum folgerichtig Nein zu einem Origenes des pneumatischen Aufstiegs (in die Auflösung der irdischen Bildform in den reinen Geist), aber er sagt Ja zum Origenes einer dionysischen Lebendigkeit des irdischen «Lebens im Feuer».

Damit aber stehen in der heutigen Situation gegen die «Analogie» diese beiden Formeln: exemplarische und rhythmische «Identität». Denn «existentiale Endlichkeit und essentiale Unendlichkeit» in «exemplarischer Identität» sagt gewiß zunächst den Primat des Maréchalschen Progreß zum «reinen idealen Sein (als Wiedergeburt des frühmittelalterlichen Exemplarismus aus dem Geist des deutschen Idealismus), aber hierin Gnosis und Pneuma der positiven «Vergeistigung ins Unendliche» und also zuletzt das unterscheidend Östliche. Existentiale Unendlichkeit aber und essentiale Endlichkeit in rhythmischer Identität zu Gott zielt auf das Dionysische und Mythische der positiven «Verlebendigung ins Endliche» und eben hierin auf das unterscheidend Westliche. Die letzten Unbestimmtheiten bei Guardini, Heidegger, Barth, Haecker, Adam erhalten im Gegensatz dieser letzten Formeln ihre Klarheit: in der philosophischen Kontroverse zwischen einem schwebenden Dynamismus der Existenz und einer schwebenden Idealität der reinen Wesenheiten; – in der theologischen Kontroverse zwischen einer Theologie der personalen Geschichte und einer Theologie der pneumatischen Gnosis; – in der religiös praktischen Kontroverse zwischen einer mystischen Aszese der Ausprägung des persönlichen Wertbildes und einer aszetischen Mystik der kultischen Initiation.

In all diesen Kontroversen ist eine neue und schärfere Form des alten Gegensatzes zwischen Thomismus und Skotismus, und unterhalb dessen die alte Frage zwischen alexandrinischer und antiochenischer Schule, und unterhalb von allem das Gegenüber zwischen östlichem Denken, das verabsolutiert zu einem supranaturalistischen Theopanismus wird, und westlichem, das verabsolutiert in einen naturalistischen Pantheismus ausschlägt. Es ist damit der Gegensatz, der für die «Analogie» die sachliche Voraussetzung war. Es ist damit aber auch geschichtlich die Wiederkehr der entsprechenden Situation jenes Kapitels des Vierten Laterankonzils, das gegen Joachim von Fiore die klassische Formel der «Analogie» gab: da extremer West und extremer Ost in der gnostischen Mystik und mystischen Gnosis Joachims sich banden. So haben wir noch einmal die ganze Reichweite dieser Analogie als katholischer Grundform zu erörtern: von ihren geschichtlichen und sachlichen Voraussetzungen aus.

I. Der Sinn der Analogie von ihren geschichtlichen Voraussetzungen aus

1. Die klassische Analogie-Formel ist im zweiten Kapitel des Vierten Laterankonzils dargelegt als innere Antwort des Konzils auf die Trinitätslehre des Abtes Joachim von Fiore (Denz 431–432). Das Konzil macht sich in dieser Antwort die Trinitätslehre des Petrus Lombardus zu eigen, die von Joachim von Fiore als eine «Vierheit in Gott» («die Drei Personen und die gemeinsame Wesenheit als gleichsam vierte») zensuriert worden war (Denz 431), und entwickelt im Abschluß seiner Entscheidung die «Analogie» als den inneren Grund seiner Entscheidung (Denz 432).

Die Trinitätslehre des Abtes Joachim sieht die Einheit der Drei Göttlichen Personen in Identität zu der Form von Einheit, die die Kirche ist als Eins mit dem Vater und Sohn im Heiligen Geist. Darum sind zwar «Vater und Sohn und Heiliger Geist Eine Essenz, Eine Substanz und Eine Natur» (Denz 431), aber nicht als «Einheit wahr und eigentlich *(veram et propriam)*», sondern als «angesammelte und in Ähnlichkeit *(quasi collectivam et similitudinariam)*, wie man viele Menschen ein Volk nennt und viele Gläubige eine Kirche» (ebd). «Zu Aufbau dieser seiner Sentenz führt er vor allem das Wort an, das Christus über die Gläubigen im Evangelium spricht: Ich will, Vater, daß sie eins seien in uns, wie auch wir eins sind, daß sie vollendet seien in eins (Jo 17, 22ff). Denn nicht, wie er sagt, sind die Christgläubigen ein Eins als Einziges, das heißt Eine Einzige Sache *(quaedam una res)*, die allen gemein ist, sondern in der Weise sind sie eins, das heißt eine Kirche, wegen der Einheit des katholischen Glaubens, und endlich ein Reich, wegen der Einheit der unauflöslichen Liebe» (ebd).

Gegen diese Identität zwischen dem dreipersönlichen «Eins Gottes» und dem «Eins mit (dem dreipersönlichen) Gott» stellt das Konzil die ganze Schärfe der Unterscheidung. – Wenngleich – *erstens* – der eine wahre Gott schlechthin das Geheimnis der Drei Personen ist, so ist Er doch als der Eine Einzige Gott nicht ein zwischen Personen sich vollziehendes Eins, sondern «wahre und eigentliche» Selbst-Identität «Einer Essenz, Einer Substanz, Einer Natur». Das Bekenntnis im Wort des Glaubens und im Tun des religiösen Lebens (als Teilnahme von Gott her und zu Gott hin) ergeht darum nicht zu Drei Personen und ihrem gleichsam nachfolgenden und erfolgenden Eins, sondern umgekehrt zum Einen Einzigen Gott, der als solcher das Geheimnis der Drei Personen ist: «Wir glauben und bekennen mit Petrus Lombardus, daß Ein Höchstes Etwas ist *(una quaedam summa res)*, unbegreiflich und unsagbar, was in Wahrheit ist Vater und Sohn und Heiliger Geist» (ebd). – Das «Eins Gottes» – *zweitens* – steht darum als «Einheit der Identität in der Natur» wesentlich gegenüber dem «Eins mit Gott» als der «Einigung der Liebe in der Gnade». «Da die Wahrheit für ihre Gläubigen betet zum Vater: Ich will, daß sie eins seien in uns, wie auch wir eins sind: so wird dieses Wort Eins für die Gläubigen empfangen im Verstehen einer Einigung der Liebe in der Gnade, für die Göttlichen Personen aber im Beachten der Einheit der Identität in der Natur, wie anderswo die Wahrheit sagt: Seid… vollkommen, wie auch euer Himmlischer Vater vollkommen ist, als ob sie handgreiflicher sagte: Seid vollkommen in Vollkommenheit der Gnade, wie euer Himmlischer Vater vollkommen ist in Vollkommenheit der Natur, jegliche (Vollkommenheit) in ihrer Art.»

Da aber gerade so in den höchsten Begriffen, wie es «Eins» *(unum)* und «Vollkommenheit» *(perfectio)* sind, der unaufhebbare Unterschied zwischen Gott und Geschöpf heraustritt, so wird – *drittens* – gerade das Geheimnis des Eins zum und im Dreipersönlichen Gott (als das höchste und tiefste Geheimnis von Übernatur und Erlösung) zum Ort des formalsten Erscheinens der Distanz zwischen Gott-Schöpfer und Geschöpf. Wie das Konzil vorher die Intimität des Dreipersönlichen Lebens als die fast sachhaft unpersönliche Offizialität des «Einen Höchsten Etwas» gegen die Ununterschiedenheit zwischen «Eins Gottes» und «Eins mit Gott» gesetzt hatte und also geradezu Gott als schweigend majestätische «Sache» *(res)* gegen das «Persönliche», so bestimmt es nun, im Ende seiner Entscheidung, als «Weil» *(quia)* seiner Entscheidung, ausdrücklich die «je immer größere» Distanz zwischen «Schöpfer» und «Geschöpf». Durch alles «noch so große» Geheimnis des persönlichen Lebens mit und im Dreipersönlichen Gott blickt der «je immer größere» Realismus des nüchternen Verhältnisses zwischen «Schöpfer» und «Geschöpf». Und innerhalb dieses Verhältnisses selber noch ist über und durch alles «noch so große» Eins der «Ähnlichkeit» zwischen Schöpfer und Geschöpf «je immer größer» die Distanz der «Unähnlichkeit»: wie sie zwischen der geschöpflichen «Einheit der Vielheit» *(unitatem ... collectivam)* und dem Göttlichen «Einen Höchsten Unbegreiflichen und Unsagbaren Etwas» *(una quaedam summa res incomprehensibilis et ineffabilis)* im Geheimnis des allerhöchsten Eins unerbittlich erschien. «Jegliche (Vollkommenheit) in ihrer Art: weil zwischen Schöpfer und Geschöpf eine noch so große Ähnlichkeit nicht angemerkt werden kann, daß zwischen ihnen eine je immer größere Unähnlichkeit nicht angemerkt werden muß» (ebd).

So ist Ausgangspunkt der Konzils-Entscheidung das höchste und tiefste und intimste Geheimnis der Offenbarung: das Göttlichungs-Geheimnis der «Teilnahme an der Göttlichen Natur», als Kinder des Vaters, mit-förmig dem Sohne, Geist vom Heiligen Geist; – das Erlösungs-Geheimnis des «Eins» der Kirche als des Eins mit dem sendenden Vater im Eins mit dem gesendeten Sohn und also zum Eins im Heiligen Geist als dem Eins von Vater und Sohn; – und hierin das eigentlichste Gott-Geheimnis der Selbstmitteilung des Dreipersönlichen Lebens im persönlichen Leben der «Kinder Gottes» als «Glieder der Kirche». Aber eben dies ist der Ausgangspunkt hinein in das «je immer größere» Geheimnis der «je immer größeren Unähnlichkeit» zwischen dem «Schöpfer» als dem «Unbegreiflichen und Unsagbaren Einen Höchsten Etwas» (das in Intimität zu Sich Selbst «Vater, Sohn und Heiliger Geist» ist) und dem «Geschöpf», das in sich selbst ist «viele Menschen ein Volk, und viele Gläubige eine Kirche».

2. Der Sinn dieser Front des Vierten Laterankonzils mit Petrus Lombardus (mit dem die klassische Scholastik einsetzt) gegen Joachim von Fiore wird deutlicher von der Gesamtlehre Joachims her[1].

Seine Trinitätslehre ist, wie das Konzil sie zeichnet – *erstens* – eine Art von «Tritheismus». Die Einheit von Vater, Sohn und Heiliger Geist ist nicht die «wahre und eigentliche» von «Einer Essenz, Einer Substanz und Einer Natur», sondern eine von den Personen aus erfolgende und in den Personen sich beschließende «gleichsam kollektive». Sie liegt allein in der dynamischen Abfolge des Dreipersönlichen Lebens : vom Vater zum Sohn zum Heiligen Geist als dem Eins von beiden. Vater, Sohn, Heiliger Geist sind dann gleichsam nicht «gleichgeordnet», sondern der Heilige Geist ist in seinem Wesen der Wiedereingang des Sohnes zum Vater. Er ist darum als «Geist» gleichsam die Geist-Stufe des Eins von Vater und Sohn, das sachlich dem Hervorgang des Sohnes aus dem Vater vorausginge. Er ist darum, als «Geistigkeit» dieser «Vaterschaft», eigentlichst «Geist des Vaters» und darum mit Vorzug «hervorgehend aus dem Vater», aber eben darum «durch» den Sohn oder «im» Sohn, weil die ursprüngliche Vaterschaft schon den Sohn sagt und also ihre «Geistigkeit» des abschließenden Eins des Sohnes im Vater im Geist das Gegenstehen des Sohnes zum Vater sachlich voraussetzt. Der «Tritheismus» Joachims ist damit in seiner inneren Gestalt ein innergöttlicher Kreislauf zwischen einer «Vitalität» der ursprünglichen «Vaterschaft» des Eins des Sohnes im Vater und der abschließenden «Spiritualität» des Wieder-Eins des Sohnes im Vater im «Geist des Vaters». Der «Tritheismus» steht damit

[1] Die besten Darstellungen geben H. Denifle (ArchLitKGMA I 49–142); E. Jordan (DictThCath VIII 1425ff.) und E. Benz (*Ecclesia spiritualis*, Stuttgart 1934; Joachim-Studien, Zeitschr. f. Kirchengesch. 1933 und 1934).

in wesentlicher Beziehung zur Trinitätslehre des griechisch-orthodoxen Ostens, für die der Heilige Geist wesentlich der «Geist des Vaters» ist und dies «durch» und «im Sohn», nicht aber «Geist des Vaters und Sohnes» und darum «hervorgehend aus Vater *und* Sohn» (ex Patre Filioque). Es besteht ebenso darum wesentliche Beziehung zur gnostischen Sophiologie des griechisch-orthodoxen Ostens, in die seine Trinitätslehre sich zuletzt auswirkt: daß der Sohn als «Antithese» zwischen eigentlich göttlicher «Vaterschaft» und «Geistigkeit» erscheint und darum zuletzt (in einer Theopanisierung und Tragisierung der Menschwerdung) als das Moment des tragischen Abfalls des Göttlichen Lebens hinein in die Welt. Gott ist der innergöttliche Prozeß zwischen «Ur-Vaterschaft» (des ursprünglichen Eins des Sohnes im Vater) als «Thesis» und «End-Geistigkeit» (des Wieder-Eins des Sohnes im Vater im Geist), als «Synthesis» auf dem Weg über die tragische Antithesis des «Abfalls» und «Widerspruchs» in Gott in der Weltwerdung im Sohn. Folgerichtig zu diesen Zusammenhängen ist es darum, daß unter den gleichen Rücksichten, unter denen das Vierte Laterankonzil gegen Joachim entscheidet, auch das Zweite Konzil von Lyon seine Forderungen gegen die «Griechen» richtet: da Michael Paläologos sich sowohl für das Filioque erklären muß wie gegen den «Tritheismus»: der «Heilige Geist als voll und vollkommen und wahrhaft Gott aus Vater und Sohn hervorgehend» und eben darum «die Trinität nicht als Drei Götter, sondern als ein Einziger Gott allmächtig, ewig und unsichtbar und unwandelbar» (Denz 463). Joachim und der griechisch-orthodoxe Osten erscheinen also im gemeinsamen Zeichen Einer «End-Geistigkeit» als der eigentlich besiegelnden Einheit Gottes in Gott, während die Kirche dagegen das «Eine Einzige Höchste Etwas» stellt (Denz 432) als den «Einen Einzigen Gott» (Denz 463): das «Unbegreifliche und Unaussagbare» Gottes (Denz 432) gegen den «Geist». –

Das hat aber noch weitere Perspektiven. Joachim steht in den vollen Zusammenhängen seiner Trinitätslehre – *zweitens* – geistesgeschichtlich nicht nur einerseits zwischen dem Spiritualismus des Origenes (als des christlichen Ur-Vaters des Ostens) und der Trinitätsgnosis der neu-russischen Sophiologen, sondern er ist anderseits auch der eigentliche Vater des mystischen Spiritualismus des Abendlandes (der darum auch schlechthin «Joachimismus» heißt: von den franziskanischen «Spiritualen» bis hinein in Reformation und Jansenismus, die den «reinen Geist» zu ausdrücklicher Häresie formen). – Der «Tritheismus» mit der besonderen Spitze des «Geist als Ziel und Ende» ist bei Joachim das Prinzip der Trinität Gottes (der über-ökonomischen Trinität), weil die Trinität das Prinzip der Schöpfung ist (als ökonomische Trinität). Geist ist Ziel und Ende und Vollendung in Gott, weil Geist Ziel und Ende und Vollendung der Schöpfung ist. So entsprechen dem Vater, Sohn und Heiligen Geist drei

Zeitalter: der Alte Bund als Zeit des Vaters, der Neue Bund als Zeit des Sohnes, das Aufgehen des Neuen Bundes in eine Zeit des Heiligen Geistes. Der Alte Bund als Zeit des Vaters ist die Zeit der «Alten» und der «Eheleute», die Zeit des «Lebens gemäß dem Fleisch», im «Gesetz» und so in «knechtischem Dienst» und also in «Furcht»: entsprechend mithin zu einer «Vaterschaft», die noch nicht «Geist» ist. Der Neue Bund als Zeit des Sohnes in der sichtbaren Kirche ist die Zeit der «Jünglinge» und der «Kleriker», die Zeit des «Lebens gemäß Fleisch und Geist» und so zwar in der «Gnade», aber im «Gehorsam des Sohnes» und also im «Glauben»: entsprechend mithin zum «Sohn», der im innergöttlichen Leben das «Mittlere» ist und im Geheimnis Seiner Menschwerdung in einer Kirche fortlebt, die nicht mehr Alter Bund ist, aber als «Kirche» noch nicht «reiner Geist». Das vollendende Dritte ist darum das Weltalter des Heiligen Geistes: als Zeit der «Kinder» und der «Mönche» (einsetzend mit dem hl. Benedikt als dem ersten «Geistmensch[1]»), als Zeit des reinen «Lebens im Geist» und so im «Überstrom der Gnade» und so in der «Freiheit» und also in der «Liebe»: entsprechend also zum Heiligen Geist als demjenigen, in dem die Sohnschaft (und also auch die Kirche als ihre Sichtbarkeit) übergeht in eine Einheit «geistiger Vaterschaft» und «geistiger Sohnschaft» (wie es vorgebildet erscheint im Kloster der «Kinder» und «Mönche»). Entsprechend zur Abfolge von «Eheleuten» zu «Klerikern» zu «Geist-Mönchen» besagen die drei Weltalter die Richtung einer wachsenden Entweltlichung und Entzeitlichung: im Zeichen also eines ausdrücklichen Eschatologismus und dies jeweils im Zeichen des «Antichrist» (so daß jedes neue Weltalter auch dann gegen das verflossene als gegen den «Antichrist» kämpft: wie die «Spiritualen» und ihnen folgend Reformation und Jansenismus die Kirche als «Antichrist» ansahen). Entsprechend zur Abfolge von «Fleisch (Gesetz, Knechtschaft, Furcht)» zu «Geist (Gnade, Überstrom, Freiheit, Liebe)» ist dieselbe Richtung eine wachsende Vergeistlichung: im Zeichen also eines wachsenden Spiritualismus oder Pneumatizismus (der die Offenbarung und insbesondere das Evangelium zwar beibehält, aber nicht in der «Form der Kirche», sondern in der Verklärungsform der «Ewigkeit» und darum als «Ewiges Evangelium», und dies in der Form des «Geistes» und darum in «geistiger, pneumatischer Exegese», und also zuletzt in einer Theologie des Geistes gegen die «aufgeblähte Schul-Zucht der Scholastik»).

Dieses Ganze erscheint von der einen Seite her zwischen Origenismus

[1] Vgl dazu die Art, wie heute Odo Casel eine pneumatische «Überlieferungstheologie» auf «Benedikt von Nursia als Pneumatiker» baut (gleichnamige Abhandlung in «Heilige Überlieferung», Münster 1938, 96ff.), obwohl die Regula des heiligen Benedikt gegen den Pneumatizismus des östlichen Mönchtums «die Mühsal des Gehorsams» stellt (Prologus) und das «gemeinschaftliche Leben» (Kap. 1) einer «Schule des Dienstes des Herrn» (Prol.).

und der neu-russischen Trinitätsgnosis (die in der Mitte des neunzehnten Jahrhunderts sich begründet). Joachimismus ist entfalteter Origenismus: da für Origenes der Heilsweg eine wachsende Vergeistigung ist, hinein in ein ideales Aufgehen auch der sichtbaren Formen des Neuen Bundes in den «reinen Geist[1]», aber dies noch ohne ausdrückliche Abtrennung der drei Stadien, wie Joachim sie vornimmt. Neu-russische Trinitätsgnosis aber ist umgekehrt entfalteter Joachimismus: da Joachim nur faktisch seinen Tritheismus als Prinzip der Geschichte zeichnet, während es in der neu-russischen Trinitäts-Gnosis zu einer grundsätzlich spekulativen Theorie kommt, die Trinität grundsätzlich nur als Prinzip einer «göttlichen Geschichte» zu fassen. In dieser Spannweite gibt sich Abt Joachim als entscheidende Mitte der besonderen Entwicklung des «Östlichen». Es ist von hier aus ein theopanistisch kosmologischer Pneumatizismus. Der Heilige Geist erscheint als göttliches Prinzip von Welt, Natur und Geschichte und darum als «Pneuma», d. h. als «göttliche Qualität», deren «Prozeß» Welt, Natur und Geschichte sind. – Nach der andern Seite aber steht derselbe Joachimismus wesentlich in der Geschichte des abendländischen Spiritualismus[2], der ebenso in Origenes wurzelt, aber in einem Origenes, dessen Heilsweg der Vergeistigung personalistisch gedeutet ist und darum hin zu der augustinischen *imago Trinitatis* des persönlichen Geistes *(memoria, intellectus, voluntas[3])*. Es erscheinen in der Perspektive die franziskanischen Spiritualen und der trinitarische Spiritualismus Meister Eckharts: wie auch ihre beiden Orden, Franziskaner und Dominikaner, bei ihrem Entstehen (1210, 1216) als die «Geist-Mönche» Joachims († 1201) angesehen wurden. Der innere Kampf des Franziskanertums ging darum auch zwischen «Geist-Kirche» eines «reinen Evangeliums» (im franziskanischen Spiritualismus) und der sichtbaren Kirche (im echten Geist des hl. Franz). Und für den Dominikaner-Orden mußte noch Thomas von Aquin den energischen Nachweis führen, daß er nicht «Joachimismus» sei. Aber von den Spiritualen und Meister Eckhart her geht die radikale Entwicklung ungehemmt zur Reformation, zum Jansenismus und zum deutschen Idealismus: vom religiösen Geist-Menschen (in Reformation und Jansenismus) zum säkularisierten Geist-Menschen (im deutschen Idealismus). Abt Joachim erscheint von hier aus als der Wendepunkt der besonderen Entwicklung des «Westlichen». Es ist hierin ein pantheistisch personalistischer Spiritualismus. Der

[1] Vgl hierzu die Studie von A. Lieske, Die Theologie der Logosmystik bei Origenes, Münster 1938.

[2] Vgl hierzu vor allem E. Benz *(Ecclesia spiritualis)*, für den der Joachimismus *die* Gegenstellung zum Katholischen (und darum hinein in Reformation usw.) bedeutet.

[3] Diesen Origenismus hat vor allem W. Völker herausgestellt (Vollkommenheitsideal des Origenes, Tübingen 1931).

Heilige Geist wird innerliche Göttlichkeit des persönlichen Geistes und ist darum «*spiritus*» wie er. – Dann aber bedeuten Baader, Schelling, Hegel die eigentlichste Entfesselung des «Joachimismus». Denn in ihnen ist sachlich die trinitarische Dialektik des persönlichen Geistes zugleich die trinitarische Dialektik der kosmischen Geschichte: wie folgerichtig Schelling das dritte Weltalter Joachims auf den Namen tauft, der von nun an der durchgängige ist: das Johanneische Christentum des Geistes und der Liebe, während der Alte Bund als Petrinisches Christentum die Stufe der Vater-Zucht der «römischen Kirche» ist, der Neue Bund aber als Paulinisches Christentum die Stufe des Sohnes-Glaubens der Reformation. Geschichtlich aber sind es darum auch Baader, Schelling, Hegel, in denen östlicher Pneumatizismus und westlicher Spiritualismus eine neue Mitte eingehen: da sie nicht nur dem abendländischen Spiritualismus der Geschlossenheit des persönlichen «*spiritus*» die letzte Absolutheit geben, sondern da aus ihnen her auch und gerade für den östlichen Pneumatizismus die säkularisierte Absolutform entspringt, die kosmische Trinitäts-Gnosis der Neu-Russen (hinauf zu Berdjajew, Bulgakow usw.). Der Joachimismus erscheint also in ihnen in seiner formalsten Form: als Einheit des Westlichen und Östlichen in ihrer Absolutform: Spiritualismus der trinitarischen Person wie Pneumatizismus des trinitarischen Kosmos als extremes Zuendedenken jener Gleichung, die Abt Joachim grundlegte, zwischen göttlichem und geschöpflichem Tritheismus. In dem Wort, das gerade für Schelling und Hegel das Wort ist, ist der Joachimismus auf seine schärfste Formel gebracht: Identität zwischen Gott und Geschöpf. –

Diesem vollen Joachimismus gegenüber erscheint nun – *drittens* – auch die volle Tragweite der Entscheidung des Vierten Laterankonzils, aber nun in ihrem Eins mit der späteren entsprechenden Stellungnahme Thomas' von Aquin[1]. Das Konzil stellt gegen die trinitarische Identität zwischen Gott und Geschöpf die unerbittliche Distanz des «Einen Höchsten, Unbegreiflichen und Unaussagbaren Etwas». Thomas von Aquin vollendet das, indem er zunächst, gegen den Trinitarismus der Geschichte, die Endgültigkeit des Neuen Bundes der sichtbaren Kirche darlegt (S Th 2, 1 q 106), um von hier aus die gesamte trinitarische Struktur der Geschichte aufzulösen: «das Alte Gesetz war nicht nur das des Vaters, sondern auch des Sohnes, weil Christus im Alten Gesetz vorgebildet war; darum sagt der Herr: Wenn ihr Moses glaub-

[1] Die Stellung von Thomas zum joachimischen Trinitarismus der Geschichte beleuchtet E. Benz sehr gut (Joachim-Studien III: Zeitschr. f. Kirchengesch. 1934, 52–116).

tet, würdet ihr wohl auch mir glauben; denn über mich hat er geschrieben. Ähnlich auch ist das Neue Gesetz nicht nur das Christi, sondern auch das des Heiligen Geistes, gemäß jenem (Wort): Das Gesetz des Geistes-Lebens in Christus Jesus» (ebd a 4 ad 3); «und darum ist ausgeschlossen das eitle Gerede gewisser Leute, es sei noch eine andere Zeit zu erwarten des Heiligen Geistes» (ebd ad 2). Der Trinitarismus wird also nicht nur inhaltlich aufgehoben durch das unauflösliche Zueinander der Zweiheit von Altem und Neuem Bund, sondern auch formal in seiner Form der Identität durch die Betonung von «Gesetz» in beiden und gar «Gesetz des Geistes» und also durch die Betonung der Distanz. – Das entsprechend Ähnliche geschieht dann aber auch bei Thomas in bezug auf den Trinitarismus der Person. Augustinus selber schon hatte, in den letzten Büchern von de Trinitate, in der Ähnlichkeit der *imago Trinitatis* zum Urbild die «so große Unähnlichkeit» scharf betont (XV 20, 39), bis dazu, fast mit den Worten des kommenden Konzils zu sagen: auch im Zustand der ewigen Seligkeit «kommt nicht mit Dem, was von Natur unwandelbar ist, zur Gleichung das, was durch die Gnade keine Wandlung mehr erfahren soll: weil nicht zur Gleichung kommt das Geschöpf mit dem Schöpfer» (ebd 23, 43). Ja, der sermo 52 geht so weit, die *imago Trinitatis* nicht einmal als eine «Analogie» anzusehen, sondern wie als ein «*argumentum ad hominem*»: «glaube schon das Dort (des trinitarischen Urbilds), wenn du hier (in der *imago trinitatis*) hörtest und schautest und festhieltest. Was in dir ist, kannst du kennen: was in Ihm aber ist, der dich schuf..., wann kannst du es kennen? Und wenn du es kannst, kannst du es noch nicht. Und doch, wenn du es kannst, wirst du Gott kennen können, wie Gott Sich kennt?» (ebd 10, 23). Thomas läßt nun, parallel zu seiner Beseitigung des Trinitarismus der Geschichte, zuerst die *memoria* in der *imago Trinitatis* stillschweigend fallen und sichtet dann in den zwei zurückbleibenden, *intellectus* und *voluntas*, allein die *circulatio*, den inneren Kreislauf vom «Willen in den Ursprung der Einsicht» (de pot q 9 a 9 corp). Diese *circulatio* aber ist *imago Trinitatis* nicht in sich selbst, sondern insofern sie als Bewegung die allgemeine abstrakte Ordnungsform enthält, zwischen Einheit-Vielfalt usw., d. h. die Relations-Kategorien, die im Denken der Trinität zur Anwendung kommen (de pot q 9 a 8 corp). Wie Thomas die gnostische Identität des Trinitarismus der Geschichte unter die Distanz des Gesetzes beugt, so also hier die mystische Identität des Trinitarismus der Person unter die Distanz der Ordnung.

Darin aber beschließt sich die grundsätzliche Einheit des Vierten Laterankonzils mit Thomas: in der Formel der Analogie gegen die joachimische Identität überhaupt. Das Konzil begründet seine Ablehnung des identischen Trinitarismus zwischen Gott und Geschöpf mit dem Grundgesetz der jeweils «je größeren Unähnlichkeit» zwischen «Schöpfer» und «Geschöpf» überhaupt: «*weil* zwischen Schöpfer und Geschöpf eine noch so große Ähnlichkeit nicht angemerkt werden *kann*, daß zwischen ihnen eine je immer größere Unähnlichkeit nicht angemerkt werden *muß*». Thomas aber verwurzelt dieses «nicht kann» und «muß» entsprechend im Sein als solchen. Gott ist «Sein durch Sein Wesen» *(ens per essentiam)*, das Geschöpf aber einzig «durch Teilnahme» *(per participationem)*, und darum gibt es «keine Ähnlichkeit zwischen Gott und Geschöpfen in einem Übereinkommen in irgendeiner Form *(convenientiam in forma)*», also weder in der Form der Essenz (wie es die «exemplarische Identität» des östlichen «Lebens als Geist» will) noch in der Form der Existenz (wie es die «rhythmische Identität» des westlichen «Geist als Leben» will), «sondern nur gemäß Analogie» (S Th 1 q 4 a 3). Und das heißt in voller Schärfe, daß durch alle «einigermaßen Ähnlichkeit» *(aliqualem similitudinem)* eine «höchste Unähnlichkeit» *(maxima dissimilitudo)* hindurchschneidet (Ver q 1 a 10 ad 1 in contr). Analogie ist Anderssein desselben einen, das von Gott und Geschöpf ausgesagt wird (als *proportio proportionalitatis:* Ver q 23 a 7 ad 9). Ja, schließlich wendet es sich geradezu um. Als das Natürliche zwischen Schöpfer und Geschöpf erscheint die «Distanz», und die «Analogie» als ihre Milderung: «die Distanz der Natur, die zwischen Geschöpf und Gott besteht, kann das Gemeinsame in der Analogie nicht hindern» (Ver q 2 a 11 ad 5).

So also stehen Joachimismus des Westens und Ostens auf der einen Seite und Viertes Laterankonzil und Thomas von Aquin auf der andern im entscheidenden Mittelpunkt der ganzen Frage: dort die gnostische oder mystische, exemplarische oder rhythmische Identität als Grundprinzip von Theopanismus oder Pantheismus (als den Grundformen absoluter Östlichkeit oder Westlichkeit), – hier die Analogie als das Grundprinzip des Katholischen überhaupt, weil sie ist das Grundprinzip zwischen Gott und Geschöpf überhaupt[1].

II. Der Sinn der Analogie von ihren sachlichen Voraussetzungen aus

Die sachliche Tragweite der Entscheidung des Vierten Laterankonzils spiegelt sich in seiner geschichtlichen Situation. In seinem Ja zu Petrus Lombardus gegen Abt Joachim spricht es das Ja zur anhebenden dritten Epoche der Theologie: zur klassischen Scholastik, in deren Mittelpunkt als ihr Handbuch der Sentenzenkommentar des Petrus Lombardus steht. Als Konzil unter Innozenz III. als dem gewaltigsten Papst des Mittelalters, aber auch dem Papst, unter dessen Regierung Franziskaner- und Dominikaner-Orden entstehen, die als das joachimische Geist-Mönchtum des Zeitalters des Heiligen Geistes gelten und in ihren Auswirkungen die Neuzeit einleiten (im Franziskaner Occam und im Dominikaner Meister Eckart), wie in ihnen auch die größte Spannweite der theologischen

[1] Für dieses Gegenüber ist es nicht wenig bezeichnend, daß Abt Joachim als Seliger verehrt wurde und wird, wie Origenes als Martyrer starb, – während die allein wahre Entscheidung der Kirche nicht selten durch Werkzeuge geschieht, die an Enthusiasmus und Heiligkeit mit solchen Urhebern einer zentralen Ketzerei nicht wetteifern können, aber restlos Repräsentanten sind, Diener im Amt. Darum läßt die Liturgie den Bischof, der die Suspension eines Klerikers aufhebt, die Formel sprechen: «*ego*, *licet peccator*, *tamen episcopus*», «ich, wenngleich Sünder, aber doch Bischof». Und im liturgischen «*Ordo ad synodum*» betet die Kirchliche Synode: «Da sind wir, Herr, Heiliger Geist, da sind wir, in Fesseln zwar ungeheurer Sünde *(peccati immanitate detenti)*, aber in deinem Namen besonderlich versammelt.» Der «Geist», der gegen die Kirche steht, ist Pseudo-Geist, auch wenn er in einem Heiligen erscheint, während der Geist, der durch die amtliche Kirche spricht, der allein wahre Heilige Geist ist, auch wenn sündige Zungen sein Werkzeug sind. Ja, der echten Reinheit dieses Heiligen Geistes entspricht geradezu, folgerichtig zur Erlösung durch Gott, der «die Sünde der Welt trug», das Werkzeug, das sich unter «ungeheurer Sünde» bekennt.

Schulen sich auftut, – hierin ist das Konzil mit seiner Betonung der Distanz gegen das «Eine Höchste Etwas» gegenüber den trinitarischen Spekulationen scharfes Symptom für das Gegenüber zwischen adeliger Nüchternheit der Juridizität der Kirche und vorwärtsdrängender Weisheitsintuition oder Wissenschaftslogik der theologischen Schulen.

Hierin beschließt sich zentral die Summe der Sachfragen. In dem Eintreten des Konzils für die anhebende klassische Scholastik (im Unterschied zur bisherigen Theologie der Kirchenväter) hebt sich die Sach-Struktur der theologischen Richtungen ab: von der Theologie der griechischen Kirchenväter zu der Augustins zu der der Scholastik. In der Betonung der Distanz in der Sprache des Konzils (hinein in die «größere Unähnlichkeit») erscheint die Frage zwischen einer «Theologie der Kirche» gegenüber theologischen Richtungen überhaupt. In der Gegenüberstellung endlich des Verhältnisses zwischen «Schöpfer» und «Geschöpf» zum eigentlich übernatürlichen Bestand (der «Teilnahme» zwischen Gott und Mensch, und dies im eigentlich Trinitarischen), zeichnet sich alles ab, was das Verhältnis zwischen Natur und Übernatur, Wissen und Glauben betrifft. – Die erste Sachfrage (der Unterschied der theologischen Richtungen) spricht sich noch unmittelbar im Konzilstext aus: da er die anhebende Scholastik gegen das Nachwirken der früheren theologischen Richtungen verteidigt. Die zweite Sachfrage (theologische Richtungen und Theologie der Kirche überhaupt) ist gleichsam im Stil des Konzilstextes enthalten: da er den einfach rechtlich geltenden Glauben aller Ausdeutung des Glaubens gegenüberstellt. Die dritte Sachfrage endlich (zwischen Natur und Übernatur usw.) liegt nur noch in der sachlichen Perspektive der Analogie-Formel: da diese in ihrem «nicht kann» und «muß» einschlußweise die Wesensbeziehung zwischen Natur und Übernatur usw. aussagt. – In dieser Weise resultiert die «Analogie» in vollem Sinn als katholische Grundform.

3. Indem das Konzil sein Ja sagt zu Petrus Lombardus gegen Abt Joachim und folgerichtig einem ununterschiedenen trinitarischen «Eins» die Distanz zwischen «Schöpfer» und «Geschöpf» gegenüberstellt, erscheint das Struktur-Prinzip der möglichen Sach-Theologien[1]. Dieses Struktur-Prinzip liegt in der vollen Analogie-Formel als solcher. Sie geht aus von dem Wort der Offenbarung, in dem das Geheimnis der übernatürlichen «Teilnahme an der Göttlichen Natur» und der übernatürlichen Menschwerdung und Erlösung in seinem Kern und Höhe-

[1] Dieser Teil entspricht der Sicht der «Religionsphilosophie katholischer Theologie» (1926. 2. Aufl. in Religionsphilosophischen Schriften 1962).

punkt sich ausdrückt: als das trinitarische Eins: «daß sie eins seien in Uns, wie auch Wir Eins sind» (Jo 17, 22). Sie geht über in die Betonung, daß in diesem doppelten übernatürlichen Geheimnis die natürliche Beziehung zwischen «Schöpfer» und «Geschöpf» nicht nur nicht aufgehoben sei, sondern Maß und Richte bleibe: «weil... nicht kann, daß... nicht muß». Die Analogie-Formel enthält also die *drei Komponenten der Einen faktischen Heilsordnung:* natürliche Geschöpflichkeit, übernatürliche Teilnahme an der Göttlichen Natur, übernatürliche Erlösung[1]. Diese Komponenten erscheinen in der Formel in einer bestimmten Struktur: in *drei Sätzen, aus denen*

[1] Für die Sprache der Heiligen Schrift, die die Eine faktische Heilsordnung unter ihrer eigentlich konkreten Form sichtet und darum unter dem Gegenüber zwischen Erbsünde und Erlösung, steht das Wort «Gnade» als Kurz-Wort für Erlösung im Mittelpunkt. Die Sprache der griechischen Kirchenväter sichtet in dieser «Gnade» ihre unterscheidende Inhaltlichkeit gegenüber einem allgemeinen «gnädigen Sich-neigen» Gottes: die «Gnade» der «Teilnahme an der Göttlichen Natur», die in der Erbsünde verlorenging und in der Erlösung als der «Teilnahme Gottes an der menschlichen Natur» in freier Erbarmung wiedergegeben war. Die Sprache der neueren Theologie endlich nennt diese unterscheidende Gnade eben darum «Übernatur». – Daraus läßt sich als Abschluß der Entwicklung eine sachliche Struktur ableiten: «Gnade» und «Übernatürlichkeit» sagen mit Vorzug das Formale der Einen Heilsordnung. «Teilnahme an der Göttlichen Natur» und Erlösung als «Teilnahme Gottes an der menschlichen Natur» sagen ihr Inhaltliches. «Gnade Gottes» sagt das allgemein-formale freie Sich-neigen Gottes zur Kreatur, das in einer rein natürlichen Ordnung sich als «Beistand Gottes» zeigt, in einer übernatürlichen Ordnung aber «Gnade als Gott» ist. «Übernatürlichkeit» sagt darum das Formale dieser «Gnade als Gott»: daß hier nicht nur ein allgemeines Sich-neigen Gottes zur Kreatur statthat, sondern Gott Selbst die Gnade «ist», in einer «Teilnahme in der Natur» zwischen Gott und Geschöpf, und darum «über» alles Erfordernis und allen Anspruch und alle Erwartung der «Natur» des Geschöpfes hinaus und also «übernatürlich». Diese formale Übernatürlichkeit als «Teilnahme in der Natur» zwischen Gott und Geschöpf ist konkret im Inhaltlichen der Einen Heilsordnung: als Teilnahme des Geschöpfes an Gott in der «Teilnahme an der Göttlichen Natur»; – als Teilnahme Gottes am Geschöpf in der «Teilnahme Gottes an der menschlichen Natur» in der Erlösung. – Von dieser konkreten Inhaltlichkeit aus gesichtet, erfüllen sich dann aber die formalen Worte «Gnade» und «Übernatürlichkeit» in je einer der Komponenten dieser Inhaltlichkeit. «Übernatürlichkeit» erfüllt sich im besondern in der «Teilnahme an der Göttlichen Natur» (und wird darum auch in der Einheit neuerer Theologie mit den griechischen Kirchenvätern synonym für die «Göttlichung» gebraucht): weil in der «Teilnahme (des Geschöpfes) an der Göttlichen Natur» die besondere Form eines «Über» der geschöpflichen Natur liegt. «Gnade» erfüllt sich im besondern in der Erlösung als «Teilnahme Gottes an der menschlichen Natur» (und wird darum in der Heiligen Schrift synonym für die Erlösung gebraucht): weil das allgemeine Sich-neigen Gottes zum Geschöpf in einer «Teilnahme im Abstieg (Gottes)» seine ausgeprägteste Gestalt hat, wie auch das Gnädige einer freien Barmherzigkeit in einer Erlösung stellvertretender Sühne Gottes seine äußerste Form hat.

die Form-Prinzipien der drei möglichen Sach-Theologien entspringen (indem diese Sach-Theologien zwar alle drei Komponenten enthalten, aber je unter einer von ihnen als dem Form-Prinzip der je andern). Diese Form-Prinzipien sind jeweils sachlich zuerst ontische Seins-Prinzipien (im Wesen der objektiv faktisch bestehenden Ordnung zwischen Gott und Mensch) zeitlich zuerst als praktische Richtungs-Prinzipien (im gelebten Bewußt-Sein des religiösen Lebens), um dann als theoretische Methoden-Prinzipien (im reflektierten Bewußtsein der theologischen Lehre) sich abzuheben.

Der erste Satz sichtet die Stelle aus Johannes im Sinne der übernatürlichen «Teilnahme an der Göttlichen Natur», die dem Menschen «im ersten Augenblick der Schöpfung» frei geschenkt ward, die der Mensch in der Erbsünde frei verlor und die Gott in der Erlösung frei wiedergab. Diese übernatürliche «Göttlichung» *(θείωσις)* ist in ihrem innersten Wesen das «Eins in Uns, wie auch wir Eins sind»: «Teilnahme» am Vater, weil «Kind des Vaters»; «Teilnahme» am Sohn, weil «mitgeformt dem Sohn»; darum «Teilnahme» am Heiligen Geist als dem Eins von Vater und Sohn, weil «Heilig-Geist-Mensch» *(πνευματικός)*. Da sie dem Menschen «im ersten Augenblick der Schöpfung» mitgeteilt ist und so die eine Inhaltlichkeit ist, die in der Erbsünde verloren ward und in der Erlösung zurückgegeben, so erscheint in ihr die Schöpfung in ihrer eigentlich konkreten Inhaltlichkeit. Das Verhältnis zwischen Schöpfer und Geschöpf ist faktisch konkret in diesem Verhältnis der «Teilnahme an der Göttlichen Natur». Denn auch das Besondere der Erlösung komponiert sich in diese Inhaltlichkeit ein: insofern die Erlösung (in der besonderen alexandrinischen Sicht) erscheint als die «Hinaufnahme der menschlichen Natur» in Christo in die Göttliche Person-Form und folgerichtig auch der «Glieder Christi» in die Teilnahme an dieser «Hinaufnahme». Die «Teilnahme an der Göttlichen Natur» wird damit geradezu eine «Teilnahme an der Göttlichen Person», so daß die «Göttlichung» vollendet erscheint. Es ist die Sicht, die von Irenäus her vor allem in den griechischen Kirchenvätern lebt: also daß das «Sein in

Christo» wesentlich erscheint als «Sein in Gott». So sieht Irenäus darin die Summe der Menschwerdung: «Jesus Christus, unser Herr, der ... geworden ist, was wir sind, um uns zu vollenden, das zu sein, was Er ist» (adv haer V praef). So faßt Cyrill von Alexandrien (im Höhepunkt der Entwicklung) das «Amten als Gott» als Wesen der Ordnung der Erlösung: «Menschen seiend gemäß der Natur, amten wir als Gott, als solche, die auch dies sind in Christo; denn Christus ist Gott» (Thes de Trin ass 33).

Der Weg praktisch christlichen Lebens ist darum, wie Klemens von Alexandrien und Origenes es bestimmend aufbauen, das Wachstum des Christen als eines «werdenden und bereits angeglichenen Gott» *(ἐσόμενος καὶ δὴ ἐξομοιούμενος θεός:* Klemens, Strom. VII 1). Und da die «Göttlichung» wesentlich in Christo wiedergegeben und vollendet ist, so erscheint gewiß auch der Weg ihres Wachstums wesentlich in der Form Christi, aber Christi wesentlich als der Göttlichen Person und darum als des «Logos», und Christi wesentlich als dessen, der «Christus», der «Gesalbte» ist im Heiligen Geist als der Salbung, und dessen Werk sich darum vollendet in die Ausgießung des Heiligen Geistes als des «Pneuma». Das Wachstum der «Göttlichung» geschieht darum als Wachstum im Zeichen von «Logos» und «Pneuma» und also als wachsende «Geistigung»: bis dazu, daß in Origenes die Sichtbarkeit und Sakramentalität der Kirche als ein Vorläufiges erscheint zum Hindurch zum «reinen Geist» (und also die «*Ecclesia spiritualis*» Joachims und des gesamten Joachimismus hier sich grundlegt).

Die Theologie, die von hier her sich aufbaut, hat darum zu ihrem formalen Inhalt diese «Teilnahme an Gottes Natur und Person». Und da diese «Göttlichung» zugleich «reine Geistigung» ist, so ist der formale Akt dieser Theologie, d. h. ihre eigentliche Methode, eine geistig bewußte «Teilnahme» und also Vorwegnahme der Ewigen Schau *(visio beatifica)* in der «Gnosis», die im «Glauben» als Form liegt: «gläubig... ist die Gnosis; gnostisch aber der Glaube» (Klemens von Alexandrien, Strom II 4 usw.). Wie «Göttlichung» der formale Inhalt der Theologie ist, so entsprechend «Gnosis» ihr formaler Akt. Die objektiv ontische «Teilnahme» wird erkannt in der subjektiv noetischen «Teilnahme». Wie der theologische Gegenstand ein «Mitvollzug» ist mit dem Sein von Gottes «Natur» und «Person», so ist folgerichtig auch der theologische Akt «Mitvollzug» mit dem Bewußtsein Gottes: Empfang der Selbstaussage Gottes im Glauben zum Sich-selbstenthüllen dieser Selbstaussage in der Gnosis. Theologie geschieht als dieses Sich-selbstenthüllen des von Gott her Überlieferten und eben darum in Seinem Sohn als Seinem « Logos » und dem Heiligen Geist als Seinem « Pneuma ». Wie das natürlich menschliche Sein in ontischem « Teilnahme und Mitvollzug » nur als die entsprechende « *potentia oboedientialis* » des An-sich-geschehen-Lassens erscheint, so auch wirkt das natürlich menschliche Bewußtsein (logischen Denkens) in der noëtischen « Teilnahme und Mitvollzug » nur als entsprechende noëtische « *potentia oboedientialis* », d. h. als hörend gehorchendes Mitgehen im « Logos » und « Pneuma » der « Göttlichen Tradition ». Theologie ist Traditions-Theologie in Logos und Pneuma.

Der zweite Satz, der in der vollen Analogie-Formel enthalten ist, faßt die Johannes-Stelle über das trinitarische Eins im besonderen Sinn der übernatürlichen Erlösung in der Menschwerdung Gottes. Die volle Konkretheit der « Teilnahme an der Göttlichen Natur » liegt erst darin, daß sie in der « Teilnahme Gottes an der menschlichen Natur » in der « Fülle der Zeiten » wiedergegeben ist: weil die Menschwerdung Gottes als das geschichtlich Letzte folgerichtig im Plan Gottes auch das Zielbestimmende ist: « auserwählt hat Er uns (in Christo) vor Grundwerfung der Welt » (Eph 1, 4). Und auch die « Hinaufnahme der menschlichen Natur » in Christo in die Göttliche Person-Form (als besondere alexandrinische Sicht der Menschwerdung) geschieht wesentlich unter der Ziel-Form des «Abstiegs Gottes in Fleisch, Erde, Welt » (wie die antiochenische Schule es sieht). So enthüllt sich der volle Sinn der Stelle bei Johannes: Vater, Sohn und Heiliger Geist erscheinen im Hohepriesterlichen Gebet wesentlich im Geheimnis der « Sendung in die Welt hinaus ». Es ist nicht Offenbarung des trinitarischen Lebens Gottes unmittelbar in Sich selbst, sondern insofern das Geheimnis der Sendung des Sohnes vom Vater und des Heiligen Geistes von Vater und Sohn (wie es durch die gesamten Abschiedsreden des Herrn geht) in das Geheimnis des trinitarischen Lebens durchsichtig ist. So ist auch folgerichtig das « eins in Uns » ein solches Eins mit dem trinitarischen Leben, das im Eins mit der Sendung von Sohn und Heiligem Geist sich schenkt. «Göttlichung» als «Teilnahme an Gottes Natur und Person» geschieht wesentlich in der «Teilnahme an Gottes Sendung», d. h. in der Teilnahme an Gottes «Fleischwerdung» und dies hinein in das Unten und Leer der Ohnmacht des Fleisches im Skandal des Kreuzes (1 Kor 1, Phil 2, 7ff). Es ist die Sicht, die vorab in Augustinus sich grundlegt. Die Teilnahme am rein geistigen Gott schenkt sich in der Teilnahme an der Kirche als Seinem irdisch sinneshaften «Leib» (in Ps 130, 13). Die Teilnahme an der Einheit und Einzigkeit Gottes schenkt sich in der Teilnahme als «Glied» in diesem «Leib» des vielfältigen Unterschieds und der wechselnden Gegensätze der «vielen Glieder» (in Ps 130, 6; in Ps 99, 12ff). Die Teilnahme an Gott als der «Reinen Form» schenkt sich in der Teilnahme am «deformierten» Christus in der «deformierten» Kirche (serm 27, 6). Es ist das klare Gegenüber der Erlösung zur Erbsünde: das «Wie ein Mensch sonst» Gottes gegen das «Wie Gott» des ersten Menschen. Das volle Gesetz der «Göttlichung» lautet darum: Wie Christus wesentlich der absteigende Gott ist, so geschieht auch unser Aufstieg der «Teilnahme an Gott» einzig in der Teilnahme am Abstieg Gottes. Die Glorie Gottes (als Mitte der Göttlichung) ist im Skandal des Kreuzes (als der Mitte der Erlösung).

So ist folgerichtig das praktisch christliche Leben das Gelebtwerden dieses Abstiegs. Das sakramentale Leben ist wachsendes «Eingeleibtwerden» in die leibförmige Kirche der «vielen Glieder» (serm 272). Und das persönlich aszetisch-mystische Leben ist darum nicht nur Leben des «Gliedes im Leib», sondern in betontem Sich-fügen und Sich-geben in die reale Konkretheit dieses Leibes: «Dulde das Unkraut, wenn du Weizen bist; dulde die Spreu, wenn du Korn bist; dulde die schlechten Fische im Netz, wenn du guter Fisch bist» (in Ps 40, 8). Und es vollendet sich darum in das Wissen um das eigene Nichts. Wie die ganze Größe Gottes im «Nichts» Christi erscheint (Phil 2, 7ff.) und die ganze Heiligkeit Gottes in Christus als «Lamm... tragend die Sünde der Welt», so ist das Gegenüber zwischen Nichts des Menschen und All Gottes, zwischen Sünde des Menschen und Barmherzigkeit Gottes das eigentlich christliche Gesicht von «Göttlichung» und «Geistigung»: «das ist... das ganz große Wissen, daß der Mensch wisse, wie er durch sich nichts ist; und, was immer er ist, von Gott ist und wegen Gott ist» (in Ps 70, 1, 4).

Die entsprechende Theologie ist darum inhaltlich eine solche dieses «Abstiegs zwischen den Gegensätzen»: Gottes Geistigkeit (und unsre Teilnahme daran) in Seinem Fleisch; Gottes Reichtum (und unsre Teilnahme daran) in Seiner Armut; Gottes Heiligkeit (und unsre Teilnahme daran) in Seinem «Tragen der Sünde der Welt»; Gottes Glorie (und unsre Teilnahme daran) in Seinem Skandal der Schande (serm 191 usw.). Eben darum ist dann aber auch das methodisch formale Denken dieser Theologie nicht eine «Gnosis» gradlinigen Aufstiegs ins Geistig-Göttliche, sondern das «noetische» Geheimnis des «Abstiegs zwischen den Gegensätzen»: ein antithetisches Denken im letzten Geheimnis (wie es in der Tat das Wesen der Sprache Augustins ist). Es ist damit «*theologia crucis*», «Kreuzes-Theologie» im vollen Sinn: das inhaltliche Sich-kreuzen zwischen Gottes All und Nichts (ep 140, 25, 62ff) in einem sich-kreuzenden Denken; eben so aber das unangetastete Geheimnis Gottes in einem Geheimnis-Denken (serm 52, 6, 16); und eben so im wahren Logos und Pneuma, weil in Christo als dem «Logos des Kreuzes» (1 Kor 1, 18) und im Heiligen Geist als dem Geist der «Weisheit des Kreuzes» (2 Kor 2, 2–16).

Diesen beiden Sätzen nun, in denen eine Theologie der Göttlichen Tradition und eine Theologie des Kreuzes ihr Formalprinzip haben, läßt das Vierte Laterankonzil – als *dritten* – den Satz über das Verhältnis zwischen «Schöpfer» und «Geschöpf» folgen: folgerichtig dazu, daß es vorher gegen den Trinitarismus die Distanz zum «Einen Höchsten Etwas» gestellt hatte und im Trinitarismus selber den Unterschied betont hatte zwischen «Einigung der Liebe in der Gnade» im Geschöpf und «Einheit der Selbigkeit in der Natur» im Schöpfer, «Vollkommenheit der Gnade» im Geschöpf und «Vollkommenheit der Natur» im Schöpfer. Darin aber ist gesagt, daß übernatürliche Teilnahme an Gott wie übernatürliche Erlösung wesentlich Begabungen des «Geschöpfes» sind und also nicht nur nicht die wesentliche «Natur» des Geschöpfes aufheben, sondern, wie Thomas es später formuliert, als eine «Qualität» *(qualiter agere)* hinzutreten zu seinem «Was» *(quid agere)* und als ein «Modus» *(modum agendi)* zu seiner «Substanz» *(substantiam actus)* (Ver q 24 a 1 ad 2; ebd a 13 corp). So sehr das tatsächlich bestehende Geschöpf in seiner tatsächlich «letzten Form» erst erscheint im Geheimnis der übernatürlichen Teilnahme an Gott und der übernatürlichen Erlösung, so sind diese beiden ihm eben gegeben als geschöpfliche Begabungen und darum als solche, die zur «Natur» der Geschöpflichkeit weder im «Widerspruch» stehen noch diese «aufheben», sondern in ihr «gewisse Ähnlichkeiten» voraussetzen und sie darum «vielmehr vollenden» (Thomas, in Boeth de Trin q 2 a 3 corp). Wie auch entsprechend zu diesem Seinsverhältnis die Offenbarung Gottes selber in geschöpflicher Weise spricht, ja «in Gleichnissen der Sinnesgegebenheiten» (ebd q 6 a 3 corp) und eben darum der Glaube «die natürliche Erkenntnis voraussetzt wie die Gnade die Natur und wie die Vollendung das Vollendbare» (S Th q 2 a 2 ad 1). So ist die ontisch und noëtisch «vollendete Natur» des «Geschöpfes» die letzte und abschließende Sicht: weil alles Mehr und Mehr der übernatürlichen Begabungen eben nicht einen «Fortschritt Gottes» sagt, sondern einen solchen des Geschöpfes, gewiß einen, der über alle «natürliche» Möglichkeit oder Fähigkeit oder Anspruch des Geschöpfes hinausgeht, aber doch an ihm als «Geschöpf» durch den «Schöpfer» geschehen «kann» (weil es in der «*potentia oboedientialis*» gerade als «Geschöpf» absolut in der Hand des Schöpfers ist: Ver q 8 a 12 ad 4), und also wahrhaft ein «Fortschritt» des Geschöpfes zur «Vollendung» ist. Das ist die Sicht der klassischen Scholastik: wie sie in unserm Vierten Laterankonzil, in seinem Ja zu Petrus Lombardus gegen Abt Joachim, in ihren Grundlinien sich darstellt: Gott, in aller noch so intimen Selbstoffenbarung in übernatürlicher «Teilnahme» und «Erlösung», ist eben doch und gerade das «Eine Höchste Unbegreifliche und Unaussagbare Etwas»; – der Mensch, in aller noch so großen übernatürlichen Erhöhung zum «Kind Gottes» und «Glied Christi», ist eben doch und gerade das «Geschöpf» des «Schöpfers», Ihm gewiß «sehr ähnlich», aber «jeweils mehr unähnlich».

So erscheint das praktisch religiöse Leben folgerichtig in seiner Inhaltlichkeit *(secundum substantiam actus)* als ein echtes Leben des Geschöpfes, und die «Übernatürlichkeit» liegt allein in der formalen «Weise des Handelns»: «insofern der Mensch geleitet wird durch die Liebe, die den Geist des Menschen eins macht zu Gott» (Ver q 24 a 13 corp.). Und selbst diese Liebe (als Inbegriff der Übernatürlichkeit des «Kind Gottes» und «Glied Christi») ist ein «Modus» einer «natürlichen Liebe»: «denn Gott lieben über alles und sich um Gottes willen, insofern darin besteht das natürliche Gut aller Kreatur, kommt nicht nur von Natur der vernunftbegabten Kreatur zu, sondern auch dem gewöhnlichen Getier und den unbeseelten Körpern, insoweit sie teilhaben an natürlicher Liebe zum Höchsten Gut» (de malo q 16 a 4 ad 15). Praktisch religiöses Leben ist also wachsendes praktisches Ja zu dieser «Natürlichkeit» des Geschöpfes. Denn so gerade erfüllt sich die echte «Übernatürlichkeit»: weil in der «Teilnahme an Gottes Natur und Person» Gottes Ja liegt zu seinem Geschöpf, und erst gar in der Menschwerdung Gottes Gott selbst dieses Ja wird, indem er Geschöpf wird wie ein «Mensch sonst». «Geschöpflichkeit», «Natürlichkeit», «natürliche Vernünftigkeit» *(creatura, natura, ratio)*, diese Grundworte der klassischen Scholastik bedeuten also geradezu die Reife der Übernatürlichkeit, die bei den griechischen Vätern und Augustinus heraustrat.

In diesem Sinn ist dann die Theologie der Scholastik eine «rational spekulative Theologie»: durchaus und in allem Theologie der einen übernatürlichen Ordnung der Erlösung, aber dies unter der besonderen Rücksicht der (ontischen) Natur und der (noëtischen) Ratio. Die Inhaltlichkeit des Trinitarischen Gottes erscheint unter den «natürlichen» Kategorien des «Einen Höchsten Unbegreiflichen und Unaussagbaren Etwas» als des «Schöpfers» und eben darum unter den Kategorien von Sein, Intellekt, Wille. Die Inhaltlichkeit der trinitarischen Ordnung der Welt erscheint unter den «natürlichen» Kategorien von «Ursprung» und «Endziel» des «Universum» als «Schöpfung» und eben darum unter den Kategorien natürlicher Seinsordnung, von Stoff hinauf zu Geist (in der Stufenordnung, in der etwa Thomas durchgehend alle, auch die «übernatürlichsten» Fragen aufrollt). Es ist die Eine alles durchformende Inhaltlichkeit zwischen «Schöpfer» und «Geschöpf» und eben darum «Kausalität» als Grund-Kategorie und dies unter der besonderen Rücksicht von «Wirk-Kausalität» *(causa efficiens)*, weil in ihr am entscheidendsten der «je immer größere» Unterschied zwischen dem allein souveränen «Schöpfer» und dem geschaffenen «Geschöpf» erscheint (weshalb später die Kirche mit gutem Recht gegen allen

«Modernismus» als Verhältnis zwischen Gott und Geschöpf «Ursache und Wirkung» betonte: Denz 2145). Dieser «Kausalität» als Grund-Inhaltlichkeit entspricht darum als Akt das «kausale Denken», bis hinein in seine strenge Form des Syllogismus. Wie die Offenbarung von Gott her in «Gleichnissen der Sinnesgegebenheiten» spricht und also in der natürlichen Weise der Geschöpflichkeit (Thomas, in Boeth de Trin q 6 a 3 corp), so wird sie auch erst recht im geschöpflichen Theologen in geschöpflicher Weise empfangen und erfaßt und weitergegeben, d. h. im echt menschlichen Denken, das Gegebenheiten in ihren Beziehungen zueinander denkt und also in der Grund-Verknüpfung von «Ursache und Wirkung», d. h. «kausal». So erst wird es die reife Wirklichkeit einer Theologie von «Logos» und «Pneuma»: weil das Sichteilgeben des wahrhaft Göttlichen Logos und Pneuma «Tun Gottes nach außen ist» und also hinein in die Schöpfung und also hinein in echt geschöpfliche Form. Wie, gemäß Thomas, die «Exzellenz» Gottes Sich gerade darin kundtut, daß Er eigenwirkliche und eigen-wirkende Geschöpfe schafft (Ver q 11 a 1 corp usw.), so offenbart sich Sein wahrer Logos und Sein wahres Pneuma gerade darin, daß eine gesunde Logik des vernünftigen Menschengeistes ihr Werkzeug ist: wie auch und gerade in der Menschwerdung Christus nicht erschien in der Alleinigkeit des Göttlichen Logos, sondern als leiblicher Mensch mit menschlichem Geist.

Hieraus wird aber nun – *viertens* – die gesamte Spannweite deutlich, in der die Formel des Vierten Laterankonzils die Möglichkeiten einbeschließt und beleuchtet. In der Richtung vom übernatürlichen Trinitarismus zum natürlichen Verhältnis zwischen Schöpfer und Geschöpf und dies unter besonderer Betonung der «je immer größeren Unähnlichkeit», – hierin liegt die kritische Stellung gegenüber einem Allein und Ausschließlich[1] der

[1] Dieses «Allein und Ausschließlich» hat auch eine Rückwirkung auf die Art, wie hier und im Folgenden die einzelnen Richtungen dargestellt sind. In ihrer vollen geschichtlichen Lebendigkeit sprengen sie die Grenzen der scharfen Form, in der sie in dieser Darstellung erscheinen. Anderseits aber beleuchtet erst diese scharfe Form das Unterscheidende ihrer Intentionen. So muß eine unvermeidliche Zuspitzung dieser Klärung dienen.

Theologie der Griechen und der Theologie Augustins. Dies Allein und Ausschließlich führt zu einer Identität mit Gott, wie sie im Joachimismus vorliegt. Das Allein und Ausschließlich der Theologie der Griechen ist dann die griechisch-orthodoxe Theologie: als supranaturalistischer Theopanismus von Logos und Pneuma in der Gnosis. Das Allein und Ausschließlich der Theologie Augustins aber ist die reformatorische Theologie (hinein in Jansenismus und die immanente Theologie des deutschen Idealismus): als supranaturalistischer Theopanismus einer Göttlichen Dialektik oder Göttlichen Tragik des Paradox des Kreuzes.

Aber schärfer noch beleuchtet sich diese Identität als eine Identität Gottes nach unten: wie in der Zeichnung des Konzils der Joachimismus die Trinität Gottes zu einer menschlichen Drei-Personen-Gemeinschaft macht. Ein Allein und Ausschließlich der Theologie der Griechen scheint die Natur des Geschöpfes auszulöschen zu einem rein passiven Mit; aber eben so wird die Theologie der «Teilnahme» zu einem geheimen rein natürlichen Philosophismus des Prinzips der Teilnahme überhaupt: hinein in einen naturalistischen Pantheismus der «Natur als Teilnahme zwischen Unsein und Sein», d. h. parmenidischer Platonismus. Ebenso scheint ein Allein und Ausschließlich der Theologie Augustins die Natur des Geschöpfes zu verdammen als revoltierendes oder ohnmächtiges Nichts; aber eben so wird die Theologie der «Dialektik» zu einem geheimen rein natürlichen Philosophismus der Dialektik überhaupt: hinein in einen naturalistischen Pantheismus der «Natur als Dialektik zwischen Gegensätzen», d. h. heraklitischer Platonismus. Das Schicksal solcher Theologie einer ausschließlichen Übernatur wird dann zur Rechtfertigung der Theologie der Scholastik. Es erscheint das Entweder-Oder: entweder Anerkennung der Geschöpflichkeit in aller Übernatur (wie es die Theologie der Scholastik tut) oder Zwang hinein in eine verhehlte Naturalisierung der Übernatur.

Aber ebenso empfängt die Theologie der Scholastik selber ihre kritische Grenzziehung: von der umgekehrten Richtung her: da die «je immer größere Unähnlichkeit» wahrhaft «in» der «so großen Ähnlichkeit» erscheint und das natürliche Verhältnis zwischen Schöpfer und Geschöpf «im» übernatürlichen trinitarischen Eins. Die «rational spekulative» Theologie ist nur insoweit echt Theologie, als ihr Gegenstand die volle wirkliche Offenbarung ist und ihr Akt Ursprung, Maß und Sinnziel im vollen wirklichen Glauben hat: die gegenständlichen «kausalen Zusammenhänge» als solche der übernatürlichen Schöpfung der Teilnahme und Erlösung; das akthafte «kausale Denken» als solches, das denkender übernatürlicher Glaube ist. Theologie der Scholastik ist somit dadurch echt Theologie, daß sie Reifung der Theologie der Griechen und der Theologie Augustins ist. Ein Allein und Ausschließlich von Natur und Ratio wäre gradliniger Weg in die «natürliche Theologie» der Aufklärung und des Rationalismus, d. h. in einen Pantheismus der «reinen Natur» und «reinen Vernunft». – Und auch in ihrem Charakter des «rationalen Spekulativen» hängt die Echtheit der Theologie der Scholastik an diesen Wurzeln in der Theologie der Griechen und Augustins. Denn «Natur» und «Vernunft» sind allein konkret übernatürlich erhöhte und erlöste Natur und Vernunft. Alle andere Natur und Vernunft ist unlebendige «Abstraktion». Ein Allein und Ausschließlich des «rational Spekulativen» würde also zur Unwirklichkeit von Natur und Vernunft selber. Es würde der umgekehrte (aber innerlich entsprechende) Fluch der Aufklärung und des Rationalismus: der abstrakte Theopanismus einer rein begrifflichen «Natur an sich» und «Vernunft an sich».

Natur, übernatürliche Teilnahme an Gott, übernatürliche Erlösung hängen in ihrem wahren Verhältnis zueinander also an diesem Hin und Rück der «Analogie». Es heißt einerseits: für eine «noch so große» Übernatürlichkeit ist die Natürlichkeit des Verhältnisses zwischen Schöpfer und Geschöpf das bestimmende Weil *(quia)*; und innerhalb dieses Verhältnisses selbst ist die «je immer größere Unähnlichkeit» das bestimmende Nicht-kann *(non potest... notari)* und Muß *(sit... notanda)* der «noch so großen Ähnlichkeit». Es heißt aber anderseits: die Natürlichkeit des Verhältnisses zwischen Schöpfer und Geschöpf erscheint faktisch einzig «in» der «so großen» Übernatürlichkeit (der Einen faktisch geschichtlichen Ordnung von übernatürlicher Teilnahme und Erlösung); und innerhalb des Verhältnisses zwischen Schöpfer und Geschöpf erscheint die «je immer größere Unähnlichkeit» wesenhaft einzig «in» der «so großen Ähnlichkeit». Diese «Analogie» ist, gemäß dem Konzil, die Form für Gegenstand und Akt der einzig möglichen Theologie.

4. «Analogie» erscheint, im Zusammenhang und Stil des ganzen zweiten Kapitels des Vierten Laterankonzils gegen Abt Joachim, nicht so sehr als Prinzip oder Form einer neuen, möglichen Theologie, sondern als Selbst-Ausdruck der Stellungnahme der Kirche gegenüber möglichen Theologien[1]. Es ist so etwas wie die «kirchliche Diskretion». Das natürliche Verhältnis zwischen Schöpfer und Geschöpf und die «je immer größere Unähnlichkeit» werden nicht so sehr betont, um sich mit irgendeiner möglichen Theologie zu identifizieren, sondern es ist die Sprache kirchlichen Geistes adliger und nüchterner Distanz gegen die «Entflammtheiten» von Charismatikern, Pneumatikern usw.: hier gegen die Entflammtheit des Abtes Joachim, wie im Trienter Konzil gegen die Reformation, wie in den Erlassen gegen den Jansenismus, wie im Vatikanischen Konzil gegen die Romantik, wie in den Erlassen gegen den Modernismus. Insofern die klassische Scholastik mit ihrer nüchternen Unterstreichung von Geschöpf und Natur in besonderem Ausmaß dieser «kirchlichen Diskretion» entspricht, ist es gewiß kein Zufall, daß das Vierte Laterankonzil ausdrücklich sich zu Petrus Lombardus bekennt: wie auch hier der innere Grund liegt, daß Thomas von Aquin und kein anderer zum formgebenden Theologen und Philosophen der Kirche ward, kraft des Adels seiner Distanz. Aber eben hierin ist deutlich, daß die «Analogie», wie das Konzil sie versteht, nicht ein Prinzip oder eine Form in sich und aus sich ist, sondern so etwas wie die von der Kirche ausgesprochene Form der Distanz ihrer Diskretion.

Gesehen von Sach-Prinzipien aus, sind alle Möglichkeiten erschöpft in den drei, die für das Konzil vorliegen[2]. Denn überna-

[1] Vgl dazu die Sicht von «Neue Theologie»: Ringen der Gegenwart, Augsburg 1929, II 669ff.

[2] Vgl Teil I 3.

türliche Teilnahme an Gott, übernatürliche Erlösung und (teilnehmende und erlöste) Natur sind die drei Komponenten der Einen Ordnung der übernatürlichen Erlösung, und Theologie der Griechen, Augustins und der Scholastik entsprechen der wechselnden Akzentuierung unter diesen Komponenten[1]. Eine Theologie der «Analogie» kann sich also nicht als ein viertes anschließen, sondern sie betrifft den Rhythmus zwischen den drei Theologien. In einem solchen «Rhythmus» liegt aber eine distante Stellungnahme zu diesen Theologien selber. Es besteht mithin ein Entweder-Oder. Entweder wird dieser Rhythmus selber als ein autonomes formales Prinzip gefaßt oder als Ausdruck einer existenten lebendigen Instanz. Ist er formales Prinzip, so bezeichnet er als solches die eigentliche Absolutheit gegenüber den drei Theologien, und folgerichtig löst sich Theologie überhaupt auf in den Rationalismus eines absoluten Prinzips. Ist er aber Ausdruck einer existenten lebendigen Instanz, so ist er es, da es sich um die Eine Ordnung Gottes in Christo in der Kirche handelt, auch eben nur als autoritärer Selbst-Ausdruck dieses Einen: Gott in Christo in der Kirche. – Und so entspricht es auch der Analogie-Formel selbst, wie sie im zweiten Kapitel des Konzils steht. Wie das Konzil allen pneumatischen Trinitarismus unerbittlich beugt unter die majestätische Distanz des «Einen Höchsten Unbegreiflichen und Unaussagbaren Etwas», so bindet es auch die drei Theologien unter die «je immer größere Unähnlichkeit». Das heißt es ist die Souveränität der Göttlichen Majestät selbst, um die es in dieser «je immer größeren Unähnlichkeit» geht: nicht um einen Rhythmus zwischen Teilnahme an Gott, Erlösung, Natur, und hierin zwischen Ähnlichkeit und Unähnlichkeit, sondern um die je immer größere Souveränität des lebendigen Gottes in Sich Selbst. Da es aber um den Gott der Einen Ordnung der Erlösung geht, so ist es wesentlich Gott in Christo in der Kirche und also folgerichtig die Souveränität Gottes in einer wahrhaft souveränen Kirche und also in einem souveränen Papst. Das heißt das Konzil, das unter Innozenz III. als dem gewaltigsten der Päpste des Mittelalters gegen Abt Joachim als den

[1] Vgl Teil I 3.

Vater des absoluten Pneumatizismus entscheidet, bedeutet damit das entscheidende Einsetzen der Frage um die innere Form aller Theologie überhaupt.

Teilnahme an Gott, Erlösung, Natur sind, wie Thomas von Aquin (in Boeth de Trin q 2 a 3 corp) und das Vatikanische Konzil (Denz 1797) fast mit gleichen Worten betonen, eins in Gott als ihrem Einen Urheber. Es ist ein und derselbe Gott, von dem sie her sind, und so ist es auch Gott Selbst, von dem allein her ihre Einheit zu Bewußtsein aufleuchtet. So ist es im eigentlichen Sinn *Theo*-logie: Wort von Gott her über alles, was von Gott her ist. Theologische Autorität ist wesentlich Gott. Als diese Autorität erscheint der «unsichtbare» Gott im sichtbaren Christus als Seiner «Darstellung» (Jo 1, 18): das «Wort von Gott her» im «Wort, das Fleisch ward»; der «Logos» der Logik dieses Wortes im «Logos, der Fleisch ward». Und da dieser Christus allein ist «Haupt und Leib Ein Christus» (Augustinus), so ist Kirche die alleinige Konkretheit Gottes in Christo: wie das erste Kapitel des Epheserbriefes einsetzt mit dem «Mysterium des Willens Gottes in Christo» als dem «In-Eins von Himmel und Erde», um es beschlossen zu sehen in der «Kirche» als «Seinem Leib, der Fülle des alles in allem Erfüllenden»: der Unendliche Gott als Die Fülle, und die Kirche als die «Fülle des alles in allem Erfüllenden». Hierin steht das unerbittliche Aug in Aug, das in der Situation des Vierten Laterankonzils geschichtlich einsetzt, um sich zu erfüllen in die Situation des Vatikanischen Konzils: Steht diese Kirche der «Fülle» in der amtlichen Souveränität ihrer Autorität (und also im unfehlbaren Lehramt und also im unfehlbaren Papst als entscheidender Spitze) – oder in der unverbindlichen wogenden Fülle des «Geistes» in ihren «Gliedern»? Gilt Innozenz III. oder Abt Joachim? Die Form «Gott in Christo in der Kirche» enthält gewiß an und für sich drei Komponenten, aber unter der Frage nach eigentlich theologischer Autorität ist es nur ein einziges Entweder-Oder: zwischen Gott in einer autoritären Kirche und einem absoluten Pneumatizismus, der dann in Wahrheit ein Naturalismus ist, weil in ihm eine jeweilig menschliche Richtung sich absolut setzt.

Das beleuchtet sich – *erstens* – einschlußweise von den drei Theologien her, die sich aus den Sach-Komponenten der Einen Ordnung der Erlösung herleiteten.

Die Theologie der griechischen Kirchenväter, als Theologie der «Teilnahme an der Göttlichen Natur und Person», trägt folgerichtig in sich die Richtung, die formale theologische Autorität unmittelbar in Gott selbst zu sehen: weil alles Geschöpfliche, und darum auch Christus und Kirche, für sie im Höchstmaß als «hinauf-entnommen in Gott hinein» *(assumpta natura)* erscheinen und also in ein geistiges Dasein in Gott-Geist als dem Ewig-Unwandelbaren. Für sich genommen zielt dann diese Theologie auf die formale «theologische» Autorität einer «unwandelbaren Göttlichen Tradition im Geist». Es ist nicht eine irdisch sichtbare Kirche, die den Heiligen Geist als Beistand hat, sondern es ist umgekehrt das «Heilige Ewige Unwandelbare Pneuma» selbst als Kirche. Das heißt die letzte Konsequenz ist der Standpunkt der griechisch orthodoxen Kirche: die «pneumatische Tradition» als theologische Autorität. Das Geheimnis der Menschwerdung ist zurückgenommen in einen reinen Pneumatizismus, und die Autorität eines lebendigen Gottes ist versachlicht in eine «Göttliche Tradition».

Die Theologie Augustins, als Theologie der «Erlösung im Abstieg Gottes», trägt ebenso folgerichtig in sich die Richtung auf eine entsprechend formale theologische Autorität, aber dies betonterweise in Christo als «Haupt und Leib Ein Christus»: weil einerseits die Unendlichkeit Gottes fleischgeworden erscheint in der inneren Gegensatz-Einheit des «Leib der vielen Glieder», anderseits aber Kirche sich wesentlich darstellt als diesen einen «Ganz-Christus» in der Erstreckung Christi als «Haupt und Leib» durch Raum und Zeit hin. Für sich genommen zielt dann diese Theologie also auf die formale theologische Autorität dieses «Ganz-Christus». Diese «christologische» Autorität enthält dann drei Momente. Erstens: das absolut Bestimmende des «ursprünglichen Christus» und darum das «Urchristliche» als «radikale Autorität». Zweitens: dieser Christus aber in seiner Ganz-Lebendigkeit über Raum und Zeit, und darum das «Ökumenische» als «kollektive Autorität». Drittens: dieser Christus aber doch als «lebendig jetzt hier», und darum die «je heutige Verkündigung» als «aktuale Autorität». Damit ist es aber zwar «Gott in Christo», aber rein «im Geist» als «Geist des Ursprungs», «Geist des All» und «Geist heute». Es ist nicht die Autorität des persönlichen Gottes hinein in eine persönliche Autorität der Kirche als des autoritär sichtbaren «Geist Christi», sondern der «ursprüngliche» und «ökumenische» und «aktuale» Geist Christi selbst ist alleinig Kirche. Das heißt die letzte Konsequenz ist der Standpunkt der Reformation: der «Geist Christi» als theologische Autorität. Das Geheimnis der Menschwerdung ist damit auch hier zurückgenommen in einen reinen Pneumatizismus, und die Autorität eines lebendigen Gottes ist versachlicht in einen «christlichen Geist».

Die Theologie der Scholastik, als Theologie der «(erhöhten und erlösten) Natur», hat dem gegenüber an und für sich deutlich die besondere Richtung auf die Form einer echt sichtbaren Autorität des menschgewordenen Gottes: daß Gottes Autorität als des Souveränen Willens sich eben darum auch nur sichtbar kund tun kann in einer echt menschlichen Autorität eines Souveränen Willens und darum einzig in einer Autoritären Kirche, deren Autorität an keinerlei «Geist Christi» oder keinerlei «Göttlicher Tradition» eine obere Instanz habe, sondern in deren Inappellabilität selbst sich der wahre «Geist Christi» und die wahre «Göttliche Tradition» darstellt. Anderseits aber ist es doch auch grade wieder die Theologie der Scholastik, in der die Offenbarung sich mit Vorzug in rationalen Kategorien darstellt, damit aber hinein in die Autorität der «theologischen Schule» und hierin in die Autorität des jeweiligen Grundbegriffes der jeweiligen Schule. Gewiß sind diese Grundbegriffe ursprünglich «theologisch», Gott als Sein (und darum Sein als Grundbegriff), Gott als Intelligenz oder Idee (und darum Intelligenz oder Idee als Grundbegriff), Gott als Willen (und darum Wille als Grundbegriff); – aber es besteht, kraft der Autorität der Ratio, zum mindesten die «Gefahr» der Umkehrung, Sein oder Intelligenz oder Idee oder Willen als Gott zu nehmen (wie es die grundsätzlichen Absolutismen der Philosophie der Neuzeit tun). So ist die wirkliche Lage der Theologie der Scholastik dieses Zwischen. Thomas gibt ihm gewiß eine Form: da er die «Artikel des Glaubens» als die «Prinzipien» faßt, von denen alle «Spekulation» ausgeht und in ihnen ihr Maß und Richte hat (S Th 1 q 1 a 2 und 8). Aber das Gesicht der späteren Entwicklung der Scholastik trägt eher die aufgegebene Frage: auf der einen Seite die wachsende Richtung auf eine «positive Theologie», d. h. Theologie der positiven Entscheidungen (im Wort der von der Kirche autoritär erklärten Offenbarung); – auf der andern Seite die Vielfalt der «theologischen Schulen», die sich durch ihr rationales Grundprinzip gegeneinander scheiden. Die besonderlich «ekklesiologische» Autorität der Theologie der Scholastik zeigt sich aber doch auch gerade in diesem Zwischen. Denn auch die «theologische Schule» ist wesentlich nicht «frei wehender Geist», sondern «Schule» und «kirchliche Schule», d. h. unter der Form kirchlich autoritärer Zucht. Und es ist für die «theologischen Schulen» nicht wenig bezeichnend, daß sie überwiegend und ursprünglich von den großen kirchlichen Orden her entspringen und darum die Ratio, die in ihnen waltet, innerlich die Form des Gehorsams trägt und dies ausdrücklich zu «Christus König» in der autoritären Königlichkeit der Kirche, wie der Anfang der Regel des heiligen Benedikt, allen künftigen Orden zuvor, es kündet:

«Dem Herrn, Christus dem König kriegsdienstend, alle Kraft und Herrlichkeit der Waffen des Gehorsams wirst du nehmen.» Was Grundhaltung gegenüber der Göttlichen Majestät ist, was Grundhaltung Christi ist als des Erlösers im Gegensatz zum Ungehorsam der Erbsünde, das ist also auch noch im Zwischen der Theologie der Scholastik konkret christliche Grundhaltung: theologische, christologische Autorität konkret in der ekklesiologischen der «Kirche des autoritären Gehorsams». Unter dieser Rücksicht steht erst die Theologie der Scholastik entscheidend gegen allen Pneumatizismus überhaupt, – und darum als Theologie des Vierten Laterankonzils gegen den Joachimismus als die Mitte aller Pneumatizismen.

Aus dieser Art, wie in den drei Sach-Richtungen der Theologie die entscheidende Form-Richtung erst unausgewickelt sich zeigt, wird – *zweitens* – der theologische Sinn der Entwicklung deutlich, die vom Vierten Laterankonzil her in die Gegenwart läuft. Es geht um den formalen Ort der Absolutheit Gottes auf der Erde der Menschwerdung. Das Vierte Laterankonzil entscheidet gegen das absolute Pneuma des Joachimismus. Das Vatikanische Konzil entscheidet für die Unfehlbarkeit des Papstes. Mit diesem Anfang und Ende ist das Thema bezeichnet. Es geht um den genauen Sinn des Ekklesiologischen. Das Vierte Laterankonzil selbst legt gewiß die Grundlage: da, wie wir anfangs zeigten, in der Analogie-Formel als letztes die «kirchliche Diskretion» liegt: die «je immer größere» Distanz der Souveränität des «Einen Einzigen Höchsten Unbegreiflichen und Unaussagbaren Etwas» in der Souveränen Kirche mitten in allem «noch so großen» Eins theologischer Weisheit mit der Göttlichen Weisheit. Aber eben diese konkretere Fassung der «Analogie» wird von nun an, bis zum Vatikanischen Konzil und seiner letzten Auswirkung in den Erlassen gegen den Modernismus, das bis zum Äußersten umkämpfte Thema.

Die Gegenstellungen, die im Allein und Ausschließlich der drei Sach-Richtungen der Theologie einbeschlossen liegen, werden eigentlich ausdrücklich. – Gegen die Autorität der Souveränen Kirche tritt das Autoritäts-Prinzip einer absoluten griechischen Theologie: die «Göttliche Tradition»: in den Unionsversuchen mit der griechisch-orthodoxen Kirche in den Jahrhunderten vor der Reformation, und im Eindringen griechisch-orthodoxen Denkens in unsern Tagen. In dieser «Göttlichen Tradition» liegt eine «Identität» zwischen der unwandelbar Göttlichen Weisheit und den Formeln menschlichen Ausdrucks: im Symbol des Ikons als einer statischen innerzeitlichen Ewigkeit. So erzeigt sich dagegen, in der Entwicklung zur Definierung der päpstlichen Unfehlbarkeit hin, die kirchliche Autorität als das «je immer Größere» der distanten Souveränität der Entscheidung jeweils jetzt in der lebendigen Geschichte: es gibt keine überzeitlich Göttliche Tradition in Sich, die als Instanz der Kirche gegenüberstünde, sondern die lebendig souverän entscheidende Kirche selbst ist die «Tradition in actu»: folgerichtig dazu, daß es gegen den lebendig Souveränen Gott keine Instanz von Idee oder Prinzip oder Weisheit «an sich» gibt, sondern all dies wesentlich von Ihm her ist als der Einen Souveränität. Weder eine Ewige Theologie noch eine Ewige Liturgie ist der «Ort» der Göttlichen Souveränität in der Ordnung der Menschwerdung, sondern einzig das Unfehlbare Lehramt, das im je Jetzt seiner geschichtlichen Entscheidung steht, d. h. in seiner Entscheidung weder ableitbar aus dem Ewigen Sachverhalt einer Tradition noch ableitbar aus seinen eigenen früheren Entscheidungen, sondern stehend im strengen je Jetzt der aktualen Definition. Denn so ist es die folgerichtige Repräsentation: der Wille des Vaters im gesendeten Sohn in der gesendeten Kirche (Jo 20, 21).

Gegen dieselbe Entscheidungs-Autorität erhebt sich aber auch das Autoritäts-Prinzip einer absoluten augustinischen Theologie: der «Geist» des «ganzen Christus». Gegenüber der «Göttlichen Tradition» will hierin die wahre Geschichtlichkeit der Ordnung der Menschwerdung gewahrt werden. In einem Minimum geschieht das im Autoritäts-Prinzip des «ursprünglichen Christus»: die einmalige Geschichtlichkeit Christi und darum ein «Ur-Christentum» als absolute Norm. Dieses «Ur-Christentum» ist dann eine «Geschichte als Ideal» und zielt darum in eine «ideale Kirche der Ur-Christen». Das Eshafte einer «Göttlichen Tradition» ist geblieben, aber es ward zu einem geschichtlich Eshaften. Wir haben damit die Grundform des franziskanischen Spiritualismus, der Reformation und des Jansenismus:

die «geistige Kirche» der «Ur-Christen» des «ursprünglichen Geistes Christi» als die theologische Autorität.

Eine stärkere Geschichtlichkeit liegt im Autoritäts-Prinzip des «ökumenischen Christus»: das geschichtliche Fortleben Christi in der Ganzheit der Erstreckung in Raum und Zeit und darum ein «kollektives Christentum» als absolute Norm. Dieses «kollektive Christentum» ist dann entweder (als kollektiv dem Raum nach) die Integration aller Glieder des Leibes Christi: wie die Konzils-Theorie die Unfehlbarkeit der Kirche ausschließlich an den «Mehrheits-Beschluß» bindet; und wie der Jansenismus eine rein kollektive Kirche des «mystischen Leibes Christi» als den formalen Sitz der Autorität ansieht, von dem erst sekundär die Amts-Autorität sich herleitet; und wie der moderne «Welt-Protestantismus» und die «evangelische Katholizität» Söderblom-Heilers die «Welt-Kirche» eines inneren Ausgleichs aller menschlichen Richtungen als «ökumenische Autorität» statuiert. Aber ebenso erscheint das «kollektive Christentum» (als kollektiv der Zeit nach) in der Weise der dynamischen Integration des ganzen Ablaufs der geschichtlichen Entwicklung: wie der Modernismus die Dynamik der Geschichte selber als den Ort der Autorität aufstellt: das alleinige Recht der «fruchtbaren Entfaltung». – Darin aber liegt der Übergang zur radikalst geschichtlichen Form: im Autoritäts-Prinzip des «aktualen Christus»: Christus jeweils jetzt hier im «Ereignis» der «Verkündigung»: wie es die Grundtheorie des protestantischen «Wort allein» ist (die bei K. Barth ihren klarsten Ausspruch hat[1].) Einerseits ist hier das modernistische Prinzip der «fruchtbaren Entfaltung» wirksam, anderseits aber soll es überwunden werden durch das Prinzip einer «Absolutheit jetzt hier», weil es unmittelbar Christus als das Göttliche Wort selbst ist im unmittelbaren Wirken des Heiligen Geistes, der jetzt hier in der Verkündigung «Ereignis» ist. Die radikalst geschichtliche Theorie schlägt also damit zur griechisch-orthodoxen Ewigen Tradition zurück: im jeweilig geschichtlichen Augenblick erscheint unmittelbar das Ewig-Göttliche. – Gegen dieses Ganze (vom «ursprünglichen» zum «kollektiven» zum «aktualen» Christus) tritt in besonderer Schärfe der Sinn der Entwicklung der kirchlichen Erlasse. Die Unfehlbarkeit des Papstes steht einerseits als souverän lebendig aktuale Entscheidung gegen alle «Idealität» und alle «Kollektivität»: bis dazu, daß der Kirchenbegriff Möhlers und Newmans durch das unerbittliche Feuer der Vatikanischen Definition zu gehen hatte, um alle letzten Reste des «ursprünglichen» und «kollektiven Christus» zu verlieren. Anderseits aber ist diese «souverän lebendige aktuale Entscheidung» nicht die Aktualität eines rein geschichtlichen Jetzt, sondern das je Jetzt der Entscheidung

[1] Eine katholische «Verkündigungstheologie», wie neuere Versuche sie wollen, wird sich also gegenüber dieser Ur-Position klar methodisch zu scheiden haben.

Gottes als der Umwandelbaren Wahrheit in der Entscheidung des Unfehlbaren Lehramts: bis dazu, daß auch und gerade im unerbittlichen Feuer der Erlasse gegen den Modernismus die Geschichtstheologie Newmans sich gegen den Modernismus der grundsätzlich wandelbaren Wahrheit abzuscheiden hatte[1].

Aber in derselben Entwicklung erfährt auch das formale Autoritäts-Prinzip der Theologie der Scholastik seine Klärung. Im Gegensatz gegen die beiden andern Richtungen wird es in ihr einerseits eine Art Positivismus der rein materialen geschichtlichen Tatsachen. Anderseits aber besteht die Notwendigkeit, dieser Theologie der Tatsachen eine letzte Form zu geben: entweder in der Richtung, diese reine Materialität der Tatsachen in der Ratio eines spekulativ geschlossenen Systems einzubauen (aber dann mit der Gefahr einer Ersetzung der theologischen Autorität durch die reine Ratio) – oder unter einer unbewußten Theorie eines letzten theologischen Positivismus der Geschichte überhaupt. – Dieses Zwischen klärt sich im letzten Sinn

[1] Von hier aus wird das Gegenüber zwischen *Vaticanum* und 19. Jahrhundert deutlich. Wie Möhler in seiner ersten Schrift die «organische Kirche» als Kirche des «mystischen Leibes Christi» gegen den päpstlichen Primat stellt und nur langsam ihn vom Grundbegriff der «organischen Kirche» zu beleuchten sucht, und wie Newman die päpstliche Unfehlbarkeit zwar bejaht, aber doch nur negativ als «Gegengift» gegen die Hybris der menschlichen Vernunft, – hierin erscheint, wie das 19. Jahrhundert auch in seinen tiefsten Theologen stecken bleibt im Gegensatz zwischen einer «organischen Kirche» als Kirche des «mystischen Leibes Christi» gegen «Organisations-Kirche» als rein profan rechtliches Gebilde, das im besten Fall eine «unabweisbare irdische Notwendigkeit» ist. Das heißt das Übernatürliche der Kirche ist im rein natürlichen Gegensatz zwischen Romantik und Aufklärung gesehen: Organismus gegen Organisation, wie Leben gegen Recht, wie Liebe gegen Ratio usw. Dem gegenüber ist das *Vaticanum* nicht eine Betonung von Organisation und Recht, sondern Betonung des entscheidend Übernatürlichen der Kirche: das Mysterium der Menschwerdung als «Mysterium des Göttlichen Willens» in der Kirche (Eph 1, 9–23) und darum formalst in einem Souveränen Kirchlichen Willen im übernatürlich souveränen Papst: weil das Mysterium der Menschwerdung der erlösende Gehorsam Gottes ist Aug in Aug gegen den erbsündigen Ungehorsam des Menschen (Röm 5, 19; Phil 2, 5–10; Hebr 5, 1–10), und darum wesentlich steht in der Repräsentation des sendenden Vaters im Gehorsam des gesendeten Sohnes und Mit-Gehorsam der vom Sohn gesendeten Apostel (Jo 12, 44–50; 17, 4–21; 20, 21) Mystischer Leib Christi ist also nur soweit nicht vergöttlichtes Organismus-Prinzip, sondern wahre Kirche Gottes, als er ist Kirche der rechtshaften apostolischen Sukzession. Und «Liebes-Kirche» ist nur soweit nicht vergöttlichtes Liebes-Kollektiv, sondern wahre Kirche Gottes, als sie ist «Rechtskirche» Souveränen Willens und unbedingten Gehorsams. Alles Ausspielen vom «mystischen Leib Christi» und «Liebeskirche» gegen «Rechtskirche» ist hartnäckiges Festhalten am 19. Jahrhundert vor dem *Vaticanum*.

der Entwicklung der kirchlichen Erlasse. Die Positivität des Theologischen liegt wesentlich in der Positivität der Unfehlbaren Entscheidung jener Kirche, in der der Eine Souveräne Gott spricht, der Seinen Logos in die Kirche hinein hat Mensch werden lassen und Sein Pneuma ihr zum inneren Beistand gab: den «Logos», in dem die ganze Tiefe des «unsichtbaren Gottes» «sich darstellend auslegt» (Jo 1, 18); – das «Pneuma», das «die Tiefen Gottes ergründet» (1 Kor 2, 10). Der Positivismus der souverän kirchlichen Entscheidung ist also nicht der Positivismus geschichtlicher Zufälligkeiten, sondern der Positivismus der souveränen Majestät des Unendlichen aber Einen Gottes. Es wird hier das unterstrichen, was das unverlierbar Wahre und Echte griechischer und augustinischer Theologie ist: die Sicht der inneren sachlichen Zusammenhänge der souverän kirchlichen Entscheidungen. Gewiß steht das Ekklesiologische der einen theologischen Autorität in der Inappellabilität der Unfehlbaren Entscheidung, aber es ist doch die Entscheidung der Kirche, in der die Eine Offenbarung als Eine Tradition fortlebt (wie die griechische Theologie sieht), und es ist die Entscheidung der Kirche, die «Haupt und Leib Ein Christus» ist (wie die augustinische Theologie sieht).

Damit aber erscheinen – *drittens* – im «Kirchlichen» die Züge der «Analogie». Einerseits: in allem «Noch so groß» eines «innerlich verstandenen Kirchlichen» (wie es griechische und augustinische Theologie tun: da sie Kirche als lebende Göttliche Wahrheit und als lebende menschgewordene Wahrheit im Christus des Leibes der vielen Glieder sichten), – in all diesem «Noch so groß» ist «je immer größer» die Distanz der «Unähnlichkeit» zum inappellabel entscheidenden Willen Gottes im entscheidenden Willen der kirchlichen Definition. Anderseits aber: eben diese Definition ergeht doch im Raum der Kirche als der lebenden Göttlichen und in Christo menschgewordenen Wahrheit, und eben darum erscheint das einschneidend jeweils «Unähnliche» ihres unableitbaren Ergehens wahrhaft doch «in» der echt «so großen Ähnlichkeit» einer (wenngleich notwendig «offen stehenden») theologischen «Weisheit» der inneren Zusammenhänge (ihrer ideativen in einer idealen Theologie der Tradition; wie ihrer geschichtlichen in einer geschichtstheologischen des lebendigen «Haupt und Leib Ein Christus»). – Die Theologie der «kirchlichen Analogie», die sich hierin formal konstituiert, ist damit einerseits (entsprechend der «so großen Ähnlichkeit») eine solche, in der im Höchstmaß so etwas wie der innere Rhythmus der kirchlichen Entscheidungen erscheint, ideativ als innere Struktur des kirchlichen Dogma und hierin der Offenbarung überhaupt, geschichtstheologisch als innere Gesetzlichkeit der geschichtlichen Entwicklung: wie etwa die (inhaltliche) Christologie im Sichbedingen alexandrinischer und antiochenischer Schule usw. Anderseits aber ist es eine Theologie, die ihre formale Instanz nicht in diesem Rhythmus haben kann, sondern allein (entsprechend der «je immer größeren Unähnlichkeit») in der unableitbar inappellablen jeweiligen kirchlichen Entscheidung, und darum nicht nur «nach vorwärts» offen zu stehen hat, sondern auch in ihrer bisherigen Struktur selbst. Erst so ist es (formal) *Theo*-logie: völlig in der Verfügung des Souveränen Göttlichen Willens. Erst so ist es (formal) *christo*-logische Theologie: völlig in der Verfügung der Sichtbarkeit dieses Souveränen Göttlichen Willens in Christo als Seiner Repräsentation. Erst so ist es *ekklesio*-logisch christologische Theologie: völlig in der Verfügung des autoritären Jetzt-hier dieser Repräsentation Gottes in Christo, nämlich des Jetzt-hier einer unfehlbar entscheidenden Kirche. Erst so ist es der göttlich lebendige Heilige Geist, der «die Tiefen Gottes ergründet»: nicht der «objektive Geist» der «pneumatischen Tradition» einer absoluten Theologie der Griechen, nicht der «geschichtliche Geist» einer absoluten Theologie Augustins, nicht der «reine Geist» einer absoluten Theologie der Scholastik, sondern der wirkliche Geist des Vaters und des Sohnes, die schöpferische wehende Souveränität des Willens der Göttlichen Majestät. Echte «Kirche» erst garantiert das echte «Pneuma» gegen das Pseudo-Pneuma der Pneumatizismen.

5. Damit aber entsteht, als Schluß-Frage, *die Frage nach einer möglichen inneren «metaphysischen Struktur» dieses Kirchlichen selber*. Es ist ein Kreisgang der Fragen. Zuerst erscheint die «Analogie» als eine Form an sich:

als «Rhythmus» zwischen den drei Sach-Theologien (3). Dann enthüllt sich ihre Konkret-Gestalt: als «kirchliche Diskretion», die sich zu einer «kirchlichen Theologie» verdichtet (4). Nun ergeht wiederum die Frage nach einer möglichen «Analogie an sich[1]». Denn die Analogie-Formel des Vierten Lateran-Konzils enthält nicht nur, in ihrer Abfolge vom Trinitarischen zum Verhältnis zwischen Schöpfer und Geschöpf, das Rhythmus-Gesetz für die drei möglichen Sach-Theologien (3). Sie enthält auch nicht nur, in der besonderen Betonung der Distanz der Unterwerfung im Unterschied zur Identität des Pneuma, das Verhältnis-Gesetz zwischen (einzig autoritärer) «kirchlicher Theologie» und (jeweils vorläufiger) «theologischer Weisheit» (die in den drei möglichen Sach-Theologien sich darstellte), um so die Antwort zu geben auf die Frage nach dem eigentlichen Form-Prinzip der Theologie. Sondern in all dem trägt die Analogie-Formel des Konzils nicht umsonst ein strenges Weil und Nicht-kann und Muß in sich. Das eigentlich (formal) Übernatürliche des richtigen «trinitarischen Eins» wird unter einem Weil vom grundlegenden Verhältnis zwischen Schöpfer und Geschöpf her begründet: «weil zwischen Schöpfer und Geschöpf...». Und dieses grundlegende und hierin für Schöpfer und Geschöpf «natürliche» Verhältnis erscheint selber noch in sich nicht als eine einfache Faktizität, sondern in strenger Struktur von Notwendigkeit: «weil ... nicht kann ..., daß nicht ... muß». Gewiß ist das grundlegend ein Weil und Nicht-kann und Muß vom Wesen des Schöpfers her: von der entscheidenden Distanz her, in der Er als das «Eine Höchste, Unbegreifliche und Unaussagbare Etwas» aller begreifen- und greifen-wollenden Identität gegenübersteht. Aber auch so läßt doch das Konzil, in seinem Übergang von der Betonung dieser Distanz zur eigentlichen Analogie-Formel, diese Distanz gerade und entscheidend im «Zwischen von Schöpfer und Geschöpf» erscheinen. So birgt sich in der Entscheidung des Konzils als Letztes die Frage, die bis in den Kampf gegen den Modernismus hin ausdrückliche Grundfrage wird: zwischen (formaler) Übernatur (übernatürlicher Göttlichung und Erlösung) und Natur.

Die Schärfe der Frage ist gerade aus der Analogie-Formel des Konzils ablesbar. Ist es so, daß die «Natur» nur faktisch konkret in der Übernatur erscheint (entsprechend dazu, daß in der Analogie-Formel das übernatürliche «trinitarische Eins» als Erstes steht, und dann in seiner wahren Struktur die Struktur des natürlichen «Zwischen Schöpfer und Geschöpf» sich ausverdeutlicht)? Oder ist es so, daß gerade die «Natur» Gesetz und Grenze für die Übernatur bestimmt (entsprechend dazu, daß gerade in der Ab-

[1] Dieser Teil entspricht der besondern Sicht von *Analogia entis I.*

folge in der Analogie-Formel das natürliche «Zwischen Schöpfer und Geschöpf» als «Weil» für die wahre Struktur des übernatürlichen «trinitarischen Eins» unterstrichen wird)? Ist es dann aber in dieser gesetz- und grenze-bestimmenden «Natur» entscheidend die «Natur» des «Schöpfers» als des «Einen Höchsten Unbegreiflichen und Unaussagbaren Etwas», die in ihrer notwendigen Distanz («nicht kann», «muß») für alle mögliche Übernatur dieses Gesetz und diese Grenze bestimmt (entsprechend dazu, daß die ausdrückliche Analogie-Formel im Konzils-Text der Abschluß der früheren Betonung der Göttlichen Distanz ist)? Oder ist es doch vielmehr die «Natur» des «Zwischen Schöpfer und Geschöpf» und als folgerichtig die «Natur» eines «Geschöpf überhaupt», die für alle mögliche Übernatur Gesetz und Grenze in sich trägt (entsprechend dazu, daß doch gerade im Konzils-Text gerade die früher betonte Göttliche Distanz durch die ausdrückliche Analogie-Formel begründet wird)?

Die Schärfe in der inneren Folgerichtigkeit dieser Fragen wird deutlicher, da sie – *erstens* – von den drei Sach-Theologien her erscheint.

In der Theologie der Griechen, für die alles in der «Teilnahme an Gottes Natur und Person» sich beschließt, ist Natur nur diese Form der Teilnahme: Natur nicht eigentlich als Potenz in sich, sondern nur «*potentia oboedientialis*», und auch dies nicht eigentlich einem Aktuiertwerden (wenigstens sachlich) zuvor, sondern vielmehr nur als Werde-Seite der Teilnahme an Gott. So ist es im Anfang durch Irenäus bestimmend formuliert: «darin unterscheidet sich Gott vom Menschen, daß Gott tut, der Mensch aber geschieht»: *adv. haer.* IV 11, 2; «so sehr Gott keiner Sache bedürftig ist, so sehr bedarf der Mensch der Gemeinschaft Gottes»: ebd 14, 1. So ist folgerichtig in allen Gebieten praktischen und theoretischen Lebens (Logik, Ethik, Ästhetik, Kultur, Wissenschaft, Politik) die übernatürliche Teilnahme an Gott die Eine Inhaltlichkeit, die sich in ihnen ausdifferenziert. «Natürlich» ist nur die Form des werdehaften «Geschehens» durch Gott im «Bedürfen zur Gemeinschaft Gottes». Natur ist einzig das (formal) Werdehafte der (allein inhaltlichen) Übernatur.

In der Theologie Augustins, die alles in das «Kreuz» als Form der Erlösung zentriert, erscheint die Natur auch dann in der Form der Gegensätzlichkeit, die hierin einbeschlossen liegt: nicht nur der Gegensatz zwischen dem erbsündigen Wie-Gott der Menschennatur Adams und dem erlösenden Wie-ein-Mensch-sonst der Gottesnatur Christi; sondern dazu in Adam der Gegensatz des geschöpflichen Nichts, das Göttliches All werden will, – und in Christo der Gegensatz des Göttlichen All, das Nichts und Umsonst wird (Phil 2, 7). Menschliche Natur in Adam erscheint im erbsündigen Paradox der Gegensätze, menschliche Natur in Christo im erlösenden Paradox der Gegensätze. So gibt sich aber Natur als solche in dieser allgemeinen Form eines «Paradox der Gegensätze». Und in dieser Form ist die «natürliche» Erscheinungsseite des übernatürlichen Geheimnisses zwischen Erbsünde und Erlösung. Sie ist damit einerseits gewiß kein neutral «Werdehaftes» einer «*potentia oboedientialis*» wie bei den Griechen, sondern in Adam die «natürliche» Erscheinungsseite der sündig aufgeblähten Ohnmacht des gottseinwollenden Menschen der Erbsünde, in Christo aber die «natürliche» Erscheinungsseite der sühnend verohnmachteten Allmacht des menschgewordenen Gottes, und von da aus erscheinen alle Gebiete praktischen und theoretischen Lebens im letzten Widerspruch zwischen einer verabsolutierten «reinen Natürlichkeit» (entsprechend zur Form Adams) und einer im Natürlichen ohnmächtigen Übernatürlichkeit (entsprechend der Form Christi) zwischen ungläubiger Natur und naturloser Übernatur. Anderseits aber setzt sich dann doch in eben diesen konkreten Paradoxen eine allgemeine Form von Gegensätzlichkeit überhaupt durch und wird dann selber, wie die Werdehaftigkeit der Griechen, eine «neutrale» Form, ja geradezu eine «harmonische», wie Augustinus selber gesteht, «im Gegenstehen der Gegensätze... die Schönheit der Welt» (de Civ Dei XI 18), weil in allem Gegensatz zwischen Erbsünde und Erlösung jeweils größer Sich Gott kundtut als die «Schönheit ewig jung und ewig alt» (Conf X 27, 38), «zu Dem» nicht nur «kein Widerklang bis ins Äußerste ist, da je Böseres und je Besseres zusammenklingen» (Solil I 1, 2), sondern Der Selber Seine Unendlichkeit im Zusammenspiel der Gegenstände der Schöpfung offenbart (wie die Gotteslehre Augustins sich aufbaut). So erscheinen folgerichtig dann die Gebiete praktischen und theoretischen Lebens, durch ihren Widerspruch zwischen der Form ungläubiger Natur und naturloser Übernatur hindurch, in der Form dieser «Schönheit der Gegensätze». Es ist gewiß wesentlich «übernatürliche Schönheit» im höchsten Sinn: wie es Gott durch das Geheimnis von Erbsünde und Erlösung hindurch ist, der im Gleichnis des Gegensatzes erscheint. Aber anderseits ist «Gegenstehen der Gegensätze *(contrariorum oppositio)* als «Schönheit der Welt» eben dann doch eine Eigenschaftlichkeit ihrer «Natur». Und so tragen einerseits alle Gebiete praktischen und theoretischen Lebens eine geradezu jenseitig göttliche Form (als Ausdruck des Erscheinens *Gottes* im Gegensatz), anderseits aber haben sie die Form des «Gegenstehens von Gegensatz zu Gegensatz» *(contraria contrariis opposita)* als «Schönheit des Ausdrucks» (de Civ Dei XI 18). Es wird einerseits eine geradezu jenseitig göttliche Welt und Kultur und Wissenschaft und Politik usw., aber anderseits mit der Antithetik oder Polarität als ihrer «natürlichen Form». Antithetik oder Polarität sind einerseits ein äußerst «theologisches» Denken und Tun als Denken und Tun von der Überlegenheit Gottes (in und über allen Gegensätzen) her, – um aber anderseits als tiefste oder feinste oder letzte Form der «natürlichen» Geschöpflichkeit selbst zu erscheinen.

So ergibt sich unmittelbar der Blick in die Weise, in welchem Sinn die Theologie der Scholastik eine solche der (übernatürlich erhöhten und erlösten) Natur ist. Sie trägt einerseits in sich die Auswirkung der Theologie der Griechen und der Theologie Augustins: wie in ihrem Anfang der Augustinismus Anselms von Canterbury steht und in ihrem Ende der Augustinismus des Duns Skotus, in ihrer bestimmenden Mitte aber Thomas von Aquin in seinem Getragensein durch den Areopagiten als den schärfsten Inbegriff der Griechen. Anderseits aber zielt sie, im Unterschied zur Theologie der Griechen und Theologie Augustins, auf die besondere Erfassung der «Natur» in der Einen übernatürlichen Ordnung: wie Petrus Lombardus als ihr methodischer Beginn die Distanz zwischen Schöpfer und Geschöpf betont und Albert der Große und Thomas von Aquin als ihre methodische Höhe den Aristotelismus einer geschlossenen natürlichen Ordnung in den Areopagitismus und Augustinismus der Einen übernatürlichen Ordnung einbauen. Die für alle klassischen Scholastiker gemeinsame formale «Ordnung des Universum» ist damit einerseits (in der grundlegenden Tradition) natürliche Erscheinungsform des wesentlich übernatürlichen Universum der Teilnahme an Gott und der Erlösung: hinein in die typisch mittelalterliche Form der Gebiete des praktischen und theoretischen Lebens: einer ins natürlich Praktische und Theoretische ausdifferenzierten «Civitas Dei» des «Sacrum Imperium» von der Einen Heiligen Kirche her. Anderseits aber will dieselbe formale «Ordnung des Universum» die «reine natürliche Ordnung» sein, im Unterschied sowohl zu (frei hinzukommender) Übernatur wie zu (abweichender) Unnatur: hinein in die kommenden Richtungen «reiner Natur» und «reiner Menschlichkeit» und «reiner Vernunft» für alle Gebiete des praktischen und theoretischen Lebens: einer in alle Gebiete des Menschlichen ausdifferenzierten «reinen Civitas», bis in eine «natürliche Religion» und «natürliche Theologie» hinein (von Humanismus zu Renaissance zu Aufklärung zum Idealismus). Es ist damit weder eine Natur reiner passiver Potentialität (wie in der Theologie der Griechen) noch eine Natur reiner Antithetik oder Polarität (wie in der Theologie Augustins), sondern die Natur aktiver Potenz (wie Thomas von Aquin sie formuliert): aktiver Potenz, die gewiß die «potentia oboedientialis» als ihre letzte Tiefe trägt und von hier aus als Aktivität der Übernatur in die Natur hinein erscheint, aber in den Bereichen der Natur dann eben doch als ganze, ungeminderte Natur besteht und wirkt (als wahre seinshafte Ursache und so auch bewußtseinshaft als ursächliches Denken: ontisch und noëtisch kausal). Die Ganzheit der Übernatürlichkeit der Teilnahme an Gott und der Erlösung lebt und wirkt in allen Gebieten des praktischen und theoretischen Lebens als Ganzheit aktiver Natürlichkeit.

Allen drei Sach-Theologien also, insofern sie für sich genommen werden, ist es – *zweitens* – eigen, daß sie von sich aus auf der einen Seite, in einem radikalen «Supranaturalismus» die Natur nur als Erscheinungsseite der Übernatur nehmen, anderseits aber dann doch bis ins Äußerste durchgedacht, in eine «reine Natur» ausmünden, ja bis dazu, daß dieser resultierende «Naturalismus» wie als Ausdruck der geschichtlichen Situation der jeweiligen Zeit erscheinen könnte.

Theologie der Griechen, für sich allein und ausschließlich, sieht die Natur als Werde-Seite der Übernatur: also hinein in einen Theopanismus der «Göttlichung». Aber eben so wird die Form der rein passiven «Teilnahme» zu einer inneren Form der Natur, und die «Göttlichung» naturalisiert sich zu einem inneren Wesen der Natur: die geschöpfliche Existenz erscheint in ihrem Wesen als passive Werde-Teilnahme an einer Göttlichen Idealität. Unter dem Gold einer theopanistischen «Göttlichung» erscheint also die natürliche Form eines absoluten (und also folgerichtig pantheistischen) Essentialismus: das Sein der Kreatur als Werde-Teilnahme an der Göttlichen Form; das Werden und Wirken der Kreatur als Werde-Teilnahme am Göttlichen Wert. Es ist damit die «Natur» des geschichtlichen Ostens, und also auch die besondere Theologie des Ostens in der Gestalt der griechischen Orthodoxie. Teilnahme-Theologie und Essentialismus als sein bestimmendes Philosophoumenon, wo immer sie auftreten, sind damit vergöttlichter Osten.

Theologie Augustins, für sich allein und ausschließlich, sichtet die Natur als Schauspiel der Gegensätzlichkeiten der konkreten Übernatur (zwischen Erbsünde und Erlösung) und also zuletzt als Schauspiel des Geheimnisses Gottes in diesen Gegensätzlichkeiten: also hinein in einen Theopanismus des «Geheimnisses Gottes im Gegensatz». Aber eben so wird die Form des «Gegensatz» zu einer inneren Form der Natur, und das «Geheimnis Gottes im Gegensatz» naturalisiert sich zu einem inneren Wesen der Natur: die geschöpfliche Existenz erscheint in ihrem Wesen als Schauspiel Göttlicher Bewegung zwischen den Gegensätzen. Unter dem Gold eines theopanistischen «Geheimnis Gottes im Gegensatz» erscheint also die natürliche Form eines absoluten (und also folgerichtig pantheistischen) Existentialismus: das Sein der Kreatur als Schauspiel Göttlicher Bewegung; das Werden und Wirken der Kreatur als Schauspiel Göttlichen Lebens. Es ist damit die «Natur» des geschichtlichen «Abendland», und also auch die besondere abendländische Theologie: wie von Luther zu Pascal zu Nietzsche zu Bergson ein und dieselbe Theologie des paradox «lebendigen» Gottes in eine und dieselbe Philosophie des paradoxen Göttlichen Werdens sich säkularisiert. Gegensatz-Theologie und Existentialismus als ihr bestimmendes Philosophoumenon, wo immer sie auftreten, sind damit vergöttlichtes «Abendland».

Theologie der Scholastik, für sich allein und ausschließlich, begreift die Natur als System der Göttlichen Ordnung im Universum der Übernatur (in der Einheit der Linien-Heilsgeschichte): also hinein in einen Theopanismus der «Göttlichen Ordnung»: eines göttlich intelligiblen Ordnungs-Prinzips (in der Richtung thomistischer Scholastik) oder einer göttlich voluntaristischen Ordnungs-Setzung (in der Richtung skotistischer Scholastik). Aber eben so wird die Form der «Ordnung» zu einer inneren Form der Natur, und die «Göttliche Ordnung» naturalisiert sich zu einem inneren Wesen der Natur: die geschöpfliche Existenz erscheint in ihrem Wesen als System «Göttlicher Ordnung»: als endliche Existenz einer göttlich idealen Ordnung der Essentialität (in einem verabsolutierten Thomismus) oder als endliche Essenz einer göttlich energetischen Ordnung der Existentialität (in einem verabsolutierten Skotismus). Unter dem Gold einer theopanistischen «Göttlichen Ordnung» erscheint also die natürliche Form einer absoluten (und also folgerichtig pantheistischen) inneren Einheit von Existenz und Essenz: als existentialer Essentialismus in einem absoluten Thomismus der «zufallenden» Existenz «ewiger» Essenzen (also einer «essentialen Unendlichkeit» in jeweils «endlicher Existenz», und darum einschlußweise als Sichausordnen einer Göttlichen *Essenz*-Existenz) – oder als essentialer Existentialismus in einem absoluten Skotismus der «Beschränkung» des «reinen Seins» ewiger Existenz in «begrenzten» Essenzen (also einer «existentialen Unendlichkeit» unter jeweils «endlicher Essenz», und darum einschlußweise als Sich-ausordnen einer Göttlichen *Existenz*-Essenz). Das Sein der Kreatur ist dann aussystematisierte Göttliche Ordnung: aussystematisierte Göttliche Idealität (in einem absoluten Thomismus) oder aussystematisierter Göttlicher Rhythmus (in einem absoluten Skotismus). Und Werden und Wirken der Kreatur sind entsprechend ein Sich-ordnen in dieser Göttlichen Ordnung: ideatives Sich-ordnen (in einem absoluten Thomismus der Gleichung zum Göttlichen Vor-Bild) oder rhythmisches Sich-ordnen (in einem absoluten Skotismus des Mitvollzugs der Göttlichen Vor-Bewegung)[1]. So ist es die «Natur» der geschichtlichen «Mitte» zwischen «Abendland» und «Osten»: wie das *Sacrum Imperium* über die ganze Welt (von Mittel-Europa her) die geschichtliche Stunde der Scholastik ist und dementsprechend das Sich-binden zwischen abendländischer und östlicher Philosophie ihre methodische Form, und also eine innere Einheit zwischen (abendländischem) Existentialismus und (östlichem) Essentialismus ihr formales Grundproblem (in der grundlegend scholastischen Frage zwischen «Existenz» und «Essenz»)[2]. Es ist damit die besondere Theologie der «Mitte»: wie von Nikolaus von Kues (der die ausmündende Problematik der Scholastik in einen reflexen Ausgleich überträgt) hin zu Hegel ein und dieselbe Theologie der «Göttlichen Mitte» in der «Ordnung der Gegensätze» in eine und dieselbe Philosophie der systematischen Dialektik einer Gott-Mitte sich säkularisiert. Ordnungs-Theologie und Existentialismus-Essentialismus als ihr bestimmendes Philosophoumenon, wo immer sie auftreten, sind damit vergöttlichte «Mitte».

In den drei Sach-Theologien entwickelt sich also, insofern sie *für sich allein und ausschließlich stehen*, ein Supranaturalismus absoluter Übernatur als geheimer Naturalismus absoluter Natur, – und darum tritt ihnen immer stärker und allmächtiger ein grundsätzlicher reiner Naturalismus gegenüber, für den alle

[1] Indem so die Formeln der jüngsten katholischen Generation (vgl oben S. 248 ff.) als Formeln von Thomismus-Skotismus erscheinen, wird offenbar, wie alle dazwischenliegenden Front-Bildungen, in all ihren Variationen, innerhalb dieser ursprünglichen bleiben. Die Front-Bildung der jüngsten katholischen Generation (zwischen Pneumatizismus und Personalismus) knüpft in ihrer personalistischen Front an Newman an und greift in ihrer pneumatizistischen Front auf den areopagitischen Untergrund der scholastischen «Göttlichen Ordnung» zurück: wie der vorkriegliche Fronten-Gegensatz zwischen Newman und Neu-Scholastik als Variation aus dem zwischen Molinismus und Bañezianismus («Thomismus» genannt) entstanden war: wie dann auch die Spannweite zwischen Molinismus und Bañezianismus wieder aus verschiedenen akzentuierten Synthesen zwischen Skotismus und Thomismus entstammt (vgl Religionsphilosophie, 1926, (= Religionsphilosophische Schriften 1962); *Crucis mysterium*, Paderborn 1939, 52ff., 178ff.; Spiritualismus oder Christentum, StimmZeit Juni 1939).

[2] Zum ganzen hier implizierten Problem zwischen Essentialismus und Existentialismus vgl oben «Essenz- und Existenz-Philosophie».

Übernatur nur als Maske der Natur gilt. Dort übernatürliche Philosophie, Moral, Kultur, Politik, die als bestimmte Typen natürlicher Philosophie, Moral, Kultur, Politik sich objektiv demaskieren, – hier (als Antwort) ein grundsätzlicher reiner Rationalismus, der alle Offenbarung und Gnade als Mythos der «reinen Natur und Vernunft» enthüllt, ein grundsätzlicher Anthropologismus, der alles Göttliche als Gleichnis der «reinen Humanität» ausdeutet, ein grundsätzlicher Psychologismus und Biologismus, der alles objektiv Geltende als Objektivation des «reinen Lebens» verflüssigt, ein grundsätzlicher Pathologismus, der alles Ideale als Illusion des «reinen Triebs» demaskiert. Es ist dort wie hier die grundsätzliche Form der Identität: dort in der idealen Täuschung von oben nach unten, hier in der ent-idealisierenden Enttäuschung von unten nach oben.

Das aber gerade – *drittens* – ist die Sachlage, zu der Aug in Aug der letzte und entscheidende Sinn der Analogie-Formel des Vierten Laterankonzils steht: in der Schärfe der Analogie der «je immer größeren Unähnlichkeit» – gegen die «reine Ähnlichkeit» der Identität. Gegen den Supranaturalismus der Identität tritt in der Formel zunächst noch, gemeinsam mit der Theologie der Scholastik, die Betonung der Ordnung des «Zwischen Schöpfer und Geschöpf». Aber dann wird diese Ordnung gerade als solche bestimmt, in der durch alle «noch so große Ähnlichkeit» hindurch «je immer größer» ist die «Unähnlichkeit». Diese «je immer größere Unähnlichkeit» aber ist erstens eine solche, die nicht der Unendlichkeits-Horizont einer «Ähnlichkeit ins Unendliche» ist (wie es in allen drei Sach-Theologien, von ihnen aus, der Fall ist: als «negative Theologie» einer Teilnahme oder Gegensatz-Bewegung oder Ordnung «ins Unendliche», kraft des «je immer größeren Göttlichen»), – sondern die «je immer größere Unähnlichkeit» ist im Stil des Textes dem grundsätzlichen Unterschied des ganz verschiedenen Modus Gottes und des Geschöpfes zugeordnet: «jegliches in seinem Modus» *(utraque in suo modo)*. Zweitens aber ist es eben darum eine «je immer größere Unähnlichkeit», in der der geschöpfliche «*modus*» nicht als minderer Grad oder überhaupt als Negatives dem Göttlichen «*modus*» gegenübersteht (wie es ebenso in allen drei Sach-Theologien, von ihnen aus, geschieht, kraft der «Ähnlichkeit ins Unendliche»: als «negative Philosophie» einer «je defizienten» Göttlichen Idealität oder Göttlichem Rhythmus oder Göttlichen Ordnung, kraft des «je immer geringeren Geschöpflichen»), – sondern die «je immer größere Unähnlichkeit» scheidet im Stil des Textes zwischen Positivitäten, zwischen einem positiven Eins *(unum)* «der Einheit der Identität der Natur» (in Gott) und einem positiven Eins *(unum)* der «Einigung der Liebe in der Gnade» (im Geschöpf), zwischen einem positiven Vollkommen *(perfectio)* und der «Vollkommenheit der Gnade» (im Geschöpf). Gegen die Identität, in der Gott theopanisiert wird und das Geschöpf pantheisiert, tritt die Analogie, in der die Einheit des Geschaffenseins des Geschöpfes von Gott her als dem Schöpfer *(creatorem... creaturam)* sich im positiven «Unterschied des je andern modus» *(utraque... suo modo)* darstellt und darum sowohl als ein echtes «Zwischen» (*«inter» creatorem* usw.) wie als ein echtes «Und» *(creatorem «et» creaturam)*. Und hierin tritt gegen ein theopanistisch oder pantheistisch zwingendes Weil und Nicht-kann und Muß der Identität (zwingender alleiniger Übernatur oder zwingender alleiniger Natur) das sachliche Weil *(quia)* und Nicht-kann *(non potest... notari)* und Muß *(sit notanda)* der unaufhebbaren und so freiheit-lassenden Distanz (zu Freiheit einer unerzwingbaren und unableitbaren Übernatur wie zu Freiheit einer, in aller noch so hohen Übernatürlichkeit, «vorausgesetzten» und «nicht zerstörten», ja «vollendeten» Natur).

Damit begründete sich entscheidend in der Analogie-Formel des Konzils die gesamte Entwicklung der kirchlichen Lehre über das Verhältnis zwischen Natur und Übernatur: von den Entscheidungen gegen die Reformation bis zu den Entscheidungen gegen den Modernismus: folgerichtig dazu, daß ein und dieselbe grundsätzliche Identität in der Reformation supranatural theopanistisch erscheint (in der Alleinwirksamkeit des unsichtbaren Gott Erlöser), um im Modernismus als natural pantheistisch sich zu enthüllen (in der Alleinwirklichkeit des sichtbaren Lebens als Erlöser, in seiner Entwicklung).

Gegen die Reformation tritt unter dieser Rücksicht die Betonung des objektiv amtlichen «Dienst» der «Repräsentation» (im *opus operatum*) und der subjektiv echt menschlichen «Werke»: gegen den Supranaturalismus des allein-wirkenden Gottes in einer unsichtbaren Innerlichkeit, der darum nicht Dienst kennt, sondern nur «persönliches Leben», und nicht gewöhnlich menschliche Werke, sondern nur «passive Erfahrung». Es wird die Bestimmung eines positiven Mit der Natur in der Übernatur: Dienst als passives Verhältnis, in dem das Positive Gottes in einer positiven Wirkweise des Geschöpfes erscheint; Werk als aktives Verhältnis, in dem das Positive des Geschöpfes als Auswirkung des positiv gebenden Gottes erscheint.

Im Kampf gegen Jansenismus und Traditionalismus geschieht dann folgerichtig der zweite Schritt: die Betonung grundsätzlich sachlicher positiver «Selbständigkeit» der Natur (in Sein und Erkennen), und darum auf der einen Seite ihre positiv sachliche «Unterschiedenheit» gegen alles Übernatürliche (in Sein und Erkennen) wie auf der andern Seite (eben darum) ihr positiv sachliches «Vorausgesetztsein» für alles Übernatürliche (in Sein und Erkennen) und ihr positiv sachliches «Hinführen» zu ihm (in Sein und Erkennen): gegen den Supranaturalismus einer alleinigen Übernatur, für den Natur (in Sein und Erkennen) nur sündigen Abfall oder passives Geschehenlassen bedeutet. Es wird also die Bestimmung der positiven und aktiven Unterschiedlichkeit der Natur in der Übernatur: in einem natürlichen Sein, einer natürlichen Güte, natürlichen religiösen Erkenntnis, die die sachliche Voraussetzung des Übernatürlichen sind und eben darum auch «aktuierte» Voraussetzung in der kirchlichen Lehre von den «*praeambula fidei*».

Der letzte, abschließende Schritt liegt dann im Vatikanischen Konzil und den Entscheidungen gegen den Modernismus: in der langsamen Ausformulierung jener real existenten Einheit im (positiv sachlichen) «Unterschied», die in der Analogie-Formel des Vierten Laterankonzils sich grundlegte. Die Eine real-existente «Ordnung» *(ordinavit)* ist gewiß die «zum übernatürlichen Sinn-Ziel» der «Teilnahme an den Göttlichen Gütern» (Denz 1786), aber innerhalb ihrer besteht positiv sachlich die unterschiedene «natürlich menschliche» *(naturali humanae rationis lumine)* theoretisch-praktische (Coll Lac VII 127, 133, 236) Erkenntnis des wahren Gottes (Denz 1785) in ihrer echt positiv natürlich geschöpflichen Form von «kausalem Denken» (*causam per effectum:* Denz 2145) und formalem «Beweisgang» (*demonstrari:* Denz 2145), und eben darum zu einem positiven Mitwirken mit der Offenbarung, diese auslegend «im Zusammenhang der Geheimnisse», wie aber auch vom natürlich gegebenen «letzten Ziel des Menschen» her, beides, rein theologische Synthese und theologisch-philosophische Systematik, knüpfend zur Einheits-Form der «Analogie» (Denz 1796). Die Eine real-existente «übernatürliche Ordnung» hat ihre Konkretheit gewiß in der Kirche der «berufenen Apostolizität» als «Göttlichen Amts», das als solches auf alle Gebiete des Lebens sich erstreckt (Denz 1798), weil es Gottes Autorität von oben ist, nicht aber mystische Kollektivität von unten (Denz 2053 usw.), – aber innerhalb dieser uneingeschränkten Souveränität des «Gott in Christo in der Kirche» besteht die echt positive unterschiedene Eigenständigkeit der «Kultursachgebiete» *(humanarum artium et disciplinarum cultura)* in der «gerechten Freiheit» des «unterschiedenen Bereich in eigenen Prinzipien und eigener Methode» (Denz 1799) und die echt positive Souveränität von Staat und Volk und Politik «nach eigenem Recht» in eigenem unterschiedenem «Kreis» und als echt «Höchstes in seiner Art» (Denz 1866).

In dieser «Kirchlichen Theologie der Analogie» (als der zu einer Methode «kirchlicher Diskretion» jeweils aktuierten Analogie-Formel der Kirche) empfangen – *viertens* – die drei Sach-Theologien ihre eigene «Diskretion». Es gibt für den «Menschen» als solchen, wie Gott ihn faktisch «anordnete», nur die Eine real existente Ordnung eines «übernatürlichen Sinn-Ziels» (Denz 1786) in der autoritär sichtbaren Kirche als umfassender Ordnungs-Form (Denz 1798), und darum gibt es real existent keine rein natürliche Religion, keine rein natürliche Moral, keine rein natürliche Kultur, keine rein natürliche Wissenschaft, keine rein natürliche Politik, sondern alles ohne Ausnahme (weil alles zu diesem einen «so» von Gott faktisch «angeordneten» Menschen gehört) trägt ausdrücklich oder einschließlich, bewußt oder unbewußt, im Höchstmaß oder im Mindestmaß, das eine übernatürliche «Gott in Christo in der Kirche» als letzte Form. Real existent gibt es ausnahmslos nur das Entweder-Oder des Ja oder Nein zu dieser Einen Ordnung. Das ist – im Licht der «kirchlichen Diskretion» – das Positive der drei Sach-Theologien: Eine Teilnahme an Gottes Natur und Person, ein Geheimnis zwischen Erbsünde und Erlösung, Eine Göttliche Ordnung. Aber eben weil es in jedem möglichen «Zwischen von Schöpfer und Geschöpf» zuletzt und entscheidend auf den «Unterschied des *modus* eines jeden von beiden» in der «je immer größeren Unähnlichkeit» ankommt, so hängt die eben betonte allumfassende Einheit und Einzigkeit gerade an der positiven Unterschiedenheit. Auf der einen Seite erscheint das übernatürliche «Gott in Christo in der

Kirche» wesentlich und entscheidend als Souveränität des Göttlichen Willens im souveränen Willen der Kirche (in der abschließenden Verurteilung des Modernismus): auf der andern Seite gibt sich die übernatürlich erhöhte und erlöste Natur in ihrer wahren unterschiedenen rein natürlichen «Eigengesetzlichkeit» *(propriis principiis et propria methodo).* Und da die Eine real existente übernatürliche Ordnung eben in den Inhalten dieser Natur erscheint, die Offenbarung Gottes «in Gleichnissen der Sinnesgegebenheiten spricht» (Thomas von Aquin, in Boeth de Trin q 6 a 3 corp) und die Gnade im sinnfälligen Zeichen des «Ganz-Sakrament Kirche» *(totius ecclesiae ... sacramentum)* in ihren Sakramenten erteilt wird, weil die Ganzheit Gott *(totus Deus)* im Geheimnis der Menschwerdung als Ganzheit Mensch-wie-sonst *(totus homo)* lebt und fortlebt, so sind es auch folgerichtig menschlich natürliche Formen der Religion, menschlich natürliche Inhalte der Moral, menschlich natürliche Kultur, menschlich natürliche Wissenschaft, menschlich natürliche Politik, in denen das Eine übernatürlich Göttliche seine echte «Form des Menschen wie sonst» hat. Das ist die Art, wie die «kirchliche Diskretion» die drei Sach-Theologien von ihren Absolutismen befreit und eben so doch aus ihnen die langsam werdende positive Sicht des Natürlichen zur Vollendung bringt: von der griechisch passiv potentialen Natur zur augustinisch gegensatzförmigen Natur zur scholastisch aktiven Natur. «Kirche» wird so gerade zu der eigentlichen «Gnade»: die gemäß dem Satz Thomas' von Aquin, für die «Natur» einerseits die wahrhaft «letzte Form» ist (als entscheidende Form der Einen übernatürlichen Ordnung), anderseits aber innerhalb dessen die «Natur» echt «vollendet»: in der Doppeldeutigkeit des Wortes «*perficit*».

So wird endgültig deutlich, wie diese «kirchliche Theologie der Analogie» einerseits auch noch eine Theologie der Scholastik klärt, anderseits aber wie gerade sie in einem Thomas von Aquin ihren gemäßesten Theologen hat. In ihr hat sich auch noch eine Theologie der Scholastik zu klären, soweit diese das Offenstehen der «je immer größeren Unähnlichkeit» zuletzt in einen irgendwie identischen Begriff zu schließen sucht: in einem letzthin absoluten Exemplarismus (der Göttlichen Idee) oder Intellektualismus (des Göttlichen Intellekts) oder Voluntarismus (des Göttlichen Willens) oder Ontologismus (des Göttlichen Seins). Aber eine «kirchliche Theologie der Analogie» geht in besonderem Ausmaß mit einer Theologie der Scholastik, insofern diese im Höchstmaß nicht intuitive Gnosis ist, sondern, getreu ihrem Namen, Zucht der Ordnung der Schule: weil in diesem Geist die Ordnung des positiven Unterschieds zwischen Gott und Geschöpf sich wahrt, Gottes umfassende Oberhoheit und des Geschöpfes aktives «Sich-üben». Und in diesem Sinn ist Thomas von Aquin (nicht ein systematischer «Thomismus») der besonders «kirchtiche Theologe»: weil in der eigentlichen Grundform seines Denkens sich das ausformuliert, was in der Entfaltung der «kirchlichen Theologie der Analogie» vom Vierten Laterankonzil zu den Erlassen gegen den Modernismus sich durchführt: daß die überragende Größe Gottes gerade darin sich zeigt, daß Er das Geschöpf gegen Sich verselbständigt, zu Eigen-Sein und Eigen-Wirken und Eigen-Vorsehung (Ver q 9 a 2 corp; q 11 a 1 corp usw.).

Hierin aber ist – *fünftens* – die Eingangsfrage dieser letzten Untersuchung beantwortet: Ist in der Analogie-Formel des Vierten Laterankonzils die Formel der Analogie nur Ausdruck der Struktur des übernatürlich «Kirchlichen» (in alle natürlichen Gebiete hinein), – oder ist vielmehr das übernatürlich «Kirchliche» auf die Analogie als natürlich geschöpfliche metaphysische Struktur zurückzuführen (in alle Gehalte dieses übernatürlich «Kirchlichen» hinein)? Es ist, schärfer gefaßt, die Frage: Ist Analogie theologische Form («in der...») oder philosophisches Prinzip («aus dem...»)? Die eben umzeichnete Formel Thomas von Aquins verneint das Entweder-Oder und bejaht ein Zugleich. Denn sie ist einerseits eine Formel, in der die faktisch durchgehende Struktur der einen übernatürlichen Ordnung des «Gott in Christo in der Kirche» ausformuliert ist: also als theologische «Form in der...». Aber anderseits verankert sie eben diese Struktur in einem wahren «inneren Wesen» des Verhältnisses zwischen Gott und Geschöpf überhaupt: also in der Art eines philosophischen «Prinzips, aus dem...». Es ist in dieser Weise das

Formale, das dem in diesem Teil entwickelten Inhaltlichen entspricht: wie mit der alles umfassenden einen übernatürlichen Ordnung des «Gott in Christo in der Kirche» zugleich geht der positive Unterschied einer eigengesetzlichen Natur, so geht zugleich eine Analogie als theologische Form mit einer Analogie als philosophischem Prinzip. «Eigen-Sein und Eigen-Wirken und Eigen-Vorsehung» des Geschöpfes weisen in echter Notwendigkeit über sich in die «überragende Größe Gottes»: also in einer Analogie nach oben als philosophischem Prinzip. «Überragende Größe Gottes» aber, in Seiner übernatürlichen Selbstmitteilung, zeigt ihr formales Wesen im «Verselbständigen» des Geschöpfes zu «Eigen-Sein und Eigen-Wirken und Eigen-Vorsehung»: also in einer «Analogie nach unten» als theologischer Form. Im Wesen der «Analogie nach oben» (als philosophischem Prinzip) liegt es dann, daß sie auf Gott weist, insofern Er die «überragende Größe» ist, und also folgerichtig gerade Seine Souveränität betont, die nicht als ein handhabbares Prinzip ableitbar ist und aus der nichts sachnotwendig ableitbar ist. Und im Wesen der «Analogie nach unten» (als theologischer Form) liegt es ebenso, daß sie auf das Geschöpfliche weist, insofern es «Eigen-Sein und Eigen-Wirken und Eigen-Vorsehung» hat, und also folgerichtig gerade Seine positive Eigengesetzlichkeit betont, die nicht aus Offenbarung und Theologie ableitbar ist[1]. – So wird das «Zwi-

[1] Damit beantworten sich von selbst die Versuche Barths und Söhngens, der «*analogia entis*» eine «*analogia fidei*» gegenüberzustellen bzw. die erste durch die zweite zu ergänzen. «*Analogia fidei*» von Röm 12, 6 her sagt, im Zusammenhang der ganzen Stelle und dieser mit 1 Kor 12, die oberste Regelung des persönlichen *Charisma* der «Prophetie» durch die «Analogie des Glaubens», wie sie in der Einheit des Einen Leibes durch das «Maß des Glaubens» sich auswirkt, das «Gott zuteilt» (12, 3): «ob nun Prophetie: (dann) gemäß der Analogie des Glaubens». Diese «Analogie» ist also ein objektiv Autoritäres von Gott her, das über dem subjektiv Religiösen der «Prophetie» steht: also deutlich hinein in die Richtung der «kirchlichen Theologie der Analogie», wie sie oben entwickelt ward. Es ist also nicht «aktuale *analogia fidei*» im Ereignis der aktualen «Verkündigung»: wie Barth die «*analogia fidei*» faßt: weil eben solche «Aktualität» die Aktualität der «Prophetie» ist, die nach einer objektiv bleibenden «Analogie des Glaubens» gemessen werden soll. Es genügt aber auch nicht eine «objektive *analogia fidei*» als in sich ruhender Zusammenhang der einzelnen Glaubenswahrheiten, wie Söhngen deuten möchte: weil im lebendigen «Leib» das Letzte die lebendige «Autorität» des Hauptes ist, das «Geheimnis des (autoritär setzenden) Willens», das gemäß dem Epheserbrief die letzte Form der Kirche ist. So bleibt also nur eine «autoritäre *analogia fidei*», d. h.

schen» im «Zwischen Schöpfer und Geschöpf» (in der Analogie-Formel des Konzils) zum eigentlichen Träger des Weil und Nicht-kann und Muß. Die Analogie liegt einerseits im Wesen des Verhältnisses «zwischen Schöpfer und Geschöpf», und ist hierin wahrhaft philosophisches Prinzip. Aber eben so ist sie, anderseits, die formale Struktur des souveränen Schaffens des Schöpfers, ob Er ein Geschöpf will und wie Er es will, und ist hierin theologische Form. Sie ist darum einerseits das Letzte und Entscheidende, das alles sowohl in der einen faktischen übernatürlichen wie in jeder möglichen, noch so groß übernatürlichen, Ordnung durchformt (da sie gemäß dem Konzil die Form eines Weil und Nicht-kann und Muß trägt). Aber es ist anderseits nicht möglich, aus ihr irgend etwas abzuleiten, was aus der Souveränität des unableitbaren Gottes erfolgt (da sie gemäß dem Konzil «in» der souverän von Gottes freiem Willen jetzig und überhaupt jeweilig verfügten Ordnung erscheint).

Das hat – *sechstens* – seine letzte Schärfe in dem, was in den drei Sach-Theologien als Letztes erschien: daß sie alle auf irgendeine Fassung des Verhältnisses zwischen Essenz und Existenz sich rückführten. In der Theologie der Griechen erschien ein letzter reiner Essentialismus, in der Theologie Augustins ein ebenso letzter Existentialismus, in der Theologie der Scholastik eine Dialektik zwischen existentialem Essentialismus (im Thomismus) und essentialen Existentialismus (im Skotismus). Methodisch könnte die «Analogie» als etwas Ähnliches erscheinen: da in ihr einerseits sich betont die eine reale Existentialität der Ordnung des «Gott in Christo in der Kirche», anderseits aber der essentiale Unterschied unableitbarer Übernatur und unauslöschbarer Natur. Die entsprechende Formel wäre also dann: existentiale Einheit in essentialem Unterschied.

die Form der «ekklesiologisch christologisch theologischen Autorität», wie sie oben entwickelt war. – Vom Vierten Laterankonzil aber aus gesehen, ist die «*analogia entis*» einzig und ausschließlich gesehen als «letzte Form» der Einheit von Übernatur und Natur selber. – So gibt es also keine Zweiheit von «*analogia entis*» und «*analogia fidei*», sondern die eine und selbe «*analogia entis*» in ihrer Doppelform von «nach unten» und «nach oben» ist, in der Antwort des Vierten Laterankonzils, die «metaphysische Struktur» der einen und selben «autoritären *analogia fidei*».

Aber eben dies bezeichnet das klare Gegenüber zu den obigen Formeln der drei Sach-Theologien. Denn unter dieser methodischen Formel birgt sich die sachliche, daß eigene Essenz-Existenz-Form Gottes (hinein in Seine übernatürliche Selbstmitteilung) Sich abscheidet gegen echt eigene Essenz-Existenz-Form des Geschöpfes (in einer «noch so großen» übernatürlichen Selbstmitteilung Gottes[1]). In der Frage zwischen Essenz und Existenz erscheint also vielmehr die «Analogie» selber als letzte Form, ohne daß sie selber auf irgendeine «notwendige» Spielform zwischen Essenz und Existenz rückführbar wäre. Das ist die unerbittlich letzte Folgerichtigkeit der Analogie-Formel des Konzils: weil das Verhältnis «zwischen Schöpfer und Geschöpf» überhaupt allein und einzig und notwendig die Analogie der «je immer größeren Unähnlichkeit» in aller «noch so großen Ähnlichkeit» ist, so ist sie auch und gerade für Essenz und Existenz das letzte und bestimmende Weil und Nichtkann und Muß. Es gibt keine autonome Essenz-Theologie (der Ewigen Tradition) und keine autonome Existenz-Theologie (der aktualen Verkündigung) und keine «Spielform» zwischen ihnen. Es gibt keine autonome Essenz-Philosophie (der ewigen Wesenheiten und Wahrheiten) und keine

[1] Das prägt sich grundsätzlich für die Eine übernatürliche Ordnung der Erlösung aus in der Kontroverse zwischen Thomismus und Skotismus: ob es in Christus nur die eine «göttliche Existenz» gäbe oder auch eine wahre «menschliche Existenz». Die erste Sentenz wird dann folgerichtig zu einer Betonung der Form «göttlicher Existenz» überhaupt: für eine mit Vorzug «himmlische Kirche» und ein mit Vorzug «himmlisches Leben» des Christen – also in der Richtung der Theologie der Griechen. Die zweite Sentenz dagegen betont die «menschliche Existenz» in der gleichen formalen Folgerichtigkeit als entscheidenden Ausdruck des wahren Abstiegs Gottes, «ganz Mensch» zu sein und also in einer menschlichen «Existenz», – also in der Richtung der Theologie Augustins. Würde man also die methodische Formel von der «existentialen Einheit» als direkten Ausdruck einer identischen Existenz nehmen, so wäre es Identifizierung mit der Sentenz des Thomismus und also einseitig mit der Theologie der Griechen. So heißt denn «existentiale Einheit» die Einheit selber «essential» unterschiedener «göttlicher Existenz» und «menschlicher Existenz» in der Einen Existenz Christi (und in ihm, teilnehmend, der Kirche und in ihr, gliedhaft, des einzelnen Christen). Und die Form dieser Einheit ist selber, im geheimnisvollsten Sinn des Wortes, Analogie. Denn das ist das innerste Geheimnis Christi, daß in ihm Gottheit und Menschheit zwar Eine Person sind, aber im unaufgehobenen, ja notwendig unaufhebbaren Unterschied zwischen beiden: also in hypostatischer Union, die unaufgehoben und unaufhebbar die unaufhebbare (*non potest:* gemäß dem Konzil) Analogie der «je immer größeren Unähnlichkeit» ist. – Vgl hierzu Gott (1926) Kap. 4 (= Religionsphilosophische Schriften, 1962).

autonome Existenz-Philosophie (der aktualen Bewegung) und keine «Spielform» zwischen ihnen. Es gibt darum auch keine Einheit von Theologie und Philosophie in einem autonomen Prinzip der Essenz oder Existenz oder irgendeiner «Spielform» zwischen ihnen. All das ist nur das ewig alte und ewig neue Spiel zwischen Theopanismus und Pantheismus, wie es sich uns zeigte: der Aufstand des geschaffenen Geistes, der ungeschaffenes Pneuma sein will, passiv als Ausfluß Gottes oder aktiv in der Form Gottes. Es gibt nur Theologie (aller irgendwie möglichen relativen Richtungen) in der Analogie als «Form, in der...». Es gibt nur Philosophie (aller irgendwie möglichen relativen Richtungen) in der Analogie als «Prinzip, aus dem...». Es gibt nur Einheit von Theologie und Philosophie in diesem unableitbaren, und darum selber «analogen», Zueinander von (theologischer) «Analogie von oben» und (philosophischer) «Analogie von unten». Das liegt im ausnahmslosen Weil und Nichtkann und Muß der Formel des Vierten Laterankonzils.

Philosophie als Problem

1941

1. Das Grundproblem von Philosophie liegt in ihrem Namen: Liebe *(philein)* zur Weisheit *(sophia)*. Sokrates-Platon (Phaidon 278 D) deuten diese Liebe als (distanziertes) «Suchen zur...» (Weisheit) im Unterschied zum unmittelbaren «Besitz der...» (Weisheit). Philosophie trägt dann mit Vorzug den Charakter einer allgemeinen Aporetik und ist mithin Lehre von den letzten Fragen. Dieser Fassung gegenüber steht die überkommen östliche, in der die «Liebe zur...» (Weisheit) vielmehr das «Eins mit...» (der Weisheit) besagt (wie *philein* das Nah und Eins der umfangen umfangenden Liebe ausdrückt). In dieser Form einer Teilnahme an der Weisheit an sich wird dann Philosophie zu einem System der allgemeinen Prinzipien und so zu einer Lehre von den letzten Gründen. Beide Formen aber, Aporetik und Prinzipien-Systematik, erscheinen sowohl als theoretische wie praktische Philosophie. Als theoretische Philosophie geben sie sich in der über-persönlichen Sach-Form eines reflex ausgeführten «Wissens von...», das in Methode und Begriffen weitergebbar ist: Aporetik und Prinzipien-Systematik im eigentlichen Es-Sinn dieser Worte. Als praktische Philosophie aber leben sie in der inner-persönlichen Lebens-Form einer nur direkt vollzogenen «Haltung in...», die in Beispiel und Nachfolge weiterzeugt: Aporetik als Sach-Ausdruck für die personale Haltung des «entsagend Weisen» (der alles «durchschaut» in seine letzte Fragwürdigkeit), – Prinzipien-Systematik als Sach-Ausdruck für die personale Haltung des «schauend Weisen» (der alles «überschaut» von den letzten Gründen her). So sind es die Gegensätze, wie sie durch die gesamte Geschichte der Philosophie hindurchschneiden: Kritik gegen Intuition, reines Wissen gegen Lebens-Wissen. –

2. Diese Gestalt der Philosophie bestimmt sich genauer von ihrer Stellung zu Wissenschaft und Theologie her. – Wis-

senschaft hat es, ihrem Stoff nach, mit den einzelnen Real-Gebieten zu tun, um, ihrer Methode nach, deren innere Gesetzlichkeit, inneren Zusammenhang, innere Ordnung, inneren Sinn zu erforschen, d. h. ihren «Logos». So geht Bio-Logie auf den Logos des Bios, d. h. des vegetativen Lebens, – Psycho-Logie auf den Logos der Psyche, d. h. des sinnes-seelischen und geist-seelischen Lebens usw. Wissenschaft begibt sich mithin zwischen zwei Grenzen: einer unteren, in der sie als reine Material-Sammlung sich vollzieht (und so in nächster Nähe zu den «positiven Tatsachen» und darum als «positive» Wissenschaft, – bis ins Extrem eines reinen «Positivismus»), – und einer oberen, in der sie auf die reine Form ihres Gebietes zielt (und so in nächster Nähe zur «reinen Idee» oder «reinen Struktur» und darum als «konstruktive» Wissenschaft, – bis ins Extrem eines reinen «Konstruktivismus»). Aber gemeinsam bleibt hierbei der denkende Aufstieg von unten nach oben: sei es vom ungeordneten Material zum geordneten (in «positiver» Wissenschaft), sei es vom Material zur Form (in «konstruktiver» Wissenschaft).

Theologie, ihrem strengen Begriff nach, ist dem gegenüber umgekehrt Bewegung von oben nach unten: nicht nur ihrem Stoff nach, «Rede» vom «Sinn und Zusammenhang» Gottes (Theo-Logie als Logie über Gott), – sondern, ihrer Form nach, Rede Gottes Selbst über Seinen Sinn und Zusammenhang (Theo-Logie als Logie von Gott her). Es geschieht in Theologie nicht ein Forschen vom Geschöpf zum Schöpfer, vom Begründeten zu seinem Grund, sondern ein Sich-Offenbaren des Schöpfers zum Geschöpf, des Grundes zum Begründeten. Es ist gewiß «Rede» in «geschöpflichen Zeichen» (Thomas von Aquin), aber insofern Gott Selbst spricht. Es ist gewiß Rede, an deren Deutung geschaffene Menschen sich mühen. Aber sie sind Theologen nur insofern, als ihr Mühen in steter Abhängigkeit und Vorläufigkeit hängt an der alleinigen Autorität des redenden Gottes. Weil diese Theologie also Bewegung von oben nach unten ist, so ist sie weder eine Lehre von der natürlichen Beziehung des Menschen zu Gott (Philosophie der subjektiven Religion), noch eine solche über Gott als Grund und Sinn der Welt (Philosophie der objektiven Religion,) noch eine Lehre von Gott allein in sich (Philosophie des Göttlichen überhaupt). Sondern sie ist Lehre von der freien Beziehung Gottes zum Menschen (als Heils-Theologie), von den Geheimnissen Gottes in Sich (als Gottes-Theologie) und von Sein und Geschichte der gesamten Welt von Gott her (als Reich-Gottes-Theologie).

Zwischen Wissenschaft als strenger Bewegung von unten nach oben und Theologie als strenger Bewegung von oben nach unten, mitten inne liegt Philosophie. – Einmal gesehen von Wissenschaft her, ist ihr Ort da, wo jene «reinen Ideen» oder «reinen Strukturen» wohnen, zu denen Wissenschaft als konstruktive Wissenschaft zielt. Philosophie erscheint dann entweder in einer geschöpf-immanenten Bewegung von unten nach oben, als aposteriorische «Philosophie der Wissenschaften» (indem in ihr, in letzten Schlußfolgerungen, sich jene Region der «reinen Strukturen» darstellt, zu denen Wissenschaft zielt), – oder sie gibt sich, in einer geschöpf-immanenten Bewegung von oben nach unten, als apriorische «reine Philosophie» (indem in ihr unmittelbar jene «reine Ideen» der einzelnen Gebiete erschaut werden, von denen das wissenschaftliche Forschen gelenkt wird und zu denen es strebt, – oder indem Philosophie wenigstens die «reine Methode», kritisch oder intuitiv, darbietet, nach der das wissenschaftliche Forschen sich richtet). – Von Theologie her bietet sich das Gegenbild. Philosophie hat von hier aus entweder, in einer zwischen-Gott-Geschöpf-lichen Bewegung von unten nach oben, das besondere Gesicht einer «natürlichen Theologie» als Lehre vom Göttlichen, insofern es als Grund und Ziel *(principium et finis)* der geschöpflichen Welt erscheint (Thomas von Aquin, in Trin q 5 a 4 corp), – oder sie wird, in einer zwischen-Gott-Geschöpf-lichen Bewegung von oben nach unten, zu einer «theologischen Philosophie», da sie, von den theologischen Data aus, aber in philosophischer Methodik, Antworten der Theologie mit Fragen und Ahnungen der Philosophie zu einem System knüpft (wie es die eigentliche Art der Summen der klassischen Scholastik ist: Denz 1796).

3. Das letzte Wort ergeht vom eigentlich Christlichen aus: da es nur eine einzige konkret existierende Ordnung zwischen Gott und Geschöpf in dieser konkret existierenden Welt gibt: die zwischen Erbsünde in Adam und Erlösung in Christus, dem Gekreuzigten. Das konkret existierende Gesicht von Philosophie (also jeder Philosophie in dieser konkret existierenden Welt und Geschichte) ist erst sichtbar von dieser Ordnung her (in der als objektiv allgemeiner Ordnung jeder konkret existierende Mensch steht, ob er es weiß oder nicht). Die Frage nach einer «christlichen Philosophie» ist mithin nicht die Frage nach einer besonderen Philosophie neben andern im Rahmen einer Philosophie überhaupt, – sondern die Frage zwischen Christentum und Philosophie ist die Frage nach der konkret existierenden Gestalt von Philosophie überhaupt (in dieser einzig konkret existierenden Ordnung zwischen Erbsünde in Adam und Erlösung in Christo).

Für diese Gestalt ist der Doppelsatz zuständig, der auf Thomas von Aquin zurückgeht (S Th 1, 1 q 1 a 8 ad 2; ebd q 2 a 2 ad 1): die Gnade (der Glaube) zerstört nicht, sondern setzt voraus und gibt, vollendend, die letzte Form der Natur (der Vernunft). In der Akzentuierung Gnade-Natur heißt der Satz für unsere Frage: Sein und Geschichte, als Gegenstand von Philosophie, haben zwar zu ihrer letzten Form *(per-ficit)* die «Gnade» der Erlösung in Christo, aber so, daß sie hierin in ihrer natürlichen Gestalt gewahrt bleiben. In der entsprechenden Akzentuierung Glaube-Vernunft heißt derselbe Satz: das Denken, als Akt von Philosophie, hat zwar zu seiner letzten Form *(per-ficit)* den «Glauben» an die Erlösung in Christo, aber so, daß es hierin in seiner natürlichen Gesetzlichkeit gewahrt bleibt.

Der Sinn dieser Sätze wird deutlicher, wenn wir das Wesen des Christlichen genauer sichten, das einerseits «letzte Form» ist und dann doch die «natürliche Form» nicht aufhebt, sondern einbeschließt. Dieses Christliche heißt: Menschwerdung Gottes, Erlösung im Kreuz, Menschwerdung und Erlösung als Kirche (da Christus ist «Haupt und Leib Ein Christus»). In dieser Weise steht das Christliche dem Erbsündigen gegenüber: Menschwerdung Gottes gegen die Erbsünde als das Gott-werden-Wollen des

Menschen; Erlösung im Kreuz gegen die Erbsünde als Sich-durchsetzen-Wollen des Menschen ins Ewige Leben; Kirche (des blinden Gehorsams im Religiösen) gegen die Erbsünde als Unabhängig-sein-Wollen des Menschen. Es ist das Eine Gegenüber: während Adam (und alle Menschen in ihm) auf dem Wege des unbedingten Sich-selbst-Behauptens in Sünde, Tod und Hölle stürzt, – öffnet sich in der unbedingten Selbst-Hingabe Christi (und aller durch Ihn erlösten Menschen in Ihm) Heil, Ewiges Leben und Himmel. «Leben durch Tod» (im Geheimnis der Erlösung) tritt gegen «Tod durch Leben» (im Geheimnis der Erbsünde). Es ist das Wort des Evangeliums: «Wer sein Leben retten will, verliert es; wer aber sein Leben verliert, findet es» (Mt 16, 25).

Hieraus folgt für Philosophie: insoweit sie die Form des Kreuzes zu ihrer letzten Form hat, wahrt sie sich ihre natürliche Form. Konkret existierende Philosophie in der einen einzigen Konkret-Ordnung von Erbsünde-Erlösung geschieht in dem Ausmaß als echte Philosophie, als das paulinische «Wie Sterbende, und siehe, wir leben» (2 Kor 6; 9) ihr Wirk-Prinzip ist. Das Entweder-Oder konkret existierender Philosophie steht zwischen «erbsündiger» Philosophie und «erlöster» Philosophie. Erbsündige Philosophie: die absolut sein will («wissend... wie Gott», wie nicht umsonst die Formel der Erbsünde lautet: Gen 3, 5), um entweder der toten Absolutheit «reiner Begriffe» (in einer «reinen Logik») zu verfallen oder der höllischen Absolutheit alles zersetzender «reiner Kritik» (in einer «reinen Dialektik»), und also wahrhaft schreitend von Sünde zu Tod zu Hölle. Erlöste Philosophie: die sich vor dem Einen lebendigen Absoluten (Gott) nicht nur lebendig weiß in ihrer geschöpflichen Unterschiedenheit (und darum in gelöster geschöpflicher Beweglichkeit echten «Werdens»), sondern auch und gerade sich anerkennt als von sich aus verfallend in den Tod der «reinen Begriffe» und die Hölle der «reinen Kritik» (und darum ihr je neues Werden vollzieht als je neue Auferstehung aus je neuem Tod und je neuer Hölle, da sie ein je neues Verfallen in ihre «Erbsündigkeiten» durchleidet und durchstirbt in ein je neues Erlöst).

So besteht christliche Philosophie im eigentlichen Sinn darin, daß Christentum eine «erbsündige» Philosophie zu einer «erlösten» macht: sie erlösend aus einer «Philosophie als Gott» zu einer «Philosophie des Geschöpfes vor Gott» (in der «Analogie» der «je größeren Unterschiedenheit» in «noch so großer Einheit»: Denz 432). Es geht also gleichsam um das «Vorzeichen», das die Problematik der Philosophie trägt, wie wir sie im ersten und zweiten Teil dieses Abschnittes entwickelten. Ist es das Vorzeichen der «Erbsündigkeit», so wird diese Problematik zum Entweder-Oder der Widersprüche zwischen einander ausschließenden absoluten Philosophien. Ist es aber das Vorzeichen der «Erlöstheit», so enthüllt sich dieselbe Problematik als echt geschöpflich bewegte Spannung zwischen den verschiedenen Seiten eines Ganzen.

So zeichnen es die entsprechenden Sätze des Vatikanischen Konzils. Auf der einen Seite steht das Moment des Christlichen als der «letzten Form»: da «die Kirche... Recht... und Pflicht von Gott her hat, eine Wissenschaft falschen Namens zu ächten, daß nicht einer getäuscht werde durch Philosophie und eitle Falschheit» (Denz 1798). Auf der andern Seite aber entsteht gerade so eine Philosophie der echten «natürlichen Form»: da «die immerwährende Übereinstimmung der katholischen Kirche hielt und hält» eigenes «Objekt» und eigenes «Prinzip» für natürliches Wissen und Forschen (Denz 1795), und daß «solche Disziplinen, jede in ihrem Bereich, eigene Prinzipien und eigene Methode gebrauchen» (Denz 1799).

Das Problem der einzelnen philosophischen Disziplinen stellt sich von eben diesem Problem der konkret existierenden Philosophie her.

4. In die Richtung ihrer «Erbsündigkeit» weist das Streben, im Bereich des Geschöpflichen selber ein «Absolutum» zu gewinnen, von dem aus Zusammenhang und Sinn von Sein und Geschichte sich entwickeln ließe. So erscheint im Ablauf der Geschichte der Philosophie fast jede der einzelnen philosophischen

Disziplinen als ein solcher Versuch. – Philosophie als Kosmologie oder Naturphilosophie gründet darin, daß der Kosmos statisch oder dynamisch als «Absolutum» genommen wird, von dem alle Fragen der Philosophie her sich klären: im chinesischen Tao, in der jonischen Philosophie der Welt-Elemente (Erde, Feuer, Wasser, Luft), in der aristotelischen Philosophie des Kreis-Umlaufs, in der Renaissance-Philosophie des gotthaften Kosmos. – Philosophie als Anthropologie gründet entweder in der «Humanität» als Absolutum (in der Philosophie der Aufklärung und der geisteswissenschaftlichen Philosophie der Gegenwart) – oder in der «Totalität» (Menschheit, Volk, Gemeinschaft-Gesellschaft) als Absolutum (in der Menschheits-Philosophie der Aufklärung, der Volks-Philosophie Herders und der Romantik, der neueren Soziologie und Rassen-Philosophie). Philosophie als Noëtik einer Denk- oder Geistes-Philosophie gründet im «reinen Denken» als Absolutum: bei Eckhart und der deutschen Mystik – empirisch in der Psychologie der Gegenwart, methodisch bei Descartes und der modernen Phänomenologie, kritisch bei Kant, metaphysisch bei Leibniz, Hegel und dem deutschen Idealismus. – Philosophie als Ethik gründet (akthaft) im «reinen Wollen» oder (gegenstandshaft) im «reinen Wert» als Absolutum: im chinesischen Konfuzianismus, im ursprünglich sokratischen Platonismus, im spätmittelalterlichen Voluntarismus, in der neuzeitlichen Lebens-, Wert- und Existenz-Philosophie. – Philosophie als Ästhetik gründet im «reinen Rhythmus» oder in der «reinen Harmonie» oder im «reinen Ideal» als Absolutum: in dem Ausbau Platons zum Neu-Platonismus, in Schellings Polarität als Ausbau der Andeutungen Kants in der «Kritik der Urteilskraft», im tragisch pessimistischen oder tragisch dionysischen «Welt-Rhythmus» bei Schopenhauer und Nietzsche. – Philosophie als Ontologie oder Metaphysik erscheint geschichtlich entweder in den obigen Formen (Kosmos, Mensch, Wahr, Gut, Schön als «das» Sein) oder als direkt geleitet von Theologie her, als Philosophie über Schöpfer und Geschöpf, wie in den indischen Philosophien, der patristischen Philosophie, der Scholastik des Mittelalters und der Neu-Scholastik. Diese letzten Philosophien geben sich geschichtlich entweder als direkte «theologische Philosophien» (in dem früher berührten Sinn), – oder als von Theologie her geleitete abwehrende oder sichtende Stellungnahme zu den oben umrissenen Philosophien eines jeweiligen «Absolutum», – oder als Mischung beider Typen.

5. Aus diesem Bild «erbsündiger» Philosophien lassen sich die Züge «erlöster» Philosophie gewinnen: wie der Römerbrief 11, 32 das «Erbarmen» der Erlösung mitten im «Trotz des Unglaubens» (da hinein «Gott alle mit-einbeschlossen hat») einsetzen läßt.

Die erlösende Ent-absolutierung aller erbsündig «absoluten» Philosophie läßt erstens die oben gezeichneten Absoluta in ihrer geschöpflichen Relativität erscheinen und löst so den Widerspruchs-Kampf absoluter Philosophien gegeneinander zur sichbedingenden Spannung zwischen den Sach-Möglichkeiten philosophischer Aspekte. In Philosophie als Kosmologie und Anthropologie birgt sich die eine gegenständliche Spann-Weite zwischen Natur und Geist (um den Menschen als ihre Durchgangs-Mitte). In Philosophie als Noëtik, Ethik und Ästhetik stellt sich die eine akthafte Spannweite der sogenannten Transzendentalien dar: zwischen Wahr, Gut, Schön. Und folgerichtig wird eine Philosophie der gegenständlichen Spannweite (zwischen Natur und Geist) unter das Vorzeichen von je einem der drei Transzendentalien treten, und folgerichtig eine Gesamt-Philosophie sich als schwebendes Zueinander dieser Drei darstellen.

Zweitens aber wird in der Form dieses schwebenden Zueinander eben so die besondere Form der Kreatürlichkeit sich darstellen, in ihrem Seins-Zueinander von Dasein und Sosein. Denn im Wahr stellt sich dieses Seins-Zueinander nach der Seite eines relativ reinen Soseins dar, im Gut nach der Seite der Werde-Spannung zwischen Dasein und Sosein («Werde, was du bist»), im Schön nach der Seite eines relativ idealen Daseins. So tritt aus der obigen Gesamt-Philosophie eine Philosophie dieses ihres inneren Seins-Zueinander zwischen Dasein und Sosein heraus: als Ontologie oder Metaphysik des kreatürlichen Seins.

Drittens aber vollendet sich diese Ontologie oder Metaphysik des kreatürlichen Seins folgerichtig zur Sichtung Gottes: da das kreatürliche Spannungs-Zueinander von Dasein und Sosein (Sosein in-über Dasein) auf ein Absolutum von Dasein-Sosein über sich weist: auf Gott als Wesens-Identität von Dasein und Sosein, als reines Ist (*ipsum Est*, wie Augustinus sagt; *ipsum esse*, wie Thomas von Aquin sagt).

Viertens endlich werden eben so die innergeschöpflichen Absoluta der «erbsündigen Philosophien», ihrer Absolutheit entkleidet, zu Gleichnissen dieses göttlichen Ist. Ja, von der Theologie der Trinität her (als dem Herz-Stück der christlichen Theologie) kann die Drei-Strömigkeit der Gesamt-Philosophie zwischen Wahr-Gut-Schön als Gleichnis-Spur der Dreiströmigkeit des innergöttlichen Lebens erscheinen. Wenn die Philosophie Hegels, als erbsündig «absolute Philosophie», das Trinitarische zur identisch inneren Form des philosophierenden Geistes usurpierte, so ist auch dies nun «erlöst»: da eine wahre «*imago Trinitatis*» im letzten Gesicht konkret existierender Philosophie erscheint: Schön zugeordnet der augustinischen *memoria* und so dem «Vater», Wahr zugeordnet dem augustinischen *intellectus* und so dem «Sohn», Gut zugeordnet der augustinischen *voluntas* und so dem «Heiligen Geist».

In diesem Aufstieg einer drei-strömigen Transzendental-Philosophie zu einer Ontologie des kreatürlichen Seins, zu einer Ontologie der zwischen-Gott-Geschöpf-lichen Beziehung, zu einer (aber erst von Theologie aus entwickelbaren) Philosophie der *imago Trinitatis* stellt sich die Struktur «erlöster» Philosophie dar. Hierin liegt Philosophie wahrhaft zwischen Wissenschaft und Theologie, von beiden her bedingt, gegen beide aber relativ selbständig. Hierin trägt sie ebenso das besondere Zeichen «erlöster» Philosophie zur inneren Form: die «Analogie» der «je größeren Unterschiedenheit» in aller «noch so großen Einheit» (gegen «reine Logik» und «reine Dialektik» als Formen «erbsündiger» Philosophie). Im Anstieg von Transzendental-Philosophie zu Ontologie (des geschöpflichen Seins und der Beziehung zum Schöpfer) geht es von der «Analogie» zwischen Dasein und Sosein zur unvergleichlich größeren zwischen der Dasein-Sosein-Einheit im Geschöpf (als Spannungs-Zueinander) und der Dasein-Sosein-Einheit in Gott (als Wesens-Identität). Und in der (von Theologie aus) krönenden Philosophie der *imago Trinitatis* ist es nicht einmal mehr Analogie, die von unten nach oben (wenn auch in «je größere Unterschiedenheit») sich öffnete, sondern geheimnisvolles «Gleichnis», das allein durch Gottes Wort sich ausspricht.

Das ist die Gestalt von Philosophie, – wie sie vor-christlich in den Zügen der Philosophie Platons und Aristoteles' anhebt (wenngleich unter erbsündigen Absolutismen, – wie sie inner-christlich von Theologie aus sich zeichnet in der Patristik und Scholastik, – wie sie in der neuzeitlichen Philosophie (seit Renaissance und Aufklärung) in eine neue erbsündige Absolutheit sich einkleidet (folgerichtig dazu, daß die Reformation, die an ihrem Eingang steht, die untilgbare Erbsünde lehrt), – wie sie aber, durch diese neue Absolutheit hindurch, als wahre «erlöste» Philosophie «eigener Methode» und «eigenen Prinzips» (Denz 1799) neu auferstehen will.

Metaphysik, Religion, Analogie

1956

Metaphysik und Religion haben gemeinsam die Ebene eines «zwischen Unten und Oben». Für Metaphysik ist dieses «zwischen Unten und Oben» die Ebene zwischen erfahrbaren «realen Dingen» (*ta physika*, im Sinn des Aristoteles) und einem «letzten Grund» (*archai*, im Sinn der Jonier: Wasser, Erde, Luft, Feuer, Logos, Zufall und Schickung). Für Religion ist es das «zwischen Unten und Oben» zwischen lebendigem Geschöpf und lebendigem Gott. Die Diskussion zwischen diesem doppelten «zwischen Unten und Oben» ist die Diskussion, die in die Frage nach der «Analogie» mündet.

1

Im Bereich der *Metaphysik* ist es der geschichtliche Gegensatz zwischen einer aposteriorischen und apriorischen «Erfahrung»: im aristotelischen Gegensatz zwischen «*aisthanein*» und «*noein*», – bis hinein in den heutigen Gegensatz zwischen empirisch kritischer Metaphysik einer «Metaphysik der Naturwissenschaften» und apriorischer «Wesensschau» (Husserl) oder «Wertfühlen» (Scheler) oder «Seinsverständnis» (Heidegger) der «Phänomenologie». Die kritische Empirie einer Metaphysik der Naturwissenschaften hat auf ihrer Seite den Wortsinn von «Erfahrung» im Griechischen wie Lateinischen wie Deutschen: da das griechische «*empeiria*» als zusammenhängend mit «*peirazo*» die «Erfahrung im praktischen Versuch» (vor allem im ärztlichen Versuch) sagt, wie das griechische «*aisthanein*» geradezu ein «ertastendes Erspüren (mit dem Tastsinn)» betont; – da das lateinische «*experiri*» ausdrücklich ein «auf die Probe stellen» betont (weswegen es zum Fremdwort «Experiment» ward); und da endlich das deutsche «erfahren» nicht umsonst im Stammwort «fahren» eine «Erfahrung auf Reisen» sagt, also im universalsten Sinn eine «Erfahrung mit allen Sinnen allerorten», im schärfsten Gegensatz zu einer mystisch augustinischen «Einkehr ins Innen, wo die Wahrheit wohnt» (De vera rel 39 72; in Jo tract 23 10). Aber selbst der real-kritische Aristoteles sichtet in allem empirischen Erfahren zuletzt im Menschen einen «*nus*», der die «*archai*» unmittelbar erfaßt (Eth Nik VI 6, 1141 A 7) und hierin «Urgrenze und Endgrenze der praktisch individualen Dinge» (Eth Nik VI 12 1143 A 36). Dieser «*nus*» ist «unter dem Erscheinungshaften das Göttlichste», indem er «zu sich selbst hin ist..., (als) *noesis noeseos*» (Met IX 9 1074 B 19,33–35). Die innerste Mitte aller, noch so realen, Empirie ist ein solches «reines Erfahren im Innen des Geistes», das das «Ur *(archai)*» und «Erst und Letzt aller realen Dinge» geistig erfährt, indem es sich selbst allein zum Objekt hat (im strengsten «Sich-selbst-denken des Denkens»), – also zu Grundlegung nicht nur des «*cogito*» Descartes' und der «transzendentalen Subjektivität der Kategorien» Kants, sondern ausdrücklich des monadologischen Transzendentalismus Husserls (als einer All-Erfahrung in der reinen Selbst-Erfahrung). – Metaphysik begibt sich demnach zwischen «Erfahrung» und «Erfahrung». Einerseits: Erfahrung im «Erspüren» und «Versuchen im Erproben» und «allwärts Durchreisen» des konkreten All der konkret individualen Dinge, worin das «*meta*» der «*physika*», aber streng innerhalb der «*physika*» sich kundgibt («*intra sensibilia*», sagt Thomas!), d. h. (gemäß der Etymologie von «*meta*») das «Unterhalb des Physischen», das doch ein «Zugleich und Mit zum Physischen» ist. Anderseits: Erfahrung eines (platonischen) «*topos noetos*» in der (aristotelischen) «*noesis noeseos*», d. h. Erfahrung einer «noëtischen Welt (des Ur als Erst und Letzt der physischen Dinge)» im inneren Kreisumschwung des «noetischen Aktes», der als Kreisumschwung eines «Denkens des Denkens» zugleich, gemäß Aristoteles, der innerste dynamische Kern jenes tellurisch-siderischen «Kreisumschwungs» (*kyklophoria teleios:* Coel II 1 284 A 3) ist, der (für Aristoteles) das eigentliche physische Universum ist. Einerseits also gibt sich «metaphysische Erfahrung» als ein solches «Hindurch-erfahren» des «Unterhalb aller physischen Dinge» (wie «physisch» alles sinneshaft Erfahrbare sagt), daß doch dieses «Unterhalb» streng innerhalb der «physischen Dinge» als ihr «Mit» und «Zugleich» erfahren wird (also in einer «immanierenden Transzendenz»). Anderseits aber gibt sich «metaphysische Erfahrung» als eine solche «Abkehr von allem Außen» und totale «Einkehr ins reine Innen» (mit Augustinus: In Jo tract 23,10, ders. de Trin X 3,5; ebd 5,7; ebd 8,11; ebd 9,12), in der doch, in der «*noesis noeseos*», im innerlich geistigen Kreisumschwung des «Ich denke mich denken», nicht nur eine «monadologische Welt» (Husserl) erfahren wird, sondern dieser innerlich geistige Kreisumschwung als das alles-bewegend Innerste des äußeren real physischen Kreisumschwungs des Kosmos als solchen (Aristoteles), - also in einer «transzendierenden Immanenz». – Die «metaphysische Erfahrung» vollzieht sich mithin in einer letzten Rhythmik zwischen «immanierender Transzendenz» (wie sie das Letzte für eine real-kritische Metaphysik der Naturwissenschaften ist) und «transzendierender Immanenz» (wie sie das Letzte für eine idealistische Metaphysik der Immanenz des Bewußtseins ist). Das scheinbare Entweder-Oder zwischen einer realistischen und einer idealistischen Metaphysik ist eine solche Dialektik zwischen ihnen (darin sie sich gegenseitig, im äußersten Gegensatz zueinander, jeweils aneinander «entzünden»), in der als wahrhaft «Letztes» der schwingende Rhythmus zwischen «immanierender Transzendenz» und «transzendierender Immanenz» als das Übergeordnete über den dialektischen Gegensätzen sich kundtut, aber verborgen unter der immer neu umschlagenden Dialektik zwischen einem absoluten Realismus und einem absoluten Idealismus, zwischen Metaphysik des «Seins» (für die das «Bewußtsein» nur «Bewußtsein des Seins» ist) und Metaphysik des «Bewußtseins» (für die das «Sein» nur «Sein im Bewußtsein» ist).

In dieser verborgenen Rhythmik in einer offenbaren Dialektik zwischen realistischer und idealistischer Metaphysik stellt sich das besondere Letzte «zwischen Unten und Oben» von Metaphysik und «metaphysischer Erfahrung» dar. In einer realistischen Metaphysik sind das «Unten» die «*physika*», die realen Dinge, während das «Oben» vielmehr (gemäß der Bedeutung von «*meta*» in «Metaphysik») das letzte «Unterhalb» des «Mit und Zugleich» ist, d. h. also ein «über-real Letztes», aus dem die realen Dinge stammen und in dem sie wurzeln, und das selber in ihnen «lebt und sich bewegt und west», während sie in Ihm «leben und sich bewegen und wesen» (wie Paulus auf dem Areopag das Verhältnis zwischen Schöpfung und Göttlichem Urgrund und Ingrund andeutet: Apg 17 28), – Urgrund und Ingrund aller realen Dinge, der also gleichsam als «mütterlicher Untergrund» erscheint, als kosmischer «Schoß aller Dinge», und doch zugleich als «kosmischer Kreisumschwung, in dem alle Dinge kreisen» (wie Aristoteles das kosmische Letzte als «*kyklophoria*», Kreisumschwung, faßt, den Dionysius Areopagita als «*kyklos theios*» des «*theios eros*» enthüllt, als Kreisumschwung Göttlicher Liebe). In einer idealistischen Metaphysik dagegen erscheint das «Unten» als «phänomenales Bewußtsein», das durch eine «Logie» der Selbst-Analyse zu einem solchen «phänomenologischen Bewußtsein» sich auseinanderlegt (was Methode und Sinn aller Phänomenologie ist), in dem das «ideale Oben» eines «noumenalen Bewußtsein» erfahren wird (entweder als «absoluter Geist» gemäß Hegel oder als «monadologische Welt» gemäß Husserl), aber auch hier tiefer erfahren wird als ein «Unterhalb im Mit und Zugleich» (gemäß der Bedeutung von «*meta*» in «Metaphysik»), weil das «noumenale Bewußtsein» dem «phänomenalen Bewußtsein» «zugrundeliegt» und in ihm als sein «Mit und Zugleich» formend wirkt, aber auch hier zuletzt als «Kreisumschwung», als Kreisumschwung einer «*Noesis Noeseos*» in der phänomenalen und phänomenologischen «*noesis noeseos*», Kreisumschwung absoluten Geistes eines absoluten «aus Sich, Um Sich, Zu Sich», der gleichsam als das «vaterhaft Haupthafte» im Kreisumschwung des «Ich denke mich denken» «geistet» und dieses in Ihm (wie Husserl ein letztes «absolutes Bewußtsein» im «egologischen» und «monadologischen» Bewußtsein formend «geisten» spürt, und wie Hegel offen einen «trinitarischen absoluten Geist» im Takt des Urteils zwischen Thesis, Antithesis und Synthesis vernimmt, im aufnehmenden «Vernehmen» und kritisch richterlichen «Vernehmen» der «Vernunft», im Unterschied zum durchdringenden Sich-Stellen und Stehen des «Ver-stands»).

2

Das Wort «*Religion*» gibt es in dieser Form nur im Lateinischen. In seiner ersten Silbe «re» offenbart es bereits das, was dem Römischen wesentlich ist: daß es ein Urhaftes gebe, zu dem «je und je» («re» in einer Bedeutung) ein «Zurück» («re» in andrer Bedeutung) zu ergehen habe. Dieses Urhafte ist für den Römer nicht ein «privat persönlicher Gott» einer «privat persönlichen Frömmigkeit (mit dem Wunsch-Ziel «privat persönlicher Offenbarung» oder wenigstens «privat persönlicher Intuitionen»). Sondern es ist das Urhafte eines Göttlichen, wie es institutshaft sich gibt, in geordnetem «Kult» und von hier aus «Kult-Institut» und von hier aus in geordnetem Institut von Familie und Staat. Ob Cicero das Wort «*religio*» von «*re-legere*» (als «sich zurücklesen») ableitet (ND 2 28) oder Laktanz (4 28) und Augustin (Retract 1 13) von «*re-ligare*» (als «Rückbindung»), es ist in beiden Deutungen das «je und je Zurück» zu einem Ursprung: zum urhaften «Buchstaben» sakraler Überlieferung oder zur urhaft sakralen «Bindung» (wie für den Römer Kult-Institut wie Familie und Staat eine «*religio*» sind). Das entsprechend griechische Wort «*eusebeia*» sagt die ausgesprochene Haltung zum Urhaften schlechthin: wie das Griechische die größere Nähe zu jenem Asiatischen hat, für das Kult-Institut, Familie und Staat höchstens (sekundäre) «Manifestationen» des Urhaften sind, während für das Römische das Urhafte in ihnen (echt westlich-juristisch) seine entscheidende «Korporierung» hat. «*Eusebeia*» sagt in diesem Sinn das «*eu*» des «*sebazesthai*» der «*sebas*». Das «*sebazesthai*» der «*sebas*» ist griechisches Urgefühl, wie es vor allem in den Tragödien des Äschylos als Grundgefühl herrscht: das urhafte «Staunen» des Homer gegenüber den Abgründen des Seins, hin zu einer Ur-«Scheu» vor ihnen und darum hin zu jener «Anbetung», die als «ehrfürchtige Verehrung» immer noch die Züge der asiatischen «*proskynesis*» zeigt, das «hingeschlagene Hingeworfen hilflos übergeben in die Erde hinein, übermächtigt ins Übermächtige» und dies (im Stammwort «*kynesis*») im Symbol des «Hund vor und hin zum Herrn» (im «*pros*» des «Hundes»). Die Vorsilbe «*eu*» zu diesem «*sebazesthai*» der «*sebas*» betont gewiß (für das griechische Empfinden) ein menschliches «Gut, recht, glücklich, leicht»: wie das letzte Gottes-Antlitz von Eltern und Vaterland (aber nicht Staat im strengen römischen Rechts-Sinn) gleichsam das «Mensch-Antlitz» des Göttlich-Urhaften sind. Aber, wie grad die «*eusebeia*» in den Tragödien des Äschylos zeigt, ist es ein solches «*eu*» des Menschlichen, das zuletzt nur als «milder Schleier» über dem «*sebazesthai*» der «*sebas*» weht, durch den das «erhaben Unheimliche zum Erstaunen» durchblickt: die urhafte «*heimarmene*» der «*moira*», das letzte «souverän zuteilende Geschick». Im Alten Testament, aus dessen Sprache allein das Neue verstehbar ist, ergibt sich «Religion» einzig und ausschließlich aus dem «Bund» als «Hochzeit Gottes mit Israel» nicht nur in «Kult und Opfer des Tempels», sondern so, daß «ihr heilig sein sollt, wie Ich heilig» bin (wie das Urwort der Zehngebote im Leviticus lautet), d. h. so, daß alles Leben des Volkes «Kulthandlung» zu sein hat, bis ins Kleinste und Profanste hinein (wie es die Gesetzgebung des Sinai ordnet und wie es später das Riesenwerk des Talmud ausdeutet, mehr als buchstaben-getreu). Eine sogenannte «prophetische Frömmigkeit», wie ein moderner Protestantimus sie gegen solche «priesterhafte Frömmigkeit» zu stellen liebte und liebt (gleichsam um die Reformation bereits im Alten Bund wurzeln zu lassen) bewegt sich vielmehr echt innerhalb dieser einzigen «Religion» der «Kult-Hochzeit in allem Leben». Die sogenannten «klassischen Stellen» prophetischer Frömmigkeit zeigen das deutlich in ihrem echten Zusammenhang. Der Psalm 50 stellt gewiß das Opfer eines «zerbrochenen Geist und zerknirschten Herz» gegen «Blutopfer, Dargaben und Brandopfer», aber zuletzt als innere Läuterung hin zu «Brandopfern und Ganzopfern auf Deinen Altar». Der Prophet Jeremias stellt gewiß einen «neuen Geist in einem Herz von Fleisch» in «Meinem Geist» gegen das «steinerne Herz» des «steifen Nackens» Israels als des «Haus des Widerspruchs», aber nicht hinein in eine «Religion des Herzens» oder

«Religion des Geistes», sondern hinein in das «neue Jerusalem» des «neuen Tempels» als des einzigen «Hier ist Er». Der Prophet Michäas kündet gewiß gegen das freventlich vermessene «Ist nicht der Herr in unsrer Mitte? Uns kann kein Unheil treffen!» (3, 11) als scheinbar «innerlich persönliche Religion» das einfache (fast natürlich religiöse) Wort: «Es ist dir gesagt, Mensch, was gut ist, und was der Herr fordert von dir: Recht zu üben und Güte zu lieben und demütig zu wandeln mit deinem Gott» (6, 8), aber eben dies als neue Bundes-Wirklichkeit zwischen «Hirt» und Herde: «Weide Dein Volk mit Deinem Stab, die Schafe Deines Erbes» (7, 14), «Mögest Du Treue erweisen an Jakob und Gnade an Abraham, wie Du geschworen hast unsern Vätern in der Urzeit Tagen!» (7, 20). Und eine scheinbare «Religion der Agape zwischen Mensch und Mensch» als johanneische «reine Menschlichkeit», wie die eigene Botschaft des Neuen Bundes gegenüber der «Gesetzes-Last» des Alten Bundes lauten möchte, hat als ihr End-Symbol nicht eine «apokalyptisch reine johanneische Geistigkeit», sondern (gerade in der wirklichen Apokalypse) das «neue Jerusalem» der «Hochzeit des Lammes» und des «Hochzeitsmahls des Lammes» als kosmisch «neuen Himmel und neue Erde». Und grade endlich das «fromm» in der germanischen «Frömmigkeit» (als scheinbar «rein persönlicher Herzens-Frömmigkeit») ist seinem Ursprung nach die besondere Tugend einer «Gefolgschaft» gegenüber ihrem «Fürsten», das so sehr das «Nutz und Frommen» von «fügsam und tapfer» sagt, daß es etymologisch mit dem Wort «Fürst» direkt zusammenhängt.

Gewiß liegt eine echte Spannung zwischen der Bedeutung von «*religio*» bei Augustinus und bei Thomas von Aquin, – auffallend parallel zur Spannung zwischen «idealistischer Metaphysik» (von Augustinus her) und «realistischer Metaphysik» (von Thomas her). Augustinus scheint in «de vera religione» die Religion unmittelbar zwischen «dem Einen Allmächtigen Gott» und «unserm Geistes-Sinn» zu begründen, in einer mittler-losen Unmittelbarkeit, wie später Meister Eckart es extremisierte: «Rückbinde uns je und je die Religion zum Einen Allmächtigen Gott:

weil zwischen unseren Geist-Sinn *(mens)*, durch den wir Jenen Vater einsehen, und die Wahrheit, d. h. das innere Licht, durch das wir Ihn einsehen, keine Kreatur dazwischen gestellt ist» (55, 113). Und das schroffe Gegenteil dazu scheinen bei Thomas von Aquin die Quaestionen über «Religion» zu betonen: «Religion ist... die Tugend, darin einer zu Gottes Dienst und Kult etwas darbietet», wie Dienst und Kult «das Überhinausragen Gottes betrifft, dem Ehrfurcht gebührt», wie entsprechend der Grund-Akt von Religion das «*protestari divinam excellentiam et subjectionem sui ad Deum*» ist, das «Bekenntnis der Göttlichen Über-Erhabenheit und der eigenen Unterwerfung zu Gott», «Ihm etwas erweisend *(exhibere)* oder auch etwas Göttliches aufnehmend *(assumere)*», und wie darum (als Letztes solcher Religion) «nicht nur Menschen, sondern auch Tempel und Gefäße u. dgl. geheiligt genannt werden, davon her, daß sie dem Göttlichen Kultus zugewendet werden» (S Th II 2 q 81 a 3 ad 2; ebd a 8 corp). Wenn Augustinus die Religion sich vollziehen läßt zwischen «Gott» «ohne Mittlung einer Kreatur» und «unserm Geist-Sinn» im «innern Licht», – und wenn dem gegenüber Thomas Religion als sichtbaren «Dienst und Kult» bestimmt zu einem «Überhinausragen Gottes», so scheinen hier innere Religion zwischen Gott-Geist und Mensch-Geist «im inneren Licht» in letzter innerer Unmittelbarkeit und äußere Religion von «Dienst und Kult» zwischen «Überhinausragen Gottes» und «Unterwerfung (des Menschen)» schroff einander gegenüber zu stehen: als Grundlage des Gegensatzes zwischen Religion der deutschen Mystik und Reformation (hinein in den europäischen Idealismus) und mittelalterlich-katholischer Religion (hinein in den tridentinischen und nach-tridentinischen Katholizismus). Augustinische «Religion» gäbe sich dann gleichsam als das religiös «Letzt-Innere» des Typus einer idealistischen Metaphysik (von der «*noesis noeseos*» des Aristoteles zu Descartes' «*cogito*» zu Kants «transzendentalen Ich» zu Hegels «Geist des Geistes» zu Husserls «monadologischem Welt-Ich»), – wie eine thomasische «Religion» das religiös «Letzt-Innere» einer realistischen Metaphysik wäre (von einem Aristotelismus «realer Formen» zum Kosmismus der jüdischen und islamischen Aristoteliker zum «*ordo universi*» der Hochscholastik zur «empirisch kritischen Metaphysik» der Neuscholastik). Aber für das Voll-Augustinische ist doch der innere Kontakt zwischen dem «Einen Allmächtigen Gott» und «unserm Geistes-Sinn *(mens)*» gerade in der «*imago Trinitatis*» in «*memoria*, *intellectus*, *voluntas*» das Wurzelhafte für die «Übergabe» *(transilire)* gerade eines «gottgleichen Geistes» in jenen real Dreipersönlichen Gott, der als «ökonomische Trinität» (d. h. Trinität in der Heilsordnung) die Grund-Real-Struktur des realen Kosmos ist, der sich zuletzt noch wesentlich nicht nur als das All des «Haupt und Leib Ein Christus» darstellt, sondern ausdrücklich als «*Civitas Dei*», d. h. als reales Staatsgebilde. Und ebenso, umgekehrt, gründet für Thomas «Dienst, Kult, Brandopfer, Heiligtum» und das entsprechende «Darbieten *(exhibere)*» und «Aufnehmen *(assumere)*» im innersten «total Gott Einhangen *(inhaereat)*», also in jenem «Hangen, Mit-Hangen, Ein-Hangen *(haerere*, *cohaerere*, *inhaerere)*», das die eigentliche Ur-Form des augustinischen «unmittelbaren Kontakts zwischen Gott und Geistes-Sinn im inneren Licht» ist. Voll-augustinische Religion ist also eine solche «Immanenz zwischen Gott und Mensch-Geist», die (kraft des «*transilire*» im «*haerere*, *cohaerere*, *inhaerere*») die je größere «Transzendenz zwischen Gott und Mensch-Geist» emportreibt: indem grade die «*Imago Trinitatis*» in «*memoria*, *intellectus*, *voluntas*» gemäß dem reifen Augustinus die je größere «verstummende Unterwerfung» eines «Kleinchens als Kücken» unter die «Flügel» des «je immer größeren Gottes» im realen All eines «Leib Gottes» und «Staat Gottes» zuletzt bedeutet (da für dieses «Kleinchen als Kücken» bereits das eigene Geistesleben in «*memoria*, *intellectus*, *voluntas*» undurchdringliches Geheimnis ist: vgl serm 52 nr 10,23; de Trin XV 9, 16; ebd 7, 11 f; ebd 11, 20; ebd 20, 39; ebd 22, 42; in Ps 85, 12; Serm 52 nr 6, 16; in Ps 62, 16). Voll-thomasische Religion aber ist dann eine solche «Transzendenz zwischen Gottes *excellentia* und des Menschen *subjectio* in Dienst und Kult und universalem Gehorsam und Opfer» (vgl S Th II 2 q 81 a 3 ad 2; ebd q 186 a 1 corp; ebd a 5 ad 1), die doch innerlich gründet in der

«Applikation des Geist-Sinns *(mens)* zu Gott... als letztem Ziel und erstem Grund» in «Unbeweglichkeit» (S Th II 2 q 81 a 8 corp) und darum im grundsätzlichen «Einhangen zu Gott als Vollkommenheit des Menschen» (ebd q 186 a 1 corp) und darum in «Hinordnung aller Tugenden ins Göttliche Gut» (ebd q 81 a 1 ad 1).

Eben hierin aber kennzeichnet sich voll-augustinische Religion als eine «transzendierende Immanenz» zwischen Gott und Mensch, – voll-thomasische Religion aber als eine «immanierende Transzendenz» zwischen Gott und Mensch. In dieser Form ist voll-augustinische Religion nicht nur einer idealistischen Metaphysik transzendierender Immanenz zugeordnet, sondern ist ihre letzte «religiöse Tiefe»: bis dazu, daß eine idealistische Metaphysik transzendierender Immanenz als «Säkularisation» voll-augustinischer Religion erscheinen kann (wie etwa in Hegel), wie auch umgekehrt als religiöser «*intellectus*» zur religiösen «*fides*» voll-augustinischer Religion (wie im «*fides quaerens intellectum*» Anselms von Canterbury, der nicht umsonst für Hegel sein «Kirchenlehrer» ward). Und in derselben Form ist voll-thomasische Religion nicht nur einer realistischen Metaphysik immanierender Transzendenz zugeordnet, sondern ist ihre letzte «religiöse Tiefe»: bis dazu, daß eine realistische Metaphysik immanierender Transzendenz als «Säkularisation» voll-thomasischer Religion sich darstellen mag (wie der Schichten-Realismus Nicolai Hartmann als atheisierter «*ordo universi*» von Thomas von Aquin deutbar ist, und wie der römische Jesuit Gustav A. Wetter sogar den dialektischen Materialismus in seinem positiven Kern als aristotelisch-thomasischen Realismus aufdeckt («Dialektischer Materialismus» Freiburg, 1952, S. 310ff), – wie auch umgekehrt, in der Hoch- und Neu-Scholastik ein aristotelischer Realismus als der «*intellectus*» zur religiösen «*fides*» einer voll-thomasischen Religiosität gehört (wie die übliche scholastische «spekulative Theologie» die Offenbarungs-Welt einer strengen Offenbarungs-Theologie als «*Sacra Scriptura*» in eine aristotelische Real-Ontologie überführt, als in den «*intellectus*» der offenbarungshaften «*fides*»: «*fides [thomisto-catholica] quaerens intellectum aristotelicum*»).

Von diesen Zusammenhängen her ist es nicht nur so, daß Metaphysik und Religion eine gemeinsame Ebene des «zwischen Oben und Unten» einer «transzendierenden Immanenz» und «immanierenden Transzendenz» haben. Sondern das letzte Schwingen zwischen diesen Schwingungs-Rhythmen, wie es als Letztes in Metaphysik und metaphysischer Erfahrung erscheint (und darum «Ur-Metaphysik» ist), ist einmal «Schattenwurf» philosophischen «Suchens», der in die «Leibhaftigkeit» des Schwingungs-Rhythmus der Religion zwischen ihren inneren Schwingungs-Gebilden «transzendierender Immanenz» und «immanierender Transzendenz» aufgeht, – auf daß aber dann auch solche Religion (als «*fides*») ihren entsprechenden «*intellectus*» in solcher Ur-Metaphysik der «Schwingung zwischen Schwingungs-Gebilden» finde, weil Religion in ihrem «Ur» (also gleichsam als «Ur-Religion») selber «Schwingung zwischen Schwingungs-Gebilden» ist. Daß in Metaphysik wie Religion dieselben Schwingungs-Gebilde augustinisch «transzendierender Immanenz» und thomasisch «immanierender Transzendenz» zueinander schwingend die «letzte Schwingung» offenbaren, das wird zuletzt zum «Ur-Rhythmus» in Metaphysik und Religion. Diese Ur-Schwingung zwischen (selber) Schwingungs-Gebilden ist Ur-Rhythmus im Rhythmus zwischen Metaphysik und Religion selbst: für das «*intellige ut credas*» eines metaphysischen «Schattenwurfs» zur «Leib-Wirklichkeit» der Religion, – wie für das «*crede ut intelligas*» einer religiösen Wirklichkeit hin zu einem korrelaten und kongenialen «metaphysischen Welt-Entwurf».

3

Diese Ur-Struktur eines letzten schwingenden Rhythmus zwischen (augustinischer) «transzendierender Immanenz» und (thomasischer) «immanierender Transzendenz», wie sie sich aus einer Struktur-Analyse von Metaphysik und Religion ergab, ist nichts andres als die «*Analogie*». Die «Analogie» erscheint darum geschichtlich als das urhaft Letzte sowohl in geschichtlicher Metaphysik wie in geschichtlicher Religion.

Für eine geschichtliche *Metaphysik* ist es das Grundwort des Aristoteles, wie er es als abschließendes Grundwort allen früheren Grundworten gegenüberstellt. Wie ich in *Analogia entis* nachwies (S. 104ff), ist für Aristoteles die radikale Entgegensetzung zwischen dem identisch direkten «*t'auton*» des Parmenides und den «*enantia*» des Heraklit, als Entgegensetzung zwischen Metaphysik der ewigen Identität und Metaphysik der hin und her schwingenden Gegensätze, grundsätzlich in seiner Analyse des Satzes vom Widerspruch so gelöst, daß in diesem Satz die Analogie ihre Grundlegung hat. So ist es kein Wunder, daß für ihn der Grund-Satz einer Metaphysik lautet: «*to gar analogon meson*», «das Analoge ist die Mitte» (vgl oben S. 149ff). Für Parmenides wie für Heraklit gibt es weder ein «Analoges» noch eine «Mitte»: weil für Parmenides alles ewige Identität ist und für Heraklit alles schwingende Gegensätze (so daß sein «Logos» im Grund nur «*chiffre*» eines unbegreiflichen Rhythmus der Gegensätze ist). Platon betont gewiß ein «*meson*», eine «Mitte» (Theaitetos 180 E), aber als rein Rhythmisches (*emmetron kai hama symmetron:* Philebos 26 AB) einer «unerwarteten Plötzlichkeit des Augenblicks» (*exaiphnes:* Parmenides 156 E) in «unbewußtem Zu-Fallen» (*lelethamen... eis to meson peptokotes:* Theaitetos 180 E) im «Zwischen» (*metaxy:* Parmenides 156 E) des «unsterblichen Kampf» (*mache athanatos:* Nomoi X 906 BC) mitten in der bleibenden «Distanz» zwischen den Gegensätzen» *(chorismos)*, und dies als «göttliches Spiel» (*Theou ti paignoion*: Nomoi VII 803 C) der «Geburt im Schönen» als des Geheimnis des «Eros» (Sympos 203 B–D ebd 206 E), nicht nur im «Zwischen von Sterblich und Unsterblich» (Sympos 202 E), sondern zuletzt zwischen «Gott-Geleitet-und-Umkreist» und «rückschnellendem Gott-Entglitten» ins «Gegenteil» («*xympodegei poreuomenon kai synkyklei... tote de anheken..., to de palin automaton eis tanantia periagetai:* Politikos 269 C D E). Diesem platonischen «*meson*» als einem «zufällig Mittleren» im «unsterblichen Kampf der Gegensätze» stellt Aristoteles sein «*analogon meson*», «das Analoge als Mittleres», gegenüber (Eth Nik V 7, 1131 B 11). Dieses «Analoge» scheidet sich scharf sowohl gegen eine platonische «Ähnlichkeit im Bild und Nachbild» (im «*paradeigma*» eines «*theo-eides*») wie gegen eine heraklitische «reine, unähnliche Gegensätzlichkeit» (vgl Heraklit bei Diels 71 B 67). Gegen Platons «Ähnlichkeit in Bild und Nachbild» setzt Aristoteles das «Analoge» als «*allo pros allo*», über alle Gemeinsamkeit in «Species, Genus, Zahl»: also schroff gesagt, als Korrelation zwischen zwei X, die zueinander je «das ganz Andre» sind. Gegen Heraklits «reine Unähnlichkeit der Gegensätze zueinander» aber betont er das Positive des «*pros*» zwischen den beiden X, die «*analogia proportionis*» der klassisch thomistisch-bañezianischen Schule. Das «*Analoge* als Mittleres» unterstreicht die «Unähnlichkeit» und macht damit das «Mittlere» zu etwas Unangebbarem. Das «Analoge als *Mittleres*» aber betont die «*proportio*», das schwingende «Hin zu», als ein «rhythmisch Mittleres» und hierin, aber nur hierin, als ein Positives. Die «Analogie als Mittleres», die für Aristoteles das «Ur *(arche)*» in allem Sein ist (wie Feuer, Erde, Luft, Logos, Rhythmus solche «*arche*» der Philosophen vor ihm waren), diese «Analogie als Ur» (und darum «Sein als Analogie») ist «Analogie als Beziehung *(pros)* gegenseitigen Andersseins *(allo... allo)*»: «*hos allo pros allo*», hinaus über alle Gemeinsamkeit (Met IV 6 1016 B 31–35).

Diese «Analogie als Ur», als «Sein als Analogie» ist das Letzte dessen, was sich in Metaphysik in ihren zwei Formen «transzendierender Immanenz» (augustinischer «idealer Metaphysik») und «immanierender Transzendenz» (thomasischer «realer Metaphysik») darstellt. Eine Metaphysik «transzendierender Immanenz» ergründet den Raum der Immanenz des Bewußtseins, durch alle Begreiflichkeiten hindurch, bis in sein schlechthin Unbegreifliches (in sein immanentes «*allo*»), um eben so, in diesem «*allo*», dem «ganz andern» der Wirklichkeit zu begegnen, der Wirklichkeit, die nicht nur als das «ganz Andre» (und darum in ihrer «Widerständigkeit» gegen alles Bewußtsein, – wie Scheler formuliert) erfahren wird, sondern eben so auch zuletzt in ihr schlechthin Unbegreifliches hinein (in ihr eigenes «*allo*»). Umgekehrt gräbt eine Metaphysik «immanierender Transzendenz» den Raum der realen Wirklichkeit, durch alle Begreiflichkeiten hindurch, bis in sein schlechthin Unbegreifliches (in sein letztes «*allo*»), um eben so zurück-gezwungen zu werden, aus allen realen (naturwissenschaftlichen) «Ursachen» heraus und hindurch in ein «Ur des Geistes», wie es allein in der «geistigen Immanenz» des Bewußtseins west und erfahren wird, aber eben so, mehr und mehr, hinein in das schlechthin Unbegreifliche dieses «Ur des Geistes» selbst (in sein eigenes «*allo*»). Zuletzt aber noch verhalten sich diese beiden Richtungen von Metaphysik selber zueinander wie ein (gesteigertes) «*allo pros allo*». Metaphysik «transzendierender Immanenz» und Metaphysik «immanierender Transzendenz» sind selber einerseits zueinander wie ein «ganz Andres» (weswegen zwischen ihren geschichtlichen Systemen zu allen Zeiten feindliche Fremdheit das «Übliche» ist, – und anderseits sind sie so zueinander «bezogen» (im «*pros*»), daß sie erst in ihrem Zueinander die echte und volle Metaphysik darstellen. «Analogie» als «*allo pros allo*» ist nicht nur Formprinzip in jeder der beiden Richtungen von Metaphysik, sondern ist zuletzt Formprinzip der wesentlichen Beziehung zwischen beiden, darin sie, «in» ihrem wesentlichen «ganz Anders zueinander» sich zur Einen Metaphysik integrieren. «Analogie zwischen Analogie und Analogie» (und hierin vollendetes «*allo pros allo*») ist das letzte Formprinzip von «Metaphysik überhaupt». Die Folge für eine «metaphysische Erfahrung» ist damit klar. Ist «Analogie» (als wesentlich «*allo pros allo*») Formprinzip jeder der beiden Metaphysiken und zuletzt auch noch ihrer Integrierung zu Einer Metaphysik, so gibt es keinerlei «direkte metaphysische Erfahrung», weder im Raum des Bewußtseins (für eine «ideale Metaphysik» transzendierender Immanenz), noch im Raum der Wirklichkeit (für eine «reale Metaphysik» immanierender Transzendenz), noch für eine Metaphysik der Integrierung ihrer beiden Richtungen. Es gibt nur die Erfahrung des «*allo pros allo*», d. h. Erfahrung «schwingender Beziehung» *(«pros»)* zwischen «ganz Anders» und «ganz Anders». Es gibt nicht ein Fortschreiten «immer mehr ins Licht» (wachsender Lösungen der Systeme), sondern einzig echt ein «Wandeln von Dunkel in Dunkel» (im «*pros*» zwischen «*allo*» und «*allo*»). Es gibt nur eine wachsende «*reductio in mysterium*» (wie in «*Analogia entis* I» solche Methode hieß, gegenüber Deduktion wie Induktion: S. 88ff), d. h. wachsendes Zurück durch alle anscheinenden «Lichtigkeiten» in ein «wachsendes Dunkel», daß im «dunklen Mysterium» allein das «Licht» sei. Wie Dionysius Areopagita Gottes «überseiende Licht-Schüttung» als «*gnophos*» erfährt, d. h. als «Finsternis im Wirbelwind», so geschieht echte «metaphysische Erfahrung» in letzter «Finsternis» (aller «lichten Lösungen») «im Wirbelwind» (auch noch «verwirbelter Probleme»).

Das Korrelat zur Analogie in der Metaphysik ist die *Analogie in Religion:* wie das Vierte Laterankonzil (1215) sie im zweiten Kapitel seiner Entscheidungen formuliert hat. Sagt die aristotelische Analogie als Form jeglicher Metaphysik das «*allo pros allo*», die Proportion zwischen zwei X, so läßt die lateranensische Analogie als Form jeglicher Religion eine «*major dissimilitudo*», eine «je immer größere Unähnlichkeit» aus jeglicher «*tanta similitudo*», aus jeder «noch so großen Ähnlichkeit» für jegliches denkbare «Zwischen zwischen Schöpfer und Geschöpf» entspringen (Denz 432). Wie für die aristotelische metaphysische Analogie aller Zusammenhang in «Genus, Species, Zahl» nur der Fußpunkt ist für das letztaufgehende «*allo pros allo*», d. h. das «ganz Anders» als Letztes in allen «Ähnlichkeiten», so gilt für die lateranensische Analogie in Religion das «ganz Anders» einer «je immer größeren Unähnlichkeit» mitten in «noch so großer Ähnlichkeit» zwischen «Schöpfer und Geschöpf» überhaupt. Das Entscheidende der lateranensischen Analogie in Religion ist, daß sie grade für den Höchstfall einer «Ähnlichkeit», ja fast «Identität» oder wenigstens «Eins», zwischen Schöpfer und Geschöpf definiert ist: für das Eins zwischen dem Eins der Drei Göttlichen Personen und dem Eins der Drei Göttlichen Personen mit dem Menschen der «Teilhabe an der Göttlichen Natur». Es ist der Höchstfall des Wortes aus dem Hohepriesterlichen Gebet: «daß sie Eins seien wie Wir Eins sind», – «daß alle Eins seien, wie Du, Vater, in Mir und Ich in Dir, daß sie Eins seien in Uns!» (Jo 17, 11. 21f.) Denn die Definition betrifft ausdrücklich dieses

Wort der Offenbarung: um das «noch so große Eins (höchster «Ähnlichkeit») », das in diesem Offenbarungs-Wort ausgesagt ist, aus allen Identitäts-Träumen (wie sie in der Vision des Abtes Joachim de Fiore dem Konzil vorlagen: in der Vision von «Drei Reichen», in denen Vater, Sohn und Geist die jeweilige Form sind) zu klären in die «je immer größere Unähnlichkeit» zwischen einer «Einheit der Identität in der Natur» (*identitatis unitas in natura:* im Eins der Göttlichen Personen) und einer «Einheit der Liebe in der Gnade» (*unio caritatis in gratia:* im Eins der Göttlichen Personen für und in den «Gläubigen»). Dieser Höchstfall von Ähnlichkeit und Eins «zwischen Schöpfer und Geschöpf» wird vom Konzil genommen, um an ihm ein «Gesetz überhaupt» für das «Zwischen zwischen Schöpfer und Geschöpf» zu definieren: daß «zwischen Schöpfer und Geschöpf keine noch so große Ähnlichkeit angemerkt werden kann, daß nicht zwischen ihnen eine je immer größere Unähnlichkeit angemerkt werden muß». Dieses «Kann nicht» und «Muß» als wesensmäßiges «*quia*», d. h. im Wesen von Schöpfer und Geschöpfe überhaupt begründetes «Weil», wird vom Konzil definiert für den positiv-heilsökumenischen Höchstfall des Verhältnisses zwischen «Eins in Gott» und «Eins Gottes im Eins der Gläubigen zueinander». In diesem Sinn ist eine «je immer größere Unähnlichkeit in einer noch so großen Ähnlichkeit» ein solches «Wesen» des «Seins» von und zwischen «Schöpfer und Geschöpf», das auch und grad im Höchstfall eines übernatürlichen «Eins zwischen Schöpfer und Geschöpf» nicht nur als «natürliches Sein» gewahrt bleibt, sondern das sich, im Sinn der Konzils-Entscheidung, grad als «letzter Aspekt» solchen übernatürlichen «Eins» kundtut. Die «Analogie je immer größerer Unähnlichkeit» ist das Wesen des Seins von und zwischen «Schöpfer und Geschöpf» überhaupt. Jenes «Sein», das «Schöpfer und Geschöpf» überhaupt ist, ist «Analogie der je immer größeren Unähnlichkeit in noch so großer Ähnlichkeit». Es ist «*analogia entis*», weil das «Sein als Sein» (*on he on:* Aristoteles) diese «Analogie» ist. Es gibt kein andres «Sein als Sein» als die «Analogie» der «je immer größeren Unähnlichkeit in noch so großer Ähnlichkeit».

Ist dies und dies allein das objektive Wesen des Verhältnisses zwischen «Schöpfer und Geschöpf», d. h. Religion im Sinn des «*religare*» (als «Rückbindung je und je» des Geschöpfes zum Schöpfer), dann kann auch in Religion als «*relegere*» und als «*religere*», d. h. in Religion als bewußtem «je und je Sich-Zurück-lesen» und wollend gelebtem «je und je Zurück-erwählen» einzig die lateranensische «Analogie» das Form-Gesetz sein. Denn bewußte und wollend gelebte Religion ist weder ein «freies Wert-Phänomen» (gemäß der Badener Wert-Philosophie: von Rickert bis Joh. Hessen) noch ein «anthropologischer Typus» (gemäß Dilthey bis Spranger), sondern «Bewußtsein des Sein», bewußtes und wollend gelebtes «Sein» von Religion als des «Zwischen zwischen Schöpfer und Geschöpf», das allein die «Analogie je immer größerer Unähnlichkeiten in noch so großer Ähnlichkeit» ist. «Analogie», wie sie Wesen objektiver Religion ist, ist genau so Form-Gesetz «religiöser Erfahrung» zwischen lebendigem Gott und lebendigem Mensch. Das heißt in letzter Strenge: es gibt keine «Offenbarung» (als «religiöse Erfahrung von Gott her»), und es gibt keine «Mystik» (als «religiöse Erfahrung vom Menschen her»), in der nicht die Erfahrung der «je immer größeren Unähnlichkeit» in «noch so großer Ähnlichkeit» (in «Gleichnis» und «Bild» und «Wort» usw.) das Letzte und Höchste wäre. Darum gilt: daß ein «Eraugbar, Erlauschbar, Erschaubar, Ertastbar» Gottes allein in dem und als der «Christus im Fleisch» statthat, der als «*totus Deus*» «*totus homo*» ist: ringsum in Seine Menschlichkeit geschlossener Mensch, in dessen Menschlichkeit es nichts gibt, was eraugbare, erlauschbare, erschaubare, ertastbare unmittelbare Göttlichkeit wäre, sondern einzig «total Mensch», der als solcher «total Gott» ist. Darum gilt weiter: daß einzig dieser Christus als «total Mensch, total Gott» in der Erstreckung Seines Lebens zwischen Empfängnis, Geburt, Leben, Passion, Tod, Auferstehung, Himmelfahrt, Sitzen zur Rechten, Wiederkunft im Ende der Welt die ausschließlich einzige «Offenbarung» und «Innewerdung» Gottes ist und bleibt und dies einzig und ausschließlich als «Haupt und Leib (der Kirche) Ein Christus», – so daß eine Offenbarung und Innewerdung Gottes mit Ihm einzig anhebt (im «Typus» des Alten Bundes) und mit Ihm völlig schließt (in den «Aposteln»), – so daß alle sogenannten «Privat-Offenbarungen» einzig einer privatpersönlichen «Erfahrung» zugehören, die (wie Johannes v. Kreuz betont und viele andre) als ein neues «Eraugt, Erlauscht, Erschaut, Ertastet» Gottes (auch Gottes in Christo) solange mit Recht «verdächtig» sind, als nicht der Rausch einer «noch so großen Ähnlichkeit» (der «Vision, Audition usw.») sich gründlich ernüchtert zum «dunklen Glauben *(obscuritas fidei)*» hin zur «je immer größeren Unähnlichkeit» (aller «Bilder, Worte usw.» zum «Gott, der das unzugängliche Licht bewohnt», wie gerade St. Paulus im Ende seines Lebens akzentuiert). Darum gibt es einzig soweit echte «religiöse Erfahrung», als in ihr die Distanz der «je immer größeren Unähnlichkeit» das Letzte ist, – und als sie in sich hierin die «Form Christi» trägt, die solche «Form totaler Menschlichkeit» ist, die allein als solche totale Menschlichkeit die totale Göttlichkeit offenbart, und die noch dazu (gemäß dem «*Adoro Te*») in der Steigerung zum «Versteckt der Gottheit im Kreuz» zum «Versteckt der Menschheit noch» unter den totalen Sinneszeichen des Sakraments, so daß es (gemäß Thomas) einzig die «Wiederkunft» gibt als «Erscheinung Christi». Darum, diesem gesamten Form-Gesetz subjektiv gelebter Religion entsprechend, stehen alle drei praktischen Formen «religiöser Erfahrung» wesentlich in der «Analogie der je immer größeren Unähnlichkeit in noch so großer Ähnlichkeit». Alles «Mysterium» von Liturgie ist insoweit echte Form religiöser Erfahrung, als in ihr alle «Nähe des Heiligen» mündet in die je größere Distanz eines «Dienstes der Anbetung». Alles «Opfer» und alle «Übung» in Aszese ist insoweit echte Form religiöser Erfahrung, als in ihr alles «Noch so groß» eines selbstüberwindenden Willens mündet in das «Je immer größer» der restlosen «Übergabe in die freie Verfügung des Allerheiligsten Willens». Alles Gebetsleben (bis in Mystik und grad in Mystik hinein) ist insoweit echte Form religiöser Erfahrung, als alle Nähe oder gar Erfahrung der «Liebe» sich ernüchtert in die «je immer größere» Ehrfurcht in die «je immer größere» Ferne hinüber: daß aller «heilige Rausch und Traum» auch «geistlicher Sinne» und alle «mystischen Gewißheiten und Aufträge und Sendungen» je immer mehr verdämmern und verstieben in die «heilige Kühle» des augenlosen, ohrlosen, tastlosen «Geschehe Dein Wille», – der «je immer größeren Unähnlichkeit» zu allem «Innewerden».

Diese *Analogie* der «je immer größeren Unähnlichkeit» ist das letzte Wort *für die zwei Grundformen* von Religion überhaupt: für eine augustinische Religion «transzendierender Immanenz» und eine thomasische Religion «immanierender Transzendenz». In einer (augustinischen) Religion «transzendierender Immanenz» hat das «Noch so groß» der «Ähnlichkeit» zwischen Gott und Mensch seinen Ort in dem, was Augustinus die Unmittelbarkeit *(nulla interposita creatura)* zwischen dem «Einen Allmächtigen Gott» und unserm «Geist-Sinn *(mens)*» «im inneren Licht» nennt, – bis in der «*imago Trinitatis*» Göttliche Trinität und innerlich trinitätsförmiger Geist fast ineinanderschlagen: im «*Deus interior intimis meis*», «Gott mir innerlicher als mein Innen». Aber eben in dieser höchsten Nähe setzt die «je immer größere Unähnlichkeit» ein: da (für den Augustinus der letzten Reife) ein unergründliches Geheimnis des «Innen» (der «*imago Trinitatis*») selbst alles «Innewerden» über sich hinaus wendet: in das noch weit unergründlichere Geheimnis Gottes Selbst als des «je immer größeren». – In einer (thomasischen) Religion «immanierender Transzendenz» hat umgekehrt das «Noch so groß» der Ähnlichkeit zwischen Gott und Mensch seinen Ort im fast unterschiedlosen Zusammenschlagen zwischen dem «Universum» in seiner «*perfectio universi*» und dem «universalen Gott» de pot q 3 a 16 corp; ebd a 17 corp). Aber eben diese höchste (reale) Nähe, in der, gleichsam, der Mensch soweit in Gott eingewurzelt erscheint, als er eingewurzelt ist in einem greifbaren Universum (eingegöttlicht als eingeweltigt), enthüllt sich als das Tiefere eines «Hangens» (im «*Deo inhaereat*» als letztem Wort für Religion bei Thomas), d. h. aber dann «Hangen im unendlichen Raum». Indem der Mensch des «Makrokosmos» des «Universum» sich selbst in seinem Innern als das «*quodammodo omnia*», «gleichsam ein All», eines «Mikrokosmos» erfährt

(S Th I q 80 a 1 corp), werden «kosmischer Raum» und «geistiger Raum» für ihn «je immer mehr transzendent» in die «je immer größere Unähnlichkeit» der «Höhen und Tiefen» als «Über-Höhen und Un-Tiefen» des schlechthin unbegreiflichen «Gott All», in dessen «Über-Raum» und «Un-Raum» er einfach «hangt». «Hangen im je immer größeren Gott» ist «Religion als Analogie» für augustinische wie thomasische Religion: indem in augustinischer Religion ein «je immer größerer Gott» alles «Gewurzelt im Innen» aufsprengt ins «je immer Größere», – während in thomasischer Religion ein radikales reines «Hangen in Gott» je immer mehr alles feste «Gewurzelt im Universum» entwurzelt in die «Schwebe zwischen Himmel und Erde im Unbegreiflichen Gott».

Diese Analogie der «je immer größeren Unähnlichkeit» ist dann endlich auch das letzte Wort für das Zueinander zwischen Religion und Metaphysik. Innere Analogie augustinischer Religion ist das Innerste augustinischer Metaphysik, wie innere Analogie thomasischer Religion sich als das Innerste thomasischer Metaphysik enthüllt (wie es aus unsern bisherigen Darlegungen sich von selbst ergibt). Aber «Analogie als Religion» (in beiden Formen) ist solches «Innerste» von «Analogie als Metaphysik» (in beiden Formen) in der Form von «Analogie» selber: indem «Analogie als Metaphysik» und «Analogie als Religion» so zueinander in «so großer Ähnlichkeit» stehen (bis zu den Formen «religiöser Metaphysik» und «metaphysischer Religion» zu allen Zeiten), daß doch immer die «je immer größere Unähnlichkeit» das Letzte ist: im «je immer größeren Gott», der alle Metaphysik überhaupt sprengt und auch noch im Raum von Religion alles «Gewurzelt» aufhebt ins «reine Hangen». Endlich aber noch wird auch das Zueinander zwischen augustinischer und thomasischer Metaphysik und Religion in seinem Wesen als «Analogie je immer größerer Unähnlichkeit in noch so großer Ähnlichkeit» zu bezeichnen sein. Denn ein augustinisches Zueinander zwischen Metaphysik und Religion, steht, trotz seines «Transzendierens» zum «je immer größeren Gott», doch in «so großer Ähnlichkeit» des «Gott innerer als mein Innen» (als «so großer

Ähnlichkeit» zwischen «Gott innerer» und «mein Innen»). Thomasisches Zueinander zwischen Metaphysik und Religion aber steht betont in der «je immer größeren Unähnlichkeit»: nicht nur weil für sie Gott das transzendente «Eins der Gegensätze» des Universum ist, die im Universum selber schon ein Unbegreifliches sind (S Th I q 13 a 4), sondern auch weil das einzige «Innen» hierin das reine «Hangen in Gott (als dem Unbegreiflichen)» ist. Augustinisches (analoges) Zueinander zwischen Metaphysik und Religion ist, selber als «Analogie», der akzentuierte Ort «so großer Ähnlichkeit», hin zu thomasischem (analogen) Zueinander zwischen Metaphysik und Religion, das, in aller Betonung der vollen Analogie, doch der besondere Ort «je immer größerer Unähnlichkeit» ist. Erst indem also die Eine Analogie (aristotelisch und lateranensisch) nicht nur letztes Form-Prinzip von Metaphysik wie Religion ist, nicht nur letztes Form-Prinzip des Zueinander zwischen Metaphysik und Religion, nicht nur solch letztes Form-Prinzip in augustinischer wie thomasischer Metaphysik und Religion und augustinischem wie thomasischem Zueinander zwischen Metaphysik und Religion, sondern vollends im letzten Verhältnis zwischen augustinischem und thomasischem (besonderem) Zueinander zwischen Metaphysik und Religion, – hierin erscheint die aristotelische und lateranensische «Analogie», als das ausschließliche und alles einbeschließende «Form-Prinzip überhaupt»: *forma sola universalis*.

Diese «Analogie» schließt alle Systeme einer alleinigen «so großen Ähnlichkeit» aus: vom Früh-Augustinismus einer Welt als direktem «Bild und Gleichnis» des Göttlichen (wie ihn heute die Schule von Alois Dempf, vor allem in seines Schülers Lakebrink «Analektik» einer «ähnlichen Unähnlichkeit» erneuern möchte) – bis zum Suarezianismus einer «*analogia attributionis*», für die ein «*ens qua tale*» oder «*ens ut sic*» der reinen Analogie vorgelagert liegt, also ein (wenigstens negativ) eindeutiges Sein. Ebenso aber schließt diese «Analogie» auch alle Systeme einer alleinigen «je immer größeren Unähnlichkeit» aus: wie im thomistischen Bañezianismus, in dem eine wahre «*analogia proportionis*» (des «*pros*» der «Proportion» als Letztem) sich zuletzt einen Halt sucht in einem Gott der «*praemotio physica*», d. h. greifbarer, wenngleich unbegreiflicher, Lenkung eindeutiger Führung, die alles «Schweben zwischen Möglichkeiten» aufhebt in eine «gerade Linie» eines alleinbestimmenden Gott (reiner Transzendenz) – schärfer und stilreiner aber, wie die reformatorischen Richtungen von Luther zu Hegel zu Kierkegaard zu Karl Barth eine «Dialektik des Widerspruchs» als Letztes nehmen, zwischen einem «Gott des Gerichts», der eben darum nicht «erkannt» ist, und einem «Gott der Gnade», der eben darum alles mögliche Erkennen übersteigt.

Indem die eine einzige Analogie «je immer größerer Unähnlichkeit in noch so großer Ähnlichkeit» als «rhythmische Mitte» zwischen diesem Entweder-Oder der Systeme «so großer Ähnlichkeit» und der Systeme «je immer größerer Unähnlichkeit» erscheint, vereiteln sich auch endlich alle «Fluchtversuche», wie sie seit dem Erscheinen meiner «Analogia entis» (1932) versucht wurden. Es hilft nicht der Fluchtversuch Karl Barths, der die Analogie als «Erfindung des Antichrist» bezeichnet, um in ein reines «biblisches Christentum» zu fliehen: weil dieses sich ihm tatsächlich als System «je immer größerer Unähnlichkeit» gestaltet, also im Bann der Analogie, vor der er flieht. Es hilft nicht der Fluchtversuch Gottlieb Söhngens und Theodor Haeckers, über einer angeblich rein metaphysischen «*analogia entis*», eine «höhere und gottnähere» «*analogia fidei*» oder «*analogia Trinitatis*» zu bauen: weil das Vierte Laterankonzil seine «Analogie» eben grad im höchsten übernatürlichen, ja trinitarischen Bereich erscheinen läßt. Es hilft auch nicht der Fluchtversuch, der in all diesen Fluchtversuchen einschlußweise versucht wird, die «Analogie» irgendwie wie als ein Vorletztes zu nehmen, um sie doch irgendwie in ein «lösendes Prinzip» zu «lösen»: weil eben grad in der Analogie als «Analogie der immer größeren Unähnlichkeit» der Gott mächtig ist und Sich kundtut, der «nicht Gott ist, wenn du Ihn begreifst» (Augustinus, serm 117 nr 3 3), dem wir darum einzig «begegnen» im «freien Hangen» der «freien Schwebe» der «Analogie», die das metaphysisch und religiös «Letzte» ist[1].

[1] Vgl oben die Abhandlung Nr. 2 über die Reichweite der Analogie.

Bild, Gleichnis, Symbol, Mythos, Mysterium, Logos

1956

1. Die im Titel implizierte Frage ist sowohl die eigentliche Frage zwischen morgenländischer und abendländischer Philosophie wie auch die Frage zwischen den zwei Grundrichtungen abendländischer Philosophie selbst, zwischen «Philosophie im reinen Begriff» (wie sie von Descartes zu Hegel in ihren Höhepunkt steigt) und «Philosophie im reinen Bild» (wie sie der Früh-Augustinismus der Viktorianer kannte und wie die Romantiker, vor allem Baader, sie grundsätzlich ausbauten, so daß der Bild-Transzendentalismus wie Klages ihn gegen den Begriffs-Transzendentalismus des europäischen Idealismus stellte, nur eine Nachwirkung Baaders ist). Morgenländische Philosophie ist so sehr «*Philosophie im reinen Bild*», daß sie überhaupt keine methodische Philosophie ist, sondern letzte «Weisheit», die entweder objektiv im reinen «Bild als Gleichnis» enthalten ist oder subjektiv vom «Weisen» im bleibenden «Bild als Gleichnis» für sich herausgelesen und für seine Jünger herausgedeutet wird. Abendländische Philosophie in ihrer äußersten Form (von Descartes zu Hegel) ist so sehr «*Philosophie im reinen Begriff*», daß alles «Bild» jener sensiblen Welt angehört, die (für Descartes) im radikal totalen Zweifel zerzweifelt werden muß, daß sie allein im reinen cogito er-rationalisiert (ja zuletzt er-technisiert) werde in der rationalen «techne» des «anthropos technikos», der eine bloße «*res extensa*» technisiert, – oder daß (in der hierin milderen Form Hegels) die sensible Welt der bildhaften «Phänomena» im «reinen Geist» aufgehoben werde (negativ und positiv) in eine rein «noumenale» «Welt des Geistes», wie sie aber im Grunde doch nur eine einzige Objektivation des formalen Urteils-Ternars zwischen These, Antithese, Synthese ist (wie Hegel politische Geschichte wie Geistes-Geschichte wie Religions-Geschichte im Grund nur als «Paradigma» des Urteils-Ternars begreift).

Zwischen diesen äußersten Gegensätzen einer «Philosophie im reinen Bild» (für die die Reihe «Bild, Gleichnis, Symbol, Mythos, Mysterium» das ontisch wie noetisch wie praktisch «Eigentliche» ist und bleibt, das in sich selbst nur «transparent» ist in einen verborgenen und zuletzt verborgen-bleibenden «Logos») – und einer «Philosophie im reinen Begriff» (für die die ganze Reihe «Bild, Gleichnis, Symbol, Mythos, Mysterium» eine reine «Vorläufigkeit» «rein sensibler Phänomene» ist, die höchstens einen «volks-pädagogischen» Sinn hat für den einfachen Menschen, der des «Geistigen» noch nicht fähig ist, aber auch so bestimmt ist, restlos ins rein «noumenal Geistige» sich «aufzuklären»), – zwischen diesen beiden äußersten Gegensätzen steht die eigentliche Position von *Thomas von Aquin*, wie er sie am schärfsten in seinem Kommentarwerk «*in Boethium de Trinitate*» ausgeformt hat: nicht nur «*intelligibilia per sensibilia*», nicht nur «*intelligibilia in sensibilibus*», sondern auch noch «*intelligibilia intra sensibilia*»: daß das «Sensible» (also in «Bild, Gleichnis, Symbol, Mythos, Mysterium») nicht nur sei das «*per*», d. h. der notwendige Durchgang zur intelligiblen Welt des «Logos», nicht nur sei das «in», d. h. der notwendige Ort, in dem diese intelligible Welt allein erfahren werde, sondern auch das «*intra*» sei, das abgegrenzte Innerhalb, innerhalb dessen allein eine Erkenntnis der intelligiblen Welt möglich sei, und darum nicht intuitiv und direkt und positiv, sondern diskursiv (im «Umkreisen» der sensiblen Welt) und indirekt (in einer Transparenz dieser sensiblen Welt) und negativ (so daß nur gesagt werden kann, was die intelligible Welt «nicht ist»: in einer «apophatisch negativen Philosophie», wie sie einer letzten «apophatisch negativen Theologie» präludiert). Und auch diese eigentlich thomasische Position steht noch unter dem schärferen Gesetz der *lateranensischen* «Analogie der je immer größeren Unähnlichkeit in jeder noch so großen Ähnlichkeit» (wie wir sie in unsrer Arbeit «Metaphysik, Religion, Analogie» näher ausgedeutet haben[1]). Das heißt in dem Ausmaß, als eine «intelligible Welt des Logos» in ihrem letzten göttlichen Grund erfaßt werden soll, ist auch noch ihre «diskursive, indirekte und

[1] Vgl unten Abhandlung Nr. 4.

negative» Erkenntnis «aus» und «in» und «innerhalb» des phänomenal Sensiblen immer nur erst Erkenntnis im Raum «noch so großer Ähnlichkeit», durch die erst hindurchschneiden muß die «je immer größere Unähnlichkeit». Die einfache «Transparenz» der «sensibel phänomenalen Welt» innerhalb ihrer selbst über sich hinaus (im letzten Rhythmus eines «in-über») in eine «intelligibel noumenale Welt» ist zuletzt nur eine innerkreatürliche Transparenz (im «in-über» zwischen einer «sensibel phänomenalen Existenz» zu einer «intelligibel noumenalen Essenz»: im innerkreatürlichen «in-über» zwischen Dasein und Sosein. Diese inner-kreatürliche Transparenz muß darum, wofern es sich um den letzten göttlichen Grund handelt, selber zu einer «Transparenz der Transparenz» werden: wie der absolut transzendent-immanente Gott erst «transparent» ist durch das Ganze der Kreatur in ihrer Transparenz zwischen Dasein und Sosein. Eine «diskursive, indirekte und negative» Erkenntnis der «intelligiblen Welt des Logos» «durch und in und innerhalb» der «sensiblen Welt» wird dann, entsprechend der «Transparenz der Transparenz», zum «hyper» ihres Status (wie Dionysius der Areopagit, in Nachfolge zu den Paulinen und den Kappadoziern die Region des Göttlichen und der Erkenntnis des Göttlichen bezeichnet: «über-seiender Gott» für «augenlose Augen» und «unerkennendes Erkennen»). Es wird «über-diskursive, über-indirekte, über-negative» Erkenntnis. Es wird sie in einem doppelten Sinn. Erstens: im Sinne davon, daß der Erkennende «je immer mehr» die ganze sensible Welt und die ganze kreatürliche Welt «überdurch-laufen» muß (im «hyper», «supra», des «discurrere»). Zweitens aber: im Sinne davon, daß im «Noch so groß» solcher Fülle und Farbenfülle konkret innerweltlicher Erfahrung der Göttliche Grund in Seiner «je immer größeren Unähnlichkeit» erfahren werde: der «hyperphotos gnophos» des Göttlichen in der Fülle des «polypoikilos kosmos» (wie areopagitische und paulinische Sprache sich ergänzen), – das «Je immer größer Unähnliche» der göttlichen «überlichten Sturmnacht-Finsternis» im «noch so ähnlichen» «Viel-Bunt-Geschimmer des Kosmos».

Für das Verhältnis einer «Philosophie im reinen Begriff» zu einer «Philosophie im reinen Bild» gilt also, von dieser «Transparenz der Transparenz» aus: daß das «Rein» in beiden grundsätzlich zu ersetzen ist durch diese «Transparenz der Transparenz». Das heißt in beiden Philosophien kann es keine «Identität» geben, wie sie dem «Rein» entspricht: Identität in einem mit der Sache «identischen Begriff» (wie es der «absolute Begriff» des europäischen Idealismus will) oder Identität in einem mit der Sache «identischen Bild» (wie die Romantik den archaisch-magischen Sinn des «Bildes» faßt: als Bild, in das die reale Sache «beschworen» und «hineinbeschworen» ist, um im Bild selber «beschwörend» zu wirken). Mit andern Worten: gegen eine rationale oder magische Identität (wie sie der Formgrund einer «Philosophie im reinen Begriff» und einer «Philosophie im reinen Bild» ist) tritt, als Formgrund der «Transparenz der Transparenz», die «*Analogie der Analogie*» (wie wir sie in «Metaphysik, Religion, Analogie» ausdeuteten). «Analogie der je immer größeren Unähnlichkeit in noch so großer Ähnlichkeit» ist zuerst der Formgrund der einfachen Transparenz zwischen «*mundus intelligibilis*» und «*mundus sensibilis*», zwischen «Welt der reinen Wesenheiten» und «Welt der realen Existenz»: «(ideales) Sosein in-über (real existentem) Dasein». Aber wenn und soweit es in dieser einfachen Analogie um einen letzten göttlichen Grund geht, schneidet durch sie zuletzt noch die «Analogie der je immer größeren Unähnlichkeit in noch so großer Ähnlichkeit» zwischen Kreatur überhaupt (die ein «Sosein in-über Dasein» ist) und Gott überhaupt hindurch (der als Sosein-Dasein oder Dasein-Sosein im Verhältnis des «in-über» zum kreatürlichen «Sosein in-über Dasein» steht[1]). Durch diese «Analogie (zwischen Gott und Kreatur) der (innerkreatürlichen) Analogie (zwischen idealem Sosein und real existentem Dasein)» ist jedes «Rein» einer Absolutheit von «Begriff» oder «Bild» in der Wurzel ausgehoben: so daß nicht einmal ein «reiner Begriff» oder ein «reines Bild» solcher letzten «Analogie der Analogie» möglich ist (was den Titanismus einer «letzten Weltformel» be-

[1] Vgl. oben I. Teil.

deuten würde, noch über die Verwegenheit eines «reinen Begriffs» und eines «reinen Bilds» hinaus), – sondern so, daß die erkennende Kreatur selber zuletzt einzig die «Schwebe» der «Analogie der Analogie» zu leben hat – und auch das nicht so, als ob diese «Schwebe» selbst ein «Letztes» wäre, sondern insofern diese «Schwebe» nur die «Chiffre» des allein-souveränen «Gott in allem und über allem» ist (wie Augustinus und Gregor der Große dieses eigentlich «Letzte» fast hymnisch umkreisen: Augustinus de Gen ad litt VIII 26, 48; Gregor, hom 17 in Ezech).

2. Indem aber so der Gegensatz zwischen einer «Philosophie im reinen Begriff» und einer «Philosophie im reinen Bild» sich in die Eine «Schwebe» einer (akthaft) analogischen Philosophie der (inhaltshaften) Analogie der Analogie überwindet, empfängt die Titel-Reihe «*Bild*, *Gleichnis*, *Symbol*, *Mythos*, *Mysterium*, *Logos*» erst ihren eigentlichen Sinn: gleichsam *als rhythmischer Ausdruck* solcher «*analogischen Philosophie der Analogie-der-Analogie*». Da aber tatsächlich alles Positive sowohl einer «Philosophie im reinen Begriff» wie einer «Philosophie im reinen Bild» in diese Eine Philosophie positiv aufgehoben ist (wie ihre «Absolutheit» negativ aufgehoben ist durch eine grundsätzliche «Analogie» gegenüber aller «Identität»), – durch dieses positiv und negativ «Aufgehoben» (im Sinne des Wortes Hegels) treten beide, zueinander ursprünglich gegensätzlichen, Philosophien, als «unterschiedene Rhythmisierungen» in den Rhythmus «Bild, Gleichnis, Symbol, Mythos, Mysterium, Logos» (der Einen «analogischen Philosophie der Analogie») ein. – Dem Positiven einer «Philosophie im Begriff» entspricht dann ein «*progressiver Rhythmus*», der vom «Bild» über «Gleichnis, Symbol, Mythos, Mysterium» «aufsteigt» zum «Logos» (wie es der Ur-Antrieb des europäischen Idealismus ist). Dem Positiven aber einer «Philosophie im Bild» entspricht wieder ein «*regressiver Rhythmus*», der von einem relativ reinen «Logos» (der in seinem «Rein» an der Grenze zum unfruchtbaren «Eis der Abstraktheit» steht) «absteigt» durch «Mysterium, Mythos, Symbol, Gleichnis» in das «fruchtbare Bathos» des «Bild» (wie die Romantik grund-

sätzlich solchen «Regreß» zu den «Ursprüngen» als «Müttern» fordert und vollzieht). Eben darum aber erscheint diese doppelte Rhythmisierung als Letztes selber in den einzelnen Gliedern der Reihe «Bild, Gleichnis, Symbol, Mythos, Mysterium, Logos». Wenn die sprachliche wie geschichtliche Etymologie als Sinn dieser sechs Worte zuletzt ein geheimnisvoll Rhythmisches feststellen mußte, öffnet sich dieses geahnt Rhythmische in dem Ausmaß, als sie im Rahmen ihrer doppelten Abfolge in ihren Sinn hinein gelesen werden, – um zuletzt erst darin ihren Sinn zu öffnen, daß jedes von ihnen jeweils im Durchgangs-Schnittpunkt der progressiven (von «Bild» zu «Logos») und regressiven (von «Logos» zu «Bild») Rhythmik seinen «Ort» hat, – eben darum aber keinen «statischen» Ort (zu einer statischen «Einsinnigkeit»), sondern einzig einen «passiv-dynamischen» Ort (zu einer schwebenden «Doppelsinnigkeit»).

Hierfür ist eine Art *Phänomenologie der Worte «Bild, Gleichnis, Symbol, Mythos, Mysterium, Logos»* durchzuführen, d. h. ein Offenlegen dessen, was der Sinn dieser Worte ist, sowohl eigentlich etymologisch (vom Bau der Worte her) wie geschichtlich (vom Gebrauch der Worte her).

3. «*Bild*» im griechischen Wort «eikon» kommt vom Verb «eiko». «Eiko» liegt in der Spannweite zwischen einem einfachen (ontischen) «gleichen» und praktischem «gebühren» (wie mir ein «Platz gebührt» unter «meines-gleichen»), beides aber (gemäß dem Entsprung von «eiko» aus «eido») unter dem Sinn von «Erscheinung», durch die man zwar «erfährt» und «kennt» und «weiß», aber wie unter einem «Schein», aber doch als unmittelbaren Augenschein (wie das lateinische «*video*» etymologisch von «eido» kommt). In «eikon» liegt mithin die Doppeldeutigkeit zwischen einem Bild, das seinem realen Gegenstand einfach «gleich» ist und ihn darum so «repräsentiert» (d. h. jeweils gegenwärtig macht), daß dem Bild Ort und Ehre seines Gegenstands gebührt (wie die antiken Kaiser-Statuen kaiserliche Würde trugen und darum wie der Kaiser zu verehren waren, – und wie der ost-kirchliche «Ikon» geradezu «sakramentale Prä-

senz» seines Gegenstandes ist), – und einem Bild, das zuletzt doch nur für den «Augenschein» da ist, d. h. für die Sphäre des Sensiblen, und so, gegenüber einer noumenal intelligibel «geistigen Gegenwart» seines Gegenstandes zuletzt nur ein «bloßer Schein» ist, der durch den Geist «durch-schaut» werden muß in die «reine Idee» oder in den «reinen Begriff» hinein.

«Bild» im lateinischen Wort «*imago*» kommt von dem Verb «*imo*» oder «*imor*», das die Wurzel von «*imitor*» ist, das ein «nachahmend darstellen» sagt, aber im besondern Sinn der Wachsmasken der Ahnen, die beim Leichenzug als «*imagines*» in Lebensgröße von eigenen Trägern in der gebührenden Tracht und Insignien getragen wurden, oder die als Ahnenbilder in Lorbeerkränzen in einem Schrank im Atrium standen: also in der Spannweite zwischen «Bild als Repräsentation» der ontischen Ahnenreihe (woraus sich für die Psychoanalyse der Begriff der «*imago*» gebildet hat: als Präsenz eines «Archetyp» im entsprechenden «Komplex»: Mutterbindung als «Ödipuskomplex» usw.), – und «Bild als Vorbild» (wie Walter Otto das eigentlich griechische Denken sich begreifen läßt in der «Gestalt», die «Vorbild» ist als «Vermittler des Urbildes», dem gegenüber alles «Gesetz» nur nachfolgende rationale Auslegung ist[1]). – «Bild» endlich als deutsches Wort gründet im germanischen Stammwort «bil», das eine über-gewöhnliche und un-gewöhnliche «Wunderkraft» sagt, so daß «Bild» ursprünglich «Wunderzeichen» heißt und hierin Präsenz des «Wunder» als «(ontisches) Wesen», also zugleich im Sinn des östlichen «Ikon» wie im griechischen Sinn (gemäß Otto) des «(göttlichen) Urbilds im Vorbild als Gestalt», – während der Sinn von «Bild» als «Abbild in Nachbildung» erst sekundär folgt, gleichsam als rationale Ausdeutung der ursprünglichen «Präsenz des Wunder Gott-Urbild im Bild als Wunderzeichen». Entsprechend dann gibt sich die Spannweite dieses «Bild als Präsenz des Göttlichen im Wunderzeichen» als Ausdruck der Ur-Spannweite zwischen den Bildungen «biliden» als «einer Sache Gestalt und Wesen geben» und «bilidon» als «eine vorgebildete Gestalt nachbilden» (gemäß Kluge-Goetz,

[1] Walter F. Otto: «Die Gestalt und das Sein», 1955, S. 25–90.

Etymologisches Wörterbuch), also zwischen dem eigentlich «Kreatorischen» («Gestalt und Wesen geben») und dem eigentlich «Kreatürlichen» («eine vorgebildete Gestalt nachahmen»), – so daß «Bild» der Ort ist, an dem ein Geschöpfliches als «Kreator» und «Kreatur» zugleich erscheint: zu einer Divinität des «Bild», die aber zugleich «Schein» ist, unter dem sich eine reine «Handwerklichkeit» des «Nachahmens» birgt.

Eine «*Philosophie im Bild*» steht darum wesenhaft in dieser gesamten doppeldeutigen Spannweite von «eikon», «imago» und «Bild». Sie ist auf der einen Seite (in dieser doppeldeutigen Spannweite) das Urhafte einer «kreaturalen Philosophie»: weil «Kreator» und «Kreatur» im selben «Bild» sich kreuzen und darum in der letzten Transparenz eines göttlichen «Urbild» im «Vorbild» zur Gestalt als «Nachbild». Auf der andern Seite aber steht dieses Ur-Metaphysische, ja Ur-Religiöse (wie gemäß der Genesis der Mensch geschaffen ist «im Bild Gottes zu Gleichnis», nach dem hebräischen Sinn), – steht dieses Urhafte ebenso urhaft im Zeichen des «(bloßer) Schein» oder wenigstens «erster Augenschein», der erst kritisch und rational geprüft werden muß, in einer Überführung aus einem bloßen «Phänomenon» in das eigentliche «Noumenon». – «Philosophie im Bild» ist also zugleich Endziel einer «regressiven Philosophie», die aus der bloßen Ideativität einer «Welt des (bloßen) Logos» zurückstrebt ins «Urhafte» der kreatürlichen Situation, – und zugleich Anfang zu einer «progressiven Philosophie», die aus dem sensibel Phänomenalen, das immer «nur Bild» ist und darum «Schein», vorwärtsstrebt ins «Wesenhafte» der idealen Noumena des Logos.

Da aber also «Bild» (in einer Philosophie im Bild) und «Logos» (in einer Philosophie im Logos) sich innerlich als Hinbewegung (in progressiver Philosophie) und Rückbewegung (in regressiver Philosophie) bedingen, ergibt es sich von selbst, die Zwischenreihe «Gleichnis, Symbol, Mythos, Mysterium» als die, nur verschieden akzentuierten, Stufen dieses Hin und Rück zu verstehen (im Akzent eines Progresses oder im Akzent eines Regresses). Vom «Bild» (einer Philosophie im Bild) her werden diese selben Stufen (progressiv) als Aufstieg zum «Logos» erscheinen und darum als ein wachsendes Anheben des «Logos» (progressiv: vom Bild zum Symbol zum Mythos zum Mysterium). Vom «Logos» (einer Philosophie im Logos) her aber werden sich dieselben Stufen, in umgekehrter Abfolge, als (Regenerations-) Abstieg zum «Bild» zurück geben und darum als ein wachsendes (regenerierendes) Wiederauftauchen des «Bild» (regressiv: vom Mysterium zum Mythos zum Symbol zum Gleichnis). Aber auch innerhalb dieser Zwischenreihe wird sich eine bestimmte Zuordnung erweisen, die dann ebenfalls unter der verschiedenen Akzentuierung von «Progress» oder «Regress» stehen dürfte. – «Gleichnis» und «Symbol» wird man näher zum «Bild» zu rechnen haben: als dessen «immanent dynamisches Transzendieren»: aus primär in sich ruhendem sinneshaftem Bild (einer «reinen Gestalt» im Sinn Ottos) zu einem über sich hinaus weisenden «Sinnbild» (in die Richtung des «intelligiblen» «Vorbilds» ebenfalls nach Otto). Dem gegenüber werden «Mythos» und «Mysterium» geradezu als «Schoß» des «Logos» anzusehen sein und hierin als «Logos-Genese» (wie in der Antike sich im Mythos die «eigentliche Weisheit» ausspricht, um im «Mysterium» mitgeteilt zu werden, als «Einweihung», um allein so, gemäß Platon, als «Weisheit des Mysten», ausdrückliche «Philosophie im Logos» zu werden; – und wie dies wie ein «praeambulum» ist zu der Art, wie Christentum, vor allem in der Form des Matthäus-Evangeliums, zuerst «Evangelium» ist, um dann, in der Passionsgeschichte, Mysterium als Einweihung zu werden, und so endlich, im Johannes-Evangelium, Teilnahme am «Logos» Selbst, dessen «*spermata tou logou*» alle noch so heidnischen Philosophien sind, gemäß Justin dem Martyrer und Klemens von Alexandrien). – Diese Zuordnung im «Progreß» bedingt dann aber auch die entsprechende Zuordnung im Regreß. Soweit ist aller «Logos» nicht dürre «Weltformel», als er jeweils neu lebendig «Logos in Mysterium und Mythos» ist (wie Platon seine «reinen Eide» aus Mysterium und Mythos gewonnen sein läßt, in einem zuständlichen «Mysten»-tum des Philosophen; – und wie, entsprechend zu diesem «*praeambulum*», der christliche Eine wahre «Logos» wesentlich ist «Jesus Christus im Fleisch» des Mysteriums des «Austausch» (katallage als commercium), daß der Christ nur insoweit die «Weisheit im Geist» als Teilnahme am Einen «Logos» empfange und habe, als er im Mysterium der «Gemeinschaft in Fleisch und Blut» zum «Logos im Fleisch» lebt, jeweils neu. Und «Mysterium» und «Mythos» haben diese Kraft der «Regeneration» des «Logos» in dem Ausmaß, als sie nicht (aufklärerisch) als reine «Exemplifikation» des «rein Logoshaften» gelten, sondern insofern sie sich als Realisierung von echtem «Symbol» und «Gleichnis» jeweils neu leben (wie ein echtes philosophisches «Mystentum», das im «Mysterium» den «Mythos» empfängt, in dem der «Logos» sich öffnet, gebunden ist an ein Offen zu «Symbol» und «Gleichnis»; – und wie dies «präambulär» ist zu einem Christentum, in dem der Logos Jesus Christus einzig in «Gleichnissen spricht, und ohne Gleichnisse nie» und, im Ablauf des Letzten Abendmahls, Sich zuerst mitteilt im «Symbol» von Brot und Wein, um erst, durch diese «Teilnahme im Symbol» hin-durch, Sich, – in den Abschiedsreden bei Johannes, – als «Logos» mitzuteilen: in den «Logien», die Sein Geheimnis als «Logos» öffnen).

Diese Zuordnungs-Rhythmik, selber differenziert zwischen progressiver und regressiver, ist dann aber, zuletzt, fast nur das «geometrische Schema», das (wie die geometrischen Bild-Schemata bei Dürer, Altdorfer usw.) erst in den besondern «Farben» der konkreten Glieder der Zwischen-Reihe «Gleichnis, Symbol, Mythos, Mysterium» «farbig» erscheint.

4. «*Gleichnis*» ist, sowohl von den Gleichnissen der asiatischen Philosophie her (im Chinesischen des Tschuang Tse, aber noch mehr im Stil der geheimen islamischen Philosophie in «Tausend-und-eine-Nacht») wie von den Gleichnissen des Evangeliums her (die die grundsätzliche Form des Evangeliums sind: Mt 13), – «Gleichnis» ist nicht einfach «*homoioma*» (was allein das formale «Gleichsein» sagt, das auch im «Bild» allein besteht), sondern es ist wesentlich «para-bole», «*Parabel*». Erst als Parabel ist das «Gleichnis» einerseits, im Rhythmus des Progresses, ein Schritt über das einfache «Bild» hinaus: da die Parabel aus einem

in sich ruhenden einfachen Bild nicht nur das Bewegte einer «Geschichte» macht, sondern das «diskursiv immer neu Umwegige», in dem die Parabel als Stilform das kreisend Umwegige der Parabel als mathematischer Form in sich trägt. So aber ist sie, anderseits, im Rhythmus des Regresses, gleichsam der Ort, an dem zum letztenmal das diskursiv Kreisende des «Logos» als «*noesis noeseos*» noch einmal, im «Wurf» des «Kreisens» der Parabel, aufwirbelt, um alsogleich in die Ruhe des in sich ruhenden «Bild» wiedereinzugehen, das die jeweils «antäische Erde» für einen je neuen Progreß ist. In diesem Sinn heißt «Gleichnis» wesentlich «Parabel» und Parabel als Spannweite zwischen «para» und «bole». «Para» für sich ist das beständig Doppeldeutige zwischen «neben vorbei» und doch «hin zu» und doch wieder «gegen und wider» bis zum «außer», aber dann doch «während» und «durch» und «wegen», – also geradezu als Widerspruchsspiel zwischen entgegengesetzten Möglichkeiten, – und hierin nahe zu jener «Dialektik», in der für Heraklit der geheime «Logos» seinen Sitz hat, und die für Hegel direkt die innere Dynamik des «Logos» ist. Aber dieses Dialektische im «para» der Parabel liegt, im Unterschied zu einem «dialektischen Logos», entscheidend in der zweiten Silbe «bole», die, von «ballein» herkommend, «Wurf» sagt. Das scheinbar Dialektische der Parabel ist vielmehr der «freie Wurf», in dem die «Geschichte» in der Parabel sich «ent-wirft», frei auseinander-schießt (in das Laubgewirk der Parabel-Geschichte) und frei ineinander-schießt, so daß Parabel im Höchstmaß der «Wurf» eines Naturgebildes ist, im scharfen Gegensatz zu einem «dialektischen Logos» als einem logisch strengen Kunst-Gebilde. Eben darum gilt für die Parabel überhaupt das Wort, das der Herr im Evangelium über seine «Rede in Parabeln» sagt: «Darum halte ich Gespräch mit ihnen in Parabeln, daß blickend sie nicht erblicken und lauschend nicht erlauschen und nicht in Einsicht einsehen» (Mt 13, 14). Während ein «dialektischer Logos» zu seinem Sinnziel die raffinierteste logische Rationalität hat, nämlich die «Ratio des (scheinbar) Irrationalen», geht es in der Parabel um einen solchen «Aufstoß» *(ereuxomai)* aus den «verhehlten Krypten von Grundwerfung (der Welt) her» (kekrymmena apo kataboles), der einzig geschieht im «Aufgetan Meines Mundes in Parabeln» (Mt 13, 35), also in einem «Entbergen des Verborgenen als Verbergen», wie es der Natur eigen ist, die von den Wurzeln her sich in ihre Gewächse «entbirgt», aber so, daß diese Gewächse doch zuletzt wieder in ihren Wurzeln zurück «verborgen» bleiben (so daß Heideggers Methode eines «verbergenden Entbergens» Methode einer «*Philosophie in Parabeln*» ist, in der sein natives Schwarzwäldertum zum Ausspruch kommt, in dem er sich zu Johann Peter Hebel verwandt fühlt, als Dichter lehrhafter Parabeln, in denen er gleichsam der «Dritte» zu Gellert und Hebel ist, eben darum aber nicht in Dichtungen einer moralisch-menschlichen Parabolik wie Gellert oder einer naturhaft-bäuerlichen Parabolik wie Hebel, sondern in Dichtungen einer philosophischen Parabolik, die darum in ihrem Stil das Kreisende der geometrischen Parabel nachbilden).

5. Indem aber im «Gleichnis als Parabel» das einfache, in sich ruhende «Bild» dynamisiert erscheint (in die «freie Dynamik» der frei-kreisenden Geschichte), ergibt sich, geradezu als «Gegen-Bewegung», die Kristallisierungsform des «*Symbol*». «Symbol» gehört schon rein sprachlich eng zu «Parabel». Beide tragen als zweite Silbe dasselbe «bol», d. h. den «Wurf», in sich. Aber während die erste Silbe des Wortes Parabel das Gegen- und Durcheinander-schießen entgegengesetzter Beziehungen sagt (zwischen «neben vorbei» und «hin zu», «gegen» und «während» usw.), bezeichnet die erste Silbe des Wortes Symbol dasselbe wie die erste Silbe des Wortes Synthese: daß alle noch so entfesselte Dynamik der Bewegung zwischen Gegensätzen in ein «vollendendes Zusammen im Miteinander» gesetzt sei (was die Bedeutungsbreite der griechischen Silbe «syn» ist). – In dem Ausmaß als das in sich statische «Bild», gleichsam als «Thesis», herausdynamisiert ward in das Gegen- und Durcheinanderschießen entgegengesetzter Beziehungen in der «Parabel», als gleichsam «Antithesis», – in diesem Ausmaß bändigt das «vollendende Zusammen im Miteinander» des «Symbol» diese Dynamik in

ein «höheres Bild», gleichsam als «Synthesis». – Umgekehrt aber, im Regreß vom «Logos» zurück ins «Bild», erscheint dann das «Symbol» als die Form, in der zum letztenmal noch die intelligible Geschlossenheit des «Logos», vom institutionellen «Mysterium» her über den «Mythos» (der dann wie als inneres «Bild» des Mysteriums sich gibt), noch einmal im inneren «Bild» des «Symbol», gleichsam als «Logos im Bild», aufscheint, um unmittelbar in jene frei-kreisende «Parabel» aufzugehen, deren Kreisen schließlich sich zurück ins «Bild», bildhaft, synthetisiert. Es wird in dieser Bewegung des Regresses, die umgekehrte «Synthesis»: aus der rein intelligiblen «Thesis» des «Logos», durch die «Antithesis» eines lebenshaft realen «Mysterium» und «Mythos» hindurch, in die «Synthesis» des «Symbol». – «Symbol» ist, kraft dieses Sich-Schneidens zwischen Progreß (des «Bild» zum «Logos») und Regreß (des «Logos» zum «Bild») nicht nur der Ort des Übergangs (sei es der Überwandlung aus der «sensiblen Sphäre des «Bild» in die anhebende Sphäre des «Logos», die als «immanenter Logos des Mythos» anhebt, – sei es der Rückwandlung aus der intelligiblen Sphäre des «Logos», die als immanenter «Mythos des Logos» sich bereits aus der reinen Intelligibilität abhebt zurück in die sensible Sphäre des «Bild», die im «Symbol» wieder anhebt). Sondern eben als solcher Ort von progressiver Überwandlung und regressiver Rückwandlung zugleich ist «Symbol» doppelgesichtiger Übergang: hinüberblikkend (in der Bewegung des «Progreß») ins Intelligible des «Logos» und zugleich hinunterblickend (in der Bewegung des «Regreß») ins Sensible des «Bild». Das eben genau ist es, was schon rein etymologisch im Wort «Symbol» sich ausspricht. Die Silben «sym» und «bol» sagen nicht, wie eine naive Etymologie immer meinte: daß die instrumentale Realität des Symbols (ein Geldstück oder überhaupt ein Metall- oder Holz-Stück) zerbrochen ward, um auf verschiedene Menschen aufgeteilt zu werden, daß diese «sich» daran «erkennen», daß die Hälften der Symbol-Realität, von denen jeder eine hat, «zueinander passen». Denn durchgehend ist die Symbol-Realität eine Ganzheit, wie z. B. die Tier-Symbole für die verschiedenen Reiche, oder die Heroen-

Symbole für ein Volk. In Wahrheit ist «Symbol» die Ganzheit eines «Zeichens»: ursprünglich als «Wahrzeichen» (im Sinn des lateinischen «*omen*» oder «*portentum*»: als «Götterzeichen» und «Glückszeichen» und geradezu als «feierlicher Gebrauch», oder im Doppelsinn von «*portentum*» zugleich als «Wunderzeichen» und als eine «Mißgeburt» und «Ungeheuer»); – erst von hier aus dann als «Erkennungsmarke» und «Siegel» zur «Beglaubigung»; – und endlich als «besiegelter Vertrag zwischen Völkern», in der «koinonia ton symbolon: in der «Politik» des Aristoteles(3, 1 u. 6). Das «zerteilt Vielfache», das die naive Etymologie in die Symbol-Realität legt, hat also vielmehr ihren Ort in der durch das «Symbol» «symbolisierten Realität» (zwischen «Beglaubigendem» und «Beglaubigten», zwischen Volk und Volk usw.). «Symbol» gehört damit in den Zwischenbereich zwischen einer «idealen Realität» (der Symbol-Realität) und «real vielfältiger Realität» (der symbolisierten Realität). Durch seine Beziehung zur symbolisierten vielfachen und gegensätzlichen Realität ist es noch «sensibel» (und weist hierin, hindurch durch die «Parabel», zur Region des «Bild» zurück). Durch seine «ideale Realität in sich selbst» (als Symbol-Realität) aber weist es (hindurch durch Mythos und Mysterium, in denen das «Symbol» aus einem «toten Gegenstand» zu einer «lebendigen Realität» wird, die im Mythos das «Leben des Wortes» hat und im Mysterium das «Leben der Handlung») hinüber zum «Logos», in dessen Bereich das «Ideale in sich» die Existenzform des platonischen «*topos noetos*» oder der aristotelischen «*noesis noeseos*» hat. «Symbol» bewegt sich damit wesentlich und unterscheidend zwischen dem «*mundus sensibilis*» der vielfältig vielbunten (polypoikilos) «Materie» (im weiten Sinn der antiken Philosophie) und dem «*mundus intelligibilis*» der reinen «Eide» oder «Formen». Eine «*Philosophie im Symbol*» wäre damit zuordnungsbar zu jener «*imaginatio*» oder «*phantasma*», in deren Bereich und durch deren Kraft nach Thomas von Aquin das vielfältig Vielbunte des «*mundus sensibilis*» der «*sensatio*» überführt wird, im «*intellectus abstractionis*», in die «ideale Region» der aus dem individual sensiblen realen «*universum*» «abstrahierten universalia». «Philosophie im Symbol» wäre damit, geschichtlich, die schwebende Mitte im mittelalterlichen Universalien-Streit: zwischen einem Früh-Augustinismus der «*universalia in re*» (der die «ideale Welt» der reinen «Eide» oder «Formen» oder «*universalia*» als das eigentliche Existente nimmt) und dem Nominalismus der «*universalia in flatu vocis*» (für den die «real sensible Welt» das eigentliche Existente ist, dem gegenüber die «*universalia*» rein werkzeugliche «Begriffe» oder nur «Wörter» sind, die einem organisierenden «formalen Ordnen» dienen). Auf der einen Seite hat eine «Philosophie im Symbol» ihre geschichtliche Erscheinung in der religiösen Philosophie der Viktoriner, die alle Realität nur als «sensible Symbole» nahmen (als Symbole der Menschwerdung oder der Trinität). Auf der andern Seite aber wäre jene Philosophie der «symbolischen Dinge», wie Ernst und noch mehr Friedrich Georg Jünger sie (unbewußt) aufbauen, die Gegen-Erscheinung: da sie aus der rationalen Reflexion entspringt, gleichsam als Überwindung der kantischen Philosophie der «Kategorien» und der hegelschen Philosophie der «Dialektik»: als letzte Form jener «Wertphilosophie», die, von Lotze zur süddeutschen Kantschule zu Eucken zu Scheler zu Nicolai Hartmann, anstelle der kantischen rein formalen «Kategorien» und «Postulate» die «materialen Werte» setzte und setzt.

Eine volle «Philosophie im Symbol» läge also zwischen beiden geschichtlichen Gebilden. Das Gebilde des symbolisierenden Früh-Augustinismus trägt auf der einen Seite das Stigma einer vor-reflexiven Naivität, während es auf der andern Seite real in dem Einen «Mysterium Christi als Haupt des In-Eins von Himmel und Erde und allem-gesamt darin» wurzelt (wie es das erste Kapitel des Epheserbriefes und das erste und zweite Kapitel des Kolosserbriefes als «Welt-Inbegriff» kündet und darum im vollen Sinn als «Offenbarung», d. h. als «Offengelegt» aller «Verborgenheiten» in den «Ungründen des Reichtums und der Weisheit» der «unergründbaren Richtsprüche und unausspürbaren Wege» des Gottes, «aus Dem alles, durch und wegen Dem alles, und in Dem alles»). Das Gebilde der jüngerschen «Philosophie im Symbol» (wie es auch der eigentliche Grund der Philosophie

Romano Guardinis ist) entspringt, im Gegensatz zum Früh-Augustinismus einerseits, aus der ausdrücklichen Reflexion, als reflexe Tendenz zur Überwindung sowohl des kantisch-hegelischen Rationalismus wie des praktischen Technizismus, während es aber, auf der andern Seite, entweder (in den beiden Jünger) eine frei schwebend «symbolische Welt» zu bauen strebt oder (in Romano Guardini) die reale Menschwerdungswelt des «Skandals und des närrischen Wahnsinns (skandalon, moria: 1 Kor 1, 18ff) in eine «Welt der Glorie der Symbole der Liturgie» zu «golden» trachtet (bis zu einer «*evacuatio crucis*» des Kreuzes als Weltstruktur, wie es Augustinus sah, zu einem «geschichtlichen Unfall» durch die Juden, die durch ihr Nein das unmittelbare Eintreten der Glorie des endzeitlichen «reinen Reich Gottes» verhinderten und das Zwischen-Eintreten einer Kirche praktisch verursachten). So aber realisiert sich in einer «Philosophie im Symbol» die eigentümliche Stellung des «Symbol» als besondern Schnittpunktes zwischen «Progreß» (des «Bildes» zum «Logos» hin) und «Regreß» (des «Logos» zum «Bild zurück»). Die früh-augustinische «Philosophie im Symbol» steht in der Bewegung des Progresses: von einem «naiven Symbol» zum «bewußten Begriff» der aristotelischen Scholastik bis hinein in den «reinen Logos» in den «Kategorien» Kants, den «Monaden» Leibniz', der «welthaften Dialektik» Hegels, hinein in die husserlsche Welt der Ur-Korrelation zwischen «noesis» und «noema» in einer «noologischen Monadologie». Die «Philosophie im Symbol» aber, wie sie, als Ausklang des Abendlands, die besondere Philosophie der beiden Jünger und Romano Guardinis ist, liegt in der Bewegung des Regresses: zurück aus einer rein «logischen» oder «technischen» Welt ins «konkret Bildhafte», aber doch so, daß dieser Regreß in der Schwebe des «intelligibel-sensiblen Symbol» bleibt und hierin in einer «Welt freier Phantasie» zuletzt lebt, die «frei» sein will sowohl vom «logischen Zwang» einer «Welt des Logos» wie auch vom «realen Zwang» einer «Welt allzu-realistischer sensiblen Realität[1]».

[1] Den echten Versuch einer «Philosophie im Symbol» unternahm als heutig einziger Siegfried Behn, der Schöpfer einer «Metaphysik» im Geist des Nikolaus v.

6. Damit aber werden «*Mythos*» und «*Mysterium*» die entscheidende Stufe: sowohl für eine progressive früh-augustinische wie für eine heutige «Philosophie im Symbol». Im Ausmaß als eine progressive früh-augustinische «Philosophie im Symbol» in ihrem Drang zum «Logos» hin ihrem Muttergrund von Mythos und Mysterium verhaftet bleibt (im «*manere in lacte matris*», wie Augustinus sagt), in diesem strengen Ausmaß wird sie nicht zu einer «Welt freier Phantasie» (wie sie nicht wenig der Philosophie der Romantik zugehört, die in ihrer «Philosophie im Symbol» weithin den Früh-Augustinismus wiederbelebt). Und, ebenso, im Ausmaß als eine regressive heutige «Philosophie im Symbol» (in den beiden Jünger und in Romano Guardini) nicht in einer «frei-symbolischen Welt» zu leben trachtet, sondern in der fruchtbaren Schwebe zwischen einem realistischen Mythos und Mysterium der «Auferstehung im Tod, Macht in der Ohnmacht, Fülle im Nichts, Glorie in der Schande, Ehre im Skandal, Weisheit in närrischem Wahnsinn» und der, ganz entsprechenden, sensiblen Realität einer Welt im heraklitischen «Bild» von «Streit und Krieg» und «fressendem Feuer» und «Kehrichthaufen», – in diesem strengen Ausmaß wird sie nicht zu einer «Flucht in vergloriende Phantasie», in der sie sich wahrhaft (geradezu psychoanalytisch) «demaskieren» muß sowohl als Flucht aus dem realistischen Mythos und Mysterium der «Auferstehung im Tod usw.» wie als Flucht aus der entsprechend allzu-realistischen Realität von «Streit, Feuer, Kehricht», – doppelte Flucht als demaskierte «Philosophie im Symbol».

Mythos und Mysterium sind durch die Aufklärung, die zu

Kues (Freiburg 1933) und einer Ästhetik, die das «Schöne» Aug in Aug zur «Magie» sieht (im gleichnamigen Werk): in seiner wenig gekannten, aber entscheidenden Abhandlung «Zauber, Sinnbild und Geheimnis» («Der Weg zur Seele» 1950, S. 3–17). Er stellt einerseits das «Symbol» eng zu Mythos und Mysterium: «Symbolisch handelt, wer durch Zeichen zu inniger Berührung mit wirksamen Kräften zu gelangen hofft, die sonst nur durch Kundwerdung, Offenbarung und Wunder erfühlt werden» (5). Anderseits aber konfrontiert er das «Symbol» geradezu unmittelbar mit dem «Logos»: da er es nicht nur mit «Sinnbild» übersetzt (so daß es gleichsam eine Mitte bildet zwischen «Bild» und «Sinn als Logos»), sondern er stellt eine «Welt der Symbole» (bis zur Magie und Mantik) der: «Welt der kritischen und technischen Ratio» gegenüber: als eigentlich fruchtbares bathos alles Rationalen und Technischen.

einem «reinen Logos» sich verstieg, als Stufe «primitiver Fabelei» und «primitiver Magie» desavouiert worden, – bis zu dem Grad, daß auch katholische Theologie und Religionswissenschaft schließlich den Mythos als heidnische Fantastik einer «nüchternen Offenbarung» bis heute gegenüberstellen, und die Maria-Laacher Theologie des Mysteriums (wie sie Odo Casel begründete, freilich in zu großer Abhängigkeit zu Reitzenstein) als Verkehrung des liturgischen Kultes zu «Mysterienspielen» beurteilte. Mythos und Mysterium sind aber religiös menschliche Urformen, und darum ist es in einer wahren Menschwerdung Gottes zu einem «*totus homo*» folgerichtig, daß das Göttliche in sie eingeht (wie der heraklitische «Logos» im Johannes-Evangelium als «Logos Sarx» erscheint). In noch größerem Radikalismus suchten Harnack und neuerdings Bultmann ein anstößiges «Mysterium» (Harnack) und einen anstößigen «Mythos» (Bultmann) auszutilgen, um ein «reines» (ent-mysterisiertes und entmythologisiertes) Christentum zu gewinnen, das dann einzig besteht in einem «Vertrauen zu einem Vater-Gott» (Harnack) oder einem Ringen des «sorgevoll besorgenden Menschen» (Bultmann). Gewiß erkannte die Romantik Josef Görres' (in seiner «Mythengeschichte) und Franz v. Baaders praktisch im Mythos eine Selbstoffenbarung der letzten «Ursprünge». Und gewiß unternahm es in unsern Tagen eine Simone Weil, in allen Mythen und Mysterien der Völker die Eine «Auferstehung im Tod» als impliziert zu erweisen: das Eine christliche Evangelium von Tod und Auferstehung als «wahren Mythos» in allen stammelnd ahnenden Mythen der Völker; – das Eine christliche Mysterium des «gekreuzigt Auferstandenen» in allen stammelnd ahnenden Mysterien der Völker. Aber das Grundlegende sehen erst *Arnold Gehlen* («*Urmensch und Spätkultur*», 1956) und (geradezu endgiltig) *Walter F. Otto* («*Die Gestalt und das Sein*», 1955). «Mythos», nach *Gehlen*, ist so wenig eine dichterische «freie Fabelei», daß er «das Bewußtsein einer echten Epoche im gewichtigsten Sinn» ausdrückt, im Sinn «einer Daseinsverwandlung und Daseinserhöhung, die er als endgiltig ausspricht» (244). Mythos und Ritus (als Kult und Mysterium) gehören innerlich zusammen:

«der Ritus ist seit Urzeiten primär, der Mythos ist seine Selbstinterpretation» (246): «man kann das Göttliche nicht in den Begriff heben, sondern nur in die Erzählung, die Wesenheiten können die Beziehung zum Rituellen... gar nicht abstreifen» (248). In diesem Sinn ist «der Mythos selber Logos» (250), bis dazu, daß «der Primat des Rituellen sich umzukehren «beginnt», indem «der Ritus... als eine dramatische Aufführung des Mythos» sich darstellt (215). Die Verkehrung des Zueinander von Ritus und Mythos setzt dann eben hierin ein: in einer «Instrumentalisierung» beider zur «Magie», Magie des rituellen Tuns wie Magie des «Mythos als Wort», während echter Ritus wie echter Mythos «selbstzwecklich» sind, in kraft einer Selbstzwecklichkeit des Urhaften, das in ihnen «begangen» wird (im Ritus oder Kult oder Mysterium) und «sich ausspricht» (im Mythos), – also zuletzt «göttlicher Selbstzwecklichkeit» (wie es Gehlen freilich nur einschlußweise sagt: 260–272).

Walter F. Otto, in dem die Meisterschaft eines Wilamowitz-Möllendorf und eines Werner Jaeger sich vollendet (da er das «Humane» beider in die Tiefe des eigentlich «Divinen» überführt), entdeckt die Einheit von Mythos, Kultus und Mysterium als das Eine, in dem «die Sache selbst» (68) sich kundgibt, als «Selbstoffenbarung des Seins» (71) im «Urphänomen des Ursprungs» (17): in einer Art des «Austauschs» zwischen Göttlichem und Menschlichem, die als «Vermenschlichung des Göttlichen» (vorab im Mythos) und «Vergöttlichung des Menschlichen» (vorab im Kultus und Mysterium) tatsächlich (wenn auch nicht bewußt und gewollt) die Züge des ur-christlichen «*commercium*» (zwischen Gott und Mensch in Christo) im Ur-Griechischen aufzeigt (254), – indem aber zuletzt, noch tiefer, eine Drei-Gestaltigkeit des Göttlichen aufscheint (wie sie wiederum die Form des «aus Gott, durch Gott, in Gott» von Röm 11, 35 unbewußt trägt): «im Vergangenen der ur-alt ewige Gott, im Zukünftigen der kommende Gott mit der Unendlichkeit vor ihm, in der Gegenwart der anblickend überzeitliche Gott» (23), so daß «in den Begegnungen mit ihnen... der Mensch des Seins... und zugleich damit seines eigenen Wesens» als «Antwort» inne wird (ebd). In diesen großen Zusammenhängen ist Mythos das, was Heidegger (in Gefolgschaft oder Urheberschaft zu Bultmanns «Entmythologisierung») dem eigentlichen «Denken» als «Sich-aufdecken des verborgenen Seins» in der «Wahrheit» als (ontischer) Unverborgenheit (a-letheia), in faktischer oder bewußt-gewollter Ausschaltung des Mythos, zuschreibt: Mythos ist nach Otto urhaft «Selbstoffenbarung des Seins», die «Wort und Sein nicht unterscheidet» (71), weil er «Erscheinung des Seins und Geschehens im wahren Wort» ist (72). Gerade der Mythos ist als «Wort und Sache» (69) «die Sache selbst» (69), während Logos das (distant) «Bedachte und Berechnete» sagt (68). So ist Mythos «das wahre Urbild», «weil die Dinge im Grunde so sind, wie der Mythos sie begriffen hat» (88f).

Darum, entsprechend, sind Mythos und Kultus (und hierin Mysterium), als «Vermenschlichung des Göttlichen» (im Mythos) und «Vergöttlichung des Menschen» (im Kultus) im Grunde eins, so daß «kein Kultus ohne Mythos» ist, wie umgekehrt «der Mythos den Kultus fordert» (76). Wie der Mythos im «Wort» Selbstoffenbarung des Ur-Seins ist, so ist die «kultische Handlung» «Offenbarung des Göttlichen und seiner Gegenwart selbst» in «Gestalt menschlichen Tuns», nicht eine «Nachbildung», sondern «Wiederholung eines göttlichen Urgeschehens» (80), wenn auch als «notwendige Antwort des Menschen auf die Gegenwart des Göttlichen» in einem «freiwilligen Tun des Menschen», in den Kult-Handlungen von Händefalten usw. (86), – also in der Einheit der Unterschiedenheit, wie sie im christlichen Kult-Mysterium ihre Vollendung hat, das reine «(objektive) *memoria*» und «(objektive) *praesentia*» des Göttlichen in Christo ist (also im Sinn eines «*totus Deus*») und doch dies in einer sensibel spontanen Handlung des Menschen (also im Sinn eines «*totus homo*»). So ist dann «Mythos eine Art Kultus» und «Kultus... eine Art Mythos», indem «im Kultus der Mensch zum Göttlichen emporgehoben wird und gewissermaßen mit ihm gemeinsam handelt, im Mythos dagegen das Göttliche herabsteigt, sich als Wort in menschlicher oder menschlich verwandter Gestalt verleiblicht und menschenähnlich handelt» (86f), – wiederum wie im

Christlichen sich zuerst die objektive Menschwerdung des « Gott Wort im Fleisch » vollzieht, um dann im Kult-Mysterium « Transubstantiation » des Menschlichen (unter den Symbolen von Brot und Wein) zu werden ins Göttliche des « Gott Wort im Fleisch ».

Hier aber grad ist der Ort des Mysteriums, wie Otto es in seiner Analyse der Eleusinischen Mysterien offenlegt. Der Kultus in seiner Einheit mit dem Mythos ist bereits wesentlich Mysterium: in der Verwandlung zwischen Gott und Mensch, die sich in ihm begibt, wie Otto sie schließlich direkt im Stil der Mysterien zeichnet: « da Gott selbst als vollkommene Gegenwart hervortritt und die Wirklichkeit aller Dinge wie einen Schleier abwirft », und dementsprechend « auch der Mensch » den « Schleier » abwirft (22). – Das ist das Formale des Mysteriums: *memoria* und *praesentia* des Göttlichen als «Wiederholung eines göttlichen Urgeschehens» (80), aber zum Sinn einer « Einschleierung » des « (von allem Irdischen) entschleierten Menschen » in das sich ihm « entschleiernde Göttliche », in das hinein sein « Mund » und seine « Augen » « zugeschlossen » werden (im Sinn des « my » in Mysterium, vom Verb «myo»), hinein in das « Zugeschlossen » des Göttlichen selbst, das als « Urphänomen des Ursprungs » (17) notwendig das ist, was Paulus von ihm sagt, « einwohnend das unzugängliche Licht» (1 Tim 6, 16) – der « Ungründe », die einzig der « Geist Gottes erforscht » (1 Kor 2, 10). In diesem Formalen des Mysteriums ist aber bereits sein Inhaltliches vorgezeichnet. Alle geschichtlichen « Mysterien » (sowohl die griechischen wie die östlichen) stehen Aug in Aug zu einem ausgesprochenen oder unausgesprochenen manichäischen Dualismus: zwischen « gotthaft Gutem » und « gotthaft Bösem », zwischen « gotthaftem Licht » und « gotthafter Finsternis ». Sie wollen darum das Durchschreiten oder Durchkämpfen oder Durchleiden und hierin zuletzt das Durchsterben durch das « Reich des Bösen » ins « Reich des Guten », durch das « Reich der Finsternis » ins « Reich des Lichtes », und hierin durch das « Reich des Todes » ins « Reich des Ewigen Lebens », – aber so, daß dieses Durchschreiten oder Durchkämpfen oder Durchleiden als zuletzt « Durchsterben » « (objektive) *memoria* » und « (objektive) *praesentia* » eines « göttlichen Urgeschehens» (Otto 80) sei. Eben dies hat für Otto seine klassische Form in den Eleusinischen Mysterien. Indem in ihnen der Hinab stieg der Tochter der Erd-Mutter Demeter zur Unterwelt des Todes und ihr Wiederaufsteig zum Licht des Lebens «begangen» wird (bis zur Hälftung ihres Daseins zwischen Dasein in der Unterwelt und Dasein im Licht des Lebens), und dies auf dem Hintergrund davon, daß Hekate (die Urgöttin der Unterwelt) und Demeter selbst «aufs engste verbunden» sind (318ff), so wird als eigentliches Mysterium eine wahre «Auferstehung aus dem Tod» begangen: «Tod» als «Voraussetzung des Getreidewachstums» (322) und der Fruchtbarkeit üderhaupt: «die Fruchtbarkeit, auf die der Mensch angewiesen ist, empfängt er aus der Hand des Todes», weil aus der Hand der «Königin des Totenreichs» (323), – und dies bis zur Folgerung, daß «schon in der Geburt, schon im Akt der Zeugung... der Tod wirksam» ist (323). Die Eleusinischen Mysterien treten hier mit den Dionysischen Mysterien[1] zusammen: im plötzlichen Nu der «Auferstehung aus dem Tod»: in den Eleusinischen Mysterien im Symbol der «Plötzlichkeit» der «wachsenden und reifenden Kornähre» «aus der Hand des Todes», in den Dionysischen Mysterien in der Weise, wie beim «Rauschfest des Dionysos» aus dem mänadisch «zerrissenen Dionysos» «die in wenigen Stunden sich entwickelnde Weinrebe» aufschießt (329): so daß dieses Zueinander von eleusinischer «Kornähre» und dionysischer «Weinrebe» wie ein inneres «praeambulum» erscheinen mag zu dem Einen christlichen Mysterium, in dem «Brot (aus der Kornähre)» und «Wein (aus der Weinrebe)» Ein Symbol sind des «hingegebenen Leib» und «hingeschütteten Blut» des Einen «Gott in Christo», der «Weizenkorn zu vieler Frucht» und «Weinstock zu vieler Frucht» ist.

[1] Die dionysischen Mysterien haben ihren eigentlichen Ausdruck in den «*Dionysiaca*» des Nonnos (Ausgabe Scheffer, Schünemann, Bremen 1955), vor allem im ersten Gesang, in dem alles mythische Geschehen zwischen Göttlichem und Menschlichem das «Dionysische» als «mittelnde Sphäre» wie als «inneren Rhythmus» zeigt. Das innere Zueinander zwischen eleusinischen und dionysischen Mysterien ist dann selber der Ausklang der «Dionysiaca»:

«Und verehrten den Gott (Dionysos) nebst dem Sohn der Persephoneia»

(48 Gesang, 960ff)

Thassilo v. Scheffer schließt aus diesem Ausklang selbst auf dieses Zueinander.

Hierin aber ist es, im eleusinisch-dionysischen «praeambulum» wie in der christlichen «Leibwirklichkeit» Ein «Mysterium Gottes Selbst» (als eigentlich theologisches Mysterium): «das Schaudervollste und das Strahlendste» (324) als Eins im eleusinisch-dionysischen «praeambulum», das sich erfüllt im «Eraugt, Erlauscht, Ertastet» des «nie je eraugten Gottes» als des Gottes des «Zorngerichts» und der «Liebe von urher» im «Antlitz Christi» (als des «lebendigen Brots» und «aufgehüllten Weinstocks»), in dessen «Gottverlassenheit» des «Fluchs» die «Liebe Gottes ausgeschüttet» ist (1 Jo 1, 1; Jo 1, 18; 1 Sam 2, 6; Deut 32, 39; Weish 16, 13; 2 Kor 4, 6; Jo 6, 41; ebd 15, 1; Mt 27, 46; Gal 3, 13; Röm 5, 5).

Hieraus ist klar, wie Mythos und Mysterium sowohl für den Progreß vom «Bild» zum «Logos» wie für den Regreß vom «Logos» zum «Bild» die jeweils entscheidende «Wende» sind. Gegenüber Mythos und Mysterium sind Bild, Gleichnis (als Parabel) und Symbol wie ein Vorläufiges, das erst in die «Ungründe» von Mythos und Mysterium hinab – und hinein – muß, weil es erst in ihnen das «Sein schlechthin» erfährt, das im «Logos» seinen «letzten Ausdruck» hat, der aber eben darum die «äußerste Grenze» ist. Umgekehrt ist es für einen «verstiegenen» und hierin «in die Wüste des bloß Abstrakten verdorrenden» «Logos» (wie es der Logos Hegels ist, aber auch eine anti-mythische Logie des Aristoteles) jeweils entscheidend, daß er aus den «gesicherten Hürden des Begriffs» wieder, im Regreß, untertaucht in die, scheinbar endgiltig «gemeisterten», «unmeisterbaren» «Ungründe» von Mythos und Mysterium, hinunter aus einer idealistischen «Identität der Begriffe» ins unergründliche und unerforschliche Gegenüber zwischen «Ungründen Gottes» und «Ungründen Satans» (1 Kor 2, 10; Offb 2, 24) in Mythos und Mysterium, um hier aus einer «entwachsenen Erwachsenheit» des «Weisen» (dessen «Weisheit» das «über allem» sein will, wie es in Gotamo Buddho sich darstellt), «umgeboren» zu werden, in ganzer Hilflosigkeit solcher Umgeburt, zurück in die «fruchtbare Kindheit», wie sie in «Bild, Gleichnis und Symbol» die (augustinische) «Milch der Mutter» hat (in Ps 57, 5; in Ps 130,

13). Von hier her kann es eine «*Philosophie in Mythos und Mysterium*» eigentlich nicht geben: weil Mythos und Mysterium entweder, in der Bewegung des Progresses von Bild zu Logos, Ort (passiver) «Eingeburt» in die Sphäre des Logos sind, oder, in der Bewegung des Regresses, Ort (passiver) «Umgeburt» eines «verstiegenen Logos» zurück in die Sphäre von «Bild, Gleichnis (Parabel), Symbol», wie es nach Aristoteles «nicht Sache des Mysten sei, etwas zu lernen, sondern zu erleiden und ergriffen zu werden» (Fragm 15, bei Otto 328). Gewiß erscheint der Stil der «Bhagavadgita» und der Stil des «Taoteking» als Stil einer kosmischen Philosophie in Mythos und Mysterium, – aber doch einer solchen, in der von vornherein alles Mythische und Mysterienhafte in seinem letzten Logos erscheint, wenn auch (wie vor allem im «Taoteking») als «paradoxer Logos». Gewiß ist der Stil der Vorsokratiker fast der Stil prophetischer Orakel, – aber doch nur darum, weil es in ihren Aussprüchen um die kosmischen «archai» geht, um das Ur des Kosmos, dem eine mythische Sprache gemäß ist. Gewiß könnte man die Schriften des Dionysius Areopagita «mystische Theologie» nennen (wie er selbst eine davon betitelt), – aber doch zuletzt nur im Sinn einer methodischen apophatisch-negativen «philosophischen Theologie». Gewiß strebt die Philosophie der Romantik (vor allem in Franz v. Baader) so radikal von einem «ideativen Logos» weg in die «mythischen Ursprünge», daß sie direkt «mystagogisch» wird, d. h. Wegweisung in die Sphäre von Mythos und Mysterium, aber dies eben doch im Raum eines, wenn auch dialektischen, Logos (bis zu einem «geometrischen Denken» bei Baader (als dem Direktor des bayrischen Bergbaus). Gewiß war es der liebste Traum der deutschen «Liturgischen Bewegung», eine «spekulative Theologie» (von Thomas von Aquin her) zu ersetzen durch eine «Mysterien-Theologie» (von den Alexandrinern her), – aber ohne daß dieser Traum sich anders realisieren konnte als in einer «meditierten Liturgie», wie es einem benediktinischen Denken entspricht, das im «*Ora*» einer einfach «vollzogenen Liturgie» und im «*Labora*» von «Feld und Acker» eigentlich zu Hause ist, d. h. in der Einheit zwischen «Kultus» und «(Acker-) Kultur», wie sie im lateinischen Synonym von «*colere*, *cultus*, *cultura*» ihr Symbol hat (so daß die große «benediktinische Kultur» mit «Kirchenchor» und «Erde» steht und fällt). So bleibt nichts übrig als jene «*Philosophie aus Mythos und Mysterium*», wie sie die Ur-Idee Platons ist: daß der «Philosoph» nicht nur von «Lust und Trauer» sich lösen müsse in ein «Zu sich selbst» der «Seele» (Phaidon 82 E–83 E), sondern daß er (ganz im Sinn der alt-griechischen Mysterien) als orphischer und dionysischer «Myste» (Phaidon 69 C–D) und als «Todes-Schwan des Apollon, der wahrsagerisch vom Hades singt» (ebd 85 B) «in Nachfolge zu einem Sterbenden» zu stehen habe (Phaidon 61 D 65 A), und eben so kommend «ins Geschlecht der Götter» (Phaidon 82 C), «eingeweiht in Weihe der Vollendung» (Phaidros 249 E), «gottgegeistet» (ebd 249 D). Indem hierin die «Auferstehung aus und im Tod», wie sie der letzte Sinn der Mysterien ist, als Ursprung des «echten Philosophierens» gekündet wird (was heute sich in die phänomenologische «epochē» säkularisiert hat), hierin erscheinen zwar (positiv) Mythos und Mysterium als alles-entscheidende Stufe zum «Logos» der «Philosophie», aber eben darum (negativ) nicht selber als «Philosophie», wenngleich, grad bei dem mythen-feindlichen Aristoteles der «philosophos» als «philomythos» gekennzeichnet erscheint (so daß soweit «Liebe zur Weisheit» besteht, als «Liebe zum Mythos» besteht: Met I 2,982 B 18), während freilich, nach demselben Aristoteles, der «Myste» (eines Mythos und Mysterium) es nicht mit einem (theoretischen) «Lernen» zu tun hat, sondern einzig mit dem (praktisch religiösen) «Erleiden» und «Ergriffenwerden» (Fragm 15).

7. Der «*Logos*[1]» eines metaphysischen «topos noetos» in materialen «eide» (in Platons materialem Idealismus: wie er in der Phänomenologie sich erfüllt) oder einer formal-funktionalen «noesis noeseos» (in einem aristotelischen formal-funktionalen Idealismus, wie er von Descartes zu Kant zu Hegel sich ins Äu-

[1] Vgl. hierzu außer «*Analogia entis*» I. Teil: «Christentum gemäß Johannes» (1954), S. 32ff. und 313ff.; «In und Gegen» 1955), S. 281–293. Vgl die Gegen-Position Heideggers in seinem «Vorträge und Aufsätze» (1954), S. 207–230, 257–282.

ßerste ausbaut), hat, aus diesen Zusammenhängen heraus, also seinen eigentlichen Ort im Raum von Mythos und Mysterium. Wenn Mythos und Mysterium, gemäß Otto, faktisch in sich selbst nicht nur «Bewegung mit den Urmächten» sind (Otto 74), sondern schlechthin «Selbstoffenbarung des Seins» (ebd 71), so sind sie damit «impliziter Logos», und ist umgekehrt der Logos «Explizitierung von Mythos und Mysterium». Mythos, Mysterium und Logos sind dann eigentlich eine «schwebende Einheit»: zwischen dem Höchstmaß einer Implizitierung des Logos in Mythos und Mysterium, mit dem Grenzbegriff eines «a-logischen» oder wenigstens «vor-logischen» «reinen Mythos und Mysterium», – und dem Höchstmaß eines «expliziten Logos», der aus Mythos und Mysterium «abgehoben» (im vollen Sinn von «abs-trahiert») erscheint, mit dem Grenzbegriff eines «anti-mythischen» oder wenigstens «mythos-freien» «reinen Logos». – Das ist es, was im Unterschied des Platonischen und des Aristotelischen sich symbolisiert: im Platonischen ein bewußtes Herauswachsen des Logos aus Mythos und Mysterium (wie der Logos des Kosmos herauswächst aus dem Mythos vom Demiurgen im «Timaios», wie der Logos der «eide» herauswächst aus dem Mythos von der «Höhle», wie der Logos der «politeia» herauswächst aus dem Mythos von Atlantis); – im Aristotelischen dagegen die leidenschaftlich kritische, ja ironische Abstreifung aller «(platonischen) Mythen» zugunsten eines Logos der reinen «apodeixis» als eines rationalen «Aufweis» in «Aufzeigung», freilich unter seltsamer Beibehaltung des platonischen Mythos vom Eros als des letzten Prinzips des kosmischen «Kreisumschwungs» als «Bewegung zwischen Liebenden» (kinei de hos eromenon, Met XI 7, 1072 B 3). Der eigentliche «Logos» bewegt sich darum zwischen einem «Logos in Mythos und Mysterium» und einem «Logos über Mythos und Mysterium». Wie das kreatürliche Sein das bewegte «Sosein in-über Dasein» ist, so ist der kreatürliche Logos das bewegte «Logos in-über Mythos-Mysterium». Das aber heißt: wie es kein anderes kreatürliches Sein gibt als die «Analogie als Sein» (die im «in-über» zwischen Sosein und Dasein besteht), so gibt es auch keinen andern kreatürlichen Logos als die «Analogie als Logos» (die im «in-über» zwischen Logos und Mythos-Mysterium liegt). Darum hat bei Heraklit, als dem Ur-Philosophen des Logos, der Logos seinen Ort im «Alles-Fluß» der «Hin-und-Her-Wandlung» des «Entgegengesetzten» (Diels 74 B 80; B 88), wenn auch als solch souveränes «Kriterium und kritischer Richter der Wahrheit» (Diels 59 A 16), daß er, im «Alles-Fluß» zwischen den «Gegensätzen» (enantia) das «All-Gemein (koinon) und Göttliche (theion)» ist (ebd), gegenüber der «aisthesis» als «Unglaubwürdigem» (apiston: ebd).

«Logos», in seiner Unterscheidung zu Mythos und Mysterium, hat es also mit dem «Bedachten und Berechneten» zu tun, wie Otto ihn scharf gegen den Mythos (und das Mysterium) abscheidet, in dem das «Wirkliche und Tatsächliche» sich so als «Geschichte» kundtut, daß dieser Mythos «die Sache (ist) als ausgesprochene, das Wahre des Seins und Geschehens im Wort» (68f). Was Heidegger «(logische) Wahrheit» nennt, nämlich das «entborgene Sein zu Unverborgenheit (a-letheia)», das ist gemäß Otto das Eigene von Mythos und Mysterium. Und was derselbe Heidegger, in parabolisch verlaufender Wort-Analyse, als «Logos» deutet, nämlich eine «legende Lege» des «Sammelns», daß hierin ein «Hen panta», ein «All-Eins» sich kundtue, zu dieser Deutung, die den Logos als «Wort» und «Sinn» ausschalten möchte, dazu bemerkt der Meister der klassischen Philologie befremdet: «Man muß sich über die oft wiederholte Behauptung wundern, daß der ursprüngliche Begriff [des Logos] der des Sammelns sei» (68).

«Logos» steht in Wahrheit gegenüber der Vorsilbe «my» in Mythos und Mysterium. – «My» in Mythos und Mysterium kommt vom Verb «myo» als «Schließen und Verschließen von Auge und Mund»: wie der «Myste» der Mysterien stumm und blind geht in das (in allen einzelnen Mysterien) formale Ur-Mysterium des «Licht plötzlich in der Finsternis» und des «Leben plötzlich im Tod» (wie es in den Mithras-Mysterien, den eleusinischen und dionysischen Mysterien offenbar als Eigentliches sich begab). Das «my» in Mythos und Mysterium sagt also sowohl ein passives Geschehen (das «Erleiden» und «Ergriffenwerden», gemäß Aristoteles) wie ein passives Geschehen in «verschlossenem Aug und Mund». Im dichten «Schleier» dieses Verschlossen aller augenhaften Wahrnehmung wie allen «Ausspruchs im Wort aus dem Mund» geschieht die «vollendende Einweihung» (telete zum Sinn des teleios des teleisthai: wie diese Worte nicht eine «moralische Vollendung oder Vollkommenheit» sagen, sondern die Einweihung in jenes Göttliche, das schlechthin «telos» ist, d. h., «äußerste Grenze als Ziel und Sinn und Ende», und hierin «Ausgang» der Kreatur). Es ist «vollendende Einweihung» ins Äußerste als «Ausgang» (im Sinn des «*reditus creaturarum*» in Gott hinein, bei Origenes und Thomas von Aquin) und eben darum im «Verschlossen von Aug und Mund» in die Finsternis, aus der plötzlich das Licht bricht (wie Paulus auch das eigentlich Christliche faßt als «Gott... aufleuchtend in unsern Herzen zum Lichtgestrahl... im Antlitz Christi, wie Gott sprach: Aus Finsternis Licht aufleuchte!»: 2 Kor 4, 6), – und noch mehr im «Verschlossen von Aug und Mund» in die Nacht des Todes, aus der plötzlich das Leben aufersteht (wie die Auferstehung des gekreuzigten Christus sich vollzieht im «Plötzlich» des «Siehe, Erdbeben war groß» im «Blitz»: Mt 28, 2–3). Dieses eine «my» ist die Urform von Mythos und Mysterium, wie beide, nach Otto eine untrennbare Einheit bilden. Wäre es philologisch möglich (was wir den Fachleuten überlassen müssen), die zweite Silbe «thos» in Mythos vom Verb «thesthai» herzuleiten und die zweite Silbe in Mysterium vom Verb «terein», dann läge ein möglicher Unterschied des «my» in Mythos und Mysterium darin, daß Mythos einen objektiven «festen Stand» (von «thesthai» und «tithesthai» als «stellen») des «my» anzeigte, darin das «Verschlossene» im «Urwort» urhaft «stünde», – während Mysterium das «Gewahrsam» (von «te-rein» als «verwahren, bewahren») des «my» betonte, «Gewahrsam» sowohl im Sinn der umschließenden Tempelmauern wie im Sinn des festen Ritus, in dessen undurchdringlichem «Gewahrsam» das «Verschlossen von Aug und Mund» in das «Licht aus der Finsternis» und das «Leben aus dem Tod» sich vollzieht. Was also Heidegger als Form seiner «Wahrheit im Logos im Denken» will, den eigentümlichen Ternar zwischen «Verborgen» und «Entbergen» wieder hinein in ein letztes «Verborgen» (das erst gehoben wird in einer adventischen «Kunft des Seins»), darin zeigen sich vielmehr die Züge des «my» in Mythos und Mysterium. Daß Heidegger diese Züge als Züge seiner «Wahrheit im Logos in Denken» nehmen will, das rächt sich darin, daß von Anfang an, aber vor allem im letzten Heidegger, nicht ein Denkertum einer «Philosophie des Logos» vorliegt, sondern der Versuch eines «neuen Mythos und Mysterium», in das er seine Jüngerschaft, als echter «mystagogos», «einweiht», – wobei dann Bultmanns «Entmythologisierung» eines «christlichen Mythos» als nachfolgende «Einweihung» in den heideggerschen «neuen Mythos und Mysterium» anzusehen wäre, der dann für Bultmann das «reine mythen-freie Christentum» ist, – in dem es nur das eine «Licht aus Finsternis» und die eine «Auferstehung aus dem Tod» gibt, wie sie der heideggersche «neue Mythos und Mysterium» wollen: Licht der «Wahrheit durch die Technik» und Auferstehung des «(hierin) sorgend besorgenden Menschen», beides aus dem «Nichts» und im «Nichts».

«Logos», gegenüber dem «my» in Mythos und Mysterium, besagt nicht, wie Heidegger will, eine funktional-instrumentale «legende Lese» aus der Vielfalt des phänomenalen Alls, in der dann das Metaphysicum eines «hen panta», eines «All als Eins» sich als Letztes abschattet (weil bereits die Form einer funktional-instrumentalen «legenden Lese» ein solches «Eins von Allem» in seinem funktional-instrumentalen Vollzug als «Sinn» trägt). «Logos» trägt vielmehr, gemäß Otto, nicht ein «Sammeln» als seinen Ursinn, sondern das «Bedachte und Berechnete» im «Achthaben, Bedenken, Rücksichtnehmen» (Otto, 68). Hierin aber tritt gegen die wesenhaft passive Rezeption, in der der Mythos «empfangen» und das Mysterium «erlitten» wird, die Distanz, ja die Kritik, und hierin die Spontaneität, wie sie einem «Bedachten und Berechneten» im «Achthaben, Bedenken, Rücksichtnehmen» eigen ist.

«Legein» in «Logos» besagt gewiß auch ein «Sammeln» und «Auswählen», aber in einem «Zählen und Überzählen», und hierin in der «Überlegung», wie in ihr eine kritisch «vernehmende Vernunft» und ein kritisch «mitten darin stehender Verstand» kräftig ist. «Logos» scheidet sich, gemäß Otto, als Wort «vom Verstehen und Beachten her als das bedachte», gegenüber «epos» als «Wort von der Stimme her als das gesprochene» und gegenüber «mythos» als dem «Wort als unmittelbarem Zeugnis dessen, was war, ist und sein wird» (also entsprechend dem Göttlichen als «War, Ist und Wird») und darum als «Selbstoffenbarung des Seins» (71). «Logos» impliziert also das «Beachten» und «Bedenken» und «Verstehen», wie es einem distant kritischen «Verstand» entspricht, der, in einem echten Gegenüber zum «Sein», dessen «Wesen» beachtet, bedenkt und versteht, – und wie es einer reflexen «Vernunft» entspricht, die im «Hin- und Her-Lauf» (dem «dis-currere» «diskursiven» Denkens) dieses «Wesen» empfangend «ver-nimmt», aber indem sie es zugleich richterlich «vernimmt» (im Sinn gerichtlicher «Vernehmung»). Gewiß sagt «Logos» in seinem Ursprung aus dem Wort «legein» ein «zusammenlesen», wie man Blumen, Früchte, Steine «zusammenliest», – aber dies doch immer in einem «Auslesen», für das zum mindesten der faktisch-praktische «Sinn-Zweck» (eines Blumenstrausses oder einer Früchte-Schüssel zu einem Früchte-Gericht oder irgend einer «Verwendung» der Steine) die «Sinn-Richte» des «Sammelns» ist, – so daß das funktionale «Sammeln» bereits das «in fieri» der Verwirklichung und Wirklichkeit dieses «Sinn-Zwecks» ist. Gewiß sagt «Logos» von «Legein» als «lesen» (eines Buches oder eines Briefes) her das sammelnde «Lesen» der Buchstaben, aber dies doch zu einem solchen «Sich-hinein-lesen» hin, daß der «Sinn» der einzelnen Worte usw. «verstanden» und «vernommen» werde, – ja sogar so, daß dieser «Sinn» auch in einem primitiven «Buchstabieren» bereits sein «in fieri» ist (weil immer das «Ganze» des Wortes die «Richte» ist in solchem Buchstabieren der Buchstaben und Wort-Teile des Wortes selbst).

So ist «Logos» nicht, wie Heidegger will, eine funktionale «legende Lese», in der unmittelbar das Metaphysicum eines kosmischen «Hen kai Pan», eines «All-Eins» objektiv sachhaft erscheint (wie im Mythos das «Ur-Sein» erscheint). Sondern Logos ist, im scharfen Unterschied gerade zu solchem «Mythos» einer scholastischen «*veritas ontologica*», d. h. des «Seins selbst als Wahrheit» (wie sie die eigentliche Leit-Idee des ehmals neuscholastischen Heidegger ist), vielmehr zugehörig zur scholastischen «*veritas in intellectu*», und ist darum «Logos» in «Verstand» und «Vernunft». Es ist darum Logos, wie eine echte «sophia» fast sein «Synonym» ist (in der Entsprechung zwischen der alt-testamentlichen «sophia» der Weisheitsbücher und dem neutestamentlichen «logos» des Johannes-Evangeliums). Wie «sophia» in der ältesten Bedeutung nur die «körperliche Geschicklichkeit» sagt und erst von hier aus das «Geschick» in Kunst, Wissenschaft, Staatslenkung, also eine gleichsam «seinshafte eingeborne» fachliche «Verständigkeit» und «Vernünftigkeit», so akzentuiert «Logos» das Distant-Reflexe, in dem entweder in «logischem Denken» die «Logie» irgendeiner Realität herausgestellt wird (wie scholastisch das ideative «universale» im «*intellectus agens*» als «*intellectus abstractionis*» aus dem sensibel-realen Individualen «abstrahiert» wird), – oder indem dieses Distant-Reflexive selber zu einem Metaphysicum wird als «hypostatischer Logos»: entweder als seinshafter «Logos, der mitten in den Seins-Gegensätzen die letzte Form ist» (wie bei Heraklit), – oder als «Logos in einem dialektisch Göttlichen» (wie zuletzt bei Philon), oder als «Gott-Logos, durch Den alles geschaffen ist» (wie im Johannes-Evangelium) und dementsprechend als «Logos an Stelle der platonischen eide» (wie bei Thomas von Aquin).

Indem aber «Logos» ebenso «Wort» ist (freilich, gegenüber einem vitalen «Tonstoß» in «phonein» und «verbum» und gegenüber der «Aussage» in «eipein» und dem «Gespräch» in «lalein», als «Sinn-Wort», also als «intelligibles Wort», wie es dem «Logos in Verstand und Vernunft» entspricht), – in diesem «Logos als Sinn-Wort» gibt sich die letzte Spannweite des «Logos». Einerseits: «schöpferisch intelligibles Sinn-Wort», «durch das alles geschaffen ist», also als «reale Verwirklichung der Schöpfer-Worte» des Logos (wie gemäß der Genesis das Ungestalte von Himmel und Erde «ausgeschaffen» wird zum «*mundus distinctionis*», zur Welt der unterschiedlichen Seinsformen, und wie darum gemäß dem Kolosserbrief Christus als der «Eine Logos» die «arche», das «Ur schlechthin» ist). Anderseits: «nachschöpferisch intelligibles «Sinn-Wort», wie in «Verstand und Vernunft», zum mindesten in ihrem «innern Wort» (eines wesentlich wortförmigen Denkens), das vorliegend sensibel real Wirkliche «ausgesprochen» wird zu Abhebung und Heraushebung seines «ontisch intelligiblen Sinns», daß im «verstehend vernehmenden Wort-Ausdruck» von Verstand und Vernunft ein «ontischer Logos der Seinsformen» «abgehoben» und «ausgesprochen» erscheine. Wie die scholastische Philosophie schied zwischen «*ideae in Deo*», «*ideae in rebus*» und «*ideae in mente*», so hat dies (gemäß dem Thomas-Wort, daß «wir an Stelle der Ideen Platons den Einen Göttlichen Logos hätten») seinen urförmigen Grund in dieser Drei-Form des «Logos»: schöpferischer Logos in Gott, ontischer Logos in den realen Dingen, nachschöpferisch abbildend herausbildender Logos im Menschen eines (den ontischen Logos aus den Dingen «abstrahierenden») Verstands und einer (denselben ontischen Logos aus den Dingen «vernehmenden») Vernunft.

Eine «*Philosophie im Logos*» ist darum – erstens – nicht möglich als «Philosophie des Logos». Wenn Platon und Aristoteles die «sophia» den «Göttern» zuweisen, dem Menschen aber nur die «philo-sophia», d. h. das kreatürlich werdehafte «Suchen und Lieben zur sophia hin», so kann sich dieses «Suchen und Lieben zu hin...» nicht als «Philosophie des Logos» über diesen Logos stellen, indem es ihn zu seinem Gegenstand nimmt. Sosehr die Philosophie Hegels dieses Versuches verdächtig ist, weil sie den Logos als Dialektik des formalen Urteils begreiflich zu machen scheint, so ist doch dieser hegelsche dialektische Logos von «thesis, antithesis, synthesis» zuletzt vielmehr umgekehrt All-Gegenwart und All-Wirksamkeit (ja, echt reformatorische Allein-Wirksamkeit) des «absoluten Geist» im kreatürlichen Geist bis in die Form seines Urteils hinein. Hegelsche Philosophie ist also vielmehr Höchstfall einer «Philosophie im Logos»: als «Theosophie des göttlich dialektischen Logos in kreatürlicher Logie» (Theosophie im strengen Sinn, deren Subjekt nicht mehr ein «hin-suchender und hin-liebender», also «philo-sophierender» Mensch ist, sondern «Gott als Weisheit» und «Weisheit als Gott» selbst). Es ist aber die moderne Logistik (von Carnap her), die den Versuch unternimmt, den Logos in sich selbst zu ihrem Gegenstand zu nehmen: in einer rein formalen Logistik, die sich in sich selbst bewegt und sich selbst als einziges Metaphysicum nimmt, so daß für sie alle Fragen nach einem Realen und erst recht nach einem Göttlichen «als sinnlos entfallen». Wie aber auch die Phänomenologie Husserls immer mehr einen, dem *cogito* immanenten, Logos der logosförmigen «noema-noesis» als einzigen Logos sah. Und wie die Phänomenologie Heideggers, zum mindesten in «Sein und Zeit», alles Göttliche so sehr, trotz allem «Absehen von...», in ein geschlossenes «Selbstverständnis des Seins im seienden Mensch» einbegriff, daß eine Theologie nur als nachträgliche «theologische Anwendung» solcher wesenhaft anthropologischer Seins-Phänomenologie übrig blieb (wie Bultmann sie dann richtig vollzog). – Für eine echte «Philosophie im Logos» gilt also – zweitens –, daß sie sich zwischen den Extremen einer (theo-panistischen) «Theosophie des Logos» (wie Hegel es darstellt) und einer (methodisch formal pantheistischen) «Philosophie des (formal logistischen) Logos» bewegt. Weil eine «Philosophie im Logos» als «Philo-sophie» wesentlich kreatürlich menschliche Philosophie ist, kann sie sich nicht als irgendein Absolutum konstituieren: weder als Absolutum einer (wenn auch noch so «methodischen») Manifestation des Göttlichen (wie es Hegels Theosophie des Logos ist), noch als Absolutum eines cogito der «reinen Logien» (wie es eine reine Logistik will als radikale Philosophie «des» Logos).

Darum – drittens – ist eine echte «Philosophie im Logos», als wesentlich kreatürliche Philosophie, an die Kreatürlichkeit gebunden, wie für sie sowohl ein «rein Materielles» wie ein «rein geistig Göttliches» Grenzbegriffe sind (wodurch gleichermaßen ein evolutiver dialektischer Materialismus wie ein emanativer dialektischer Idealismus sich ausschließen). Gewiß sagt das «im» in einer «Philosophie im Logos» ein letztes «In» in einem göttlich absoluten Logos (wie es sowohl das Positive im Hegelschen Idealismus ist wie der Sinn einer christlichen «Philosophie im Logos», die den johanneischen wie paulinischen «Kosmos aus und im Logos Christus und zu Ihm hin» gleichsam «aus-philosophierte»). Aber es bleibt auch so das Besondre kreatürlich menschlicher «Philo-sophie» im Unterschied zu einer göttlichen «sophia», wie Platon und Aristoteles sie scheiden, und wie die Weisheitsbücher des Alten Bundes und die Johanneen und Paulinen des Neuen Bundes die «sophia» als «Gottes Beraterin und Werkmeisterin» und darum als «Gottes Weisheit im Mysterium wegverborgen» künden, (die als «Pneuma aus Gott» allein «frei gegnadet» wird). Gewiß, umgekehrt, gibt sich ein «Logos des Seins» als das höchste «Intelligible» auch zuhöchst allein im Grundgesetz menschlichen Erkennens und Denkens, d. h. «im Sensiblen, durch das Sensible, innerhalb des Sensiblen» (wie Thomas von Aquin betont), und darum in wahrem Sinn als «Logos in der Materie» (wie darum August Wetter eine echte Verwandtschaft zwischen scholastischem Realismus und dialektischem Materialismus feststellen kann). Aber es ist doch selbst im dialektischen Materialismus nicht eine «Materie als Logos», sondern ein letzter Dualismus von Logos und Materie, der nur betont, daß die Materie (konkret als «wirtschaftliche Bedingungen») Voraussetzung und Bedingung aller «Logie» (von Wissenschaft und Philosophie) sei, die in ihrer Entfaltung (also der Entfaltung des «Logos des Seins» in wachsender «Logie») an die «materiellen Bedingungen» gebunden sei, – so daß es auch von hier aus fast nur ein Schritt ist zu einer wahren Apriorität des «Logos» in aller noch so großen Aposteriorität der «Materie», wie ein kritischer Realismus einer Neuscholastik es will: als «Apriorischer Logos in-über aposteriorischer Materie», – bis dazu, daß diese philosophische Struktur als wahres, sachliches, «praeambulum» gelten könnte für die Weise, wie die Johanneen ihren «Logos bei Gott und Gott als Logos» unerbittlich künden, nämlich als «Logos Sarx», der «Christus im Fleisch» ist (Jo 1, 1.14; 2 Jo 7).

Von hier aus enthüllt sich, abschließend, was «Logos» in einer kreatürlich menschlichen «Philosophie im Logos» bedeutet. Es ist – erstens – «*Logos in Analogie*», wie es die lateranensische

Analogie der «je immer größeren Unähnlichkeit in einer noch so großen Ähnlichkeit zwischen Schöpfer und Geschöpf» ist. «Sein» wie «Logos» sind in diesem Sinn zuletzt «Analogie». Kreatürliches Sein wie kreatürlicher Logos stehen gewiß in einer «so großen Ähnlichkeit» zu «Gott als Sein» und «Gott als Logos», aber eben hierin (in dem Augenblick, wo die «so große Ähnlichkeit» zu einer «Identität» werden möchte) zuletzt und entscheidend in der «je immer größeren Unähnlichkeit» zwischen gotthaftem Sein und Logos und geschöpfhaftem Sein und Logos. Das Absolutum von Sein wie Logos erscheint allein in dieser «Analogie der je immer größeren Unähnlichkeit» zu einem kreatürlichen Sein wie Logos. Das «Letzte» darum im Progreß einer Philosophie von «Bild» zu «Gleichnis (Parabel)» zu «Symbol» zu «Mythos und Mysterium» ist nicht ein «reiner Logos», sondern allein «Logos in Analogie». Da aber eben die «Analogie» die «je immer größere Unähnlichkeit» als ihre letzte und entscheidende Form betont, wird im «Logos in Analogie», grad im Höhepunkt des Progresses von «Bild» zu «Logos», ausdrücklich der jeweilige Regreß gefordert: jeweils zurück in die Ebene, in der die Kreatur in «je immer größerer Unähnlichkeit» als das «allo», das «ganz Andre» (der Formel des Aristoteles für die Analogie) zum «allo», zum «ganz Andren» der «je immer größeren Unähnlichkeit» Gottes steht: daß die «bathe Theou», die «Ungründe Gottes» (die allein der «Geist Gottes erforscht») nur soweit einem kreatürlichen Logos «unzugänglich» aufgehen, als er, jeweils neu, in einem jeweils neuen Regreß, zurück untertaucht ins kreatürlich «fruchtbare Bathos der (sensiblen) Erfahrung» (Kant), wie sie im «Bild» gründet. Darum heißt «Logos» im Griechischen geradezu «Proportion, Analogie»: in unbewußter Einsicht davon, daß im Gipfel des «Logos» (als des krönenden Traums aller Philosophie) die «je immer größere Unähnlichkeit» geradezu «als» (kreatürlicher) Logos aufgehe, – daß der «Logos» als Ziel des Progresses von «Bild» zu «Gleichnis (Parabel)» zu «Symbol» zu «Mythos und Mysterium» zu «Logos» unmittelbar und augenblicks, ja fast identisch, ein «Logos» als (zwingender) Anfang sei zum Regreß zu «Mythos und Mysterium» zu «Symbol» zu «Gleichnis (Parabel)» zu «Bild». Wie, darum, – zweitens – in der Bewegung des Progresses (von «Bild» zu «Logos») sich der «Logos» unmittelbar von «Mythos und Mysterium» her sich gab, aus ihm sich abhebend und doch in ihm gründend, so bedeutet ein «Logos in Analogie» (zugleich als Ziel des Progresses und Anfang des Regresses), daß ein relativer «Logos über Mythos-Mysterium» in der Bewegung des Regresses (von «Logos» zu «Bild») betont als «Logos in Mythos und Mysterium» erscheine (wie im Christlichen der «Logos bei Gott und als Gott» einzig erscheint als «Logos Fleisch»: im Gesetz der Gestalt Christi wie im Gesetz der Gestalt der Kirche als «sichtbaren Leibs» und des Christen als «sichtbaren Glieds»). Progreß (von «Bild» zu «Logos») und Regreß (von «Logos» zu «Bild») gründen dann also in diesem «in-über» zwischen «Logos» und «Mythos und Mysterium». Das heißt aber: sie schwingen in der «Analogie» zwischen «Logos» und «Mythos und Mysterium» (die sich im «in-über» ausdrückt). Der Progreß (von «Bild» zu «Logos») ist die aufsteigende Bewegung einer «so großen Ähnlichkeit» zu einem «Logos bei Gott und als Gott», die von sich aus den «Logos über Mythos und Mysterium» zum reinen Logos einer «Identität zwischen Gott-Logos und Mensch-Logos überhöhen möchte. Aber indem grad in diesem Über-hinaus-drängen der «Logos» des Progresses selber die «Analogie» aus sich heraustreten läßt, hebt die absteigende Bewegung der «je immer größeren Unähnlichkeit» entscheidend an, in der, als grundlegendem Anfang, der «Logos» gleichsam neu untertaucht in den «Muttergrund» von «Mythos und Mysterium», um betont als «Logos in Mythos und Mysterium» zu erscheinen (wie im Christlichen Augustinus für alle «Geistigkeit» das bleibende «*manere in lacte matris*» fordert, das jeweilige Neu eines echten «Christus Mensch» im «Christus Gott» für Kirche und Christen, – und wie eine echte christliche Theologie daran hängt, daß ihr Flug einer «spekulativen Theologie» eines «Logos» der Offenbarung jeweils neu Abstieg werde, mit einem wesentlich «absteigenden Christus», in das «fruchtbare Bathos» einer «positiven Theologie» der einfachen Offenbarungswelt).

Das aber heißt endgiltig: alle Bewegung einer « Philosophie im Bild » wie einer « Philosophie im Gleichnis » wie einer « Philosophie im Symbol » wie einer « Philosophie in Mythos und Mysterium » wie einer « Philosophie im Logos » ist nicht nur Eine Bewegungs-Einheit zwischen einem jeweils aufsteigenden Progreß und einem jeweils absteigenden Regreß, – sondern sie ist hierin die Eine Bewegung einer « analogischen Philosophie der Analogie ». Diese eine « analogische Philosophie der Analogie », gleichsam als «Ausphilosophierung» der lateranensischen Definition, ist das « metron hapantōn », das « allgemeine Maß und Metrum » für alle Bewegung einer möglichen Philosophie.

Phänomenologie, Realogie, Relationologie

1957

Mit diesen Worten sind drei Möglichkeiten einer Philosophie gemeint. Auf der einen Seite so, daß jede einzelne der drei Möglichkeiten die Tendenz in sich trägt, sich als alleinige zu verstehen. Auf der andern Seite aber doch so, daß sie, geradezu zu Erfüllung ihres eigenen Sinns, aufeinander angewiesen sind und sich also gegenseitig fordern, bis dazu, daß sie in dieser Bezogenheit aufeinander erst eine «wahre Philosophie» darstellen. – Es ist also ein Doppeltes erfordert. Einmal: daß jede der drei Möglichkeiten in sich selbst als geschlossene Philosophie erkannt werde: im Unterschied von der üblichen Art der Schulen, eine sogenannte «Erkenntnistheorie» an den Anfang zu setzen, die vom «reinen Bewußtsein ausgeht (also dem, wo hinein sich eine Phänomenologie in sich selbst schließt), um dann die Frage der Realität nachfolgen zu lassen (also das, was eine Realogie als ihr geschlossen Eigenes will), und alles zu beschließen in eine «Kosmologie», die die einzelnen Realitäten in einem gemeinsamen Beziehungsfeld sichtet (in einem aristotelischen «Kreisumschwung» oder einem thomasischen «*ordo universi*» oder in einer kusanischen «*coincidentia oppositorum*», – also unter der Rücksicht, die eine Relationologie für sich allein beansprucht). – Dann aber müssen die drei Möglichkeiten doch so gesichtet werden, daß gerade ihre (jeweils in sich selbst geschlossene) Unterschiedenheit zum mindesten transparent wird in eine Gesamt-Philosophie, die erst durch die drei Möglichkeiten hindurch möglich wird. Die Geschichte der Philosophie, die geradezu ein Abfolgegesetz zwischen den drei Möglichkeiten erkennen läßt (wie z. B. auf die eidologische Phänomenologie Platons die Formen-Realogie des Aristoteles folgt, und diese wiederum ausmündet in eine kosmologische Relationologie), muß dieses Abfolgegesetz auf die übergeschichtliche Ebene eines Sachgesetzes transponieren: weil sie erst so aus einem «materialen Bericht» über die geschichtlichen Philosophien (der sich methodisch eigentlich in nichts von einer «materialen Historie» unterscheidet) zu einer wahren philosophischen Disziplin wird, in der es nicht mehr um ein materiales «Nacherzählen» geht, sondern um ein wahres Begreifen der übergeschichtlichen Sinn-Struktur der Abfolge der geschichtlichen Philosophien. – Es ist die Richtung, die eigentlich wohl nur Hegel, Dilthey und Georg Simmel eingeschlagen haben: Hegel, der eine Geschichte der Philosophie von der Dynamik seines Ternars (These, Antithese, Synthese) her zu begreifen suchte; Dilthey, der ihr eine Rhythmik von Ur-Typen zugrundelegte; Georg Simmel, der sie als freie Rhythmik des Lebens überhaupt ansah, zwischen «freiem Fluß», der sich jeweils zu «Formen» kristallisiert, die wiederum ins Leben zurück gelöst werden. Aber in allen drei ist es eine Richtung, die sich immer mehr als reine Relationologie enthüllt, in der die «reinen Eide» einer Phänomenologie wie die «echten Realitäten» einer Realogie aufgelöst werden in reine Rhythmik der Bezogenheiten hin und her. Dem gegenüber versuchen wir hier, jede der drei Möglichkeiten von ihrem unterschiedenen Ansatz her zu begreifen, und so erst hinein in ihre eigene Problematik, die dann immanent aufbricht in den je andern Ansatz mit seiner andersartigen Problematik. Phänomenologie, Realogie, Relationologie sind Möglichkeiten, die je das Ganze einer Philosophie meinen, aber doch so, daß ihre Abfolge eine ganz bestimmte Rhythmik enthält, in der erst die wahrhaft «ganze Philosophie» sich abspielt.

1

Phänomenologie steht geschichtlich im Gegenüber einer betont noetischen Phänomenologie Hegels und einer betont noematischen Phänomenologie Husserls. – *Noetische Phänomenologie Hegels* betrifft (von seiner «Phänomenologie des Geistes» her) die innere «Logie» des Gesamt der «Erscheinungsformen» des Geistes, wie er grundlegend in der Ur-Dialektik des Urteils-Aktes steht, in These, Antithese, Synthese. Aber anderseits bedeuten die inhaltlichen Philosophien Hegels (der Geschichte überhaupt, der Geschichte der Philosophie und der Religion) eine Art «Noematisierung» dieses Ur-Noetischen des Geistes: da in ihnen einerseits die objektiven «Erscheinungsformen» *(phainomena)* aus der reinen Materialität überführt werden in «Sinn-Formen» (also in das Noumenale, in dem erst der «Sinn» alles real Bestehenden und Geschehenden aufleuchtet), – während anderseits das Noetische der Ur-Dialektik des Geistes (als «Phänomenologie des Geistes») in diesem objektiv Noumenalen erst gleichsam seine «Welt-Form» empfängt und so aus einem «Gesetz (oder Struktur oder Dynamik) des Geistes» zu einem «Gesetz (oder Struktur oder Dynamik) der Welt» wird. Indem also die scheinbar rein noetische Phänomenologie Hegels in vollem Sinn eine *noetisch-noematische Phänomenologie* ist, begründet sich in ihr eine doppelgesichtige Entwicklung.

Wird das Noematische in ihr als reine Objektivation des Noetischen genommen, so entspringt ein dialektischer Formalismus der formalen Ur-Dialektik von These, Antithese, Synthese, wie er den «orthodoxen Hegelianern» eigen ist. Bis hinein in eine dialektische Formalisierung von Wirtschaft und Materie (im dialektischen Materialismus), in dem die innere dynamische Dialektik des Geistes zur inneren Dynamik der Materie wird, so daß, streng genommen, einerseits der Geist «Geist der Materie» ist, anderseits aber die Materie «Materie des Geistes» (zu jenem mystisch undurchsichtigen «Zwei-Eins», wie Lenin es begründet: Geist in Materie und Materie im Geist). Bis, in einem letzten Umschlag, das Real-Materielle als je neuer Vollzug der Dialektik des Geistes in ihr erscheint, indem der Geist einzig als Ur-Dialektik der Materie und des Materiellen sich erweist (also hin zu einer «Phänomenologie der Materie» gegenüber Hegels «Phänomenologie des Geistes», aber so, daß Hegels noetische Phänomenologie des Geistes das immanent formal Schöpferische einer Phänomenologie der Materie bleibt). – Dem tritt, in einer Umkehrung der Akzente, eine *noematisch-noetische Phänomenologie* entgegen, in der, umgekehrt, die Rhythmik des Noetischen zu einer reinen «Methode» wird, in der das Noematische einer «Sinn-Welt» herausgehoben wird aus einer reinen «Tatsachen-Welt»: hin zu jenen Formen von «Sinn-Philosophie» oder «Typen-Philosophie», wie sie von Dilthey, Simmel, Spranger, Litt (aber auch, in anderer Weise, von Nicolai Hartmann) als «gelockerter Hegelianismus» versucht wurden, bis Heidegger, in seiner Fusion zwischen Dilthey und Husserl, das «Sein» selbst als «ontischen Sinn» zu begründen sucht (also, in unseren Zusammenhängen, als ontisch noematisch-noetische Phänomenologie).

Diesem Doppelgebilde einer noetischen Phänomenologie Hegels tritt die Phänomenologie Husserls gegenüber. Sie ist in diesem Gegenüber, als *noematische Phänomenologie* vermeint (wie sie Husserl in seinen «Logischen Untersuchungen» als Ur-Position entwarf). Das Noematische tritt hier als rein eidologische Sphäre, die als über-empirische und über-historische Sphäre aller Empirie und Historik «*a priori*» ist, einer naturwissenschaftlichen und geisteswissenschaftlichen Philosophie gegenüber, indem nur sie als «strenge Philosophie» gilt, die erst, in der Form «regionaler Phänomenologien», allen «Wissenschaften» ihren Gegenstand vorgibt. Und indem diese rein eidologische Sphäre allein in der «Wesenschau» erfaßt werden kann, die kein «System» zuläßt, wendet sie sich ebenso gegen jegliche «reine Spekulation». Als solche rein «noematische Phänomenologie» (man könnte sagen: *noematisch-noematische Phänomenologie*) wird sie der bestimmende Prototyp jener Phänomenologie, die zwischen erstem und zweitem Weltkrieg fast alles Philosophieren formte und vor allem in Max Scheler, wenn auch als objektive Wert-Phänomenologie, ausgebaut ward.

Aber Husserl selber schreitet, (auf dem Weg von den «Ideen zu einer reinen Phänomenologie» über die «Formale und transzendentale Logik» zu den «Cartesianischen Betrachtungen») zu einer Akzent-Verlagerung vom reinen Noema zur reinen Noesis weiter, in der sich Phänomenologie grundlegend als «Egologie» konstituiert, wenngleich als monadologische (in der ein transzendentales Ich im Sinne Kants als transzendentale «Welt der Iche» sich zuletzt darstellt, also in einer Art Rückweg von Kant zu Leibniz, aber nicht im letzten realogischen Sinn, wie Leibniz, und im Grund auch Kant, ihre Monadologie verstanden). Noematische Phänomenologie bleibt auch diese Phänomenologie der letzten Periode Husserls, aber sie wird, kraft der Akzentverschiebung vom Noema zur Noesis, eine *noematische Phänomenologie als noetische Phänomenologie:* weil das Apriori der (inhaltlichen) Noemata seinen Urgrund im Apriori der egologisch-monadologischen Noesis hat. Gewiß bleibt auch in dieser letzten Form der Gegensatz zu naturwissenschaftlicher wie geisteswissenschaftlicher wie spekulativer Philosophie (wie aber auch zu jeglicher Realogie, weil das Reale «ausgeklammert» bleibt). Aber eine egologisch monadologisch noetische Phänomenologie gerät doch in große Nähe zu jener grundsätzlich noetischen Phänomenologie Hegels, in der alle Inhalte (von Natur, Mensch, Geschichte, Religion) auf eine innere Dialektik der Einen Noesis des «Geistes» zurückgeführt erscheinen. Wenn Hegels noetische Phänomenologie gleichsam das «*cogito*» Descartes' zu einer «Welt» aufweltet, so ist es kein Zufall, daß der späte Husserl (in seinen «Cartesianischen Betrachtungen») durch Hegel und Kant und Leibniz hindurch auf eben dieses «*cogito*» Descartes' zurückgeht, um innerhalb eines transzendentalen Ich (das er geradezu dem Weg Descartes' in die Realität entgegensetzt) eine rein apriorisch-eidetische Form der «Welt» Descartes', Leibniz', Kants und Hegels zu finden (wofür es noch sehr bezeichnend ist, daß für diesen späten Husserl Kant, Leibniz und Hegel keinerlei Rolle spielen, sondern einzig Descartes).

Beiden Formen einer Phänomenologie (Hegels wie Husserls) liegt aber als positiver Kern das zugrunde, was man, in der Tradition *Platons*, *Eidologie* nennen kann. Eidologie heißt, gemäß den Grund-Tendenzen der Dialoge Platons, die Abhebung der reinen «eide», d. h. «reinen Bilder» aus einer unangetasteten Realität, in der sie vielmehr als «paradeigmata», d. h. als «Ur-Beispiele» stehen, in denen die gesamte Realität ihre Form und Ordnung hat (eide... hosper paradeigmata estanai en the physei – Parmenides 132 D). Daher gehen bei Platon diese inhaltlichen «eide» als «paradeigmata» bruchlos über in die Grund-Spannungen eines realen Kosmos (fast in der Tradition Heraklits), bis hinein in die «mache athanatos», den «unsterblichen Kampf» der realen Gegensätze miteinander (Nomoi X 906 BC). So sehr also solche Eidologie aus dem realen Kosmos, der für Heraklit «unlöschliches Feuer» und «Kehrichthaufen» ist, eine «ideale Ordnung» abzuheben scheint (wie später Thomas von Aquin mit Hilfe des Primats seiner «*universalia*» einen eben solchen Kosmos als «*perfectio universi*» in einem «*ordo universi*» durch alle noch so großen Realismen des Konkreten aufleuchten läßt), – es ist doch Eidologie, die zuletzt instrumental wird, einen realen Kosmos zu durchschauen. Eidologie wird unmerklich aus einer inhaltlichen (der idealen reinen Eide) zu einer formalen (der «reinen Schau des reinen Auges» hinein in eine unverhüllte Realität, – wie es später der platonische Augustin formuliert: «*oculus simplex*»).

So sehr Descartes' «reine Methode» das reale Gegenüber zwischen einem reinen «*cogito*» und einer reinen «*massa extensa*» meint, d. h. zuletzt das reale Gegenüber zwischen realem «Ingenieur» und realer «Maschine», – so sehr Kant von vornherein jedes «reine Bewußtsein» (der Solipsismen) ablehnt, um die Unmittelbarkeit zu den realen Dingen als Voraussetzung zu nehmen für eine «Kategorialisierung» des Realen, – so sehr Leibniz' scheinbar «reine Monadologie» einzig den «geistigen Kern» der kosmischen Realität meint, – so sehr Hegels noetische Phänomenologie, in dieser Tradition, zuletzt die Realität eines dialektisch sich abwandelnden absoluten Geistes in seinem Ternar zu fassen strebt, – so sehr Husserls noematische Phänomenologie bis zuletzt nur eine methodische «epochē» (Enthaltung) gegenüber der Realität als «Ausklammerung» der Realität will –: dieser gesamte Weg einer noetischen und noematischen Phänomenologie mündet doch niemals so innerlich in eine wahre Realogie, wie es, im voraus, die platonische Eidologie tut. Indem eine solche Eidologie das ursprünglich Noematische eines «topos noetos», einer «idealen reinen Welt», zu intendieren scheint (und so als *noematische Eidologie* der Ursprung aller möglichen noematischen Phänomenologien zu sein scheint), – wandelt sich doch in ihr unleugbar das Noematische eines «topos noetos» innerlich so zum Noetischen der «reinen Schau» des «einfachen Auges», daß dieses Noetische unmöglich (wie bei den Phänomenologien von Descartes zu Husserl) zu einem in sich selbst formal Transzendentalen werden kann, sondern einzig zu Erübung eines «offenen Augs in die Realität», also nicht einmal zu einer noetischen Eidologie als Ursprung einer noetischen Phänomenologie hin, sondern zu einer «*instrumentalen Eidologie*», die nicht mehr auf «eidos» als idealen Inhalt, sondern auf «idein» als reines Sehen (einer real realistischen Realität) zielt.

In solcher Rückführung aller möglichen Phänomenologien auf die platonische Eidologie als ihren Ursprung überwindet sich der diesen Phänomenologien überall einwohnende Transzendentalismus, der alles Reale aus einer Philosophie zum mindesten «ausklammert» (wie auch ein strenger Thomismus, der das individual konkret Reale nur «numerativ», «*de ratione materiae*», nimmt, sich als phänomenologischer Transzendentalismus der «*universalia*» darstellen muß). Die «instrumentale Eidologie» des «reinen Schauens» des «offenen Auges in die Realität», wo hinein eine ursprünglich noematische Eidologie Platons mündet, – das ist der notwendige Weg, auf dem eine Phänomenologie der methodische Weg in eine Realogie wird. Phänomenologie, als Wort, bezeichnet dann nicht mehr den Weg von «Realitäten als reinem Schein» zu den idealen oder transzendentalen «*noumena*» als «reinem Sein» (negatives phainein), sondern die Weise, in der für ein «reines, offnes Aug» die Realitäten selber immer mehr «aufscheinen» (positives phainein).

2

Aber die ausgesprochene oder unausgesprochene Intention aller Phänomenologien (mit Einschluß der Eidologie Platons) zielt doch auf die Gewinnung eines «eigentlichen Seins» durch das real existent konkrete Sein hindurch. Auch wenn eine phänomenologische Methode nur «absehen» will von diesem Real-Konkreten oder auch nur das «eigentliche Sein» aus ihm «abheben» will («absehen» in der husserlschen «epochē», «abheben» in der thomistischen «Abstraktion»), – so ist in beiden Fällen doch das formale Objekt solcher Phänomenologien nicht das real existent konkrete Sein, sondern ein «ideal eigentliches Sein». Der Grund hierfür ist das, was erst Leibniz offenbart: daß es keine wahre « vérité des faits » geben könne, sondern nur eine « vérité de raison ». Das heißt weil «Wahrheit» (um die es einer Philosophie geht) etwas «Absolutes» ist, kann auch ihr Inhalt nur etwas «Absolutes» sein und nie etwas konkret Tatsächliches. Form einer « absoluten Wahrheit » und Inhalt « absoluter Gegenstände » entsprechen sich innerlich, gleichsam als Ur-Korrelation einer Philosophie überhaupt. Darum bedeutet die gesamte neuzeitliche Philosophie die Gewinnung einer « idealen Welt » (sei es « idealer Monaden », sei es « idealer Kategorien », sei es « idealer Dialektik »). Darum ist auch der Gegenstand des klassischen Thomismus nicht die konkret individuierte Welt, sondern die « idealen Universalien » (Pflanze an sich, Tier an sich, Mensch an sich). Und selbst ein Aristoteles, der die platonischen « reinen eide » ablehnt, um auf die « Formen in der Materie » (morphe) zu zielen, meint diese Formen doch zuletzt als eine Art « idealer Realität », die im rein Bewegungshaften und rein Möglichkeitshaften (kineton der dynamis) einer «Materie (hyle)» eingebettet sind, die als solche kein Gegenstand einer Philosophie sein kann. Und selbst der Skotismus und Nominalismus des Spätmittelalters, die alle « eide » und «*universalia*» nur als «Worte», ja als «Wort-Hauch *(flatus vocis)*» nehmen wollen um der Alleinigkeit des einmalig Konkreten im einmaligen Augenblick in der All-Bewegung willen, vermeinen doch zuletzt eben dieses Dynamische als ein Absolutes, das im einmalig Konkreten allein-wirksam ist, so daß auch hier einer « absoluten Wahrheit » ein « absoluter Gegenstand » entspricht, nämlich die « absolute Bewegung ». – Die immanente *Realogie einer Phänomenologie* ist also im höchsten Fall eine Phänomenologie als Realogie: indem die Inhalte einer Phänomenologie als das « eigentliche Reale » des konkret individualen Realen gesetzt werden (im Sinn des « ontos on » Platons und Aristoteles'). Das ist im Grund auch nicht anders in der durch Christian Wolff grundgelegten Schul-Philosophie. Wenn diese mit einer sogenannten « Erkenntnistheorie » einsetzt, um im reinen Bewußtsein, mitten in seiner Geschlossenheit, durch die « Sinnes-Qualitäten » hindurch die Hinweise auf eine wirkliche Realität nachzuweisen, so bleibt doch diese Realität von den Kategorien des «reinen, geschlossenen Bewußtseins» aus bestimmt. Sie ist zwar keine Realität im strengen Sinn der obigen Realogie einer Phänomenologie, aber sie steht gleichsam unter dem «Stil der Phänomenologie»; da sie das Besonderheitliche einer «Realität» nicht diskutiert, sondern den phänomenologischen Inhalten nur die «Qualität des Realen» undiskutiert gibt. Was aller Phänomenologie eigen ist (von Platons Eidologie zur aristotelischen Morphologie zur mittelalterlichen Universo-logie zur neuzeitlichen Ideo-Logie), das ist der unvermeidliche Stil einer Direktheit und Einlinigkeit, der Stil des «Systems».

Dem stellt sich an und für sich ein *realogischer Existentialismus* entgegen, der, in Kierkegaard das konkret «Einzelne», in Sartre die dynamische Situation, in Heidegger den sorgend besorgenden Menschen als «Seienden» gegen ein systematisches «Sein an sich» stellt. Aber dieser Existentialismus des «je konkret Existentiellen» ist in Kierkegaard wie Sartre, aus dem kämpferischen Affekt gegen jedes «an sich» heraus, vielmehr eine praktische Ethik, in letzter Nachfolge der französischen Moralisten des 18. Jahrhunderts (wie Nietzsches betont «moralische Philosophie» zwischen beiden die innere Verbindung ist). Es ist nicht Realogie, sondern *realistische Ethik* (für die das Problem zwischen Phänomenologie und Realogie von vornherein nicht besteht). Und so sehr die Philosophie Heideggers eine Ontologie sein will, ja, mit den Worten Schelers, geradezu eine Ontik, in der «Wahrheit» objektive Selbstenthüllung des realen Seins selbst sein will (in einer merkwürdige Übernahme der scholastischen «*veritas ontologica*») – in Wirklichkeit ist auch diese Real-Ontik eine realistische Ethik oder wenigstens praktische Anthropologie: da es ihr (wie Heideggers Hölderlin-Analysen und seine Philosophie der Technik immer deutlicher zeigen, und noch mehr seine jüngste Konfrontation zum Zen-Buddhismus) zuletzt um eine «menschliche Haltung» geht (wie er es in «Sein und Zeit» entscheidend einleitete mit seiner Analyse des Sein als «Sorge»).

Beiden Schein-Realogien, der phänomenologischen wie der existentialistischen, gegenüber wird eine *echte Realogie* jenes unterscheidend Besondere zu erfassen trachten, das dem Realen im scharfen Unterschied zu Bewußtseins-Inhalten eigen ist. Das ist wohl grundlegend – erstens – das was Max Scheler, als erster, die «*Widerständigkeit des Realen*» genannt hat. Phänomenologie ist, so oder so, Idealismus. Mensch und Welt gehen in ihr in ein einstimmiges Zusammen, ja Ineinander ein. Die heraklitischen «Gegensätze», ja «Widersprüche» haben in ihr keinen Platz. Die «singende Harmonie» der mathematischen Welt des Pythagoras ist ihr Prototyp. Damit bleibt alles im reinen Zusammenhangs-Denken einer reinen Ratio, bis dazu, daß auch eine hegelsche Dialektik eine reine ideelle Dialektik bleibt, die «glatt aufgeht», wie auch der dialektische Materialismus, trotz aller Betonung realer Wirtschaft usw., «glatt aufgeht» um hierin das echte Reale zu «ideologisieren» (hinein in idealistische Planwirtschaft mit «Führer-Ikonen»). Das echt Reale, gegenüber einem solchen idealistischen «Schwingen in sich selbst» des dichtend-denkenden Bewußtseins, ist aber dasjenige, das meinem «reinen Denken» Widerstand leistet und an dem ich schlechthin «anstoße», so daß es in meine «Rechnung» nicht «aufgeht». Wenn die sogenannte negative Theologie Gott als das «ganz Andre» sieht (als das «*supra omne, quod cogitari potest*»), und wenn Eberhard Grisebach dieses «ganz Andre» bereits auch als die «negative Relation» zwischen Mensch und Mensch betont (in voraus gegen den Ich-Du-Mystizismus von Ferdinand Ebner, den die Heutigen proklamieren, Buber wie Brunner wie Guardini), – so ist diese «negative Relation» des «ganz Anders» zuletzt auch gültig für das Verhältnis zwischen phänomenologischem Bewußtsein und echt realogisch Realem überhaupt. Das heißt die «Widerständigkeit» (gegen alle «Bewältigung» in «widerspruchslose Begriffe») bedeutet zuletzt nicht, daß das eigenständig Reale ein «Grenzbegriff» für das «reine Bewußtsein» sei (der damit etwas Inner-Phänomenologisches bleibt), – sondern es ist «Widerständigkeit», die das «ganz Andre» des echt Realen gegenüber allen möglichen Verbegrifflichungen besagt. «Widerständigkeit» besagt darum auch nicht die «quantité négligeable» eines «Restbestandes» (den die experimentelle Naturwissenschaft in ihre Untersuchungen einrechnet), sondern sie ist das eigentlich unterscheidende Positivum des eigentlich Realen gegenüber dem phänomenologisch Idealen, worin das Bewußtsein steht.

Es gibt dann eine dreifache Stufung dieser «Widerständigkeit»: vom «ganz Anders» des Realen überhaupt zum «ganz Anders» zwischen Mensch und Mensch zum «ganz Anders» zwischen Kreatur und Gott. Gegen jegliche Ein-Systematisierung des Realen in das phänomenologische Bewußtsein, gegen jegliche Ein-Systematisierung des je einmaligen «Mensch gegenüber Mensch» in eine idealistisch einlinige Anthropologie, gegen jegliche Ein-Systematisierung des absoluten «ganz Anders» Gottes in eine idealistisch einlinige Kosmologie tritt, gestuft in der obigen Stufung, eine wahre «*reductio in mysterium*» des Realen wie des Menschlichen wie des Göttlichen. Während eine «reine Phänomenologie» zu allen Zeiten dieses gestufte «ganz Anders» aus allem «mysterium» «aufzuklären» sucht in ein «System reiner Begriffe» oder eine «Struktur regionaler Phänomenologien» (einer husserlschen phänomenologischen Monadologie), geht eine echte Realogie geradezu den umgekehrten Weg: immer mehr alle «reinen Begriffe» wie reinen «Strukturen» wie «reinen Bilder» «anstoßen» zu lassen an der letzten «Widerständigkeit» des echt Realen, daß im Ausmaß dieses Anstoßes das «mysterium des Realen» unerfahrbar erfahren werde (wie es der Areopagit für die Gottes-Erkenntnis sagt). – Der Prototyp für eine solche «Realogie in der Widerständigkeit des Realen» ist dann, entsprechend, die Art, wie die Offenbarung Alten und Neuen Bundes (aber ebenso auch aller außer-christlichen Mythen) keinerlei «System in klaren Begriffen» sind oder in ein solches überführt werden können, sondern ein zerklüftet widerständiges Gebirg des echt Realen sind (bis hinein in das Symbol Israels als des «Haus des Widerstands» und «Volks mit hartem und steifem Nacken»), daß erst in diesem «widerständigen Gebirg» der realistische Gott von «Zorn und Liebe» in seiner realistischen Unerfaßlichkeit erfaßlich sei.

In dieser Widerständigkeit des eigentlich Realen ist aber – zweitens – eine innere «*Widersprüchlichkeit*» beschlossen. Es ist das Bild des Realen, wie Heraklit es allem einstimmig und einsinnig Idealen gegenüberstellt: «das Entgegenstehende ist das Miteinandertragende, und aus dem gegen einander Unterschiedenen [besteht] die schönste Harmonie, und alles-gesamt wird gemäß dem Streit» (Diels 63 B 8). Diese «Widersprüchlichkeit als Harmonie» geht so weit, daß die Gegensätze als Gegensätze zuletzt ineinanderfallen: auf der einen Seite so, daß Tod Leben ist und Leben Tod («unsterblich Sterbliche, Sterbliche unsterblich, lebend den Tod jener, aber jener Leben sterbend»: 70 B 62), – auf der andern Seite so, daß das Göttliche der Ineinsfall der Gegensätze ist («Gott ist Tag Nacht, Winter Sommer, Krieg Frieden, Sätte Hunger» 71 B 67). Darum, zuletzt, in Kraft dieses höchsten Spannungs-Eins der Gegensätze, ist der «Kosmos» zwar «ewiglebendiges Feuer» (66 B 30), aber eben so das, was eine ideale Phänomenologie zu ihrem Zentral-Begriff hat: «Logos» als «Kriterium und Richter der Wahrheit» (59 A 16) und so als das «Gemein-Gemeinsame und Göttliche» (61 B 1). Damit erscheint die gesamte Gegensatz-Philosophie (in Augustinus wie Nikolaus von Kues wie Pascal wie Newman), die diesen Heraklit zu ihrem Ahnherrn hat, als die geschichtliche Form einer echten Realogie, für die aus der Widerständigkeit des Realen sich eine innere Widersprüchlichkeit im Realen selbst ergibt, die zuletzt in einen «Ineinsfall der Gegensätze» *(coincidentia oppositorum)* mündet, in dem das Universum (als «Kehre ins Eins»: uni-versum) mit dem Göttlichen fast verschwimmt (gemäß Nikolaus von Kues), das (gemäß Thomas von Aquin) das «Überhinaus der Totalität und Einfalt» dessen ist, was in der Kreatur «abfallend und teilhaft und vielfältig» erscheint (S Th 1 q 57 a 1 corp), weil «in der gegensätzlichen Unterschiedenheit der Kreaturen die Vollkommenheit des Universums besteht». Diese gesamte Gegensatz-Philosophie hat also nicht ihren Platz als «Ausgleich» zwischen gegensätzlichen Phänomenologien, der vielmehr, gemäß fortschreitender Verbegrifflichung, zu einer rationalen «Lösung» tendiert. Sondern sie ist der folgerichtige Schritt zur «Widerständigkeit» des Realen in einer echten Realogie, – der Schritt, der aus einer rein faktischen Widerständigkeit des Realen zu einer inneren Struktur dieses Realen führt: zur Struktur eines letzten Ineinsfalls der Gegensätze als Gegensätze, der aber folgerichtig zur Widerständigkeit des Realen in keinerlei «Lösung» ausmünden kann: weil die Ebene eines inner-kosmischen In-Eins-Falls bereits mit der Ebene des Göttlichen verschwimmt, das gemäß der dreifachen Stufung der Widerständigkeit des Realen das schlechthin alles überragende «ganz Andre» ist. – Realogie als Gegensatz-Philosophie des Widersprüchlichen hat darum ebenfalls ihren Prototyp (und ihre Erfüllung) in der Offenbarung Alten und Neuen Bundes (wie auch aller außer-christlichen Mythen), die Luther unter das Zeichen des «*absconditum sub contrario*» und «*per antithesin*» stellt, des «Verborgen (von allem) unter Gegenstellung und Gegensatz» (WW XV III 782 ebd XLVI 392). Realogie als Gegensatz-Philosophie sagt in dieser Tiefe das gegenseitige Sich-Kreuzen im Kreuz der Kreuzigung als das «Reale des Realen» (und hierin in schneidendem Gegensatz zur aussöhnenden Lichtigkeit in allen Phänomenologien). Realogie, im Zeichen dieses Kreuzes als Ur und End des Realen, ist, von Widerständigkeit zu Widersprüchlichkeit, konkret «Kreuz-Philosophie» im «Logos des Kreuzes als Fluchs».

Indem aber eine echte Realogie, auf dem Weg von Widerständigkeit zu Widersprüchlichkeit, als Gegensatz-Philosophie sich aufbaut, erreicht sie ihren höchsten Gegensatz zu einer Phänomenologie. Während eine echte Phänomenologie entweder zu ihrem Ziel-Sinn das «System» hat (wie die Hegelsche) oder, in dem einen oder andern Sinn, ein Gefüge idealer Kategorien (wie die Kantische) oder zum mindesten ein transzendentales Ich zur klaren Mitte (wie die Husserlsche), geht drittens eine echte Realogie einfach «*ins Unendliche*». In einer Realogie der Widerständigkeit und Widersprüchlichkeit realisiert sich zuletzt, was Thomas von Aquin als den Urgrund des real Geschöpflichen bezeichnet: das «*infinitum potentia*», das so sehr das «*infinitum actu*» Gottes zu seinem einzigen und letzten Gegenüber hat, daß es so wenig gleichsam in einer «Infinitesimal-Rechnung» des Realen umgriffen werden kann (wenigstens in einem «idealen Grenz-Begriff», daß es vielmehr wesentlich, in diesem Unmittelbar zwischen «*infinitum potentia*» und «*infinitum actu*», ein «*in instanti*» (Ver q 6 a 1 ad 2) ist. Das will sagen: das «ins Unendliche» des real Geschöpflichen steht nicht im Ende einer Realogie, sondern ist deren Form von vornherein «im Augenblick» als solchem. Das spezifische «ins Unendliche» des Realen (für eine echte Realogie) ist das «*in instanti*» der Kreatur zu dem Gott, der als «*infinitum actu*» das «*intra rem quamlibet*» ist (Ver q 3 a 3 a 7 corp), das «Innerhalb jedes Realen». So ist es nicht nur, daß die «Widersprüchlichkeit» des Realen eine «Gegensatz-Spannung ins Unendliche» als Letztes zeigt (im Gegensatz zu einem idealen «System» in den Phänomenologien), sondern jeglicher «reale Augenblick» trägt das Gegenüber zwischen «*infinitum potentia*» und «*infinitum actu*» als sein «innerstes Innen» und also nicht nur als Ziel-Sinn *(telos)* dynamisch schwingender Gegensätzlichkeiten, sondern als dynamisches Ur (arche) jeglichen realen «Augenblicks». Eine Realogie als Gegensatz-Philosophie ist nicht nur wahrer «Dynamismus» kraft einer notwendig dynamischen Gegensatz-Spannung, sondern kraft des Dynamismus zwischen «*infinitum potentia*» und «*infinitum actu*» in jeglichem realen «*in instanti*». Heraklitische Dynamik ist in solcher Realogie voll durchgeführt, wie Parmenidische ideale Statik sich im überdynamischen idealen «Zusammenhang» einer Phänomenologie folgerichtig ausbaut. – Eigentlicher Prototyp (und Erfüllung) solcher «dynamischer Realogie» ist darum der innerste Rhythmus der Offenbarung Alten und Neuen Bundes (und auch aller außerchristlichen Mythen): in ihrer Form eines wahren «augenblickshaften ins Unendliche», wie in ihnen, einerseits, alle göttliche Manifestation in die Welt «augenblickshaft ins Unendliche» ist, als unvorhersehbarer «Blitz, der neue Welten öffnet», daß, anderseits, solche Blitz-Form Göttlicher Manifestation alles verfestet Reale «aufsprenge in unendliche Perspektiven». Das «hinzehrende Feuer» dieses «je öffnenden Blitzes», wie es Alter (Deut) und Neuer (Hebr) Bund als letztes Geheimnis zwischen Göttlichem und Real-Kreatürlichem kündet, ist damit eigentlichster Prototyp (und Erfüllung) dessen, was die Ur-Realogie Heraklits «immer-lebendiges Feuer» als Ur des Real-Kosmischen bezeichnet (in merkwürdiger Übereinstimmung zum « gotthaften Feuer » der persischen Avesta). Es ist hierin der höchste Gegensatz zu dem, was eine Phänomenologie, von Plotin her, als ihr ideales Ur sieht: das sich emanierende einshafte « Licht » (der « Intelligibilität »). Wie die Grund-Form einer Phänomenologie infolgedessen die « Evidenz » ist (von Descartes' « clarté » zu Husserls « Evidenz in der Wesensschau ») so ist die Grund-Form einer echten Realogie das, was Dionysius Areopagita den «Sturmnacht-Ungrund als Lichtschüttung » nennt (gnophos als photochysia): solches Übernachtet aller idealen Evidenzen im « Ungrund » der miteinander streitenden Gegensätze, daß der Höhepunkt solcher « Sturm-Nacht » das « immer-lebendig (aei zoon) hinzehrende (analiskon) Feuer » des « je öffnenden Blitzes » ist, in dem « unerkannt erkannt » das reale « ontos on », das « seinshafte Sein » « offen » steht, aber in « Mythos, Mysterium, Apokalypsis », d. h. enthüllt als verhüllt.

3

Hierin ist der höchste Gegensatz zwischen Phänomenologie und Realogie erreicht. Aber eben damit ist auch die Ebene gewonnen, in der sie sich wesentlich begegnen. Es ist die Ebene zwischen (idealer) Essenz und (realer) Existenz. Alle Phänomenologien zielen auf die Abhebung idealer « *essentiae* » aus dem existent Realen. Alle Realogie hat aber umgekehrt dieses existent Reale zu seinem Objekt (aber im Unterschied zu den « Existentialismen », die, anthropologisch oder moralisch, den « Menschen in Existenz » meinen). Der Gegensatz zwischen Phänomenologie und Realogie gründet also im Unterschied zwischen « *essentia* » und « *existentia* », wie er im Mittelpunkt antiker wie mittelalterlicher wie neuzeitlicher Philosophie steht. In antiker wie neuzeitlicher Philosophie ist es ein « objektiv vorliegender » Unterschied: da beide darauf gehen, einen Zusammenhang idealer Essenzen aus der existenten, konkreten Realität einfach abzuheben, ohne das ausdrückliche Problem zwischen Essenz und Existenz anzugreifen. In der mittelalterlichen Philosophie steht gewiß dieses Problem im Mittelpunkt (wie Thomismus, Skotismus und Molinismus sich in ihm entscheidend scheiden). Aber das Problem zwischen Essenz und Existenz ist in dieser Philosophie nicht nur ein «singuläres» Problem einer «*philosophia prima*» oder «Ontologie», sondern diese «*philosophia prima*» oder «Ontologie» ist methodisch zuletzt als reine Phänomenologie vermeint, freilich als eine, die das Reale einfach voraussetzt, aber ohne das Problem einer eigenen und von der Phänomenologie wesens-verschiedenen Realogie zu stellen (das freilich erst gestellt werden konnte, nachdem eine phänomenologische Philosophie im deutschen Idealismus ihren Höhepunkt erreicht hatte). Erst also, nachdem der Wesens-Unterschied zwischen Phänomenologie und Realogie herausgestellt ist (wie wir es taten), ist es möglich, das Problem zwischen Phänomenologie und Realogie auf das Problem zwischen «(idealer) essentia» und «(realer) existentia» zurückzuführen. Das methodische Problem zwischen Phänomenologie und Realogie wurzelt im metaphysischen Problem zwischen «essentia» und «existentia», – und umgekehrt gewinnt erst durch diese Verwurzelung des methodischen Problems im metaphysischen Problem das metaphysische Problem seine volle Zentralität in einer Philosophie überhaupt. Das Problem zwischen einer Phänomenologie der «*essentiae*» und einer Realogie der «*existentia*» ist damit das Problem der Beziehung zwischen «*essentia*» und «*existentia*». Es ist das Problem einer «*Relationologie*»: als dem überbrückend «Dritten» zwischen Phänomenologie (der *essentia*) und Realogie (der *existentia*). Die mittelalterlich-scholastischen Systeme eines Thomismus, Skotismus und Molinismus hatten faktisch recht, grad um die Beziehung zwischen «*essentia*» und «*existentia*» ihren Hauptkampf miteinander zu führen. Aber sie führten ihn methodisch ohne eine ausdrückliche Relationologie, wie sie erst aus bewußter Methoden-Scheidung zwischen Phänomenologie und Realogie entspringen kann. Der Thomismus betont gewiß eine «*realis distinctio*» zwischen Essenz und Existenz, aber mit dem Ziel-Sinn, die «reinen Essenzen» aus der «Existenz» «abzuheben» *(abstractio)*. Der Skotismus, umgekehrt, legt den Akzent auf eine solche «Begriffs-Identität» zwischen Essenz und Existenz, die einen «Dynamismus» der Existenz betont, der im

Okkamismus zu einem «Voluntarismus» wird (der dann in Luther, der sich ausdrücklich zur «*factio occamistica*» bekennt, zu einem theonomen Voluntarismus des allein-wirkenden Gottes wird). Der Molinismus, der (wie der thomistische Bañezianismus) eine Synthese zwischen (ursprünglichem) Thomismus und Skotismus anstrebt, will dann endlich eine «*distinctio rationis*» zwischen Essenz und Existenz, die sich aber auswirkt zum Weltbild eines «rationalen Seins», gewiß nicht zu einer Wiedergeburt einer früh-augustinisch-thomistischen «idealen Ordnung», aber doch zu einer rein rational gefaßten existenten Welt (wie dieses Weltbild schließlich sich in den europäischen Rationalismus, vor allem zu Christian Wolff hin, auswirkte, dessen Rationalismus nicht nur die Voraussetzung Kants ist, sondern vorzügliche Quelle der späteren Neu-Scholastik). Es geht also in keiner der drei Schulen um eine echte «Beziehung» *(schesis, relatio)* zwischen Essenz und Existenz, sondern im Grund jeweils um eine Entscheidung zwischen beiden, ob eine reine Essenz oder eine reine Existenz oder eine essentialisierte Existenz zur Grundlage einer Metaphysik oder Ontologie genommen werden solle. Der Grund hierfür ist, daß keine der drei Schulen zuerst bewußt zwischen Phänomenologie und Realogie zu scheiden unternimmt, sondern jede von Anfang an in einer Art «Phänomenologie des Realen» steht, und eben darum (ausdrücklich in der Neu-Scholastik) zwar eine solche Phänomenologie des Bewußtseins (im Geist Descartes') als Erstes baut, die ins Reale hinführt, aber ohne eine eigentliche, unterscheidende «Logie» des Realen, d. h. eine echte Realogie wenigstens zu diskutieren.

Auf der andern Seite aber ist das Positivum der drei Schulen, daß sie jeweils den stärkeren Akzent auf die «*essentia*» (Thomismus) oder die «*existentia*» (Skotismus, Molinismus) legen, freilich ohne diese Akzentuierung tiefer und bewußt zu begründen. So sehr sie keine eigentliche Relationologie (als Übergeordnetes von Phänomenologie und Realogie) kennen, so führt doch ihre verschiedene Akzentuierung (von «*essentia*» oder «*existentia*») in das besonderheitlich Qualitative solcher Relationologie. Indem der Thomismus eine «*realis distinctio*» zwischen «*essentia*» und «*existentia*» betont, der Skotismus aber die Identität beider betont, während der Molinismus eine Mitte zwischen «realer Scheidung» und «realer Identität», geradezu als «Schwebe-Mitte», anstrebt, – hierin deutet sich das besonderheitlich Qualitative einer Relationologie an. Der Thomismus mit seiner «*realis distinctio*» zielt auf ein «Über» der «*essentia*» über der «*existentia*», während der Skotismus ein «In» der «*essentia*» in der «*existentia*» betont. Eine durchgeführte «Schwebe-Mitte» zwischen dem thomistischen «Über» und dem skotistischen «In» ist aber (wie wir es in «*Analogia entis I*» bis ins Letzte durchführten) nichts andres als die «Analogie», die, von ihrer Form bei Aristoteles zu ihrer Voll-Form in der Formulierung des Vierten Laterankonzils das «In-Über» zu ihrer Struktur hat. So ist das besonderheitlich Qualitative einer Relationologie eine *Analogologie* (nicht eine «Analektik» im Sinne einer früh-augustinischen Ähnlichkeitslehre, wie Lakebrink, als Exponent der Dempf-Schule sie konstruieren will). Der (mißglückte) Ausdruck «Analektik» verrät seinen Ursprung aus dem Früh-Augustinismus, indem er im «lektik» das «lesen» der überrealen Exemplaritäten (im «ano» des «ana») ausspricht, wie es dem früh-augustinischen deutenden Lesen der «ewigen Urbilder» in den «zeitlichen Abbildern» eigen ist (und hierin die Grund-Intention der Dempfschen Schule bildet).

Eben eine echte Analogologie als das Qualitative einer Relationologie ist es aber auch, die sich als überbrückend «Drittes» aus einer Phänomenologie und Realogie (als den Ur-Gegensätzen) ergibt. Eine Phänomenologie hat das Besondre einer reinen «Inhaltlichkeit», während eine Realogie eine letzte «Form» betont (in «Widerständigkeit», «Widersprüchlichkeit» und «ins Unendliche»). Alle wahrhaft inhaltliche Philosophie wird Phänomenologie sein müssen (wie es Husserl in seiner noematischen Periode mit Recht betont hat). Aber diese «reine Inhaltlichkeit» muß dann bewußt jene Form des «Realen» annehmen, wie allein eine echte Realogie sie herausarbeitet. Indem aber eine inhaltliche Phänomenologie, kraft ihrer Inhaltlichkeit, die Ebene der «*essentia*» innehat, steht sie in dem «Über», in dem die «*essen-*

tia» zur «*existentia*» steht. Umgekehrt senkt erst eine echte Realogie dieses «Über» «reiner Inhalte» aus dem «überhimmlischen Ort des Idealen» (dem sie sonst verzückt verfällt) in das realistisch Reale von «Widerständigkeit», «Widersprüchlichkeit» und «ins Unendliche», d. h. in das betonte «In» einer «*essentia in existentia*». Eben so aber, wiederum, wird diese Ebene des unterscheidend Realen (grad in seinem «ins Unendliche») zum Ort eines letzten, endgiltigen, «Über». Eine inhaltliche Phänomenologie steht immer in der Gefahr der «Ikonologie»: nämlich ihre Inhalte als «letzte Idealitäten» zu nehmen (in einer Betonung «reiner Ähnlichkeit» zwischen «Urbild» und «Abbild»: wie die östlichen Ikone unmittelbare Präsenz des dargestellten «Heiligen» sein wollen). Erst eine strenge Realogie (mit ihrer Betonung der «Gegensätze ins Unendliche») legt die unerbittliche Distanz einer «je immer größeren Unähnlichkeit» zwischen «idealem Urbild» und «realem Abbild». Ist das «Über» (einer *essentia* über der *existentia*) das Über einer «idealen Zone» (der platonische «topos noetos»), so ist dieses letzte «Über», das aus einer Realogie der realen «Gegensätze ins Unendliche» aufsteigt, erst der entscheidende «Überstieg»: Überstieg über Ideales (einer «reinen *essentia*» einer Phänomenologie) und Reales (von «Gegensätzen ins Unendliche») in das Ur-Mysterium einer über- und un-begreiflichen Identität zwischen Über-Idealem und Über-Realem, das, als «Sosein als Dasein» und «Dasein als Sosein» in Identität, das Göttliche ist in seiner «je immer größeren Unähnlichkeit» (in der Sprache des Vierten Laterankonzils) zum Kreatürlichen, das zu diesem Göttlichen an und für sich in «so großer Ähnlichkeit» steht, indem es als «Sosein über-in Dasein» (in der Abfolge von Phänomenologie zu Realogie) und «Dasein in-über Sosein» (im letzten «Über» einer Realogie «ins Unendliche») das Höchst-Ähnliche *(tanta similitudo)* zum Göttlichen ist.

Relationologie als Analogologie, indem sie Phänomenologie und Realogie zueinander rhythmisch bindet, ist hierin der entscheidende Ansatz einer *Theo-Analogologie* (die das Positivum dessen ist, was man bis heute Theodizee oder *theologia naturalis* nennt, die aber beide rein geschichtlich bedingt sind: Theodizee als «Verteidigung Gottes» im Zeitalter der ungläubigen Enzyklopädie; *theologia naturalis* als Versuch, die Gegensätze zwischen «kämpferischen christlichen Konfessionen» auf der Ebene einer «natürlichen Religion» auszugleichen). Dem gegenüber hat eine Theo-Analogologie (wie sie sich uns als Letztes zu Relationologie und Analogologie ergab) am entscheidendsten ihren Prototyp (und Erfüllung) im Grund-Rhythmus der Offenbarung Alten und Neuen Bundes (und ahnungshaft in den außerchristlichen Mythen), deren «*analogia fidei*» (zwischen allen, noch so gegensätzlichen Inhalten) ausmündet in eine heils-ökonomische Analogie zwischen «*Deus irae*» und «*Deus misericordiae*», um in ihrer letzten Tiefe nicht nur in Analogie zu stehen zum innergöttlichen «Relations-Mysterium» (von Vater, Sohn und Geist), sondern auch noch, wenngleich in «höchster Unähnlichkeit» als «je immer größerer Unähnlichkeit», ein solches «Rhythmus-Mysterium» in diesem innergöttlichen «Relations-Mysterium» anzudeuten, in dem eine geschöpfliche Relationologie als Analogologie ihr «über alles hinausragendes» Urbild erahnen könnte.

Mensch, Welt, Gott, Symbol

1958

1

Die *Frage zwischen Humanismus und Symbolismus* ist eine Frage, die jeweils eine Zeiten-Wende bedeutet. – So war es bei der Zeiten-Wende vom Rom der strengen «*Res Publica*» zum augusteischen Humanismus der Horaz, Ovid, Properz, Catull usw. War im ersten Rom der persönliche Mensch nur Träger und Werkzeug einer es-haften «Sendung Roms» in den es-haften Symbolen des Kapitols und der Feldzeichen der Legionen, so bildet sich unter der Sonne der «Pax Augustana» eine ausdrückliche Kultur des persönlich Menschlichen, einerseits sich sicher fühlend unter dem Schutz eines militärischen Imperiums, anderseits aber als wachsende Lockerung und langsame Aufweichung jener urrömischen «disciplina», mit der solches militärische Imperium steht und fällt. – So war es ebenso bei der Zeiten-Wende vom Mittelalter der großen Symbole, denen der Mensch zu dienen hatte als «Dienstmann Christi» (mit dem Grund-Wort St. Benedikts) im «Dienst der Krone» wie im «Dienst der Inful und Tiara», – hinüber zu jener Renaissance, die für uns bis heute als Aufbruch des Humanismus des «Menschen als höchsten Wertes» gilt. Stand das Mittelalter so sehr im Zeichen des Symbols, daß alles Persönliche wie Staatliche wie Geschichtliche einfach als geradezu kultische «*praesentia et memoria*» der Offenbarungs-Symbole Alten und Neuen Bundes erschien, und der großen Heiligen als Symbolen (unbekümmert um ein real Menschliches dieser Heiligen selbst), als «Präsenz und (objektives) Gedenkmal» Abrahams, Isaaks, Jakobs, der Propheten und Apostel (was auch und grad die Reformation noch fortsetzte mit ihrem Usus biblischer, vor allem alt-testamentlicher Namengebung sowohl für Personen wie für Ereignisse), – im scharfen Gegensatz hierzu ist für die Renaissance der Mensch für sich das «Große Wunder», und alle noch so ehrwürdigen Symbole gelten nur soweit, als sie gleichsam vordergründiges «Sinnes-Bild (sensibile) ‚des' reinen Menschen (intelligibile)» sind, bis in der Gipfelung des Humanismus der Renaissance in den Humanismus der Neuzeit der Mensch nicht nur das herrscherliche «Cogito» gegenüber allem andern wird (zur Grundlegung des demiurgisch technischen Menschen), sondern für Humboldt (als Höhe des europäischen Humanismus) ausdrücklich gott-menschliche Züge annimmt, indem ein objektiver Christus zur «Christus-Form» des Menschen überhaupt wird. – Die heutige Zeiten-Wende, die nach dem ersten Weltkrieg als programmatische «Bewegung» und «Wende» (zur «Gemeinschaft», zum «Objekt», zum «Kosmischen», zum «Kultischen», zum «Mythos») einsetzte, stellt endlich gegen einen Anthropologismus und Anthropozentrismus eines analytischen 18. und 19. Jahrhunderts das, was bereits in der Romantik der Creuzer, Herder, Baader, Adam Müller, und im Politischen des Spaniers Donoso Cortés, bis zur Mitte des 19. Jahrhunderts selbst prophetisch aufgebrochen war: – Primat objektiven Seins gegen (neuzeitlichen) Primat der kritischen Erkenntnis; – Primat gegliederter Gemeinschaft gegen die «freie Persönlichkeit» als «höchstes Glück der Erdenkinder; – Primat von Mythos und Mysterium gegen jenes «moralische Gottesreich», das für Kant die höchste Vision war; – Primat eines mythisch autoritären Staats gegen den «contrat social», der je aus der Übereinkunft freier Individuen entsteht und in ihr je neu besteht (im grundsätzlichen Demokratismus der «Mehrheitsbeschlüsse»); – und darum endlich Primat der großen Symbole (sei es von «Hammer und Sichel», sei es der «Fasces», sei es des «Sternenbanners» usw.), denen zu dienen Würde und Ruhm jedes Menschen als des «Eingeschwornen» ist, gegen eine «Zivilisation» als Heiligtum des «selbstzwecklichen Menschen», für den alle Symbole (mit Hegel) nur das primitiv «Sinneshafte» sind, das in der Bewegung des «Urteils» «aufgeklärt» und «durchgeistet» werden muß in das absolute «Wissen».

Von diesen geschichtlichen Paradigmata her stehen Humanismus und Symbolismus einander gegenüber wie ein inner-weltlich Personhaftes und ein über-weltlich Es-haftes. Jedes von beiden sucht das andre sich selbst zu unterwerfen oder gar in sich selbst hinein «aufzuklären». Ein konsequenter Humanismus (wie es der Kantische, aber auch Hegelsche und Schellingsche und heute Heideggersche ist) wird alle objektiven Symbole als Objektivationen des «rein Menschlichen» erklären, im tiefsten Sinn des Transzendentalismus, der einen «noumenalen Menschen» (und so einen «Menschen im Symbol») als «Sinnziel ins Unendliche», fast als «Grenzbegriff» «über» dem «phänomenisch empirischen» Menschen als ein solches «immanentes Über» sieht, von dem her das empirisch Menschliche (bis in seine «Allzumenschlichkeiten») in einen «Progreß ins Unendliche» bewegt und gezogen erscheint, fast verwechselbar mit der Weise, wie echte objektive Symbole das sind, zu dem der empirische Mensch «aufschaut» und dem er sich «nachziehen» läßt. Humanismus wird hier, im Medium eines «*transzendentalen Humanismus*», zu einem «symbolischen Humanismus», in dem aber alles objektiv Symbolhafte «anthropologisiert» bleibt, gewiß nicht zu einem vulgär «statischen Humanismus» (einer «bürgerlichen Menschlichkeit»), sondern zu einem geradezu heroisch «dynamischen Humanismus», wie Nietzsches «Über-Mensch» als «Selbstüberwindung» und «Selbst-Überspringung» des schlechthin «Menschlichen» sein bestes Paradigma ist, während Goethes Humanismus (in seinem bewußten «Ruhen in sich») hart an der Grenze eines «statischen Humanismus» steht. Ein konsequenter Symbolismus wiederum (wie ihn die Riten-Ordnung des chinesischen «Himmlischen Reichs», der *Ordo Romanus* des *Imperium Romanum* wie des byzantinischen Reichs und die «Heilige Ordnung» des mittelalterlichen «Heiligen Reichs» klassisch darstellen, und wie die heutige Bewegung zu einem autoritär absoluten Staat, in den Bolschewismen wie Faschismen, aber auch verdeckt in den tiefsten Impulsen eines imperialen Amerika, eine «Ordnung im Symbol» anstreben), – ein solcher Symbolismus nimmt das Humane nur als «Dienst am Symbol» und «Verwirklichung des Symbols» bis zum «Opfer für das Symbol». Wie etwa das russisch-sowjetisch Humane Präsenz und Repräsentation eines mythisch «dialektischen Materialismus» sein soll und will, darunter freilich Präsenz und Repräsentation einer «Erde Rußland» in ihrer erdhaften Antithetik der Leidenschaften. Und wie das amerikanisch Humane jenen «explosiv utopischen Humanismus» meint, wie ihn Walt Whitman und Thomas Wolfe als menschliche Präsenz und Repräsentation eines niagarischen und missisippischen «Kosmos Amerika» kündeten, nach dessen «Mythos (und hierin Symbol)» der führende amerikanische Staatswissenschaftler McIvers sucht, der aber in Wirklichkeit bereits im Entsprung der USA wirksam war, als sakraler Mythos der «Cité de Dieu» Calvins, den die «Pilgrim-Fathers» in der «Mayflower» mitbrachten, daß Amerika als ihr biblisch «Neues Land» «Neuen Himmels und Neuer Erde» das wahre «Gods own land» sei, unter dem ur-kalvinischen Gott der freien Prädestination zu «Verdammnis oder Seligkeit» und so unter dem biblischen Gott der je neuen «Kehre» zwischen «Zorn» und «Liebe». Dieser Gott ist das «mythische Symbol», das sich «aus-symbolisiert» in den «kataraktischen Amerikaner» als Seinen «Auserwählten», der, einerseits, sein ganzes Leben schicksalshaft bestimmt lebt durch das biblisch-kalvinische «Symbol Amerika», das ihn selber in der Willkür des kalvinischen Gottes wirft, wohin Er will, indem aber, anderseits, dieser kalvinisch «dienstende Amerikaner» nicht anders kann, als in seinem persönlichen Leben selbst diese unbegreifliche Souveränität des Gottes Amerikas und Seines Reiches Amerika auszuprägen, in Präsenz und Repräsentanz, bis zur Farce des «kindhaft ellenbogen-harten Amerikaners».

Von diesen Verschränkungen zwischen Humanismus und Symbolismus her, in denen an Stelle eines stil-reinen Humanismus ein «*symbolischer Humanismus*» entspringt, und an Stelle eines stil-reinen Symbolismus ein «*humanistischer Symbolismus*», wird es deutlich, wie das inner-weltlich Personhafte unweigerlich zu einem über-weltlich Es-haften des «Symbols» tendiert und ebenso ein über-weltlich Es-haftes zu einem inner-weltlich Personhaften des «Humanen». – Einerseits empfängt ein Humanismus des inneren All der «Persönlichkeit» (wie Thomas den Menschen als «*parvus mundus*» sieht und Nikolaus von Kues als «mikrokosmos») seine eigentliche Dynamik erst dadurch, daß ein «Symbol Mensch» die «Grenz-Idee» wird, zu der hin er zum Humanismus eines «Progreß ins Unendliche» wird und hierin ein «asymptotischer Humanismus». – Anderseits ist ein Symbolismus nur insoweit ein lebendiger Symbolismus, dessen Symbole zwar über dem Leben, (als Richtbilder) stehen, aber im immer neu «im» Leben (als gleichsam «Entelechien»), als er nicht Menschen zu reinen «Trägern» der Symbole nimmt (wie sie nicht nur im kommunistischen Osten, sondern auch in Amerika, reine «Plakat-Träger» der «Führerbilder», «Parolen» usw. sind), sondern als er aus dem lebendig Menschlichen selbst jeweils neu herauswächst: aus einem «Symbol im Leben» zu einem «Symbol über dem Leben», aus einem «Symbol des Lebens» zu einem «Symbol für das Leben», aus einem «Leben als Werdegrund des Symbols» zu einem «Leben als Dienst am Symbol». – Ein rein subjektiv empirischer Humanismus (eines «sich-auslebenden Ich» in der inneren Widersprüchlichkeit des eigenen Ich, wie in der Chaotik der zueinander widersprüchlichen Ich-e) ist genau so wenig als «Humanismus» vollziehbar wie ein rein objektiv ideativer Symbolismus: eines «*ontos on*», des «eigentlich Seinshaften», einer es-haften, objektiv idealen Region, platonischer «eide», früh-mittelalterlicher «Vorbilder», ost-kirchlicher «Ikone», neuzeitlicher «Ideen» oder «Wesenheiten» oder «Werte», gegenüber einem «*me on*», einem «eigentlich Un-Seinshaften» der sinneshaft menschlichen Realität. Real und realisierbar ist einzig ein dynamisch rhythmisches Hin und Zurück schwebender Bewegung zwischen einem innerlich «symbolischen Humanismus» und einem «humanistischen Symbolismus», für die stil-reiner Humanismus wie stil-reiner Symbolismus nur dynamisch richtung-gebende «Grenz-Begriffe» sind, sei es für ein «Über-hinaus» des Humanen zum Symbol, sei es für ein «Unten-hinab-und-Hinein» des Symbols zum Humanen. Humanismus und Symbolismus bewegen sich zueinander in jenem rhythmischen «In-Über», das als faktischer Rhythmus im Denken Platons schwingt, um von Georg Simmel reflex als letzter Rhythmus im Sein ausgesprochen zu werden: – als Rhythmus einer «*analogia proportionalitatis proportionis*» (vgl «*Analogia entis I*» und die vorigen Abhandlungen 4–6).

2

Da aber die Frage zwischen Humanismus und Symbolismus sich material auf die Beziehung zwischen «symbolischem Humanismus» und einem «humanistischen Symbolismus» konkretisiert hat und hierin formal auf ein solches «In-Über» zwischen «Leben (des Menschen)» und «Symbol (über dem Menschen und für den Menschen)», in dem die Rhythmen eines «Über-hinaus (vom Menschen zum Symbol) und eines «Unten-hinab-und-hinein (vom Symbol zum Menschen)» sich als «Progreß» (vom konkreten Menschen zum Symbol) und «Regreß» (vom Symbol ins «fruchtbare bathos» des Menschen) sich nicht nur kreuzen, auch sich nicht nur bedingen, sondern sich in je neuer Bewegung halten (in einem dynamisch fruchtbaren «Kreis-Umschwung»), – durch diese progressiv-regressive Dynamik enthüllen sich ein stil-reiner Humanismus wie ein stil-reiner Symbolismus vollends als Grenz-Ideen, Grenz-Begriffe und Grenz-Kräfte für einen real-konkreten Raum des real-konkret Menschlichen. – Einerseits wird ein allgemein Menschliches des Menschen sich als solche Realkonkretheit darstellen, die nicht nur in sich selbst in einem qualitativen «In-Über» steht (im «In-Über» zwischen Mensch-Mann und Mensch-Frau), sondern, über ein persönlich Menschliches hinaus, in einem «In-Über» zur Welt als Menschheit und Universum (im Gesetz eines «Welt in-über Mensch»), und das schließlich als Kreatürlichkeit (mit und in der Welt) in letzter «Analogie einer je immer größeren Unähnlichkeit in noch so großer Ähnlichkeit» zum Göttlichen steht (in der Weise eines «Gott in-über Geschöpf überhaupt»). – Anderseits aber wird eine «Region der Symbole» sich gleichsam an der «obern Grenze» dieses dreifachen In-Über der konkreten Realität erahnen lassen (deren Rhythmus vom «In-Über» zwischen Mann und Frau fortschreitet zum Rhythmus eines höheren «In-Über» zwischen Welt und Mensch und so endlich zum Rhythmus des höchsten «In-Über» zwischen Kreatürlichem und Göttlichem) –, sich erahnen lassen gleichsam als «Glorie eines über-persönlich Es-haften» (eines «*Deus tanquam ignotus*» als «weise-loser Wüste» der «Deitas», gemäß Thomas und Meister Eckhart). Während eben diese, nur grenz-ideen- und grenz-begriff-haft erahnbare, es-hafte «Glorien-Region» (an deren gotthafter Gloria alle kreatürliche «Glorie der Symbole» partizipiert: von «Glorie des großen Menschen» zu «Glorie von Reich und Staat» zu «Glorie der Welt» zu «Glorie im Kunstwerk»), umgekehrt, sich immer neu aus den zugeordneten konkreten Realitäten (Mensch, Welt, Gott), deren «Glorie der Realität» sie ist, als gleichsam aus ihrer «antäischen Erde» zu je neuem Leben zu erneuern hat. Die Frage zwischen Humanismus und Symbolismus reduziert sich zu einer Art Phänomenologie dieser «Realität», daß auf diesem Wege zuletzt eine Phänomenologie ihrer «Glorie im Symbol» möglich würde. Die Frage zwischen Humanismus und Symbolismus beantwortet sich endgiltig durch eine solche *schrittweise Phänomenologie von «Mensch» zu «Welt» zu «Gott» zu «Symbol»*.

Mensch, im griechischen Wort «anthropos» wie im lateinischen Wort «*homo*» (und in den abgeleiteten romanischen Worten «uomo», «homme», «hombre») wie im deutschen Wort «Mensch» (und im abgeleiteten englischen Wort «man») sagt nicht ein allgemeines «Wesen Mensch», sondern den different konkreten «Mann». «Mensch als Frau» ist in der Weise mitgenannt, wie in der Genesis es der Mann Adam ist, der allem Lebendigen seinen «Namen» gibt, und wie er darum der aus ihm durch Gott «als (objektives) Haus gebauten» (okodomesen) und als «gemäßes Gegenüber (zu Adam) gedachten» Frau (boethos homoion auto) zuerst den zum Mann hin entsprechenden Namen «Männin» (isch, ischscha) gibt, ehe er sie zur Welt des Lebens hin «Eva», d. h. «Mutter alles Lebenden» (hawwa von hai) nennt, mithin «Mutterschoß (des Lebens)», der im «Fruchten» die Erde «füllen» soll, wie der Mann Adam bestellt ist, sie «durch und durch zu herren» als ihr «amtendes Ur-Haupt» (Gen 1, 28; ebd 2, 19–23). – Sagt also das Wort «anthropos, homo, Mensch» ursprünglich den «Mann», dann sagt es ihn als solchen, dem die Frau so «zugesellt» ist (bis in ihren Urnamen «Männin» hinein), daß er, nun umgekehrt, in all seinem «Herren und Amten» über die «Erde» zu ihrem «Fruchten und Füllen» als «Mutterschoß» wesentlich zugeordnet erscheint, ja daß er selbst als «Herr im Amt» doch wesentlich zur Frau «hin» ist, und dies nicht einfach, daß sie mit ihm «ein Leib» werde (von ihm nur «in Besitz genommen»), sondern, gerade umgekehrt, daß er, der «herrende und amtende» Mann «Vater und Mutter lasse» (d. h. sein angestammtes «Haus») und seinem Weib anhange, daß sie zu Einem Leib werden (d. h. im «Haus gebaut», wie dies das Zeichen ist, unter dem die Frau aus dem Mann entstand). Der konkrete Sinn «Mann» im Wort «Mensch» (anthropos, homo) meint gewiß damit die aus dem Mann entstandene Frau als des Mannes «Bein von meinem Bein und Fleisch von meinem Fleisch» und darum «Name von meinem Namen» (im Ur-Namen «Männin» für die Frau), aber dann doch so, daß dieser Zweit-Ursprung der Frau (aus dem erst-ersprungenen Mann) nicht nur den erst-ersprungenen Mann aus seinem «Allein» als «verstehendes Gegenüber» wahrhaft «erlöst» und hierin in seinem Sosein und Dasein «vollendet», sondern dies so, daß die zweit-ersprungene Frau gegenüber dem Ursprungs-Primat des Mannes hierin, als seine Erlösung vom «Allein» und Vollendung zu einem «verstehenden Gegenüber», in «Einem Leib» und «Einem Haus», einen Vollendungs-Primat gegenüber dem Ursprungs-Primat des Mannes empfängt: daß ein «Umwillen des Mannes» für die Frau und ein «Umwillen der Frau» für den Mann («gyne dia ton andra» wie «aner dia tes gynaikos»: 1 Kor 11, 9 12) so, dynamisch rhythmisch in einem echten «Kreisumschwung» (kyklophoria des kyklos), zueinander schwinge, wie es «arche» und «telos», «Ur» und «End-Ziel-Sinn» des Universums in seiner «oikonomia», in der «Hausgesetzlichkeit» seines «Haus-Wesens» tun. Ja, daß sogar das Eins eines «verstehenden Gegenüber», wie das Eins «Eines Leibs», wie das Eins «Eines Haus», in denen das Universum als ein «zum Eins hin (uni) jeweils Gewendeten (versum)» sein je neu lebendiges Ur und Wurzel hat, – daß das dreifache Eins von Mann und Frau (mitten in ihrem «total Anders» zueinander) schließlich zu einem dynamisch-kyklischen «Austausch» der «Vollmacht» des je einen über den je andern werde, darin «die Frau über ihren eignen Leib nicht Seins-Vollmacht hat, sondern der Mann, sowie auch gleicherweise der Mann über seinen eigenen Leib nicht Seins-Vollmacht hat, sondern die Frau» (1 Kor 7, 4), ganz entsprechend dazu, daß auch das «Universum», als «zum Eins jeweils Gewendetes», dieses «–versum» einer je neuen «Wendung» als einen Austausch zwischen seinen Gegensätzen vollzieht, – in je neuem Gegensatz-Eins des «Entgegenstehenden als Zu-einander-getragen» (to antixoun sympheromenon) und des «Auseinandergetragen als schönster Harmonie» (ek ton diapheronton kallisten harmonian), ja zuletzt in einem «Zueinander-getragen *als* Auseinander-getragen» (sympheromenon diapheromenon), wie Heraklit den Rhythmus des Universums enthüllt (Diels 63 B 8–10).

Der «Mensch», wie er Subjekt und Telos eines «Humanismus» ist, kennzeichnet sich damit vordergründig in der Weise als «Mann», daß er hintergründig als solche «Gegensatz-Einheit» zwischen einem «ganz Anders» des Manns und einem «ganz Anders» der Frau sich enthüllt, das unmittelbar transparent ist in ein Universum, das «Gegensatz-Einheit» selbst ist, wie dieses Universum dann endlich solcher «In-Eins-Fall der Gegensätze» (*coincidentia oppositorum*, gemäß Nikolaus von Kues) und «Vollkommenheit im Verschieden und Unterschieden der Kreaturen» ist (*in diversitate creaturarum... perfectio universi*, gemäß Thomas: de pot q 3 a 16 corp), daß in ihm geradezu unmittelbar das Göttliche als «Einfach und Einshaft» dessen erscheint, «was Vielfach und Unterschieden-Aufgeteilt» die kreatürliche Welt ist (*quod multipliciter et divisim in aliis..., in Ipso... simpliciter et unite:* gemäß Thomas: S Th I q 13 a 4 ad 5). Eine Phänomenologie dessen, was «Mensch» ist, enthüllt ihn also als solche Gegensatz-Einheit von «Mann als (herrendem und amtendem) Haupt» und «Frau als (fruchtendem und füllendem) Leib» zum «Hangen an-und-ineinander» und «Austausch zwischen ihren Gegensätzen», daß diese volle Gegensatz-Einheit, die «Mensch» ist, nicht nur bereits das Wesen dessen, was «Welt» und «Gott» ist, in sich innerlich gleichsam «vorzeichnet», – sondern dies so, daß alle drei Realitäten, Mensch wie Welt und Gott, unter ein-unddemselben Symbol erscheinen: unter dem Symbol der «Hochzeit», das (gemäß den Forschungen von Josef Winthuis) das religiöse Ur-Symbol der Primitiven ist und zugleich das Ur-Symbol der Offenbarung Alten und Neuen Bundes (vom Zentralen der Hochzeit zwischen Gott und Israel in den Propheten und im Hohenlied, zum Zentralen der Hochzeit Gottes in Christo mit der ganzen Welt, hin zum Zentralen der «Hochzeit des geschlachteten Lamms mit dem Neuen Jerusalem» als dem formalen Mysterium des «Neuen Himmel und der Neuen Erde»). – Im ersten Glied unsrer Reihe «Mensch, Welt, Gott, Symbol» erscheint also bereits die ganze Reihe in ihrem innern Zusammenhang. Indem ein «Humanismus» des «Menschen» sich als *«hochzeitlichen Humanismus»* aufhüllt (zwischen dem «ganz Anders» des Manns und dem «ganz Anders» der Frau zum Gegenüber zwischen «Haupt» und «Leib» im dynamisch kyklischen «Austausch»), – wird dieser «hochzeitliche Humanismus», in seiner Transparenz ins Kosmische des Universums, zu einem *kosmischen Humanismus» des «Mensch im Kosmos»*, hinein in einen *«Kosmismus» des «Kosmos über dem Menschen»*, – daß dieser Kosmismus des «Kosmos über...» fast zusammenfalle mit dem *«Theismus» eines «Gott...* unaussagbar *über-erhaben über alles*, was außer Ihm ist oder gedacht werden kann» (Concil Vatic cap. 1), wie Thomas ein «umseinetwillen» des Universums und ein «Um-Seinet-willen» Gottes geradezu ineinanderschwingen läßt (de pot q 5 a 4 corp), – während über diesem Fortgang von hochzeitlichem Humanismus zu kosmischem Humanismus zu Kosmismus zu Theismus das Eine Symbol der «Hochzeit» steht: vom «Menschen der Hochzeit» zum «Kosmos als Hochzeit» (im Sinn der heraklitischen «Harmonie des Entgegenstehenden» hinein) in die «Göttliche Hochzeit» (wie der innere Zusammenhang zwischen Altem und Neuem Bund sie als «Agape als Gott» zuletzt offenbart, d. h. im Medium jener schwingenden «Begegnung-Entgegnung», die zwischen Gott und Mensch in Christo und als Christus sich vollzieht, – so daß Johannes zuletzt sagen kann: «Gott ist (diese) Agape» (1 Jo 4, 8). Real echter Humanismus, in seiner inneren

Transzendenz ins Kosmische und Divine, erscheint in dieser wachsenden Transzendenz, gleichsam «energetisch» und «entelechetisch» geführt durch das «*Symbol Agape der Hochzeit*», in das alle noch so gloriosen Symbole sich krönen, – und so geführt durch einen ebenso echten Symbolismus.

Diese Zusammenhänge bestätigen und vertiefen sich in einer Phänomenologie dessen, was «*Welt*» heißt. Das griechische Wort «kosmos» sagt in seiner Verbindung mit dem Verb «kosmeo» ein «wohl eingerichtet» und «geordnet» und darum, einerseits «unter Herrschaft», anderseits aber «in Schmuck (der Ordnung)». Dementsprechend bedeutet das Wort «kosmos», als Wort für Welt und Weltall, «das ganze Weltall, von der wunderbaren Anordnung der Teile der Welt» her (gemäß I. G. Schneiders Etymologie). Welt als «Kosmos» sagt also gleichsam das Tag – und Mannes-Gesicht der Welt: Ordnung von einem ordnenden «Haupt» her, aber als «Ganz der Ordnung». – Das lateinische Wort «*mundus*» dagegen sieht zwar ebenfalls eine Welt als «Ordnung» (vor allem in seinem patriarchalisch römischen Gebrauch), aber dies als Ordnung «aus den elementaren Kräften der Natur» (Clas-Reden 55) als «tellurischen Kräften» (ebd): weil der lateinisch-römische «mundus» ursprünglich etruskisches Wort ist für ein «brunnenartiges Gewölbe», das, als Mittelpunkt jeder etruskischen Stadt, die «Verbindung zur Unterwelt» sagt (ebd 58). Wie der griechische Kosmos über eine (mannesförmige) «Ordnung» der «Einrichtung» (wie der olympische Zeus ihr Gott-Symbol ist) jenen «Glanz des Schmucks» legt, wie er dem Gott-Symbol der frühlingshaften Aphrodite zugehörig ist (die aus dem Schaum des Meer-Grundes auftaucht), – so ist der lateinisch römische «mundus» (dem die romanischen Worte «monde» und «mondo» entstammen) als römische geordnete Welt primär dem «Brunn der Unterwelt» entsprungen als dem Einen Symbol des maternal chthonisch Etruskischen, das (gemäß Clas-Reden) der überhüllte Muttergrund römischer Kultur wie Religion wie aller Einrichtungen ist. – Trägt Welt als griechischer «kosmos» wie als lateinisch-römischer «mundus» also ausgesprochen die Züge des «Mensch zwischen Mann und Frau» –: im griechischen «kosmos» die Züge eines weiblich überschönten Männlichen (im Symbol eines «olympischen Zeus in Anmut der Aphrodite») – im lateinisch-römischen «mundus» die Züge eines betont Männlichen, das sich aus dem maternal-chthonischen «Brunn der Unterwelt» entsprungen weiß und darum bemüht ist, diesen Ursprung bis ins Äußerste zu über-männlichen, die etruskisch chthonische Ur-Mutter ganz untergehen zu lassen in die Autorität «zu Leben und Tod» des «pater-familias», die etruskische Staatsform der «matres conscriptae» ganz zu überwandeln in die römische Staatsform der «patres conscripti» (die als Symbol darum kein personales Symbol mehr hat, sondern einzig das es-hafte Symbol der «Virtus», wie Curtius römische Religion als Kult solcher «Virtus», vor allem in der «Constantia», sieht, die als fast statische «Ausdauer» am schärfsten dem etruskischen «Rausch» und «Tanz» gegenübersteht), – so scheint, gegenüber diesem offen Mann-Weiblichen im griechischen «kosmos» wie im lateinisch-römischen «mundus», das deutsche «Welt», mit dem das englische «world» zusammensteht, eine reine Mann-Form von Welt zu besagen: da «Welt» auf das alt-hoch-deutsche «wer-alt» zurückgeht, in dem «wer» den «wehrhaften» Mann sagt, «alt» aber (wie das englische «old») dasselbe meint wie das lateinische «*saeculum*», in dem als «Zeit-Alter» gleichzeitig positiv eine in sich zu «reiner Form» gerundete weltgeschichtliche Periode verstanden ist, aber gleichzeitig negativ unter dem Schatten geschichtlicher «Vergänglichkeit». Das germanische Wort «Welt» schwingt also zwischen einem mannesförmig «Wehrhaften» (das sein zugeordnetes «Zeitalter» «äternisieren» möchte und damit auch gegen allen drohenden Untergang «mit Wehr und Waffen» schützen), – und dem dunklen Bewußtsein von immerwährender geschichtlicher Wandlung der «Zeitalter», in der –, im Gesetz des «Stirb und Werde!» –, je ein «Zeitalter» vergeht, daß in seinem Vergehen nicht nur ein «neues Zeitalter» aufgehe, sondern so, daß der tiefste Sinn des Vergehens eines je «alten Zeitalters» das Aufgehen eines je «neuen Zeitalters» sei: Sterbe-Wehen des je «alten Zeitalters» unmittelbar als Geburts-Wehen des je «neuen Zeitalters» (weswegen die Liturgie eine überzeitliche Ewigkeit Gottes innerzeitlich als das «*per omnia saecula saeculorum*» bekennt, als das souveräne «Durch-Hindurch» durch alle Zeitalter in ihrer je neuen Wandlung).

Aber eben diese Spannweite des deutschen «Welt» impliziert grad in ihrem Vordergrund eines anscheinend rein Männlichen (als eine «Wehr-Welt» des «wehrhaften Manns») doch ebenso wie der griechische «kosmos» und der lateinisch-römische «mundus» ein Gegenüber zwischen Mann und Frau –. Das grundlegende Gegenüber birgt sich in der Silbe «wer» von «Welt» als «wer-alt», die vordergründig den «Wehr-Mann» sagt. In diesem «wer» erscheint unter-gründiger die ur-germanische «Kameradschaft» zwischen Mann und Frau: wie sie menschlich sich darin ausdrückt, daß in den Kampf auch die Frauen einbeschlossen scheinen, als Hüterinnen der «Wagen-Burg», während die Männer im offenen Gefecht stehen; – und wie mythisch diese «Kameradschaft» geradezu zu einer Beschützerschaft und Mitkämpferschaft wird, da die weiblichen «Walküren» von Odin her den männlichen Kämpfern zu «himmlischen Mitkämpferinnen» gesandt werden als «Wal-Küren», d. h. zu himmlischen Mächten, die auf der «Wal-Statt» den Sieg «küren»; – und da das «Schicksal» sogar, als das germanisch (wie auch griechisch und römisch) «Letzte», d. h. Ur-Göttliche, in den Händen der weiblichen «Nornen» ruht. So wenig also ist die germanische «Welt» eine «Welt des Mannes», daß sie zuletzt in sieg-waltenden und schicksalwaltenden Frauen gründet. – Dazu kommt noch die innere Spannweite in der Silbe «alt» in der «Welt» als «wer-alt»: zwischen «alt» im positiven Sinn eines zu «reiner Form» gerundeten «Zeit-Alters» (entsprechend dem alt-römischen «*saeculum*») und «alt» im negativen Sinn geschichtlicher «Vergänglichkeit» (entsprechend der alt-christlichen Fassung von «*saeculum*» als Zeitlichkeit in Wandlung und Untergang: wie das Buch Kohelet sie als «Vergeblichkeit der Vergeblichkeiten» zeichnet). Im ersten, positiv-aktiven Sinn, ist es ein «Zeit-Alter», für das der «Wehr-Mann» sich kämpfend einsetzt, seinem Ideal und seiner Glorie zu «dienen». Im zweiten, negativ-passiven Sinn aber sind es die «Vergänglichkeits-Wehen» als «Geburts-Wehen», wie sie das achte Kapitel des Römerbriefes als Signum «dieser Zeit» enthüllt, so daß hierin das besondere Zeichen der «durchleidend gebärenden» Frau erscheint: Todes-Wehen als Geburts-Wehen. Mann wie Frau, in diesem Sinn des «alt» in «wer-alt», stehen gemeinsam in der Welt «in articulo mortis», der Welt zu dienen «den Tod vor Augen». Aber während es für den Mann unterscheidend «Tod in aktivem Kampf» ist, unter dessen Zeichen er sich für das «Zeit-Alter» einsetzt, – ist es für die Frau das «ganz Andre» des «Tod in passiver Geburt», unter dessen Zeichen sie nicht nur das «Kind» in «(Todes-)Trauer» gebiert (Jo 16, 21), sondern hierin tiefer Mit-Gebärerin und Um-Gebärerin der «Zeit-Alter» in ihrem «Aufgang im Untergang» ist.

So wird aber also der «hochzeitliche Humanismus», auf dem Weg von griechischem «kosmos» und lateinisch-römischem «mundus» zu germanischer «Welt», zu einem «*synergistischen Kosmismus*»*:* der «Syn-Ergie», des «Zusammen-Werkens» zwischen Mann und Frau, in dem das Männliche der erscheinende Vordergrund ist (in «kosmos» als «Ordnung», im patriarchalisch gewendeten «mundus», in der «Wehr-Welt» des «wehrhaften Manns), während das Weibliche den tieferen Hinter-und Untergrund bildet oder gar die «Vollendung» (in «kosmos» als «strahlendem Schmuck», in «mundus» als ursprünglichem «Muttergrund», in der «Wehr-Welt» als «Hüter-Amt hinter der Schlacht», «Sieg-Walter-Amt in der Schlacht» und schließlich «Schicksals-Amt» in allem Leben und Wirken und Kämpfen). War ein «hochzeitlicher Humanismus», in seiner Transzendenz ins Kosmische und Divine, durch das «Symbol Agape der Hochzeit» «energetisiert» und «entelechetisiert», so erscheint ein «kosmischer Humanismus» als ausdrücklicher «Kosmismus» durch das «*Symbol Ehe und Familie*» bestimmt: wie in diesem Symbol das Männliche und Weibliche eine «Walterschaft» des je einen zum je andern besagt, patri-arch-alische und matri-archalische Walterschaft in je andrer Funktion und je andrem Primat eines «Ur» und «Ur-Sprung» und «Ur-Amt» (arche) eines «Vaterhaften» (patri-arche) wie «Mutterhaften» (matri-arche); – und wie zuletzt in diesem Mit-Werk-Gebilde einer mann-weiblichen Welt, grad unter dem Wort «Ehe» als «ewe», das Ewig des Göttlichen Selbst sich aufhüllt (bis dazu, daß die Offenbarung Alten und Neuen Bundes den «Bund Gottes mit Seinem Volk und Seiner Welt» ausdrücklich einen «Ehe-Bund» nennt, zwischen Gott als «Ehgemahl» und Volk und Welt als «Ehgemahlin»: Osee 2, 4. 18). Ein «kosmischer Humanismus» als «Kosmismus» hat damit zu seiner inneren Energetik und Entelechetik einen Symbolismus einer «kosmischen Ehe in Gott».

Transzendierte ein personal «hochzeitlicher Humanismus» ins Kosmische einer «kosmischen Ehe», und erschien in einem «kosmischen Humanismus» als einem «Kosmismus» das «Ewig» des Göttlichen geradezu unmittelbar im «ewe» einer Welt als «kosmischen Ehe» (konsequent zu der Weise, wie bei Nikolaus von Kues das Universum als «coincidentia oppositorum» unmittelbar das Göttliche als das «Einfache und Einsförmige» dessen aufdämmern läßt, was im Kreatürlichen «vielfältig und geschiedenunterschieden» sich darstellt, bis daß für ihn Gott und Welt wie «implicatio» und «explicatio» zueinander stehen), – so ist zu dieser Transzendenz ins Göttliche in einem «hochzeitlichen Humanismus» und einer Manifestation des Göttlichen in einem «kosmischen Humanismus» als «Kosmismus», dann eine Art Phänomenologie des Göttlichen das Letzte: Theo-Phänomenologie, in die hinein Anthropo-Phänomenologie und Kosmo-Phänomenologie sich erfüllen (wie es sich bereits im Immanenten von Anthropo-Phänomenologie und Kosmo-Phänomenologie vorgezeichnet hat).

Das deutsche Wort «*Gott*» (englisch: God), wie das griechische Wort «Theos», wie das lateinisch-römische Wort «Deus» (ins Romanische hinein von «Dio», «Dieu» und «Dios») sagt, – gemäß den sprachvergleichenden «Forschungen» des mit Unrecht vergeßnen Muyis (der die abendländischen Sprachen in ihre Wurzeln sowohl im Sanskrit wie im Semitischen rückführt) –, sagt weder «god» als ein «Gutes» noch «theos» und «Deus» als in Verbindung zu «theasthai» und also in Ähnlichkeit zur platonischen «reinen Schau», als das «rein Schaubare» und so gleichsam als «Ur-Eidos» der platonischen «reinen Eide», – sondern es sagt «Geist». «Gott» als «Geist» erscheint damit in der ganzen Bedeutungs-Breite des Wortes «Geist» in den entscheidenden Sprachen. – Das hebräische «ruach» für «Geist» steht, vom Anfang der Genesis her, in nächster Nähe zu «rechem» und «racha», die «Mutterschoß» und «Ausbrüten» sagen: wie das «Schweben des Geistes Gottes über dem Chaos der Wassertiefe im Ur der Schöpfung» den «Geist Gottes (pneuma theou)» als Geburts-Geheimnis dieser Schöpfung im Zueinander zwischen «ruach», «rechem» und «racha» enthüllt; – wie dasselbe «Schweben» des «Geist Gottes» über Maria, das der Engel als Wirkgrund der Menschwerdung kündet, das Geburts-Geheimnis der «neuen Schöpfung in Christo» sagt (im «Überkommen» durch «den Heiligen Geist» und «Überschattet» durch die «Kraft des Allerhöchsten»: Lk 1, 35); – wie dasselbe «Schweben» des «Geist Gottes» über dem Herrn, im Jordan der Sünder-Taufe, das Geburts-Geheimnis dieser «neuen Schöpfung in Christo» als messianischer Schöpfung im bleibenden Zeichen des «Lamm, tragend die Sünde der Welt» (und folgerichtig des «Lamm alswie geschlachtet» bedeutet: Mt 3,16f. Jo 1, 29–33); – wie darum das «Überkommen» der Apostel durch den «Heiligen Geist» zum «Erfülltsein aller des Heiligen Geistes» (Apg 1, 8 ebd 2, 4) das End-Geburts-Geheimnis der messianischen «neuen Schöpfung in Christo» ansagt: das «Mit-Entgegnen» eines «Stöhnens» des «Geist (Gottes und Christi) zum «Stöhnen» der «Geburts-Wehen» der «ganzen Schöpfung» hin zum «Neuen Himmel und zur Neuen Erde» der «Freiheit der Glorie der Kinder Gottes» (Röm 8, 18–26). – Darum birgt sich im «pneuma», wie die Septuaginta das hebräische «ruach» überträgt, nicht nur das plötzliche «Einherbrausen» (wie gemäß Jo 3,8 «der Geist als Sturm stürmt, wo und wohin Er will»), sondern grad ein «Keuchen», wie es zum «schnaubenden Sturm» auch noch das «Stöhnen der Geburtswehen» sagt. – «Spiritus» als römisch-lateinisches Wort (hinein ins romanische «esprit» und «espiritu» und ins englische «spirit») unterstreicht dann die souveräne «Freiheit des Geistes» (vgl 2 Kor 3, 17) im Bild des «freihin wehenden

Windes» (wie Jo 3,8 das «du weißt nicht, von wannen er kommt und wohin er hintreibt» vom «Wind» wie vom «Heiligen Geist sagt»). – Das Letzte in der Wort-Bedeutung von «Geist» liegt dann in jener Nuance des deutschen Wortes «Geist», die erst im englischen Wort «ghost» klar heraustritt: daß ein positiv souveränes «Geisten» des «Geist» und «Durchgeistet» im «Geist» unheimlich verschwimmt in ein «geistern» von «Geistern», d. h. in ein «gespenstern» von «Gespenstern» (wie es das englische «ghost» sagt). Die souveräne «Freiheit des Geistes», wie in ihr eine echte «Göttliche Souveränität» am schärfsten heraustritt, gerät damit in das Zwielicht des «überraschend Unheimlichen» und gleichzeitig «nicht Greifbaren», wie «leere Luft».

«Gott» als «Geist» (wie Christus, dessen «chrisma», d. h. «Salbung» zum Messias als dem «Gesalbten» der Heilige Geist Selbst ist, gemäß Lk 4, 18, vom «Vater» sagt: «Geist ist Gott», gemäß Jo 4, 23 – und wie 2 Kor 3, 17 von Christus Selbst sagt: «der Herr ist Geist»), – «Gott» als «Geist» sagt also die gesamte Spannweite dessen, was die Worte der entscheidenden Sprachen unter «Geist» zu verstehen suchen. – Gott ist ohne Frage «Geist» in dem Sinn, wie der griechische und ebenso paulinische «nous» verstanden sein will: als «Geist-Sinn», zu höchster Spitze über eine theoretische «noesis» (als aktives «Denken») und eine praktische «phronesis» (als «rechter Sinn im Leben») hinaus: als personaler «Geist-Sinn», wie Röm 11, 34 von einem «Geist-Sinn» des unergründlichen Gottes spricht, und wie 1 Kor 2, 16 diesen «Geist-Sinn des Herrn», durch den «närrischen Wahnsinn» und den «Skandal» des Mysteriums des Kreuzes hindurch, als «Geist-Sinn Christi» kündet; – aber auch als ideal es-hafter «Geist-Sinn», wie ihn Platon als «topos noetos», als «Ort» des Ideativen begreift, und wie die klassische Scholastik Gott zum Ort der ewigen «ideae rerum», der Ur-Ideen aller Dinge nimmt; – und wie dann Kant Gott als «*intellectus archetypus*» des «transzendentalen Ich» sieht, und Hegel endlich als jenen «absoluten Geist», der in alles Geschöpfliche und in allem Geschöpflichen sich «dialektisiert». – Aber ebenso ist «Gott» «Geist» im Sinn der Offenbarung Alten und Neuen Bundes: als unaussprechliches

Mysterium «göttlicher Fruchtbarkeit», darin «Gott in Christo» «im Geist Gottes und Christi» Urquell ist der «Seins-Vollmacht, Kinder Gottes zu werden» (Jo 1, 12), im «Überkommensein durch den Heiligen Geist» und in den «Geburts-Wehen» der «ganzen Schöpfung» und der «Erstlinge des Geistes» im «Mit-Entgegnen» eines «mit-stöhnenden Geist» (Röm 8, 18–26).

Durch diese Spannweite im Wort «Geist ist Gott» (zu der hin die geschöpflich-menschliche Spannweite zwischen mann-förmig ideativer Geistigkeit und frau-förmig vital-fruchtender Geistigkeit als echtes Transparent gelten kann, – wie in der Offenbarung Gott Selbst Sich als «Vater» wie als «Mutter» gibt), – durch diese Spannweite im eigentlich intelligibel Geisthaften schneidet die andere Spannweite hindurch, die gleichsam das energetisch Geisthafte betrifft. «Gott» ist «(energetischer) Geist» ohne Frage in dem Sinn, der im Bild des «freihin treibenden, geistenden Windes» (in «pneuma» wie «spiritus» wie «windhaft geistendem Geist») sich aufhüllt: «Geist» als Ausdruck jener absolut Souveränen Freiheit, mit der das Göttliche Gottes als der «Unermeßlichen Majestät» steht und fällt: wie vor allem das Buch Job und die ersten elf Kapitel des Römerbriefes diese absolute, und eben darum «unerforschliche und unergründbare», Souveränität als das Alles-Entscheidende hymnisch künden: «aus Ihm, und durch Ihn und um Seinetwillen alles gesamt: Ihm Glorie in die Weltalter» (Röm 11, 36) – Aber eben darum gewinnt diese absolute Souveränität ihren schärfsten und geradezu «skandalösen» Ausdruck (zum «skandalon» als «Anstoß auf Leben und Tod») in dem, was sich sprachförmig in der Nähe des deutschen «Geist» zum unheimlichen «Geistern» eines «Gespensterhaften» andeutet und in der englischen Unterscheidung und doch Verschwimmen zwischen «spirit» und «ghost» sich ausspricht. Es ist, durch alles Gegenüber zwischen «gutem Geist» und «bösem Geist», zwischen «Gott Geist» und «Gespenst Geist» hindurch, zuletzt das, was als gewaltiges und all-erschütterndes Ur-Apokalypsumenon durch die Offenbarung Alten und Neuen Bundes, vom Abschieds-Hymnus des Moses, hinein ins Magnificat Mariens, hinüber in den Römerbrief, und in den Grund-Rhythmus der

Geheimen Offenbarung hindurchgeht: das bebende Bekenntnis von Gott als dem, der bis zum Anschein von (tyrannisch unheimlicher) «Willkür und Ungerechtigkeit» (Röm 9, 14) «tötet und lebendigt, zur Unterwelt abführt und rückführt» (Deut 32, 39; Tob 13, 2; Weish 16. 13 usw.).

Das Geheimnis des «Geist ist Gott» ist darum in dieser doppelten Entgegensetzung ahnbar: die sich gleichsam zu einem «pneumatischen Kreuz» durchkreuzt: als eine «coincidentia oppositorum», die wie der «Vorhang vor dem Allerheiligsten» Selbst ist, vor dem Mysterium Gott, von dem am schärfsten das Wort Augustins gilt: «Wenn du begreifst, das (was du begreifst) ist nicht Gott» (Serm 117 nr 3, 5). Wenn sich, vom Sinn des Wortes «Mensch» wie des Wortes «Welt», «Agape der Hochzeit» (eines «hochzeitlichen Humanismus») und «Ehe-Bund» (eines «synergetischen Kosmo-Humanismus») als Medium ins Göttliche gaben, so vollendet sich dieses Transzendieren in die doppelte Entgegensetzung im Sinn des Wortes «Geist». Denn «Geist» als aktivpersonal sagt die «geistige Spontaneität», wie sie im Geschöpflichen dem «Geist des Mannes» zugeordnet ist, während «Geist» als «Fruchtbarkeit in Geburts-Wehen» das Besondre eines «Geist der Frau» bezeichnet. Und, entsprechend spricht sich in einem «Geist herrender Souveränität» das aus, was im Geschöpflichen den «Geist des Mannes» kennzeichnet, während die antithetische Dialektik eines jäh «tötenden und lebendigenden Geistes» jenen «Geist der Frau» zu tragen scheint, der im Geschöpflichen sich als «jähen, unberechenbaren Umschlag» darzustellen scheint. Es resultiert damit das Paradox: daß, so sehr der «Geist» nicht anders als «über-geschlechtlich» sein kann, doch das qualitativ Positive der Geschlechter-Differenz das Medium ist, in dem sein Wesen unbegreiflich-begreiflich sich zeigt. Und dieses Paradox des «Geist» an und für sich übersteigt sich in der Offenbarung Alten und Neuen Bundes in jenes Paradox «Gottes als Geist», darin der Gott, den «nie je einer eraugt hat» (Jo 1, 18) und der «dem unzugänglichen Licht einwohnt» (1 Tim 6, 16), so daß Er «nicht Gott ist, wenn Du Ihn begreifst», daß dieser Gott, der «unaussagbar über-erhaben ist über allem, was außer Ihm ist oder gedacht werden kann» (wie das Vaticanum definiert), – daß dieser Gott der völligen Unbegreiflichkeit, als wesenhaft «ungreiflicher Geist» (Jo 3, 8), in den Zügen der Differenz zwischen «Geist des Mannes» und «Geist der Frau» erscheint: wie Er in der Sprache der Offenbarung nicht nur «Vater» heißt, sondern ebenso «Mutter», die ihre «Kleinen hegt und pflegt» (Is 66, 13) und wie Er ebenso nicht nur als «Hausherr über Leben und Tod» erscheint (Is 45 7), sondern ebenso in den «Geburts-Wehen» der «Hausmutter» als der «Mutter allen Lebens» (vgl Röm 8 19–27). Stand ein «hochzeitlicher Humanismus» (des «Mensch») im Zeichen der «Agape der Hochzeit (zwischen Bräutigam und Braut)» schritt ein «synergetisch kosmischer Humanismus» als «Kosmismus» unter das höhere Zeichen des «Ehe-Bund», so gibt sich die Höhe eines echten Theismus, zu dem hin «hochzeitlicher Humanismus» wie «synergetischer Kosmismus» transzendieren, im höchsten Zeichen des «vaterhaft-mutterhaft Schöpferischen». Das «pneumatische Kreuz» der doppelten Entgegensetzung in «Geist» wie «Gott als Geist» enthüllt sich hierin im höchsten Sinn als «Baum des Lebens» (wie alte Legenden und die alten Hymnen im «Baum des Kreuzes» den wiedergeschenkten «Baum des Lebens» grüßen: «*haec est arbor dignissima in paradisi medio situata*»).

Aber während ein «hochzeitlicher Humanismus» wie ein «synergetischer Kosmismus» durch ihre Symbole (sei es der «Agape der Hochzeit», sei es des «Ehe-Bund») energetisch und entelechetisch geführt erschienen, ist das Paternal-Maternale in der doppelten Entgegensetzung im Wesen von «Geist» nur in seinem Anheben noch als «Symbol ins Göttliche» ansprechbar, während dieses «Anheben» selbst aber unmittelbar ein «Anheben» jener «bathe tou theou» ist, der «Ungründe des unergründlichen und unausspürbaren Gottes», die allein «der Geist Gottes Selbst ergründet und ausspürt» (Röm 11, 33; 1 Kor 2, 10–12). «Symbol ins Göttliche» heißt das Jäh-durchkreuzt einer «noch so großen Ähnlichkeit» eines solchen Symbols durch jene «je immer größere Unähnlichkeit» zwischen jedem «noch so ähnlichen Symbol-ins-Göttliche» und dem «*ens realissimum*» Gott, der so sehr «Realität der Realitäten» ist, daß Er «unaussagbar über-erhaben ist über alles, was außer Ihm ist oder gedacht werden kann» (Vaticanum cap 1).«Symbol ins Göttliche» ist wesenhaft «Symbol ins Unendliche und Unbegreifliche». So wenig ist ein Theismus als «paternal-maternaler Theismus» durch ein Symbol von «Vater-Geist und Mutter-Geist» energetisch und entelechetisch «geführt», daß dieses höchste Symbol von «Vater-Geist und Mutter-Geist» vielmehr in seinem tiefsten Wesen, umgekehrt, aus den «Ungründen Gottes» Selbst nicht nur «geschenkt» erscheint (wie die Offenbarung Alten und Neuen Bundes es klar betont: in der von Gott her frei geschenkten «Seins-Vollmacht, Kinder Gottes zu werden» Jo 1, 10), sondern, – noch schärfer, – so, daß dieses höchste Symbol, grad als höchstes zum «Allerhöchsten» hin, das «Geworfen (– bol)» ins «Mit(sym-)» in die «Ungründe Gottes» Selbst besagt, in die «Ungründe» Seines vaterhaft-mutterhaft schöpferhaft-gebärerhaften «Geist», dessen «Woher und Wohin du nicht weißt», und der allein «die Ungründe Gottes ergründet und erforscht».

Damit ergibt sich der Sinn von «*Symbol*[1]» wie von selbst. Symbol besagt nicht (wie die übliche Deutung will) das «Zusammenfallen» von zwei Bruchstücken eines Realen, woran zwei Menschen, von denen jeder ein Bruchstück erhielt, sich zueinander «legitimieren». Symbol sagt auch nicht ein Sinneshaftes, das als Ganzes transparent ist in ein geistig Intelligibles (wie Hegel, Schleiermacher und der aus ihnen entsprungene innerkatholische «Modernismus» alles objektiv Sinneshafte außer-christlichen Mythos und inner-christlicher Offenbarung nur als «mythisches Symbol» für eine Geistes-Haltung des Menschen neh-

[1] Vgl. zum genaueren Begriff des «Symbol» die vorige Abhandlung Nr. 5. Das Zentrale der Symbole hat wohl niemand so überzeugend herausgearbeitet wie Ludwig Curtius, der große deutsche Romanist: in seinem «Antiken Rom» (1944), wo zum erstenmal das unterscheidend Eigene einer «*religio Romana*» (gegenüber den sonstigen Entlehnungen aus dem Etruskischen und Griechischen) heraustritt: die «*religio*» der großen römischen Tugend-Symbole: von der «*virtus*» zur «*pietas*» zur «*concordia*» zur «*aequitas*» zur «*constantia*» als den Symbolen des «*Genius populi Romani*». Vgl. die reiche Nachlaß-Sammlung «Torso» (gesammelt und ediert durch Joachim Moras, Deutsche Verlagsanstalt Stuttgart 1957, S. 114–118).

men). Sondern Symbol sagt ein solches «Mit(sym-)» des «Zueinander-Fallens (-bol, als von «ballo») zwischen einer Realität und dem ihr einwohnenden «Sinn», daß, einerseits die Realität selbst voll diesem «Sinn» dient, indem sie ihn ausdrückt (wie «symbolon» etymologisch «Wahrzeichen» heißt, in dem ein göttlicher Auftrag oder eine göttliche Sendung sich kundgibt; – oder «Kenn-Marke» oder «Siegel» zu Unterpfand menschlicher Begegnung oder des Vertragsschlusses zwischen Staat und Staat), – während, anderseits, ein «Symbol in sich», so sehr es «in» der Realität als «symbolischer Realität» einwohnt, doch diese Realität transzendiert, um kraft solchen Transzendierens die Realität, gleichsam als ihre «Entelechie», über sich hinaus zu «dynamisieren». Weder also erschöpft sich das «Symbol» in der «symbolischen Realität», noch ist es etwas «Ideatives in sich selbst». Sondern «Symbol» steht zu «symbolischer Realität» im echten Verhältnis der «Analogie» des Vierten Laterankonzils: der «je immer größeren Unähnlichkeit» in «noch so großer Ähnlichkeit[1] ». Einerseits gibt sich das «Symbol», in einer «noch so großen Ähnlichkeit», fast als identisch mit der «symbolischen Realität». Anderseits aber ist jede «symbolische Realität» asymptotisch immer nur «auf dem Wege», über sich hinaus, zum «reinen Symbol in sich», in einer «je immer größeren Unähnlichkeit» zwischen «symbolischer Realität» und «reinem Symbol in sich».

In diesem Sinn ist die «Agape der Hochzeit» das «reine Symbol», dem ein Humanismus als wesentlich «hochzeitlicher Humanismus» immer nur «zustrebt» als zu seinem «idealen Sinn ins Unendliche». Und ebenso ist der «Ehe-Bund» das «reine Symbol», zu dem hin ein kosmischer Humanismus oder Kosmismus als wesentlich «synergetischer Kosmismus» als zu seinem «idealen Sinn ins Unendliche» sich bewegt. - Für das unterscheidend Göttliche aber, das einerseits die volle «*perfectio*» sagt, d. h. das wesentlich werde-lose «Ist» und «Ganz», anderseits doch jenes unbegreiflich Unendliche, das gemäß Augustinus auch «als Gefundenes immer neu gesucht wird, weil es unermeßlich

[1] Vgl hierzu die Abhandlungen Nr. 4 und 6.

ist» (in Jo tract 63, 1), – für diese göttliche «Vollkommenheit als Unendlichkeit», kehrt sich die Ordnung zwischen «Symbol» und «symbolischer Realität» um (wie es dem «ganz Anders» zwischen Schöpfer und Geschöpf entspricht). Einerseits offenbart sich das Göttliche immer nur in «Symbolen» zum Menschen hin (im Außer-Christlichen der symbolischen Mythen wie im Inner-Christlichen der «Bilder» und «Gleichnisse» und «Parabeln», wie es die Sprache der Propheten ist, und wie Christus selbst es nicht nur selber übt, sondern es, bei Mt 13, 10ff 34ff, als Grundsatz verkündet, den dann das dreizehnte Kapitel des Ersten Korintherbriefes zur Konsequenz eines «Blickens im Spiegel in Rätseln» formt). Anderseits aber gehen auch alle noch so hohen Offenbarungen (in denen die «Bilder» und «Gleichnisse» und «Parabeln» in einen übersinnlichen Sinn hinüber «geöffnet» scheinen) doch immer nur verhüllter ins «Mysterium» (wie auch und grad ein einfaches Mysterium von «Vater, Sohn und Heiliger Geist» nicht nur ins völlig Unfaßliche der «*relationis oppositio*», gemäß dem Florentiner-Konzil, transparent wird, sondern auch noch durch dieses hinaus und hinüber in die «Nacht» eines «Mysterium Mysteriorum» überhaupt, wie Johannes vom Kreuz sie als Letztes im Hymnus kündet[1]). Humanismus wie Kosmismus haben im «Symbol» eines humanistischen und kosmistischen Symbolismus ihr energetisierendes Telos. Theismus aber eines wahren «Gott als Geist» hat einen theistischen Symbolismus zwar zur Sprache seiner Manifestationen und Offenbarungen «nach unten hin», aber zuletzt, in den «Ungründen Gottes» in diesen Manifestationen und Offenbarungen, auch «nach oben hin», in der «je immer größeren» Transparenz eines «je immer größeren Gottes», hindurch und hinüber durch und über Seine höchsten Manifestationen und Offenbarungen hinaus, in das «Mysterium Mysteriorum». In diesem Sinn könnte man den Satz wagen, daß in solchem Mysterium Mysteriorum Gottes das, was «Symbol» heißt, seine höchste Erfüllung habe, oder, besser, seinen höchsten Ursprung: weil das In-über des «Symbols» wie unmittelbar transparent ist in das In-über des Göttlichen Myste-

[1] Vgl. hierzu «Alter und Neuer Bund» (1956), 539ff.

rium Mysteriorum in-über allen noch so hohen göttlichen Manifestationen und Offenbarungen. – Aber wie das In-über des «Symbols» in einem «Mensch» und «Welt», als deren «obere Grenze», wurzelt, so ist es noch mehr die Realität Gottes als des «*ens realissimum*», an der und in der ein Mysterium Mysteriorum unerscheinbar erscheint, nicht zwar als «Gott-Symbol», auch nicht als «Gott im Symbol», sondern «Symbol» als «Kinder-Lallen», gemäß 1 Kor 13, 11, vom Mysterium Mysteriorum.

Das Gnoseologisch-Religiöse bei St. Augustin

1958

1. Eine «*Erkenntnis-Theorie*» (wie man im Deutschen sagt) oder «Gnoseologie» (wie die romanischen Völker formulieren) gibt sich in vier Formen.

Die bekannteste Form ist die, welche auf Descartes zurückgeht, um dann in den europäischen Rationalismus (vor allem Christian Wolff) und von hier aus in die Neu-Scholastik und den Kritischen Realismus (der auf Külpe zurückgeht und in Wenzl seinen letzten Ausläufer hat) weitergegeben zu werden. Erkenntnis-Theorie oder Gnoseologie hat hier den Charakter einer *präambulären* «*philosophia prima*». Wie Descartes, durch den «universalen methodischen Zweifel» hindurch, im «*cogito ergo sum*» das unbezweifelbar «Erste» gewinnt, so wird dieses «Erste» zum entscheidenden Ansatz einer Philosophie, die ein souveränes «*cogito*» (streng mathematischen Denkens) über eine Realität einer reinen «*massa extensa*» stellt, die zwar echte Realität ist, aber eine solche, die kraft ihrer Begründung vom «*cogito*» her als «Materie» (bis zu Pflanze und Tier als «Mechanismen») diesem «*cogito*» als bestimmendem Form-Prinzip untersteht, Form-Prinzip eines «Ingenieurs und Technikers», das aus einer «passiven Materie» eine rational-technische Welt gestaltet, wie sie heute All-Wirklichkeit werden will (an Stelle eines autonom realen «Kosmos», in den auch Geist und Mensch zusammen mit Stoff, Pflanze und Tier eingegliedert sind). Europäischer Rationalismus, Neu-Scholastik und Kritischer Realismus gehen freilich nicht in diese letzte Konsequenz (in der Descartes als wahrer «Vater» unmittelbar steht zu unserm heutigen All-Technizismus), sondern bauen eine Erkenntnis-Theorie, die ausdrücklich nur mit einem «methodischen» Zweifel einsetzt, um vom *Minimum* des «Selbstbewußtseins» durch den wesentlichen Intentionalismus des «Sinnesbewußtseins» zur bewußtseins-unabhängigen Realität vorzudringen, die dann Gegenstand einer «Philosophie der Seinsbereiche» wird (von Metaphysik des Seins überhaupt zu Metaphysik des Stoffs zu Metaphysik des pflanzlichen Lebens zu Metaphysik des sinneshaften Lebens zu Metaphysik des Menschen zu Metaphysik des Göttlichen).

Aber in solcher präambulären «*prima philosophia*» ist weder das Wort Erkenntnis-Theorie noch das Wort Gnoseologie eigentlich echt gewahrt: weil sie in dieser Funktion nur Durchgang ist in die «eigentliche Philosophie» der Realität. «Erkenntnis-Theorie» aber sagt, dem Wort nach, eine innere, selbstzweckliche, «Anschauung» («theoria» von «theorein» als «reine Schau») von der «Erkenntnis in sich selbst», hin zu einer «Struktur-Lehre» eines «Bewußtseins in sich selbst». Und «Gnoseologie» sagt, ebenso dem Wort nach, eine Erforschung des inneren «Logos» der «Gnosis» in ihrer inneren «Logie», also eine «Sinn-Erforschung» des «inneren Sinns der Erkenntnis als solcher». Eine solche *autonome Erkenntnis-Theorie oder Gnoseologie* hat ihren Grund-Typus in den drei Kritiken Kants, vor allem in der «Kritik der Reinen Vernunft», die das Bestehen einer echten Realität ausdrücklich voraussetzt, um sich allein mit den Bedingungen einer «Erkenntnis der Realität» zu beschäftigen. Es ist Erkenntnis-Theorie oder Gnoseologie, wie sie dann der frühe Husserl als «regionale Phänomenologie der Erkenntnis» in «Ausklammerung der Realität» (in der Haltung der «epochē», des methodisch vorläufigen «Anhaltens») intendierte.

Aber eine solche «regionale Phänomenologie des Bewußtseins in sich selbst» hat immer neu (in Hegels «Phänomenologie des Geistes» wie in des späten Husserl «Phänomenologie eines egologisch monadologischen Bewußtseins») die geradezu innate Tendenz, sich absolut zu setzen, in der Form eines spekulativen Idealismus, in dem Bewußtsein und Erkenntnis nicht mehr intentional zu einer bewußtseins-unabhängigen Realität sind, sondern sich selbst als die «einzige» oder wenigstens «eigentliche» Realität begreifen, als Realität eines «ontos on» eines «idealen Seins» (in Wiederaufnahme der Intention Platons) gegenüber dem « me on » des sinneshaft « realen Seins ». In solchem spekulativem Idealismus einer *absoluten Erkenntnis-Theorie (oder Gnoseologie)* ist das innere All des Bewußtseins (in seinen noematischen Strukturen, wie Husserl sie intendiert, oder in seinem noetischen Vollzug, wie Hegel sie in seinem rhythmisch-dialektischen « Ternar » des Urteils von These zu Antithese zu Synthese gefaßt sieht), ist dieses innere material-noematische und formal-noetische All des Bewußtseins unmittelbar das «All an sich ». Ein reales «All an sich » ist für dieses ideale «All an sich » höchstens eine « sinneshafte Schein-Realität », die grundsätzlich « ausgeklammert » bleibt (wie beim späten Husserl) oder als « Selbst-Entfremdung » des « Geistes eines geistigen All » gilt, also als « Sündenfall » dieses Geistes, aus dem er sich, in asketisch-spiritualistischer Ablösung, wieder in sein Ur-Geist-Sein hinauf-erlösen muß, ins « absolute Wissen » des « absoluten Geist » (wie es die Stufung in Hegels « Phänomenologie des Geistes » anschaulich macht: vom « Sinnes-Phänomenalen » zum « Geistes-Noumenalen »).

Dieser äußersten Form einer selbstzwecklichen Erkenntnis-Theorie oder Gnoseologie (die für und in sich selbst die einzige Philosophie und Metaphysik sein will) steht dann am schärfsten eine solche gegenüber, der es nur um die rechte « Methode » geht, in der das objektiv Reale richtig und in seine letzten Gründe hinein erkannt werden kann. Eine solche *methodologische Erkenntnis-Theorie oder Gnoseologie* liegt dem zugrunde, was im Östlich-Asiatischen «Weisheit» heißt, die nur auf einem bestimmten «Weg» sich gibt (weswegen im Östlich-Asiatischen solche «Weisheit» selber «Weg» oder « Bahn » oder « Fahrzeug » heißt: wie im klassischen China im Ur-Buch des « J Ging », im « Tao-te-king » des Lao-Tse und den Gesprächen des Kung-Tse, und wie im klassischen Indien in den «Veden », wie den Reden des Gotamo Buddho). Es sind die « Stufen-Lehren » einer wachsenden Ent-Sinnlichung, ja Ent-Selbstung, wie sie über die alexandrinische Schule dann in die abendländischen Handbücher von Moral, Askese und Mystik eingegangen sind. Aber auch das Alte Testament kennt in seinen Weisheits-Büchern eine solche Methoden-Lehre: wie ein «Leben im Gesetz» der Weg ist, einer «göttlichen Weisheit» teilhaft zu werden. Und der Erste Korintherbrief läßt seine scharfe Betonung einer «moria Gottes in Christo» (also dem Wortsinn nach: einer «närrischen Torheit») unmittelbar münden in die Betonung einer «Weisheit Gottes im Mysterium verborgen», die nicht dem «fleischlichen Menschen» von «Eifern und Streiten» zugänglich ist, sondern allein dem «Geist-Mensch» in «Lehrsprüchen des (Heiligen) Geist» (1, 21 bis 3, 3). – Auf diesen Grundlagen entwickelt dann Clemens von Alexandrien den «Weg» einer «gläubigen Gnosis» und eines «gnosischen Glaubens» (Strom II, 4; V, 1 ; VII, 10), der einerseits bedingt ist durch eine negative «Leidenschaftslosigkeit» (apatheia: Strom VI, 9; IV, 23), anderseits durch eine positive «Liebe in Begegnung und Entgegnung zueinander» (agape: Strom IV, 18; VII, 2, 10, 11), bis daß «Gnosis» und «Agape» nicht nur übergehen in die «Schau Gottes (theoria: Strom IV, 6 usw.), sondern geradezu deren «Vorwegnahme» sind (prolepsis: Strom VI, 9). – Von hier aus geht nicht nur die Entwicklung einer solchen Methodologie der Erkenntnis über Augustinus und Anselm von Canterbury zu Thomas von Aquin hin (vgl Quaest disp de ver q 14, a 10), sondern zweigt sich vom 17. Jahrhundert bis zu Nietzsche zu einer «moralischen Methodologie» ab, die bestimmte menschliche Haltungen zur Vorbedingung echter Erkenntnis macht, bis der große Romantiker Franz v. Baader gegen den «universalen Zweifel» Descartes' als entscheidenden Ansatz einer Philosophie grundsätzlich das «Staunen» und den «Eros» setzt, in einer wahren Erneuerung des Platon, der für eine Schau der Wahrheit das «Staunen» (thaumazein: Theaitetos, 155 CD), die Enthaltung von Lust und Trauer (Phaidon, 82 E–83 E), ja sogar das «Hindurchsterben» in den Mysterien (Phaidon, 61 D, 64 A usw.) zur Bedingung machte. Die Methodologie realer Erkenntnis des Realen, wie sie Kardinal Newman schließlich in seiner «Grammar of assent» aufbaute (als Lehre von inneren «dispositions», in denen erst das Wahr-Wirkliche ergriffen werden könne), ist dann der klassische Abschluß dieser ganzen Entwicklung. – Diese religiösaszetische Methodologie der Erkenntnis (vom J Ging zu Baader und Newman) findet endlich ihre säkularisierte Form in der heutigen Phänomenologie: wie Husserl für eine wahre Erkenntnis ein «Sich-enthalten vom empirisch Realen» (epochē) fordert; wie im gleichen Sinn Max Scheler ein «Sich offen halten» betont; und wie sogar Heideggers Methode einer «Destruierung» durch alle Konvention des «Man» hindurch ins Urhafte als «Enthaltung» gedeutet werden könnte. – Und selbst der radikale Logizismus der Carnap-Schule, für die nur eine reine, mathematische Logik Philosophie ist, während alle metaphysischen Fragen als sinnlos entfallen, trägt doch, wenn auch unbewußt und ungewollt, die alte Tradition einer methodologischen Erkenntnis-Theorie noch in sich: da sie in ihrem puren Mathematizismus der pythagoreischen Metaphysik der kosmischen Zahl verhaftet ist, in einem Säkularismus der «reinen Zahl».

Alle vier Formen einer Erkenntnis-Theorie (oder Gnoseologie) tragen aber ein bestimmt *Religiöses als* ihren *Untergrund.* Die Existenz eines solchen religiösen Untergrunds widerlegt ihren Anspruch, das methodisch Erste einer Philosophie zu sein, aus dem erst als Letztes die Frage nach dem Göttlichen sich ergäbe. Vielmehr ist, in einem positiven Sinn des sogenannten «ontologischen Gottes-Beweis» (von Ansätzen bei Augustin zu seiner Durchführung bei Anselm v. Canterbury zu Malebranche usw.), bereits im «Erst» einer Erkenntnis-Theorie das «Letzt» des Göttlichen impliziert, und so impliziert, daß es fast als das immanente Apriori im differenten Ansatz einer Erkenntnis-Theorie erscheinen könnte.

In der *Descartes'schen Erkenntnis-Theorie des reinen «cogito»* als präambulärer *«philosophia prima»* verrät es sich darin, daß im *«sum»* des *«cogito»* unmittelbar (in echter Tradition des «ontologischen Gottesbeweises») als Ur-Seiendes das Göttliche aufscheint, von dem her erst der Weg in die kosmische Realität geht. Das Göttliche als zugleich «Ur-Wahrheit» und «Ur-Geistiges» wird als das «Innerste des Innen» des *«cogito ergo sum»* gefunden. Es ist damit das Göttliche, wie es für die deutsche Mystik ein radikal augustinischer «*Deus interior*» ist (aber in Auslöschung der eigentlich augustinischen Dialektik zwischen «*Deus interior*» und «*Deus exterior*»*:* vgl de Gen ad litt VIII, 26,48). Die philosophische «Innerlichkeit» einer Philosophie, die im «*cogito*» als dem «Innen des Innen» wurzelt, gründet damit im Apriori einer religiösen «Innerlichkeit», in der allein der Mensch «ur-innerlich» ist im «Gott, der innerer mir ist als ich mir selbst» (wie auch Augustinus betet: «*Tu interior intimis meis*»*:* in Ps 118, 22, 6).

Für eine *autonome* wie für eine *absolute Erkenntnis-Theorie* (oder Gnoseologie) ist das Apriori einer solchen religiösen «Innerlichkeit des Innen in Gott als ‚Innen des Innen'» noch konstitutiver: wie Hegel offen (in seiner *Geschichte der Philosophie*) die «neue Philosophie» (von Descartes zu Leibniz zu Kant zu sich selbst als Spitze) gleichsam als «Aus-Philosophierung» der reformatorischen «Religion der Innerlichkeit» aufhüllt (wie in der Tat Luther eine frei autonome «Innerlichkeit» gegen «katholische Äußerlichkeit» setzte). Wie der kosmische Realismus des heiligen Thomas von Aquin zuletzt religiös im kosmischen Realismus einer sichtbaren Kirche sichtbarer Sakramente, gleichsam apriorisch, wurzelt, so gründet eine relativ oder radikal absolute «Philosophie des Geistes» als «Philosophie der Innerlichkeit» und hierin als «Idealismus» (material in Leibniz, Hegel und Husserl, formal-funktional in Descartes, Kant und Fichte) in jener «Innerlichkeit» des «angefochten-getrösteten Gewissens» im «reinen Geist» des «zürnend-erbarmenden Gottes», wie die Reformation sie als «geistig innerliches Christentum» einer institutionellen Kirche einer sichtbaren Hierarchie sichtbarer Ämter entgegenstellte.

Für eine *methodologische Erkenntnis-Theorie (oder Gnoseologie)* ergab sich der bestimmende religiöse Untergrund bereits in der Erörterung ihrer Struktur selbst. Dieser religiöse Untergrund steht in klarem Gegensatz zum religiösen Untergrund sowohl der descartesschen präambulären wie der autonomen wie der absoluten Erkenntnis-Theorie. Während in diesen drei Formen ein «*Deus interior*» mit dem geschöpflichen «Innen» ineinanderschwimmt, gleichsam zu einer «doppel-gesichtigen Identität» eines «geschöpflichen Gesichtes» (des geschöpflich-geistigen Innen) und des Gesichtes eines göttlich-geistigen Innen, stellt sich der religiöse Untergrund der methodologischen Erkenntnis-Theorie geradezu als Ur-Form dessen dar, was das Vierte Laterankonzil als die wesenhafte Spanne zwischen «noch so großer Ähnlichkeit» und «je immer größerer Unähnlichkeit» zwischen «Schöpfer und Geschöpf» definierte (Denz 432). Während in den drei ersten Formen einer Erkenntnis-Theorie die Form einer «so großen Ähnlichkeit» zwischen geschöpflichem und göttlichem Innen so weit geht, daß es schließlich eine doppel-gesichtige Identität wird (zwischen Innen und Innen, Geist und Geist, hinein in die Hegelsche Form einer Göttlichen Selbst-Dialektik in aller inner-geschöpflichen Dialektik), im Gegensatz zu solcher «Identitäts-Erkenntnistheorie» enthüllt sich die methodologische Erkenntnis-Theorie als volle Realisierung des Wort-Sinns von «Methode»: im Sinn von «*hodos*» als «Weg», der folgerichtig Ausgangspunkt und Ziel-End-Punkt betont und scheidet, und dem man in diesem Unterschied zwischen Von-her und Zu-hin «nachzugehen» hat (im Sinn von «*meta*» im «*hodos*»). Das Zu-hin dieses «Nachgehens des Wegs» sagt gewiß ein wachsendes Näherkommen zum Ziel-End-Punkt des Weges. Aber mitten hierin bleibt doch Unterschied (und folgerichtig «Distanz») zwischen diesem Zu-hin und dem ursprünglichen Von-her. Es bleibt wesentlich jener «Orts-Unterschied», wie ihn die Nüchternheit des Buches Koheleth ausspricht: «Gott ist im Himmel, und du auf der Erde» (5, 1). Die religiöse Grundstruktur einer methodologischen Erkenntnis-Theorie ist damit die «Analogie der je immer größeren Unähnlichkeit» (eines Über-Hinaus auch eines «*Deus interior*» über das geschöpfliche Innen) in «noch so großer Ähnlichkeit» (des «*Deus interior intimo meo*» und also «Innen meines Innen»). Methodologische Erkenntnis-Theorie ist darum von ihrem religiösen Untergrund her wesentlich «*Analogie-Erkenntnis-Theorie*». Der Rhythmus des «*allo pros allo*» der Analogie gemäß Aristoteles (Met IV, 6, 1016 B 34–35), also der schwingenden «Proportion zwischen Anders und Anders» im

Rhythmus des «je immer unähnlicher» im «noch so ähnlich» der Analogie in der Formel des Vierten Laterankonzils, dieser Gesamt-Rhythmus der «Analogie» (auf den alles zurückgeht und der selber nicht weiter zurückgeführt werden kann, in einer wahren «*reductio in mysterium*»), dieser Analogie-Rhythmus als Ur-Rhythmus einer echten Erkenntnis-Theorie (oder Gnoseologie) ist es, der allen oben umzeichneten Formen einer methodologischen Erkenntnis-Theorie zugrundeliegt: dem Rhythmus der «Stufungen» (im Asiatischen und Ur-Christlichen), dem Rhythmus des «Staunens», der «wachsenden Bereitung», des «Hindurchsterbens» und des «Eros» (im Platonischen wie im Romantischen, bis hin zu Newman). Es ist der Rhythmus, wie Augustinus ihm den tiefsten Ausdruck gab: «Suchen wollen wir Ihn (in der Schöpfung und in Sich Selbst), um Ihn zu finden; suchen wollen wir Ihn, da wir Ihn fanden. Daß man Ihn suche, um Ihn zu finden, ist Er verborgen; daß man Ihn suche, da man Ihn fand, ist Er unermeßlich» (in Jo tract 63, 1).

2. *Augustinus* hat das Schicksal, einerseits als eigentlicher Vater einer autonomen Erkenntnis-Theorie (oder Gnoseologie) von Descartes her (als deren Ursprung) und zu Husserl (als deren Höhe und Abschluß) angesehen zu werden, bis ihn sogar die absolute Erkenntnis-Theorie (oder Gnoseologie) in der Form seines Jüngers Anselm v. Canterbury zu ihrem Ahn nimmt, anderseits aber so, daß der innere Rhythmus einer methodologischen Erkenntnis-Theorie (oder Gnoseologie) eigentlich auf ihn zurückgeht (wie die obige Stelle es erweist). Das liegt daran, daß man als augustinische Erkenntnis-Theorie (oder Gnoseologie) nur den Weg des anti-manichäisch-plotinischen Früh-Augustinus nimmt, den Weg seiner Dialoge bis hinein in die Bücher von *De Trinitate*. Es ist gewiß richtig, daß das Problem einer ausdrücklichen Erkenntnis-Theorie (oder Gnoseologie) einzig in diesen Schriften gestellt und erörtert wird. Aber erstens untersteht diese Problemstellung und ausdrückliche Erörterung formalst der Abkehr Augustins von einem manichäischen Dualismus zwischen Ur-Licht und Ur-Finsternis, die die Hinkehr zu einem christlichen Plotinis-

mus eines einzigen Ur-Prinzips ist, das das göttliche Ur-Licht als Ur-Wahrheit ist. Und zweitens ist diese Erkenntnis-Theorie (oder Gnoseologie) des frühen Augustin im letzten Grund eine echte methodologische, wie sie, gleichsam als «noësis» (im Sinn des frühen Husserl) dem «noëma» eines christlich-plotinischen «Idealismus der Wahrheit» entspricht, und wie sie darum nur «eine» und «eine erste» ist unter andern, ebenso methodologischen Erkenntnis-Theorien (oder Gnoseologien), wie sie der «noematischen» Thematik der Schriften des mittleren Augustin (in der *Civitas Dei*, den *Enarrationes in Psalmos* und dem *Tractatus in Joannem*), den Schriften des antidonatischen Augustin (vor allem in den *Enarrationes in Psalmos*) und des anti-pelagianischen Augustin (in den *Opera in Julianum*) entsprechen. Die «Erkenntnis-Theorie» (oder Gnoseologie) Augustins ist mithin nicht einfach die des Früh-Augustin, sondern diejenige, die sich in die Teil-Perioden seines Schaffens aus-differenziert und erst aus dieser Differentiation heraus, aber echt asymptotisch, zu einem Spannungs-Gewebe der vier Differentiationen zusammengeahnt werden könnte. Denn Augustinus ist dadurch der eigentlich Unerreichte und Unerreichbare, daß er in seinen Schriften selbst der «Denker in Vorübergang und Durchblick» ist und darum in der inneren Dialektik seiner verschiedenen Perioden, und darin, daß, eben darum, die Gesamt-Dialektik abendländischer Theologie und Philosophie in ihm ihren, selber dialektischen, Ursprung hat (wie mein «Augustinus» es darlegen wollte: Leipzig, 1934).

Die Erkenntnis-Theorie (oder Gnoseologie) des frühen Augustin (die als einzige ausgebaut erscheint) ist eine solche Reduktion von allem «Zweifelbaren» auf das Urhafte eines «Ich weiß mich leben» (de Trinit., XV, 12, 21), daß in diesem «Ich weiß mich leben» unmittelbar die «Wahrheit» als solche aufleuchtet, und so, daß es grad der «Zweifel» als solcher ist, in dem die «Wahrheit» unbezweifelbar sich zeigt: «jeder, der sich zweifeln sieht, sieht etwas Wahres ein... Jeder..., der zweifelt, ob Wahrheit sei, hat eben hierin in sich ein Wahres, über das er nicht zweifelt...

Nicht also ist es ihm möglich, über die Wahrheit zu zweifeln, der über irgend etwas zweifeln konnte» (de ver rel 39, 73). Diese Korrelation zwischen einem unbezweifelbaren «Ich weiß mich leben» und einer noch unbezweifelbareren «Wahrheit im Zweifel selbst» ist die eigentliche Grundlage für den (christlich-plotinischen) *Idealismus des frühen Augustin*, wie er ihn in den *Soliloquien* formuliert: «durch und durch ist das Sinnliche hier zu fliehen..., um aus diesen Düsternissen zu jenem Licht aufzufliegen, das nicht einmal zu zeigen sich würdigt denen, die diese Höhle verschließt» (I, 14, 24, ganz im Anschluß an das Höhlen-Gleichnis Platons). Aber es ist ein dialektischer Idealismus. Indem er, erkenntnis-theoretisch, in einem solchen unbezweifelbaren «Ich weiß mich leben» gründet, das sich konkret darstellt in ein «Leben» als «Gedächtig»-sein, «Einsehen» und «Wollen» in einem «Wissen» und «Urteilen» (de Trin X, 10, 14), in dieser seiner Grundlegung ist es ein spezifisch *subjektiv funktionaler Idealismus:* wie Thomas alles in der «*veritas in intellectu*» gründet, wie für Descartes alles im «*sum*» des «*cogito*» wurzelt und wie schließlich Hegel in einem funktionalen Bewußtseins-Ternar eine dynamisch ternare «Welt des absoluten Geistes» entspringen läßt. Anderseits aber ist für Augustin die «Wahrheit an Sich» wesentlich, wie sie gleichsam als das letzt-bestimmend «Noematische» für das «Noetische» des «Ich weiß mich leben» im «Zweifel» sich unmittelbar zeigt, und sich geradezu als gotthaft Absolutes offenbart, als das Allein-Göttliche des «intelligiblen Licht» gegenüber der zwischen «Licht» und «Finsternis» dialektischen Gottheit des Manichäismus: «Sieh also vor dir die Wahrheit Selbst: umfange sie... und trinke Freude im Herrn... Wenn nämlich etwas noch Erhabeneres ist, so ist Er es, Gott: wenn aber nicht, so ist die Wahrheit Selbst Gott» (de lib arb II, 13, 35). Ein subjektiv funktionaler Idealismus des «Ich weiß (und denke und urteile) mich leben» in den drei Formen von «Gedächtig, Einsehen und Wollen» und ein *objektiv theonomer Idealismus* der «unwandelbaren Wahrheit» als des «wunderbar geheimen und öffentlichen Lichts» (de lib arb II, 12, 11), Wahrheit als Licht und Licht als Wahrheit, die beide entweder «selber Gott» sind oder in denen unmittelbar Gott als das «noch Erhabenere» mitten in seiner Wahrheit- und Licht-Immanenz «transzendiert» (vgl. lib arb II 13, 35, offenbar getragen vom «Hyper-phos», dem «Über-Licht» des Göttlichen «Über-Eins» des Plotinismus), diese doppeldeutige *Korrelation zwischen subjektivem und objektivem Idealismus* (wie beide sich in der Neuzeit spalten) ist das eigentliche Gesicht des Idealismus, wie er aus der ersten, allein ausgeführten, Erkenntnis-Theorie Augustins entspringt, als Überwindung des Manichäismus der unlösbaren und eben darum grundsätzlich «in Zweifeln unruhenden» Dialektik zwischen Licht (Wahrheit) und Finsternis (Lüge) als Dialektik zwischen «Gott» und «Gegen-Gott». Der «erkenntnis-theoretische Zweifel» Augustins ist, von hier aus, kein philosophisch «methodischer» Zweifel, sondern konkret die grundsätzliche Geistes-Lage des Manichäismus, in dem ewig, bis ins objektiv Metaphysische und bis ins subjektiv Innere, alles «im Zweifel liegt», weil im beständigen Zwielicht zwischen gotthaftem Licht (Wahrheit) und gotthafter Finsternis (Lüge).

Darum geschieht bei Augustinus noch ein dritter, abschließender Schritt. Wie das subjektiv funktionale «Ich weiß mich leben» transzendiert in die objektive «unwandelbare Wahrheit», so schaut Augustinus zuletzt, wie das subjektiv funktionale «Ich weiß mich leben» in seiner Drei-Form von «gedächtig, einsehen und wollen» und darum als Dreiform von «*memoria sui* (seinerselbst-gedächtig in einem gewärtig-zu-sich-selbst), *intellectus sui* (als «Selbstbewußtsein») und *voluntas sui* (als Ja zu sich selbst), – wie diese Drei-Richtungs-Form im geistigen «Ich weiß mich leben» ein letztes «Bild *(imago)*» ist, in dem ein Urbildliches im Göttlichen von «Wahrheit und Licht» sich öffnen mag, freilich einzig im Gnaden-Licht Göttlicher Selbst-Offenbarung: das Mysterium ur-göttlicher «Wahrheit und Licht» nicht mehr nur als ein «göttliches Es» (wie die Worte Wahrheit und Licht es-haft sind), auch nicht einfach als ein «göttliches Ich» (wie es einem philosophischen «einen und einzigen Gott» entspräche oder gar einer «letzten Korrelation» zwischen einem «göttlichen Ich» und «kreatürlichem Du» oder umgekehrt), – sondern als geheimnisvolles Ineinanderschwingen einer göttlichen «*Memoria Sui*» (wie sie im «Vater» erscheint: als dem geistig «Ur-Dauernden»), eines göttlichen «*Intellectus Sui*» (wie er dem «Sohn» als «Logos» entspricht) und einer göttlichen «*Voluntas Sui*» (wie in ihr und als sie der «Heilige Geist» das göttliche «Ja zu Sich in Liebe» ist). Mit andern Worten: das augustinische Theologumenon von einer «*imago Trinitatis*» in den Grundrichtungen des geistigen Lebens erscheint, von allen Zusammenhängen des Idealismus Augustins her, als die abschließende Synthese zwischen seinem funktionalen Idealismus (im «Ich weiß mich leben») und seinem objektiv theonomen Idealismus (in der «unwandelbaren Wahrheit»). Was Hegel, in unbewußter Nachfolge zu Augustin, in seine trinitarische Geist-Urteil-Dialektik faßt zwischen (vaterhafter) «Thesis», (sohneshafter) «Antithesis» und (geisthafter) «Synthesis», titanisch (und darum abstürzend ins Nicht des formal Abstrakten), das ist in seiner echten Ur-Gestalt das eigentliche Gesicht des Idealismus Augustins in seinem erkenntnistheoretischen Ur-Ansatz: Bindung eines subjektiv funktionalen Idealismus (gründend im «Ich weiß mich leben») mit einem objektiv theonomen Idealismus (gründend in der «unwandelbaren Wahrheit» mitten im Ur-Zweifel), Bindung beider zueinander in einem letzten *trinitarischen Idealismus*, in dem «*memoria sui*, *intellectus sui*, *voluntas sui*» des «Ich weiß mich leben» sich als «Abbild» enthüllen zum «Urbild» eines göttlichen «*Memoria Sui*, *Intellectus Sui*, *Voluntas Sui*» als innerster «Wir-Lebendigkeit» im innersten Mysterium der «unwandelbaren Wahrheit» als «geheimen und öffentlichen Lichts», d. h. Gottes als «Wahrheit und Licht[1]».

Diesem gradlinigen Idealismus von Wahrheit und Geist (der über die Korrelation zwischen Bewußtsein und Wahrheit hinüber sich in eine rein positiv verstandene «*imago Trinitatis*» schließt, die erst im späten Augustinus ihre Kritik erfährt), – diesem Spiritualismus der Abbildlichkeit zwischen geschöpflichem und göttlichem Geist in ihrer Ur-Funktionalität (wie er erst im früh-

[1] Vgl. in meinem «Augustinus» (1934) die Stellenfolge 8–14, 261–266.

mittelalterlichen Augustinus in einem materialen Spiritualismus einer Geist-Welt der « Symbole » sich gleichsam « noematisiert »), – diesem Idealismus des Geistigen überhaupt tritt, im Zusammenhang zwischen der *Civitas Dei*, den *Enarrationes in Psalmos* und den *Tractatus in Joannem*, der betonte *Realismus des korporativen « Haupt und Leib Ein Christus »* gegenüber. Während der Früh-Augustinus das spezifisch Christliche eines « Logos fleischgeworden » eigentlich nur im Sinn des « Ich bin die Wahrheit » nimmt und darum überwiegend nicht so sehr als reale « Offenbarung in Fleisch und Blut » (gemäß dem johanneischen scharfen « Christus im Fleisch » als Kriterium gegenüber einem dämonischen Spiritualismus und Doketismus: 2 Jo 7), sondern, entsprechend zum Zueinander von geschöpflichem und göttlichem Geist, als « Offenbarung in Geist und Wahrheit » –: diesem christlichen Spiritualismus entgegen ruht nun der Akzent auf einem christlichen Realismus eines Christus von Fleisch und Blut, der allein zu jener « feststehenden Wahrheit », die « auch Philosophen dieser Welt » als Sinn-Ziel alles Suchens erkannten, der einzige « Weg » ist, « indem er Menschen-Natur annahm » (serm 141, 1–4). Gegen einen christlichen Idealismus einer menschlichen Abkehr von allem sinnlich Realen und restlosen Aufstieg ins intelligibel Ideale der « reinen Wahrheit » tritt der christliche Realismus Gottes Selbst, der im Christus von Fleisch und Blut irdisch menschlich sinnesförmiger Weg wird: « der Sohn Gottes, der immer im Vater Wahrheit und Leben ist (korrelat zum menschlichen idealistischen Erkenntnis-Ansatz des Gegenüber von « Ich weiß mich leben » und « unwandelbarer Wahrheit »), ward, indem er Menschen-Natur annahm, « der Weg »: « durch Ihn schreitest du, zu Ihm schreitest Du » (Serm 141, 4). Diese Spannweite des Christus von Fleisch und Blut als « Weg, der die Wahrheit » ist, « durch Christus... zu Christus, durch Christus den Menschen zu Christus Gott: durch das Wort, das Fleisch ward, zum Wort, das im Anfang war bei Gott » (in Jo tract 13, 14), – das ist dann der spezifische Erkenntnis-Weg (und die hierin implizierte « Erkenntnis-Theorie ») des korporativen Realismus des « Haupt und Leib Ein Christus ».

Ging der christlich idealistische Erkenntnis-Weg von einem unbezweifelbaren «Ich weiß mich leben» hinüber zur noch unbezweifelbareren «Unwandelbaren Wahrheit», so vollzieht sich der christlich realistische Erkenntnis-Weg in der Spannweite des Christus, der als ideal-göttliche «Wahrheit» der realmenschliche «Weg» ist. «Fleisch und Blut», die im Ansatz eines christlichen Idealismus «durch und durch... zu fliehen» sind (Solil I, 14, 24), sind nun als «Fleisch und Blut menschgewordner Wahrheit-als-Leben» der entscheidende Eingang in eine reale Welt als All eines real sinneshaften «Haupt und Leib Ein Christus».

Die christlich idealistische «Aufrichtung» aus den «Düsternissen» einer «Höhle» des Realen (Solil ebd) geschieht nun, diametral umgekehrt, als Aufrichtung im Realen und durch das Reale, das Christus als «Fleisch und Blut» ist (und also als radikale «Hinab-Richtung» aus einem un-real Idealen hinunter ins «total Reale»), daß erst und einzig in diesem (allen Geistes-Hochmut hin-demütigenden) Hinunter und Unten das «echt Ideale» «realer Wahrheit» sich schenke, in der realen «Aufrichtung» im Realen des realen Christus: «aufrichte dich Christus durch das, was Er Mensch ist». Diese Aufrichtung im gottmenschlich Realen ist dann, gleichsam, die «Hinein-Richtung» in die ganze Spanne des Realen zwischen realem Gott und realem Mensch: «führe dich durch das, was Er Gott Mensch ist». Und erst solche «Auf-Richtung» ins Reale Christi als «*totus homo*», (un-über-idealisiert), diese radikale, totale und universale «Hinein-Richtung» in ein sinneshaftes Universum zwischen realem Gott und realem Mensch, also «Hinein-Richtung» als radikale und totale «realization» (mit der Formel Newmans), d. h. aktiv und praktisch «Real-Nehmen des (un-über-idealisiert) Realen», diese radikale, totale und universale «Hinein-Richtung» in ein radikal total und universal Reales wird endlich das, was ein christlicher Idealismus sich erträumt: die «Hinüber-Richtung» in die «Wahrheit, die Gott ist» im «Ich bin die Wahrheit» Christi als Gott: «führe dich hindurch zu dem, was Er Gott ist» (in Jo tract 23, 6).

Darum gilt für diesen christlich realistischen Erkenntnis-Weg als einen «Weg durch Christus, in Christo, zu Christus hin», als dem «Weg, der die Wahrheit ist» (in Jo tract 13, 4; serm 293, 7), darum gilt für diesen Weg, der in einem «Um und Um» radikaler «Um-Sinnung» *(metanoia)* und «Um-Sterbung» aus «eigenem Sinn und Sinnen» zur «Um-Geburt» in den ausschließlichen «Sinn Christi» (*nous Christou:* 1 Kor 2, 16) und Sinnen dessen, was in Christo ist (phroneite en hymin ho kai en Christo Jesu: Phil 2, 5), darum gilt für diesen Weg als Erkenntnis-Gesetz und Erkenntnis-Stufung und Erkenntnis-Rhythmus nicht Gesetz und Stufung und Rhythmus einer «Erkenntnis in Analyse und Synthese» in «Kritik und Konstruktion» (wie eine idealistische Erkenntnis-Theorie es als Weg zu «gesicherter Wahrheit» fordert), sondern es gilt der Weg, den Augustinus von Clemens von Alexandrien übernimmt, um ihn ausgebaut weiterzugeben, über Anselm von Canterbury hin zu Thomas von Aquin, der *Weg vom «credere» zum «intelligere» zum «videre»*, im Medium der *«caritas»:* Übersprung (transilire, wie Augustin das Wort liebt) aus jeglicher «Eigen-Evidenz» in den «blinden und dunklen Glauben», in ihm allein die «Evidenz Christi» zu empfangen, in der allein das reale All als All des «Haupt und Leib Ein Christus» und in ihm die «reale Wahrheit» «eingesehen» werden kann hinüber zum End-Sinn der «Schau»: «der Glaube ist das Erste, das die Seele unter das Joch Gottes stellt..., dann die Gebote des (praktischen) Lebens, durch deren Wahrung unsere Hoffnung sich festigt und die Liebe sich nährt und zu leuchten anhebt, was man vorher nur glaubte» (de agone christ 13, 14). Dieser Erkenntnis-Weg des «*credere*, *intelligere*, *videre*» ist dann gleichsam die «Noetisierung» des «ontisch-realen» Wegs durch Christus, in Christo, in Christum hinein: «Wer an Mich glaubt..., geht in Mich hinein; und wer in Mich eingeht, hat Mich» (in Jo tract 26, 10). Und so, umgekehrt, wandeln sich die «Augen... der Gläubigkeit» in Gottes (im realen Christus) «Augen der Kenntnis»: zu «schauen, was Gott schaut» (in Ps 36, 2, 2), und also «mit Gottes Augen als Augen Christi» das «All Christi» zu schauen, wie Augustinus in seiner wahrhaft kosmischen Christologie es entwirft: als «*coincidentia oppositorum*» aller ontisch realen Gegensätze in Christo als «Haupt und Inbegriff» und «Ur und End» und «Erst und Letzt», in Dem «alles Bestand hat», wie er hierin, als erster und einziger die großen Linien der paulinischen Christologie in das Gesamt des Kosmischen und Universal-Geschichtlichen «auszieht» (vgl. in meinem «Augustinus» die Stellen von Nr. 271 bis 517).

Aber dieser Realismus eines korporativen «Haupt und Leib Ein Christus» (in Ps 54, 3) mit seiner korrelaten Erkenntnis-Theorie einer christoformen «Aufrichtung» vom «*credere*» zum «*intelligere*» zum «*videre*» (von «in Christo Mensch», innerhalb von «in Christo Gott-Mensch» zu «in Christo Gott»), dieser «Christo-Realismus» auf dem Grund einer «Christo-Gnoseologie» hat eine letzte, abgründige Tiefe, wie sie in dem grundgelegt ist, was wir eben die «*coincidentia oppositorum*» aller Gegensätze des Alls in Christo nannten (mit dem Wort des Nikolaus von Kues, des genialsten Jüngers St. Augustins). Es ist jener verschärfte Realismus, den Augustinus im Kampf gegen Donatismus und Pelagianismus, gleichsam als sein «Testament» aufgehüllt hat: gegen die ideale Linearität, in der beide nichts von einer «Spannung der Gegensätze» wissen wollten. Donatismus der unduldsam eifernden «Orthodoxen und Heiligen»; die ihr ehemaliges Verfolgtsein zum Anspruch nahmen, alle «faulen Fische» aus dem Einen Fisch-Netz Christi vorzeitig herauszuwerfen und alles «Unkraut» aus dem Einen Acker Christi vor der Ernte herauszureißen (wie Augustinus gegen dieses Eiferertum, das sich schließlich in ein Mordbrennertum gegen eine «entartete Kirche» auswuchs, die entsprechenden Gleichnisse des Evangeliums betont: in Ps 40, 8; ebd 99, 9–12). Pelagianismus eines Eiferertums des «guten Willens» und des «Fortschritts der Tugend» und eines «Edelmenschentums»: das die «peinliche» Antinomie zwischen einem immer neuen «Mensch Sünder» und einer immer je größeren «Barmherzigkeit des gnadenden Gottes» (und noch mehr das Mysterium des Römerbriefs: daß «Gott allesamt einverschlüsselt hat in den Trotz des Unglaubens, um allersamt Sich zu erbarmen»; 11, 32) auszutilgen sucht in die «anständige» Linearität eines «Fortschritts im Guten», für den der «freie

Wille» in sich selbst die einzige «Gnade» ist. Beide, Donatismus wie Pelagianismus, enthüllen sich als «Integralismus» (eines «integren Reich Gottes»: Donatismus, oder eines «integren guten Willens»: Pelagianismus): als theonomer Integralismus (Donatismus) oder als anthroponomer Integralismus (Pelagianismus). Gegen einen theonomen Integralismus richtet sich bereits der Hymnus der *Soliloquien*, wenngleich der Idealismus des frühen Augustin in ihm doch wie der «Grund-Baß» durchklingt: «Gott, durch Den das All auch mit der linken Seite vollkommen ist. Gott, zu dem kein Widerklang bis ins Äußerste ist, da je Böseres und je Besseres zusammenklingen» (I, 1, 2). Und gegen einen anthroponomen Integralismus spricht die Civitas Dei als Grund-Gesetz ihres Weltbilds nicht das Gesetz eines gradlinigen Fortschritts aus (wie es die angelsächsische Fortschritt-Ideologie vom britischen Mönch Pelagius als «Vater» «stammbürtig» empfing!), sondern das wahre All- und Menschheits- und Geschichts-Gesetz des «Gegenstehens der Gegensätze» in «Gegensatz gegen Gegensatz» als wahre «Schönheit der Welt» (XI, 18). Es ist ein grundsätzlicher *Realismus der Gegensätze*, der damit, gegen allen theonomen wie anthroponomen Integralismus, in Augustinus das Letzte ist. War der Idealismus des Früh-Augustinus die negative Überwindung seines anfänglichen Manichäismus der inner-göttlichen Ur-Gegensätze (von Gott-Licht und Gott-Finsternis), und war, eben darum, dieser Idealismus in der Gefahr, selber zu einem Integralismus zu entarten, zum Integralismus reiner «Wahrheit im Geist» (wie ihn der abendländische integrale Spiritualismus ausbaute, zum mystischen Gegenpart des abendländischen moralischen Fortschritts-Pelagianismus), – im Gegensatz hierzu kann der Gegensatz-Realismus Augustins als positive Überwindung seines anfänglichen Manichäismus erscheinen, d. h. als Herauslösung seines positiven Kerns aus dessen Verabsolutierung, und dies im Kampf gegen zwei Integralismen selbst, zu deren Mentalität der Augustinus der Idealismus-Periode selber affin war (wie solche «Verschlingung der Fronten» in ihm selbst für ihn der Zugang wurde in die Einsicht davon, daß das «Katholische» der «Wahrheit» immer nur von den

«Spaltgeistern» als wahrhaft «großen Menschen» ans Licht gebracht würde: in Ps 54, 22 ebd in Ps 124, 5; de vera relig 8, 15; serm 46 nr 8, 18). Damit aber ist offenbar, wie die gnoseologische Voraussetzung eines solchen Gegensatz-Realismus ein «Denken in Gegensätzen» ist: wie Augustinus selber sie für sein Weltbild des «Gegenstehens von Gegensätzen» fordert: wenn er das ontisch reale «Gegensatz gegen Gegensatz» auf einen «Sprach-Stil» der «Schönheit der Rede» gegründet sein läßt, damit aber auf den, in diesem Sprach-Stil nur «aus-gesprochnen», «Denk-stil» als Denk-Stil eines «Logos in Gegensätzen»: «wie Gegensatz gegen Gegensatz gestellt die Schönheit der Rede ausmacht, so fügt sich – in einer, nicht der Worte, sondern der Dinge Beredsamkeit im Gegenstehen der Gegensätze zusammen die Schönheit der Welt» (de Civ Dei XI, 18). M. a. W.: die gnoseologische Voraussetzung des gegensatzhaften Realismus St. Augustins ist der *Denk-Stil eines Logos der Gegensätze in einer Logie der Gegensätze.*

Aber dieser Realismus der Gegensätze in einer Gnoseologie der Gegensätzlichkeit geht noch tiefer: in einen, sozusagen, *abyssalen Realismus*, als Realismus der «Nacht» der «Abgründe». Es ist der Realismus, wie ihn der späte Augustinus dem Pelagianismus eines «Fortschritts-Optimismus» entgegenstellt. Es ist gleichzeitig der Realismus, der im schärfsten Gegensatz zum Idealismus des frühen Augustinus steht. Es ist damit der Realismus, in dem jener positive Kern des Manichäismus heraustritt, der wohl die eigentliche Versuchung für den vor-christlichen Augustinus war, und dem er darum in seiner christlichen Früh-Zeit den leidenschaftlichen Impetus seines Idealismus entgegengestellt hatte. Dieser abyssale Realismus gründet aber in Augustins Realismus des «Haupt und Leib Ein Christus» selbst: da, im Kampf gegen den donatistischen Integralismus, dieses «Haupt und Leib Ein Christus» die betonten Züge des «Skandal und Narrentum und Schwächlichkeit» des Mysteriums des Kreuzes annimmt: eines «*Christus deformis*» als konkretes «Haupt und Leib Ein Christus»: «die entstellte Ungestalt Christi gestaltet dich... Dieser entstellten Ungestalt Zeichen tragen wir auf der Stirn» (serm 27, 6), und der echte «Leib Christi» als dieses «*Christus deformis*» ist darum jene «*Ecclesia deformis*» des «Unkraut im Weizen» und des Fischnetz der «guten und faulen Fische» und des Hochzeitsmahls, zu dem der König an Stelle der widerspenstigen «Söhne des Hauses» ausdrücklich die «Guten und Schlechten» und «Landstreicher an den Wegen» laden läßt (vgl. ep 208, 2ff; in Ps 40, 8; in Ps 99, 9–13). Grad diese Abgründigkeit der «entstellten Ungestalt» des echten «Haupt und Leib Ein Christus» ist es dann, in der das letzte Zueinander zwischen «Mensch Abgrund» und «Gott Abgrund» offen wird (gleichsam als tiefste Weise, in der Christus «Bild des uneraugten Gottes» ist, so daß «wer Mich eraugt, den Vater eraugt», den in Sich «uneraugbaren Gott», der allein im «*Christus deformis*» eraugbar ist, der nicht «Christus» ist, wenn er nicht ist «der Gekreuzigte» in «entstellter Ungestalt»). Der Mensch überhaupt (als Mensch eines Idealismus wie eines Realismus) ist «Unergründlichkeit», die «so groß» ist, daß sie «dem Menschen selber, in dem sie ist, versteckt ist» (in Ps 41, 13). Als solche «Unergründlichkeit» ist er schlechthin «Abgrund», «unergründlicher» als «die Tiefe des Meeres» (ebd in Ps 76, 18). Und als solcher «Abgrund» ist er schließlich «gewaltiger Ungrund» (Confes IV, 14, 22), in «großer Einsamkeit» (serm 47, nr 14, 23). Diesem «Mensch Abgrund» entspricht der größere «Gott Abgrund» in der Abgründigkeit Seiner Heilsführung, darin Er scheinbar «Babylon» und «Jerusalem» sich ununterscheidbar ineinandermischen läßt (in Ps 136, 3f; in Ps 51, 6), ja die «Bösen blühen und die Guten mühselig» leben läßt (in Ps 91, 8). Doch: «Willst du hinüber über diesen Ungrund (Gottes)? Vom Holz Christi wolle nicht abspringen!» (ebd). Denn im «Ungrund» des «*Christus deformis*» öffnet sich der «Ungrund der Reichtümer» Gottes Selbst (s 27, 6).

So ist «Nacht» das letzte Geheimnis dieses abyssalen Realismus. Mensch, Menschheit und Welt ist zuletzt «Nacht» (in Ps 100, 12): «Nacht ist's, weil Irrgang hier geschieht vom Menschengeschlecht» (in Ps 138, 16). «Nacht» ist es noch mehr, weil Christi «Gott, Mein Gott, wie hast Du Mich verlassen» für den «ganzen Christus» gilt, für Ihn als «Haupt» und für uns als Seinen «Leib und Fülle». «Nacht», als Nacht des Lebens und Nacht eines scheinbar «hingenachteten Gottes» sind hierin die eigentliche «Gnade des Neuen Bundes», im Gegensatz zur «fleischlichen Fülle» des Alten Bundes: weil eben im Noch-so-groß der irdischen «Nacht» und zuletzt einer «Nacht durch Gott mit Gott» (wie es die «Nacht Christi» ist) das Je-immer-größer der «Glorie» sich offenbart, die allein im Mysterium des Kreuzes, als Mysterium nicht mehr nur einer «entstellten Gestalt», sondern eines «übernachteten Tag», sich offenbart (wie Augustinus im 140sten Brief die *«gratia Novi Testamenti»* kündet). Es ist «Nacht»: wie Dionysius Areopagita sie als «Sturm-Nacht-Abgrund» kündet, der doch «überschwengliche Licht-Schüttung» ist, «gnophos» als «photochysia» des «theios skotos» (Myst Theol usw.). Es ist «Nacht»: wie, aus augustinischer und areopagitischer Tradition heraus, Johannes vom Kreuz die «Hochzeit Gottes» (die Inbegriff Alten und Neuen Bundes ist) als «noche oscura» in seinen Hymnen kündet, als «Dunkle Nacht».

In dieser Korrelation zwischen «Nacht-Abgrund» des Menschen und «Nacht-Abgrund» Gottes ist aber dann eine entsprechende *«Gnoseologie der Nacht»* einbeschlossen. Sie gründet darin, daß jenes «Bewußtsein», von dem her Augustins idealistische Gnoseologie entsprang, gerade als «Abgrund» sein tiefstes Gesicht zeigt: «Du suchst die Tiefe des Meeres, was ist unergründlicher als das menschliche Bewußtsein?» (in Ps 76, 18), und hierin ist also das idealistische «Innen im Bewußtsein» einfach «Große Einsamkeit» (serm 47, 23). Wahre Deutung des «Bewußtseins» (wie eine Gnoseologie sie will) ist darum so wenig eine idealistische «Hinauf-Deutung» aus einem noetischen «Ich» zu einem noematischen «topos noetos» einer «Welt des Ideehaften», daß vielmehr eine «Hinunter-Deutung» eines «hellen Bewußtseins» in das «Unergründliche (seines) Abgrunds», hinunter in seine «Nacht», daß erst solcher «Abstieg» der entscheidende «Aufstieg» sei, aus einem «unseligen Abgrund Mensch» in den «seligen Abgrund Gott», aus «unseliger Nacht» in die «Wahrhaft Selige Nacht»: im letzten Symbol Christi, der «abstieg bis unter die Erde», um also «aufzusteigen über alle Himmel» (Eph 4, 10).

Zwischen Metaphysik und Christentum

Aus der Festschrift für Hedwig Conrad-Martius

1958

Das philosophische Schaffen von Hedwig Conrad-Martius hat seine Mitte in ihrer «Real-Ontologie» (1923), wie diese in die «Metaphysischen Gespräche» (1921) sich ausbaut. Gegenüber ihrem Meister Husserl, für den eine «methodische» Phänomenologie sich in eine grundsätzliche (egologisch-monadologische) «transzendentale» Phänomenologie auswandelte, faßt sie eine methodologische Phänomenologie so streng, daß sie von vornherein reine Methode ist, die realen «letzten Seinsgrundlagen» (Gespräche 4) offenzulegen. Im Gegensatz zu Husserl, für den alle Metaphysik des Realen «ausgeklammert» bleibt, sieht sie einen natürlichen Weg von Phänomenologie zu Metaphysik: die «schlichte Analyse» wird «uns der Metaphysik schließlich ganz in die Arme treiben» (ebd 114). Und in noch größerem Gegensatz zu Husserl (für den Gott, wie erst recht Offenbarung, «ausgeklammert» sind), baut sie ihre Metaphysik unter bewußter Sichtung der Aussagen christlicher Offenbarung: «nirgends sind die wahrhaften Wesensgrenzen reiner erhalten als hier [in der Offenbarung]» (ebd 63). So ruht ihre Metaphysik an deren entscheidenden Punkten in der christlichen Lehre vom Fall der Engel (ebd 63ff, 125ff), von einem «*status integritatis*» des Menschen (ebd 62, 68), von der Erlösung des Menschen «aus der Untiefe seiner Nichtigkeit» von Gott her (ebd 183), von einer «dreifaltigen Lichtkraft» in Vater, Sohn und Geist (ebd 184) usw. Aber ebenso ist diese Metaphysik innerlich getragen von der «arkanen» Tradition der «Gottesgeburt im Innersten der Seele» Meister Eckharts und der letzten Polarität zwischen Geist und Leib («Geisten» und «Leiben» als Ein Rhythmus zwischen «Ausatmen» und «Einatmen», «geinnerter Fülle» und «geäußerter Fülle» ebd 142ff) bei Jakob Böhme und Franz v. Baader (vgl ebd 62, 68, 101, 140f), – bis hinein in die «Weisheit Jakob Böhmes» von einem «von Ewigkeit zu Ewigkeit aus sich selbst erstehenden (Gott)» (ebd 140). So bewegt sich die Metaphysik von Hedwig Conrad-Martius im Spannungsfeld zwischen methodisch phänomenologischer Metaphysik und immanenter Metaphysik christlicher Offenbarung, und innerhalb dieser letzten noch in beständigem Aug in Aug zu einer «christlichen Gnosis», wie Jakob Böhme und Franz v. Baader nicht so sehr ihre Theologen als ihre Theosophen sind. Damit ergibt sich das methodische Problem zwischen Metaphysik und Christentum als innerste Frage im Werk der Jubilarin. In diesem Sinn sichten wir zuerst von Metaphysik zu Christentum hin, um dann, umgekehrt von Christentum zu Metaphysik zurückzusichten.

1. Wenn wir den ursprünglich bibliographischen Namen Metaphysik (wie er die aristotelischen Schriften bezeichnet, die «nach» seinen Schriften über die «Physika» entstanden und stehen) auf eine Sach-Ebene übertragen, so gründet ein Wesen von Metaphysik, von dem Wort her, im Verhältnis zwischen «Meta» und «-physik». «Physika» sind für Aristoteles die Fragen nach allen realen Seinsbereichen zwischen Stoff und Geist, insofern es in ihnen um die «physis» des «phyein» geht, d. h. um das «Entstandene, Erschaffene, Gezeugte, Gewordene», im Urbild von «pflanzlichem Gewächs». «Physika» ist also das All als «kreatürlich»: zwischen immanentem «Wachstum» und transzendenter «Schöpfung», zwischen einem organischen «Gezeugt im Schoß» und einem imperatorischen «Geworden durch Schöpfung». Für diese Spannweite im Realen des All der Seinswesen ist in einer «Meta-Physik» das hintergründlich untergründlich obergründlich und doch ingründlich «Letzte» gesucht (mit dem guten Wort Hugo Dinglers): wie «meta» ein «mit» als «unter» und «in» und «vor» sagt. Das «Meta» in «Meta-Physik» enthüllt sich also als gleichsam «Vorzeichnung im (etymologischen) Wort» unmittelbar von dem, was Gregor d. Gr. in einer Ausweitung augustinischer Dialektik von Gott sagt: «*Ipse est interior et exterior*, *ipse inferior et superior: regendo superior*,

portando inferior, replendo interior, circumdando exterior. Sicque est intus ut extra sit, sic circumdat ut penetret, sic praesidet ut portet, sic portat ut praesidet» (hom 17 in Ezech). Wie grammatikalisch formal in «Metaphysik» das «meta» das Oben als Unten, das Mit als In sagt, so ist real theoform Gott «der je Innere und je Äußere, Er der je Untere und je Höhere: im Herrschen der je Höhere, im Tragen der je Untere, im Erfüllen der je Innere, im Umfassen der je Äußere. So ist Er innen, daß Er außen ist; so umfaßt Er, daß Er durchdringt; so ist Er Vorsitz, daß Er Trage ist; so ist Er Trage, daß er Vorsitz ist.» Das Metaphysische des «meta» in dieser Dialektik kosmisch überkosmischer Dimensionen (zwischen «Oben» und «Unten», zwischen «Innen» und «Außen») ist damit zugleich ein «letzter Rhythmus» (in Erfüllung dessen, was Jakob Böhme und Baader unter ihrem «je neu erstehenden Gott» vermeinen) und eine «unbegreifliche Untiefe» (wie Dionysius Areopagita Gott als «gnophos» sieht, als «ungründige Sturm-Nacht» Myst Theol II).

Das ist das «Metaphysische» in allen großen Philosophien: im «Nichts der Fülle» bei Lao Tse wie im «musischen Rhythmus» bei Kung Tse; – in den Symbolen von «Feuer, Wasser, Erde, Luft» bei den, mit Unrecht als kosmos-sophisch bezeichneten, jonischen Philosophen, in der Spannweite zwischen antithetischer Dialektik Heraklits und mystisch in sich selbst identem Sein bei Parmenides; – in den Dialogen Platons, deren «logische Dialektik» nur der Vordergrund der großen Mythen ist, deren Geheimnis sich in dieser Dialektik zugleich aufhüllen soll und doch tiefer sich verhüllt; – ja auch in den scheinbar mythenfeindlichen Schriften des Aristoteles, der dann doch den «philosophos» als wesentlich «philomythos» bezeichnet und seine noetisch-kosmische «All-Bewegung» zuletzt im «Eros» gründet. Es ist das «Metaphysische» des Zueinander einer letzten dynamischen «*coincidentia oppositorum*» und Göttlicher Nacht, die nur einer «*docta ignorantia*» sich gibt, bei Nikolaus von Kues, in dem geradezu unmittelbar Hegel als Spitze abendländischer Philosophie gründet (in seinem verwegenen Entwurf einer «trinitarischen Dialektik» in Ratio wie Kosmos). Aber es ist auch das «Metaphysische» in den scheinbaren Anti-Metaphysikern: wie Kant im wahren Zusammenhang seiner «Kritiken» eigentlich nur darum eine «rationalistische Ordnung» der Aufklärung zerstört, um in ihrem Sturz ein geheimnisvolles «Reich der Geister» mit der Mitte eines «Höchsten Guts» aufzuhüllen, so daß das eigentlich Göttliche bei ihm in der Dialektik von «Sturz und Auferstehung» steht, d. h. in der Tradition ur-lutherischer Dialektik zwischen «Zorn» und «Barmherzigkeit». Kant, der scheinbare Ur-Anti-Metaphysiker, wird darum zum Ur für die beiden heutigen Anti-Metaphysizismen, die ihr Ur-Metaphysisches bereits im Stil und Ton ihrer hymnischen Leidenschaftlichkeit verraten: transzendierender Dionysismus Nietzsches (der durch die Trümmer eines zertrümmerten Melanchthonismus den Gott von «Nacht und Feuer» Heraklits und des Dionysius Areopagita sucht), – wie revoltierender Dionysismus Bakunins (der mit seiner «fruchtbaren Zerstörung» als «*primum movens*» von allem ein religiös Ur-Russisches trägt: das Ungründige von zehrendem Feuer und Ekstase in den «Ikonen»).

Dieses «Metaphysische» ist darum, wie es in den großen Philosophien erscheint, nicht eine «letzte Schlußfolgerung» aus den empirischen Wissenschaften, sondern eher ihr Apriori: da es bereits im Formalen des «Meta» in seinem Verhältnis zu den «physika» erscheint, – ja, da sogar das «Experiment», wie es Organ und Methode der empirischen Wissenschaften ist, bereits in seinem Ansatz eine bestimmte «Theorie» impliziert (wie Hugo Dingler in seinem «Experiment» es aufdeckte). Das «Metaphysische» ist vielmehr bei den großen Chinesen wie bei den großen Joniern einem «Durchschauen» zugeordnet, wie es Funktion und Frucht eines durchschauten Lebens ist. Es ist, dementsprechend, bei Platon das Objekt der «episteme», d. h. eines «Verstehens» im «Stehen Aug in Aug» zwischen höchster Nähe und größerer Distanz, worin das mythische Geheimnis aufdämmert. Ja auch die aristotelische «apodeixis», so sehr sie wie ein naturwissenschaftliches «exaktes Aufzeigen» (gegen Platon) erscheinen mag, verrät doch als ein «Darstellen von her...» ein «Darstellen vom Urbild her im Abbild» (wie «deiknymi» künstlerisches Darstellen sagt), also den «unmittelbaren Kontakt zwischen Urbild und Abbild», in dem der Künstler (und der wahrhaft «musische Philosoph») «erkennen». Und Thomas von Aquin scheidet nicht umsonst zwischen dem «*intus legere*» des «*intellectus*» und dem «*ratiocinari*» der «*ratio*», d. h. zwischen einem «Lesen im Innen der Dinge» und einem «rechnenden Ordnen», wobei der «*intellectus*» den «Prinzipien der Dinge» zugeordnet ist, die «*ratio*» aber «errechenbaren Zusammenhängen», – und dies zu einer Tradition, wie sie nicht nur bei Nikolaus von Kues spürbar ist, sondern von ihm her hinein in die ganze neuere Philosophie: wie für Kant das Sittliche und Künstlerische das Auge in das letzte Sein ist; wie in Hegel wie Schelling wie Baader es intuitive «Schau» ist, in deren «Kontemplativität» der letzte Grund sich auftut; – und wie ohne Frage Husserls «Wesensschau» und noch mehr Schelers «Wertfühlen», über Franz Brentano als Mittler, die «kontemplative Schau der Romantik» zu letzter Tradition hat. – Das ist die letzte Folge aus dem objektiven Zueinander zwischen der formalen Form des «meta» (in seiner Spannweite) und dem theoformen «Meta» des Göttlichen (wie es sich uns in der Formel Gregors des Großen und des Dionysius Areopagita gab). Wie objektiv das formale und das theoforme «meta» eine mehrgestaltige Distanz zu den «physika» (der kreatürlichen Seinsbereiche) sagt, so muß auch eine, dem entsprechende, subjektive Methode ein solches «meta» zu seiner Form haben: ein Hinaus und Hinüber und Hinunter und Hinein im Verhältnis zu diesen «physika»: wie «Gleichartiges nur durch Gleichartiges» erkannt wird (in der strengen hierarchischen Ordnung der Erkennenden bei Platon). Einem objektiv distanten «meta» entspricht allein eine «Methode in meta». Es ist das, was alle Methode religiösen Lebens als Abstand, Enthaltung usw. bezeichnet, d. h. als Einsamkeitshaltung gegenüber allen empirischen «physika» und schließlich als «Überstieg» über sie und «Übersprung» («*transilire*» in der Sprache Augustins). Es ist das, was als eine Art «innerer Religiosität säkularen Erkennens» der letzte Grund romantischer «kontemplativer Schau» und endlich nicht zuletzt der «epochē» der «ausklammernden Enthaltung» in Husserls «Wesensschau» ist (als letzter «religiöser Atem» seines Philosophierens). –

Dieses Zueinander zwischen objektiv formalem «meta» (im Ur-Ansatz jeglicher Metaphysik), objektiv theoformem «Meta» seiner Erfüllung im Göttlichen, und der, beiden konformen, «Methode in meta» führt unmittelbar in eine Spannungsweite innerhalb von Metaphysik in ihren möglichen Formen.

Diese Spannungsweite liegt zwischen den Grenzformen einer apriorischen und einer aposteriorischen Metaphysik. – Eine apriorische Metaphysik, wie sie das Ideal der Aufklärung war (weil «Wahrheit» nur «absolut» sein kann und darum nur eine «vérité de raison», nie eine «vérité de faits») ist durch Kants Kritik gewiß erledigt: weil eine «vérité de raison» niemals das Reale betreffen kann, das, im Sinn der rationalistischen Aufklärung, nur in einem «synthetischen Urteil a priori» erfaßt werden könnte, d. h. einem «Urteil», in dem eine Synthesis zwischen Apriori «absoluter Wahrheit» und Aposteriori «relativer Tatsachen» sich vollzöge. Ein Apriori absoluter Wahrheit bleibt ein Formalismus, während eine Metaphysik der realen Fakten keine Metaphysik absoluter Wahrheit ist. – Dementsprechend ist auch keine streng aposteriorische Metaphysik möglich (wie sie ein «kritischer Realismus» als Metaphysik letzter Schlußfolgerungen aus den Ergebnissen der empirischen Wissenschaften aufzubauen sucht). Denn: entweder sind diese letzten Schlußfolgerungen echte Schlußfolgerungen im Rahmen des empirischen Bestands, – und gehören dann innerlich in den Rahmen der empirischen Wissenschaften selbst; – oder diese Schlußfolgerungen wollen ein echter «Sprung» auf eine neue, nämlich echt metaphysische Ebene, sein, – und dann ist ein solcher formal «metaphysischer Ansatz» erfordert, der vom empirisch-wissenschaftlichen Ansatz wesentlich unterschieden ist. Mithin sind apriorische wie aposteriorische Metaphysik nur das offene Rätsel der Frage Kants: «Wie sind synthetische Urteile apriori möglich?»

Aber dieses Rätsel zwischen zwei Unmöglichkeiten (und doch Notwendigkeiten) ist im Grunde ein Symbol: da es durch diese «Unmöglichkeit als Notwendigkeit» in eine mögliche Mitte zwischen den beiden Extremen apriorischer und aposteriorischer Metaphysik weist. Während das «meta» beider (unmöglicher) Grenzformen ein rein «transzendierendes» ist, sei es in einem «Sprung» aus einem über-faktischen Apriori in das Aposteriori eben der Fakten, sei es in einem «Sprung» aus diesen aposteriorischen Fakten in ein apriori geltendes, überfaktisch Letztes, – im Gegensatz zu solcher konstruktiv transzendierender Metaphysik impliziert unser Zueinander zwischen objektiv formalem «meta» in bezug auf alle «physika», objektiv theoformem «Meta» seiner Erfüllung im Göttlichen, und der, beiden konformen, «Methode im meta» den Ansatz zu einer Metaphysik, die innerhalb der «physika» sich als ihr «Innerhalb als Außerhalb» und «Oberhalb als Unterhalb» aufbaut in einer Methode, die entsprechend diesem «Innerhalb als Außerhalb» und «Oberhalb als Unterhalb» grad in einem echten «Durchgehen durch die Welt der Fakten» über-hinausgelangt ins «Letzte», weil eben dieses «Letzte» nicht einfach «transzendent» ist, sondern «transzendent als immanent». Es gibt darum nur diese Eine Metaphysik der (im «Transzendent-Immanent» implizierten) «Analogie», wie Aristoteles sie als «allo pros allo» grundlegte (also als letzte «Proportion zwischen Anders und Anders») und wie das Vierte Laterankonzil sie fürs Theoforme als «je immer größere Unähnlichkeit in noch so großer Ähnlichkeit» definierte.

Beide unmögliche Möglichkeiten einer Metaphysik, apriorische wie aposteriorische, gründen in ein- und demselben «identisch linearen Denken» (das gleichsam das «*in actu*» jenes «Prinzips der Identität» ist, das fast allen Systemen zugrundliegt). In diesem «gradlinigen Denken» will eine apriorische Metaphysik das real Aposteriorische aus ihrem Apriori ableiten und ebenso eine aposteriorische Metaphysik das Apriorische aus ihrem Aposteriorischen. Und der Ausweg Hegels, aus dem inneren Widerspruch zwischen Apriorischem und Aposteriorischem selber eine «metaphysische Methode» einer «antithetischen Synthesis» zu machen, schlägt in eine nur raffiniertere «Linearität» aus, in der eine dialektische Apriorität (zwischen These, Antithese und Synthese in der apriorischen Form des «Urteils») einfach ident genommen wird mit der «realen Dialektik» in allen Gebieten des realen All. – Dieser Linearität (in einem «in actu» des «Prinzips der Identität») entgegen bedeutet «Analogie als Sein» wie «Analogie als Methode» (ontische und noetische Analogie) genau das, was sich im Zueinander unsrer Drei darstellte (objektiv formalem «meta», objektiv theoformem «Meta» und «Methode im meta»). Objektiv formales «meta» sagt ein «meta» sowohl innerhalb wie außerhalb, sowohl oberhalb wie unterhalb der «physika» (in ihrem ganzen Umfang): also ein «meta» eines grundsätzlichen «in-über» zwischen Region der «physika» und Region des «meta», also «meta» als «Analogie». Objektiv theoformes «Meta» bedeutet, als Erfüllung dieses objektiv formalen «meta», ein «Innerhalb» des Göttlichen im Kreatürlichen als «Außerhalb» und Sein «Umfassen (der Kreatur)» als «Innewohnen» und Sein «Unterhalb (als Wurzel der Kreatur)» als «Oberhalb (in freier Souveränität)»: also das «Meta» eines noch radikaleren «In-Über» zwischen Göttlichem (als inhaltlichem «Meta») und kreatürlichen «physika», also «Meta» als «Analogie». Und diesem doppelten objektiven «meta und Meta» entspricht eine metaphysische «Methode im meta», die im tiefsten Eindringen in die «physika» ihres «Untergrunds» und «Obergrunds» inne wird, wie sie im umfänglichsten Umfassen derselben «physika» in ihrem innersten Innen inne ist, – also in einem methodischen «in-über», also in einer «Analogie als Methode».

Wenn «Analogie als Sein» sich spannt zwischen ihrem Fußpunkt im formalen Verhältnis zwischen «meta» und «physika» – und deren Erfüllung im Göttlichen, so bedeutet «Analogie als Methode» die methodische Konformität zu dieser gesamten Spannweite der «Analogie als Sein». «Analogie als Methode» (und hierin als die «metaphysische Methode») sagt ein solches Eindringen und Einwohnen und Mitschwingen mit den «physika» (in ihrem ganzen Umfang), das eben hierin des Unterhalb und Oberhalb und Innerhalb und des Umfassenden um die «physika» inne wird, aber eben darum nicht zu einem statischen «Be-Griff», sondern im je neuen «Rhythmus» der eben so «vollzogenen Analogie»: daß im Mitschwingen zwischen dem «Anders und Anders» der «physika» die letzte «Proportion» unerfahrbar erfahren werde (gemäß der aristotelischen Analogie), – und daß in «noch so großer Einähnlichung» in den Rhythmus dieser Proportion die göttliche «Proportion der Proportion» im unendlichen Horizont Ihrer «je immer größeren Unähnlichkeit» aufgehe (gemäß der lateranensischen Analogie).

Darum aber grad ist echte Metaphysik nur möglich als je different immanente Metaphysik des «Anders und Anders» der verschiedenen und unterschiedenen Seinsgebiete der «physika»: als immanente Metaphysik des Stofflichen wie des Pflanzlichen wie des Tierischen wie des Geistigen wie des Menschlichen, wie der Erkenntnis wie des Moralischen wie des Künstlerischen. Metaphysik ist in diesem Sinn methodisch «polyform» und dies «ins Unendliche» (wie nach Thomas von Aquin das Kreatürliche ein «*infinitum potentia*» ist). Erst eine solche polyforme Metaphysik (gemäß dem «Anders und Anders» zwischen den Seinsgebieten der «physika») wird zum letzten «Organ» für das «Meta» eines Göttlichen, das gemäß Thomas einzig als das «*simpliciter et uniformiter*» des gegensätzlich Polyformen des kreatürlichen All erfahren werden kann, und darum im Medium einer «*coincidentia oppositorum*» dieses All, wie Nikolaus von Kues die letzte Folgerung aus dem Satz des Aquinaten zieht. Eine solche polyforme Metaphysik ist bisher nur unwillentlich geschaffen worden: in der Weise, wie die geschichtlichen Metaphysiken darin different sind, daß so gut wie jede von ihnen mit Vorzug Metaphysik eines besondern Seinsbereiches ist: so bei Descartes immanente Metaphysik der Erkenntnis, bei Kant immanente Metaphysik des Moralischen, bei Schelling immanente Metaphysik des Künstlerischen, bei Baader immanente Metaphysik des Geschlechtlichen, bei Hegel immanente Metaphysik des Geschichtlichen. Aber erst eine methodische Ent-Absolutierung dieser differenten Metaphysiken zu relativen differenten Gliedern der Einen polyformen Metaphysik würde den Weg zu einer wirklich polyformen Metaphysik öffnen. Indem jeder einzelne Seinsbereich aus dem Umfang seiner empirischen «physika» in sein different immanentes «meta» überführt wird, öffnet sich in diesem das je different theoforme «Meta» des Göttlichen: der different immanente Gott-Aspekt im Stoff-Bereich, im Pflanze-Bereich, im Tier-Bereich, im Geist-Bereich, im Mensch-Bereich, im Erkenntnis-Bereich, im Moral-Bereich, im Bereich des Schönen. Eine sogenannte «*theologia naturalis*» oder «Theodizee» oder «Religionsphilosophie» ist dann nicht ein getrennt Letztes gegenüber einer letzten Metaphysik der kreatürlichen Seinsbereiche, sondern ist das jeweils Letzte für jeden Seinsbereich: das different theoforme «Meta» in-über ihrem inneren «meta». Auf diesem Weg wird zuletzt eine ansteigende Hierarchie der Seinsbereiche (vom Stoff zur Pflanze zum Tier zum Geist zum Menschen zum Erkenntnishaften, zum Moralischen zum Künstlerischen) zu einem, ebenso je immer ansteigenden, transparenten Medium in das je Übersteigende des Göttlichen «Meta». Mit Thomas zu sprechen: das «*infinitum potentia*», das «ins Unendliche» des Kreatürlichen, wird zum transparenten Medium ins «*infinitum actu*», in die je unbegreiflichere aktuelle Unendlichkeit Gottes, der eben darum «gesucht wird, um gefunden zu werden, und gefunden wird, um gesucht zu werden» (wie Augustinus den Weg ins Göttliche im Eigentlichsten sieht).

Eine solche polyform dynamische Metaphysik ist es, die in der Entwicklung von Skotus Eriugena zu Paracelsus zu Jakob Böhme zu Franz v. Baader vermeint ist. Aber es ist weder eine kosmologische Metaphysik (wie sie in Baaders Durchdringung zwischen Natur und Gott versucht ist: zwischen Elementar-Mächten und dem Arcanum Gottes, das in ihrem Gegeneinander und Zueinander sich manifestiert), noch ist es Metaphysik eines je neu, aus Seiner inneren Dialektik, «erstehenden» Gottes (wie sie im theosophischen Dynamismus bei Paracelsus und Jakob Böhme geschaut wird: wie in «Grund» und «Ungrund» der Welt es eigentlichst Gott ist, der urhaft «gründet» und «ungründet», in je neuem Umschlag zwischen «Zornfeuer» und «Liebesfeuer»). Noch ist es Metaphysik einer als absolut verstandenen kusanischen «*coincidentia oppositorum*», die als kosmische *coincidentia* unmittelbar Gott als *Coincidentia* wäre. Denn in allen diesen Formen, so ähnlich sie auch einer echten polyform dynamischen Metaphysik sein mögen, ist zuletzt jenes «Prinzip der Identität» mächtig, zu dem so gern jenes «Prinzip des Widerspruchs» verdeutet wird, in dem aber in Wirklichkeit die Eine «Analogie» (aber nicht als Prinzip, sondern als Rhythmus) entscheidend anhebt. – Polyform dynamische Metaphysik, wie sie sich in ihrer Struktur darstellte, ist vielmehr einfache Selbstdarstellung der alles durchwaltenden «Analogie»: Analogie der «Proportion zwischen Anders und Anders» in der Beziehung der Seinsbereiche zueinander, in der die Analogie einer «je immer größeren Unähnlichkeit in noch so großer Ähnlichkeit» zwischen dem Gesamt des kreatürlichen Sein und dem Göttlichen gleichsam als «Proportion der (inner-kreatürlichen) Proportion» ins Oben geht: als «vertikale Analogie» (zwischen Göttlichem und Geschöpflichem) in-über «horizontaler Analogie» (innerhalb des Geschöpf-Bereichs). Hierin liegen d r e i S t u f e n einer «Metaphysik in Analogie»:

erstens: jeweilig immanente Metaphysik der differenten Seinsbereiche (mit dem Zielsinn eines jedem Seinsbereich immanenten «Gott-Bildes» als dem «Meta» seines «meta»);

zweitens: Metaphysik einer «*coincidentia oppositorum*» dieser differenten Metaphysiken der differenten Seinsbereiche (mit dem Zielsinn eines dieser kosmischen «*coincidentia oppositorum*» immanenten innerkosmisch universalen «Gott-Bildes» als des höheren «Meta» des ersten «Meta»);

drittens: ausdrückliche Theo-Metaphysik in-über dieser (zweiten) *Coincidentia*-Metaphysik (als vertikale Transparenz der «noch so ähnlichen» *Coincidentia*-Metaphysik in das «je immer unähnlichere» Metaphysicum Gottes in Sich Selbst).

Eine solche «Metaphysik in Analogie» (in vertikaler Analogie in-über horizontaler Analogie) ist dann in doppeltem Sinn Theo-Metaphysik. Erstens: im formalen Minimum eines «*an est Deus*» (wie Thomas formuliert), d. h. des Ob und Daß eines «Gott überhaupt», und hierin zur Entwicklung der Gottes-Idee (des «*divinum*» oder «*absolutum*»), wie sie gemäß Thomas dem Christen wie dem Nicht-Christen gemeinsam ist, als «Formalität des Göttlichen», die der Christ in der Trinität verwirklicht sieht wie der Heide in seinem «Götzen» (S Th I q 13 a 10 ad 5). Zweitens aber: im materialen Maximum eines «*quid est Deus*», insofern alle noch so hohen Offenbarungs-Aussagen (nicht nur im christlichen Bereich, sondern auch außerhalb) zuletzt in das «*quid*» des schlechthin Unbegreiflichen Mysteriums Gott münden, von dem «ich nur sagen kann, was Er nicht ist» (in den Worten Augustins), weil Er als schlechthinniges «*Supra*» der «*Deus tanquam ignotus*» ist (gemäß Anselm v. Canterbury und Thomas), als Derjenige, der «über alles, was außer Ihm Selbst ist und gedacht werden kann, der unaussagbar Über-Erhabene» ist (gemäß dem Vaticanum: Denz 1782). Die Eine «Metaphysik in Analogie» ist als formales Minimum des «*an est Deus*» eine solche formale Theo-Metaphysik, die gleichsam das Unterhalb aller Religionen und Offenbarungen ist, – und wird als materiales Maximum solch letzte materiale Theo-Metaphysik, wie sie auch theologisch Letztes christlicher Offenbarung ist, die ihre höchsten materialen Inhaltlichkeiten zuletzt transparent macht in die «Untiefen» des «Gottes, ... der das unzugängliche Licht zum Haus hat, Den nie je ein Mensch sah noch zu sehen vermag» (Röm 11, 33; 1 Kor 2,10; 1 Tim 6, 16). «Metaphysik in Analogie» steht so radikal und total in ihrer Analogie (einer vertikalen Analogie in-über horizontaler Analogie), daß diese Analogie zugleich das Unterste und das Höchste ist: das Unterste in der formalen Analogie, wie sie einer formalen Theo-Metaphysik einwohnt (zum formalen Minimum des «*an est Deus*»); – das (irgend denkbar) Oberste in jener materialen Analogie, wie sie das Vierte Laterankonzil grad für das «Übernatürlichste» des Christentums, für das Mysterium der Trinität, ausspricht: daß in «aller noch so großen Ähnlichkeit (eines Einwohnens der Trinität im Menschen)» das Letzte die «je immer größere Unähnlichkeit» sei (des unzugänglichen Mysteriums über den Menschen hinaus), – und dies so sehr, daß für Thomas auch im Bereich höchster Selbstoffenbarung Gottes Gott in Seinem eigentlichen «*quid est*» der «unbekannte Gott» bleibt.

Hierin geschieht, von Metaphysik aus, die innere Begegnung zwischen Metaphysik und Christentum: indem eine formale Theo-Metaphysik des «*an est Deus*» das «*naturam supponit*», die sachliche Voraussetzung. für alle Offenbarungslehre und darum auch für die christliche ist, – dies aber doch so, daß zuletzt grad auch die christliche Offenbarungslehre in eine materiale Theo-Metaphysik des «*Deus tanquam ignotus*» mündet, die als das «*perficit naturam*», als krönende Erfüllung, doch eine solche ist, deren «*Deus tanquam ignotus*» wie als Selbstverzicht auf ein wahres «*quid est Deus*» ausschaut, fast ununterscheidbar gegen das reine «*an est Deus*» einer formalen Theo-Metaphysik. Es ist nicht nur so, daß formale wie materiale Theo-Metaphysik jede für sich «in Analogie» stehen. Sondern zwischen ihnen selbst waltet solche Analogie. Indem eine formale Theo-Metaphysik sich in ein «Noch so groß» inhaltshafter Offenbarungen über Gott erfüllt bis in ein echtes «*quid est Deus*», – in dieser noch so großen Erfüllung ist «je immer größer» jenes augustinische «*quid non est Deus*» als einzig bleibendes «*quid est Deus*», das «Was Gott nicht ist» als Letztes im «Was Gott ist», d. h. nicht nur ein «Über-Hinaus» des eigentlichen «*quid est Deus*» über alle noch so hohen Offenbarungen, sondern hierin geradezu wie ein «Hinunter» zur Armut eines formalen «*an est Deus*», weil alles noch so hohe und reiche «*quid est Deus*» zuletzt nicht nur das «*quid*» eines «*Deus tanquam ignotus*» ist, des Unbekannten Gottes (wie Thomas in seinem Kommentar zu Boethius «*de Trinitate*» seine ganze Theologie zusammenfaßt), sondern bis dahin, daß für Thomas auch eine noch so hohe Offenbarung in einem armen «*an est Deus*» verbleibt, kraft der «je immer größeren Unähnlichkeit zwischen Schöpfer und Geschöpf», d. h. kraft der Einen «Analogie».

2. Darin ist gleichsam der Rahmen vorgezeichnet, in dem eine, umgekehrte, Begegnung zwischen Christentum und Metaphysik, vom Christentum aus, sich darstellen kann: wie die Kirchenväter eine solche Begegnung zu einem plotinischen Platonismus hin vollzogen, die Scholastik eine eben solche zum arabischen und jüdischen Aristotelismus hin, wie im vorigen Jahrhundert Hermes, Günther und Deutinger sie zum Hege-

lianismus hin versuchten, wie um die Jahrhundertwende der sogenannte «Modernismus» (unter Loisy und Tyrrel) sie zum Bergsonianismus hin unternahm, – alle aber rein faktisch, nicht in einer Reflexion auf das Grundsätzliche einer Begegnung zwischen Christentum und Metaphysik überhaupt. Das Grundsätzliche einer solchen Begegnung ist, von Metaphysik aus, im Gegenüber zwischen einem Minimum des «*an Deus est*» in einer formalen Theo-Metaphysik und einem Maximum des «*quid Deus est*» in einer materialen Theo-Metaphysik grundgelegt. –

Für eine formale Theo-Metaphysik des «*an Deus est*» scheint das Christentum die erforderte Antwort eines «*quid Deus est*» zu sein. Denn gemäß Johanneen und Paulinen erscheint Christus als das «Was» eines «uneraugten Gottes»: als «Logos», «Ikon», «Spiegel», «Abglanz», «Präge», «Heraustreten und Auslegung» des «Gott, den nie jemand eraugt hat» (Jo 1, 1; Kol 1, 15; Weish 7, 26; Hebr 1, 3; Jo 1, 18), – bis in die ganze Schärfe des Wortes Christi selbst: «wer Mich eraugt, eraugte den Vater» Jo 14, 9). Letztes «Wesen des Christentums» ist damit dieses Eine (im strengen Sinn) «Theologische»: daß, einerseits, das «*quid est Deus*» (wohin ein formal theo-metaphysisches «*an est Deus*» hinverlangt), im «Eraugtsein des uneraugten und uneraugbaren Gottes im Eraugtsein Christi» sein konformes «*quid est Deus*» empfange (in einem «Sich-Selbst-Aussagen» Gottes zu einem «Selbst-Aufleuchten des Sinn Gottes»: im Doppelsinn von «Logos» als «Wort» und «Sinn» – daß, anderseits, alle menschliche Theologie (als «*legein*» über dieses «*quid est Deus*») praktisch einzig «Auslegung» («*exegesis*») der empfangenen Selbst-Sinn-Aussage Gottes in Christo sei, d. h. mitvollziehende und mitverstehende menschliche Theologie der «Theologie Gottes Selbst» (in Seiner Selbst-Aussage in Christo), als der «christologischen Theologie Gottes Selbst».

Aber dieser Christus, in dessen «Eraugt» ein «Eraugtsein des uneraugbaren Gottes» geschieht, zeichnet sich bereits im Wort «eraugt» als das ab, als was er im ganzen Evangelium erscheint und als was ihn eine christliche Theologie von Anfang an ins Wort faßt: als der «Logos Fleisch» eines vollen Menschtums (Jo

1, 14) und darum grad als «Ewiges Leben beim und zum Vater hin» doch grad als «Ewiges Leben... unter uns erschienen»: so sehr voller Mensch, daß er «erlauscht ist (mit Ohren), eraugt mit Augen, erschaut (als Schauspiel), ertastet mit Händen» und eben so «Der Logos des Lebens» (1 Jo 1, 1–2); – darum (gemäß Augustinus) «*Totus Deus totus homo*», total Gott total Mensch, – bis dazu, daß er (gemäß Gelasius I.) «*totus Deus homo et totus homo Deus*» ist, «total Gott als Mensch und total Mensch als Gott» und darin der «totale Mensch durchbleibt, was Gott ist, und der totale Gott durchbleibt, was Mensch ist» (Denz 168). Es ist also nicht so, daß Christus reine Manifestation des «*quid est Deus*» ist: wie ein urchristlicher Doketismus das Menschtum Christi als «Schein» der «reinen Gottheit» nahm und der Alexandrinismus (bis in heutige katholische theologische Schulen) Christi Existenz als reine «Glorien-Existenz»; – sondern alles und jedes in diesem Christus eines «Eraugtsein Gottes in ihm» ist restlos Mensch in Fleisch und Blut und Geist im «gewöhnlichen Schema Mensch» (en homoiomati anthropou... kai schemati hos anthropos: Phil 2, 7). Es ist aber auch wiederum nicht so, daß die «Gestalt und Form Gottes» in Christo (Phil 2, 6) nur eine «durchscheinende Gottes-Glorie» durch einen bloßen Menschen wäre: wie urchristlicher Antiochenismus (bis in heutige Reste einer liberalen protestantischen Theologie: im Sinn Schleiermachers, Ritschls und Harnacks) Christi Existenz als reine Existenz eines «vollendeten Menschen» nahm, in dessen «Bewährung als Mensch» Gott durchstrahlt, zu einem symbolischen «Gott in Christo»; – sondern alles und jedes in diesem Christus eines «Erlauscht mit Ohren, Eraugt mit Augen, Ertastet mit Händen» ist restlos «Präsenz Gottes» zu «Erlauscht-, Eraugt-, Ertastet-sein» Gottes als des «Uneraugbaren» «im unzugänglichen Licht» (Jo 1, 18; 1 Tim 6, 16). So also einzig öffnet sich in Christo ein «*quid est Deus*», als Erfüllung des metaphysischen «*an est Deus*», daß dieses christliche «*quid est Deus*» einzig im «Paradox Christus» als dem «Paradox der Paradoxe» sich aufhüllt und darum selber als «*quid*» eines «*Deus paradoxos*». Wenn eine formale Theo-Metaphysik des «*an est Deus*» als höchste Höhe eine negativmateriale Theo-Metaphysik eines «*quid non est Deus*» erreicht, so gibt sich eine «christologische Theo-Logie» eines von aller Theo-Metaphysik gesuchten positiv-materialen «*quid est Deus*» einzig als «christologische Theo-Paradoxo-Logie» eines «*Deus Paradoxos in Christo paradoxo*» (in folgerichtiger Durchdenkung des Satzes der Kirchenväter von der Menschwerdung als «*Paradoxon paradoxōn*»). –

Das vollendet sich in die Art, wie eine materiale Theo-Metaphysik des «*quid Deus est*» (als eine faktisch negativ materiale Theo-Meta-physik des «*quid Deus non est*») und eigentliches Christentum sich begegnen. Gott in Christo ist nicht einfach Paradox der Menschwerdung (wodurch noch ein total idealer oder geistiger Gott als total idealer oder geistiger Mensch ein wahres positives «*quid Deus est*» ermöglichte). Gott in Christo ist auch nicht «Paradox» im Sinn eines gradlinig aufsteigenden «Über-hinaus» über alle noch so paradoxe Mensch-Gestalt (wodurch ein solcher «Gott über alles hinaus», auch über Seine Mensch-Gestalt hinaus, zwar kein positives «*quid est Deus*» ermöglichte, aber doch das, was eine kataphatische «*theologia eminentiae*» vermeint: ein gradliniges Über-Hinaus Gottes als Sein eigentliches «*quid*»). Gott in Christo ist vielmehr, noch über ein «Paradox» hinaus, das, was der Erste Korintherbrief mit scharfer Akzentuierung den «Skandal» eines «närrischen Wahnsinns» eines «göttlichen Närrisch» und einer «göttlichen Schwachheit» im «Skandal» und «närrischen Wahnsinn» Christi als des (wesentlich!) «Gekreuzigten» nennt (1, 21–25: im vollen Sinn von «skandalon» und «moron), – und dazu des Gekreuzigten im letzten Realismus von «zur Sünde geworden» und «Fluch» und «Herausgeworfen vor die (sakrale) Bundeshege» in «Gottverlassenheit» zu letzter «messianischer Schande» (2 Kor 5, 21; Gal 3, 13; Hebr 13, 12f; Mt 27, 46), – und dazu dies zu «Fülle des Leibes Christi», der nicht «Leib Christi» ist, wenn nicht in «Gliedern», in denen derselbe «Skandal und närrische Wahnsinn» des «Kreuzes» sich nicht nur auswirkt, sondern die geradezu die Aufgabe haben, «die Lücken (dieser) Passionen aufzufüllen» (Gal 2, 19; 1 Kor 4, 9–13; Kol 1, 24). Es gibt real kein andres «Paradox Gottes im Paradox der Menschwerdung» als jenes, das unbegreiflich überstiegen ist durch den «Skandal und den närrischen Wahnsinn» Gottes im gekreuzigten Christus, weil einzig im «Blut» Christus ist «Haupt als Inbegriff von allem gesamt in Himmeln und allem gesamt auf der Erde» «vor Grundwerfung der Welt», als «Lamm geschlachtet vor Grundwerfung der Welt» (Eph 1, 4–14; Offb 13, 8). Einzig und allein in dem «Skandal und närrischen Wahnsinn» dieses alles entscheidenden Mysterium Crucis steht eine «Glorie Gottes in der Glorie Christi»: als «Glorie des Kreuzes» zum alleinigen «Sich-rühmen im Kreuz» (Gal 6, 14). So wenig ist es möglich, dieses Mysterium Crucis zu einem «geschichtlichen Unfall» zu säkularisieren (wie heutige christliche Kreise es wollen, in Nachfolge zu Peterson und Guardini), daß Paulus solche «Ausleerung des Kreuzes» «unter Tränen» als «Feindschaft gegen das Kreuz Christi» anprangert (1 Kor 1, 17; Phil 3, 18).

Dieses (einzig reale) Christentum kann gewiß als Erfüllung des «*quid Deus non est*» einer materialen Theo-Metaphysik angesehen werden: insofern in ihm eine denkbar höchste Unbegreiflichkeit Gottes Sich enthüllt. Aber wenn schon das «Paradox Gottes im Paradox der Menschwerdung» nicht nur das (negativ-eminente) «*quid*» eines philosophischen «*Divinum*» oder «*Absolutum*» geradezu sprengte, so erzeigt sich der «Skandal und närrische Wahnsinn» Gottes im «Kreuz Christi» geradezu als «Skandal und närrischer Wahnsinn eines «Widerspruchs» gegen alles, was unter «Gott» vorstellbar und denkbar ist. Denn eine materiale Theo-Metaphysik eines «*quid Deus est*» empfängt in diesem «Skandal und närrischen Wahnsinn» des christlichen Gottes nicht nur einen «widersprüchlichen Gott» zur Antwort, sondern geradezu einen «Widerspruch gegen das Göttliche überhaupt». Dieser «Widerspruch gegen das Göttliche überhaupt» kann auch nicht dadurch gelöst werden, daß man ihn selber zu einem «Metaphysicum» Gottes macht: wie die Theosophie Jakob Böhmes das Mysterium Crucis transparent machen will in eine innergöttliche Dialektik zwischen «Zorn-Ungrund» und «Liebes-Grund» in Gott selbst, darin Gott gleichsam «Sich Selbst kreuzigt» in einer «Kreuzigung» zwischen einem «Gott Finsternis» (der im

Kreuz Christi aufdunkelt) und einem «Gott Licht» (der in der Auferstehung Christi auflichtet). Denn das hieße, das Unbegreiflichste Gottes in eine begreifliche Dialektik zu verbegreiflichen. Es wäre die ärgste, weil verhehlte, «Feindschaft gegen das Kreuz Christi»: weil in einer solchen Rückführung die «paradox skandalhaft närrisch wahnsinnige» Realität, das «Kreuz Christi» aufgelöst wird in eine dialektische Kosmo-Theo-Sophie, die in Wahrheit «auf Golgatha» die Situation der Ur- und Erb-Sünde erneuert, das «Wissen wie Gott» und hierin «Sein wie Gott». Es bleibt als Einziges: daß eben ein unaufgelöstes und unauflösbares Mysterium Crucis im Gekreuzigten Christus der «Logos» und «Ikon» und «Spiegel» und «Abglanz» und «Präge» und «Heraustreten und Auslegung» des Gottes ist, «den nie einer der Menschen sah noch zu sehen vermag» (1 Tim 6, 16). Das Wort Christi «Wer mich eraugt, eraugte den Vater» heißt in seinem Voll-Sinn: «Wer mich als den Gekreuzigten eraugt, eraugte in diesem Skandal und närrischen Wahnsinn den Vater», der darin der «wahre Vater» ist, daß «Er Seines Eingebornen Sohnes nicht schonte, sondern für uns alle ihn auslieferte (in den Skandal und närrischen Wahnsinn des Kreuzes)» (Röm 8, 32), in den Christus selbst «sich auslieferte» (Gal 2, 20). –

Hierin liegt – erstens: das innere Gegenüber zwischen «Paradox (der Menschwerdung)» und «Skandal und närrischem Wahnsinn (der Erlösung im Mysterium Crucis)». Indem die Form eines «Skandal und närrischen Wahnsinn» über-hinausgeht über die Form des «Paradox», ist sie doch die innerste Form des «Paradox»: weil es keine andre (reale) Menschwerdung gibt als von Anfang an unter der Form des Mysterium Crucis. – Dieses «In-Über» zwischen «Skandal und närrischem Wahnsinn (der Erlösung im Mysterium Crucis)» und dem «Paradox (der Menschwerdung)» ist die innere «Analogie» einer christlichen «christologischen Theologie». Diese inner-christliche Analogie als Ganzes ist – zweitens – die innere Antwort auf das Ganze der inner-metaphysischen Analogie zwischen formaler Theo-Metaphysik des «*an est Deus*» und negativ-materialer Theo-Metaphysik des «*quid Deus non est*». – Indem aber – drittens – die inner-christliche Analogie (zwischen Gott im Paradox und Gott in Skandal und närrischem Wahnsinn) als solche innere Antwort auf die inner-metaphysische Analogie (zwischen formalem «*an Deus est*» und negativem «*quid Deus non est*») unbegreiflich über-hinausgeht über alles «möglich Theo-Metaphysische», – hierin steht das Verhältnis zwischen jeder möglichen Theo-Metaphysik und einem einzig möglichen Christentum in einer letzten, alle inner-metaphysische Analogie unbegreiflich übersteigenden «Analogie» selbst, in der, über alle noch so große Ähnlichkeit (der Beziehungen zwischen Theo-Metaphysik und Christentum) hinaus die «je immer größere Unähnlichkeit» des eigentlichen «Divinum» und «Absolutum» in «Paradox» und «Skandal und närrischem Wahnsinn» das wahrhaft «Letzte» ist: das christliche «Meta» als «Meta» alles theo-metaphysischen «Meta» und hierin das «Meta des Meta» aller Metaphysik des «meta».

Schön, Sakral, Christlich

1957

Problem und mögliche Richtlinien einer christlichen und christlich-kirchlichen Kunst können in letzter Tiefe nur aus dem Zusammenhang der drei Titel-Worte gewonnen werden. Eine sakrale wie christliche Kunst entspringt, einerseits, wesentlich aus den Sachmöglichkeiten des «Schönen». Anderseits aber unterliegen diese künstlerischen Sachmöglichkeiten, wenn aus ihnen eine sakrale wie christliche Kunst erstehen soll, den immanenten Sachnotwendigkeiten des Sakralen wie des Christlichen. Und im Bereich des Sakralen und Christlichen ist eine christliche Kunst einerseits nur möglich auf der Grundlage des Sakralen, während anderseits dieses Sakrale seine konkrete Form erst im Christlichen hat. Man kann, einerseits, keine sakrale und christliche Kunst aufbauen, die nicht sachlich «schön» ist, d. h. wirklich «Kunst» ist. Man kann aber auch, anderseits, das Sakrale und Christliche einer sakralen und christlichen Kunst nicht aus diesem «Schönen» einer echten «Kunst» ableiten. Für eine sakrale und christliche Kunst, einerseits, gilt kein «l'art pour l'art» absoluter Kunstmaßstäbe (oder gar das «Wagnis» von «Kunst-Experimenten»). Aber ebensowenig, anderseits, kann das echt «Schöne» einer wirklichen «Kunst» unter der Diktatur praktisch sakral-christlichen «Nutzens» stehen. So ist die obige Reihenfolge «Schön, Sakral, Christlich» die wesentliche Grundlage für unsre Fragen. Das echt «Schöne» einer wirklichen «Kunst» ist (um mit Thomas zu sprechen) das unumgängliche «*supponit*» der «*natura*» für die «*gratia*» des Sakralen und Christlichen. Aber ebenso schwebt das Sakrale (einer sakralen Kunst) in einer unwirklich «frei idealen Luft», wenn es nicht als konkret Sakrales gesichtet wird, wie es das Christliche ist (als Erfüllung und hierin Konkretheit aller sakralen Formen der Völker und Zeiten). Es ist gewiß nicht so, daß sakrale und christliche Kunst sich immanent aus dem echt «Schönen» einer wirklichen «Kunst» herausentwikkeln ließe (wie der Großteil der heutigen Kirchenbauten sich aus den abstrakten Technizismen der heutigen Profanbauten herausentwickeln will, ohne jegliche Rücksicht auf das Eigenständige des Sakralen und Christlichen, so daß moderne Fabrikbauten und Kirchen kaum mehr sich unterscheiden). Es ist aber auch nicht so, daß, umgekehrt, das Sakrale und Christliche einen eigenen «Kunst-Stil» aufstellen könnten (der dann meistens zu einem naiven «Erbauungs-Kitsch» gerät, der sich gegen eine echte Kunst nur durch seine künstlerische Minderwertigkeit unterscheidet). So gilt es, die ganze Breite der Möglichkeiten des echten «Schönen» einer wirklichen «Kunst» aufzuhüllen, um sie erst dann ebenso mit derselben Breite der Möglichkeiten des Sakralen und des Christlichen zu konfrontieren.

1

Die Breite der Möglichkeiten des «*Schön*» (einer wirklichen Kunst) öffnet sich eigentlichst von der Bedeutung der betreffenden Worte her: vom griechischen «kalon», vom lateinischen «*pulchrum*», vom deutschen «schön» her.

Das griechische «*kalon*» schillert zwischen einem praktischen «brauchbar» und einem rein wertenden «edel». «Kalon» als praktisch «brauchbar» sinkt ab bis zur Form für ein praktisch geschicktes Ausweichen im menschlichen Verkehr: zum «kalon» des «schon gut», mit dem man etwas höflich abschlägt. «Kalon» als «edel» aber steigt auf bis zum «kal'agathon» des griechischen höchsten Menschen-Ideals: «edel» (kalon) bis zu einem «Überhinaus zum Staunen» (was agathon eigentlich heißt). Maßstab des Schönen im «kalon» als «brauchbar» und «höflich im Verkehr» ist hierin das «koinon» des «sich gemein machen» zum «Gemein-Geschmack» (hin zu einer Kunst des «*common sense*» des «vernünftigen Menschenverstands»). Maßstab des Schönen im «kalon» als «kal'agathon» aber ist hierin jenes «epekeina», das Über-hinaus, das Platon dem «agathon» über die «eide» hin aus zuweist, das mit dem Göttlichen geradezu zusammenfällt (hin zur Kunst eines «göttlichen Genies», das eben darum aber auch das «anti-koinon» des Göttlichen zu teilen hat, sein «über alles Verstehen hinaus», bis zum «Anwurf durch die Menge»). Liegt das «kalon» als «kal'agathon» in der Ebene der «homoiosis to theo», der Anähnlichung ins «Bild Gottes», so einbeschließt das «kalon» des «koinon» der Brauchbarkeit im Menschenverkehr zuletzt eine «homoiosis to ochlo», die Anähnlichung ins «Bild der Masse». Zielt darum die Kunst des «kalon» des «koinon» zuletzt auf das plebejisch demokratische «ideale Plakat» (als «gemeinverständliche Kunst»), so ist das Sinnziel des «kalon» als «kal'agathon» das, was der Ikon der Byzantiner, Ravennaten und der Ostkirche (wie aber auch Giottos) sein will: Mensch als Idee in Gott. Zwischen den beiden äußersten Polen schwingt die Spannweite der Möglichkeiten des «kalon». Weil es beide Pole mit Recht gibt, so kann es keine dieser Möglichkeiten geben, in der nicht beide sich auswirken und darum sich in ihrem Einfluß kreuzen und verschlingen. Ein «kalon» als Anähnlichung ins «Bild Gottes» wird immer eine Anähnlichung in irdisch-menschlicher Form sein und hierin, zum mindesten, auf dem Weg zur Anähnlichung ins Bild des «Gemein-Irdisch-Menschlichen». Umgekehrt wird eine Anähnlichung ins Bild dieses Gemein-Irdisch-Menschlichen unter der Rücksicht von Anähnlichung wie von Bild im Zeichen einer (wenn auch noch so geringen) «Idealisierung des real Realistischen» stehen: wie auch ein reines «Plakat» einen «Stil» hat, der das empirisch Reale «ins Wesentliche vereinfacht» oder «in ein Symbol überführt» (wie etwa die östlich-kommunistischen Porträt-Plakate ihre Abkünftigkeit von den östlichen Ikonen nicht verleugnen können). Ein stilisiert Reales ist ohne Frage ein Gemeinsames für das Plakat des «kalon» als «koinon» wie für den Ikon des «kalon» als «kal'agathon». – Dieses «stilisiert Reale» ist auch unter dem Zeichen des «Mathematisch-Geometrischen» beiden gemeinsam, wenn auch unter verschiedenem Vorzeichen: für das Plakat des «kalon» als «koinon» unter dem Vorzeichen einer technischen Mathematik (in der die konkrete Realität sich entblößt zum nackten Geripp sich kreuzender Linien, wie auch heutiger Zweckbau und heutige Kirchen Architektur Exempel solcher technischen Mathematik sind); – für den Ikon des «kalon» als «kal'agathon» unter dem Vorzeichen einer «sakralen Mathematik», die gleichsam als «Metaphysikumenon» durch das Farb-sinnenhafte der künstlerischen Realität durchschimmert oder wenigstens durchgespürt wird (wie auch bei einem Dürer durch den Farb-Leib seiner Bilder das mathematisch-geometrische Grundgerüst durchblickt). Das «kalon» zwischen «kal-agathon» und «koinon» schwingt hier also zwischen den äußersten Polen einer entkleideten Mathematik (wie der östlich-kommunistische Plakat-Stil und der heutig westliche Plakat-Stil als verwässerte Form davon, aber auch Kubismus und «abstrakte Kunst» und moderne Zweck-Architektur es wollen) – und einer verhüllten Mathematik, die als geheimes «Maß, Zahl, Gewicht» das letzte Geheimnis des «stilisiert Realen» in einer Kunst ist. Die technische, entkleidete Mathematik in einem «kalon» als «koinon» ist letzte Konsequenz aus der rationalisierten Welt Descartes', während die sakrale, verhüllte Mathematik aus den tiefsten Gründen der kosmisch-musischen Mathematik des Pythagoras der «göttlich-heiligen Zahl» stammt. – Was die im Kunstwerk «stilisierte Realität» ausmacht, ist für alle Möglichkeiten des «kalon», zwischen «kal-agathon» des Ikon und «koinon» des Plakat, ganz offenbar jenes Mathematische des echt «Schönen», das Thomas die «*ratio causae formalis*» in ihm nennt (S Th 1 q 5 a 4 ad 1), die vom Realen abgelöste «reine Form», der darum «*integritas, proportio debita et claritas*» eigen ist (ebd I q 39 a 8 corp; ebd q 145 a 2 corp; ebd I q 180 a 2 ad 3) d. h. Wesentlichkeit (gegenüber Zuviel und Zuwenig), die schwingende Proportion und die Klarheit als Glanz der inneren Proportion des Wesentlichen, – mit andern Worten die Qualität der «musischen Zahl» des Pythagoreischen. Im technischen «kalon» des «koinon» ist diese «reine Form» nicht abgelöste «Form eines Realen», sondern linearer oder paradoxer oder exotisierter Formalismus einer funktional in sich selbst lebenden «formalen Form an sich», – während im (immanent) sakralen «kalon» des «kal-agathon» die «reine Form» das «Wesentlich» des Realen heraushebt, wie es als solches «Wesentlich» im Ursprung seiner Schöpfung und im Ende seiner Vollendung steht, im geheimen «*exitus*» und «*reditus*», die sich «adäquieren» (Thomas, Ver q 20 a 4 corp). «Kalon» in seiner ganzen Spannweite liegt zwischen diesem urgeschichtlich-endgeschichtlichen archaisch-eschatologischen «kalon» und einem «kalon» des «koinon», das eine neutrale, dem «allgemeinen Menschenverstand» zugängliche, innergeschichtliche «temperierte Mitte» einnehmen will, die alle «bedrohlichen Hintergründe» zu vermeiden sucht, um eines empirisch «Allgemein-Menschlichen» willen. Wenn das «kalon» des «kal-agathon» zu seiner Grenz-Gefahr eine rein «metaphysische Kunst» hat, in der die archaisch-eschatologischen Hintergründe unverhüllt hervortreten möchten (wie es etwa die Kunst des Hieronymus Bosch, des Matthias Grünewald, des späten Goya, van Goghs und Gauguins tut), so ist die Grenz-Gefahr eines «kalon» des «koinon» das Zugänglich-Bürgerliche (wie es die Kunst der letzten Jahrzehnte des 19. Jahrhunderts darstellt) oder das rein empirisch Impressionistische (wie es die Grenz-Situation Liebermanns, aber auch Renoirs ist). Zwischen den Gefahren beider Grenz-Situationen begibt sich das echte «kalon» als dynamisches Wagnis.

Das lateinisch-römische Schön liegt in der *Spannweite zwischen «pulchrum» und «bellum»*. «Pulchrum» ist Lehnwort vom griechischen «polychroon» her. «Polychroon» sagt das «poly» der «chroas», d. h. das Vielförmig von Haut, Fleisch, Leib, wie sie grundlegend in der Berührung erfahren werden. «Pulchrum», dementsprechend bedeutet das Vielfarbige des Ansehens der Gestalt von Menschen und Dingen überhaupt, bis zu einer rühmlichen Herrlichkeit. Wenn das griechische «kalon», kraft seines «*de ratione formae*», das für Platon wie für Plotin fast göttliches «monoeides» ist, die göttliche «Einfachheit der idealen Gestalt», so steht das lateinische «*pulchrum*» geradezu in einer «vielbunten Fülligkeit», wie sowohl die augusteisch-palatinische Kunst ihre Götterbilder gestaltet, aber wie auch Tizian und Rubens die üppig funkelnde Leibes-Pracht als konkretes Maß des Schönen nehmen, und wie die Barockbauten eigentlich das sinneshaft prachtende «poly» einer architektonischen Leibfülle anstreben, die auch in den Gestalten Michelangelos waltet und, musikalisch, in der berauschenden Klangfülle Beethovens. Das lateinische «*pulchrum*» ist, von hier aus, nicht nur künstlerisches Symbol des «poly» des betont vielvölkerhaften Imperium Romanum (wie es sakral im römischen Pantheon der vielförmigen Götter dieser Völker-Vielfalt sich darstellt), sondern es ist, formal, auch Ausdruck des römischen «stolzen Ruhms», – aber (gemäß dem latinischen Ur-Bauerntum) als greifbares «Haut-Fleisch, Leib». «Pulchrum» ist darum die «Haut-Fleisch-Leib-Form» des «kalon» als «reiner Form an sich». Erscheinen die antik-griechischen Tempel und Plastiken wie «wehender Geist» im «reinen Bild», so ist das Sinnziel des «pulchrum» römischer Kunst gleichsam die Einmenschlichung und Übermenschlichung der «latinischen Erde» von Acker und Vieh (wie die «*cultura*» des lateinischen «*colere*», Kultus, Kultur und Agrikultur in eins meint). «Bellum», demgegenüber sagt das Schön in der Bedeutung von «hübsch, allerliebst, charmant, fein, munter, angenehm, köstlich». Es ist an und für sich das Wort, das zu römischem Wesen (wie es im «pulchrum» sich ausdrückt) nicht paßt, während es nicht umsonst der Ursprung der französischen und italienischen, aber auch englischen Worte für Schön ist: beau, belle, bello, beauty usw.). Aber, anderseits, mag das «bellum» nicht nur an das spielhaft Luxuriöse der römischen Kaiserzeit gemahnen, nicht nur an das innerlich «Charmante» der «glatt glänzenden» Kunst Raffaels, sondern in etwa auch zurück an die «grazilen» alt-griechischen Terrakotten. Erscheint das «pulchrum» architektonisiert in Kirchen wie St. Peter und del Gesù und noch mehr im bayerischen Barock, so atmet das «bellum» eigentlich im leicht-flügelnden Rokoko, wie es in den französischen Rokoko-Bauten seine eigentliche Ausprägung hat. «Bellum» ist darum fast zur inneren Form des Französischen und Italienischen geworden (und des Englischen, insofern es abkünftig vom Französischen ist), während das «pulchrum» Ausdruck des eigentlich Römischen ist in seiner Spannung zwischen betontem «Ruhm» und erdhafter «Leiblichkeit». Prägt sich das «pulchrum» musikalisch in der höfischen Feierlichkeit Glucks und Händels aus (die beide zu «zäsarischen Höfen» gehörten, zum imperialen Wien und zum imperialen England, die beide die Form des Römischen trugen), so schwingt und spielt und lächelt (und «flirtet») das «bellum» in der Musik Haydns und Mozarts, aber dies zuletzt doch im «kalon» des «*de ratione formae*», im reinen Wehen der reinen Form, die weder «Ruhm» noch «Leib» meint, sondern das echte «auto kath-hauto», die Selbstzwecklichkeit des reinen Schönen als solchen (worin Kant wie Goethe das Schöne begriffen): das «Musische», das nach Walter F. Otto Urgrund des Griechischen überhaupt ist («Theophania», 1956 S. 30 u. a.):

Was aber schön ist, selig scheint es in ihm selbst (Mörike). – Die Spannweite zwischen «pulchrum» und «bellum» ist hierin, durch alle Etymologien hindurch, die Spannweite zwischen einem Schön, dessen Sinn ein «Ruhm durch Fülle und Pracht» ist, und einem Schön, das selbstzwecklich in sich selbst schwingt. Empfängt darum das Schön als «pulchrum» seine besondre Erfüllung in Plastik und Architektur, die von alters her den Ruhm zu ihrem Sinn haben (sowohl als mächtiges Symbol der Glorie des Göttlichen wie als Symbol der Glorie eines großen Volks und Reichs), so ist die besondere Erfüllung des Schön als «bellum» das «reine Schwingen» des Musikalischen als Musischen (so sehr, daß eine «Programm-Musik», d. h. Zweckmusik, dem echt Musikalischen zuwider ist). – Beide aber, «pulchrum» und «bellum», stehen als leibhaft Schönes dem «kalon» (in seiner Spannweite zwischen «kalon» als «kal-agathon» und «kalon» des «koinon») als einem idee-haft Schönen gegenüber. Wenn das Schön als «kalon» das platonisch-plotinische «mono-eides» ist und hierin geradezu «ideale Einfarbigkeit», so betont das Schön als «pulchrum» und «bellum» nicht nur «Haut, Fleisch und Leib», sondern dies ausdrücklich als ein «polyeides», als strahlende «Vielfarbigkeit». Die «ideale Einfarbigkeit» des «kalon» ist einerseits, für eine mögliche Synthese zwischen «kalon» und «pulchrum-bellum», das transzendierend Idee-hafte des Leibhaften des «pulchrum-bellum» (wie der östliche Ikon es organisch ist, das heutige «ideelle Plakat» es aber technisch «organisiert»; – wie aber ebenso, im Musikalischen, die großen Werke Liszts im dynamischen «je Transzendieren» über alle Musik-Farbigkeit schwingen). Anderseits jedoch erscheint das «poly-eides» des «pulchrum-bellum» als eine geforderte Verleibung des Idee- und Geisthaften des «kalon» (wie die Leibwucht der Werke Michelangelos unmittelbar die Macht ihrer Idee repräsentiert und wie die schwingend musische und doch ur-gewaltende Musik Mozarts unmittelbares «Reich des Geistes» ist). – «Kalon» ohne «pulchrum-bellum» gerät in die Gefahr eines spiritualistischen Schön, dessen äußerste Spitze dann jenes eis-schimmernde swedenborgische «reine Reich» wird, wie Balzac es unheimlich berückend in seiner «Seraphita» dargestellt hat. «Pulchrum-bellum» ohne «kalon» aber gleitet in die Gefahr eines materialistischen Schön (der Üppe von «Haut-Fleisch, Leib», in deren Nähe Kunst Tizians wie flandrische Kunst überhaupt steht, die aber in den langhingezogen schwelgenden Sinnesräuschen der Musik Wagners Wirklichkeit ward).

Das deutsche «*Schön*» sagt in seiner Grundbedeutung das «Ansehnliche», das einerseits «zur Schau steht» in seinem «Glanz», aber nur erschaubar ist in einem betonten Hinachten, Untersuchen und Verstehen, doch anderseits in einem solchen, das gleichzeitig ein «Schonen» ist (als einem «schön behandeln», d. h. sorgsam und behutsam). Im Zusammenhang mit der reinen Schau ist im deutschen «Schön» also das gemeint, was die griechische Antike mit der «theoria» meinte, die im «theorein» des «anthropos theoretikos» sich gibt, d. h. die zweckfreie Schau im zweckfreien Schauen des musisch einfach schauenden und schauförmig lebenden Menschen, dem darum als eigentliches Objekt die platonischen «eide» entsprechen als «paradeigmata» des Realen, die in sich selbst leuchtenden Urbilder zu Vorbildern des realen Seins. Im Zusammenhang aber mit «Schonen» kann das deutsche «Schön» als Wortgrundlage angesehen werden für das, was Solger das wesentlich «Fragile» des Schönen nennt: die höchste, fast hauchhafte Schönheit, die einerseits das angestrengte Hinmerken erfordert, um bemerkt und verstanden zu werden, aber dies, anderseits, nicht in einem «Zupacken», sondern einzig «mit leiser Hand», wie ein köstlich feiner Kristall oder ein köstlich feines Gewebe, das immer nah dem «Zerbrechen» ist und das darum dann am meisten in seiner Subtilität erfahren wird, da es wesentlich als das «leicht Zerbrechliche» erfahren wird. Das deutsche «Schön» liegt darum in dieser Gegensatz-Einheit zwischen fast geisthaftem Eidos und stoffhafter Fragilität. In dieser Gegensatz-Einheit verbinden sich Ewigkeit (des Glanzes des reinen Eidos) und Vergänglichkeit (der Zerbrechlichkeit des fast geisthaften Stoffes). Während das griechische «kalon» in seinem «*de ratione formae*» so etwas wie eine in sich ruhende Existenzialität der «reinen Formen» will, die immanente Realität einer idealen Form (gleichsam das «Dasein des Soseins», oder noch schärfer das «Sosein als Dasein»: wie gemäß Walter F. Otto die «reinen Gestalten» der griechischen Götterbilder unmittelbare Präsenz eines «ewigen Seins» sind), – und während das lateinische «*pulchrum-bellum*», umgekehrt, durch den Üppe-Glanz oder die Grazie eines in sich wurzelnden Realen ein ideales «kalon» durchschimmern läßt (also in der Richtung eines «Soseins *des* Daseins» und noch schärfer eines «Daseins *als* Soseins»), – im Gegensatz zu «kalon» wie «pulchrum-bellum», die hierin das Schön unter das Vorzeichen einer Identität stellen: eines daseinshaften Soseins oder eines soseinshaften Daseins (und die hierin das Schön fast geradezu als das Göttliche nehmen, in dem allein Dasein und Sosein ident sind), – im Gegensatz zu diesem «divinen Schön» im «kalon» wie im «pulchrum-bellum» begibt sich in der inneren Gegensatz-Einheit des deutschen «Schön» zwischen idealer Schau und Fragilität das Urphänomen des Schön als solche höchste Nähe zum Göttlichen (in seinem Moment der idealen Schau), in der grad das herb und wehmütig Unterscheidende zum Göttlichen das letzte Ereignis ist: das Fragile irdisch-menschlicher Vergänglichkeit. Hierin erscheint das deutsche «Schön» als das eigentlich «metaphysische Schön» (d. h. in dem das letzte «Metaphysikumenon» des Schön überhaupt heraustritt: die letzte Schwebe zwischen idealem Sosein und fragil-vergänglichem Dasein), – während das griechische «kalon» identitätshaft das Sosein als Dasein nimmt und das lateinische «*pulchrum-bellum*» ebenso das Dasein als Sosein. Während das griechische «kalon» die platonisch-augustinische «*ipsa forma*» Gottes zur tiefsten Bestimmung des Schön nimmt, das lateinische «*pulchrum-bellum*» aber das aristotelisch-thomasische «*ipsum esse*» Gottes zu gleicher tiefster Bestimmung des Seins (wie etwa antik-griechische Plastik und Architektur «schwebender Geist» ist, römische Plastik und Architektur aber «aufwuchtende Erde»), – im Gegensatz zu diesen Identitätsformen ist der «Ort» des deutschen «Schön» geradezu die «Analogie» des Vierten Laterankonzils: zwar eine «*tanta similitudo*» (höchste Ähnlichkeit bis nah zu Selbigkeit) zwischen Schöpfer und Geschöpf, aber dies zuletzt in der «*major dissimilitudo*», d. h. in «je immer größerer Unähnlichkeit» (und also Distanz zwischen Ewigkeit und Vergänglichkeit). Im deutschen «Schön» also erst empfangen griechisches «kalon» wie lateinisches «*pulchrum-bellum*» die ausgesprochene Form ihrer fragilen Kreatürlichkeit, – während das griechische «kalon» und das lateinische «*pulchrum-bellum*» ein «transzendentales Schön» bleiben (sowohl im Sinn der objektiven Transzendentalien Wahr-Gut-Schön in der Scholastik wie in deren Funktionalisierung im deutschen Idealismus), das griechische «kalon» als «ideatives Transzendentale», das lateinische «*pulchrum-bellum*» gleichsam als «reales Transzendentale». Aller «reine Transzendentalismus» aber setzt an Stelle der unfaßlich «dynamischen Schwebe» der «Analogie» so etwas wie ein statisch «Drittes» zwischen ewig Göttlichem und fragil Geschöpflichem. Sowohl das «Sosein als Dasein», wie das griechische «kalon» es als seinen Sinn in sich trägt, als auch das «Dasein als Sosein», wie es der Sinn des lateinischen «*pulchrum-bellum*» ist, können von hier aus nur als äußerste Grenzformen eines «Sosein in-über Dasein» der «Analogie» angesehen werden, wie sie die bestimmende Wurzel des deutschen «Schön» ist in seiner schwebenden Gegensatz-Einheit zwischen gott-naher «reiner Schau» und kreaturaler «Fragilität». Aber ebenso kann dieses deutsche «Schön» nicht eine «Schwebe in sich» sein, sondern empfängt grad ihre Dynamik aus ihrem Hin- und Rückschwingen zwischen den äußersten Grenzformen des Schön, wie sie im griechischen «kalon» und lateinischen «*pulchrum-bellum*» sich darstellen (wie, gemäß der lateranensischen Formel, «*tanta similitudo*» und «*major dissimilitudo*» ineinanderschwingen). – Eine Kunst dieses deutschen «Schön» wird damit zu höchstem Wagnis, eben weil sie Schwebe zwischen Ewigkeit und Vergänglichkeit zu sein hat. Steht sie mit Betonung im Pol fragiler Vergänglichkeit, so kann aus ihr das Früh-Romanische entspringen, das den Ungrund des Göttlichen im Ungrund des Kreatürlichen ahnen läßt, – aber auch das bewußt primitiv exotisch Ungestaltige, wie es heutige Kunstrichtungen aufrichten, gleichsam als Erscheinung eines gotthaft «fruchtbaren Chaos». Stellt sich aber eine Kunst des deutschen «Schön» mit ähnlicher Betonung zum Pol der «Schau des Ewigen», so konnte aus ihr gewiß jene «ewige Kunst» werden, wie es die alt-ägyptische, aber auch die Kunst der Azteken und Inkas darstellt, in denen das Ewige Selbst präsent erscheint, – aber auch die Babelturm-Wucht der heutigen, neuesten Architektur, in der das heutige zäsarische Massenmenschtum sich selbst als wuchtende Einzige Gottheit präsentiert. Die echte Schwebe des deutschen «Schön» zwischen Ewigkeit und fragiler Vergänglichkeit dürfte wohl nur im ursprünglich gotischen Dom vorliegen (wie er gleichzeitig himmelwehende Ewigkeit ist und dies in solcher Subtilisierung der harten Steine, daß sie nicht nur fragil wie ein «Hauch» sind, sondern hart nah am «Verwehen») – und im Wesen der klassischen Polyphonie von Palestrina zu Bach (in der eine «Ewigkeit an Sich» ihr eigner Klang zu sein scheint, und dies doch in der äußersten Fragilität der sich unaufhörlich schneidenden Fugengänge, – wie darum dann Bachs «Kunst der Fuge» geradezu «in sich selbst tönende Analogie» ist, das tönende «Schön» zwischen «kalon» und «*pulchrum-bellum*»).

2

In diesem letzten Schön als Analogie liegt offenbar ein immanent Religiöses: sei es im objektiven Sinn einer Erscheinung des Göttlichen im Schön (als «*religatio Dei*»), sei es im subjektiven Sinn einer Hinwendung ins Göttliche (als «*religatio in Deum*»). Es ist die «Weihe» im Schön: als gegenständlich explizite Weihe im «religiösen Kunstwerk» (wie die biblischen Bilder Rembrandts «religiös» sind); – als funktional implizite Weihe im «metaphysischen Kunstwerk (wie Händelsche, Glucksche Musik auch als «profane Musik» innerlich «religiös» ist). – Dieses immanent Religiöse einer echten Kunst ist aber zu unterscheiden gegen das eigentlich *Sakrale* (wiewohl auch etwa in den «Jahreszeiten» von Vivaldi und in «Orpheus und Eurydike» von Gluck ihr immanent Religiöses als immanent Sakrales bezeichnet werden könnte).

Im Wort «Sakral» liegt die Spannung zwischen «*sacer*» und «*sanctus*». «*Sacer*» sagt nicht nur ein ausdrückliches «gott-geweiht», sondern dies widersprüchlich auch als «tod-geweiht» und sogar als «verflucht», ja als «gott-los». Sakral als «gott-geweiht» bedeutet, daß ein an und für sich Kreatürliches aus dem Umkreis des Kreatürlichen herausgenommen wird, daß es zum «Eigen Gottes» werde. Aber diese Umeignung aus kreatürlichem in göttlichen Bereich ist notwendig ein Umsterben im Medium des Todes (kreatürlichen Eigens) in den göttlichen Bereich eines so über-kreatürlichen Lebens, daß dieses «Leben aus dem Tod» für den kreatürlich menschlichen Bereich «unheimlich» erscheint, unter dem Vorzeichen «andrängenden Todes»: wie im Alten Bund ein «Sehen Gottes» den «Tod» sagt (Ex 18, 18–24; ebd 33, 20). Sakral als «*sacer*» sagt darum im besondersten Sinn das «Opfer» als «*sacri-ficium*», d. h. nicht einfach im Sinn von «Dargabe» (wie das deutsche Wort «Opfer» vom lateinischen «*offerre*», d. h. Darbieten kommt), sondern im konkreten Sinn von «ein profan Kreatürliches zum *sacrum* machen» («*sacrum facere*»), zum «*sacrum* machen» aber durch den Tod hindurch, d. h. im «Blut» der Vernichtung (vgl Hebr 9, 22). Das sagt nicht einfach nur ein «den unterirdischen Göttern geweihtes Todesopfer» (wie die übliche Deutung will), sondern im Sinn des Wortes «*sacer*» (im «*sacri-ficium*») muß die letzte Einheit seines inneren Widerspruchs zwischen «geweiht» und «verflucht», zwischen «erhaben» und «entsetzlich», zwischen «gottgeweiht» und «gottlos» gewahrt bleiben, bis darum zur echten abgründigen Dialektik eines «Geweiht im Verflucht», eines «Erhaben im Entsetzlich», eines «Gottgeweiht im Gottlos». Sakral als «*sacer*» trägt in sich geheimnisvoll mythisch funktional, was in Christo als dem höchsten *Sacrum* Erfüllung ist: da Er, als zu Fluch geworden, Gottes Segen ist, – da Er, als zu Abscheu und Entsetzen geworden, Gottes Glorie ist, – da Er, als Gottverlaßner, Gottes Fülle und Antlitz ist. – Erst von diesem Sakral als «*sacer*» her ist der echte Sinn des Sakral als «*sanctum*» her: «*sanctum*» sowohl als «Unverletzlichkeit», weil «Ehrwürdigkeit», dessen, was «*sacrum*» ist, wie auch als solches «moralisch heilig (im Sinne von Tugend)», das seinen Ur-Maßstab nicht in einer rein humanen Tugend hat, sondern im augustinischen «*virtus est Deus*», d. h. in einem solchen Hineingeweiht in Gott hinein, dessen (geradezu nachträgliche) Erscheinung eine menschlich «heilige Tugend» ist (im scharfen Gegensatz zum Buddhismus und Stoizismus und allen westlich asketischen Semi-Buddhismen und Semi-Stoizismen, die, bewußt oder unbewußt, das Leitbild einer «gotthaften Tugend» in sich tragen). – Sakral als «*sacer*» und «*sanctum*» weist also hierin zurück auf das entsprechend Griechische in seinem «hosion» und «hagion»: wie «hosion» das betont objektiv Institutionelle eines amtshaft zu «Sitz Gottes auf Erden» Geweihten sagt, – während «hagion» die daraus folgende «Untadligkeit» und «Ehrwürdigkeit» betont, (die, nachträglich, auf alle Diener und Verehrer des «hosion» auszustrahlen hat). Dasselbe Verhältnis geht endlich in das deutsche «Heilig» ein: in seiner Sinn-Spannung zwischen «geweiht zu Gottes Eigen» (wie «*sacer*» und «hosion») und «heil» (im Sinne von «unversehrt» und «glückhaft») als innermenschliche Qualität (wie «*sanctum*» und «hagion»).

Von diesen Zusammenhängen her wird das «*hieron*» des «*templum*» und «*fanum*» der grundlegende Maßstab einer *sakralen Kunst*, d. h. das «Göttlich-Gottgeweihte *(hieron)*» ja «Haus Gottes» (*naos*, in das alle Wege münden, – von *nao*) eines «herausgeschnittenen Raums» (*templum* als von «*temno*») als «Heiligtum» im Sinn eines «Sitzes Gottes» *(fanum)* im Unterschied zum «*delubrum*» als Sühn- und Reinigungs-Ort. Im «*hieron*» und «*naos*» als «*templum*» als «*fanum*» wird das wesentliche «Unterschieden gegen alles», wie es dem Göttlichen zukommt («*re et essentia a mundo distinctus*..., *super omnia*, *quae praeter Ipsum sunt et concipi possunt*, *ineffabiliter excelsus*», wie das Vaticanum sagt: Denz 1782), – wird dieses innergöttlich «absolut Unterschiedene» sozusagen «inner-irdisch» gesetzt: zu einem inner-irdisch «göttlichen Ort». Das Sakrale des «*hieron*» und «*naos*», des «*templum*» als «*fanum*» ist damit primär in einem positiven «Sitz Gottes» begründet und erst dann sekundär, hieraus folgend, in einem negativen «gotthaft abgetrennt gegen alles». Primär ist darum das Sakrale dadurch «sakral», daß es einen echten «Sitz Gottes» sagt. Sein Getrenntsein gegen alles Umliegende (das darum «*pro-fanum*» heißt, d. h. Raum vor dem «*fanum*») ist keine positive Qualität, sondern prohibitive Wirkung der einen positiven Qualität eines «Sitz Gottes»: wie etwa Moses den Sinai als «Sitz Gottes» abgrenzte gegen das «Volk» (Ex 19, 12). Primär ist darum das Sakrale des «*hieron*» des «*naos*» als «*templum*» des «*fanum*» nicht von einer Gemeinschaft her bestimmt, die an abgegrenztem Ort ihren «Gottesdienst hält», noch weniger von einem Ich her, das an einem besondern Ort «Gottes inne wird» (noch weniger, wenn dieser «Ort der Gottes-Erfahrung» ein ausgesondertes «Innen» dieses Ich selber ist). Sondern umgekehrt wird eine «auserwählte Gemeinschaft» wie ein «auserwähltes Ich» von einem objektiv auserwählten «Sitz Gottes» her bestimmt: wie Israel abgesondertes «Volk des Eigentums (Gottes)» als «heiliges Volk» und «Priester-Königtum» nur dadurch ist, daß vom brennenden Dornbusch zum Sinai zum Bundeszelt zum Tempel von Sion Gott «Seinen Sitz» in ihm hat (vgl 1 Kg 8, 17ff; Ez 48, 35), – und wie dies schattenhaft in allen andern Religionen gilt, bis in den Buddhismus hinein, der im Gotamo Buddho, der zuerst Präge einer rein funktionalen Haltung des «Über allem, von allem gelöst» ist, dann doch den «Ur-Tempel» verehrt, der die innere Wurzel der unzähligen buddhistischen Tempel und Klöster ist. – Hierin aber liegt die innere Problematik des Sakralen in einer «sakralen Kunst» (in äußerem Bau wie in Innen-Kunst wie in einem «sakralen Stil» der «heiligen Handlungen»). Auf der einen Seite bedingt ein «inner-irdischer Sitz Gottes» eine Art positiver «Gottes-Qualität» dieses Sitzes. Auf der anderen Seite muß dieser Sitz in seiner sinneshaften Ausgestaltung «abgeschieden» sein gegen alles Irdische, kann also nicht mit irgend einer« irdischen Qualität » zusammenfallen. Einerseits, darum, ist eine echt sinneshafte Gestalt eines « Sitz Gottes » erfordert (wie alle Tempel und Kirchen, alle « heiligen Geräte » und « heiligen Handlungen » echte Sinnes-Gestalt sind). Anderseits aber kann (kraft der «Abgetrenntheit» des Sakralen) kein einziger der geschichtlichen und möglichen « Kunst-Stile » als « der » sakrale Stil gelten, weder ägyptischer noch chinesischer noch römischer noch romanischer noch gotischer Stil noch Barock noch Rokoko usw. Diese Problematik kann auch nicht durch die heutigen Experimente eines neuen sakralen Kunst-Stils gelöst werden, die, in bewußter oder unbewußter Nachfolge zu Rudolf Ottos « *numinosum* » als « Kontrast-Harmonie » zwischen « *tremendum* » und « *fascinosum* », eine Art « archaischer Primitivität » anstreben, deren Leitbild nicht wenig afrikanischer Neger-Stil ist, der nicht nur das « Paradoxe », sondern das erschreckend « Groteske » als eigene Qualität des Göttlichen im Gegensatz zum kreatürlich Menschlichen nimmt. Denn auch eine solche « archaische Primitivität » ist ein wahrer inner-irdischer Stil, wie er seine klassische Form in den sakralen Bauten der Azteken und Inkas hat und seine spirituellste Weise im Sakral-Stil der Inder, Chinesen und Ägypter. Und dieser heutige neue Sakral-Stil ist dazu, im Grunde, keine wahre sakral gedachte « archaische Primitivität », sondern Produkt « reiner Technik », die nicht nur einfach sakrale Bauten als Exempel technischen Werkens nimmt, sondern die, wenn auch noch so unbewußt, in ihren sakralen Unternehmungen eine Art « immanenter Sakralität » der heutigen « reinen Technik » gestalten möchte: Sitz eines « theos technikos », um den eine « Liturgie der Technik » sich begibt. So wird das heutige Experiment eines neuen sakralen Stils so wenig Lösung der inneren Problematik einer sakralen Kunst, daß die Resultate dieses Experiments vielmehr diese Problematik ins geradezu Absurde zuspitzen, – aber nicht zu einem « *credo, quia absurdum* » Tertullians, sondern zur Ausleerung einer Fülle des objektiven « *credo* » (wie es noch durch die vergangenen Sakral-Stile rauschte) in das « *absurdum* » einer technischen « kalten Leere ».

So bleibt als einziger Ausweg ein «sakraler Stil», in dem sich die innere Spannung zwischen den Ur-Qualitäten eines solchen Stils gleichzeitig wahrt und je anders variiert: die innere Spannung zwischen positivem Stil eines «*hieron*» des «*naos*» als «Sitz Gottes» und negativem Stil eines «*templum*» und «*fanum*» als «herausgeschnittenem Raum» gegen den Raum des «Profanen». Demgemäß liegt ein echt sakraler Stil zwischen einer Vorbetonung des «*hieron*» und einer Vorbetonung des «*templum*» als «*fanum*», aber so, daß beide Vorbetonungen niemals das «Eigentliche» treffen können (weil jegliches «*hieron*» des «*naos*» zuletzt ein Geschöpfliches bleibt, das nur im Höchstmaß transparent ins «*hieron*» des Göttlichen sein kann); – und weil jegliches «*templum* als *fanum*» den Zusammenhang mit dem All des Geschöpflichen nicht lösen kann, sondern sich nur darin als ein «Abgesondertes» darstellen mag, daß von ihm ein Hauch des «unzugänglichen Lichts» des Göttlichen ausgeht. – Sakraler Stil eines vorbetonten «*hieron*» wird, von hier aus, ein Stil transzendierender Glorie sein können: wie er in der byzantinisch sakralen Kunst lebt, aber ebenso in der sakralen Kunst der Ägypter, Inder, Chinesen, Inkas usw. – unter dem Leitbild einer geheimnisvollen Präsenz des Göttlichen im strahlenden «Ikon», sei es der ostkirchliche Ikon, sei es die entrückt lächelnde Stille des Buddha, sei es das tod-jenseitige Aufragen der ägyptischen Pyramiden, sei es aber auch die bezwingende bäuerliche Einfalt der meisten «Gnadenbilder». – Sakraler Stil eines vorbetonten «*templum* als *fanum*» dagegen wird Stil eines, geradezu fremdartigen, Urhaften sein, in dem als Symbol das göttliche «Ur und End» erahnt werden kann, – als Stil eines «göttlich Archaischen»: wie er vorzüglich im Früh-Romanischen Wirklichkeit ist und entsprechend im gregorianischen Choral, aber auch bei Piero della Francesca, Giotto und Pisanello, – ebenso wie im verhüllten Mysterium der unheimlich grotesk erscheinenden Götter-Gestalten Asiens und Afrikas, und, in merkwürdiger Verwandtschaft zu ihnen in bestimmten «primitiven Gnadenbildern». – Sakraler Stil als Stil des «*hieron*» als «*naos*» kann darum, weil der sakrale Stil des «*templum* als *fanum*» sein innerlich notwendiger Gegen-Stil ist, nicht Stil einer barockischen Glorie sein (wie in den Barockkirchen, die an der Grenze eines «Gesellschafts-Saales» stehen, – oder wie in der «klaren Schönheit um ihrer selbst willen» der Schöpfungen Raffaels, Michelangelos, Tizians, Tintorettos usw., so sehr sie ihren Rang als «religiöse Schöpfungen» haben). Und, umgekehrt, kann sakraler Stil als Stil des «*templum* als *fanum*», weil der sakrale Stil des «*hieron*» sein ebenso innerlich notwendiger Gegen-Stil ist, nicht Stil einer zerklüfteten oder gar bewußt grotesken «archaisch-eschatologischen Primitivität» sein, wie der Großteil der heutigen sakralen Kunst sie intendiert, wie aber Rembrandt, Grünewald, Baldung Grien usw. als klassische Gestaltung einer solchen «archaisch eschatologischen Primitivität» erscheinen können. Sakraler Stil eines glorienhaften «*hieron*» des «*naos*» ist damit in seiner sakralen Echtheit durch das Miteinschwingen seines Gegen-Stils eines archaisch-eschatologischen «*templum* als *fanum*» bestimmt: bis dazu, daß ein sakraler Stil der Glorie Stil eines «Tod in der Glorie» sein sollte (wie der echte ostkirchliche Ikon «Glorie als Totenmaske» genannt werden könnte). Und sakraler Stil eines archaisch-eschatologischen «*templum* als *fanum*» ist ebenso in seiner sakralen Echtheit bedingt durch das Miteinschwingen seines Gegenstils eines glorienhaften «*hieron*» des «*naos*»: bis dazu, daß ein sakraler Stil des Archaisch-Eschatologischen Stils eine «Auferstehung im Tod» sein sollte (wie früh-romanische Kunst «Gloria im Tod» heißen könnte).

Es ist mithin, einmal, so, daß kein Kunstwerk in kraft seines «Schön um seiner selbst willen» unmittelbar zu einem «sakralen Kunstwerk» legitimiert wäre, so innerlich «religiös» es sein mag. Es ist aber doch auch so, daß die innere «Analogie», die als das Letzte im Schön erschien, ins Wesen des Sakral übergeht: weil das Sakral einer sakralen Kunst eine innere Spannung in sich trägt, in der die Analogie-Spannung zwischen «*tanta similitudo*» und «*major dissimilitudo*», wenn auch in «andrer Melodie», wiederklingt: da im sakralen Stil der Gloria des «*hieron*» offenbar eine solche «*tanta similitudo*» zwischen Geschöpflichem und Göttlichem das innere Maß ist, daß ein Geschöpfliches als «Sitz eines erscheinenden Gottes» genommen werden kann, – während im sakralen Stil des archaisch-eschatologischen «*templum*» als «*fanum*» jene «*major dissimilitudo*» aufdunkelt, in der das Dunkel von Entsprung und Ende (das «*signum mortis*») des Geschöpflichen jede Gottes-Glorie im Geschöpf überschattet. Schön und Sakral verhalten sich also so zueinander, daß erst in ihrer klaren Trennung ein formal Gemeinsames spürbar wird: der Eine Rhythmus der «Analogie der je immer größeren Unähnlichkeit in noch so großer Ähnlichkeit». Aus diesem (wie man sagen könnte) «Mysterium zwischen Schön und Sakral» folgt dann das innere Paradox der viel-disputierten Tatsache: daß noch so großes Meistertum des Künstlers unfähig sein kann für echt sakrale Kunst, während ganz anonyme und unbeholfne Volkskunst der Mutterschoß jener höchsten sakralen Kunst wird, wie es die «Gnadenbilder» sind, zu denen (im Außerchristlichen wie Christlichen) der Mensch als zu einem realen «Sitz Gottes», als zum «Hier ist ER», wallfahrtet, – und daß es dann Aufgabe der Meister der Kunst wird, diese anonymen «Volks-Gnadenbilder» mit der Fülle ihrer Kunst-Gaben zu umkränzen (aber nicht anders, als wie Dorfkinder ein «Marterl» mit Wiesenblumen kränzen). Es ist das letzte «Mysterium zwischen Schön und Sakral»: daß es für den «meisterlichen Geist» als unlösliches Paradox erscheint, während es im «kindlichen Geist» sich in unbewußter Einfalt «vollzieht». Denn jene Eine «Analogie», in der allein Schön und Sakral sich begegnen, steht im Zeichen jener feierlichen Lobpreisung im Evangelium (Mt 11, 25f), in der Christus der Herr den «Weisen und Einsichtigen» das «Verborgen des Mysteriums» zuteilt, das «Aufgehüllt des Mysteriums» aber allein den «Kleinen und Unmündigen». Das ist die höchste «*major dissimilitudo*» zu aller «*tanta similitudo*» der «*ars Patris*» und der «*ars hominis*»: daß die «*ars Patris*» als gotthaft sakrale Kunst (als «*ars Sacratissimi*») nicht Sich mitteilt dem «je immer Meisterlicheren» (im Meistertum des Schön), sondern dem «je immer Unmeisterlicheren»: als dem «je Geringeren», der der «je Größere» ist (Mt 18, 1ff).

3

Noch unergründlicher als das Problem des sakralen Schön ist aber das Problem eines *Christlich-Sakralen.* Es ist nicht nur Anwendungsgebiet des sakralen Schön in der inneren Problematik des Schön wie des Sakral wie des sakralen Schön: wie dies für alle Religionen das gleiche ist. Sondern es kommt wesentlich das hinzu, was das Christliche im besondern ausmacht. Das ist – erstens – die Tatsache, daß das Christliche ein sakral Schönes grundsätzlich auszuschließen scheint. Bei der Tempel-Reinigung bei Johannes stellt der Herr nicht nur Sich Selbst als den wahren Tempel hin, der «aufgelöst» wird, um «auferweckt» zu werden, und dies als das «(messianische) Zeichen» (2, 18ff), sondern Johannes läßt dies münden in die Botschaft an Nikodemus, in der grundsätzlich gegen ein «(sakrales) Fleisch» das «freie Wehen des Geistes» tritt im Zeichen eines je dynamischen «Abstiegs» (Christi) als «Aufstiegs» (3, 6ff), und dies bis zur noch schärferen Botschaft an die Frau aus Samaria: «anschreitet die Stunde, wann weder in Jerusalem noch auf diesem Berg (Garizim) Anbetung zum Vater geschieht... Anschreitet die Stunde und ist schon jetzt, wann aufgehüllter Wahrheit die Anbeter anbeten zum Vater im Geist», weil «Gott Geist ist» (4, 21ff). Und der «neue Himmel und neue Erde», zu dem das «Christliche» hin ist, ist zwar durch ein «neues Jerusalem» bezeichnet als «Gemahl des Lammes» in aller Edelstein-Pracht, wie Ezechiel am Ende seiner Prophetie das «neue Sion» schaut, aber «einen Tempel sah ich... nicht; denn der Herr der Allgewalter ist in ihr (der Heiligen Stadt) Tempel und das Lamm» (Offb 21, 22), und dies allein ist das «Bundes-Gezelt Gottes mit den Menschen, und zelten wird Er mit ihnen, und sie werden Sein Volk sein und Er Gott mit ihnen» (ebd 21, 3). Ein sakral Schönes des Christlichen ist also von hier aus Christus in Sich Selbst als «heiliger Tempel im Herrn, in dem auch ihr mit-aufgebaut werdet zum Haus Gottes in Geist» (Eph 2, 20ff), – und dies mit dem Endziel, daß im «neuen Jerusalem» kein Tempel «zu sehen» ist, weil hier aller «Tempel» (also alles sichtbar Sakrale) so sehr «Geist» geworden ist (durch den unaufheblichen Untergang des Tempels des Alten Bundes und aller Tempel des Neuen Bundes hindurch: Mt 24, 2; Jo 2, 18ff), daß dann nur «Gott-Geist» der einzige Tempel (als das einzig Sakrale) ist, im hochzeitlichen Zueinander zwischen «Geist» und «Braut» (Offb 22, 17), wohinein alle «Bundes-Hochzeit» zwischen Gott und Mensch (wie sie das gleichsam «Arkane» eines Tempels als «Bundes-Zelt» ist) durch sich hindurch und über sich hinaus sich erfüllt. Alles Innerzeitliche christlich sakraler Kunst, wie es in «Kirchen» seine bestimmende Mitte hat, ist also von vornherein «aufgehoben» in Christus Haupt und Leib als den Einen «Tempel im Geist», der wachsend sich erfüllt in jenes «einen Tempel sah ich nicht», das «Gott Allgewalter und das Lamm» ist im endhochzeitlichen Zueinander zwischen «(Gott-) Geist» und «Menschheit-Braut» als endzeitliches «Zelten Gottes mit den Menschen». Alle noch so «göttliche» christlich sakrale Kunst der Innerzeitlichkeit ist von diesem radikal Christlichen her von ihrer Wurzel her durch alle Entfaltung bis ins Ende grundsätzlich «auf Abbruch»: im Zeichen des Christus, der als ur-christlicher Tempel «aufgelöst» wird, um «auferweckt zu werden», nicht in einen «göttlichen Tempel», sondern in den «Gott, der Geist ist», als einzigen Tempel der endgiltigen Hochzeitlichkeit zwischen «Gott-Geist» und «Menschheit-Braut».

Darum – zweitens – ist das einzig genuin «christlich Sakrale» einer christlich sakralen Kunst, das «christlich-sinneshaft» genannt werden kann, das christlich Sakrale, das den einmaligen (und folgerichtig je neuen) Ursprung des Christlichen darstellt: der «Viehtrog» (phatnè) von Bethlehem (Lk 2, 12), die Flickhandwerker-Hütte von Nazareth (Lk 1, 26ff; ebd 2, 39f, 51f; ebd 3, 23; ebd 4, 22), das Ohne-Heimat der Straßen von Galiläa und Judäa (Mt 8, 20), das Zwischen-Himmel-und-Erde des Gottverlassen am Kreuz-Galgen des sakralen «Herausgeflucht aus der Bundshege» (Hebr 13, 11ff; Gal 3, 10ff), das «Brot-Brechen» und «Gott-Lobpreisen» in «Haus für Haus» der christlichen Ur-Kirche (Apg 4, 47 usw; 1 Kor 11, 20ff) unter dem ständigen Schatten der Verfolgung durch die Juden des Alten Bundes, und endlich die Sonntagfeier in den heidnischen Grabhöhlen unter dem ständigen Schatten der Verfolgung durch die Heiden, denen das besondre «Mysterium Gottes in Christo» gilt (Eph 2, 11ff). Der sinnes-offenbare «Skandal der Narrheit des Kreuzes» erscheint damit als Ursprung, Maß und Sinnziel aller christlich sakralen Kunst. Sie mag, in der geschichtlichen Abfolge der zentralen «Kirchen-Stile» von der Basilika zur romanischen Kathedrale zum gotischen Dom zum prachtenden Barock zum selig spielenden Rokoko (wie all diese Stile sich dann auch in sakrale Malerei, Plastik und Musik usw. auswirken), – sinneshaft sakral christliche Kunst mag all ihren Reichtum über das Ursprüngliche von «Viehtrog», «Flickhandwerker-Stube», «Wanderstraße», «Kreuz-Galgen», «profanes Haus» und «Katakombe» «noch so groß» ausschütten, «je immer größer» doch muß durch alles Gold und Edelgestein und Farbenpracht und jubelnde und anbetende Musik dieser geschichtlichen Stile das geheimnisvoll Eine und Einzige und Allumfassende des Ursprungs und Zielsinns der christlichen Ur-Realität des «Skandal der Narrheit Gottes» zwischen «Viehtrog Gottes» und «Kreuz-Galgen Gottes» durchbrechen. Es ist, demgemäß, dann auch nicht möglich, diese christliche Ur-Realität «zwischen Viehtrog und Kreuz-Galgen» gleichsam in das aus-zu-stilisieren, was die neueste christlich sakrale Kunst mit einem bewußt «archaisch-eschatologischen Stil» offenbar will (bis dazu, daß nicht wenige «moderne Kirchen» und entsprechende Malerei und Geräte usw. den Eindruck von flandrischen Kirchen nach dem großen Bildersturm machen, – sakrale Ruinen-Stätten!). Denn hier wird das aufgehoben, was auch und grad das christlich Sakrale des Schön ausmacht: die eigentlich christlich sakrale «Analogie» zwischen einem «noch so groß» der Umkränzung der christlichen Ur-Realität und dem «je immer größer» der durch diese Umkränzung sieghafter durchbrechenden christlichen Ur-Realität selbst. Nachdem in unsrer Gegenwart die großen geschichtlichen christlich sakralen Stile (von der Basilika zum Rokoko) sich scheinbar ausgeschöpft haben, bleibt als Weg heutiger christlich sakraler Kunst wohl nur der wahre Regreß durch alle Stile in den «apostolischen Stil» der profanen Häuser und Tische. Es bleibt das Zurück höchstens zum Stil der echt einfachen Dorfkirche. Es bleibt, als äußerste Perspektive, der Stil eines Untergehens der hochragenden Sakralbauten in das «ohne Auferscheinung und Ansehen» kommun gewöhnlicher Privaträume (wie es, nach dem Evangelium, der eigentliche «Stil des Reiches Gottes» ist: «*οὐκ … μετὰ παρατηρήσεως*»: Lk 17, 20).

Imago Dei

Zur theologischen Botschaft von Max Picard

1958

1

Max Picards Werk erscheint für den ersten Blick wie eine einzige klassische Physiognomik: wie sie sich um sein Hauptwerk «Das Menschengesicht» (1929) baut und wie sie in seinem «Ehe»-Buch (1942) das ebenbürtige Gegenstück hat. Aber sein «Menschengesicht» fußt in der Antithetik zwischen «Erdhaft» und «Sternenhaft» in diesem Gesicht – und es hat zu seiner Voraussetzung die fast apokalyptischen Visionen seines «Letzten Menschen» (1921) und zu seiner Ausmündung die ebenso apokalyptische Sicht seines «Hitler in uns selbst» (1946) – und es empfängt dazu die große Prophetik seiner «Flucht vor Gott» (1934) und seiner «Welt des Schweigens» (1948): der Mensch als «Mitte zwischen... dem oberen, göttlichen Schweigen» und dem «unteren, menschlichen Schweigen» (Welt des Schweigens, 242), der zum Mensch wurde, der «nur in dem Maße (existiert), als er an der Flucht teilhat» (Flucht vor Gott, 11), so daß «nicht das leere Nichts... mehr zwischen Gott und dem Menschen (ist), sondern das volle Nichts, das Gebilde der Flucht» (ebd 16). Picard sieht in dieser dynamischen Antithetik seiner prophetischen Physiognomik also den Menschen zugleich in höchster Ähnlichkeit zu Gott (im «Sternengesicht») und in abgründiger Widersprüchlichkeit zu Gott (im «Erdgesicht» in der «Flucht vor Gott», im Symbol des «Kugligen Menschen»). Er sieht den Menschen in der Antithetik zwischen «Bild Gottes» und «Gegenbild Gottes», hinein in das Übermachten Gottes allein: «je mehr das Gebilde der Flucht zunimmt und je heftiger es davonstürzt, desto deutlicher steht der Eine allein da: Gott» (Flucht vor Gott, 198).

Damit enthüllt sich Picards Physiognomik als ein Vordergrundhaftes in das Hintergrundhafte einer wahren «theologischen Botschaft». In ihr geschieht die Wieder-Erweckung eines zentralen Theologumenon, wie es in Anfang und Ende der Offenbarung Alten und Neuen Bundes wurzelt: der Mensch, geschaffen «gemäß Unserm Bild zu Gleichnis», wie Gott die Schöpfung des Menschen einleitet (Gen 1, 26; vgl. Sir 17, 1; Kol 3, 10) gegenüber dem Menschen der Endzeit als «Bild» und «Präge» des «Wild-Tiers» (Offb 13, 14–17) – und aus dieser Antithetik allein erlösbar in dem Gott-Menschen Christus, der als solcher «Bild des uneraugten Gottes» ist (2 Kor 4, 4; Kol 1, 15), daß wir in «eben dieses Bild übergestaltet werden von Glorie in Glorie alswie von des Herren Geist» (2 Kor 3, 18). Dieses zentrale Theologumenon wurde christliche Tradition von den ersten Kirchenvätern hinüber zum frühmittelalterlichen Augustinismus wie zur ostkirchlichen Ikonentheologie wie hinein in die Kontroverse zwischen Reformation und Kirche. Es erscheint in der Gegenwart säkularisiert sowohl in der «*Imago*» als Zentralbegriff der Tiefenpsychologie wie im «transzendentalen Bild» bei Ludwig Klages. Es gewinnt, diesen Säkularisierungen gegenüber, seine heutige Urgestalt einzig in der immanenten «theologischen Botschaft» Max Picards. Aug in Aug zu «christozentrischem», zu «mariozentrischem», zu «pneumatischem», zu «kultischem», zu «kosmozentrischem» Christentum (wie heutige christliche Erneuerungsbestrebungen sich nennen) tritt in Picards immanenter theologischer Botschaft ein Christentum des «Bildes Gottes», das zugleich ein Christentum christlicher Humanität und christlicher Divinität ist: Christentum von der Ur-Idee des Menschen her, aber hierin Christentum vom Ursprung des Menschen aus Gott her. Es ist Christentum im Geist jenes Nikolaus von Kues, in dem zugleich das Mittelalter sich krönt und die Neuzeit aufspringt: Christentum des Menschen als «*Deus humanatus*», als des in den Menschen (als «Bild Gottes») «eingemenschten Gottes».

Diese Tradition des Menschen als «*Imago Dei*» und hierin «*Deus humanatus*» gilt es bewußt zu sichten, um ihrer Erneuerung in der Physiognomik Max Picards bewußt zu werden.

2

Der *Grundtext* der Genesis für ein Theologumenon der «*Imago Dei*» lautet gemäß der Septuaginta: «poiēsōmen anthrōpon kat' eikona hēmeteran kai homoiōsin» (1, 26), «Laßt uns fertigen den Menschen gemäß unserm Bild und Gleichnis». Luther übersetzt, mit Auslassung des «kai»: «... ein Bild, das uns gleich sei.» Friedrich Keil (im ersten Band des monumentalen «Biblischen Kommentars über das Alte Testament», seit 1878) betont, daß gemäß dem Hebräischen sich kein Unterschied zwischen «Bild» und «Gleichnis» aufstellen ließe, wie im Deutschen auch nicht zwischen «Bild oder Abbild» und «Umriß oder Abriß» (1, 23). Ebenso bemerkt Hoberg («Die Genesis», Freiburg 1908): «Diese zwei Substantive sind sachlich nicht verschieden» (19). Rießler (in seiner Übertragung des Alten Testaments) übersetzt entsprechend: «... als Unser Bild nach Unserm Gleichnis.» Buber-Rosenzweig dagegen setzen dafür: «... in Unserm Bild, nach Unsrer Gestalt», also zugleich in Nachfolge der Septuaginta (und Vulgata), aber zugleich in Verwandtschaft zu Keils Deutung der «homoiōsis» als «Umriß oder Abriß». Der Kontext zu Gen 1, 27 weist offenbar auf eine Selbigkeit von «eikōn» und «homoiōsis»: da es dort einfach heißt «da schuf Gott den Menschen in Seinem Bild (kat' eikona), im Bild Gottes schuf Er ihn» (gemäß Buber-Rosenzweig), beziehungsweise «schuf den Menschen als Sein Bild, als Bild Gottes schuf Er ihn» (Rießler). Gemäß diesen Zusammenhängen wird man also die «homoiōsis» als nähere Bestimmung des «eikōn» zu fassen haben: als Steigerung im Sinne von «Bild bis zu Gleichheit» oder als Einschränkung im Sinne von «Bild als Gleichnis»: entweder wie «homoiōsis» eine solche «Vergleichung» einbeschließt, die auf «Darstellung durch ein ähnliches Bild» beruht (I. G. Schneider), oder wie «homoiōsis» als «similitudo» in den «Gleichnissen» des Herrn gleichsinnig mit «parabolē» gebraucht wird, mit der «Parabole» als «umwegigem Gleichnis» (im Sinn der mathematischen «Parabel»); entweder wie im Hebräischen die griechische «homoiōsis» als «Gestalt im Umriß und Abriß» verstanden wird, darin das «Bild» aus verschwimmendem «Gleichnis» zu «umrissener Gestalt als

Abriß des (göttlichen) Urbilds» sich verdeutlicht, oder wie «homoiōsis als parabolē» das «Bild» nicht nur auf eine einfache «*similitudo*» einschränkt (die auf eine zum mindesten «mögliche *dissimilitudo*» innerlich weist), sondern, darüber hinaus, auf eine «umwegige Ähnlichkeit» (wie es die Parabel ist).

Der gesamte Kontext von Gen 1, 26–27 teilt sich auf beide Deutungen auf. Für eine Steigerung von «eikōn» zu «homoiōsis» spricht, daß diese «eikōn als homoiōsis» unmittelbar erläutert wird durch die von Gott dem Menschen verliehene Stellung eines innerweltlichen «kyrios», einer «archē», das heißt eines (sakralen) «Herrn» (wie Gott schlechthin «kyrios», «Herr», ist), der im «Ur» eines «Amtes» steht (was «archē» bedeutet): «Herrschen sollen sie als Herr im Amt (archetōsan) über die Fischbrut des Meeres und das Vogelvolk des Himmels, das Vieh und die ganze Erde und alles Gewürm, das sich regt auf der Erde» – also über Himmel und Erde, wie Gott Herr Himmels und der Erde ist. Für eine Einschränkung von «eikōn» durch «homoiōsis» aber kann die Weise sprechen, in der in Gen 1, 27 die «eikōn» als «arsēn kai thēly» genommen wird, als «Männlich und Weiblich» in dem Sinn, wie es auch für Pflanze und Tier gilt (im Unterschied zu «anēr-gynē», «Mann–Frau», im unterschieden Menschlichen), so daß «eikōn» in «arsēn-thēly» die scharfe Unterschiedenheit zu dem Gott sagt, der als «Geist» hoch über dem Vegetativ-Animalischen steht, während der Mensch als «arsēn-thēly» seine innere Zugehörigkeit zum Vegetativ-Animalischen eines physisch Geschlechtlichen betont: «Nach dem Bild Gottes schuf Er ihn, männlich und weiblich schuf Er ihn» (1, 27).

Da also der Mensch als «Bild Gottes» zugleich im Moment der «archē» des «kyrios» über die Schöpfung gestellt erscheint und im Moment des «arsēn-thēly» mitten in diese Schöpfung hinein – und da also die «homoiōsis» zugleich eine höchste Einähnlichung zu Gott bedeutet (zu Ihm als «archē» des «kyrios») und eine je höhere Unterscheidung zu Ihm (bis zu betonter Einähnlichung ins Vegetativ-Animalische der Schöpfung, die konstitutiv im physisch Geschlechtlichen steht: im «arsēn-thēly») –, so folgt, daß «eikōn Theou», das «Bild Gottes» des Menschen weder einlinig linear noch antithetisch verstanden werden kann. Nicht einlinig linear (wie es aller Augustinismus tut): weil «eikōn» in der Doppelgesichtigkeit der «homoiōsis» geradezu dialektisiert erscheint (zwischen einem «über der Schöpfung, in höchster Nähe zu Gott» und einem «in der Schöpfung, in natürlicher Nähe zum Vegetativ-Animalischen»). Aber auch nicht antithetisch: weil die Doppelgesichtigkeit der «homoiōsis» im Gefüge von Gen 1, 26 nicht aufhebt, daß sie als innere Eigenschaftlichkeit von «eikōn» gemeint ist. Weder ist im Menschen seine höchste Nähe zu Gott eine solche, die seine innere Nähe zum Innergeschöpflichen (als «arsēn-thēly») aufhöbe, noch ist im Menschen seine Einverflochtenheit in die vegetativ-animalische Schöpfung so ausschließlich, daß in ihr nicht die höchste Nähe zu Gott sich aufrichtete. Damit ist als innere Form der «*Imago Dei*» des Menschen das hervorgetreten, was seit Aristoteles und dem Vierten Laterankonzil «Analogie» heißt. Der Mensch als «*Imago Dei*» heißt: daß er so zu Gott hin eingeähnlicht ist (in einer «*tanta similitudo*»), daß er doch, als Geschöpf inmitten der Schöpfung, zum selben Gott hin in «je größerer Unähnlichkeit» (in einer «*maior dissimilitudo*») steht. Diese «*analogia hominis*» ist gleichsam der Revers der «*Analogia Dei*», wie das Vierte Laterankonzil sie definiert: zwischen einer «*tanta similitudo*» eines Eins von Gott und Mensch und einer «*major dissimilitudo*» Gottes über alles Geschöpfliche hinaus. Wie Gott in Seiner Ur-Beziehung zum Geschöpflichen das «In-Über» zu ihm ist (was Analogie heißt), so ist der Mensch in seiner Ur-Beziehung zwischen Schöpfung und Gott das «In-Über»: «Über» als «eikōn» göttlicher «archē» des «kyrios» – «In» als einverflochten in das «arsēn-thēly» der untermenschlichen Schöpfung im Vegetativ-Animalischen. «*Imago Dei*» des Menschen heißt hierin «Imago in Analogie», und diese «*analogia hominis*» als Revers der «*Analogia Dei*».

Das verschärft sich aber noch durch die Art, wie Gen 2, 7 diese «Imago in Analogie» konkretisiert: indem der Mensch als «Adam Mann» «gebildet» erscheint aus «(wehendem) Staub der

Erde», in dessen «Antlitz» Gott «einpflanzt und einzeugt das Wehen des Lebens», und es ward der Mensch zu lebendigem Geschöpf-Tier (eis psychēn zōsan, d. h. psychisch-animalisch); und indem der Mensch als «Eva Frau» als «Haus aufgebaut» (oikodomēsen) wird zum «verstehenden Gegenüber zum Mann Adam» aus seiner «Rippe» (das heißt aus seinem «festen Gerüst») und also zugleich «aus dem Mann» und doch als «Gegenüber zum Mann», so daß sie zugleich «Männin» ist (als «Teil aus dem Mann») und doch so sehr ein «ganz anderes Gegenüber», daß im «Ein Leib» zwischen Mann und Frau der Mann «Vater und Mutter läßt und seiner Frau anhangt» (Gen 2, 7; 18–24). – Die «Imago in Analogie» geht in ihrer Spannweite hier ins Äußerste. Die «Einähnlichung zu Gott hin» erscheint erhöht durch einen «Einhauch von Gott her» als «Einpflanzen und Einzeugen» – also daß der Mensch im Stammesregister Christi geradezu als «Sohn Gottes» gilt: «Adam aus Gott» («Adam tou theou») wie «Seth aus Adam» («Seth tou Adam») (Lk 3. 37). Aber ebenso geht die «Einähnlichung in die (untermenschliche) Schöpfung», durch die Einähnlichung ins Vegetativ-Animalische (von «arsēn-thēly») hindurch, bis in die Gestaltung des «Mann Adam» aus «(wehendem) Staub der Erde» (also aus der «Erde», wie sie im «wehenden Staub» sowohl dynamisch sublimiert erscheint wie in ihrer höchsten Vergänglichkeit und Nichtigkeit: das «Vergeblich» des Buches Kohelet) – und bis in den «Aufbau» der «Frau Eva» aus der «Knochenphysis» des «Mann Adam» (wie sie Abwandlung des «Stamm» der Bäume und des Knochengerüsts der Tiere ist). – Aber eben in diesem Prozeß einer überangespannten Spannweite zwischen höchster «Einähnlichung ins göttliche Oben» und «Einähnlichung ins vergänglichste Unten» empfängt nicht nur der Mensch des vegetativ-animalischen «arsēn-thēly» die eigentlich menschlich unterscheidende Form eines Gegenübers zwischen einem Mann Adam, der in gotthafter Vollmacht den Geschöpfen ihren «Namen» gibt aus deren innerlich verstandenem Wesen heraus (wie nur Gott urhaft der «Namenschenkende» ist: durch die ganze Offenbarung hindurch) – und einer Frau Eva, die gerade zu einem die Schöpfung verstehenden Mann Adam das einzig ihn «verstehende Gegenüber» ist (was «boēthos kat' auton» und «boēthos homoios autō» eigentlich heißt: Gen 2, 18, 20) und hierin für den Mann Adam «Haus und Heimat» wird («oikodomēsen», 2, 22 – «proskolletēsetai pros tēn gynaika autou», 2, 23). Sondern diese eigentlichst unterscheidende Menschform von «Mann und Frau» gegenüber der vegetativ-animalischen Form von «männlich-weiblich» («arsēn-thēly») läßt in der «*Imago Dei*» des Menschen überhaupt die Züge eines Gottes aufschimmern, der als «Namenschenkender» die Züge des «Mann Adam» erfüllt und als «Haus und Heimat» (der «oikonomia») die Züge der Frau Eva.

Die «Imago in Analogie» steht damit in einem *dreifachen Rhythmus*. Der erste Rhythmus ist begründet im Doppelsinn der «homoiōsis» sowohl als Einähnlichung zu Gott hin wie als Einähnlichung in die (untermenschliche) Schöpfung (da das reale Subjekt der «*Imago*» das vegetativ Animalische des «arsēn-thēly» ist). Der zweite Rhythmus entspringt daraus, daß in einem menschlichen «Mann-Frau» der «*Imago*» das Mannförmige zwischen «(wehendem) Staub der Erde» und «Einhauch von Gott her» schwingt, das Frauhafte aber zwischen «Teil aus männlicher Physis» und «Haus und Heimat von Gott her». Hierin birgt sich der dritte Rhythmus: das je Größere eines «Urbildes Gott im Abbild Mann-Frau» im noch so Großen der Wurzelung von Mann-Frau in erdhafter Physis als «(wehenden) Staubs». Die dreifache Analogie als «in-über» in diesem dreifachen Rhythmus hat ihren Angelpunkt im Verhältnis zwischen dem «arsēn-thēly» und dem «anēr-gynē» zwischen Mann und Frau (vom Vegetativ-Animalischen ihres Innergeschöpflichen zum spezifisch Menschlichen, das zum besondern Abbild des Göttlichen wird). Indem das Zueinander zwischen Mann und Frau zugleich ins Innergeschöpfliche und ins Göttliche weist und hierin im «in-über» der Analogie steht – in dieser «Analogie in Mann-Frau» bewegt sich eigentlichst der dreifache Rhythmus der «Imago in der Analogie». Die voll aufgehüllte «*Imago Dei*», in der alles Theologumenon solcher «*Imago Dei*» wurzelt, ist eine «*Imago in der Analogie*» *in der* «*Analogie in Mann-Frau*». So wenig bezeichnet die «*Imago Dei*» im Menschen eine rein spirituelle oder gar unmittelbar göttliche Region, während das Geheimnis zwischen Mann und Frau die rein terrestrische wäre, ja eigentlich dämonische (wie alle Spiritualismen und manichäischen Gnostizismen, vom Manichäismus bis zur Androgynen-Tradition von Ebreo zu Paracelsus zu Jakob Böhme zu Saint Martin zu Franz von Baader, hinein in die neurussische Theosophie, es wollen, aber auch hinein in innerchristliche Verkehrungen) – so wenig trennbar ist eine wahre Imago-Dei-Theologie von einer echten Theologie der Geschlechter, daß die erste Theologie nur in dem Ausmaß sich aufbaut, als sie ihre bewegende Mitte in der zweiten hat. «*Imago Dei*» ist nur möglich als «Imago in der Analogie», und «Imago in der Analogie» ist nur möglich als «Analogie in Mann-Frau».

3

Diese «Imago in der Analogie» in der «Analogie in Mann-Frau» ist aber erst konkret, da sie gesichtet wird im *Gegenüber von Ur-Sünde* (im «ersten Adam und erster Eva») *und Erlösung* (im «zweiten Adam-Christus und zweiter Eva-Maria»).

Indem dieses Gegenüber Konkretheit der urhaften «*Imago Dei*» ist, beleuchtet es zunächst das Letzte der «*Imago Dei*». Da im «zweiten Adam-Christus und in zweiter Eva-Maria» eine «*Imago Dei*» als «*Consortium naturae divinae*» im Sinn einer «theiōsis» zu einem «Gott von Gnaden» nicht nur (aus «freier Gnade») gegeben, sondern «wieder» gegeben ist, was im urchristlichen Gegenüber zwischen «erstem Adam (und erster Eva)» und «zweitem Adam (und zweiter Eva)» seit je verstanden ist: weil die Erlösung «neue Schöpfung» («kainē ktisis», 2 Kor 5, 17) ist, – von diesen heilsgeschichtlichen Zusammenhängen her muß die «*Imago Dei*» der «ersten Schöpfung» *zugleich als «Consortium naturae Divinae»* verstanden werden, das heißt als «Bild», das zugleich «innere Teilnahme am Wesen Gottes» ist: «natürliches Bild» (auf Grund der Beziehung zwischen Schöpfer und Geschöpf), zugleich als «übernatürliche Teilgabe und Teilnahme» (auf Grund einer freien Selbstenthüllung und

Selbstmitteilung Gottes). Sowenig es möglich ist, den «eikōn» auf das «natürliche Bild» und die «homoiōsis» auf die «übernatürliche Teilgabe und Teilnahme» aufzuteilen (wie es die ersten Kirchenväter wollten: indem sie, gegen den Textzusammenhang [wie er sich uns gab] «eikōn» und «homoiōsis» selbständig einander gegenüberstellten[1]), so sehr ist doch (von den Zusammenhängen zwischen «erster» und «neuer» Schöpfung her) die Einheit des «Bild zu Gleichheit im Gleichnis» (wie sich uns das Verhältnis zwischen «eikōn» und «homoiōsis» gab) das faktische Zugleich zwischen «natürlichem Bild» und «übernatürlicher Teilgabe und Teilnahme». Dieses faktische Zugleich ist nicht in einen innerlich notwendigen Zusammenhang überführbar: wie reformatorische Theologie der «*Imago Dei*» das «natürliche Bild» als solches *als* «übernatürliche Teilgabe und Teilnahme» nimmt, so daß die Ur-Sünde den totalen Verlust der «*Imago Dei*» besagt, der dann aufgehoben wird durch ein radikales Allein Christi als «Bild Gottes» im versöhnten (nicht «erlösten») Menschen – oder wie, umgekehrt, die jansenistische Theologie der «*Imago Dei*» die «übernatürliche Teilgabe und Teilnahme» im Wesen des «natürlichen Bildes» sieht (Denz 1384/85), dem als einzig «Übernatürliches» dann die «*sola gratia Christi*» gegenübersteht – oder wie in Zuspitzung dieses Jansenismus dann der Rationalismus einer innernatürlichen Göttlichkeit des Menschen (kraft seines Verstandes und freien Willens) das «natürliche Bild» in sich selbst als innere einzige und hierin «natürliche» Teilgabe und Teilnahme behauptet. Zwischen diesen Extremen muß also die faktische Einheit von (natürlicher) «*Imago Dei*» und (übernatürlichem) «*Consortium Dei*» als solche genommen werden, in der

[1] Diese Deutung entspringt aus dem Platonismus der ersten Kirchenväter, die die platonische «homoiōsis tō theō (Theaitetos, 170 A–B), die unmittelbare (gegen das Rationale und Ethische unterschiedene) «Einähnlichung ins Göttliche» mit dem (übernatürlichen) «Consortium Dei» gleichsetzten. Wie für Platon der «philosophos» «ins Genus der Götter» gehört («eis... theōn genos», Phaidon, 244 A), ja sogar «als Gott göttlich ist» («theos ōn theios estin», ebd 249 C), so erschien ihnen in diesen Stellen das «theias koinonoi physeōs», die «Gemeinschaft göttlicher Natur», des zweiten Petrusbriefes (1, 4) wie vorausgeahnt; gemäß ihrer allgemeinen Methode, die Philosophie Platons als «praeambulum» der Offenbarung zu nehmen: als den «heidnischen Advent».

zwar das «*Consortium*» *in* der «*Imago*» erscheint, aber als wesentliches «*Über*» ihr. Das heißt: daß die konkrete «*Imago*» als «eikōn» in «homoiōsis» nicht nur in «Analogie» steht, sondern daß diese Form einer «Imago in Analogie» selber noch im Verhältnis einer höheren Analogie zum übernatürlichen «*Consortium Dei*» steht. Weder «ist» die «*Imago*» das «*Consortium*» noch das «*Consortium*» die «*Imago*», sondern gegen alle Identsetzungen steht das Eine «Consortium in-über Imago». Dieses *Consortium in-über Imago* (die selber, in ihrem Verhältnis zur doppeldeutigen «homoiōsis», in «Analogie» steht) *ist* die urhaft konkrete «*Imago Dei*». «*Imago Dei*» heißt konkret: Imago der Analogie (zum «*Consortium*») in Analogie (der doppeldeutigen «homoiōsis»): *Consortium in-über Imago in-über* (doppeldeutiger) *Homoiōsis*. – Die urhafte «*Imago Dei*», wie sie in der «Analogie in Mann-Frau» steht (Gen 1, 27; ebd 5, 1–2), hat damit ihre entsprechende Konkretheit in einem «Consortium in-über Imago», das folgerichtig in derselben «Analogie in Mann-Frau» steht, nur daß diese «Analogie in Mann-Frau» nun, kraft des *Consortium Dei*, eine dreifache Staffelung erfährt: vom vegetativ Animalischen des «arsēn-thēly» zum eigentlich Menschlichen des «anēr-gynē» zu einem «anēr-gynē» des *Consortium Dei*, in dem es eine innere «Göttlichung» (theiosis) empfängt (als Erfüllung davon, daß in allen Mythen und tieferen Philosophien der Eros zwischen Mann und Frau als etwas Gotthaftes sich gibt: entsprechend dazu, daß theologisch im «Ur-Stand» des Menschen das Eins zwischen Mann und Frau das Eine einzige «Mysterium als Sakrament» gewesen wäre, zu «Kindern Gottes» als Frucht).

Erst von diesem «Consortium in-über Imago» in der Dreistaffelung der «Analogie in Mann-Frau» her wird eine Theologie der *Imago Dei* von Ur-Sünde zu Erlösung in ihren Zusammenhängen sichtbar.

Imago Dei in der *Ur-Sünde und Erb-Sünde* bedeutet, vom «Consortium in-über Imago» her: daß der Ungehorsam von Adam und Eva gegen Gott nicht einfach etwas «Menschliches» sei, sondern ein Ungehorsam innerhalb des *Consortium* und darum im Symbol eines «wie Gott sein wollen» im «Wissen von Gut und Bös», d.h. also einem «Wissen, wie Gott weiß», d. h. wie Gott allein um das letzte Mysterium zwischen Gut und Bös «weiß» (im Unterschied zu einer menschlichen «Unterscheidung zwischen Gut und Bös»). In diesem «Ungehorsam Adams (und Evas)», in dem die Ur-Sünde als Erb-Sünde steht (Röm 5, 19), greift also der Mensch des *Consortium Dei* ebenso zur «Gott-Gleichheit», wie der oberste Engel (als Luci-fer, d. h. «Träger des Lichts, das Gott ist») «gleich sein will dem Allerhöchsten». Darum ist es «Luzifer als Satan (d. h. Widersacher Gottes)», der als «Schlange» den Menschen «einringelt» in dasselbe «Widersachertum» als «Raub gegen Gott als Gott». Darum gerät der Mensch, der hierdurch aus dem *Consortium Dei* abstürzt in ein *Consortium Anti-Dei*, nicht einfach nur in einen «Stand der Sünde», sondern wesenhaft in den «Stand der Sklaverei unter den Satan», der vom Fall des Menschen als «Herrn der Welt» her nun «Fürst dieser Welt» ist, ja «Gott dieser Welt» an Stelle des Menschen als «*Deus humanatus*» (vgl Röm 6, 17ff; Jo 14, 30; 2 Kor 4, 4). – In diesem *Consortium Anti-Dei* gerät darum auch die «Analogie in Mann-Frau» unter die Form dieser «Versklavung unter den Widersacher»: indem der Mann Adam in das naturhaft kosmische Widersachertum der «Dornen und Disteln», im «Schweiß deines Angesichts» «wieder zurück in den Staub» gesetzt erscheint, während die Frau Eva nicht nur ein leibliches Widersachertum als Schicksal empfängt (im Widerstand eines Je-Mehr der «Mühsal bei der Schwangerschaft»), sondern auch versklavt wird in den Widerspruch zwischen «herrendem Mann» und «Verlangen nach dem Mann» (Gen 3, 16–19). – Wie das *Consortium Dei* den Menschen dem «Ewigen Leben» Gottes entgegenhob, so stürzt, in diesem Widersachertum, das *Consortium Anti-Dei* ihn in den «Tod als Sold der Sünde» (Röm 6, 23). Und wie das *Consortium Dei* den Menschen in den «Segen» des «Gebenedeiten» senkte, so begräbt das *Consortium Anti-Dei* ihn schlechthin in den «Fluch» (Gen 3, 17). – Es ist, einerseits, nicht so, daß dieses *Consortium Anti-Dei* die *Imago Dei* auslöschte (denn der Mensch auch des *Consortium Anti-Dei* bleibt Mensch in seiner «Natur» und hierin Mensch als *Imago Dei*). Aber es ist doch, anderseits, so, daß er zum Widerspruch zwischen einer gottentsprungenen *Imago Dei* und einem satanhörigen *Consortium Anti-Dei* wird – im Unterschied zum Ur-Stand einer Analogie zwischen *Imago Dei* und *Consortium Dei.* Dieser Stand eines Widerspruchs zwischen *Imago Dei* und *Consortium Anti-Dei* ist der eigentliche «*Status lapsus*», der «Stand der Ur-Sünde und Erb-Sünde» (während reformatorische Theologie ihn schlechthin als «Verlust der *Imago Dei*» sehen will – molinistische Theologie als reinen «Verlust des *Consortium Dei*» – alle drei in Verkennung der urhaften Analogie zwischen *Imago Dei* und *Consortium Dei*).

In diesem Status des «gefallenen Menschen» in seinem Widerspruch zwischen *Imago Dei* und *Consortium Anti-Dei* ist das Gegenüber der *Erlösung* bedingt. Erlösung heißt nicht einfach «Rechtfertigung» in «Aussöhnung» (wie in Römerbrief und zweitem Korintherbrief diese Begriffe zentral scheinen). Denn beides wäre nur Aktion Gottes gegenüber dem Menschen («*actio actualis*» als «*actio forensis*»: wie die aktual forensische reformatorische «Versöhnung» es will). Erlösung ist vielmehr «Menschwerdung als Erlösung» (und umgekehrt) und ist darum das, als was die Erlösung mit dem griechischen Wort in 2 Kor 5, 17–21 bezeichnet ist: «*katallagē*», d. h. Austausch zwischen Anders und Anders («-allagē»), und dies durch und durch («kat'») – was dann bei Irenäus, Augustinus und später noch Luther «*commutatio*» als «*commercium*» heißt, d. h. Austausch als «Warenaustausch auf dem Sklavenmarkt». Erlösung heißt hierin, daß der Christus, der nicht nur in einem *Consortium Dei* zu Gott steht, sondern in der strengen «*Forma Dei*», die «Form des Sklaven» annimmt, die der gefallene Mensch als «Sklave Satans» trägt, daß im Einen Christus der «*Forma Dei*» und «*forma servi*» der Mensch aus einem «Sklaven Satans» so sehr «Eigentum Gottes» werde, daß dieser gleichsam «umgehandelte Mensch» nicht nur wieder ins *Consortium Dei* «wiederhergestellt» sei, sondern dies als «Glied» des Christus, der in der Freiheit der «*Forma Dei*» steht (Phil 2, 5ff; Röm 6, 13–22). Darum ist der Eine Christus nicht nur «total Gott, total Mensch», sondern «total Gott, *als*

Sünde und Fluch geworden, bis in die Hände Satans, gott-verlassen unter der Macht der Finsternis» (Lk 4, 1–13; ebd 22, 53; 2 Kor 5, 21; Gal 3, 10ff; Hebr 13, 11f). Darum aber auch wird der «gefallne Mensch als Sklave Satans» nicht einfach «durch» diesen Christus erlöst, sondern wesenhaft «in» Ihn hinein, daß er als «Glied Christi» – und Christi als seines «Lebens» und «Ich» (Gal 2, 20; Phil 1, 21) – aus seinem *Consortium Anti-Dei* herausgenommen sei in das *Consortium Dei-hominis*, das heißt aber dann in das *Consortium Gloriae Crucis* (ins Mitgekreuzigt: Gal 2, 19 usw.). Wie Christus «kein andrer ist als der Gekreuzigte» (1 Kor 1, 23; Gal 3, 1) und wie Er darum wesentlich als «*Christus deformis*», als «Christus in Mißgestalt entstellt» (Augustinus) das Eine «Bild des uneraugten Gottes» ist (Kol 1, 15), – und wie hierin, kraft dieser Repräsentation des (uneraugten) «Vaters» im (eraugten) «Sohn» das verlorene *Consortium Dei* des Ur-Standes einzig «wiedergegeben» ist in der Form des «*Consortium Dei-hominis*» als *Consortium* des Christus, der als Christus der «*Forma Dei*» einzig der «*Christus deformis*» der «*forma servi*» ist, – aus diesen Ur-Zusammenhängen heraus ergibt sich der «*Status redemptionis*», der Stand des erlösten Menschen, als *Consortium Dei Gloriae* im *Consortium Dei Crucifixi* und hierin als *Consortium Plenitudinis Dei* im *Consortium Dei a Deo derelicti:* (wiedergegebene) Teilgabe und Teilnahme an der göttlichen Natur als Teilgabe und Teilnahme an einem gekreuzigten und gottverlassenen Gott. Der unselige Widerspruch zwischen *Imago Dei* und *Consortium Anti-Dei* im «gefallenen Menschen» ist hierin aufgehoben (in einem «Überschäumen» der Gnade über eine «noch so überschäumende» Sünde: Röm 5, 20) in den «seligen Widerspruch» einer *Imago Dei deformis* und eines *Consortium Dei deformis*, eines «Bildes Gottes» und einer «Teilgabe und Teilnahme Gottes» als des (in Christo und in Ihm im Christen) «Entstellten». – Eine auch durch noch so große Sünde durchdauernde *Imago Dei* (der Natur des Menschen) erscheint im erlösten Menschen unter der Form eines «*ad imaginem*» zur «*Imago Christus*» (Ambrosius, in Lucam X, 22), als Christus der «*Forma Dei*» in der «*forma servi*», Mit-Bild des Bildes Christus als des «Bild im Entbildet zu Mißgestalt», und die urhafte Analogie zwischen *Imago Dei* und *Consortium Dei* erscheint «wiedergegeben» im «seligen Widerspruch» eines «*Consortium Dei* als *Consortium Dei a Deo derelicti*», einer «Teilgabe und Teilnahme an Gott als (gleichsam) Un-Gott»: – zu übersiegendem Gegenüber zum unseligen Widerspruch zwischen Schöpfungs-Bild und Teilnahme am Anti-Gott im «gefallnen» Menschen. Der Glanz der *Imago*, aus diesen Verschlingungen heraus, ist der Glanz dieser «Untiefen Gottes» (1 Kor 2, 10), Aug in Aug zu den «Untiefen Satans» (Offb 2, 24).

Das Letzte ist aber dann die Weise, in der die urhafte «Analogie in Mann-Frau» durch den «Widerspruch zwischen Mann und Frau» (im Status des «gefallnen Menschen») hindurch in der «Erlösung als Austausch in Christo» nicht nur einfach «wiedergegeben» erscheint, sondern dies in neuer «Form» (im Sinn des «Neu» des Neuen Bundes). Der Christus, in dem das «Neu» geschieht, ist voll konkret «zweiter Adam Christus und zweite Eva Maria» (in der Art, wie die ur-christliche Tradition von Ephrem dem Syrer zu Augustinus zu Bernhard von Clairvaux zu Luther das Wort des zweiten Korintherbriefs 15, 45ff vom Gegenüber des «ersten Adam» und «letzt-jüngsten Adam» sieht, hin zu einer ganzen Theologie des Gegenübers zwischen «Adam-Eva» und «Christus-Maria»). Dann ist aber der besondre Sinn dieses Gegenübers darin ausgedrückt, daß das Urhafte von «Eva aus Adam» dem Erlösungshaften von «Christus aus Maria» gegenübertritt. Wie im Urhaften des «*Consortium in-über Imago*» es der Mann Adam ist, der das formale Subjekt der «Analogie in Mann-Frau» darstellt (da die Frau Eva aus ihm «gebaut» erscheint und erst so die «Analogie in Mann-Frau»), im selben Sinn ist *Maria* als Frau, die Christus als Sohn empfängt, *das formale Subjekt der erlösungshaften «Analogie in Christus-Maria»*. Sosehr 1 Kor 11, 8 auch für den Stand des Erlösten das urhafte «Frau aus dem Mann» betont (weil es so dem «natürlichen Stand des Menschen» entspricht), – das Gegenwort «Frau um des Mannes willen» (1 Kor 11, 9) läßt doch durchahnen, daß im Stand des Erlösten das urhafte «Frau aus dem Mann» eine fast gegensätzliche Über-

Form erhalten habe (im Sinn des «*gratia perficit naturam*»). Wenn von der Ur-Form her die äußere, sichtbare Welt unter der Form des «Mannes als Haupt» steht, so trägt sie in ihrem Inneren und Unsichtbaren die Über-Form von «Maria als Schoß und innerer Form» von allem erlösten Leben. Ein äußerlich sichtbarer Primat des «Mannes (in Christo) als Haupt» erscheint von hier aus, im Symbol des vielumstrittenen «Schleiers» von 1 Kor 11, 3ff, als «verhüllender Schleier» über dem Mysterium Marias als «Hochzeitsschoß» (thalamus) alles erlösten Lebens (in Christo, der menschlich allein aus Maria empfangen und geboren ist, – wie Luther es am radikalsten formuliert: WW V, 549; ebd I, 78ff). Darin aber empfängt der «selige Widerspruch» einer *Imago Dei* als «*Consortium Dei Gloriae Crucis*» (wie die *Imago Dei* im «Stand der Erlösung» erschien) die besondere, eigenste Form nicht nur einer Jungfrau Maria als «Hochzeitsschoß unter dem Schleier», sondern: dem Göttlichen Mysterium eines «Christus *deformis*» korrespondiert innerlich das rein menschliche Mysterium der «*humilitas ancillae Suae*», der «zerbrechlich schwachen Niedrigkeit» der «Magd Maria», zu der allein «Gott Aug in Aug steht», nicht nur im «Hinblick» *(respexit)*, sondern im hochzeitlich «überschattenden Heiligen Geist». Die Marienglorie des «Christus aus Maria» (und hierin «Mann aus Frau») ist die Glorie der «schwachen Niedrigkeit unter dem Schleier». Die urhafte «Analogie in Mann-Frau» geht, durch den erbsündehaften «Widerspruch zwischen Mann und Frau» hindurch, überhinaus in die geheimnisvolle Korrespondenz zwischen dem Christus der «Macht in der Ohnmacht, Glorie in der Schande, Segen im Fluch, Fülle im Nichts» und der Jungfrau Maria als «Glückseligkeit der Niedrigkeit der Magd».

Die *Imago Dei* hat hierin ihre volle Form: Mensch als «Bild Gottes», da er das «*ad imaginem*», das Abbild ist zu dem Einen «Bild Gottes in Christo in Maria» als zum «Bild der Glorie in Entstelltheit und Niedrigkeit». *Imago Dei*, im vollen Sinn des Wortes, ist der Mensch im Symbol des «Gekreuzigten» und der «Mutter der Sieben Schmerzen».

Christliche Urworte: Kerygma, Mysterium, Kairos, Oikonomia

Aus der Festschrift für Paul Tillich

1959

Die Richtung auf «christliche Urworte» ist von Anfang an innerste Intention im Denken Paul Tillichs: in seiner Auseinandersetzung mit dem Schelling, der in seinem Ausgang selber zu einer echten «Philosophie der Offenbarung» strebte, d. h. nicht zu einer Überführung der Offenbarung in einen letzten philosophischen «Be-griff» und «In-be-griff» (wie Hegels Philosophie die uralte jüdische, islamische und neuere Philosophie erfüllt, die solchen philosophischen «Be-griff als In-begriff» intendieren), – sondern so, daß die Offenbarung in sich selbst reduziert werde in ihren immanenten Begriff und Inbegriff. Wie Schelling sich abkünftig zeigt von Jakob Böhme und Franz von Baader, die eine solche immanente Philosophie der Offenbarung aufbauen, so setzt sich Tillich in seinen ersten Arbeiten («Die religionsgeschichtliche Konstruktion in Schellings positiver Philosophie usw.», Breslau 1910, – «Mystik und Schuldbewußtsein in Schellings philosophischer Entwicklung usw.», Gütersloh 1912) mit dieser Tradition Böhme-Baader-Schelling auseinander, um aus ihr die letzte Folgerung zu gewinnen für ein mögliches «christliches Ur-Wort», – das für ihn der «Kairos» ist, um den nun sein ganzes Denken kreist: «Kairos» I, Darmstadt 1926 – «Kairos» II ebd 1929[1]. Damit aber zwingt dieses Grund-Thema Tillichs zu einer grundsätzlichen Untersuchung «christlicher Ur-Worte» überhaupt.

1. Christliche Ur-Worte können material und formal verstanden werden.

Materiale Ur-Worte betreffen das Inhaltliche der christlichen

[1] Vgl meine Analyse der Religionsphilosophie Tillichs in «Humanitas», 1952, S. 240ff, 428f, 611ff, 728f.

Offenbarung. Sie wollen die Fülle der Einzel-Offenbarungen auf ein solches Zentrum zurückführen, das in den Einzel-Offenbarungen zuletzt vermeint ist und zu dem sie darum innerlich streben.

Als solches Zentrum erscheint von Irenäus zu Augustinus hin das «*admirabile commercium*» oder die «*commutatio*»*:* der «*selige Austausch*» *zwischen Gott und Mensch*, der in Christo als «Mittler» im Sinn einer dynamischen «Mitte» sich vollzieht (in Ausdeutung der paulinischen «apo-kat-allage» im Römer- und Zweiten Korintherbrief, wie sie, dem Ursinn des Wortes nach, nicht «*reconciliatio*» oder «Versöhnung» heißt, sondern «Wandlung durch und durch» zwischen «anderm (Gott)» und «anderm (Mensch)»: darin das «Anders (allo)» des Menschen von Sünde und Fluch und Tod umgewandelt wird (allage) in die Teilnahme (koinonia) am «Anders (allo)» des Heiligen und Gebenedeiten und Unsterblichen Gottes, indem dieser Gott zuerst die «Form» dieses Menschen annimmt in Christo, der zu Sünde und Fluch und Tod ward (2 Kor 5, 21; Gal 3, 13; Offb 1, 18).[1]

Das besondere materiale Ur-Wort des christlichen Mittelalters (vor allem in Thomas von Aquin) ist hinwiederum der «*ordo universi*» in einer «*perfectio universi*», d. h. eine «*sakrale Ordnung des All*», wie sie im Prolog des Johannes-Evangeliums und im Eingang des Epheser- und Kolosserbriefes ihren Offenbarungs-Grund hat: Christus, «vor Grundwerfung des Kosmos» bis in den «neuen Himmel und die neue Erde» als «Ur»(arche) und «Haupt als Inbegriff» (anakephalaiosis) und «tragender Grund» (synhesteken) der «gesamten Kreatur» des «gesamten Kosmos» von «allem gesamt in Himmel und Erde». Es ist das materiale Ur-Wort, das gleichsam im «Sinnziel» des urchristlichen «seligen Austausch» steht, – bis hin zu einer «christlichen Rechtsordnung des All» in dem Christus, der «Rechts-Logos» ist und in dem Heiligen Geist, der als «parakletos» der «Anwalt» und das «Rechts-Siegel» ist.[2]

Von hier aus versteht sich das besondre materiale Ur-Wort der

[1] Vgl hierzu vom Verf. «Christentum gemäß Johannes» 1953, S. 229ff und «Logos» Düsseldf 1962 Kap. Commercium.

[2] Vgl «Christentum gemäß Johannes», S. 249ff.

Reformation: die «*Rechtfertigung im reinen Glauben*». Es ist in ihm die Wiederkehr der Situation von Römerbrief und Galaterbrief. Wie Paulus gegen das «sakrale Recht» des «Judaismus» einer «gotthaften Gerechtigkeit» die «Gerechtigkeit Gottes» stellt als desjenigen, der in freier Souveränität «tötet und lebendigt, zur Unterwelt abführt und aufführt» (wie das Grundwort des Alten Bundes lautet), so stellt die Reformation gegen eine statische Rechts-Institutionalität des Mittelalters das Dynamische einer solchen je neuen aktualen «Recht-fertig-ung», in der der Mensch reine, empfangende «Potentialität» der frei göttlichen «Recht-sprech-ung» ist, in der letzten, unerforschlichen Dialektik zwischen «Richtspruch» und «Gnadenspruch». Die reformatorische «Rechtfertigung» als «*articulus stantis et cadentis ecclesiae*» bedeutet so wenig ein «juristisches Denken» der Reformation (im Gegensatz zu einem «sakramentalen» oder «charismatischen» Denken, wie der neuere Protestantismus will), daß in ihr vielmehr alles «Juridische» ausgehoben werden soll in jenes Ur-Mysterium des «*Deus irae et gratiae*», wie es (gemäß Röm 11) der «Ungrund von Tiefe und Höhe (bathos)» ist, der in Luthers «Vulkanizität» bebt, um von Jakob Böhme zum Urprinzip einer kosmischen Theosophie genommen zu werden, die eben grad in Tillichs Religionsphilosophie betont «heutig» ist (in seiner «Religionsphilosophie» 1925 – und in seinem «Dämonischen» 1926).

Dieses materiale Ur-wort einer «Rechtfertigung im reinen Glauben» erfährt aber, grad in unsern Tagen, ein (vorläufig) letztes Ur-Wort zu seinem Gegen-Wort, in dem der Hebräerbrief mit seiner Betonung des Kultischen in besondrer Weise neu bewußt wird: das *Hohepriestertum Christi im Heiligen Tempel*, den «Gott fügte, nicht ein Mensch»: Hohepriestertum nicht nur «in den Himmeln», sondern «gekündet auf der Agora», mitten auf dem Markt der Welt. Christliche Erlösung ist nicht einfach ontischer «Austausch», auch nicht einfach Einordnung in eine kosmische «Ordnung», auch nicht einfach Mitschwingen in Göttlicher Dialektik, sondern all dies hat seine bestimmende Mitte im «Hier ist Er», wie der Schluß der Prophetie des Ezechiel den

Namen des «Neuen Tempels» nennt. In diesem Sinn entstand im Katholizismus der Jahre nach dem ersten Weltkrieg die sogenannte «Liturgische Bewegung». Im selben Sinn formt sich in den Jahren nach dem zweiten Weltkrieg ein bewußt liturgisch-sakramentaler Protestantismus (vgl das Programm der evangelischen Michaelsbruderschaft «*Credo Ecclesiam*» 1954). Aber es ist zuletzt das östlich orthodoxe Christentum, das in diesen katholischen und protestantischen Bewegungen mitten im Schoß des Abendlandes lebendig wird: wie für das östlich orthodoxe Christentum von Anfang an der Hebräerbrief des Hohepriestertums Christi im Neuen Tempel (Christi als des «Liturgen des Heiligen und der Heiligen») seine bestimmende «Charta» war (in Ikonen, Ikonostasen, großen Liturgien, – die in sich selbst das sind, was die abendländische «Predigt» will).

2. Von diesen materialen «Christlichen Ur-worten» sind die *formalen «Christlichen Ur-Worte»* zu unterscheiden. Diese betreffen nicht das Inhaltliche der christlichen Offenbarung, insofern dieses in einem bestimmten Offenbarungs-Gehalt sein allbestimmendes Zentrum habe, sondern sie betreffen die Form, unter der die Gesamtheit der Offenbarung konkret erscheint: in der «Verkündigung» (kerygma) oder im sakramentalen «Mysterium» oder im geschichtlichen «Kairos» oder in der übergeschichtlichen «Oikonomia», d. h. der «Heils-Ordnung» (die vorgeschichtlich ist im «Ratschluß Gottes vor Grundwerfung der Welt» – wie der Epheserbrief sie entwirft, – und end-geschichtlich ist im «Sabbatismus des Volkes Gottes» – wie die johanneische Geheime Offenbarung sie schaut, – und die von hier aus innergeschichtlich ist als Heils-Geschichts-Gesetz des «Verschlüsselt aller unter den Trotz des Unglaubens hinein ins Verbarmt aller» – wie Röm 9, 11 es darlegt).

Das formale Ur-Wort für das Prophetentum des Alten und das Evangelistentum des Neuen Bundes ist das «*kerygma*». «Kerygma» als herkommend von «keryssein» und «keryx», und gründend in «geryo», sagt urhaft «Laut» (wie auch Tiere

«Laut geben»). Es ist das Laut-geben dann, geschichtlich, wie die staatliche oder militärische oder sakrale Autorität «Laut gibt», Ver-lautbarung durch einen «Ausrufer», der das Volk oder das Heer oder die Gläubigen «zusammenruft» zu einer Versammlung oder zu Übung und Kampf oder zur Opferfeier. Indem die «Autorität» durch einen solchen «Ausrufer» «Laut gibt», wird dieser zum Repräsentanten der betreffenden Autorität, d. h. zum «Botschafter» oder «Gesandten»: Als solcher repräsentierende Botschafter ist er dann «Herold» im Ursinn des Wortes, d. h. «Heeres-Walter», der als «Waltender» der «Autorität» das Heer (oder die Versammlung oder die Opferfeier) «verwaltet». «Kerygma» ist damit «amtliche Botschaft» im Stimmlaut des amtlichen Botschafters. «Kerygma» hängt damit innerlichst mit einem «Reich» zusammen: Reich im Frieden der «Versammlung», oder Reich im Krieg des «Heeres», oder Reich vor Gott in der Opferfeier. – Erscheint also «kerygma» bei den Propheten, in der Apostelgeschichte und in den Paulinen als zentrale Form des Christlichen: als messianische Botschaft (vgl Is 61, 1), als Botschaft des Messias im «Laut» Johannes des Täufers (Mt 3,1), als Botschaft des Messias im eigenen «Stimmlaut» (vgl Mt 4, 17), als Botschaft des Messias durch seine Apostel als «Botschafter in die ganze Welt» (vgl Mt 10, 7; Mk 16, 15), als «Narrentum der Botschaft von Christus dem Gekreuzigten» (vgl 1 Kor 1, 21.23), – so ist es «kerygma» in engstem Zusammenhang mit der «basileia» als «Reich Gottes» oder «Reich der Himmel», d. h. es ist «Reichs-Botschaft». In diesem Sinn ist dann dieses «kerygma» schlechthin «euangelion»: wie das Wort «euangelion» geschichtlich nicht eine glückhafte «Frohe Botschaft» sagt, sondern eine Botschaft vom Römischen Cäsar ins ganze Imperium Romanum, die (folgerichtig zum Gott-Charakter dieses Cäsar) als Botschaft in sich «Heil» ist (vom Heils-Gott Cäsar her), unabhängig davon, ob sie in ihrem Inhalt Straf- oder Gnaden-Botschaft ist (wie auch der ganze Alte Bund dem Gott huldigt, der «tötet und lebendigt»). «Euangelion» ist also, einfach seiner geschichtlichen Form nach, «Reichsbotschaft», wie «kerygma» als «amtliche Botschaft» allein «von Reichs wegen» ergeht und darum das

«Reich» voraussetzt, das in solcher Botschaft des amtlichen Botschafters «amtet». – In solcher Einheit von «kerygma» und «euangelion» ist es also zuletzt der «*Pater immensae majestatis*» (wie das *Te Deum* spricht): die ur-göttliche «Majestät», die im «kerygma» und «euangelion» Ihrer «Botschafter» «reichshaft amtet ins Reich» (wie im Hebräischen «Reich» sowohl gebraucht wird für die Göttliche Majestät wie für das «Reich Gottes auf Erden»). «Kerygma» und «euangelion» gründen damit notwendig im «Wort» Gottes als «Gott-Wort», wie das Johannes-Evangelium und die Johanneen «kerygma» und «euangelion» auf den «Logos» zurückführen, der seinshaft das «Wort Gottes als Gott-Wort» ist, um wort-haft die «Worte Gottes» in «kerygma» und «euangelion» zu sprechen. Ist aber dieses «Wort-Gottes als Gott-Wort» der Eine «logos», das Eine «Wort» von «kerygma» und «euangelion», so ist der tiefste Grund alles christlichen «kerygma und euangelion» das Eine «Ich bin bei Euch» des Logos als «Wort Gottes als Gott-Wort» in aller christlichen Verkündigung (in kerygma und euangelion).

Diese zentrale Form des «kerygma» ist der Formgrund der besonderen Theologie des Origenes: da für ihn alle Offenbarungs-Worte Alten und Neuen Bundes (in der Methode der «*analogia fidei*», d. h. des inneren Zusammenhangs zwischen beiden Testamenten) zu Einem «Kerygma» des «Logos Gottes» werden, so daß, folgerichtig, alles Glauben und Glaubensleben «Teilnahme am Logos» ist, zu einem logos-förmigen Christentum. Diese Zentralität des «kerygma des Logos» wird dann im Hochmittelalter zum Formgrund des Dominikanertums als des «Predigerordens», der gegen die benediktinische Zentralität der Liturgie die Zentralität der «Predigt» aufbaut *(ordo praedicatorum)*, die wiederum wurzelt in der theologischen Zentralität des «Logos» als der «Wahrheit». Im Kalvinismus erscheint dann die absolute Form dieses zentralen «kerygma»: im grundsätzlichen «Predigt-Gottesdienst», für den das Sakramentale und Liturgische nur, entsprechende, bildhafte «Erinnerung und Gedächtnis» ist, während allein die Predigt und das antwortende Bekenntnis der «Predigt-Gemeinde» in sich selbst die ausschließliche kultische «*actio*» ist. Karl Barths Theologie schreibt dann dieser Zentralität des «kerygma» die innere Metaphysik zu: da für ihn das «kerygma» zuletzt im Geheimnis der Trinität Selbst wurzelt, nämlich im trinitarischen Offenbarungs-Gespräch (vgl «Kirchliche Dogmatik» I 1). –

Ganz in den Paulinen wurzelt das zweite formale «Christliche Ur-Wort» «*mysterion*», – so sehr, daß sowohl die inner-katholische «Mysterien-Theologie» wie die inner-protestantische liturgisch-sakramentale Bewegung das Wort «Mysterium» zum Zeichen eines neuen «Paulinismus» gegen eine «paulinische Kerygmatik» heute nehmen (in Nachfolge zu Adolf Deißmanns «Mystik des Apostels Paulus»). – «Mysterium» dem Wortsinn nach sagt ein «terein» im «my», d. h. ein «Wahren» im «Geschlossen». Dieses «Wahren im Geschlossen» hat, in der Gruppe der zugehörigen Worte, eine gleichsam «tellurische» Seite und eine «psychisch-spirituelle» Seite. Die tellurische Seite umspannt etwa die Worte «myllo» (für «Beischlaf») wie «mysarche» (für «Dirne») wie «mylos» (für «Mühle»), wie «myxo» (für «Saugen») wie «mygma» (für «Stöhnen») usw. Die psychisch-spirituelle Seite dagegen umfaßt die Worte «myso» (für «Einweihen in eine Lehre») und entsprechend «mythos» (als das «Wort», in dem das Geheimnis des Seins, sein «my» als «Verschlossen», sich gleichsam «eingeheimnist» ins lauschende Ohr des «Mysten») und dementsprechend «mysterion» (als das «Eingewahrtwerden in das Gewahrnis eines verschlossenen Seins»). Diese Gabelung zwischen einem tellurischen und einem psychisch-spirituellen «my» öffnet von selbst die Sicht in die innere Dualität der geschichtlichen Mysterien. Die tellurische Seite weist in jene Urmysterien, wie der große Ethnologe Winthuis («Das Zweigeschlechterwesen» u. a.) sie aufgedeckt hat: die Kultfeier einer äußersten Integrierung der Geschlechter als Präsenz und Repräsentation des Göttlichen, in dem Männliches und Weibliches ident sind. Es ist das Mysterium des «hieros gamos», der Heiligen Hochzeit, wie es im Mittelpunkt der babylonischen Mysterien steht. Die psychisch-spirituelle Seite aber weist in die spezifisch griechisch-antiken Mysterien, die (wie Walter F. Otto, der große klassische Philologe, in «Die Gestalt und das Sein» nachwies) im Zueinander zwischen eleusinischen und dionysischen Mysterien eine metaphysisch religiöse «Auferstehung im Tod» begehen: im Symbol der aus der Unterwelt plötzlich aufschießenden Kornähre in den eleusinischen Mysterien und im Symbol der aus dem Rausch des zerrissenen Dionysos plötzlich aufschießenden Weinrebe. Der tellurisch-spirituelle Dualismus des «my» (wie wir ihn etymologisch sahen) wird damit zu einem «fruchtbaren bathos» für ein «Wesen des Mysterium». Mysterium ist, mit den Worten Ottos, «Wiederholung eines göttlichen Urgeschehens» (80) im «Kultus», darin «der Mensch zum Göttlichen emporgehoben wird und... mit ihm gemeinsam handelt» (86f): also zu «*memoria et praesentia*», wie die alt-christlichen Worte lauten, der Göttlichen Handlung einer «Göttlichen Hochzeit» (wie sie im tellurischen «my», wenn auch noch so erdhaft, objektiv vorgezeichnet ist und wie sie als «Auferstehung im Tod» im psychisch-spirituellen «my» vorbedeutet ist).

Damit aber stehen wir mitten im «Christlichen Mysterium». Mysterium im christlichen Sinn bezeichnet im Evangelium gewiß «die Mysterien des Reiches der Himmel» (Mt 13, 11) und entsprechend in den Paulinen die gesamte Heilsordnung des «Inbegriffs von allem im Himmel und allem auf Erden in Christo als Haupt» als «Mysterium Seines Gewills» (Eph 1, 9), und bezeichnet dann konkreter das «Mysterium Christi», darin die «Heiden Mit-Erben und Mit-Leib und Mit-Teilnahme» sind dieses Einen himmlisch-irdischen «Reich» (Eph 3, 3–6), – also hin zu einem «kosmischen Mysterium» des ausnahmslosen «Alles in Allem Christus». Dieses christliche Zentral-Mysterium ist aber je neu lebendig als gleichsam Aktualisierung der Kirche in der Meßfeier als des «Gemahl» und des «Leib» und der «Fülle» dieses Einen Christus (vgl 1 Kor 12, 12ff; Eph 5, 25ff) und darum als je neu lebendige Hochzeitsfeier in ihren «Gliedern» (als «epi-chorhegumenon» und «synbibazomenon», d. h. «Reigentanz des Eins der Hochzeit»: Kol 2, 19) und als Hochzeitsmahl-Eins der «*anamnesis*», d. h. der objektiven «*memoria et praesentia*» in «Brot» und «Kelch» des «Leibes und Blutes des Herrn» zur

« Botschaft allseits » vom « Tod des Herrn » (aber, gemäß 1 Kor 15, 1–11, als der «Auferstehung *im* Tod») im « Neuen Bund in Meinem Blut » (1 Kor 11, 24–29): als « getauft in Einem Geist wir alle gesamt in Einen Leib... und alle gesamt Eines Geistes getränkt » (1 Kor 12, 13). Das ist die « *Magna Charta* » des Christlichen Mysterium, aus der heraus Cyrill von Jerusalem seine « Mystagogischen Katechesen » schrieb, und aus der heraus Augustinus in seinen Predigten (den « *Tractatus in Joannem* » wie den « *Enarrationes in Psalmos* ») das « Christliche » kündete als die je neue lebendige kultische « *actio* », in der unter den Zeichen des Einen Brotes und des Einen Kelches das Eine « Mysterium » begangen wird, in dem der « gekreuzigt Auferstandene » seine «Auferstehung im Tod» je jetzt (in « *memoria et praesentia* » als Hochzeits-Eins des « viele Glieder... Ein Leib » als « Christus »: 1 Kor 12, 12) begeht. Wie darum Augustinus seine Christen nicht nennt (Menschen) « Christi », sondern schlechthin « Christus » (« *vos non estis Christi, sed Christus* »), und wie darum in seiner Zeit den Christen das Heilige Mahl gereicht wurde unter den Worten « *Accipite, quod estis* », « empfanget, was ihr seid ». « Kerygmatisches Christentum » muß darum gegenüber diesem « Christentum als Mysterium » so erscheinen, wie Walter F. Otto im Antiken den Mythos gegen das Mysterium scheidet: als « Selbstaussage des Seins » gegen einen « Seins-Vollzug ». « Christentum als Mysterium » ist das je Ontische, das in « kerygmatischem Christentum » je neu sich aus-sagt: wie das kündende Wort des Gott-Menschlichen « Wort » die Aus-wortung dieses ontischen « Wort » ist. –

« Kerygmatisches Christentum » wie « Christentum als Mysterium » für sich allein tragen aber zum mindesten die Gefahr in sich, ein übergeschichtliches Christentum zu betonen. « Kerygmatisches Christentum » neigt, von Origenes her, dazu, ein intelligibles Gebilde zu werden als « System im Logos »: gleichsam als christlich-platonischer « topos noetos » einer in sich schwebenden « *analogia fidei* » der Offenbarungs-Gehalte Alten und Neuen Bundes (wie kalvinische « Predigt » Alten und Neuen Bund zusammenstellt zu einem je neuen Symbol «moralischer Wahrheiten»). – Die Gefahr einer reinen Übergeschichtlichkeit eines «Christentum als Mysterium» sinnbildet sich scharf im Schicksal des östlich-orthodoxen Christentums, das seinen platonischen «topos noetos» im Zueinander zwischen der idealen Welt der Ikone und der idealen Welt einer überzeitlichen Liturgie hat. – Christentum aber ist wesentlich echt reale Menschwerdung: in der der total ewige Gott total inner-geschichtlicher Mensch ward, um in einer total inner-geschichtlichen Kirche und Menschheit und Welt innergeschichtlich fortzuleben: als Christus je gestern, je heute, Christus je in jeglichem Weltalter (wie Hebr 13, 8 zu deuten ist). Hier ist der Ort des *dritten* formalen «christlichen Ur-Wort», wie es besonderheitlich der Religionsphilosophie *Paul Tillichs* zugrunde liegt: «*Kairos*».

Christentum heißt wesentlich: Ewigkeit in der Zeit und als Zeit, absolute (göttliche) Ewigkeit in relativer (menschlicher) Zeit und darum im Ablauf zwischen Gestern, Heute, Morgen. Es steht im Zueinander der drei Worte, die das Griechische des Neuen Testamentes für das Geheimnis der geschichtlichen Zeit gebraucht: chronos, kairos, aion. «Chronos» heißt die einfache «Zeit-Dauer» im «Zeit-Ablauf». «Aion» sagt das Inhaltliche eines «Zeitalters» oder «Weltalters»: wie wir das Wort für Antike, Mittelalter, Neuzeit gebrauchen. Während aber «chronos» so sehr den «Zeit-Ablauf» akzentuiert, daß aus ihm jene «Chronologie» entspringt, in der eine «rinnende Vergänglichkeit» am meisten zu Bewußtsein kommt, – und während «aion» so sehr aus dieser «rinnenden Vergänglichkeit» relative «Ewigkeits-Gebilde» heraus-kristallisiert (wie es «Welt-Alter» sind), daß das Wort «aion» schließlich fürs absolut «Ewige» gebraucht wird (in den liturgischen Formeln «*per omnia saecula saeculorum*», «von Ewigkeit zu Ewigkeit»), – im Unterschied zum unterscheidend «Vergänglichen» in «chronos» und unterscheidend «ewigen» in «aion» betont «kairos» die «rechte Zeit» (im Sinn der lateinischen «*opportunitas*»), also zuletzt den «gelegenen Augenblick». Er ist einmal «gelegen» auf Grund eines «vorausliegenden Plans». Er ist aber dann konkret «gelegen» durch konkret geschichtlich schicksalhafte «Umstände». Er ist einmal «gelegen» durch eine ideale «Bestimmung von oben her». Er ist aber dann ebenso «gelegen» durch eine «reale Lage von unten her». «Kairos» ist «Zeit im rechten Maß»: zugleich von einem überzeitlichen «Maß» her und doch zugleich im innerzeitlichen «Maß der realen Umstände».

In diesem Sinn unterscheidet der Herr in seinen Abschiedsworten zu den Aposteln (die ihn nach der «Zeit» des «kommenden Reich» fragen) die «chronoi wie kairoi», «die der Vater gesetzt hat in Seiner eigenen Vollmacht» (Apg 1, 7). Das heißt: vom Vater als «Ursprung ohne Ursprung *(principium sine principio)*» geht sowohl aus der einfache Zeitablauf (chronoi) wie die, mitten durch den Zeitablauf hindurchschneidenden, «rechten Augenblicke» (kairoi), in denen das Göttliche ins Zeitliche je neu «eintritt». Da dieser «Eintritt» wesentlich «messianisch» ist (von den «kairoi» des Alten Bundes als des «Typus des Messias» zu den «kairoi» der «Fülle der Zeit» im Messias, hin zum «kairos» der messianischen Wiederkunft), – so ist das Wort «kairos» in den Evangelien im besonderen Christo zugeordnet: wie der Herr etwa bei Johannes von «Meinem» Kairos spricht (vgl 7, 6). – Da aber endlich der «messianische Kairos» in seinem wesentlichen Inhalt im Gegenüber steht zum Satan als «Archon und Gott dieses Weltalters» (Jo 14, 30; 2 Kor 4, 4) und so zum «Anti-Christus» als seinem besonderen Werkzeug, so ist das Wort «kairos» auch das Wort für die «Zeit» dieses Gegenüber: wie es von Satan heißt, daß er nach den Versuchungen des Herrn in der Wüste «abließ von Ihm bis zum Kairos» (Lk 4, 13), und wie der Herr dann diesen «kairos» des Gegenüber zwischen Gott und Satan (als dem «Gegen-Gott», «scheitan», «Widersacher») im Gegenüber zwischen Christ und Anti-christ «erfüllt» sieht in dem «rechten Augenblick», da Er in die Passion schreitet: «Mein kairos ist nahe... Ich bereite das Pascha mit Meinen Jüngern» (Mt 26, 18). «Kairos» als Wort für ein messianisch inner-geschichtliches Christentum kennzeichnet diese Innergeschichtlichkeit also zuletzt nicht nur als Zueinander des jeweiligen «Gesetzt durch den Vater» zum «Eintritt des Sohnes» in den «gegebenen

Umständen» (wie das Lukas-Evangelium mit Vorliebe den «kairos Christi» auf dem Hintergrund der realen Chronologie zeichnet), sondern der «kairos Christi» ist wesentlich «kairos der Erlösung», wie diese Erlösung urchristlich im Gegenüber zwischen Gott und Satan als Gegengott, im Gegenüber zwischen Christ und Anti-christ steht (als «Auskauf» des Menschen aus der «Sklaverei Satans» im Sich-verkaufen Christi als des «Lösepreis»). – Das Letzte in diesem «kairos» sucht darum Paul Tillich auf dem Weg der Tradition Jakob Böhmes, Franz v. Baaders und Schellings (in Verwandtschaft zur russischen Theosophie der Tschaadajew, Frank, Schestow, Berdjajew): im Göttlichen als «Grund» und «Ungrund». In seiner Kritik Rudolf Ottos betont er, daß das «Heilige... gerade als Durchbruch durch die Sinnesgebiete, als ihr Abgrund und ihr Grund ... gefaßt werden» müßte («Rechtfertigung und Zweifel» 1924 S. 28). In seiner «Religionsphilosophie» (1925) läßt er, noch schärfer, Theismus und Atheismus in diesem Göttlichen «Grund» und «Ungrund» gewurzelt sein: «in jedem echten Theismus... ist ein Abgrund des Atheismus enthalten» (Dessoir, Lehrbuch der Philosophie II 1925 S. 803): als das, was die geniale Französin Simone Weil die «Anwesenheit Gottes» in der «Abwesenheit Gottes», die «Fülle Gottes» in der «Gottverlassenheit Gottes durch Gott» nennt (in Ausdeutung des Kreuz-Geheimnisses). Ja, er geht, in derselben «Religionsphilosophie» so weit, von einer «Spaltung des Heiligen in Göttliches und Dämonisches» zu sprechen, wobei das «Dämonische» «das Heilig Gegengöttliche» ist (808f). Es ist hierin die alte origenistische Tradition mächtig, die alles «Reich des Satan als des Archon und Gott dieses Weltalters» als solche letzte Antithese zu Gott faßt, die in der endlichen «Apokatastasis», der «Wiederherstellung durch und durch» (Apg 3, 21), in einer gleichsam «göttlichen Synthesis» in den «Gott alles in allem» (1 Kor 15, 28) zurückgenommen wird. –

Das letzte – *vierte* – formale «Christliche Ur-wort» gibt die Antwort auf solche verführerische Versuche. Über allem heilsgeschichtlichen Gegensatz zwischen «Reich Gottes und Seines

Christus» und «Reich des Satan-Gegengott und seines Anti-Christus» steht gemäß dem Epheserbrief die «*oikonomia* tou pleromatos ton kairon», die im «Mysterium Seines (Gottes) Gewills, gemäß Seinem Gutgedünk» wurzelt (1, 8–10). Die jeweiligen «kairoi» der gesamten Heilsgeschichte, zwischen dem «Kairos» Christi als des «Ersten und Letzten, Ur und Sinn-Ziel, Alpha und Omega» (Offb 22, 13) und hierin als des «Haupt und Inbegriff von allem im Himmel und allem auf der Erde» (Eph 1, 10) «vor Grundwerfung der Welt» (ebd 1, 4) – und dem «kairos» des Christus der «Wiederherstellung von allem», in der «Übergabe des Reiches (durch Christus) zum Gott und Vater» (1 Kor 15,24) «daß da sei Gott alles in allem» (ebd 15, 28), – zwischen «anakephalaiosis panton» in Christus «als Ur» und «Erst» (prote arche) und «apokatastasis panton» im selben Christus als «End» und «Letzt», – alle «kairoi» der Heilsgeschichte sind durch dies «Ur und Erst» des «Inbegriffs von allem in Christo als Haupt» und dies «End und Letzt» der «Übergabe von allem durch Christus in den Gott-alles-in-allem» in der «Wiederherstellung von allem» von Ur zu End geformt. Alle «kairoi», grad in ihrem innerheilsgeschichtlichen Gegenüber zwischen «Reich Gottes und Seines Christus» und «Reich Satans-Gegengott und seines Anti-Christus», gründen und leben und münden in Einer «oikonomia tou pleromatos ton kairon», in der «Hausgesetzlichkeit der Fülle der kairoi». Erst indem diese «Hausgesetzlichkeit» auf den «Gott und Vater» als «Hausherrn» (oikodespotes) des Einen «Weinberg» und der Einen «Hochzeit» zurückgeht (Mt 21, 33; Lk 14, 21; Mt 20, 1), erscheint durch sie hindurch das wahrhaft «Letzte»: der unergründliche und unerforschliche bathos Gottes selbst, Gottes «Ungrund in Höhe und Tiefe» (Röm 11, 33), den allein das «Pneuma», Gottes Geist Selbst, «erforscht» (1 Kor 2, 11). So sehr gerade der Römerbrief das Gesamt der «kairoi» im Zeichen des Widerspruchs zwischen einem «Einverschlüsselt aller (durch Gott) in den Trotz des Unglaubens (also zuletzt ins «Satanische») und einem «Verbarmt aller (durch Gott in Gott hinein)» sieht (also geradezu zu Begründung dessen, was für die origenistische Tradition von Böhme zu Baader zu Schelling zu

Tillich als «Letztes» erscheinen möchte), – grad diese äußerste Nähe zu einer letzten Dialektik zwischen Gott und Gegengott läßt derselbe Römerbrief einzig und ausschließlich münden in das «bathos» des «Reichtums und der Weisheit und der Durchkenntnis *(gnosis)* Gottes» allein, – «aus Dem und durch Den um Seinetwillen und in Ihn hinein» das «Allgesamte ist» (11, 32.36). Die Heilsgeschichte in allen ihren «kairoi», die zwischen «Reich Gottes und Seinem Christus» und «Reich Satans-Gegengott und seinem Anti-Christus» für unsere Erfahrung wahrhaft schillern, – all diese doppeldeutigen «kairoi» sind zuletzt und ausschließlich die inner-heilsgeschichtliche Erscheinung der «unergründlichen Gerichte und unerforschlichen Wege» des Einen «bathos» des Einen «oikodespotes» der Einen «oikonomia»: souverän hausherrliche Hausordnung der unergründlichen und unausforschlichen «Höhe und Tiefe des Ungrundes Gottes».

Hierin gründet, daß das spezifisch Katholische das formale «christliche Ur-wort» der «oikonomia» zu seinem Grund-Wort hat. Das katholisch Hierarchische ist, gemäß den zwei «Hierarchien» des Dionysos Areopagita, gleichsam das «Menschwerdungs-Antlitz» der «Hausordnung» des «Vater Hausherr». Wenn im eigentlich Göttlichen «oikodespotes» und «oikonomia», Hausherrenschaft und Haus-Gesetz-Ordnung zusammengehören, dann kann Gott, wenn er in einer realen Menschwerdung real in die Welt und in die Geschichte eintritt, nicht anders in dieser realen Welt und realen Geschichte real erscheinen und leben und wirken, denn als menschlicher «Hausherr» in seiner «Haus-Gesetz-Ordnung». Das «Katholische» sieht, grad inmitten einer nüchternen Sicht der Widersprüchlichkeit und Doppeldeutigkeit der «kairoi», als eigentlich letztes formales «christliches Ur-wort» diese «Hausordnung» des «Hausherrn», die sich real menschlich (entsprechend einer realen Menschwerdung) darstellt in «Kirchen-Ordnung» eines «Kirchen-Herrn». Darum sind «Majestät» und «Glorie» letzter «Klang» und «Hauch» dieser gottmenschlichen «oikonomia[1]».

[1] Vgl hierzu vom Verfasser «Alter und Neuer Bund», 1956, sowie «Gespräch zwischen den Kirchen», 1957; zur Gesamtthematik auch: «Logos» Düsseldf 1962/63.

Zeit, Raum, Ewigkeit

1959

1. Wohl in allen großen Philosophien bilden *Zeit und Raum* ein Zueinander, und zwar ein solches, das entweder eine objektive Welt umschließt und in dem sie objektiv «vor sich geht» (von der jonischen Philosophie bis zur Philosophie der Renaissance in Nikolaus von Kues und Giordano Bruno) – oder ein solches, das als letzte Kategorie alles subjektiv menschliche Erkennen formt (wie bei Kant der Raum «die Form aller Erscheinungen der äußeren Dinge» ist und die Zeit «die Form des inneren Sinnes, d. i. des Anschauens unserer selbst und unsers inneren Zustandes»: gemäß der «Transzendentalen Ästhetik»). Zwischen beiden Fassungen sucht dann ein sogenannter kritischer Realismus eine Synthesis, indem er Raum und Zeit zwar als «*ens rationis*» nimmt (in Nachfolge zu Kant), aber als eines «*cum fundamento in re*» (in Nachfolge zur vor-kantischen Philosophie). Aber das ist eine Betrachtungsweise, die im rational Vordergründigen bleibt. Denn Zeit und Raum tragen in allen Philosophien ein bestimmtes Pathos an sich. Ein Objektivismus von Zeit und Raum entspringt zuletzt aus dem Menschenbild eines «Menschen im kosmischen All». Ein Subjektivismus von Zeit und Raum hingegen wurzelt im Menschenbild eines «Menschen innerer Unendlichkeit». Ein Objektivismus von Zeit und Raum des «Menschen im kosmischen All» wird darum Zeit und Raum als nächste Manifestation eines «Gott im Kosmos» nehmen: wie Nikolaus von Kues die kosmische «*coincidentia oppositorum*» (in Raum und Zeit) als unmittelbare Manifestation Göttlicher Unendlichkeit schaut. Ein Subjektivismus von Zeit und Raum hingegen mündet bei Kant als seinem Klassiker notwendig in das «*Est Deus in nobis*» des *Opus Posthumum*, in eine gotthafte Unendlichkeit in jenem «transzendentalen Subjekt», das zwar nicht ausdrücklich die Form Gottes trägt, aber in dem die Form Gottes unerkennbar wirksam ist.

Zeit und Raum erscheinen damit formalst «an der Grenze» zwischen Gott und Kreatur. Einerseits sind sie dasjenige, was die Kreatur am schärfsten kennzeichnet in ihrem schärfsten positiven und negativen Unterschied gegenüber Gott. Das griechische «chronos» sagt nicht eine «Zeit überhaupt», gleichsam als ein Kontinuum des Nacheinander «ins Unendliche», sondern es sagt unterschiedene «Zeit-Stücke»: «lange Zeit», «zögernd sich verweilende Zeit», aber ebenso auch «kurze Zeit» und gar ein «Weilchen». Das griechische «chora» (das auch Aristoteles für «Raum» gebraucht) besagt ebensowenig einen «Raum überhaupt», als Kontinuum des Nebeneinander «ins Unendliche», sondern es sagt ebenso das konkret Einzelne von «Platz, Stelle, Gegend» und noch konkreter «Land» und «Landgut», wie das entsprechende Verb «choreo» das «Einnehmen» eines Platzes oder das «Weichen vom» Platz oder schließlich ein «Gehen» überhaupt bedeutet. – Das lateinische «*tempus*» verschärft noch das griechische «chronos»: da es vom griechischen Verb «temno» kommt, das das «Abschneiden» und also den «Abschnitt» sagt, so daß Zeit als *tempus* nur Folge von Abschnitten ist, gegenüber jeglichem in sich selbst fließenden Kontinuum. Und das lateinische «*spatium*» sagt gar nur eine «Strecke, die durchlaufen» wird als «Laufbahn» und «Rennbahn» und dies im «Kreislauf», so daß schließlich «Entfernung» und «Zwischenraum» das Entscheidende sind, bis dazu hin, daß «spatium» als Raum schlechthin «Zeit-Raum» sein kann und so mit «*tempus*» als «Zeit-Abschnitt» zusammenfällt, – also scharf geschieden gegen die Idee eines «Raums ins Unendliche», «in» dem das konkret Reale geschieht. – Die deutschen Worte Zeit und Raum vollenden dies nur. «Zeit» kommt vom indogermanischen «di» und «da (i)», das «teilen» oder «zerschneiden» bedeutet, so daß das englische «time», in seiner Verwandtschaft zum lateinischen «*tempus*», sachlich sozusagen die Mitte bildet zwischen «Zeit» von «*di*» her und «*Tempus*» von «*temno*» her, die beide «Abschneiden» und «Abschnitt» bedeuten. Das deutsche «Raum» aber gibt sich eng verwandt zum Sinn des griechischen «chora» als «freier Platz», «Lagerstätte», und so, daß in der Zugehörigkeit zwischen «Raum» und «Räumen» das Vorläufige, Wechselförmige, Vergängliche alles kreatürlichen «Raum» den Akzent hat (vielleicht entsprechend zum germanischen Wandertum, wie es im ewigen Wandrer Odin seinen Mythos hat). – «Zeit» wie «Raum» sind damit volles Signum der Kreatürlichkeit: Signum von «Stückwerk», «Vergänglichkeit», «Wandertum», «Wandlung», «Auseinanderfall» usw., – aber dies dann doch so, daß es immer an der Grenze steht, sich als ein gotthaftes Werden, gotthafte Wandlung, zum mindesten im Sinn einer immanenten «tragischen Göttlichkeit» oder eines «evolutiven Gott», über die Grenze des Kreatürlichen hinaus, zu verstehen (wie es germanischer Theosophie eigen ist: in Paracelsus, Jakob Böhme usw.[1]).

Damit aber, anderseits, deutet sich in dieser Kreatur-Form von Zeit und Raum zuletzt eine «Form Gottes» an. Gewiß steht diese im Zeichen einer «*theologia negativa*»: wie dem lateinischen «*finitum*» des «*tempus*» das göttliche «*in-finitum*» gegenübersteht und dem «*mensum*» (Meßbaren) des «*spatium*» das göttliche «*im-mensum*». Oder es wird für diese «göttliche Form» ein Ausdruck gebraucht, der innerhalb des Kreatürlichen ein unüberschaubares Ins-Unendliche sagt: wie das griechische «aionion» ursprünglich ein unüberschaubares Welt- oder Menschen-Alter sagt, aber dann doch auch das göttlich Ewige, für das es höchstes Symbol ist (wobei dann freilich doch zuletzt das «durch alle Äonen aller Äonen» das Göttliche in einer «*coincidentia*» der «Äonen» auszusagen sich müht). Oder endlich vollzieht sich eine Synthesis beider Aussage-Weisen einer «Form Gott»: wie im Deutschen in bezug auf den Raum dem kreatürlich «Meßbaren» die göttliche «Un-ermeßlichkeit» gegenübertritt, während in bezug auf die Zeit das Wort «Ewig», in seiner Zugehörigkeit zum lateinischen «*aevum*» und «*aeternum*», dieselbe Funktion hat wie das griechische «aionion», nämlich ein kreatürliches unüberschaubares Welt- oder Menschen-Alter zum Grenz-Symbol dessen zu nehmen, was wir «göttliche Ewigkeit» nennen.

[1] Zum Thema vgl. auch in des Verf. «Mensch, Typologische Anthropologie» 1959 die betr. Kapitel.

Aus all dem ergibt sich die eigentliche Aporie. – Einerseits führt alle Problematik von Zeit und Raum unweigerlich an jene Grenze der Kreatur, an der formalst das Göttliche erscheint: naiv ekstatisch in der Weise, wie die Philosophie der Renaissance im unendlichen Lauf eines unendlichen All Gottes Antlitz aufdämmern sah, aber ebenso wie Kant in der inneren Unendlichkeit der Transzendentalität von Raum und Zeit den «*Deus in nobis*» vernahm; – kritisch jedoch, wie Nikolaus von Kues einzig die «*coincidentia oppositorum*» in Raum und Zeit als die «verhüllt offne Grenze» zu dem Gott nahm, der die «*complicatio*» der Welt als Seiner «*explicatio*» ist, in Zeit wie Raum. – Anderseits aber beziehen sich alle Aussagen und Worte für Zeit und Raum so ausschließlich auf das unterschieden Kreatürliche, daß es kein spezifisches Eigen-Wort (und entsprechenden Eigen-Begriff) für das Göttliche gibt in seiner Bezogenheit zu dem, was im Kreatürlichen Zeit und Raum heißt.

2. Diese Aporie in Zeit und Raum in ihrem Verhältnis zu Ewigkeit (als Unendlichkeit) und Unermeßlichkeit erreicht aber ihren Höhepunkt erst in den klassischen Versuchen, eine Art Eigen-Namen zu gewinnen, der für das Kreatürliche von Zeit und Raum wie für das Überzeitliche und Überräumliche des Göttlichen anwendbar ist, aber in dem dann doch der Unterschied zwischen Kreatürlichem und Göttlichem in seinen Höhepunkt steigt. Es ist die Problematik des «*hodie et nunc*», des Heute und Jetzt, wie sie vom Gebrauch in der alten Liturgie zu Augustinus zu Thomas von Aquin für den Bereich der Zeit sich entwickelt hat, wie sie aber parallel als Problematik des *Hier* auch für den Bereich des Raums gelten muß.

In bezug auf den Bereich der Zeit gebraucht zuerst die alte *Liturgie* (bis heute) für die Hochfeste Ostern, Pfingsten, Weihnacht und Epiphanie das Wort «*hodie*»: zum Zeichen, daß sie die «*memoria*» und «*praesentia*», Gegenwart und Gedächtnis, der betreffenden Geheimnisse als ein Heute begangen wissen will: «Heute verschlungen ist dem Himmlischen Bräutigam die Kirche...» (für Epiphanie). Es ist ein göttliches Heute: weil es in

Zeit und Raum des über-zeitlichen und über-räumlichen Gott sich begibt. Aber es ist dies zugleich als ein kreatürliches Heute: weil es heutiger Tag und heutige Stunde ist, unfaßbar fließend zwischen einer Vergangenheit, die schon Zukunft wird *(praeteritum futuri)* und einer Zukunft, die aus einer Vergangenheit kommt *(futurum praeteriti)*.

Dieser Gebrauch der alten Liturgie ist es dann offenbar, der bei *Augustinus* zur offenen, wenngleich mehr faktischen, Aporie zwischen göttlichem Hodie und kreatürlichem hodie führt. – Für Gott gilt: «Dort ist nichts vorübergegangen, so daß es nicht mehr sei; nichts ist kommend, so daß es noch nicht sei... Nicht ist dort War und Wird» (in Ps 101 s 2, 10): – «Du gehst voraus allem Vergangenen in der Erhabenheit der immergegenwärtigen Ewigkeit; und ragst hinaus über alles Künftige, weil jenes Künftige, auch wenn es kommt, vergangen sein wird... Dein Tag ist nicht täglich, sondern Heute, weil Dein Heute keinem Morgen weicht; denn es folgt auch nicht einem Gestern nach. Dein Heute ist Ewigkeit» (Conf XI 13, 16) – und darum sind «unsere Tage und die unsrer Väter... durch Dein Heute hindurchgegangen und empfingen aus ihm ihr Maß und bestanden irgendwie, und noch andre werden hindurchgehen und empfangen und irgendwie bestehen» (Conf I 6, 10). – Aber das Kreatürliche in sich, so sehr es durch das göttliche Heute hindurchgeht und so allein «besteht», ist ein «heute», das den «Gießbach in Regenwassern» zu seinem Symbol hat, der «läuft und laufend abläuft»: «das Zwischen der Mitte, dies tönt und geht vorüber» (in Ps 109, 20). Und im Symbol der lebendigen Sprache löst sich ein kreatürliches «heute» geradezu auf: «sag (lieber): diese Stunde. Und von dieser Stunde, was hältst du? Augenblicke von ihr sind schon vorübergegangen, und die kommenden sind noch nicht gekommen. Sag (also): In diesem Augenblick. In welchem Augenblick? Während ich in Silben rede..., so tönt die zweite nicht, wenn nicht die erste vorüberging; und endlich auch bei einer Silbe, – wenn sie zwei Buchstaben hat, tönt nicht der folgende Buchstabe, wenn der voraufgehende nicht abging» (in Ps 76, 8).

Aus dieser Aporie zwischen göttlichem «Heute» und kreatürlichem «heute» heraus kommt dann endlich *Thomas von Aquin* dazu, an Stelle des «*Hodie*» und «*hodie*» das «*Nunc*» und «*nunc*» zu setzen: Zeit und Ewigkeit im «Jetzt», als einem «*in indivisibili*» (Expos in VI phys 5). In diesem Jetzt scheint sich ein Gemeinsames zwischen kreatürlicher Zeit und göttlicher Ewigkeit zu zeigen: «die ‚*nunc*‘ sind nicht Teile der Zeit; denn nicht setzt sich die Zeit aus unteilbaren ‚*nunc*‘ zusammen» (Expos in II Anal 11 a). Aber durch diese negative abstrakte Gemeinsamkeit schneidet die «je immer größere» Scheidung zwischen göttlichem «*nunc stans*» und kreatürlichem «*nunc fluens*» hindurch, die Scheidung zwischen Gottes «Ist als Jetzt» und dem «Fließen als Jetzt» der Kreatur (S Th I q 10 a 2 ad 1; ebd a 4 ad 2). Zeit und Ewigkeit verhalten sich wie «*nunc fluens*» und «*nunc stans*»: «wie in uns die Apprehension der Zeit verursacht wird, darin daß wir den Fluß des Jetzt selber apprehendieren, so wird in uns die Apprehension der Ewigkeit apprehendiert, insoweit wir das Stehende Jetzt apprehendieren» (S Th I q 10 a 2 ad 1). Und doch, hinwiederum, besteht eine Verwandtschaft zwischen beiden «*nunc*», insofern im göttlichen «*nunc stans*» gewiß kein Vergangen und Künftig besteht (kein «War und Wird» in der Sprache Augustins), aber dann doch, ähnlich, das kreatürliche «*nunc fluens*» sich «indifferent verhält zu Vergangen und Künftig» (Expos in IV Phys 21 e), so sehr das «*nunc*» des Kreatürlichen «Ende des Vergangen und Ur-Anfang des Künftig ist» (c Gent 2, 33). Dieses Geheimnis zwischen den beiden «*nunc*» steigert sich endlich dadurch, daß Thomas das «*nunc*» zum «*instans*» verschärft, d. h. zum völlig unfaßlichen «Augenblick» eines solchen «plötzlich inmitten», das «keine Proportion zur Zeit hat, weil es nicht Teil der Zeit ist» (Expos in libr. Arist. de caelo et mundo I 12), und das doch genau wie das kreatürliche «*nunc fluens*» «Ur-Anfang des Künftig und Ende des Vergangen ist» (c Gent 2, 36). Das «*nunc*» verschärft ins «*instans*» trägt damit die Züge «plötzlich göttlichen Eingriffs und Eintritts» in das kontinuierliche Fließen der Zeit und ist doch gleichsinnig zum «*nunc fluens*» der Kreatur zwischen Vergangen und Künftig, so daß Thomas das «*nunc*» wie das «*instans*» zu einem «*instantis nunc*» einigt (S Th I q 46 a ad 7), zu einem «Jetzt des plötzlich Inmitten», in dem, einerseits, das göttliche «*nunc stans*» als göttliches «*instans*» erscheint, als göttlicher «Augenblick» eines «plötzlich inmitten», während, anderseits, das kreatürliche «*nunc fluens*» im «*nunc instantis*» ebenfalls als «Augenblick» sich gibt, aber nicht als göttliche «Fülle als Augenblick», sondern als solcher Augenblick, in dem das «Ende des Vergangen» unmittelbar der «Ur-Anfang des Zukünftig» ist, also nicht einmal als «Übergangs-Augenblick» *(transitus in instanti)* zwischen Vergangen und Künftig, sondern höchstens als rational unfaßlicher «Augenblick als Übergang» *(instans tanquam transitus)*, – bis dazu, daß schließlich die Kreatur insofern schlechthin «*in instanti*» ist, als das «Wirken Gottes» sein Werk der «Kontinuierung des Seins» eben in diesem «*instans*» tut, als Wirken, das «kein andres ist» als das Wirken eines «Prinzips des Seins», daß ein Ding einfach «sei» (de pot q 5 a 1 ad 2).

Mit andern Worten: die Aporie von Zeit und Ewigkeit liegt nicht einfach darin, daß beide sich, einerseits, in letzter Schärfe als das «Je des Augenblicks» *(nunc* als *instans)* geben, anderseits aber im «je größeren Unterschied» zwischen göttlicher «Fülle als Augenblick» und kreatürlichem «leerem Augenblick» (weil alles an diesem Augenblick letzter Augenblick des Vergangen als erster Augenblick des Künftig ist), – sondern das schlechthin unbegreifliche Mysterium zwischen Zeit und Ewigkeit liegt darin, daß der jeweilig «neutrale» Augenblick göttlich «unendlicher Augenblick der Fülle» ist und kreatürlich «endlicher Augenblick der Leere». Zeit und Ewigkeit sind damit im besondern Sinn der «*topos theios*», d. h. der Ort, in dem im «Augenblick» Gott und Kreatur zu einem gleichsam naturalen «gott-menschlichen Augenblick» so sehr fast zusammenfallen, daß sie eben hierin sich zum «unendlichen Unterschied» unterscheiden. Indem die deutsche Mystik mit Vorliebe in ein «Nu» sich reduzierte, in dem Gott und Mensch sich einen, – und indem Kant (der schottische Puritaner der Innerlichkeit) gerade die Zeit zur Kategorie des «Anschauens unsrer selbst und unsres inneren Zustandes» nahm, – hierin bekennen sie sich, wenigstens einschlußweise, zu diesem «*topos theios*» der

Zeit zur Ewigkeit: im «*hodie*» als «*nunc*» als «*instans*» als «*instantis nunc*» als «Augenblick» als «Nu».

Aber dieses Geheimnis zwischen Zeit und Ewigkeit ist erst voll, wenn *Zeit und Raum* in ihrem Zueinander als Gegenüber zum Göttlichen erscheinen. – Es ist *Augustinus*, der dieses Gegenüber als eine einzige «*transzendierende Immanenz*» erfaßt: Gott als innerstes In des Raum–Zeitlichen wie als sein oberstes und tiefstes Über. Der wesenhaft über-räumliche und über-zeitliche Gott durchdringt das Inner-Räumliche und Inner-Zeitliche der Kreatur so sehr, daß Er in bezug auf den Raum «sowohl der je Innere jedem Ding (ist), weil in Ihm alles ist, wie der je Äußere jedem Ding, weil Er ist über alles»; – und daß Er in bezug auf die Zeit «der je Ältere (ist) zu allem, weil Er ist vor allem, wie der je Jüngere zu allem, weil Er Derselbe ist nach allem» (de Gen ad litt VIII 26, 48). Und *Gregor der Große* verschärft das Geheimnis des «je Innerer» und «je Äußerer» Gottes im kreatürlichen Raum, indem er die Erstreckungen des Raums in diesen dialektischen Rhythmus noch einbezieht: Gott «ist der je Innere und je Äußere; Er der je Untere und je Höhere: regierend der je Höhere, tragend der je Untere, erfüllend der je Innere, rings-umgebend der je Äußere. Und so ist Er innen, daß Er außen ist; so rings-umgibt Er, daß Er durchdringt; so überragt Er, daß Er trägt, so trägt Er, daß Er überragt» (in Ez hom 17); – «weil Er innerhalb von allem bleibt, ist Er außerhalb von allem, unterhalb von allem und oberhalb..., in Überragen von unten haltend, in Von-unten-halten überragend, in Rings-umgeben durchdringend, im Durchdringen rings-umgebend... Daher daß Er in einem je Höher überragt, daher hält Er in einem je Untern von unten; und daher, daß Er in einem je Äußer rings umgibt, daher erfüllt Er in einem je Inner zu Fülle» (Moralia 2 8). So erscheint Gott als «unumschriebener (d. h. über-räumlicher) Geist», der aber, umgekehrt, «alles innerhalb Seiner Selbst hat, was Er aber doch sowohl erfüllend rings umgibt und rings umgebend erfüllt und von-unten-haltend übersteigt und übersteigend von unten hält» (Moral 16, 15). *Raum* wird «*topos theios*», «Ort des Göttlichen», indem in seinen Dimensionen des Innen wie Außen, des

Oben wie Unten als Letztes Unbegreifliches ein göttliches je Inner, je Äußer, je Ober, je Unter erscheint: in einer Immanenz des All-ringsum, die aber ebenso ein All-ringsum der Immanenz ist; wie in einer transzendierenden Fundierung, die aber ebenso eine fundierende Transzendenz ist.

Von diesen sich schneidenden Dimensionen aus reduziert sich aber ein scheinbar alles-umfangender, gleichsam «unendlicher Raum», wie Thomas von Aquin ihn in den «Dimensionen von Länge, Breite und Tiefe» konzipiert (Expos in IV Phys 3b), nicht nur in die Spannung zwischen «unendlichem Raum» (Expos in 3 Phys 7 a), «vollem Raum» und «leerem Raum», *spatium* als *plenum* und *spatium* als *vacuum* (ebd 7 a; ebd 61) wie auch die Philosophie der Renaissance von Nikolaus von Kues her die positive Unendlichkeit Gottes mit Vorzug in der Endlosigkeit des Raums erfaßt (wie Nikolaus von Kues dies in seinem Grundsatz fundiert, daß «die Welt nichts sei als des unsichtbaren Gottes Erscheinung» und «Gott nichts als Unsichtbarkeit des Sichtbaren»), – sondern dieser «unendliche Raum» als «*sensorium*» des Unendlichen Gottes (wie es Lieblings-Adagium der Renaissance-Philosophie ist) reduziert sich durch seine unerfaßlich sich schneidenden Dimensionen zuletzt in deren jeweiligen «Schnittpunkt», der ebenso ein «*in indivisibile*» ist wie das «*hodie*» als «*nunc*» und «*instans*» und «*instantis nunc*» für eine «unendliche Zeit» in ihrer schwingenden Erstreckung zwischen einem je neuen «*praeteritum futuri*» und «*futurum praeteriti*», einem Vergangen, das ein je neu werdendes Künftig ist, und einem Künftig, das ein je wachsendes Vergangen ist. Ein gleichsam «unendlicher Raum» hat ebenso ein «Hier *in indivisibili*» zu seiner bestimmenden (aber schlechthin dynamischen) Mitte, wie eine gleichsam «unendliche Zeit» im «Jetzt *in indivisibili*».

Die überlieferte Redeweise von einem «*hic et nunc*», «hier und jetzt» faßt das Geheimnis von Raum und Zeit genau in seinem Eigentlichsten wenn auch Undurchdringlichsten: daß ein «unendlich Groß» (eines «unendlichen Raums» wie einer «unendlichen Zeit») ein «unendlich Klein» (von «hier und jetzt») nicht nur zu seinem (aporetischen) Gegenüber hat, sondern daß es in ihm geradezu gründet und in ihm seine schärfste Form hat (wie die Infinitesimal-Rechnung Leibniz' es für die Mathematik grundlegte, bis in die Folgerungen der neueren Physik hinein, die je von «Körper» ins «je unendlich Kleinste» vorzustoßen sucht); – daß aber dann auch das Göttliche, unter der Chiffre eines «*spatium infinitum*» wie eines «*tempus infinitum*», folgerichtig zum «unendlich Kleinst» des raum-förmigen «Hier» wie des zeit-förmigen «Jetzt», zu einer äußersten Chiffre eben dieses «unendlich Kleinst» empfange (wie Nikolaus von Kues als erster diese Konsequenz zog, wenn er Gott sowohl als das «unendlich Größte» wie als das «unendlich Kleinste» definierte).

Gottes «unendlich Größtes» unter der Chiffre eines «unendlichen Raums» wie einer «unendlichen Zeit» empfängt aber dann doch nicht das «unendlich Kleinste» (unter der Chiffre von «jetzt und hier») zu seiner gleichsam «letzten Form», sondern grad gemäß der Zeit-Raum-Dialektik Augustins und Gregors des Großen ist Gott das «Je immer Größere» (über alles noch so «Unendlich» und «Voll» von Zeit und Raum hinaus), indem er im «je Inneren» von Zeit und Raum das «Je immer Kleinere» ist, aber eben hierdurch, gleichsam vom «Kern des Innen» (von Raum und Zeit) her das je umfassendere «Je immer Größere» ist. Will man die mystischen Worte des Tepler «Ackermanns aus Böhmen» gebrauchen, die das augustinische «*est*» und «*non est*» als «Ichts» und «Nichts» wiedergeben, so gelten sie, je gesteigert, für das «jetzt und hier» in Raum und Zeit wie, unter der Chiffre beider, für Gott. Indem das «Ichts» eines «unendlich Groß» von Raum und Zeit ein «unendlich Klein» von Hier und Jetzt als «Nichts» zu seinem entscheidenden Schnitt- und Brennpunkt hat, ist eben dies der letzte und entscheidende «*topos theios*»: zur Erscheinung Gottes als des «Je Größer» im «Je Kleiner» Seines «Jetzt und Hier» im «jetzt und hier» von Raum und Zeit, und hierin Seines «Ichts» im «Nichts» (wie Hegels Spekulation über ein gotthaftes Ist als gotthaftes Nichts in dieser Sicht positiv wurzelt). In dem Moment, da der Mensch seine «so große Ähnlichkeit» zu Gott zur Identität mit Ihm steigern möchte, unter der Idee eines demiurgischen Menschen «ins Unendliche von Zeit und Raum» (wie es die Idee des heutigen Menschen ist), in diesem selben Moment übersteigt ihn, zu «je immer größerer Unähnlichkeit», jenes eigentlichst Göttliche, das das «Je Größer» des «Ichts» als «Je Kleiner» des «Nichts» ist, daß der ins Ewige des «Je größer» des «Ichts» aufsteigen-wollende Mensch absteigen muß ins «Nichts» seines «jetzt und hier», – um der «Ewigkeit», in die hinein er Raum und Zeit überwinden wollte, einzig in solchem «Nichts» des «jetzt und hier» inne zu werden, – wie auch und gerade christlich theologisch die «Ewigkeit» (Gottes in Christo) als echt kreatürliche Ewigkeit *in* Raum und Zeit als «jetzt und hier» ist, im «jetzt und hier» von Geburt im Viehtrog, Tod am Kreuzgalgen, hin zu dem real Geschichtlichen der Kirche im «jetzt und hier» im Zeichen je neuer «Nichtungen», bis ein volles «Nichts» des Untergangs «alten Himmels und alter Erde» die unverhüllte Ewigkeit des «Ichts» aufhüllt, zwar als ein «Neu», aber als «Himmel und Erde» als «Ge-Zelt Gottes mit den Menschen».

3. Das führt unmittelbar ins *Christlich-Theologische von Zeit, Raum und Ewigkeit.* – Es sind die Offenbarungsworte von einem «*panta en pasin*» Gottes in Christo im Raum der Welt (vor allem in den Paulinen) und dem «kairos» des Eintritts Gottes in Christo in den Zeit-Ablauf der Welt (vor allem bei Lukas).

Christus als «Bild des uneraugten Gottes» und zugleich «Ur» und «Erstgeborner alljeglicher Kreatur», also als Einheit von über-räumlicher und über-zeitlicher «Ewigkeit» und raum- und zeit-förmiger Kreatürlichkeit ist derjenige, «in dem geschaffen ist allesgesamt in den Himmeln und auf der Erde», «um dessentwillen und zu dem hin allesgesamt geschaffen ist» als Dem, der «vor allemgesamt ist», während «das Allgesamt in ihm Bestand und Zusammenstand (synesteken) hat» (Kol 1, 15–18). Einerseits ist darum, über alle Grenzen und Unterschiede (in Welt-Raum), «alles in allem Christus», – dazu hin, daß in Ihm «Gott alles in allem» sei (1 Kor 15, 28). Anderseits aber erscheint hierin der Ablauf der Welt-Zeit zwischen «Ur» und «End» und «War, Ist und Wird» alswie hineingenommen in die Ewigkeit

Gottes in Christo: da die johanneische Apokalypse Gott in Christo sprechen läßt: «Ich das Alpha und das Omega, der Erste und der Letzte, das Ur und das End» (vgl 21, 6 mit 22, 13 und 1, 17), – und da der Lobpreis vor dem Thron zu dem «Heilig-Heilig-Heilig» ergeht, Der das «War und das Ist und das Künftig» ist (ho en kai ho on kai ho erchomenos: 4, 8). So sehr also ist das Ewige (Gottes in Christo) das «Allgesamt im Allesgesamt» von Welt-Raum, daß alles, was «steht» (hesteken) an seinem «Platz» im «Raum» und mit allem Geschöpflichen «zusammensteht» (syn-esteken) zum «Universum», zuletzt und allein «steht» und «zusammensteht» im Einen Ewigen (Gottes in Christo). Aber ebensosehr ist dieses Eine Ewige (Gottes in Christo) hierin, umgekehrt, in die wesentliche Wandlung des Welt-Raumes in der Welt-Zeit hineingenommen, daß dieses Ewige (Gottes in Christo) nicht nur dessen «Ur» und «End» ist, sondern als «War und Ist und Künftig» geradezu in den Welt-Zeit-Rhythmen von Vergangen, Gegenwärtig und Künftig erscheint. Das philosophische Problem eines quasi-unendlichen Raums und einer quasi-unendlichen Zeit enthüllt sich damit als «Vor-Schatten» dieses Mysteriums, das Teilhard de Chardin dann mit Recht als Mysterium eines «Kosmischen Gott» in einem «kosmischen Christus» bezeichnet, als letzten Sinn kreatürlichen Werdens und Sich-Entfaltens.

Aber, entsprechend zum «*hodie, nunc, instans*», in das das philosophische Problem sich zuspitzt, steht in der Sprache der Lukas-Schriften dieses Mysterium eines «kosmischen Gott in einem kosmischen Christus» wesentlich im «*kairos*», in der jeweiligen Einmaligkeit der «jeweils gelegenen, rechten Zeit», wie «kairos» darum für ein einschneidendes Offenbarungs-Ereignis gebraucht wird (für das Erscheinen des Messias, für seinen Erlösungskampf, für die Endzeit: vgl Lk 4, 13; Apg 1, 7). Es ist damit «kairos», in den das grundsätzliche «*panta en pasin*» sich nicht nur gleichsam ins «*in indivisibile*» eines «Moments» zusammenballt (wie darum die Vulgata «kairos» mit «momentum» wiedergibt), sondern es ist als «jeweils gelegen günstiger Augenblick» ein qualifizierter «kairos», herausgenommen aus der Neutralität eines

«Moment» überhaupt zum Charakter eines «Wende-Punkts» im allgemeinen Verhältnis zwischen Welt-Raum, Welt-Zeit und dem Ewigen (des kosmischen Gott im kosmischen Christus). So sehr dieser «kairos als Wende-Punkt» als gewöhnliches «*hodie, nunc, instans*» und «*hic* als hier», d. h. innerzeitlich und innerräumlich sich gibt, so ist er doch vom Ewigen Gottes in Christo her «einmaliger Einbruch», ja geradezu «Gott als kairos» im «kairos als geschöpflichem ‚jetzt und hier'».

Das christliche Theologumenon von Zeit, Raum und Ewigkeit steht mithin im letzten, unauflöslichen Mysterium zwischen einem all-umfassenden «*panta en pasin*», «Alles-in allem» Gottes in Christo und einem jeweils unberechenbar einbrechenden «kairos», als dem «Wende-Punkt» einer «Wende Gottes». In diesem unauflöslichen Mysterium gibt sich dann zuletzt so etwas wie ein «Antlitz Gottes in Zeit und Raum». So sehr Gott als «Alles in allem» von Zeit und Raum, ja, in den kühnen Worten des Buches Jesus Sirach (43, 27), sogar schlechthin als «Alles» sich verhüllt enthüllen mag (wie auch Thomas von Aquin Gott und Universum fast sich verwechseln läßt; de pot a 5 a 4 c) – und so sehr, im Gegensatz dazu, derselbe Gott, in schärfstem Unterschied zu solcher All-Geschlossenheit, vorzüglich im jeweilig allen Zusammenhang aufbrechenden «kairos» als je neuer Wende-Punkt zu je neuer Wende Sich als der Souveräne Gott kundtut, – das eigentliche Ewige des Ewigen Gott in Christo ist der unauflösliche Rhythmus zwischen «*panta en pasin*» und «kairos», zwischen einem, gleichsam, «All-Gott» und einem, gleichsam, «Wende-Gott». Gott, das Ewige als Der Ewige, ist weder absolutes All (wohin der Thomismus eines «*ordo universi*» als «*perfectio universi*» zielt, und was in Spinozas All-Gott-Substanz und Hegels All-Gott-Geist sich offen ausspricht), noch ist Er absolute Wende (wie es dem Scotismus eines dynamisch Souveränen Willens-Gott zuletzt läge und wie es in Nietzsches dionysischem All-Gott als zerstörerisch-schöpferischer All-Wende extrem heraustritt, aber auch nicht wenig in Luthers Reduzierung einer Heilsordnung und eines Heils-Organismus auf ein Blitzartiges der souveränen Einbrüche eines «Gott des Zorns und der Erbarmung»). Sondern, indem ein «All-Gott» auf der Linie «höchster Ähnlichkeit» liegt (zwischen kreatürlichem All und All-Gott), – ein «Wende-Gott» aber auf der Linie «je immer größerer Unähnlichkeit» (im «souveränen Einbruch» des «kairos» in ein gefügtes All), hierin gilt zuletzt eine theoforme «Analogie» als der nicht weiter auflösbare Rhythmus zwischen «All-Gott» und «Wende-Gott». Einem «*kairos* in-über *panta-en-pasin*» entspricht ein letztes In-über zwischen «Wende-Gott» und «All-Gott»: Wende-Gott in-über All-Gott.

Personenregister

IM JOHANNES VERLAG
ERSCHEINEN GLEICHZEITIG

ERICH PRZYWARA

Schriften I

Frühe religiöse Schriften

Eucharistie und Arbeit – Himmelreich – Kirchenjahr – Liebe – Wandlung – Majestas Divina

Schriften II

Religionsphilosophische Schriften

Weg zu Gott – Gottgeheimnis der Welt – Gott – Religionsphilosophie katholischer Theologie